rapid biological and social inventories

INFORME/REPORT NO. 26

Perú: Cordillera Escalera-Loreto

Nigel Pitman, Corine Vriesendorp, Diana Alvira, Jonathan A. Markel, Mark Johnston, Ernesto Ruelas Inzunza, Agustín Lancha Pizango, Gloria Sarmiento Valenzuela, Patricia Álvarez-Loayza, Joshua Homan, Tyana Wachter, Álvaro del Campo, Douglas F. Stotz y/and Sebastian Heilpern

Octubre/October 2014

Instituciones participantes/Participating Institutions

....

 The Field Museum

 Instituto de Investigaciones de la Amazonía Peruana (IIAP)

 Nature and Culture International (NCI)

 Herbario Amazonense de la Universidad Nacional de la Amazonía Peruana (AMAZ)

 Federación de Comunidades Nativas Chayahuita (FECONACHA)

 Museo de Historia Natural de la Universidad Nacional Mayor de San Marcos

Organización Shawi del Yanayacu y Alto Paranapura (OSHAYAAP)

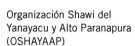 Centro de Ornitología y Biodiversidad (CORBIDI)

 Municipalidad Distrital de Balsapuerto

LOS INFORMES DE INVENTARIOS RÁPIDOS SON PUBLICADOS POR/
RAPID INVENTORIES REPORTS ARE PUBLISHED BY:

THE FIELD MUSEUM
Science and Education
1400 South Lake Shore Drive
Chicago, Illinois 60605-2496, USA
T 312.665.7430, F 312.665.7433
www.fieldmuseum.org

Editores/Editors
Nigel Pitman, Corine Vriesendorp, Diana Alvira, Jonathan A.
Markel, Mark Johnston, Ernesto Ruelas Inzunza, Agustín Lancha
Pizango, Gloria Sarmiento Valenzuela, Patricia Álvarez-Loayza,
Joshua Homan, Tyana Wachter, Álvaro del Campo, Douglas F. Stotz
y/and Sebastian Heilpern

Diseño/Design
Costello Communications, Chicago

Mapas y gráficas/Maps and graphics
Jon Markel, Mark Johnston y/and Rolando Gallardo

Traducciones/Translations
Patricia Álvarez-Loayza (English-castellano), Álvaro del Campo
(English-castellano), Emily Goldman (castellano-English),
Nigel Pitman (castellano-English), Ernesto Ruelas (English-
castellano y/and castellano-English), Tyana Wachter (English-
castellano), Agustín Lancha Pizango (castellano-Shawi) y/and
Julio Lancha Chanchari (castellano-Shawi)

ISBN NUMBER 978-0-9828419-4-5

Esta publicación ha sido financiada en parte por The Gordon and Betty
Moore Foundation, The Hamill Family Foundation y The Field Museum./
This publication has been funded in part by The Gordon and Betty Moore
Foundation, The Hamill Family Foundation, and The Field Museum.

Cita sugerida/Suggested Citation
Pitman, N., C. Vriesendorp, D. Alvira, J.A. Markel, M. Johnston,
E. Ruelas Inzunza, A. Lancha Pizango, G. Sarmiento Valenzuela,
P. Álvarez-Loayza, J. Homan, T. Wachter, Á. del Campo, D.F. Stotz
y/and S. Heilpern, eds. 2014. *Peru: Cordillera Escalera-Loreto*.
Rapid Biological and Social Inventories Report 26. The Field
Museum, Chicago.

Fotos e ilustraciones/Photos and illustrations
Carátula/Cover: Foto de Álvaro del Campo./
Photo by Álvaro del Campo

Carátula interior/Inner cover: Foto de Álvaro del Campo./
Photo by Álvaro del Campo

Láminas a color/Color plates: Figs. 9A, 10D, 12D, D. Alvira;
Fig. 8P, P. Boissel; Fig. 8Q, A. Delberghe; Figs. 1, 3A–C, 3E–F,
4A–B, 6A–B, 7A, 7M, 9C–D, 10B, 11A–B, 12B, 12H, 13B,
Á. del Campo; Figs. 7D–E, 7G, 7L, 7Q, G. Gagliardi-Urrutia; Fig. 8T,
M. Giraud-Audine; Figs. 6D–J, M. Hidalgo; Figs. 10C, 12A, J. Inga;
Fig. 8R, R. Knight; Fig. 9B, C. López Wong; Figs. 5A, 5D, 5F, 5H, 5J–K,
D. Neill; Figs. 10A, 11D–E, M. Pariona; Figs. 5B, 5G, M. Ríos Paredes;
Figs. 12F–G, 12J, S. Rivas; Figs. 12C, 12E, P. Ruiz Ojanama;
Figs. 8C, 8O, 8S, 9E, P. Saboya; Fig. 11C, B. Tapayuri; Figs. 8A–B,
8D–M, J. Tobias; Figs. 5L–M, L. Torres; Fig. 8N, F. Uribe; Figs. 7B–C,
7F, 7H–K, 7N–P, 7R–T, P. Venegas; Figs. 3D, 5C, 5E, C. Vriesendorp.

CONTENIDO/CONTENTS

EQUIPO DE CAMPO

María I. Aldea-Guevara (*peces*)
Universidad Nacional de la Amazonía Peruana
Iquitos, Perú
maryaldea@hotmail.com

Diana (Tita) Alvira Reyes (*caracterización social*)
Science and Education
The Field Museum, Chicago, IL, EE.UU.
dalvira@fieldmuseum.org

Judith Asipali Pizango (*cocinera, inventario social*)
Comunidad Nativa San Antonio de Yanayacu
Río Yanayacu, Loreto, Perú

Álvaro del Campo (*coordinación, logística de campo y fotografía*)
Science and Education
The Field Museum, Chicago, IL, EE.UU
adelcampo@fieldmuseum.org

Juanita Chanchari Rojas (*cocinera, inventario social*)
Comunidad Nativa Nueva Vida
Río Paranapura, Loreto, Perú

Wilma Freitas Araujo (*cocinera, inventario biológico*)
Iquitos, Perú

Giussepe Gagliardi-Urrutia (*anfibios y reptiles*)
Programa de Investigación en Biodiversidad Amazónica
Instituto de Investigaciones de la Amazonía Peruana (IIAP)
Iquitos, Perú
giussepegaliardi@yahoo.com

Max H. Hidalgo (*peces*)
Museo de Historia Natural
Facultad de Ciencias Biológicas
Universidad Nacional Mayor de San Marcos
Lima, Perú
mhidalgod@unmsm.edu.pe

Joshua Homan (*caracterización social*)
University of Kansas
Lawrence, KS, EE.UU.
jhoman@ku.edu

Daniel Huayunga Inuma (*caracterización social*)
Presidente, Federación OSHAYAAP
Comunidad Nativa Panán
Río Paranapura, Loreto, Perú

Dario Hurtado Cárdenas (*coordinación, logística de transporte aéreo*)
Asesor Externo
Lima, Perú
dhcapache1912@yahoo.es

Jorge Joel Inga Pinedo (*caracterización social*)
Universidad Nacional de la Amazonía Peruana
Iquitos, Perú
jorgeinga85@gmail.com

Mark Johnston (*cartografía*)
Science and Education
The Field Museum, Chicago, IL, EE.UU.
mjohnston@fieldmuseum.org

Guillermo Knell (*logística de campo*)
Ecologística Perú
Lima, Perú
atta@ecologisticaperu.com
www.ecologisticaperu.com

Agustín Lancha Pizango (*caracterización social, traductor*)
Teniente Gobernador, Federación OSHAYAAP
Comunidad Nativa Panán
Río Paranapura, Loreto, Perú

Lina Lindell (*geología e hidrología*)
Investigadora independiente
Malmö, Suecia
linalindell@yahoo.se

Cristina López Wong (*mamíferos*)
Peruvian Center for Biodiversity and Conservation
Iquitos, Perú
cris_lw@yahoo.es

Jonathan A. Markel (*cartografía*)
Science and Education
The Field Museum, Chicago, IL, EE.UU.
jmarkel@fieldmuseum.org

Italo Mesones Acuy (*logística de campo*)
Universidad de la Amazonía Peruana
Iquitos, Perú
italomesonesacuy@yahoo.com.es

Tony Jonatan Mori Vargas (*plantas*)
Instituto de Investigaciones de la Amazonía Peruana (IIAP)
Iquitos, Perú
tjmorivargas@gmail.com

Arterio Napo Tangoa (*caracterización social*)
Secretario, Federación FECONACHA
Comunidad Nativa Naranjal
Río Cachiyacu, Loreto, Perú

David A. Neill (*plantas*)
Dpto. de Conservación y Manejo de Vida Silvestre, Flora y Fauna
Universidad Estatal Amazónica
Puyo, Ecuador
davidneill53@gmail.com

Marco Odicio Iglesias (*anfibios y reptiles*)
Peruvian Center for Biodiversity and Conservation
Iquitos, Perú
odicioiglesias@gmail.com

Mario Pariona (*caracterización social*)
Science and Education
The Field Museum, Chicago, IL, EE.UU.
mpariona@fieldmuseum.org

Bruce D. Patterson (*mamíferos*)
Science and Education
The Field Museum, Chicago, IL, EE.UU.
bpatterson@fieldmuseum.org

Nigel Pitman (*edición del informe*)
Science and Education
The Field Museum, Chicago, IL, EE.UU.
npitman@fieldmuseum.org

Edward Ramírez Sangama (*logística de campo*)
Naturaleza y Cultura Internacional
Yurimaguas, Perú
bio.edw83@gmail.com

Marcos Ríos Paredes (*plantas*)
Servicios de Biodiversidad EIRL
Iquitos, Perú
marcosriosp@gmail.com

Santiago Rivas Panduro (*arqueología*)
Ministerio de Cultura
Iquitos, Perú
yarani552000@yahoo.com

Ernesto Ruelas Inzunza (*aves, coordinación*)
Science and Education
The Field Museum, Chicago, IL, EE.UU.
eruelas@fieldmuseum.org

Patty Ruiz Ojanama (*caracterización social*)
Naturaleza y Cultura Internacional
Yurimaguas, Perú
patty-rizo@hotmail.com

Percy Saboya del Castillo (*aves*)
Peruvian Center for Biodiversity and Conservation
Iquitos, Perú
percnostola@gmail.com

Gloria Sarmiento Valenzuela
Naturaleza y Cultura Internacional
Iquitos, Perú
gloriasava@gmail.com

Noam Shany
Naturaleza y Cultura Internacional
Iquitos, Perú
noamshany@gmail.com

Robert F. Stallard (*geología*)
Smithsonian Tropical Research Institute
Panamá, Panamá
stallard@colorado.edu

Douglas F. Stotz (*aves*)
Science and Education
The Field Museum, Chicago, IL, EE.UU.
dstotz@fieldmuseum.org

Bladimiro Tapayuri Murayari (*caracterización social*)
Naturaleza y Cultura Internacional
Yurimaguas, Perú
btapayuri55@hotmail.com

Luis Alberto Torres Montenegro (*plantas*)
Servicios de Biodiversidad EIRL
Iquitos, Perú
luistorresmontenegro@gmail.com

Magno Vásquez Pilco (*logística de campo*)
Universidad de California-Berkeley
Iquitos, Perú
carlomagno3818@hotmail.com

Pablo Venegas Ibáñez (*anfibios y reptiles*)
Centro de Ornitología y Biodiversidad (CORBIDI)
Lima, Perú
sancarranca@yahoo.es

Corine Vriesendorp (*coordinación, plantas*)
Science and Education
The Field Museum, Chicago, IL, EE.UU.
cvriesendorp@fieldmuseum.org

Tyana Wachter (*logística general*)
Science and Education
The Field Museum, Chicago, IL, EE.UU.
twachter@fieldmuseum.org

Alaka Wali (*caracterización social*)
Science and Education
The Field Museum, Chicago, IL, EE.UU.
awali@fieldmuseum.org

COLABORADORES

Comunidades Nativas

Comunidad Nativa Balsapuerto
Río Cachiyacu, Loreto, Perú

Barrio Santa Rosa, anexo de CN Balsapuerto
Río Cachiyacu, Loreto, Perú

Nuevo Cusco, anexo de CN Balsapuerto
Quebrada Chumbiyacu, Loreto, Perú

Comunidad Nativa Canoa Puerto
Río Cachiyacu, Loreto, Perú

Comunidad Nativa Libertad
Río Paranapura, Loreto, Perú

Comunidad Nativa Nueva Barranquita
Río Paranapura, Loreto, Perú

Comunidad Nativa Nueva Era
Río Paranapura, Loreto, Perú

Comunidad Nativa Nueva Luz
Río Cachiyacu, Loreto, Perú

Comunidad Nativa Nueva Vida
Río Paranapura, Loreto, Perú

Los Ángeles, anexo de CN Nueva Vida
Río Paranapura, Loreto, Perú

Santa Mercedes de Gallinazoyacu, anexo de CN Nueva Vida
Quebrada Gallinazoyacu, Loreto, Perú

Comunidad Nativa Nuevo Saramiriza
Río Armanayacu, Loreto, Perú

Comunidad Nativa Panán
Río Paranapura, Loreto, Perú

Comunidad Nativa Puerto Libre
Río Cachiyacu, Loreto, Perú

Comunidad Nativa San Antonio de Yanayacu
Río Yanayacu, Loreto, Perú

Comunidad Nativa San Juan de Palometayacu
Quebrada Palometayacu, Loreto, Perú

Comunidad Nativa San Lorenzo
Río Cachiyacu, Loreto, Perú

Comunidad Nativa San Miguel
Río Yanayacu, Loreto, Perú

Comunidad Nativa Soledad
Río Yanayacu, Loreto, Perú

Comunidad Nativa Soledad de Huitoyacu
Quebrada Huitoyacu, Loreto, Perú

Organizaciones indígenas

Asociación Interétnica para el Desarrollo de la Amazonía Peruana (AIDESEP)
Lima, Perú

Coordinadora Regional de los Pueblos Indígenas Región San Lorenzo (CORPI-SL)
Yurimaguas, Loreto, Perú

Federación de Comunidades Shawi del Armanayacu (FECOSHARMA)
Río Armanayacu, Loreto, Perú

Federación Regional Indígena de Alto Mayo (FERIAAM)
Moyobamba, San Martín, Perú

Federación del Pueblo Indígena Kechwa Región San Martín (FEPIKRESAM)
Barrio Wayku, Lamas, San Martín, Perú

Organización de los Pueblos Indígenas de Alto Amazonas (ORDEPIAA)
Yurimaguas, Loreto, Perú

Gobierno Central del Perú

Dirección General Forestal y de Fauna Silvestre (DGFFS)
Ministerio de Agricultura y Riego
Lima, Perú

Servicio Nacional de Áreas Naturales Protegidas por el Estado (SERNANP)
Ministerio del Ambiente
Lima, Perú

Dirección Regional de Cultura
Ministerio de Cultura
Iquitos, Loreto, Perú

Gobierno Regional de Loreto

Dirección de Saneamiento Físico Legal de la Propiedad Agraria (DISAFILPA)
Gobierno Regional de Loreto
Iquitos, Loreto, Perú

Gerencia Regional de Asuntos Indígenas
Gobierno Regional de Loreto
Iquitos, Loreto, Perú

Gerencia Regional de Presupuesto, Planeamiento y Acondicionamiento Territorial
Gobierno Regional de Loreto
Iquitos, Loreto, Perú

Gerencia Regional de Recursos Naturales y Gestión del Medio Ambiente
Gobierno Regional de Loreto
Iquitos, Loreto, Perú

Programa de Conservación, Gestión y Uso Sostenible de la Diversidad Biológica de Loreto (PROCREL)
Gobierno Regional de Loreto
Iquitos, Loreto, Perú

Programa Regional de Manejo de Recursos Forestales y de Fauna Silvestre (PRMRFFS)
Gobierno Regional de Loreto
Iquitos, Loreto, Perú

Otras colaboradores institucionales

Instituto Smithsonian de Investigaciones Tropicales (STRI)
Panamá, Panamá

Universidad Estatal Amazónica
Puyo, Ecuador

Tripulación Aerolift

Roberto Calderón (*piloto*)
Rubén Fernandini (*piloto*)
Jorge Guzmán (*piloto*)
Luis Rivas (*piloto*)
Jorge Luis Zavala (*piloto*)

Moisés Fernández (*ingeniero de vuelo*)
Mauricio Mancilla (*ingeniero de vuelo*)
Ysu Morales (*ingeniero de vuelo*)
Carlos Yovera (*ingeniero de vuelo*)

Victor Kazantzev (*ingeniero de aviones*)
Anatoly Lushnikov (*ingeniero de aviones*)

Walter Torres (*mecánico*)

The Field Museum

The Field Museum es una institución dedicada a la investigación y educación con exhibiciones abiertas al público; sus colecciones representan la diversidad natural y cultural del mundo. Su labor de ciencia y educación —dedicada a explorar el pasado y el presente para crear a un futuro rico en diversidad biológica y cultural— está organizada en tres centros que desarrollan actividades complementarias. El Centro de Colecciones salvaguarda más de 26 millones de objetos que están disponibles a investigadores, educadores y científicos ciudadanos; el Centro de Investigación Integrativa resuelve preguntas científicas con base en sus colecciones, mantiene investigaciones de talla mundial sobre evolución, vida y cultura, y trabaja de manera interdisciplinaria para resolver las cuestiones más críticas de nuestros tiempos; finalmente, el Centro de Ciencia en Acción aplica la ciencia y las colecciones del museo al trabajo en favor de la conservación y el entendimiento cultural. Este centro se enfoca en resultados tangibles: desde la conservación de grandes extensiones de bosques tropicales y la restauración de la naturaleza cercana a centros urbanos, hasta el restablecimiento de la conexión entre la gente y su herencia cultural. Las actividades educativas son parte de la estrategia central de los tres centros: estos colaboran cercanamente para llevar la ciencia, colecciones y acciones del museo al aprendizaje del público.

The Field Museum
1400 S. Lake Shore Drive
Chicago, IL 60605–2496 EE.UU.
1.312.922.9410 tel
www.fieldmuseum.org

Naturaleza y Cultura Internacional (NCI)

Naturaleza y Cultura Internacional es una organización que trabaja desde hace más de 15 años para proteger algunos de los ecosistemas más importantes y vulnerables del mundo. NCI lo logra a través del fortalecimiento de capacidades locales, el trabajo con los pobladores locales y mediante su presencia en el lugar. Con 10 oficinas en Latinoamérica integradas por equipos locales altamente capacitados, el programa de conservación de NCI busca proteger ecosistemas claves, proporcionando recursos financieros y asistencia técnica y legal en la ejecución de proyectos para conservar los más valiosos ecosistemas de Latinoamérica. NCI contribuye a que los gobiernos adopten sus propias políticas de conservación y sistemas de áreas protegidas. NCI trabaja con las comunidades en la búsqueda de alternativas para establecer y gestionar reservas comunitarias que les provean oportunidades de ingresos económicos sostenidos y hace aportes al desarrollo de una ética ecológica para cada cultura.

Naturaleza y Cultura Internacional
Urbanización Jardín No. 35 (Cuadra 7 de la Calle Brasil)
Iquitos, Perú
51.065.812.039 tel
1.800.391.4635 tel
www.naturalezaycultura.org
www.natureandculture.org

Federación de Comunidades Nativas Chayahuitas (FECONACHA)

FECONACHA es una federación indígena Shawi fundada en 1985, reconocida jurídicamente e inscrita en la Oficina Registral de Loreto en la ciudad de Yurimaguas en febrero de 2010, con una sede en el Distrito de Balsapuerto. Cuenta con una junta directiva conformada por un presidente, vicepresidente, secretario, tesorero, fiscal, mujer líder y vocal. El ámbito jurisdiccional de FECONACHA abarca la cuenca del río Paranapura y las cuencas de sus tres afluentes, los ríos Armanayacu, Cachiyacu y Yanayacu. Está conformada por 126 comunidades nativas tituladas, no tituladas y anexos, todas pertenecientes al pueblo indígena Shawi, las cuales están ubicadas en la provincia de Alto Amazonas. La visión de FECONACHA es fortalecer y defender los intereses y el derecho fundamental de los pueblos indígenas como manda el Convenio 169 de la Organización Internacional del Trabajo, así como fortalecer las capacidades organizativas de sus bases. La finalidad de FECONACHA es lograr la unidad del pueblo originario Shawi en las cuatro cuencas del Distrito de Balsapuerto, mantener una identidad cultural sólida, que cuide a través de sus integrantes un ambiente con recursos naturales saludables y efectúe prácticas de manejo sostenible para asegurar el bienestar de las generaciones futuras. Actualmente FECONACHA está involucrada en procesos para establecer los mecanismos de cuidado integral de la biodiversidad y obtener el reconocimiento oficial del territorio ancestral del pueblo originario Shawi. Además, continúa trabajando en la custodia de los bosques en los territorios comunales titulados ante la presencia de cualquier actividad extractivista forestal, minera, petrolera y de otros grandes intereses.

FECONACHA
Yurimaguas, Loreto, Perú
51.965.964.483 tel
RPM: #942167

Organización Shawi del Yanayacu y Alto Paranapura (OSHAYAAP)

La Organización Shawi del Yanayacu y Alto Paranapura (OSHAYAAP) es una institución sin fines de lucro fundada en 2012. OSHAYAAP está gestionando su inscripción en la Oficina Registral de Loreto con sede en la ciudad de Yurimaguas. OSHAYAAP tiene sede en la Comunidad Nativa Panán. Su junta directiva está conformada por un presidente, vicepresidente, secretario, tesorero, fiscal y dos vocales. El ámbito jurisdiccional de OSHAYAAP abarca dos cuencas: el río Yanayacu y el Alto Paranapura incluidos sus afluentes. Está constituida por 37 comunidades nativas tituladas y sus anexos pertenecientes al pueblo indígena Shawi, las cuales corresponden a la provincia de Alto Amazonas, Distrito de Balsapuerto. La visión de OSHAYAAP es crear capacidades organizativas en cada una de las comunidades afiliadas de las cuencas del Yanayacu y Alto Paranapura, con la finalidad de lograr un pueblo Shawi unido, fortalecido, con identidad cultural sólida y con capacidades para vigilar a través de sus habitantes un ambiente natural saludable. OSHAYAAP busca que las comunidades dispongan de recursos naturales y que sus pobladores se beneficien de éstos mediante prácticas de manejo sostenible que aseguren el bienestar de futuras generaciones. Actualmente OSHAYAAP está involucrada en los procesos que ayuden a establecer mecanismos para resguardar la integridad de la biodiversidad existente y obtener el reconocimiento oficial de la conservación de la Cordillera Escalera. OSHAYAAP también apoya a sus bases en la resolución de conflictos y custodia los bosques comunales para protegerlos de actividades forestales ilícitas.

OSHAYAAP
Comunidad Nativa Panán, Río Paranapura, Yurimaguas, Perú
51.984.847.703 tel
51.65.812.056 tel (Gilat)

Municipalidad Distrital de Balsapuerto

La municipalidad, organismo público del gobierno local, promueve el desarrollo integral y sostenible de la zona, auspiciando la inversión pública y privada y el empleo. El municipio planifica, ejecuta e impulsa acciones, obras de infraestructura y proyectos productivos que a su vez generan bienestar a nuestra población. La municipalidad se encuentra ubicada en la capital del Distrito de Balsapuerto, entrando por la cuenca del río Cachiyacu. Además, cuenta con una sede administrativa en la ciudad de Yurimaguas. El municipio asume las competencias descritas en la Ley Orgánica de Municipalidades, con carácter exclusivo o compartido en las materias siguientes: organización del espacio físico y usos del suelo, desarrollo de los servicios públicos locales, protección y conservación del medio ambiente, participación activa de la comunidad, fortalecimiento de los programas de servicios sociales de saneamiento, salubridad, transporte, educación, cultura, deportes, recreación, abastecimiento y comercialización de productos y servicios, promoción de programas sociales, defensa y protección de derechos, seguridad ciudadana y otros servicios públicos. A la fecha, el municipio participa activamente en las actividades que aseguren l a protección de la Cordillera Escalera, promoviendo liderazgo en los talleres de concertación local para asegurar una gestión participativa con eficiencia y eficacia, mediante el intercambio de ideas y estrategias que contribuyan a elevar la calidad de vida de sus habitantes locales y comunidades rurales.

Municipalidad Distrital de Balsapuerto
Plaza de Armas s/n
Balsapuerto, Loreto, Perú
51.65.352.167 tel

Instituto de Investigaciones de la Amazonía Peruana (IIAP)

El Instituto de Investigaciones de la Amazonía Peruana (IIAP) es una institución pública de investigación y desarrollo tecnológico especializada en la Amazonía, entre cuyos objetivos están la investigación, aprovechamiento sostenible y conservación de los recursos de la biodiversidad, con miras a promover el desarrollo de la población amazónica. Su sede principal está en Iquitos y cuenta con oficinas en seis regiones con territorio amazónico. Además de investigar los posibles usos de especies promisorias y desarrollar tecnologías de cultivo, manejo y transformación de recursos de la biodiversidad, el IIAP está promoviendo activamente acciones orientadas al manejo y conservación de especies y ecosistemas, incluyendo la creación de áreas protegidas; también participa en los estudios necesarios para su sustentación. Actualmente cuenta con seis programas de investigación, enfocados en ecosistemas y recursos acuáticos, ecosistemas y recursos terrestres, zonificación ecológica económica y ordenamiento ambiental, biodiversidad amazónica, sociodiversidad amazónica y servicios de información sobre la biodiversidad.

Instituto de Investigaciones de la Amazonía Peruana
Av. José A. Quiñones km 2.5 - Apartado Postal 784
Iquitos, Loreto, Perú
51.65.265515, 51.65.265516 tel
51.65.265527 fax
www.iiap.org.pe

Herbario Amazonense de la Universidad Nacional de la Amazonía Peruana (AMAZ)

El Herbario Amazonense (AMAZ) pertenece a la Universidad Nacional de la Amazonía Peruana (UNAP), situada en Iquitos, Perú. Fue creado en 1972 como una institución abocada a la educación e investigación de la flora amazónica. En él se preservan ejemplares representativos de la flora amazónica del Perú , considerada una de las más diversas del planeta. Además, cuenta con una serie de colecciones provenientes de otros países. Su amplia colección es un recurso que brinda información sobre la clasificación, distribución, temporadas de floración, fructificación y hábitats de los Pteridophyta, Gymnospermae y Angiospermae. Las colecciones permiten a estudiantes, docentes e investigadores locales y extranjeros disponer de material para sus actividades de enseñanza, aprendizaje, identificación e investigación de la flora. De esta manera, el Herbario Amazonense busca fomentar la conservación y divulgación de la flora amazónica.

Herbario Amazonense (AMAZ)
Esquina Pevas con Nanay s/n
Iquitos, Perú
51.065.222.649 tel
herbarium@dnet.com

Museo de Historia Natural de la Universidad Nacional Mayor de San Marcos

El Museo de Historia Natural, fundado en 1918, es la fuente principal de información sobre la flora y fauna del Perú. Su sala de exposiciones permanentes recibe visitas de cerca de 50,000 escolares por año, mientras sus colecciones científicas —de aproximadamente un millón y medio de especímenes de plantas, aves, mamíferos, peces, anfibios, reptiles, así como de fósiles y minerales— sirven como una base de referencia para cientos de tesistas e investigadores peruanos y extranjeros. La misión del museo es ser un núcleo de conservación, educación e investigación de la biodiversidad peruana, y difundir el mensaje, en el ámbito nacional e internacional, que el Perú es uno de los países con mayor diversidad de la Tierra y que el progreso económico dependerá de la conservación y uso sostenible de su riqueza natural. El museo forma parte de la Universidad Nacional Mayor de San Marcos, la cual fue fundada en 1551.

Museo de Historia Natural
Universidad Nacional Mayor de San Marcos
Avenida Arenales 1256
Lince, Lima 11, Perú
51.1.471.0117 tel
www.museohn.unmsm.edu.pe

Centro de Ornitología y Biodiversidad (CORBIDI)

El Centro de Ornitología y Biodiversidad (CORBIDI) fue creado
en Lima en el año 2006 con el fin de desarrollar las ciencias
naturales en el Perú. Como institución, se propone investigar y
capacitar, así como crear condiciones para que otras personas e
instituciones puedan llevar a cabo investigaciones sobre la
biodiversidad peruana. CORBIDI tiene como misión incentivar la
práctica de conservación responsable que ayude a garantizar el
mantenimiento de la extraordinaria diversidad natural del Perú.
También prepara y apoya a peruanos para que se desarrollen en la
rama de las ciencias naturales. Asimismo, CORBIDI asesora a otras
instituciones, incluyendo gubernamentales, en políticas relacionadas
con el conocimiento, la conservación y el uso de la diversidad en el
Perú. Actualmente, la institución cuenta con tres divisiones:
ornitología, mastozoología y herpetología.

Centro de Ornitología y Biodiversidad
Calle Santa Rita 105, Oficina 202
Urb. Huertos de San Antonio
Surco, Lima 33, Perú
51.1.344.1701 tel
www.corbidi.org

AGRADECIMIENTOS

Queremos agradecer profundamente al pueblo Shawi por permitirnos hacer este estudio en su territorio ancestral. Hemos sido testigos del apoyo total del pueblo Shawi para la conservación de sus espacios ancestrales y su completo rechazo a las actividades de gran escala como petróleo, concesiones madereras y carreteras que amenazan este territorio. Aunque existen distintas opiniones de las federaciones regionales y locales dentro de la región sobre la mejor forma de conservar y manejar el espacio territorial Shawi, estamos seguros que con un proceso bien pensado de diálogo y reflexión se llegará a una idea consensuada y bien informada de cómo proteger la Cordillera Escalera-Loreto.

Al nivel regional, existen dos organizaciones (CORPI-SL y ORDEPIAA) que pretenden unir a las federaciones de base y agradecemos a ambas por su apoyo para este trabajo. Nuestro sincero agradecimiento a los directivos de la Organización de los Pueblos Indígenas de Alto Amazonas (ORDEPIAA), en especial a Juan Tapayuri y Rider Mozombite, por asumir el gran compromiso de convocar al pueblo Shawi para realizar las reuniones de consentimiento informado previo en las comunidades nativas de Balsapuerto, San Gabriel de Varadero y Panán. Igualmente extendemos el mismo agradecimiento a los directivos de la Coordinadora Regional de Pueblos Indígenas-San Lorenzo (CORPI-SL) en Yurimaguas, en especial a Oswaldo Manihuari, Yolo Navarro y Marcial Mudarra, cuyas recomendaciones fueron de mucha utilidad para realizar el inventario rápido.

Agradecemos a la Organización Shawi del Yanayacu y Alto Paranapura (OSHAYAAP) y a su presidente Daniel Huayunga Inuma por todo el trabajo en apoyo al equipo social así como por acompañarnos en las visitas a las comunidades de Nueva Vida y San Antonio. Agustín Lancha Pizango, teniente gobernador de Panán, colaboró con nosotros como traductor y como miembro del equipo social durante la visita a todas las comunidades. Los directivos de la Federación de Comunidades Nativas Chayahuitas (FECONACHA), su presidente Segundo Pizango Inuma y su secretario Arterio Napo Tangoa nos acompañaron y colaboraron de manera muy importante con el equipo social durante nuestras visitas a Balsapuerto.

Queremos expresar nuestro reconocimiento a los directivos y asesores de la Federación Regional Indígena de Alto Mayo (FERIAAM) con sede en Moyobamba y de la Federación de Pueblos Indígenas Kechwas - Región San Martín (FEPIKRESAM) con sede en Barrio Wayku, Lamas, por recibirnos amablemente y poder intercambiar opiniones para continuar con el proceso del estudio en la Cordillera Escalera-Loreto.

Nuestro colaborador en este inventario, Nature and Culture International, merece un agradecimiento especial por el compromiso de su equipo con la conservación de la Cordillera Escalera. Gloria Sarmiento, Bladimiro Tapayuri, Patty Ruiz, Edward Ramírez, Manuel Pezo Hoyos, Jennifer Montoya, Cristian Pérez y su director Noam Shany dieron todo de sí mismos para el éxito del inventario.

En el gobierno central del Perú tuvimos el apoyo de varios ministerios para llevar a cabo este inventario. Durante el proceso de solicitud de los permisos de investigación de la Dirección General Forestal y de Fauna Silvestre (DGFFS) del Ministerio de Agricultura queremos agradecer a su directora, la bióloga Rosario Acero Villanés, por su gentil atención para otorgarnos el permiso para trabajar en Cordillera Escalera y muy especialmente a Oscar Portocarrero Alcedo cuya ayuda fue clave para que el permiso saliera a tiempo. La Dirección Regional de Cultura del Ministerio de Cultura en Iquitos amablemente permitió la colaboración del arqueólogo Santiago Rivas Panduro quien nos compartió información muy importante sobre los valores arqueológicos de la cuenca del Cachiyacu. Por su parte, el Servicio Nacional de Áreas Naturales Protegidas por el Estado (SERNANP) del Ministerio de Ambiente estuvo siempre al tanto de nuestro trabajo en Cordillera Escalera y agradecemos profundamente a su jefe Pedro Gamboa Moquillaza por las atenciones que nos prestó para completar este inventario.

En el Gobierno Regional de Loreto (GOREL), agradecemos el compromiso de su presidente Iván Vásquez Valera con la conservación de su región. La Dirección de Saneamiento Físico Legal de la Propiedad Agraria (DISAFILPA) actuó de manera rápida y decidida en la resolución de problemas de tenencia de la tierra y la Gerencia Regional de Asuntos Indígenas participó activamente en asambleas con comunidades. Por su parte, la Gerencia Regional de Presupuesto, Planeamiento y Acondicionamiento Territorial, la Gerencia Regional de Recursos Naturales y Gestión del Medio Ambiente, el Programa Regional de Manejo de Recursos Forestales y de Fauna Silvestre (PRMRFFS), y el Programa de Conservación, Gestión y Uso Sostenible de la Diversidad Biológica de Loreto (PROCREL) facilitaron diferentes gestiones para el desarrollo de este inventario. Agradecemos a Jack Flores y Rosario del Águila del PROCREL por su colaboración para llevar este inventario a buen término.

Los sobrevuelos de reconocimiento previo son una parte indispensable del inventario. Gracias a estos vuelos podemos tener una excelente percepción de la vegetación y las características físicas del área de estudio que nos permiten decidir con bastante aproximación los lugares donde estableceremos los sitios de trabajo del equipo biológico. Agradecemos enormemente a la empresa de helicópteros INAER, en especial a sus pilotos Ciro Bardales y Daniel de la Fuente, así como a su personal en Lima, Liliana Ávila, Ronald Sutcliffe y Dino Forenza, por todo el apoyo que nos brindaron.

Álvaro del Campo coordinó el trabajo del equipo de logística de avanzada que ingresó al campo semanas antes del arribo de los equipos científicos del inventario para preparar helipuertos, campamentos y trochas. Este terreno es severo y accidentado, pero la determinación, liderazgo, sentido del humor y capacidad física de Álvaro hicieron posible el trabajo. Junto a Álvaro, Guillermo Knell y Edward Ramírez ayudaron a establecer los 'tres-campamentos-en-uno' a lo largo del Alto Cachiyacu. Fue necesario un esfuerzo sobrehumano para construir trochas desde los 500 m de altitud a lo largo del río Cachiyacu hasta los 1,950 m en los bosques enanos en la cima de las montañas. Los otros líderes del equipo de avanzada, Italo Mesones y Magno Vásquez, fueron realmente impresionantes en su capacidad para establecer sistemas de trochas en un terreno extremadamente inclinado no sólo en uno, sino en dos campamentos. Ninguna parte de nuestro trabajo hubiese sido posible sin la dedicación de los líderes del equipo de avanzada y por ello expresamos nuestro más profundo aprecio para Álvaro, Guillermo, Italo, Magno y Edward.

Un total de 41 residentes de comunidades nativas formó parte del equipo de avanzada y muchos de ellos continuaron ayudándonos de manera significativa durante el inventario mismo. Estos tigres son: Luis Apuela, Marcos Cahuasa, Bruno Huansi, Norma Inuma, David Lancha, Jaime Lancha, Jorge Lancha, Pascual Lancha, Segundo Lancha, Silvia Lancha, Wilder Lancha, Jorge López, Eugenio Mapuchi, Manuel Mapuchi, Inocente Napo, Alfonso Pizango, Catalino Pizango, Cecilio Pizango, Cornelio Pizango, Elio Pizango, Harry Pizango, José Pizango, Mario Pizango, Miguel Pizango, Richard Pizango, Silver Pizango, Wilson Pizango, Matías Púa, Tito Púa, Mauro Ríos, Pedro Rucoba, Adán Tangoa, Antonio Tangoa, Romel Tangoa, Santosa Tangoa, Toribio Tangoa, Percy Teco, Gregorio Tuesta, Geiner Yumi, Marco Yumi y Tito Yumi. El inventario tampoco hubiese sido posible sin el trabajo

duro y comprometido de nuestros colaboradores locales y a ellos les extendemos nuestra más profunda admiración y gratitud.

Dario Hurtado Cárdenas 'Apache' jugó una vez más un papel preponderante con la logística de operaciones de pilotos, helicópteros y sus planes de vuelo. Agradecemos a la empresa Aerolift por haber facilitado las operaciones con su helicóptero MI-8T para que el equipo pudiera acceder a los remotos campamentos del inventario. El personal de Aerolift que nos apoyó a lo largo de este inventario incluye a: Nikolay Nikitin, subgerente; Tadeo Valles, gerente de operaciones; Tatiana Nikitina, jefa de tesorería; Svetlana Maksimova de finanzas y Marleni Salvador de tesorería. Tenemos una deuda especialmente grande con su excelente personal de tripulación: los pilotos Roberto Calderón, Rubén Fernandini, Jorge Guzmán, Luis Rivas y Jorge Luis Zavala; los ingenieros de vuelo Moisés Fernández, Mauricio Mancilla, Ysu Morales y Carlos Yovera; los ingenieros de aviones Victor Kazantzev y Anatoly Lushnikov, y el mecánico Walter Torres.

Patrick Meza Acuña y todo el equipo de Talma fue muy servicial en el aeropuerto de Tarapoto, y prestó todo su apoyo para embarcar a los participantes del inventario y su carga hacia los diferentes campamentos. Nuestras gracias a todos ellos.

La señora María Casasa de Comercial Ingrids junto a su esposo Diójenes Hualcas y sus asistentes Maicol Saboya y Romario Chuña nos proveyeron de la mayor parte de víveres y equipo para todas las etapas del trabajo. En Tarapoto agradecemos a Abel y Antero Silva por la ayuda en instalar la radio que mantuvo la comunicación entre nuestra base y los equipos biológico y social.

Las siguientes personas o instituciones nos brindaron también su valioso apoyo durante alguna parte de nuestro trabajo: Daniel Bacigalupo de Pacífico Seguros; el personal del Hotel Plaza del Bosque en Tarapoto, en especial su administradora Claudia Arévalo; el personal del Gran Hotel Marañón en Iquitos y del Hotel Señorial en Lima; también Cynthia Reátegui de LAN Perú, Milagritos Reátegui, César Reátegui, Gloria Tamayo, Sylvia del Campo, Felipe del Campo, Chelita Díaz; Techy Marina y Augusta Valles de CIMA Tarapoto, y Ana Rosa Sáenz Rodríguez, Andrea Campos Chung y Fredy Ferreyra Vela de IBC en Iquitos.

El equipo biológico ofrece un especial agradecimiento a Wilma Freitas Araujo por acompañarnos al campo como nuestra cocinera.

El equipo geológico quisiera agradecer a Gregorio Tuesta y a Elio Pizango, residentes locales, por su ayuda invaluable en el campo, por compartir con nosotros su conocimiento local y también por haber cargado muestras de roca, suelo y agua por el bien de la ciencia. A todos los colegas que nos regalaron fotos relacionadas a la geología e hidrología, a Ernesto Ruelas por regalarnos su último cuaderno, a David Neill por el trabajo conjunto examinando la relación entre plantas y suelos, a Mark Johnston y Jonathan Markel por su colaboración sumamente importante para crear información geológica y hidrológica digital, a Percy Saboya por haber fotografiado fósiles y a Tyana Wachter, quien nos prestó su computadora. Agradecemos a la Universidad de Lineo en Suecia por proveernos varios instrumentos para poder realizar el trabajo de muestreo y la colaboración de la geóloga Olga Maskenskaya desde Suecia. Finalmente queremos agradecer a Corine Vriesendorp y a Álvaro del Campo por el manejo profesional de la situación crítica que vivimos en el tercer campamento, así como a todas las demás personas que fueron vitales en la resolución del asunto.

El equipo botánico quiere reconocer el trabajo invaluable de sus asistentes de campo Shawi, en especial Adán Tangoa en el campamento Mina de Sal y a Cornelio (Cori) Pizango y Harry Pizango en el campamento Alto Cachiyacu. Nuestro trabajo de campo, análisis e interpretación se enriqueció sustancialmente en las interacciones entre investigadores en el equipo de campo, en particular durante las frecuentes discusiones con los geólogos Bob Stallard y Lina Lindell. En Iquitos, Carlos Amasifuen (Servicios de Biodiversidad) merece nuestro profundo agradecimiento por llevar a cabo la ardua tarea de secar y separar nuestras nueve bolsas de especímenes de plantas que fueron preservadas en alcohol en el campo. También agradecemos a Carlos y Ricardo Zárate (IIAP) por el préstamo de equipo de campo para el equipo botánico. Robin Foster ayudó con la identificación de plantas utilizando fotografías que le enviamos y en consultas a varios taxónomos especialistas en varias instituciones de investigación botánica, incluida Charlotte Taylor (MO), que identificó varias especies utilizando fotografías. Agradecemos al Missouri Botanical Garden por el uso de la base de datos Tropicos y a Chris Davidson por hacer disponibles imágenes de plantas en *http://www.floraoftheworld.org*. Estos recursos, así como las imágenes en línea del Field Museum (*http://fm2.fieldmuseum.org/plantguides/*) fueron muy útiles para que lográramos la determinación de las plantas que inventariamos en la Cordillera Escalera.

El equipo herpetológico se encuentra especialmente agradecido con Alfonso Pizango Tangoa, Gregorio Tuesta y Adán Tangoa Yumi por brindarnos los nombres en la lengua Shawi de las especies que registramos en campo, además con Tito Yumi por la asistencia en el campamento Alto Cachiyacu cumbre. También agradecemos a Diana Alvira, Joel Inga y Patty Ruiz del equipo social por compartir sus fotos de la herpetofauna registrada en las comunidades visitadas.

Los ornitólogos agradecen a Tom Schulenberg por su ayuda en la interpretación de sus resultados y por encontrar varias referencias bibliográficas importantes para su capítulo del informe, así como a Ben Winger por compartir referencias publicadas y datos inéditos para esta zona.

Los mastozoólogos quieren agradecer a Silver Pizango, Pascual Lancha y Manuel Mapuche por su apoyo en el trabajo de campo. También damos gracias a los asistentes locales que compartieron su conocimiento y nos ayudaron a identificar potenciales mamíferos presentes en los campamentos Mina de Sal y Alto Cachiyacu, además de darnos sus nombres en Shawi. Gracias también a todos los colegas de los equipos biológico, social, y de avanzada que contribuyeron con sus observaciones y fotografías a los registros obtenidos. Agradecemos a Nigel Pitman por facilitarnos información para enriquecer nuestro análisis de datos; a Paúl Velazco, por su ayuda en la identificación taxonómica de los especímenes de *Platyrrhinus*; a Agustín Lancha Pizango, teniente gobernador de la comunidad de Panán, por su ayuda en la revisión y corrección de los nombres de los mamíferos en Shawi; a Rolando Aquino, por compartir con nosotros su amplio conocimiento sobre los primates en la Amazonía y ayudarnos a confirmar, así como a corregir, la distribución potencial de algunas especies reportadas para la zona; finalmente a Mario Escobedo, por brindarnos la información de los registros de murciélagos del ACR Cordillera Escalera (San Martín) obtenidos en la evaluación biológica realizada por el Instituto de Investigaciones de la Amazonía Peruana en agosto de 2013.

El equipo social quiere dar las gracias a todos los residentes de las comunidades Shawi con las que colaboramos durante el inventario rápido por su disposición para compartir información, por su hospitalidad y en general por su apoyo para este proyecto. En la Comunidad Nativa Nueva Vida queremos agradecer al *apu* Cruz Chanchari Pizango, el teniente gobernador Samson Tangoa Púa y el agente municipal Roger Tango Pizango por su asistencia en la organización de eventos durante nuestra visita y por asegurar la participación de la comunidad. También queremos agradecer a Juanita Chanchari Rojas, que cocinó para el equipo social, así como a sus asistentes Jeny Inuma Púa, Janet Taminchi Chanchari y Jessica

Pizango Chanchari. Erick Chumbe Villacorta, Samuel Huiñapi, Rafael Pizuri Cárdenas, Laura Pizango Apuela, Marcial Pizango Tangoa, Antonia Torres Pizango, Julian Pizango Rocoba, Dora Lancha Tangoa, Humberto Pizango Rocoba, Anita Púa Pizango, Julio Marichi Vera, Cecilio Rocoba Inapi, Bautista Rocoba Inapi, Juan José Tangoa Púa, Rafael Marichi Vera, José Pizango Púa, Domingo Tangoa Lancha, Sayte Pizango Tango, Mercedes Pacaya Rioja, Roger Huiñapi Tangoa, Marcos Huiñapi Inuma, Raymunda Tangoa Lancha, Salomón Tangoa Lancha, Gregorio Tangoa Huiñapi, Eraina Púa Tangoa, Mariano Tangoa Torres, Rafael Pizango Rucoba, Prof. Eduardo Púa Rucoba, Prof. José Luis Inuma Púa y Prof. Hernán Pizango Torres nos prestaron servicios y nos proveyeron información por lo cual el equipo social está muy agradecido.

En la Comunidad Nativa de San Antonio de Yanayacu queremos agradecer al *apu* Francisco Inuma Cahuaza, el teniente gobernador Adolfo Tangoa Lancha, y el agente municipal Wilder Chanchari Pizango. En la Comunidad Nativa de San Miguel agradecemos al apu Segundo Rucoba Apuela, el teniente gobernador Mauro Ríos Rucoba, y el agente municipal Tito Púa Apuela por su asistencia durante nuestra estadía. Queremos también agradecer a Eleovina Púa Tangoa y Judith Aspali Tangoa por cocinar para el equipo social. Finalmente, queremos agradecer a Jorge Tangoa Huiñapi, Leandro Tangoa Rucoba, Pablo Inuma Tangoa, Eugenio Inuma Tangoa, Marcial Inuma Marichi, Eugenia Tangoa Púa, Santiago Yumi Chanchari, Mauricio Púa Lancha, Rider Tangoa Yume, Mariano Huiñapi Lancha, Wilder Chanchari Pizango, Celina Tangoa Lancha, Diomedes Lancha Rengifo, Fayerina Pizango Lancha, Segundo Lancha Rengifo, Catalino Yumi Inuma y Antonio Napuche Pizango por su apoyo y su generosidad compartiéndonos información.

En la Comunidad Nativa de San Jorge (Balsapuerto), queremos agradecer al *apu* Eduardo Púa Pizango, al teniente gobernador Eugenio Mozambit y al agente municipal Rosendo Púa Chanchari por su generosidad en proporcionarnos un local para nuestras reuniones así como por organizar a los residentes de esta comunidad para eventos y talleres. Queremos agradecer a Toribio Pizango Pizango, Jhony Pizango Púa, Simon Púa Inuma, Lorenzo Pizango Pizango, José Yume Pizango, Vicente Pizango Pizango, Pablo Púa Chanchari, Sacarias Pizango Púa, Nortia Pizango Púa, Verónica Pizango Púa, Maurico Lancha Púa, Luisa Púa Pizango, Cecilia Pizango Chanchari, Alberto Yume Pizango, Roberth Púa Pizango, Ernesto Púa Pizango, Santo Lancha Púa, Segundo Inuma Napu

y Elena Púa Pizango de Balsapuerto por toda su asistencia. En la Comunidad Nativa de Nuevo Cusco queremos agradecer a Alfonso Tangoa Lancha, Alberto Tangoa Púa, Hermony Pizango Huansi, Isiano Torres Púa y Franklin Tangoa Inuma. En la Comunidad Nativa de Puerto Libre agradecemos a Esteban Tamabi Chambira, Harry Nolorve Chanchari y Rengifo Apuela Rucoba. En la Comunidad Nativa de Nueva Luz estamos muy agradecidos con el *apu* Sabino Fatama Napo, el teniente gobernador Vicente Pizango Pizango y el agente municipal Juan Tangoa Chanchari. En la Comunidad Nativa Nuevo San Lorenzo queremos dar las gracias a Robertina Tangoa Marichin por compartir con nosotros unas valiosísimas historias que le fueron comunicadas por su bisabuelo. También queremos agradecer a Francisco Lancha Nolorve de la Comunidad Nativa Buenos Aires y a Resurreción Púa Huiñapi de la Comunidad Nativa de Canoa Puerto.

Finalmente, en Balsapuerto queremos agradecer al teniente gobernador del Distrito de Balsapuerto Mifler del Águila, al Juez de Paz José Salvador Torres, al Prof. Serafin Cárdenas y a la Prof. Marisela de Cárdenas. El equipo social también quiere agradecer a Rolando Gallardo, especialista en Sistemas de Información Geográfica, quien elaboró con mucho detalle y dedicación los mapas de uso de recursos de las comunidades visitadas. El equipo del inventario rápido también agradece a Ermeto Tuesta, especialista SIG del Instituto del Bien Común, por facilitar la información georreferenciada más actualizada de las comunidades en la cuenca del río Paranapura.

Tyana Wachter dedicó sus días completos a este inventario desde el amanecer hasta el anochecer por más de mes y medio, e ignoró fines de semana y días festivos para asegurarse que cada persona que estuvo involucrada de cualquier manera con el inventario —desde los miembros del equipo hasta los conductores de taxis— tuvieran las herramientas y las condiciones necesarias para hacer su trabajo. Quizá el mejor ejemplo de su desinteresado velar por el bien de los demás fue el día en que estuvo resolviendo encargos sin parar en un Iquitos lluvioso y le dio su paraguas a "alguien que lo necesitaba". En equipo completo está en deuda absoluta con Tyana y sus superpoderes.

Varias personas del Field Museum que se quedaron en Chicago durante el inventario proveyeron un soporte crítico a distancia. En esta lista incluimos a Dawn Martin, Sarah Santarelli, Meganne Lube y Royal Taylor. Robin Foster y Juliana Philipp crearon, imprimieron y laminaron un gran número de guías rápidas a color que fueron utilizadas con mucha frecuencia en los inventarios biológico y social. Jon Markel y Mark Johnston son una parte crítica de la planeación y ejecución de nuestros inventarios. Su trabajo se extiende a través de la fase de escritura del informe, una vez que ha terminado el trabajo de campo, y continúa hasta la etapa de publicación.

Jim Costello y su equipo en Costello Communications han trabajado con nosotros en la elaboración de informes de inventarios rápidos por tanto tiempo que ya los consideramos una parte irremplazable de nuestro equipo —una fuente inagotable de estrategias creativas para comunicar lo que descubrimos en el campo a nuestros socios, tomadores de decisiones y otros. Estamos especialmente agradecidos por la eficiencia y el profesionalismo de Jim, Sophia Brown y Todd Douglas. También agradecemos de manera especial el trabajo de Teresa Fagan y colaboradores en la University of Chicago Press por su ayuda en la distribución de nuestros informes.

El equipo del inventario quiere agradecer la tremenda contribución de familiares y amigos que llevan sobre sus hombros una gran carga mientras estamos lejos de casa. La energía positiva que nos envían desde cientos o miles de kilómetros de distancia nos da fuerza.

Estamos en deuda con The Gordon and Betty Moore Foundation y The Hamill Family Foundation por su apoyo financiero para este inventario y su compromiso con el desarrollo de profesionales de la conservación en Loreto. Y por supuesto estamos profundamente agradecidos por el apoyo incondicional de nuestra institución, The Field Museum, especialmente Richard W. Lariviere y nuestra visionaria lideresa Debra K. Moskovits.

La meta de los inventarios rápidos —biológicos y sociales— es catalizar acciones efectivas para la conservación en regiones amenazadas que tienen una alta riqueza y singularidad biológica y cultural

Metodología

Los inventarios rápidos son estudios de corta duración realizados por expertos que tienen como objetivo levantar información de campo sobre las características geológicas, ecológicas y sociales en áreas de interés para la conservación. Una vez culminada la etapa de campo, los equipos biológico y social sintetizan sus hallazgos y elaboran recomendaciones integradas para proteger el paisaje y mejorar la calidad de vida de sus pobladores.

Durante los inventarios el equipo científico se concentra principalmente en los grupos de organismos que sirven como buenos indicadores del tipo y condición de hábitat, y que pueden ser inventariados rápidamente y con precisión. Estos inventarios no buscan producir una lista completa de los organismos presentes. Más bien, usan un método integrado y rápido para 1) identificar comunidades biológicas importantes en el sitio o región de interés y 2) determinar si estas comunidades son de valor excepcional y de alta prioridad en el ámbito regional o mundial.

En la caracterización del uso de recursos naturales, fortalezas culturales y sociales, científicos y comunidades trabajan juntos para identificar las formas de organización social, uso de los recursos naturales, aspiraciones de sus residentes, y las oportunidades de colaboración y capacitación. Los equipos usan observaciones de los participantes y entrevistas semi-estructuradas para evaluar rápidamente las fortalezas de las comunidades locales que servirán de punto de partida para programas de conservación a largo plazo.

Los científicos locales son clave para el equipo de campo. La experiencia de estos expertos es particularmente crítica para entender las áreas donde previamente ha habido poca o ninguna exploración científica. A partir del inventario, la investigación y protección de las comunidades naturales con base en las organizaciones y las fortalezas sociales ya existentes dependen de las iniciativas de los científicos y conservacionistas locales.

Una vez terminado el inventario rápido (por lo general en un mes), los equipos transmiten la información recopilada a las autoridades y tomadores de decisión regionales y nacionales quienes fijan las prioridades y los lineamientos para las acciones de conservación en el país anfitrión.

Fechas del trabajo de campo: 13 de setiembre–2 de octubre de 2013

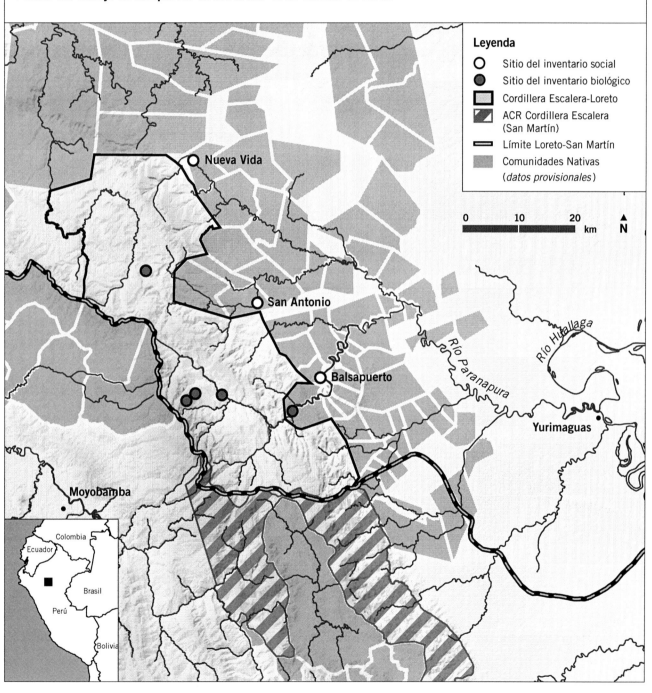

Leyenda

○ Sitio del inventario social
● Sitio del inventario biológico
▢ Cordillera Escalera-Loreto
▨ ACR Cordillera Escalera (San Martín)
▭ Límite Loreto-San Martín
▨ Comunidades Nativas (*datos provisionales*)

0   10   20 km   ▲N

Nueva Vida

San Antonio

Balsapuerto

Río Paranapura

Río Huallaga

Yurimaguas

Moyobamba

Colombia
Ecuador
Brasil
Perú
Bolivia

Región	La Cordillera Escalera es una cadena montañosa subandina que se eleva sobre la llanura amazónica hasta los 2,300 m y se sitúa a lo largo de la frontera entre Loreto y San Martín en el norte del Perú. El área de 130,925 ha que estudiamos (llamada aquí Cordillera Escalera-Loreto) se encuentra ubicada por completo dentro de la Región Loreto y es uno de los primeros sitios montanos que han sido estudiados ahí. Esto es el territorio ancestral del pueblo Shawi (llamado también Chayahuita o Kampu Piyawi) que hoy vive en 126 comunidades asentadas en las tierras bajas al oriente de la cordillera. La Cordillera Escalera-Loreto es un componente clave de un archipiélago de cadenas montañosas subandinas geológicamente únicas (también conocidas como tepuyes andinos) y biológicamente significativas que se extiende desde Sierra del Divisor en el Perú hasta Colombia en el norte.

Sitios visitados
(Fig. 2A)

Equipo biológico:

Cuenca del río Paranapura	Mina de Sal *S 5°53'22" W 76°36'15.7"* *300–750 m*	14–20 de setiembre de 2013
	Alto Cachiyacu *S 5°51'31.0" W 76°43'3.4"* *500–1,950 m*	20–27 de setiembre de 2013
Cuenca del río Cahuapanas	Alto Cahuapanas *S 5°39'51.8" W 76°50'20.4"* *1,000–1,350 m*	27 de setiembre–1 de octubre de 2013

Equipo social:

Cuenca del río Paranapura	Comunidad Nativa Nueva Vida *220 m*	16–21 de setiembre de 2013
	Comunidad Nativa San Antonio de Yanayacu *245 m*	21–26 de setiembre de 2013
	Comunidad Nativa Balsapuerto *205 m*	26 de setiembre–2 de octubre de 2013

Durante el inventario, el equipo social también se entrevistó con representantes de las comunidades nativas de Canoa Puerto, Libertad, Los Ángeles, Nueva Barranquita, Nueva Era, Nueva Luz, Nuevo Saramiriza, Panán, Puerto Libre, San Juan de Palometa, San Lorenzo, San Miguel, Soledad y Soledad de Huitoyacu.

El 2 de octubre de 2013 ambos equipos presentaron públicamente los resultados preliminares del inventario en Balsapuerto, ante la presencia de autoridades de comunidades de la zona. El 5 de octubre de 2013 ambos equipos realizaron un taller en Iquitos para identificar las principales amenazas, fortalezas y oportunidades en la región de estudio y para elaborar recomendaciones para la conservación.

Enfoques geológicos y biológicos	Geomorfología, estratigrafía, hidrología y suelos; vegetación y flora; peces; anfibios y reptiles; aves; mamíferos
Enfoques sociales	Fortalezas sociales y culturales; etnohistoria; demografía, economía y sistemas de manejo de recursos naturales; etnobotánica
Resultados biológicos principales	La Cordillera Escalera-Loreto alberga comunidades biológicas megadiversas sobre formaciones geológicas antiguas. Aparte del buen estado de sus bosques y ríos, la característica que la hace una prioridad alta para la conservación es el gran número de especies de plantas y animales que están restringidas a las montañas de esta zona del Perú—como el mono choro de cola amarilla (*Lagothrix flavicauda*), especie endémica categorizada como Críticamente Amenazada a nivel mundial. En Amazonas y San Martín muchas de estas montañas han perdido sus bosques con el avance de la ganadería y agricultura. Proteger la Cordillera Escalera-Loreto ayudará a evitar que ocurra lo mismo con las valiosas franjas de ecosistemas montanos dentro de Loreto.

Durante el inventario **encontramos al menos 38 especies nuevas para la ciencia** (2 peces, 5 anfibios, 1 reptil y ~30 plantas), **cientos de registros nuevos para Loreto (la mayoría plantas) y dos géneros nuevos para el Perú**. Se estima aproximadamente 4,000–4,500 especies de plantas vasculares y vertebrados para la Cordillera Escalera-Loreto.

	Especies registradas en el inventario	Especies estimadas para la región
Plantas	830	2,500–3,000
Peces	30	50
Anfibios	70	120
Reptiles	41	>100
Aves	422	600–650
Mamíferos pequeños	29	Desconocido
Mamíferos medianos y grandes	43	65

Geología	La Cordillera Escalera es una de las varias cadenas montañosas subandinas (llamadas tepuyes andinos en este informe) que se extienden paralelamente a la Cordillera Andina Oriental del Perú, Ecuador y Colombia. La Escalera constituye una zona de transición entre los altos Andes orientales y la llanura amazónica. Está integrada por depósitos que abarcan edades del Periodo Jurásico (hace 160 millones de años) al Mioceno (hace 5 millones de años), de 10 formaciones geológicas sedimentarias de origen continental y marino, en las cuales predominan areniscas (53% del área de estudio), capas rojas con algunos afloramientos pequeños de evaporitas (36%) y calizas (8%).

Geología (continuación)

En el levantamiento de estos cerros se identifican tres pulsos de ascenso: el primero estimado en 10 millones de años antes del presente; el segundo, de ascenso rápido, datado entre 5 y 6 millones de años; y un último —que se ve en la deformación de sedimentos del Mioceno—, concluido hace más de 2 millones de años. Debido a procesos tectónicos, como pliegues y fallas, las fajas paralelas de litologías de diferentes edades y características están expuestas en la superficie. La variación en la resistencia de los diferentes materiales litológicos ha resultado en un paisaje altamente variado, que incluye desde llanuras de inundación con ríos meándricos a escarpes verticales con cataratas, así como una gran variación en la composición química de las aguas superficiales. La conductividad de estas aguas varía desde aguas excepcionalmente puras (3.5 µS/cm) a aguas que drenan evaporitas masivas (aproximadamente 2,000 µS/cm). Gran parte de las quebradas pequeñas son de agua clara, mientras que los ríos son turbios (agua blanca). La acidez varía desde aguas fuertemente ácidas (que drenan areniscas) a neutrales (que drenan lutitas y calizas).

Sobre el paisaje geológicamente diverso de la Cordillera Escalera se ha desarrollado una gran cantidad de hábitats para plantas y animales. Las extensas áreas de areniscas cuarzosas incluyen comunidades de organismos raros y probablemente endémicos. En gran contraste con estos, y abarcando extensiones mucho menores, existen áreas de material calcáreo que contiene fósiles intactos de diferentes organismos marinos. Otra característica importante de la zona son yacimientos de evaporitas, sales que han jugado un papel histórico en el desarrollo de las comunidades locales y que siguen siendo importantes para la nutrición hasta el día de hoy. El pueblo Shawi también utiliza estas sales durante la elaboración de hilos de algodón que son utilizados para tejer su vestimenta tradicional.

Vegetación

La Cordillera Escalera-Loreto alberga una gran variedad de tipos de vegetación y comunidades de plantas fuertemente definidas por la geología local y la topografía. La elevación y el clima juegan un papel importante, aunque menos preponderante en la determinación de los patrones de vegetación, ya que observamos comunidades de plantas similares creciendo a elevaciones notablemente diferentes sobre el mismo sustrato geológico. De manera general, los tipos de vegetación varían desde el bosque enano que crece sobre suelos de rocas areniscas pobres en nutrientes en las mayores elevaciones (1,700–1,950 m), a las majestuosas extensiones de bosque alto de laderas con suelos relativamente fértiles a elevaciones medias (800–1,200 m) y los bosques de llanura amazónica similares a, pero menos diversos que, la selva baja que domina la mayoría de Loreto.

El sector sur de la Cordillera Escalera-Loreto tiene la mayor diversidad geológica y topográfica, y consecuentemente la mayor diversidad de hábitats dentro del área propuesta para la conservación. En contraste, la mayoría del sector norte de la Cordillera Escalera-Loreto es de una única formación geológica de suelos extremadamente pobres a los 1,000–1,400 m de elevación. Esta planicie tiene una extensión de unas 50,000 ha y alberga una comunidad notable de plantas especializadas que incluye elementos asociados a las arenas blancas de tierras bajas y otros asociados a las areniscas de tierras altas. Los bosques altos y los bosques achaparrados (o chamizales) crecen lado a lado en los suelos arenosos de la parte baja de los valles mientras que los macizos de areniscas ubicados por encima de los valles (los tepuyes andinos) están cubiertos por arbustos bajos. Estos tipos de vegetación se parecen mucho a la de los tepuyes del sur de Venezuela, así como a las comunidades de plantas en las islas de arena blanca de la selva baja amazónica a elevaciones debajo de los 200 m (p. ej., la Reserva Nacional Allpahuayo-Mishana cerca de Iquitos), y albergan especies típicas de las cimas de arenisca de los tepuyes andinos (p. ej., la Cordillera del Cóndor).

Flora

Los botánicos colectaron 644 especímenes de plantas vasculares y observaron cerca de 200 especies adicionales para un total de 830 especies registradas durante el inventario. Estimamos que entre 2,500 y 3,000 especies de plantas vasculares se encuentran en la Cordillera Escalera-Loreto. Nuestro inventario es el primero que documenta la flora por encima de los 1,500 m en Loreto y nuestras colectas agregan varios cientos de especies a la lista de plantas de Loreto (que a la fecha tiene unas 7,000 especies conocidas). Por ejemplo, casi la totalidad de las 150 especies registradas por encima de los 1,800 m en el campamento Alto Cachiyacu son nuevos registros para Loreto.

El estudio también reveló 15 especies y dos géneros (*Phainantha* y *Dendrothrix*) que son nuevos registros para la flora del Perú. Muchas de estas son poblaciones 'disyuntas' del Escudo Guayanés que crecen en tepuyes andinos y cuyas poblaciones conocidas más cercanas están a unos 300 km al norte en la Cordillera del Cóndor en Ecuador. Muchas otras especies que observamos en sustratos de areniscas en la Cordillera Escalera-Loreto se conocen de otros tepuyes andinos, incluidas Cordillera Azul, Cordillera Yanachaga y Sierra del Divisor. Estimamos que 30 especies registradas durante el inventario son nuevas para la ciencia, incluidas varias especies de las familias Rubiaceae, Melastomataceae y Bromeliaceae. Muchas de estas se encuentran a las mayores elevaciones y pueden ser endémicas de la Cordillera Escalera.

Los bosques a elevaciones intermedias sobre suelos más ricos incluyen poblaciones significativas de especies maderables de alta calidad que han sido taladas en otras áreas de la selva baja de la Amazonía peruana (*Cedrelinga cateniformis* y *Cabralea canjerana*), aunque no encontramos otras que son buscadas con este mismo interés (*Cedrela odorata* y *Swietenia macrophylla*). Los pobladores locales nos indicaron que estas especies han sido extraídas de los bosques de tierras bajas en la periferia de las comunidades. No encontramos evidencia de tala en la cordillera misma.

Peces

Los ictiólogos muestrearon peces en seis quebradas, un río y una laguna de la Cordillera Escalera-Loreto. Las estaciones de muestreo se ubicaron tanto en el medio y alto río Cachiyacu (en la cuenca del Huallaga) como en el alto río Cahuapanas (en la cuenca del Marañón). Registramos 30 de las 50 especies de peces estimadas para la región, una diversidad típica para regiones subandinas. Entre los peces registrados figuran dos especies de *Astroblepus* potencialmente nuevas para la ciencia.

Las especies más comunes de estas montañas están adaptadas a aguas rápidas y restringidas a los hábitats acuáticos de las estribaciones andinas, incluyendo especies de los géneros *Chaetostoma*, *Astroblepus*, *Ancistrus*, *Hemibrycon*, *Creagrutus*, *Parodon* y *Bujurquina*. Sin embargo, las dos cuencas estudiadas parecen tener ictiofaunas casi completamente distintas; sólo una de las 30 especies registradas durante el inventario fue observada en ambas cuencas.

Las dos cuencas también mostraron marcadas diferencias en abundancia, con mayor abundancia en las cabeceras del Cahuapanas y mayor escasez en el Cachiyacu. Es crítico que las dos cuencas mantengan sus cabeceras en buen estado de conservación porque sirven como áreas de desove para especies migratorias de Characiformes de importancia económica, como *Prochilodus* y *Salminus*. El medio Cachiyacu, cerca de la Mina de Sal, mostró evidencias del uso histórico de barbasco (el ictiotóxico *Lonchocarpus utilis*).

Anfibios y reptiles

Registramos 111 especies en la Cordillera Escalera-Loreto, de las cuales 70 son anfibios y 41 reptiles. La composición de la herpetofauna de esta cordillera es muy singular por poseer especies de amplia distribución amazónica y un grupo importante de especies típicas de los bosques montanos, entre los 1,500 y 2,500 m, restringidas al norte del Perú y sur de Ecuador. Por lo tanto, estimamos un total de 120 especies de anfibios y 100 especies de reptiles para la región. De las especies registradas, la ranita venenosa *Ranitomeya fantastica* es endémica de los tepuyes andinos del norte del Perú y seis especies (las ranas de lluvia *Pristimantis avicuporum*, *P. bromeliaceus*, *P. nephophilus*, *P. rufioculis*, *P. incomptus* y la lagartija arborícola *Anolis* sp. nov.) habitan en bosques montanos a elevaciones intermedias.

Los hallazgos más importantes fueron cinco especies de anfibios y una especie de lagartija potencialmente nuevas para la ciencia. Tres de estas son ranas de lluvia del género *Pristimantis*, cuya diversificación es más pronunciada en las estribaciones andinas. Además, registramos por primera vez para el Perú la ranita de cristal *Rulyrana flavopunctata*. Encontramos una especie poco común de sapo, *Rhaebo ecuadoriensis*, recientemente descrita para la ciencia y conocida previamente tan solo en una localidad (Panguana, Huánuco) en el Perú.

Tres de las especies de ranas registradas (*Pristimantis bromeliaceus*, *P. incomptus* y *P. nephophilus*), típicas de bosques montanos, se encuentran categorizadas como

Vulnerables según la UICN. La diversidad y abundancia de especies de bosques de colina y bosques premontanos, como *Enyalioides praestabilis* y varias especies de ranitas venenosas, incluyendo la especie *Ranitomeya fantastica*, fueron muy altas y muestran el buen estado de conservación de la Cordillera Escalera-Loreto.

Aves	Los ornitólogos registraron 422 especies de aves durante el inventario y estiman una avifauna regional de entre 600 y 650 especies. La impresionante riqueza de la comunidad de aves de la Cordillera Escalera-Loreto está acompañada de una composición inusual de especies que combina un elemento amazónico relativamente depauperado con elementos diversos de elevaciones andinas bajas e intermedias. Nuestro muestreo relativamente limitado entre los 1,400 y 1,900 m arrojó 65 especies restringidas a esa franja altitudinal. Sospechamos que un complemento completo de especies andinas de elevaciones montanas intermedias habita en las mayores elevaciones de la cordillera. Los registros notables incluyen 11 especies de aves globalmente amenazadas y la mitad de las 30 especies restringidas a los tepuyes andinos en el Perú. Seis de estas especies tienen rangos de distribución restringidos al sur de Ecuador y el norte del Perú, mientras que otras están distribuidas más ampliamente a lo largo de los Andes. Otras cinco especies registradas durante el inventario están asociadas a suelos arenosos restringidas a la región entre el río Marañón y Cordillera Azul en el Perú y tienen rangos restringidos de las poblaciones del este de la Amazonía, principalmente del Escudo Guayanés. La riqueza de especies de colibríes es impresionante (31 especies, el número más alto registrado durante un inventario rápido), y dos especies encontradas aquí son endémicas del Perú (*Phaethornis koepckeae* y *Herpsilochmus parkeri*, cuya localidad tipo se encuentra justo al sur de la cordillera). Treinta y ocho especies son nuevos registros para Loreto. Las aves de caza están pobremente representadas, lo que sugiere una presión de caza significativa. Sin embargo, las aves grandes que no son cazadas intensamente en la región (p. ej., guacamayos y loros *Amazona*) también fueron escasas. La avifauna de Cordillera Escalera-Loreto es probablemente muy similar a la de Cordillera Azul (~100 km al sur), pero carece de algunas especies amazónicas que se encuentran ahí e incluye un número pequeño de especies norteñas que nunca se han registrado tan al sur como Cordillera Azul.
Mamíferos	Las comunidades de mamíferos de la Cordillera Escalera-Loreto parecen ser una mezcla diversa de faunas de tierras bajas y andinas. Las densidades poblacionales registradas durante el inventario fueron muy bajas. El trabajo de campo generó 29 especies de mamíferos pequeños (28 murciélagos y un ratón) y 43 especies de mamíferos medianos y grandes. Estamos examinando dos murciélagos nectarívoros (*Anoura* spp.) y dos murciélagos *Myotis* para determinar si representan especies nuevas para la ciencia.

Mamíferos (continuación)

Los campamentos base de los tres sitios estaban dominados por especies de tierras bajas con distribuciones amplias en la cuenca amazónica. Las faunas de mayor elevación, particularmente aquellas de bosques enanos y de niebla por encima de los 1,500 m, tenían un carácter decididamente andino, incluyendo murciélagos y roedores de géneros como *Anoura* y *Akodon*. Todas las elevaciones albergaban especies globalmente amenazadas. Entre los 1,200 y 1,700 m observamos el mono choro de cola amarilla (*Lagothrix flavicauda*), el primer registro para Loreto de este primate considerado como En Peligro Crítico a nivel mundial. No encontramos evidencia del oso de anteojos (*Tremarctos ornatus*, globalmente Vulnerable) durante el inventario, aunque en las comunidades nos reportaron su presencia en la cordillera.

Las comunidades de mamíferos en los tres sitios visitados diferían sustancialmente en composición y abundancia. El sitio más bajo, Mina de Sal, mostró impactos muy claros de los asentamientos humanos cercanos. Los primates, huanganas, sajinos y otros mamíferos frecuentemente cazados fueron marcadamente escasos y el vampiro común (*Desmodus rotundus*), que comúnmente se encuentra en áreas con ganado, estaba presente. Las collpas (lamederos de sal y minerales) que son fuente importante para los mamíferos y los cazadores en muchas partes de Loreto son escasas y parecen jugar un papel marginal para la comunidad de mamíferos.

Comunidades humanas

La porción de la Cordillera Escalera que estudiamos es el territorio ancestral del grupo étnico Shawi. En el flanco oriental y nororiental de la cordillera, más de 100 comunidades nativas Shawi están asentadas en las cuencas de los ríos Paranapura, Shanusi y Cahuapanas. En el flanco occidental y al norte de la cordillera existen comunidades Awajún (Aguaruna), mientras hacia el sur de la cordillera hay una comunidad Llakwash (Quechua Lamista).

Históricamente el pueblo Shawi habitó diferentes zonas interfluviales y de cabeceras en la Cordillera Escalera. A partir del siglo XVI, impulsado por el establecimiento de reducciones misionales, rutas de tráfico comercial, haciendas y caseríos, se dispersó y pobló un ámbito mayor en las zonas bajas. A finales de los 1960 y comienzos de los 1970 se dio una segunda etapa de evangelización, asociada con la formación de asentamientos nucleados en las orillas de los ríos Cachiyacu, Armanayacu, Yanayacu, Sillay, Cahuapanas, Paranapura y Shanusi, con el objetivo de asegurar la educación para sus hijos y fundar iglesias.

A pesar de esta larga historia de movimiento, sumisión y esclavitud, estos pueblos mantienen fuertes vínculos con la Cordillera Escalera-Loreto y con los bosques y ríos de selva baja alrededor de sus comunidades actuales. Han mantenido sus conocimientos de uso y manejo de los recursos naturales, los cuales están reflejados en su vida cotidiana y su cosmovisión. Hoy día las comunidades Shawi tienen una economía de subsistencia basada en la agricultura de roza y quema, caza, pesca, crianza de aves de corral y desde los 1980 la ganadería, la cual se considera como una forma de ahorro familiar. Productos como arroz, maní, maíz y frijol, así como las gallinas de granja, son comercializados por los Shawi en los centros poblados de Yurimaguas y San Lorenzo. En ocasiones, sus productos son vendidos a regatones o intercambiados por otros productos en las bodegas. Desde 1980 se ha reducido notablemente el bosque ribereño con el cultivo del arroz y el establecimiento de pastizales, causando una acelerada erosión de los ríos cuyos cauces son cada vez más amplios y de menor profundidad, lo cual está preocupando enormemente a la gente.

En las comunidades visitadas encontramos abundantes fortalezas sociales y culturales tales como un amplio conocimiento ecológico tradicional de uso de los recursos del bosque (frutos, maderas, plantas medicinales y animales); amplio conocimiento del espacio comunal y de la Cordillera Escalera-Loreto; una gran red de caminos, campamentos y trochas; dinámica y capacidad de organización; respeto entre la comunidad, a las autoridades comunales y a las federaciones indígenas que los representan; y fuertes redes de apoyo familiar y mecanismos de reciprocidad. En gran parte son estas fortalezas que explican por qué los residentes Shawi —a pesar de residir en una región que el gobierno peruano caracteriza como de pobreza extrema— describieron la calidad de vida local como buena durante los talleres participativos.

Arqueología

La cuenca del río Paranapura abarca el principal sitio arqueológico de la Región Loreto, por la cantidad y variedad de petroglifos y otros testimonios arqueológicos que en ella se concentran. En 2002 fue declarada Zona de Reserva Arqueológica de la Cuenca Alta y Baja del Río Cachiyacu por el Instituto Nacional de Cultura (hoy el Ministerio de Cultura). A pesar de esta designación, la Zona de Reserva Arqueológica aún no ha sido delimitada o implementada.

El inventario rápido no incluyó trabajos arqueológicos, pero nuestro informe incluye un capítulo que resume los estudios realizados hasta la fecha en la zona. De los 50 vestigios arqueológicos descubiertos hasta ahora, uno se localiza dentro del área de estudio (en el alto Cachiyacu) y 49 a pocos kilómetros al este, en los ríos Cachiyacu y Armanayacu. Cabe resaltar que las áreas de viviendas (12 asentamientos arqueológicos), las áreas productivas (13 rocas talleres líticos) y las áreas rituales (25 rocas petroglifos con centenas de grabados rupestres) se sitúan en una zona de acceso directo a varias fuentes de recursos escasos y limitados, como una mina de sal a orillas del río Cachiyacu y piedras utilizadas en la producción y afilamiento de instrumentos líticos (hachas y cinceles).

Aún falta conocer la cronología absoluta y la filiación histórica cultural entre las poblaciones relacionadas a los asentamientos prehispánicos, los conjuntos rupestres y los Shawi actuales que habitan históricamente los bosques y ríos de la cuenca del Paranapura y sus tributarios. La investigación, protección y conservación de estos sitios importantes requieren de esfuerzos articuladores de gestión entre los gobiernos central, regional y locales en colaboración con las organizaciones indígenas.

Estado actual	El área de 130,925 ha que estudiamos en Cordillera Escalera-Loreto a la fecha no tiene protección formal. A nivel nacional, ha sido designada como una prioridad de conservación por el Servicio de Áreas Naturales Protegidas por el Estado (SERNANP 2009). A nivel regional, el Gobierno de Loreto ha reconocido los dos ríos más importantes —el Paranapura y el Cahuapanas— como Cabeceras de Cuenca Prioritarias (Ordenanza Regional No. 005-2013-GRL-CR). El área en sí misma es una Prioridad Regional de Conservación (GOREL 2012). Pese a este consenso sobre el gran valor de conservación de la Cordillera Escalera-Loreto, ésta enfrenta una amplia serie de amenazas. La construcción de una carretera de Moyobamba a Balsapuerto amenaza con abrir el área a la colonización y deforestación, y se ha propuesto un proyecto de represa hidroeléctrica de tamaño mediano en el alto río Cachiyacu. Grandes porciones del área se encuentran dentro de concesiones petroleras (lotes 103 y 109; 97% del total) y áreas designadas para producción forestal (Bosques de Producción Permanente, bloques 4E y 4G; 38%). Aunque ninguno de estos está en fases de producción, su presencia en un área designada como alta prioridad para la conservación y reconocida como territorio ancestral de los Shawi es una preocupación significativa para las comunidades que le circundan.
Fortalezas principales para la conservación	01 Consenso entre los actores principales que la Cordillera Escalera-Loreto es una alta prioridad para la conservación
	02 Fuerte identidad lingüística, social, cultural y familiar en las comunidades Shawi con gran conocimiento de su territorio, flora y fauna
	03 Gradiente altitudinal continuo de hábitats intactos de los 200 a los 2,300 m, que dentro de Loreto representa la mejor oportunidad para mitigar los efectos del cambio climático
	04 Eslabón critico dentro de la cadena de tepuyes andinos que se extiende desde Colombia a Bolivia
Principales objetos de conservación	01 Comunidades biológicas diversas, endémicas y raras, especialmente las que están sobre suelos pobres de arenisca
	02 Especies y paisajes de importancia cultural y espiritual para los Shawi, incluyendo los abundantes sitios arqueológicos prehispánicos en su territorio
	03 Especies amenazadas en el ámbito nacional, internacional o de rango restringido, incluyendo el mono choro de cola amarilla (*Lagothrix flavicauda*), categorizado como Críticamente Amenazado
	04 Prácticas culturales y conocimientos vinculados al buen manejo de los recursos naturales

Amenazas principales	01	La falta de una figura legal para proteger la Cordillera Escalera-Loreto
	02	La propuesta carretera Moyobamba-Balsapuerto
	03	Actividades de exploración o explotación de gas o petróleo
Recomendaciones principales	01	Conservar a largo plazo la Cordillera Escalera-Loreto, territorio ancestral Shawi (130,925 ha)
	02	Desarrollar un fuerte consenso sobre la mejor forma legal para conservar la Cordillera Escalera-Loreto a largo plazo a favor de las poblaciones indígenas locales y la biodiversidad
	03	Conseguir una Declaratoria de Interés Público Regional para la conservación de la Cordillera Escalera-Loreto
	04	Excluir actividades extractivas de gran escala (petróleo, gas, madera, minería, etc.) de la Cordillera Escalera-Loreto
	05	Respetar la posición del pueblo Shawi de no construir la carretera Moyobamba-Balsapuerto
	06	Incorporar la información de este inventario biológico y social como insumo para la Zonificación Ecológica-Económica de la provincia de Alto Amazonas

¿Por qué Cordillera Escalera-Loreto?

El 97% de los bosques hiperdiversos de la Región Loreto en el Perú se encuentran en las tierras bajas de la Amazonía. Sin embargo, a lo largo del límite occidental de Loreto, una cadena montañosa aislada se yergue por encima de la llanura amazónica. Los vientos que soplan hacia el oeste cruzando las selvas amazónicas envuelven con niebla a estas montañas y las empapan con sus lluvias, dando origen a cientos de quebradas y cataratas que eventualmente regresan a la llanura como tributarios de los ríos Huallaga y Marañón.

A la fecha, unos 20,000 indígenas Shawi viven en las riberas de estos ríos y son un poderoso recordatorio de que los humanos han habitado este paisaje por siglos. Dos horas a pie al suroeste de la comunidad Shawi de Canoa Puerto se encuentra el vestigio arqueológico más famoso de Loreto: una gran roca cubierta con petroglifos. Conocida como la Casa de Cumpanamá, esta roca —y decenas de otras más—, están marcadas con dibujos hechos por una civilización ancestral: colibríes, huellas de jaguar, ranas y salamandras gigantes, tormentas, altísimas cascadas, soles y lunas, y figuras humanas con las manos en alto.

Los Shawi de hoy también celebran estas montañas que les regalan agua, fauna, flora y sal. En contraste con los paisajes andinos de la Región San Martín —que han perdido la mayoría de sus bosques a manos de la colonización y la agricultura—, los bosques en los territorios ancestrales Shawi en la Cordillera Escalera permanecen silvestres y sin carreteras. Estas montañas proveen refugio para una flora y fauna especializada: peces del género *Astroblepus* que escalan cataratas, poblaciones saludables del mono choro de cola amarilla, endémico del Perú y En Peligro Crítico, abundantes y espectaculares colibríes, cientos de plantas adaptadas para sobrevivir en afloramientos de suelos arenosos pobres en nutrientes que son la versión montana de los famosos bosques de arena blanca de Loreto, y más de 20 especies de ranas, lagartijas y plantas que aparentemente no viven en ningún otro lugar del mundo.

Para la flora y fauna de Cordillera Escalera, así como para los habitantes Shawi cuya forma de vida depende de estas montañas, proteger este paisaje es crítico. Para que estos organismos tengan posibilidad alguna de responder a un clima cambiante, la variación altitudinal es clave: las plantas y animales necesitan un paisaje continuo para migrar cuesta arriba en busca de un clima más fresco. Proteger Cordillera Escalera-Loreto y la porción adyacente de estas montañas en San Martín creará un paisaje de conservación de aproximadamente 2.5 millones de ha de bosques montanos que se extienden desde el Parque Nacional Cordillera Azul, a través de Escalera, Manseriche y los Cerros de Kampankis, hasta la Cordillera del Cóndor en la frontera Perú-Ecuador.

FIG. 1 Territorio ancestral del pueblo Shawi, la Cordillera Escalera-Loreto se eleva sobre la llanura amazónica hasta los 2,300 m en el norte del Perú como un monumento a la diversidad geológica y biológica/ Ancestral territory of the Shawi people, the Cordillera Escalera-Loreto mountain range of northern Peru rises to 2,300 m above the Amazonian plains in a riot of geological and biological diversity

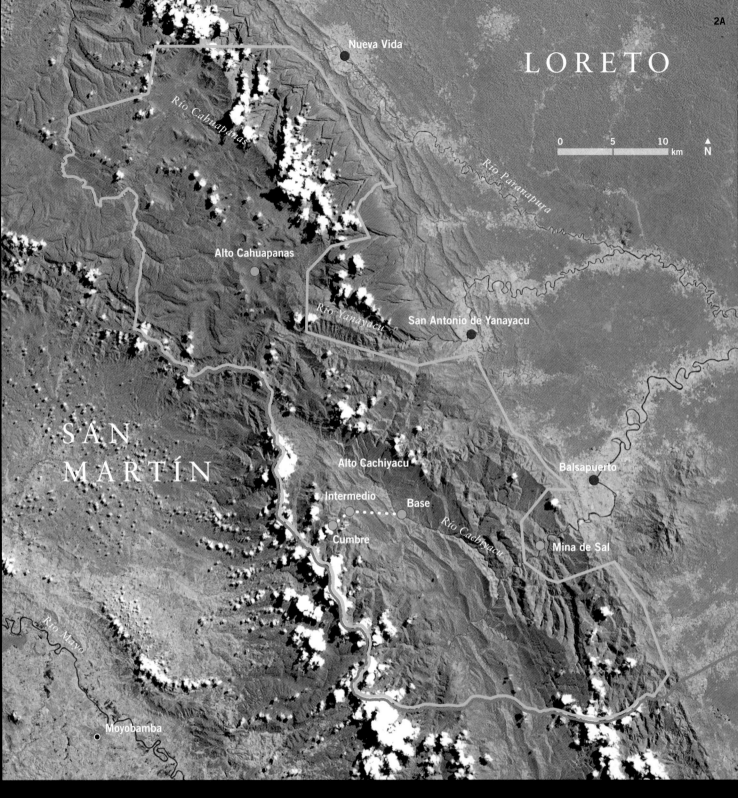

2A

LORETO

Nueva Vida

Río Cahuapanas

Río Paranapura

0   5   10
km

N

Alto Cahuapanas

Río Yanayacu

San Antonio de Yanayacu

SAN
MARTÍN

Alto Cachiyacu

Balsapuerto

Intermedio   Base

Cumbre

Río Cachiyacu

Mina de Sal

Río Mayo

Moyobamba

Cordillera Escalera–Loreto

Perú

FIG. 2A Sitios de los inventarios biológico y social en la Cordillera Escalera-Loreto en una imagen de satélite de 2008/Social and biological inventory sites on a 2008 satellite image of the Cordillera Escalera-Loreto region of northern Peru

● Inventario biológico/ Biological Inventory

◉ Inventario social/ Social Inventory

— El área de estudio en Cordillera Escalera-Loreto/ The Cordillera Escalera-Loreto study area

— Límite regional Loreto-San Martín/Loreto-San Martín border

LORETO

Nueva Vida

Río Cabuapanas

Río Paranapura

0 5 10 km ▲N

Alto Cahuapanas

Río Yanayacu

San Antonio de Yanayacu

SAN
MARTÍN

Alto Cachiyacu

Balsapuerto

Intermedio   Base

Cumbre

Río Cachiyacu

Mina de Sal

Río Mayo

Moyobamba

ACR Cordillera Escalera

FIG. 2B Un mapa topográfico de la Cordillera Escalera-Loreto (130,925 ha) muestra las comunidades nativas tituladas aledañas y el Área de Conservación Regional Cordillera Escalera hacia el sur. Alcanzando su elevación máxima a los 2,300 m, la Cordillera cuenta con 6 de los 10 picos más altos de Loreto/A topographic map of the 130,925-ha Cordillera Escalera-Loreto region, showing titled indigenous lands along its borders and the Cordillera Escalera Regional Conservation Area to the south. Reaching a maximum elevation of 2,300 m, the Cordillera Escalera-Loreto boasts 6 of the 10 highest peaks in Loreto

— Comunidad Nativa titulada/ Titled indigenous community

Elevación/Elevation

■ 2,000-2,300 m

▨ 1,500-2,000 m

▨ 1,000-1,500 m

▨ <1,000 m

— El área de estudio en Cordillera Escalera-Loreto/The Cordillera Escalera-Loreto study area

— Límite regional Loreto-San Martín/Loreto-San Martín border

● Inventario biológico/ Biological Inventory

● Inventario social/ Social Inventory

▨ Área de Conservación Regional Cordillera Escalera/Cordillera Escalera Regional Conservation Area (San Martín)

FIG. 3 Los tres campamentos del inventario biológico permitieron muestrear una gradiente andina-amazónica, desde las tierras bajas a los 300 m hasta las cimas de areniscas expuestas a los 1,950 m/ The three campsites of the biological inventory sampled a long gradient from Amazonian to Andean habitats, starting in the lowlands at 300 m and topping out on exposed sandstone ridges at 1,950 m

3A Nuestro campamento de menor elevación, Mina de Sal, fue nombrado así por una mina natural de sal (acantilado rojizo en el centro)/Our lowest-elevation campsite, Mina de Sal, was named for a nearby natural salt mine (reddish cliff at center)

3B Un acercamiento a la mina de sal que aparece en la Fig. 3A/ A close-up of the salt mine shown in Fig. 3A

3C El campamento Alto Cachiyacu permitió el acceso a los bosques, quebradas y lagos a elevaciones medias y altas, incluyendo esta laguna permanente a los 750 m/ Our Alto Cachiyacu campsite provided access to forests, streams, and lakes at middle to high elevations, including this permanent lagoon at 750 m

3D En Alto Cachiyacu caminamos por terreno escarpado desde el campamento base a los 500 m hasta las cimas expuestas a los 1,950 m/At Alto Cachiyacu we trekked from the base camp at 500 m through steep terrain to exposed ridgecrests at 1,950 m

3E Situado a los 1,000 m, el campamento Alto Cahuapanas estaba rodeado de bosques de arena blanca muy similares a los que se encuentran en las tierras bajas alrededor de Iquitos/ Perched at 1,000 m, our Alto Cahuapanas campsite was surrounded by patches of white-sand forest very similar to those around lowland Iquitos

3F El inventario rápido de dos semanas no duró lo suficiente para explorar todas las características interesantes de la Cordillera Escalera, como la formación Vivian en las vertientes orientales/ The two-week rapid inventory was too short to explore all of the interesting features in the Escalera range, like these flatirons guarding the eastern slopes

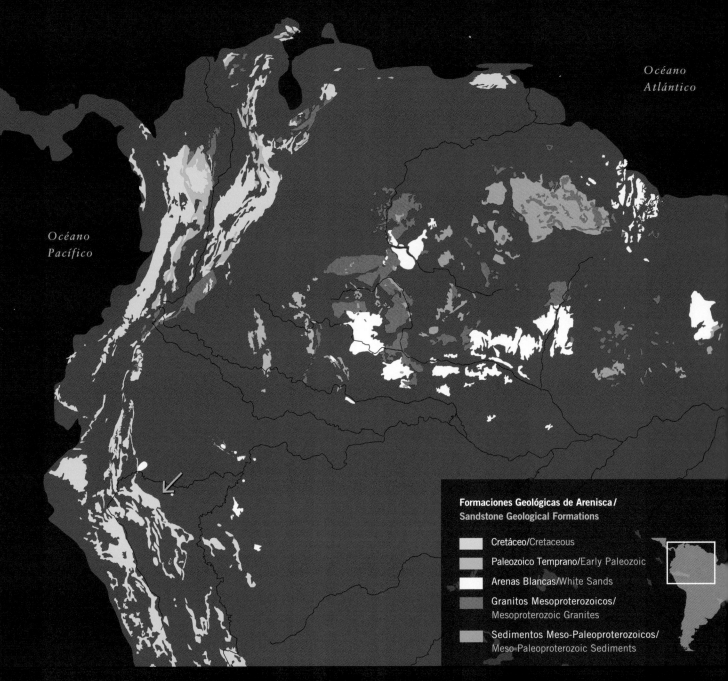

Océano
Atlántico

Océano
Pacífico

**Formaciones Geológicas de Arenisca /
Sandstone Geological Formations**

Cretáceo/Cretaceous

Paleozoico Temprano/Early Paleozoic

Arenas Blancas/White Sands

Granitos Mesoproterozoicos/
Mesoproterozoic Granites

Sedimentos Meso-Paleoproterozoicos/
Meso-Paleoproterozoic Sediments

4A En la geología del noroeste de América del Sur destacan las formaciones asociadas al endemismo de plantas y animales en la planicie amazónica (parches de arenas blancas) y en las tierras altas de los Andes y del Escudo Guayanés (montañas de arenisca). Muchos de los tepuyes andinos mencionados en el texto están ubicados en las formaciones del Cretácico en la vertiente oriental de los Andes peruanos y ecuatorianos. Una flecha indica la ubicación de la Cordillera Escalera-Loreto. Fuentes: Vriesendorp et al. (2006c), Adeney (2009) y el mapa geológico de América del Sur realizado en 2001 por el CGMW-CPRM-DNPM (3ra ed.)/ A geological map of northwestern South America, highlighting formations associated with plant and animal endemism in the Amazon lowlands (white sand) and in the highlands of the Andes and Guiana Shield. Many of the Andean tepuis mentioned in the text are derived from Cretaceous formations on the eastern slopes and outlying ridges of the Peruvian and Ecuadorean Andes. An arrow indicates the Cordillera Escalera-Loreto. Data sources: Vriesendorp et al. (2006c), Adeney (2009), and the 2001 CGMW-CPRM Geological Survey of Brazil-DNPM geological map of South America (3rd ed.)

4B Un acantilado de arenisca en la Cordillera Escalera-Loreto, derivado de una de las formaciones geológicas del Cretácico que forman los tepuyes andinos en la región andina-amazónica. Decenas de plantas y animales en la Cordillera Escalera solo se encuentran en la vegetación enana que crece sobre estas cimas de arenisca, lejos de la cordillera principal de los Andes/ A sandstone ridge in the Cordillera Escalera-Loreto, derived from one of the Cretaceous-age geological formations that form Andean tepuis at the Andes-Amazon interface. Dozens of plant and animal species in the Cordillera Escalera are restricted to the dwarf vegetation that grows on these sandstone ridges, far from the main Andean range

FIG. 5 Durante el inventario de dos semanas los botánicos identificaron 830 especies de plantas, el 20% de las cuales representan nuevos registros para Loreto. Treinta especies de plantas encontradas durante el inventario son potencialmente nuevas para la ciencia y 23 están amenazadas a nivel mundial/During the two-week inventory the botany team identified 830 plant species, roughly 20% of which are new records for Loreto. Thirty plant species found during the inventory are potentially new to science and 23 are globally threatened

5A De los ocho tipos de vegetación identificados en la Cordillera Escalera, el bosque enano de cumbres alberga la mayor concentración de especies nuevas o con una distribución restringida/ Of the eight major vegetation types identified in the Cordillera Escalera, the dwarf scrub on exposed ridgecrests harbors the highest concentration of undescribed and range-restricted plant species

5B El equipo de botánica colectó más de 600 especímenes de plantas vasculares, ahora depositados en los herbarios del Perú. Se estima que la Cordillera Escalera-Loreto alberga unas 3,000 especies de plantas/The botany team collected >600 specimens of vascular plants, now permanently deposited in Peruvian herbaria, and estimates that the Cordillera Escalera-Loreto harbors some 3,000 plant species

5C *Monnina equatoriensis*, Vulnerable a nivel mundial/globally Vulnerable

5D *Erythroxylum* sp. nov.

5E *Dendrothrix* sp. nov.

5F *Aphelandra knappiae*, endémica de la Cordillera Escalera/endemic to the Cordillera Escalera

5G *Purdiaea* sp. nov.

5H *Podocarpus tepuiensis*, disyunta de los tepuyes del Escudo Guayanés/a disjunct from the Guiana Shield tepuis

5J *Pitcairnia* sp. nov.

5K *Schefflera* sp. nov.

5L–M *Otoglossum candelabrum*, la orquídea más vistosa en el arbustal de cumbres/the showiest orchid in the dwarf ridgecrest scrub

6A

6B

6C

Marañón

Huallaga

Mayo

6A Río arriba del puerto pesquero en Yurimaguas, los peces de la cuenca del Paranapura representan una fuente de proteína importante —pero amenazada— para las comunidades Shawi / Just upriver from the major fishing port at Yurimaguas, fish communities of the Paranapura watershed represent an important—but threatened—source of protein for Shawi communities

6B Cataratas espectaculares, emblemas de la energía y el bienestar en la cultura Shawi, son comunes en toda la Cordillera Escalera-Loreto / Spectacular waterfalls, emblems of energy and well-being in Shawi culture, are common throughout the Cordillera Escalera-Loreto

6C La Cordillera Escalera (gris) protege las cabeceras de tres importantes ríos en la Amazonía peruana: Marañón, Huallaga y Mayo. Con líneas punteadas se ilustra las divisorias de estas cuencas / The Cordillera Escalera (gray) protects the headwaters of three major river systems—the Marañón, Huallaga, and Mayo—in Amazonian Peru. Dotted lines illustrate the watershed divides

6D *Hemibrycon huambonicus*, una de las 30 especies de peces registradas durante el inventario / one of 30 fish species recorded during the inventory

6E *Astroblepus* sp. 2

6F *Chaetostoma* sp.

6G *Ancistrus malacops*

6H *Erythrinus* sp.

6J *Astroblepus* sp. 3, posiblemente una nueva especie / potentially new to science

6D 6E
6F 6G
6H 6J

FIG. 7 Los herpetólogos registraron 70 especies de anfibios y 41 de reptiles, y estiman que la herpetofauna de la Cordillera Escalera-Loreto cuenta con más de 220 especies. Cinco especies de anfibios y una de lagartija registradas durante el inventario parecen ser nuevas para la ciencia/The herpetologists recorded 70 amphibians and 41 reptile species, and estimate a herpetofauna of >220 species for the Cordillera Escalera-Loreto. Five amphibian and one lizard species recorded during the inventory appear to be new to science

7A *Ranitomeya fantastica*

7B *Rhaebo ecuadorensis*

7C *Pristimantis avicuporum*

7D *Pristimantis* sp. nov. 1

7E *Pristimantis* sp. nov. 2

7F *Pristimantis bromeliaceus*

7G *Osteocephalus cannatellai*

7H *Pristimantis nephophilus*

7J *Pristimantis* sp. nov. 3

7K *Agalychnis hulli*

7L *Agalychnis hulli*

7M *Chiasmocleis* sp. nov.

7N *Dipsas peruana*

7O *Bothriopsis bilineata*

7P *Corallus batesii*

7Q *Potamites strangulatus*

7R *Enyalioides praestabilis*

7S *Enyalioides praestabilis*

7T *Anolis* sp. nov.

FIG.8 La riqueza de colibríes en Cordillera Escalera-Loreto es la mayor registrada en los inventarios rápidos en el Perú. Encontramos 31 especies en un área relativamente pequeña pero con gran variación altitudinal y de tipos de vegetación/More hummingbird species were recorded in the Cordillera Escalera-Loreto than in any other rapid inventory in Peru. We found 31 species in a relatively small area with great variation in elevation and vegetation types

8A *Thalurania furcata* (macho/male)

8B *Coeligena coeligena*

8C *Heliothryx aurita*

8D *Colibri delphinae*

8E *Colibri delphinae*

8F *Heliodoxa leadbeateri* (hembra/female)

8G *Chrysuronia oenone* (macho/male)

8H *Heliangelus regalis* (macho), una de las especies de colibríes restringidas a tepuyes andinos en el norte del Perú y el sur de Ecuador/

Heliangelus regalis (male), one of the hummingbird species restricted to Andean tepuis in northern Peru and southern Ecuador

8J *Aglaiocercus kingii* (macho), un colibrí de los bosques de elevaciones intermedias/ *Aglaiocercus kingii* (male), a hummingbird of middle-elevation forests

8K Endémico del Perú, *Phaethornis koepckeae* es el único colibrí ermitaño de la Cordillera Escalera restringido a tepuyes andinos/Endemic to Peru, *Phaethornis koepckeae* is the only hermit hummingbird of the Cordillera Escalera restricted to Andean tepuis

8L *Heliodoxa aurescens*

8M *Adelomyia melanogenys*

8N Las tierras altas de la Cordillera Escalera son hábitat para varias tangaras, incluyendo *Tangara ruficervix*/The higher elevations of the Cordillera Escalera harbor several tanagers, including *Tangara ruficervix*

8N

8Q

8R

8O

8P

8S

8T

8O En el bosque enano de cumbres habita *Henicorhina leucoptera*, una especie restringida a tepuyes andinos descubierta en la década de 1970/*Henicorhina leucoptera*, an Andean tepui specialist discovered in the 1970s, was recorded in the dwarf ridgecrest forest

8P Destaca en esta cordillera un grupo de aves restringidas a tepuyes andinos, como *Chamaeza campanisoma*/Several birds in the Cordillera Escalera, like *Chamaeza campanisoma*, are restricted to Andean tepuis

8Q *Psophia leucoptera*, una especie de caza común en muchas partes de la llanura amazónica, fue registrada en este inventario en una sola ocasión/*Psophia leucoptera*, a game bird common in much of the Amazonian lowlands, was recorded just once during the inventory

8R *Aburria aburri* es una especie de caza apreciada, aunque difícil de encontrar. Está restringida a las elevaciones menores del piedemonte andino/Although

difficult to find, the Wattled Guan is locally prized as a game bird. It is restricted to the lower foothills of the Andes

8S *Tachyphonus phoenicius* (hembra) está especializada en bosques de suelos arenosos. Las poblaciones del norte del Perú de esta, y la especie siguiente, tienen distribuciones disyuntas de su rango principal en el Escudo Guayanés/The Red-shouldered Tanager (female) specializes on forests on sandy soils. Populations in northern Peru of this and the next species are disjunct from their main distribution in the Guiana Shield

8T *Cotinga cotinga* (hembra/female), especialista de bosques de suelos arenosos/A specialist of white-sand forests

FIG. 9 Los mastozoólogos utilizaron redes de niebla, trampas y observaciones de campo para registrar 72 especies de mamíferos durante el inventario, y decenas más fueron reportadas o son esperadas para la Cordillera Escalera. La fauna de mamíferos es una mezcla diversa de especies amazónicas y andinas/The mammalogists used mist nets, traps, and field observations to record 72 mammal species during the inventory, and dozens more are reported or expected to occur in the Cordillera Escalera. The mammal fauna is a diverse mix of Amazonian and Andean species

9A Cazadores por excelencia, los Shawi siempre han dependido de la Cordillera Escalera como su fuente de carne de monte. Hoy en día, algunas zonas de la cordillera muestran los impactos de la caza insostenible, entre ellos, densidades bajísimas de fauna/ The Shawi are excellent hunters and have long relied on bushmeat as a source of food, but unsustainable levels of hunting are threatening game populations in some parts of the Cordillera Escalera

9B El valle del Alto Cachiyacu, un destino popular para los cazadores de las comunidades nativas aledañas, tiene una fauna reducida

y merece una iniciativa Shawi para monitorear la intensidad de la caza/ The Alto Cachiyacu valley, popular hunting grounds for nearby indigenous communities, has overhunted game stocks that would benefit from a Shawi initiative to monitor hunting intensity

9C–D La comunidad de murciélagos en la elevación más alta que muestreamos durante el inventario rápido (1,128 m) presentó tanto especies que aparentemente se especializan en los bosques montanos de los Andes, como este *Myotis* no identificado (9C), como especies que son distribuidas ampliamente

en la cuenca amazónica, como *Uroderma bilobatum* (9D)/ The bat community at the highest elevation we sampled during the rapid inventory (1,128 m) featured both species that apparently specialize on montane forests in the Andes, like this unidentified *Myotis* (9C), and species that are known to occur throughout the Amazonian lowlands, like *Uroderma bilobatum* (9D)

9E

9E Durante el inventario rápido de la Cordillera Escalera se descubrió una población previamente desconocida del mono choro de cola amarilla (*Lagothrix flavicauda*), un primate endémico del Perú y considerado En Peligro Crítico a nivel mundial/The Cordillera Escalera rapid inventory discovered a previously unknown population of the yellow-tailed woolly monkey (*Lagothrix flavicauda*), endemic to Peru and Critically Endangered at the global scale

9F Un mapa topográfico del centro del Perú que muestra todas las localidades documentadas por Shanee (2011) donde aún se encuentra *Lagothrix flavicauda*, así como los dos nuevos registros hechos durante el inventario rápido en la Cordillera Escalera-Loreto/A topographic map of central Peru showing all extant localities of *Lagothrix flavicauda* documented by Shanee (2011), plus two new sightings made during the Cordillera Escalera-Loreto inventory

9G Un mapa topográfico de la Cordillera Escalera-Loreto muestra los dos registros nuevos de *L. flavicauda* y la extensión potencial de hábitat disponible para esta especie en la región. El hábitat disponible no fue mapeado durante el trabajo de campo, sino estimado según las curvas de elevación. Shanee (2011) infiere que el límite inferior se ubica alrededor de los 1,500 m, mientras los datos del inventario rápido en la Cordillera Escalera-Loreto sugieren los 1,200 m. El límite superior de los bosques altos en la región se ubica a los 1,800 m/A topographic map of Cordillera Escalera-Loreto showing the two *L. flavicauda* sightings and the potential extent of suitable habitat for the species in the region. Suitable habitat was not mapped in field surveys but rather estimated using elevational contours. Lower range limits were inferred to be ~1,500 m by Shanee (2011) and ~1,200 m as documented by the Cordillera Escalera-Loreto rapid inventory. The upper limit of tall-stature forest in the region is 1,800 m

- Localidades previamente conocidas de *L. flavicauda*/ Previously known localities of *L. flavicauda*

- Nueva localidad de *L. flavicauda* registrada durante el inventario/New locality of *L. flavicauda* recorded during the inventory

- Ciudades/Cities

- La región Cordillera Escalera-Loreto/The Cordillera Escalera-Loreto region

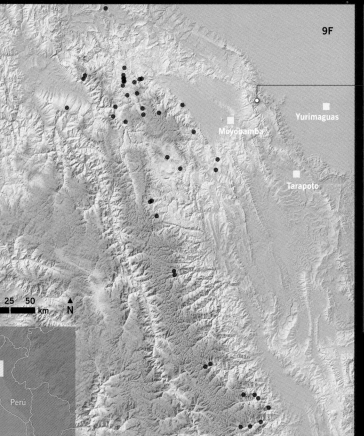

9F

Yurimaguas

Moyobamba

Tarapoto

25 50
km   N

Perú

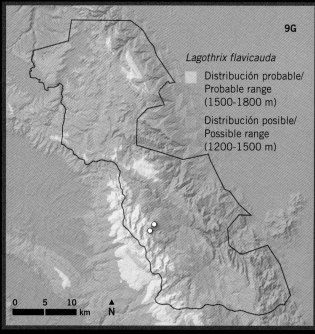

9G

Lagothrix flavicauda

Distribución probable/ Probable range (1500–1800 m)

Distribución posible/ Possible range (1200–1500 m)

0   5   10
km   N

10A El equipo social visitó nueve diferentes comunidades Shawi en la región, pasando la mayor parte del tiempo en Nueva Vida (960 residentes), San Antonio de Yanayacu (550) y Balsapuerto (1,277)/The social team visited nine different Shawi communities in the region, spending the most time in Nueva Vida (960 residents), San Antonio de Yanayacu (550), and Balsapuerto (1,277)

10B Alrededor de 20,000 personas viven en 126 comunidades nativas a lo largo de los ríos Cachiyacu, Yanayacu, Armanayacu y Paranapura en el Distrito de Balsapuerto/Roughly 20,000 people live in 126 indigenous communities along the Cachiyacu, Yanayacu, Armanayacu, and Paranapura rivers in Balsapuerto District

10C Los talleres y grupos focales realizados durante el inventario rápido atrajeron a un gran número de hombres, mujeres y niños Shawi/Workshops and focal groups held during the rapid inventory attracted large numbers of Shawi men, women, and children

10D Autoridad comunal Shawi y miembro del equipo social, Agustín Lancha ayudó a explicar el trabajo de los inventarios rápidos biológicos y sociales/Shawi community leader and social team member Agustín Lancha helped the team explain how rapid biological and social inventories work

10E Mientras que algunos estudios del gobierno han caracterizado el Distrito de Balsapuerto como uno de los más pobres del Perú, los Shawi reportaron una calidad de vida alta en nuestros talleres participativos/While some government studies have identified Balsapuerto District as one of the poorest in Peru, the Shawi reported high quality of life in our participatory workshops

10B

10C

10D

10E

11A

11B

11C

11A El inventario social encontró que aproximadamente el 75% de la economía familiar Shawi está cubierta por recursos naturales de ríos y bosques / The social inventory found that roughly 75% of Shawi household income comes from natural resources in rivers and forests

11B Durante el inventario social los residentes de tres comunidades Shawi mapearon los recursos naturales de los cuales ellos dependen en sus tierras comunales y en la Cordillera Escalera-Loreto (Fig. 32) / During the social inventory residents of three Shawi communities mapped the natural resources they use in their communal land and in the Cordillera Escalera-Loreto (Fig. 32)

11C Las mujeres Shawi todavía hacen mucha de su propia ropa de hilo de algodón, teñido con tintes vegetales / Shawi women still make much of their own clothing from hand-woven cotton thread colored with plant dyes

11D El equipo social recopiló un apéndice de varias decenas de especies de plantas utilizadas comúnmente por las familias Shawi para su comida, medicina, material de construcción y otras necesidades diarias / The social team compiled an appendix of several dozen plant species commonly used by Shawi families for food, medicine, construction material, and other daily needs

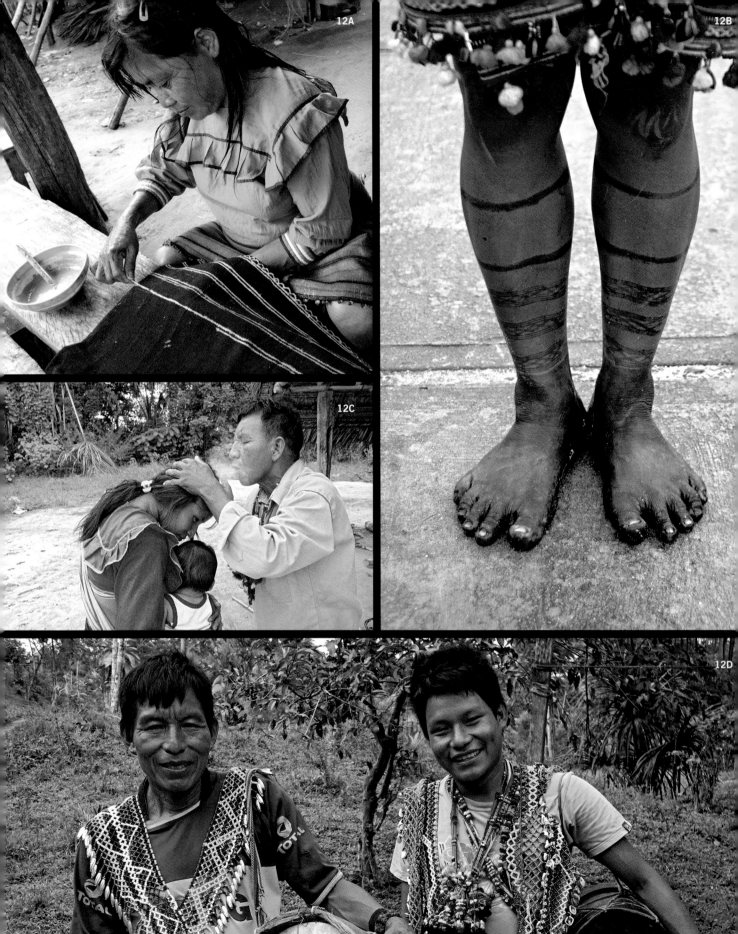

12A

12B

12C

12D

12E

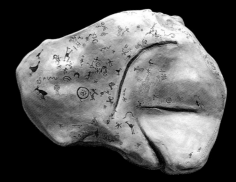

12F

12G

ROCA PETROGLIFO: CASA DE CUMPANAMA

12H

FIG. 12 A pesar de una larga historia de migración forzada y opresión, los Shawi han logrado mantener fuertes su lenguaje, su cultura y sus lazos con la Cordillera Escalera/Despite a long history of forced migration and oppression, the Shawi have succeeded in maintaining a vibrant language and culture and strong ties to the Cordillera Escalera

12A,B Tejer, decorar y usar las faldas tradicionales (pampanillas) es un gran orgullo para las mujeres Shawi/Weaving, decorating, and wearing the traditional *pampanilla* skirts is a source of pride for Shawi women

12C,D Su larga historia de manejar la biodiversidad de la Cordillera Escalera-Loreto hace importante que los Shawi jueguen un papel central en los planes para protegerla/Their long history of managing the biodiversity of the Cordillera Escalera-Loreto makes the Shawi crucial players in plans to protect it

12E La inmensa Casa de Cumpanamá y al menos 24 otras piedras decoradas con petroglifos antiguos han sido descubiertas hasta la fecha en la región/The immense Casa de Cumpanamá and at least 24 other rocks decorated with ancient petroglyphs have been discovered to date in the region

12F Diseños de animales en este modelo a escala de una piedra cubierta de petroglifos reflejan la larga relación entre los residentes humanos de la Cordillera y su biodiversidad/Animal motifs on this scale model of a petroglyph-covered rock reflect the long relationship between the Cordillera's human residents and biodiversity

12G Los arqueólogos están trabajando para determinar la edad, autoría y significado de los petroglifos de la región, como estos tallados hace siglos en la Casa de Cumpanamá/Archaeologists are working to determine the age, authorship, and significance of the region's petroglyphs, like these carved centuries ago on a corner of the Casa de Cumpanamá

12H Varios de los petroglifos hacen referencia a los exuberantes ríos y cascadas de la región, una referencia muy importante todavía en la vida Shawi/Some of the petroglyphs make reference to the region's exuberant rivers and waterfalls, still an important touchstone in Shawi life

12J Los Shawi han sido participantes activos en los estudios de campo arqueológicos para documentar la rica historia de la Cordillera Escalera-Loreto/The Shawi have been active participants in archaeological field surveys to document the rich history of the Cordillera Escalera-Loreto region

12J

— El área de estudio en Cordillera Escalera-Loreto/The Cordillera Escalera-Loreto study area

■ Bosques de Producción Permanente/Land slated for logging concessions

■ Lotes petroleros/Oil and gas concessions

▨ Deforestación/Deforestation

– – Carretera propuesta/ Proposed road

— Límite Loreto-San Martín/ Loreto-San Martín border

13A La Cordillera Escalera-Loreto y los territorios comunales que la rodean enfrentan graves amenazas a sus bosques y a la forma de vida del pueblo Shawi. Estas incluyen concesiones de petróleo, gas y áreas para producción forestal, así como un proyecto para la construcción de una carretera/The Cordillera Escalera-Loreto and neighboring indigenous lands face grave threats to their forests and to the Shawi way of life. These include oil, gas, and proposed timber concessions, as well as deforestation and an ill-conceived road-building project

13B El bosque en las colinas al este y oeste de la Cordillera Escalera-Loreto se está transformando en parcelas agrícolas y pastizales para ganado a un ritmo acelerado/Forests in the eastern and western foothills of the Cordillera Escalera-Loreto are being converted to cattle pasture and farm plots at an unsustainable rate

Balsapuerto

Yurimaguas

Moyobamba

Perú

0   10   20
km   N

13B

Conservación en la Cordillera Escalera-Loreto

OBJETOS DE CONSERVACIÓN

01 **Un paisaje complejo con características geológicas, hidrológicas y edáficas únicas**

- Un asombroso paraje natural de cascadas, acantilados y montañas —raros distintivos ausentes en la selva baja que domina la mayor parte de Loreto— oficialmente reconocido como prioridad para la conservación por el gobierno central del Perú (SERNANP 2009) y el Gobierno Regional de Loreto (GOREL 2012)

- Un paisaje geológico extremadamente diverso cubriendo una gradiente de elevación de 2,000 m, resultando en un mosaico de sustratos de diferentes edades, de suelos ricos y pobres, presente en varias elevaciones y posiciones topográficas

- Una red de ríos y quebradas montanos con gran variación en corrientes (desde empinadas cascadas rocosas hasta tranquilos ríos meándricos), tipos de aguas (aguas claras, aguas torrentosas, aguas rojizas y aguas negras) y química del agua (niveles de conductividad que varían desde muy bajos a muy altos; niveles de pH de extremadamente bajos a neutros)

- Depósitos de evaporitas (depósitos de sal) encontrados en parches en la cuenca del Cachiyacu, que contribuyen a que los suelos y las aguas del área sean químicamente muy heterogéneos (Fig. 3B)

02 **Comunidades extremadamente diversas de plantas y animales con algunas características biológicas únicas**

- Comunidades de plantas y vertebrados terrestres que califican entre las más diversas de la Tierra a escala regional, combinando hiperdiversas comunidades de tierras bajas y comunidades montanas con tasas altas de endemismo

- Bosque enano de cumbres creciendo en arenisca pobre en nutrientes, un tipo de vegetación muy raro en el Perú y Loreto, caracterizado por flora y fauna pobremente estudiadas con altos índices de endemismo (Fig. 5A)

- La cuenca alta del río Cahuapanas, una meseta única ubicada entre los 1,000 y 1,400 m de elevación que alberga ríos de aguas negras y parches de bosque de arena blanca (varillales) similares a aquellos de la selva baja de Loreto, así como macizos de arenisca con una flora única de especialistas de suelos pobres (Fig. 3E)

Objetos de conservación (continuación)

- Comunidades montanas de plantas y animales que se encuentran entre las más amenazadas en el Perú, debido a la deforestación a gran escala que ocurre en la Región San Martin

03 **Una rica fuente de recursos naturales para las comunidades locales**

- Poblaciones de especies de animales importantes para la caza de subsistencia, incluyendo huanganas, sajinos, sachavacas, venados, monos y roedores grandes

- Bosques muy diversos de los que dependen las comunidades locales para mantener una alta calidad de vida a bajo costo económico, que incluyen cientos de especies de plantas comestibles o con un uso medicinal, maderable, cultural, o para la construcción

- Sustratos que proveen arcilla para la elaboración de cerámica

- Minas de sal históricamente importantes en el bajo río Cachiyacu, las cuales continúan siendo visitadas hasta el presente por las familias Shawi (Fig. 3B)

04 **Por lo menos 44 especies consideradas como mundialmente amenazadas**

- Plantas consideradas globalmente amenazadas por la UICN (IUCN 2014): *Guzmania bismarckii* (CR), *Calatola costaricensis* (EN), *Stenospermation arborescens* (EN), *Abarema killipii* (VU), *Aegiphila panamensis* (VU), *Blakea hispida* (VU), *Centronia laurifolia* (VU), *Columnea mastersonii* (VU), *Couratari guianensis* (VU), *Cremastosperma megalophyllum* (VU), *Ficus pulchella* (VU), *Guarea trunciflora* (VU), *Monnina equatoriensis* (VU), *Nectandra pseudocotea* (VU) y *Pouteria vernicosa* (VU)

- Plantas consideradas globalmente amenazadas por León et al. (2006): *Nectandra cordata* (CR), *Octomeria peruviana* (EN), *Prunus rotunda* (EN), *Tococa gonoptera* (EN), *Allomarkgrafia ovalis* (VU), *Tachia* cf. *loretensis* (VU) y *Wettinia longipetala* (VU)

- Anfibios (IUCN 2014): *Pristimantis bromeliaceus, P. incomptus* y *P. nephophilus* (VU)

- Anfibios: Se cree que cuatro especies adicionales de anfibios globalmente amenazados se encuentran en Cordillera Escalera-Loreto: *Atelopus pulcher* (CR), *Rulyrana saxiscandens* (EN), *Hyloxalus azureiventris* (EN) y *Ameerega cainarachi* (VU)

- Aves: 11 especies, incluyendo al colibrí Ángel del Sol Real (*Heliangelus regalis*) y Hormiguerito de Garganta Ceniza (*Herpsilochmus parkeri*), ambas En Peligro (EN)

- Una población de uno de los primates más raros y amenazados del mundo, el mono choro de cola amarilla (*Lagothrix flavicauda*), el cual está En Peligro Crítico (IUCN), listado en Apéndice I (CITES) y En Peligro (US Fish & Wildlife)

- Otros mamíferos: *Ateles chamek* (EN), *Pteronura brasiliensis* (EN), *Dinomys branickii* (VU), *Lagothrix poeppigii* (VU), *Myrmecophaga tridactyla* (VU), *Priodontes maximus* (VU), *Tapirus terrestris* (VU), *Tayassu pecari* (VU) y *Tremarctos ornatus* (VU); otras especies globalmente amenazadas que no fueron registradas pero que se espera que ocurran en Cordillera Escalera-Loreto incluyen *Callicebus oenanthe* (EN), *Aotus miconax* (VU) y *Leopardus tigrinus* (VU)

05 **Por lo menos 15 especies consideradas como amenazadas en el Perú (MINAG 2004, 2006)**

- Plantas: *Ruagea cf. glabra* (EN), *Euterpe catinga* (VU), *Parahancornia peruviana* (VU) y *Tabebuia incana* (VU)

- Anfibios: dos especies amenazadas son esperadas para la Cordillera Escalera-Loreto: *Rulyrana saxiscandens* (EN) y *Hyloxalus azureiventris* (EN)

- Aves: *Herpsilochmus parkeri* (EN), *Ara militaris* (VU), *Aburria aburri* (NT), *Mitu tuberosum* (NT), *Morphnus guianensis* (NT), *Campylopterus villaviscencio* (NT), *Heliodoxa gularis* (NT) y *Hemitriccus rufigularis* (NT)

- Mamíferos: *Dinomys branickii* (EN), *Lagothrix flavicauda* (EN), *Pteronura brasiliensis* (EN), *Ateles chamek* (VU), *Myrmecophaga tridactyla* (VU), *Priodontes maximus* (VU) y *Tapirus terrestris* (VU)

06 **Varias docenas de especies aparentemente nuevas para la ciencia**

- Plantas: docenas de especies de plantas no descritas, incluyendo taxones en los géneros *Dendrothrix, Erythroxylum, Gordonia, Guzmania, Macrocarpaea, Pitcairnia* y *Purdiaea* (Fig. 5)

- Peces: dos especies del género *Astroblepus* (Fig. 6)

- Anfibios: tres especies de los géneros *Rhinella, Pristimantis* y *Chiasmocleis* (Fig. 7)

- Reptiles: una especie del género *Enyalioides* (Fig. 7)

07 **Un significativo número de especies restringidas a los tepuyes andinos, muchas de las cuales no se encuentran actualmente en ningún área protegida establecida en Loreto**

- Varias docenas de especies de plantas, incluyendo la mayoría de aquellas que ocurren en bosque enano de cumbres y arbustal de cumbres (Fig. 5A)

- 16 especies de aves especialistas de y restringidas a los tepuyes andinos (Tabla 7)

- Un número indeterminado de especies de mamíferos pequeños que son aparentemente restringidos a las zonas altas de los tepuyes andinos en esta parte del Perú

08 **Valiosos servicios de ecosistemas para las comunidades locales, para Loreto y para el mundo**

- Quebradas y ríos montanos de la Cordillera Escalera-Loreto, importantes cursos de agua para las cuencas hidrográficas del Huallaga y Marañón, y fuente de agua esencial para las comunidades Shawi y Awajún ubicadas aguas abajo

- Cuencas con cobertura boscosa densa y natural, resguardo vital contra la erosión y los derrumbes

- Grandes fuentes de carbono en forma de bosques saludables, de valor para el mercado internacional de carbono. Debido a que la Cordillera Escalera-Loreto está muy cerca de una de las zonas de deforestación más activas del Perú, tiene un potencial especial para generar valor a través de los programas de Reducción de Emisiones por Deforestación y Degradación del Bosque (REDD+)

- Quebradas montanas que sirven de fuentes de reproducción para poblaciones de peces de consumo de importancia económica, incluyendo *Prochilodus nigricans*, *Salminus iquitensis* y *Leporinus friderici*

09 Una rica historia arqueológica, reconocida como culturalmente importante por especialistas, comunidades locales y el gobierno peruano

- Por lo menos 50 sitios arqueológicos conocidos de la cuenca del río Paranapura, incluyendo inmensas rocas decoradas con petroglifos, comprendiendo posiblemente los más grandes y más detallados registros arqueológicos de la Amazonía peruana (Fig. 12)
- La Zona Reservada Arqueológica del Alto y Bajo Cachiyacu, formalmente reconocida en 2002 por el Ministerio de Cultura del Perú

10 Un paisaje natural y cultural asombrosamente hermoso con gran potencial para el ecoturismo

- Imponentes vistas de montañas, acantilados, cataratas, así como de la planicie amazónica (Fig. 1)
- Un rico legado arqueológico de varias docenas de petroglifos ancestrales (Fig. 12)
- Poblaciones saludables de especies de plantas y animales altamente valoradas por turistas peruanos e internacionales, incluyendo docenas de especies de colibríes y orquídeas (Fig. 8)

FORTALEZAS Y OPORTUNIDADES

01 **Niveles de biodiversidad extremadamente altos** con elementos especiales que destacan como los tepuyes andinos, la mezcla de componentes de selva baja con taxones montanos, especies y ecosistemas únicos o de distribuciones restringidas, y especies amenazadas, entre las que destaca el mono choro de cola amarilla (*Lagothrix flavicauda*), considerado En Peligro Crítico

02 **Pieza importante en el contexto regional e internacional de conservación** que posibilita la conectividad entre áreas montanas desde Cordillera Azul hasta los Cerros de Kampankis en el Perú y que se extiende hasta las cordilleras Kutukú y del Cóndor en Ecuador

03 **Cabeceras de cuenca importantes** de los ríos Paranapura y Cahuapanas, identificadas como prioridades de conservación en Loreto (Ordenanza Regional 005-2013-GRL-CR)

04 **La mejor oportunidad dentro de Loreto para mitigar y monitorear los efectos del cambio climático**

- La Cordillera Escalera-Loreto tiene la mayor gradiente altitudinal de la región

- Esta gradiente puede permitir la migración de especies que habitan tierras bajas a fajas altitudinales que se recorren a elevaciones mayores como consecuencia del incremento de temperaturas

- Las lagunas montanas probablemente preservan un registro muy valioso de los cambios climáticos históricos almacenados en forma de polen y fitolitas

05 **Sitios arqueológicos y lugares con paisajes, flora y fauna de valor turístico**

06 **Fuerte identidad lingüística, social y cultural del pueblo Shawi**

- Redes de cooperación entre familias y entre comunidades nativas que mantiene el tejido social y la unidad cultural

- Educación inicial y primaria bilingüe que mantiene cultura y tradiciones

- Importante rol de la mujer en el mantenimiento de la cultura

- Respeto por las autoridades locales (*apu*, teniente gobernador, agente municipal, alcalde y juez de paz)

07 **Conocimiento Shawi del territorio y lo que contiene, enseñado desde la niñez y mantenido de generación en generación**

- Una oportunidad de concretar e implementar una visión común del pueblo Shawi para la conservación y uso sostenible de su territorio, fundamentada en los conocimientos ecológicos tradicionales

- Un gran potencial para implementación de un sistema de control y vigilancia indígena del territorio

- Una oportunidad para monitorear y manejar las poblaciones de aves, peces y mamíferos de interés para la caza y pesca reducidas por uso excesivo y desordenado

08 **Un sistema de comunicación entre comunidades nativas** a través de la telefonía celular, teléfonos GILAT, cartas, parlantes, programas de radio, ríos y redes de caminos que **tiene el potencial de mantener la cohesión entre las familias y de facilitar la organización y comunicación de los pueblos**

09 **Colaboración con otros grupos indígenas y otras provincias de Loreto y San Martín en la conservación y manejo de la Cordillera Escalera**

- Potencial para la cooperación interétnica en el manejo y control de los espacios de la Cordillera Escalera entre los pueblos Awajún, Shawi y Llakwash (Quechua Lamista)

- Potencial para la cooperación interprovincial en el manejo y control de los espacios de la Cordillera Escalera en Alto Amazonas y Datem del Marañón

- Potencial para la cooperación transfronteriza regional en el manejo y control de los espacios de la Cordillera Escalera loretana y sanmartinense

- Contribución de nuevos aportes e información al plan de ordenamiento territorial de la provincia del Alto Amazonas, que se encuentra en preparación

10 **Acceso a recursos para el manejo y protección de la Cordillera Escalera**

- Una oportunidad para el pueblo Shawi, y para las autoridades locales, regionales y nacionales, para unificar y concretar su visión de conservación y manejo del territorio utilizando fondos potencialmente disponibles en el Plan de Inversión Forestal (PIF) dentro del proyecto 'Gestión integrada del paisaje forestal en el eje Tarapoto-Yurimaguas, en las regiones San Martín y Loreto'

Fortalezas y oportunidades (continuación)

11 **Un consenso entre pueblos indígenas, gobierno central y gobierno regional que la Cordillera Escalera-Loreto es una alta prioridad para la conservación de la diversidad biológica, arqueológica y cultural**

- Interés unánime del pueblo Shawi y de las autoridades que los representan por proteger la cordillera para las futuras generaciones y garantizar a perpetuidad los recursos naturales que actualmente vienen usando

- Identificada como prioridad de conservación a nivel nacional por el Plan Director de las Áreas Naturales Protegidas (SERNANP 2009)

- Identificada como prioridad de conservación a nivel regional en mapas de planificación y priorización (GOREL 2012)

- Identificada como una prioridad de conservación según un estudio reciente de la biodiversidad y el sistema de áreas protegidas en todo el Perú (Fajardo Nolla 2012)

- Declaratoria de Zona de Reserva Arqueológica de la Cuenca Alta y Baja del Río Cachiyacu por el Ministerio de Cultura (Resolución Directoral Nacional No. 314/INC, abril de 2002)

AMENAZAS

01 **La falta de una figura legal para la protección de la Cordillera Escalera-Loreto**, situación que genera:

- Uso desordenado del espacio y el uso sin restricciones de la flora y la fauna

- Desconfianza entre comunidades locales, y entre las comunidades y el estado

- Aparente tráfico de tierras en el interior del área

02 **La tensión histórica entre los pueblos Shawi y Awajún de San Martín por el uso y control de los espacios de la Cordillera Escalera-Loreto**

03 **La propuesta carretera Moyobamba-Balsapuerto.** La ruta de la carretera atraviesa la Cordillera Escalera-Loreto, donde promovería:

- Deforestación a gran escala en una franja de al menos 5 km a cada lado de la carretera, con consecuencias negativas para las cabeceras y la calidad del agua del río Cachiyacu

- Especulación de tierras y colonización desordenada

- Impactos sociales negativos en las comunidades ubicadas cerca de la carretera, como aumentos en crimen, disparidades de ingresos, inmigración, etc.

04 **Actividades de exploración o explotación de gas o petróleo** en los lotes petroleros 103 y 109, que juntos se sobreponen al 97% del área. Estas actividades amenazan con:

- Fuertes presiones socioeconómicas en las comunidades locales, que muchas veces crean conflictos dentro de comunidades y federaciones

- Impactos ambientales en una zona de cabeceras importante (p. ej., contaminación de las aguas por residuos industriales y erosión)

05 **Tasas elevadas de deforestación por agricultura y ganadería** en las comunidades nativas al oriente (Loreto) y al occidente (San Martín) de la Cordillera Escalera-Loreto, las cuales han provocado:

- Cambios en el curso de agua de la cuenca del río Paranapura, resultado de la colmatación de los ríos con sedimentos erosionados

- Una reducción en el nivel de agua de los ríos, que dificulta el transporte y comunicación, así como una reducción en la calidad de agua y en la abundancia de peces comestibles

6. **La caza y pesca excesiva dentro y fuera de la Cordillera Escalera-Loreto**, las cuales amenazan con perjudicar y disminuir una fuente importante de peces y mamíferos comestibles para las comunidades aledañas

   - Una presión de caza insostenible en la cuenca del Alto Cachiyacu, la cual ya ha causado una gran reducción de las poblaciones de mamíferos grandes y medianos de la zona

   - El uso del ictiotóxico natural barbasco (*Lonchocarpus utilis*) en quebradas, un método de pesca que destruye comunidades de peces enteras sin discriminar entre especies útiles y otras

   - La pesca comercial excesiva en los alrededores de Yurimaguas, que dificulta la llegada de peces migratorios a las cuencas de la zona

7. **Proyectos de desarrollo externos que proponen soluciones inapropiadas para las condiciones locales.** Un ejemplo son los proyectos que promueven el establecimiento de agricultura de monocultivos de gran escala (café, cacao, papaya) en lugar de las chacras mixtas tradicionales

8. **La incertidumbre asociada con la presencia de los Bosques de Producción Permanente.** Los bloques 4E y 4G cubren el 38% del área de estudio (aproximadamente 50,000 ha). No han sido concesionados aún y no se sabe si serán concesionados en el futuro próximo. Si bien en teoría la ley ofrece alguna protección a los bosques dentro de los BPPs, en la práctica la poca presencia del estado significa que son tan vulnerables como los bosques restantes del área

9. **La propuesta del Ministerio de Energía y Minas de establecer una central hidroeléctrica de 80 MW en el río Cachiyacu hasta el 2021** (Finer y Jenkins 2012). Una central hidroeléctrica en el Cachiyacu no es una buena inversión ya que:

   - La cuenca alta del río es zona de frecuentes derrumbes y temblores, los cuales atentarían contra la sustentabilidad de una represa artificial

- El represamiento del río generaría grandes cambios río abajo, incluyendo impactos negativos en la pesca y los consecuentes cambios de caudal

- Las centrales hidroeléctricas amazónicas tienen una historia de fracasos sociales, ecológicos y productivos

- La construcción de redes de distribución eléctrica, con sistemas de torres y cables, causaríá pérdida de cobertura boscosa

10. **Contaminación de fuentes de agua por inadecuado manejo de residuos sólidos y aguas residuales de origen humano y ganadero** que pone en riesgo la salud de la población local

11. **La falta de zonificación y ordenamiento territorial y el incompleto y en algunos casos erróneo proceso de titulación de tierras**

12. **Rumores infundados sobre la posible presencia de oro en la Cordillera Escalera-Loreto**, los cuales atraen colonos cuya prospección podría generar impactos muy negativos tanto en los bosques y hábitats acuáticos como en la población Shawi

La Cordillera Escalera-Loreto es una imponente cadena montañosa ubicada en el límite oeste de la Región Loreto, **reconocida como una prioridad nacional y regional de conservación**. La biodiversidad de la Cordillera Escalera-Loreto se destaca por su riqueza de especies —una mezcla de elementos amazónicos, pre-montanos y montanos— con la presencia de ecosistemas y especies únicas o de distribuciones restringidas.

Las comunidades nativas que rodean la cordillera representan los actores más críticos del paisaje social. Más de un centenar de comunidades del pueblo Shawi viven al este y noreste de la Cordillera Escalera-Loreto, decenas de comunidades del pueblo Awajún están asentadas en el norte y noroeste, y un pequeño número de comunidades Quechua Lamista se ubican en el sur. Las vidas de los pobladores indígenas dependen de los bosques saludables y aguas puras en la cordillera y los habitantes de estos pueblos tienen un gran compromiso con su cuidado y manejo.

Dentro del espacio comunal del pueblo Shawi se han encontrado **decenas de vestigios arqueológicos** —algunos de ellos, como la Casa de Cumpanamá, entre los más importantes encontrados en toda la Amazonía— que atestiguan la presencia milenaria de pobladores en la cuenca del río Cachiyacu, además de otros sitios de gran importancia histórica y cultural.

Es crítico buscar la protección inmediata de la Cordillera Escalera-Loreto, ya que representa un recurso irreemplazable tanto para los pueblos indígenas que viven alrededor de ella como para su diversa flora y fauna bajo peligro. Las amenazas que se ciernen sobre este espacio tan rico por su biología, cultura y historia son muchas, y exigen acción inmediata.

PROTECCIÓN DE LA CORDILLERA ESCALERA-LORETO	01 **Conservar a largo plazo la Cordillera Escalera-Loreto.** Actualmente el área no posee una figura legal que garantice su conservación y protección, lo cual la hace vulnerable a invasiones, actividades extractivas de gran escala y deforestación. Tampoco existe un consenso entre los actores locales sobre cómo conservar el área.

■ **Crear un grupo de trabajo para desarrollar un fuerte consenso sobre la mejor figura legal para su protección,** involucrando a los principales actores de la zona para generar y concretar una visión unificada de la conservación de este espacio en ambos distritos (Balsapuerto y Cahuapanas), en ambas provincias (Alto Amazonas y Datem del Marañón), en ambas regiones (Loreto y San Martín), y por encima de todo, con las personas que residen en todas sus cuencas. El trabajo tendrá que empezar con los actores indígenas, reconociendo que un acuerdo sólido entre ellos será el fundamento para lograr una conservación efectiva

■ **Conseguir una Declaratoria de Interés Público Regional para la conservación de la Cordillera Escalera-Loreto (130,925 ha),** destacando la importancia del área para las poblaciones indígenas locales y la biodiversidad

02 **Implementar la protección legal para la conservación de la Cordillera Escalera-Loreto,** con una figura que refleje el consenso del grupo de trabajo en coordinación con las entidades regionales y nacionales

03 **Excluir actividades extractivas de gran escala de la Cordillera Escalera-Loreto**

- Abandonar los trabajos de exploración petrolera, concesiones madereras, minería a escala comercial, agricultura intensiva de monocultivos y proyectos hidroeléctricos

- Redimensionar los bloques 4E y 4G de Bosque de Producción Permanente una vez que la Cordillera Escalera-Loreto sea declarada como área de interés público y sea identificada la categoría legal de protección

04 **Respetar la decisión del pueblo Shawi de no construir la propuesta carretera Moyobamba-Balsapuerto.** La carretera representa la amenaza más grande a la integridad de los bosques de la Cordillera Escalera-Loreto y el buen vivir de las poblaciones Shawi que dependen de los recursos de flora, fauna y agua dentro de ella

MANEJO Y CUIDADO DE LA CORDILLERA ESCALERA-LORETO

01 **Implementar un sistema de resguardo y vigilancia de los recursos naturales de la Cordillera Escalera-Loreto,** en colaboración estrecha con las comunidades nativas, basado en mecanismos comunales existentes de patrullaje y control de ingresos y salidas

02 **Consensuar y fortalecer, a nivel de cada cuenca, los acuerdos comunales para el manejo de especies de caza y pesca dentro de los territorios comunales así como en la Cordillera Escalera-Loreto,** ya que las comunidades nativas reconocen la importancia de 'dejar descansar' a las poblaciones de fauna y flora en la Cordillera Escalera-Loreto

03 **Establecer un sistema de manejo integral de cuencas** que incluya proteger los espacios bien conservados en la Cordillera Escalera-Loreto y restaurar los que lo necesiten cerca de los ríos y quebradas en los territorios comunales

04 **Promover actividades económicas compatibles con la conservación y manejo de la Cordillera Escalera-Loreto**

- Analizar y definir con las comunidades nativas y promotores de actividades turísticas el modelo de turismo que se desea (p. ej., turismo vivencial, histórico, cultural, ecológico) y que es factible desarrollar en la Cordillera Escalera-Loreto. Este proceso debe incluir un análisis detallado del marco legal, de las limitaciones prácticas para el desarrollo de esta actividad, de los públicos meta y de las necesidades de investigación histórica, cultural, natural, social y arqueológica para informar la implementación de esta actividad. Analizar y aplicar las lecciones aprendidas de las actividades turísticas promovidas e implementadas en las comunidades del Alto Cachiyacu junto con la organización no-gubernamental Terra Nuova

**Manejo y cuidado de la
Cordillera Escalera-Loreto**
(continuación)

- Implementar el plan de ordenamiento territorial propuesto por el Gobierno Regional de Loreto para la provincia de Alto Amazonas, con énfasis a las áreas circundantes a la Cordillera Escalera-Loreto

- Analizar, identificar y evaluar, junto con las comunidades, las alternativas de actividades productivas social y ecológicamente compatibles (p. ej., agroecosistemas de café y cacao, sistemas silvopastoriles, acuicultura) y la escala a que estas actividades pueden desarrollarse para maximizar los beneficios y minimizar los impactos negativos

- Asegurar la participación activa del pueblo Shawi (y Awajún en el noroeste) en la planificación, ejecución y beneficios de cualquier actividad económica que pueda afectar a la Cordillera Escalera-Loreto o su calidad de vida

05 **Asegurar la protección de los restos arqueológicos** —los más importantes conocidos dentro de Loreto— en el espacio comunal de los Shawi en el Distrito de Balsapuerto. Implementar la Zona de Reserva Arqueológica declarada en abril de 2002 (Resolución Directoral Nacional No. 314/INC) en la cuenca alta y baja del río Cachiyacu, mediante un proceso bien planeado y sensible. Tal proceso debe incluir la delimitación de la zona, el establecimiento de normas de manejo de este espacio y la fundación de un museo de sitio, todos productos de una colaboración estrecha y respetuosa entre el pueblo Shawi y las autoridades relevantes

ACERCAR AL GOBIERNO REGIONAL A LAS COMUNIDADES DEL PUEBLO SHAWI

01 **Seguir fortaleciendo los lazos entre el pueblo Shawi y las autoridades gubernamentales para que puedan tomar acciones conjuntas** (p. ej., colaboración entre DISAFILPA y el pueblo Shawi para resolver el caso del asentamiento Bichanak por parte de indígenas Awajún de San Martín)

02 **Homogenizar, compatibilizar y actualizar la información de tenencia de tierra** en manos de diferentes actores, para:

- Asegurar que todos manejan los mismos datos o información cartográfica de comunidades y que estos sean de alta calidad

- Finalizar solicitudes pendientes y resolver conflictos de tenencia de la tierra

03 **Difundir e incorporar los resultados del inventario rápido biológico y social a los planes de desarrollo regionales y municipales, tales como los planes del ordenamiento regional de las provincias de Alto Amazonas y Datem del Marañón.** Asimismo, promover a nivel distrital, de cuencas y comunal la zonificación ecológica económica y el ordenamiento territorial

MANEJO Y ORDENAMIENTO DEL ESPACIO COMUNAL	01 **Diseñar e implementar un sistema de manejo de residuos sólidos y aguas residuales para eliminar esta fuente de contaminación** a los ríos en toda la cuenca del Paranapura
	02 Explorar, a través del Plan de Inversión Forestal (PIF) dentro del proyecto 'Gestión integrada del paisaje forestal en el eje Tarapoto-Yurimaguas, en las regiones San Martín y Loreto', **la oportunidad de asignar fondos para concretar e implementar la visión común de gestión y conservación** de la Cordillera Escalera y los territorios comunales alrededor de ésta
INVESTIGACIÓN E INVENTARIOS ADICIONALES	01 **Promover estudios prioritarios sobre la diversidad biológica y cultural de la Cordillera Escalera-Loreto.** Algunos temas incluyen:

- Un diagnóstico de la cantidad y calidad de hábitat, y del tamaño de las poblaciones del mono choro de cola amarilla (*Lagothrix flavicauda*) dentro de la Cordillera Escalera-Loreto. Es de importancia crítica determinar si el límite de elevación mínimo de los 1,500 m reportado en el resto de su rango se aplica como regla en la Cordillera Escalera-Loreto, pues de la respuesta a esta interrogante depende la estimación efectiva de cuántos individuos de la especie aún sobreviven en el Perú. Estudios similares son una prioridad urgente para los bosques entre los 1,200 y 1,800 m, justo afuera de la Cordillera Escalera-Loreto en el lado sanmartinense

- Inventarios biológicos adicionales en el sector norte de la Cordillera Escalera-Loreto, ya que la breve visita realizada durante este inventario rápido fue suficiente para confirmar el carácter único de sus bosques de suelos pobres pero insuficiente para caracterizarlos a detalle

- Estudios geológicos y paleo-ecológicos para determinar la edad y origen de la laguna cerca del campamento base Alto Cachiyacu y para reconstruir la historia de la vegetación, clima y ocupación humana en esa región de la Cordillera Escalera-Loreto

- Inventarios más detallados de las plantas, animales y geología en las cumbres de la Cordillera Escalera-Loreto, en donde las especies raras y endémicas están concentradas

Informe técnico

PANORAMA REGIONAL

Autores: Corine Vriesendorp, Nigel Pitman y Joshua Homan

INTRODUCCIÓN

Al este de los Andes, una cadena de crestas aisladas —técnicamente conocidas como cordilleras subandinas— se extiende desde Colombia, pasando por Ecuador hacia el Perú (Fig. 4A). Debido a la afinidad de estas crestas aisladas con las mesetas de areniscas en el Escudo Guayanés, conocidas como tepuyes, en vez de llamarlas cordilleras subandinas nos referiremos a ellas en este volumen como tepuyes andinos (ver el capítulo *Flora y vegetación* en este volumen para detalles adicionales).

En este capítulo hacemos una breve revisión de los tepuyes andinos dentro de la Región Loreto en el Perú, y de ahí nos enfocamos en una de estas cordilleras: la Cordillera Escalera-Loreto. Delineamos con brocha gruesa la topografía, límites políticos, clima, geología, contexto social y derechos territoriales dentro de la Cordillera Escalera en Loreto. Terminamos con una mirada a los aspectos de conservación de los tepuyes andinos desde Colombia al Perú, y enfatizamos dos grandes oportunidades de conservación: la Cordillera Escalera-Loreto y la Cordillera Manseriche-Cahuapanas.

TEPUYES ANDINOS EN LORETO

Loreto, la región más grande del noreste peruano y famosa por su selva baja amazónica, también cuenta con cinco áreas montañosas (Fig. 14). Todas ellas soportan suelos areniscos y deberían ser consideradas tepuyes andinos. Cuatro de ellas están a lo largo del límite oeste de Loreto: los Cerros de Kampankis, la Cordillera Manseriche-Cahuapanas, la Cordillera Escalera y la Cordillera Azul. Junto con la Sierra del Divisor, un pequeño levantamiento dentro del llano amazónico, cerca con el límite con Brasil, estas cinco cordilleras en Loreto representan una confluencia de alta riqueza y rareza específica, creando así:

1. Un importante punto de intercambio entre especies típicas de la cuenca amazónica y la flora y fauna altamente especializada de los Andes;

Figura 14. Las cinco cordilleras principales en la Región Loreto, Perú, con notas sobre su estado de conservación y referencias relevantes. Los círculos representan los campamentos de los inventarios de The Field Museum y los porcentajes reflejan cuánto contribuye cada cordillera al área por encima de los 350 m de altura en Loreto.

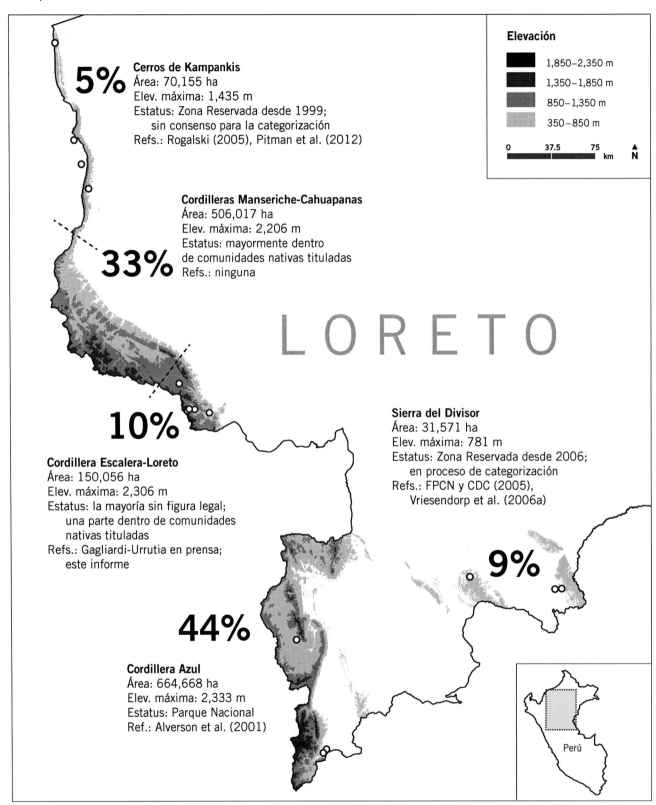

2. Un laboratorio de evolución, donde la especiación ocurre dentro de las cordilleras mismas, por medio del aislamiento de las poblaciones vecinas en los Andes y la Amazonía; y

3. Una fuerte afinidad con los peculiares bosques de arenas blancas dispersados en toda la cuenca amazónica, y los tepuyes en el Escudo Guayanés en Venezuela, a más de 1,400 km al nordeste.

Aunque se cuenta la Sierra del Divisor entre las áreas montañosas de Loreto, es distinta de las otras cuatro (Fig. 15). La Sierra del Divisor es más baja en altura, (aprox. 800 m sobre el nivel de mar, en adelante m), aislada de la cuenca amazónica, y alberga menos elementos verdaderos de montaña (aunque los que ocurren son de particular interés).

De las otras cuatro cordilleras en Loreto (Kampankis, Manseriche-Cahuapanas, Escalera y Azul), Kampankis es la más diferente. Es la más baja (<1,500 m) y su cresta es delgada como un cuchillo a comparación de los picos más anchos y escarpados que hay en las otras tres cordilleras (Alverson et al. 2001, Vriesendorp et al. 2006a, Pitman et al. 2012). Tal vez la característica más importante de Kampankis que hace que sus comunidades biológicas sean particulares, es la ausencia de mesetas a las altas elevaciones. Las cordilleras Escalera, Manseriche y Azul tienen grandes áreas planas a altas elevaciones, las cuales parecen permitir el establecimiento de una comunidad más completa de especies adaptadas a las alturas.

Las cordilleras Azul y Manseriche juntas son 16 veces más grande que la Escalera y representan la mayor extensión de hábitat montano dentro de Loreto. Sin embargo, la Cordillera Escalera alberga la mitad de los hábitats localizados entre los 2,200 y 2,400 m, y es la cordillera más importante para las elevaciones más altas (Fig. 15).

Figura 15. Distribución de elevaciones en las áreas montañosas de Loreto, Perú (entre los 300 y 2,400 m), enfatizando las cinco cordilleras más importantes (Cordillera Escalera, Cerros de Kampankis, Cordillera Azul, Cordillera Manseriche y Sierra del Divisor). Las elevaciones más altas en la categoría miscelánea representan áreas no protegidas en las afueras del Parque Nacional Cordillera Azul.

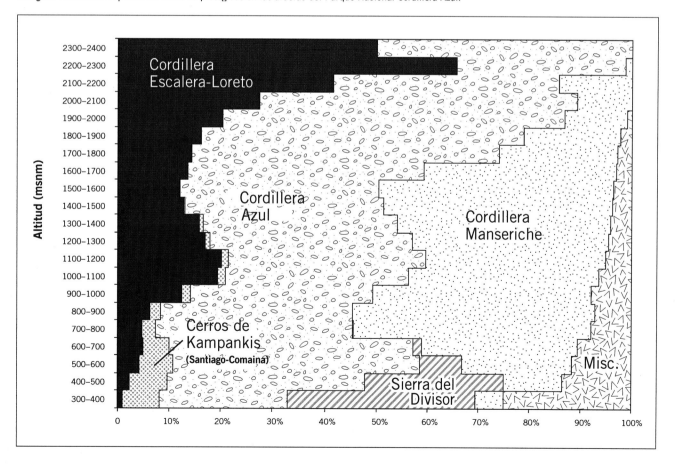

Cordillera Escalera

Estuvimos tres semanas en la Cordillera Escalera, la cual obtiene su nombre por la porción de la cordillera visible desde Tarapoto, que hace recordar a una escalera. A diferencia de los otros tepuyes andinos, tales como la Sierra del Divisor, la Cordillera Escalera carece de límites geográficos bien definidos. Mientras la porción sur de la cordillera está claramente delimitada por el río Mayo y al este, oeste y norte está delimitada por las llanuras, la parte norte es continua con las montañas de Alto Mayo y Manseriche (Fig. 14). La Cordillera Escalera-Manseriche se distingue tradicionalmente de las montañas del Alto Mayo por el límite entre Loreto y San Martín, y el límite entre Loreto y Amazonas, los cuales separan a los ríos que fluyen hacia el este en Loreto de los ríos que fluyen al oeste en San Martín y Amazonas. Sin embargo, no existe un consenso sobre dónde termina la Cordillera Escalera y dónde empieza la Cordillera de Manseriche (Fig. 14).

Como resultado, el término 'Cordillera Escalera' significa cosas diferentes para diferentes personas. Algunos lo asocian con el Cerro Escalera (un pico aislado cerca a Tarapoto) y otros lo asocian con los Cerros Escalera (la porción de la cordillera visible desde Tarapoto), pero estas dos localidades representan una fracción ínfima de la totalidad de la cordillera. Otras asocian el término 'Cordillera Escalera' con las 149,870 ha correspondientes al Área de Conservación Regional Cordillera Escalera, la cual solo corresponde a la parte sur y a la Región San Martín. A una escala más grande, y dado que los límites para la Cordillera de Manseriche son poco definidos, la Cordillera Escalera podría considerarse que abarca cerca de 1 millón de ha de tierras altas, extendiéndose a más de 300 km desde el Pongo de Manseriche en el norte hasta el río Mayo en el sur.

Finalmente, vale la pena mencionar que el nombre 'Cordillera Escalera' fue definido por cartógrafos con poca experiencia de campo en la región, sin consultar a los indígenas que han vivido y explorado el área por siglos. Los Shawi no tienen un nombre para toda la cordillera, pero prefieren nombrar cada uno de sus picos.

CORDILLERA ESCALERA-LORETO

Nuestro inventario rápido se enfocó en un área de 130,925 ha de la Cordillera Escalera ubicada en Loreto y limitando al oeste y al sur con el límite entre Loreto y San Martín (Fig. 2). Esta área, que llamamos la Cordillera Escalera-Loreto, está específicamente definida como la porción de la Cordillera Escalera en Loreto que se encuentra en el territorio ancestral Shawi pero que no abarca las tierras tituladas de alguna comunidad nativa. Es necesario, sin embargo, indicar que la titulación de tierras en esta área del Perú es un proceso continuo, en donde todavía hay comunidades que están definiendo sus territorios (incluyendo peticiones de expansión de los territorios actuales) al este de la Cordillera Escalera-Loreto, así como disputando derechos del uso del territorio dentro de la cordillera (ver las secciones 'Contexto social' y 'Conflicitos y titulación de tierras' abajo).

Topografía y límites políticos

La Cordillera Escalera-Loreto se levanta más de 2,000 m de elevación (de los 200 a los 2,300 m), y sus cumbres crean límites naturales entre la Región Loreto al este y la Región San Martín al oeste. Estas cumbres incluyen 6 de los 10 picos más altos en Loreto y albergan las cabeceras de los ríos Paranapura, Yanayacu, Cachiyacu y Armanayacu (los cuales drenan hacia el Huallaga), y las cabeceras de los ríos Cahuapanas y Sillay (los cuales drenan hacia el Marañón). El área de conservación propuesta (130,925 ha) está comprendida en su totalidad en Loreto pero se extiende en dos distritos y dos provincias: el Distrito de Balsapuerto y la Provincia de Alto Amazonas en el sur (74%), y el Distrito de Cahuapanas y la Provincia de Datem del Marañón al norte (26%). La ciudad amazónica de Yurimaguas en Loreto (a más de 45 km al este) y Moyobamba en un valle interandino en San Martín (a unos 25 km al oeste) son las ciudades más cercanas.

La Cordillera Escalera-Loreto, con unos 100 km de longitud, está compuesta de dos cadenas de montañas que van desde el noroeste al sudeste, siendo la cresta oeste más alta que la cresta este por aproximadamente 600–800 m. Las cumbres más altas (de aproximadamente 2,300 m) se ubican en la parte suroeste. En la parte sur de la Cordillera Escalera-Loreto, un valle con forma de cuña separa dos crestas y posee un ancho de aproximadamente 17 km en su lado suroeste. En el sector norte, la característica principal es una amplia meseta que cubre 35,000 ha, y que se ubica en elevaciones que van desde los 1,200 m a los 1,400 m de elevación, y se eleva sobre los valles de areniscas (a unos 1,000 m de elevación). Casi en la mitad de las porciones norte y sur, un levantamiento que va desde los 1,050 a los 1,650 m crea un drenaje que divide a los ríos de tal manera que los ríos ubicados en el sector sur drenan con rumbo sur y después al nordeste hacia el río Huallaga, y aquellos ubicados en el sector norte fluyen al nordeste, hacia el río Marañón.

La geología de la Cordillera Escalera-Loreto

Diez diferentes formaciones geológicas existen dentro de la Cordillera Escalera-Loreto, comprendiendo depósitos del Terciario, Cretáceo y Jurásico. La formaciones más antiguas, la Cushabatay (aprox. 145 millones de años de edad), un deposito marino del Cretáceo, y la Sarayaquillo (aprox. 165 millones de años de edad), un depósito continental del Jurásico, juntas representan más del 65% de la geología subyacente. A grandes rasgos, el material subyacente en la Cordillera Escalera es de areniscas (53% del área), capas rojas (36%), y calizas y lutitas (8%), y las capas rojas (depósitos de sedimentos ricos en hierro) albergan afloramientos salinos.

En la parte sur de la Cordillera Escalera-Loreto se ubica una gran falla geológica que se extiende desde el noroeste al sudeste, siguiendo la orientación de la cordillera así como el curso del río Cachiyacu. Otra falla geológica cruza la divisoria de aguas y se dirige hacia Balsapuerto, un área con un gran sistema de fallas en sus alrededores. Existen dos fallas geológicas cerca de la mina de sal localizada en nuestro primer campamento (ver el capítulo *Descripción de los sitios visitados en los inventarios biológicos y sociales*, este volumen). Con la excepción de la falla transversal de la divisoria de aguas, las fallas de la parte sur se orientan en el sentido noroeste-sudeste. Por el contrario, la parte norte de la Cordillera Escalera está atravesada por líneas de fallas que corren en varias direcciones. Como consecuencia de este fenómeno, el río Cahuapanas en el norte talla una curva gigantesca

alrededor de la meseta y de ahí se curva en sí misma en otra curva gigantesca formando una 'S' mientras fluye en dirección nordeste hacia el río Marañón. En cambio, el Cachiyacu en el sur fluye casi en línea recta.

Clima

Las tres estaciones de clima más cercanas a la Cordillera Escalera-Loreto están en Moyobamba, Yurimaguas y Tarapoto. Con los datos de estas estaciones y los mapas y datos generados por el WorldClim (Hijmans et al. 2005), podemos reconstruir los patrones generales de clima de la Cordillera Escalera-Loreto. De mayo a octubre el área experimenta una estación seca. El promedio anual de precipitación es de aproximadamente 1,700 mm y los valores anuales varían desde 1,375 a 2,100 mm/año. La temperatura anual varía desde los 18 a 26°C, con un promedio de temperatura de 23°C. Sorprendentemente, los promedios de variaciones diarias de temperatura (aprox. 9°C) son similares y un poco más altos que la variación diaria promedio durante todo el año (aprox. 8°C). En comparación con los lugares ubicados en las llanuras amazónicas al este, la Cordillera Escalera-Loreto es bastante seca (1,000–2,000 mm menos lluvia por año), y se dan mayores variaciones de temperatura diarias y anuales.

Contexto social

Comunidades nativas rodean la Cordillera Escalera-Loreto. En el Distrito de Balsapuerto en Loreto, unos 20,000 Shawi (también conocidos como Chayahuita, Kampu Piyawi o Kampu Piyapi) viven en comunidades a lo largo de las cuencas del Paranapura, Yanayacu, Cachiyacu y Armanayacu, y estas comunidades nativas se ubican al lado de la Cordillera Escalera-Loreto, la cual es considerada territorio ancestral Shawi. En el Distrito de Cahuapanas hay indígenas Shawi y Awajún viviendo a lo largo del río Cahuapanas, con algunas comunidades aparentemente localizadas dentro del área propuesta. En el lado oeste de la cordillera en San Martín, unos 4,559 Awajún viven en comunidades nativas a lo largo del río Alto Mayo. Hay una comunidad Quechua Lamista al sudeste de la Cordillera Escalera-Loreto.

Los Shawi que viven en los límites al este de la Cordillera Escalera-Loreto tienen una rica historia que los conecta a la región. Aunque sus orígenes son desconocidos, los petroglifos localizados en lugares como Cumpanamá nos sugieren una presencia humana muy temprana. Objetos de cerámica que datan de aproximadamente los 1,000 a 1,200 años antes de la era actual han sido encontrados en varios sitios arqueológicos a lo largo del río Cachiyacu, lo que sugiere la presencia continua del grupo lingüístico Cahuapanas (Rivas 2003; ver el capítulo *Arqueología de la cuenca del Paranapura*, este volumen). A pesar de que la historia más reciente de la región, especialmente en los últimos 500 años, se caracteriza por el dominio de foráneos como los misioneros Jesuitas, encomenderos, oficiales del gobierno, barones del caucho, hacendados y regatones, los Shawi han resistido estas invasiones, manteniendo una fuerte identidad cultural social y lingüística, así como un conocimiento 'tradicional' profundo sobre el medioambiente basado en su propia cosmovisión.

Los Shawi son parte de la familia etnolingüística Cahuapana, la que incluye a los Shiwilu del río Aipena. La población total de nativos Shawi en las cuencas de los ríos Cahuapanas, Paranapura y Shanusi es aproximadamente de 21,000 individuos (INEI 2007). En el Distrito de Balsapuerto, donde el equipo social realizó su trabajo de campo durante los meses de setiembre y octubre de 2013, hay 126 comunidades Shawi a lo largo del río Paranapura y sus numerosos tributarios (Fig. 31, Apéndice 12). También hay cinco comunidades Shawi en las regiones de Loreto y San Martín, ubicadas a lo largo del río Shanusi, un tributario del río Huallaga. De la misma manera, hay varias comunidades a lo largo de los ríos Cahuapanas y Sillay, que desembocan al río Marañón, que están habitadas por Shawi y Awajún.

En toda la región los Shawi dependen de la agricultura de roza y quema, la cacería y la pesca a pequeña escala como parte de su vida cotidiana. Estas prácticas están intrínsecamente ligadas a la cosmovisión animista que les ayuda a regular y mantener sus recursos naturales. Los Shawi son pastores por excelencia, y hay muchas comunidades que poseen grandes cabezas de ganado. Sin embargo, debido a esta práctica, gran parte de tierras que rodean las áreas habitadas se han convertido en pastizales, lo que conlleva a altos niveles de deforestación. En áreas lejanas a las comunidades, especialmente en las pendientes orientales de la Cordillera Escalera, hay poblaciones saludables de bosques, los cuales son manejados por los Shawi basado en un sistema ancestral y acuerdos comunitarios.

Conflictos y titulación de tierras

Las comunidades nativas tituladas rodean la Cordillera Escalera y muchos de sus límites están bien definidos. Sin embargo, todavía existe la necesidad de titular comunidades establecidas pero no reconocidas y expandir los límites de las comunidades ya establecidas, no solo en la municipalidad de Cahuapanas pero también en Balsapuerto.

Los mapas regionales nos indican que no hay comunidades dentro de la Cordillera Escalera-Loreto. Sin embargo, durante nuestro sobrevuelo en mayo de 2013 observamos dos lugares poblados: uno conocido como Bichanak y otro posiblemente llamado Kaupan (ver los Apéndices 1 y 2). Se obtuvo bastante información sobre Bichanak, pero se sabe muy poco de Kaupan.

Bichanak es un asentamiento de personas Awajún de la Región San Martín y está localizada a unas tres horas y media de caminata desde nuestro campamento Alto Cachiyacu (ver los Apéndices 1 y 2, y el capítulo *Descripción de los sitios visitados en los inventarios biológicos y sociales* en este volumen). Desde el aire observamos 11 casas, 3 de ellas en estado lamentable, y no más de 2 ha de campo abierto. No llegamos a ver a ninguna persona durante nuestro sobrevuelo, pero sí vimos fogatas durante nuestro trabajo de campo.

Los Shawi consideran a Bichanak como una invasión a su territorio ancestral. Bichanak es el segundo intento de asentarse por los Awajún. Nuestro campamento Alto Cachiyacu se ubicó en el lugar del primer asentamiento que los Awajún establecieron, el cual se conocía como Bashuim. Hace ocho años los Shawi desalojaron a los Awajún que vivían en las seis casas establecidas en Bashuim y este mismo asentamiento se reubicó río arriba y se autodenominó Bichanak.

Una semana antes de que llegaran los equipos biológico y social para llevar a cabo el inventario, una comisión oficial gubernamental caminó desde Balsapuerto para evaluar la petición de titulación de Bichanak. La comunidad de Bichanak pedía la titulación de unas 80,000 ha. En base a sus observaciones, DISAFILPA, la entidad de titulación de tierras del Gobierno Regional de Loreto, recomendó que se anule el estatus de Bichanak como comunidad nativa y DISAFILPA no dará los títulos de estas tierras (Oficio 338-2013-GRL-DRA-L-AAAA/DISAFILPA/032). Sin embargo, dada la historia de los Awajún para asentarse en estas tierras durante los últimos 10 años, es probable que esta situación continuará y originará futuros conflictos.

El asentamiento en el norte del área (S 5°31'41.70" O 76°54'52.10") podría ser una comunidad conocida como Kaupan (Huertas 2004). Desde el aire observamos una gran *maloca*, tres o cuatro casas dispersadas, y jardines con plátanos y yuca rodeando al área colonizada. Cuando volamos sobre este lugar, observamos niños y mujeres corriendo hacia el bosque y un grupo de hombres se quedó inmóvil cerca de la *maloca*. No sabemos nada de esta comunidad. Parece ser que los habitantes son Awajún del Distrito de Cahuapanas. Ambos equipos del inventario, social y biológico, recibieron reportes de un asentamiento ubicado en el norte, ya sea conocido como Nueva Jordania o Jerusalén. Este podría ser el asentamiento que vimos, o tal vez indicaría que hay otros asentamientos en el área.

Nuestro equipo biológico experimentó en persona la tensión que existe alrededor del territorio de la parte norte de la Cordillera Escalera-Loreto. En la mañana del 30 de setiembre de 2013, durante el inventario rápido, un grupo de 22 nativos Awajún y Shawi ocuparon el campamento Alto Cahuapanas de nuestro equipo biológico. Al parecer ellos vinieron de las comunidades de San Ramón de Sillay y Nueva Jordania, ambos al norte de nuestro campamento. Llegaron cubiertos de pintura de guerra, portando escopetas y gritando en Awajún. Ellos habían escuchado el rumor de que los miembros del equipo biológico eran integrantes de la compañía petrolera y decidieron actuar. Felizmente, nadie salió herido y fuimos capaces de bajar la tensión de la situación y explicarles que estábamos ahí trabajando en favor de la conservación de los bosques y la calidad de vida de los residentes. Se fueron después de unas horas, después de llevar consigo varios elementos de nuestro equipo de trabajo tales como cámaras, binoculares, tabletas, parte de nuestros datos científicos (p. ej., tarjetas de memoria, cuadernos) y algunos objetos de nuestro equipo de acampar (p. ej., carpas, medicinas). Ningún material había sido devuelto después de 10 meses, a pesar de las promesas de los líderes locales, incluyendo una del alcalde de Cahuapanas.

Una de las mayores ventajas de la región es el compromiso local para la protección de las montañas de la Cordillera Escalera. Sin embargo, el polémico asentamiento de Bichanak y los robos en Alto Cahuapanas hacen que la resolución de los reclamos territoriales y la edificación de un consenso para la conservación de la Cordillera Escalera-Loreto sean de alta prioridad.

PAISAJE DE CONSERVACION

Los tepuyes andinos albergan una alta diversidad y altas concentraciones de especies raras, endémicas y amenazadas, y muchos de ellos han sido convertidos en áreas de conservación dentro de Colombia y Perú. Sin embargo hay aún dos regiones que ofrecen grandes oportunidades de conservación y ambas están en el Perú: la Cordillera Escalera-Loreto y la Cordillera Manseriche-Cahuapanas.

Estas dos áreas tienen el potencial de unir dos complejos de conservación. Hacia el norte del Perú hay un grupo de áreas protegidas asociadas con los tepuyes andinos: el Parque Nacional Ichigkat Muja (Cordillera del Cóndor, 88,477 ha), la Reserva Comunal Tuntanaín (94,967 ha) y la Zona Reservada Santiago-Comaina (Cerros de Kampankis, 398,449 ha). En el área del Perú central hay otro grupo de áreas de conservación: el Área de Conservación Regional Cordillera Escalera en San Martín (149,870 ha), el Bosque de Protección Alto Mayo (182,000 ha), el Parque Nacional Cordillera Azul (1,353,190 ha) y la Zona Reservada Sierra del Divisor (1,478,311 ha).

En el medio de estos dos grupos de áreas de conservación existen vastos territorios de bosques no protegidos que se extienden desde la Cordillera Manseriche-Cahuapanas (aprox. 712,000 ha) hacia la Cordillera Escalera-Loreto (130,925 ha). La protección de la Cordillera Escalera-Loreto y la Cordillera Manseriche-Cahuapanas unificaría los tepuyes andinos ubicados en la parte central y norte del Perú y crearía un corredor continuo de más de 4.58 millones de ha.

El impacto de la consolidación de este corredor ubicado en el norte y centro del Perú se extenderá hacia el sur del Perú, Colombia y Ecuador. En la parte sur del Perú existe un archipiélago de tepuyes andinos protegidos: el Parque Nacional Yanachaga-Chemillen (122,000 ha), la Reserva Comunal El Sira (616,413 ha), el Parque Nacional Otishi (305,973 ha), la Reserva Comunal Asháninka (184,468 ha), la Reserva Comunal Machiguenga (218,905 ha), el Santuario Nacional Megantoni (215,868 ha), así como las áreas ubicadas en las elevaciones altas del Parque Nacional Manu y el Parque Nacional Alto Purús. En Colombia, los tepuyes andinos están en el Parque Nacional Natural Sierra de la Macarena (629,280 ha) y el Parque Nacional Natural Serranía de Chiribiquete (2,780,000 ha). En Ecuador, están en la Cordillera Galeras (14,687 ha) dentro del Parque Nacional Sumaco Napo Galeras, el bosque no protegido de la Cordillera Kutukú en Ecuador y la Cordillera del Cóndor a lo largo de la frontera entre Ecuador y Perú. La protección de la Cordillera Escalera-Loreto y la Cordillera Manseriche-Cahuapanas podría crear una cadena de áreas protegidas en Colombia, Ecuador y Perú, que comprendería más de 20 millones de ha de tierras altas aisladas de la cadena de los Andes.

Nuestro inventario se enfoca en solo una de las piezas de esta urgente oportunidad de conservación: la Cordillera Escalera-Loreto. Sin embargo es nuestro deseo ferviente que tanto la Cordillera Escalera-Loreto como la Cordillera Manseriche-Cahuapanas reciban la protección que merecen.

DESCRIPCIÓN DE LOS SITIOS VISITADOS EN LOS INVENTARIOS BIOLÓGICOS Y SOCIALES

Autores: Corine Vriesendorp, Lina Lindell, Joshua Homan y Luis Torres Montenegro

INTRODUCCIÓN

Nuestros dos equipos —uno compuesto de 18 biólogos y geólogos, y el otro por seis científicos sociales— pasaron tres semanas en la Cordillera Escalera-Loreto. Los biólogos y geólogos investigaron tres lugares remotos ubicados dentro de la misma cordillera, mientras los científicos sociales visitaron nueve comunidades al este de las montañas. En este capítulo describiremos los sitios visitados por el equipo biológico/geológico, así como las comunidades visitadas por el equipo social. Estas descripciones son la base fundamental de los resultados elaborados en el resto de este reporte técnico.

SITIOS VISITADOS POR EL EQUIPO BIOLÓGICO/GEOLÓGICO

Si bien la Cordillera Escalera abarca un amplio rango altitudinal (de los 200 a los 2,300 m sobre el nivel de mar, en adelante m), la mayor parte se ubica entre los 800 y 1,400 m (67% del área; Fig. 16). Nuestro equipo muestreó tres lugares, yendo más o menos de sur a norte e incrementando la elevación de campamento a campamento. Nuestros campamentos base estaban situados a los 350, 500 y 1,050 m de elevación. Arriba del campamento base localizado a los 500 m establecimos dos campamentos satélites, localizados a los 1,200 y a los 1,950 m. Escogimos estos sitios deliberadamente ya que queríamos cubrir la mayor parte de la gradiente altitudinal (de los 300 a los 1,950 m). Casi logramos muestrear la totalidad de la gradiente altitudinal de la Cordillera Escalera, faltando solo los sitios ubicados entre los 1,950 y 2,300 m. Notablemente, nuestro estudio es el primero en muestrear las comunidades biológicas localizadas por encima de los 1,450 m en Loreto. Como referencia, los puntos más relevantes para comparación de otros inventarios biológicos son los puntos más altos de la Cordillera de Kampankis (Pitman et al. 2012) —Quebrada Wee, 310–1,435 m, y Quebrada Katerpiza, 300–1,340 m— y algunos sitios localizados a elevaciones intermedias en Cordillera Azul (Alverson et al. 2001) —Pisqui Campamento Subcresta, 1,150–1,170 m, y Pisqui Campamento Cresta, 1,220 m.

Dos de nuestros sitios están localizados en la parte sur de la Cordillera Escalera-Loreto y uno en la parte norte. Nuestros dos sitios en la parte sur están localizados a lo largo del río Cachiyacu: uno cerca de los afloramientos de sal (conocidos como 'diapiros') debajo de la catarata Pumayacu, y el otro a unos 13 km más al oeste, en la parte superior del Cachiyacu, en donde drena las laderas este y oeste de las montañas que rodean al valle del

Figura 16. Distribución del rango de altitud en incrementos de 100 m a lo largo de la Cordillera Escalera-Loreto, Perú.

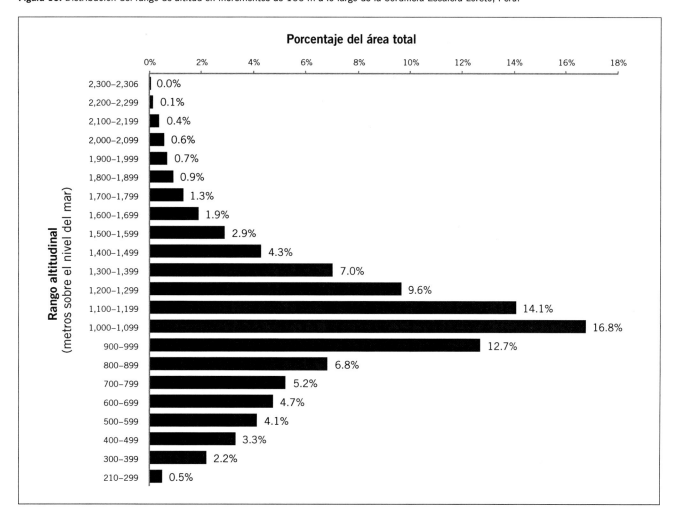

Cachiyacu. Nuestro sitio en la parte norte está en la cuenca alta del río Cahuapanas, al norte de la divisoria de aguas en el medio del área de conservación propuesta.

Nuestros tres sitios compartieron algunas características, tales como: grandes áreas de areniscas, gruesas alfombras de raíces que creaban un suelo de bosque esponjoso, poca abundancia de mamíferos, señales de presencia humana, pocos mosquitos (a veces ninguno), y una abundancia increíble de mariposas y hormigas *Paraponera*. Sin embargo cada sitio tenía elementos particulares que no eran encontrados en los otros dos sitios. Usamos nuestras observaciones de los elementos únicos y compartidos para elaborar una impresión general de la geología, hidrología, suelos, flora, vegetación, peces, anfibios, reptiles, aves y mamíferos (incluyendo los murciélagos y roedores) de la Cordillera Escalera-Loreto.

En los siguientes párrafos daremos una breve descripción de los tres campamentos. El reporte técnico que se da a continuación provee de más detalles para cada uno de los grupos taxonómicos así como para la geología y la hidrología.

Mina de Sal (14 al 20 de setiembre de 2013, S 5°53'22" O 76°36'15.7", 300–750 m)

Este campamento estaba situado en una pequeña y estrecha terraza a lo largo del río Cachiyacu, el único lugar plano en varios kilómetros a lo largo del valle. El campamento estuvo encima de una extrusión de sal conocida por los geólogos como un 'diapiro de sal', cuyos afloramientos son conocidos por la gente local como la mina de sal. Este lugar se ubicaba a unos 4.3 km arriba del poblado de Canoa Puerto (unas tres horas de caminata para los Shawi) y dentro de la última revisión de tierras tituladas de Canoa Puerto (SICNA, octubre de 2013).

El valle del Cachiyacu es angosto y las trochas subían rápidamente a la salida del campamento, muchas veces siguiendo a las lomas. Sin embargo, muchas de las trochas eran muy empinadas y usamos pasamanos, escaleras y raíces de los árboles para escalar las pendientes y paredes más inclinadas. Exploramos 17.5 km de trocha: cuatro en el lado noroeste del río y una trocha de 5 km en el lado sudeste del río. No llegamos a alcanzar la catarata de Pumayacu, a unos 6 km río arriba de nuestro campamento.

El lecho del Cachiyacu tiene unos 60 m de ancho, y el agua sube y baja con rapidez en respuesta a las lluvias en las cabeceras. El río solo puede ser cruzado cuando tiene bajos niveles de agua, y aún en ese instante la corriente es caudalosa. Cuando el río está bajo, unos 25 a 30 m de lecho ribereño rocoso y arenoso son expuestos. Después de cada lluvia, el Cachiyacu se convierte en un río impasable y caudaloso, subiendo varios metros en el transcurso de pocas horas. Todos los científicos tenían instrucciones estrictas de regresar al campamento tan pronto como empezara a llover.

Existen dos quebradas grandes en este lugar: la quebrada Shimbilloyacu (20 m de ancho) en el lado noroeste del río Cachiyacu y la quebrada Escalera (también conocida como la quebrada Buen Paso, 15 m de ancho) en el lado sudeste. Ambas quebradas tienen una apariencia similar, con grandes peñascos cubiertos de algas y con un pequeño grupo de plantas reofíticas creciendo en los peñascos. Estas dos quebradas, así como otro grupo de pequeñas quebradas que drenan las colinas y pendientes más cercanas son de aguas claras, mientras que el Cachiyacu parece ser un río de aguas blancas. En promedio el pH es relativamente ácido (5.9) y las conductividades son bajas (30 µS/cm). Sin embargo, debido a la existencia de la mina de sal y otros depósitos de sal aguas arriba, el río Cachiyacu se convierte en un caso particular, con un pH de 6.6 y una conductividad de 370 µS/cm.

Nuestras trochas exploraron numerosos hábitats, incluyendo el bosque alto de laderas y los bosques enanos de cumbres, y el bosque de galería a lo largo de los ríos y quebradas. Muestreamos dos formaciones geológicas: la Sarayaquillo (arenisca roja con limolita) del Jurásico y la Cushabatay (areniscas) del Cretáceo. El diapiro de sal representa una extrusión de sal separada de estas dos formaciones. Una vez al año los Shawi viajan en caravanas familiares hacia los afloramientos para recoger sal (S. Rivas, com. pers.). Las sales son piedras de colores variados: rosadas, grises o blancas. Los Shawi valoran más las piedras blancas y grises, que son usadas para la mesa, mientras las piedras rosadas son usadas para salar el pescado o la carne de monte. También extraen yeso de las rocas salinas para crear un tipo de emplasto. Este emplasto se usa en las manos en el momento de hacer hilos de algodón que luego usaran para hacer faldas de *pampanilla*.

Para la mayoría de los grupos taxonómicos (plantas, peces, aves y mamíferos), este campamento era pobre en especies, una mezcla de las especies de la llanura amazónica y las especies de montañas, creando una zona de transición en donde ni las especies de las tierras bajas ni las de las tierras altas presentan un complemento diverso. Notablemente los anfibios y reptiles no encajaron en este patrón, presentando una mezcla diversa y rica de especies de llanura y montañas.

Encontramos cartuchos de escopeta a lo largo de las trochas, así como escondites para los cazadores, localmente conocidas como 'barbacoas'. No vimos ni oímos a ningún tipo de mono y la única observación directa de mamíferos fue una ardilla gris. Sí llegamos a observar huellas de otorongo (*Panthera onca*), añuje (*Dasyprocta fuliginosa*) y majaz (*Cuniculus paca*), así como heces de sachavaca (*Tapirus terrestris*).

Los Shawi de Canoa Puerto usan el área para cosechar látex del árbol leche caspi (*Couma macrocarpa*, Apocynaceae) para sellar sus cerámicas porosas. Encontramos docenas de árboles con marcas de machete, algunos con cicatrices que parecían tener décadas de antigüedad, otros con marcas recién cortadas.

Encontramos una baja abundancia de peces y nuestros asistentes locales reportaron que antes las comunidades río abajo usaban barbasco (*Lonchocarpus utilis*), una toxina para pescar. En los últimos 30 años los Shawi han pastoreado ganado y los misioneros españoles tenían ganado en grandes haciendas en los últimos siglos. Estos impactos fueron registrados en el campamento en la forma de un murciélago vampiro (*Desmodus rotundus*), una evidencia segura que muestra la presencia de ganado, y tres garzas de ganado (*Bubulcus ibis*).

Alto Cachiyacu campamentos base, intermedio y cumbre (20 al 27 de setiembre de 2013)

Este campamento sirvió efectivamente de tres campamentos en uno. Nuestro equipo de avanzada cortó 9 km de trocha desde el río Cachiyacu hacia el bosque enano cerca de las cumbres más altas. La ruta inicial que se siguió fue una antigua trocha de cacería Shawi desde la base de nuestro campamento hasta unos 500 m a lo largo del río Alto Cachiyacu. De ahí la trocha siguió 6 km cumbre arriba hacia un campamento intermedio (aprox. 1,200 m) y de ahí unos 3 km más montaña arriba hacia el campamento cumbre (aprox. 1,900 m). El aumento de elevación fue de 115 m/km desde la base de nuestro campamento hasta el campamento intermedio y de 230 m/km desde el campamento intermedio hasta el campamento cumbre.

La trocha que conectaba estos tres campamentos subió unos 1,450 m de elevación (500–1,950 m) y atravesaba seis formaciones geológicas importantes. Desde el campamento base, uno se movía a través de formaciones cada vez más jóvenes, desde el Cretáceo (Chonta, Vivian, Cachiyacu/ Huchpayacu) al Terciario (Yahuarango), hasta alcanzar una falla geológica a los 1,000 m, debajo del campamento intermedio. La falla inversa ha levantado formaciones geológicas más antiguas para exponer en el paisaje material Terciario y Jurásico, uno al lado del otro. Encontramos capas rojas del Jurásico (Sarayaquillo) y areniscas del Cretáceo (Cushabatay) en las pendientes más altas. Mientras estábamos en el campo los arboles de *Erythrina ulei* estaban floreando y desde el helicóptero se veía una línea roja de árboles florecidas atravesando la pendiente de la montaña. Estos árboles, curiosamente, siguen la falla geológica perfectamente; nosotros todavía no entendemos el porqué de este fenómeno.

Nuestro campamento estuvo localizado en un área tectónicamente activa. Experimentamos esto cuando el día 26 de setiembre, nuestro último día en el campamento, ocurrió un temblor de 4.8, al medio día. Todos los científicos en el campo y en el campamento base fueron remecidos por el pequeño temblor, lo que fue acompañado por un sonido ruidoso.

En nuestro campamento cumbre, el grupo de avanzada estableció el helipuerto a los 1,900 m. Un grupo de cinco científicos (un geólogo, dos botánicos, un ornitólogo y un mastozoólogo) fue llevado en el helicóptero a este lugar. Todos los demás científicos, excepto los ictiólogos, llegamos al campamento cumbre caminando desde el campamento base. Esta caminata duraba unas seis a ocho horas hasta la cima y a veces fue dividida en dos días con una estadía en el campamento intermedio. Dado el espacio limitado para acampar en el campamento cumbre (máximo cinco carpas), establecimos un sistema de rotación, con uno o dos días de estadía en el campamento cumbre y una o dos noches en el campamento intermedio.

Nuestro campamento base tenía un elaborado sistema de trochas de más de 12.6 km de extensión. El campamento intermedio fue explorado solo por medio de trochas desde el campamento base hasta el campamento cumbre. El campamento cumbre tenía unos 900 m de trocha que nos ayudó a explorar el bosque enano hasta los 1,950 m. No había una fuente de agua en el campamento cumbre, el campo intermedio tenía una quebrada efímera y la fuente de agua más segura era un arroyo a 3 km del campamento base, la quebrada Churroyacu.

A continuación describimos estos tres campamentos con detalles adicionales.

Campamento base Alto Cachiyacu (S 5°51'31.0" O 76°43'3.4", 500–800 m)

Nuestro campamento base estaba situado en un acantilado a lo largo de la parte superior del río Cachiyacu, dentro del bosque secundario a lo largo del río. Establecimos nuestro helipuerto dentro de los restos de un antiguo derrumbe. El derrumbe debe datar de varias décadas atrás, ya que nuestros guías Shawi no podían decirnos cuándo se formó. La vegetación secundaria es parecida a las comunidades sucesionales ribereñas en Madre de Dios (Terborgh y Petren 1991, Puhakka et al. 1993), incluyendo a las gramíneas *Gynerium*, palo balsa (*Ochroma pyramidale*), árboles de *Cecropia polystachya* y arbustos de *Tessaria*. En casi toda la Cordillera Escalera al parecer los derrumbes e inundaciones repentinas crean bandas sucesionales en vez de la dinámica de meandros de los ríos.

Este campamento se localizaba a 13 km de nuestro primer campamento cerca de la mina de sal, en una de las dos bifurcaciones del Cachicayu que drenaba los picos más altos de la Cordillera Escalera (aprox. 2,000–2,300 m). Esta bifurcación del Cachiyacu (aprox. 25 m de ancho) fluía con dirección sudeste a través de un estrecho cañón y alrededor del acantilado de más de 1,200 m de altura. La otra bifurcación fluía con rumbo noreste para luego caer unos 200 m, formando la catarata de Pumayacu. Las bifurcaciones se unen a unos 5 km río arriba de la mina de sal.

En nuestro campamento base, la planicie inundable y el fundo del valle del alto Cachiyacu eran ligeramente más amplios que en la parte baja del Cachiyacu cerca de la mina de sal. Las rocas oscuras expuestas a lo largo del Cachiyacu son de la formación Chonta y están repletos de fósiles marinos. Aunque estábamos a unos 200 m más de elevación de nuestro campamento en la parte baja del Cachiyacu, registramos una gran diversidad y abundancia de especies amazónicas en este campamento. Esto capaz se debería a las grandes extensiones de áreas planas a comparación de los valles angostos y laderas empinadas que rodean la mina de sal.

Exploramos unos 12.6 km de trocha desde el campamento base, cubriendo unos 300 m de elevación (500–800 m), incluyendo dos grandes tributarios del Cachiyacu (el Cachiyacu Colorado y el Cachiyacu Chico), una quebrada pequeña (Churroyacu) y una laguna misteriosa que está a 100 m arriba del Cachiyacu Colorado. Tanto el pH (4.9–8.4) como la conductividad de agua (10–2,000 µS/cm) variaban bastante en este sitio debido a la amplia variación del substrato geológico subyacente. Los altos valores reflejan la disolución de depósitos masivos de sal en la cuenca del Cachiyacu Colorado. El material de capas rojas asociadas a la sal le da al arroyo su color característico.

Nuestras trochas cubrían tres tipos de hábitats boscosos: el bosque de galería a lo largo del río Cachiyacu, una faja amplia de bosque de regeneración que se formó después de una avalancha de barro décadas atrás, y un bosque majestuoso de especies amazónicas

asociadas a suelos ricos. La quebrada Churroyacu era pequeña (aprox. 3 m de largo) y estaba lleno de caracoles o churros. Tanto el Cachiyacu Colorado (aprox. 25 m de ancho) como el Cachiyacu Chico (aprox. 20 m de ancho) fluían a través de cañones estrechos, por lo cual llegar al río principal requería bajar unos 20 a 30 m del borde del río, a cada lado del río. Después de una noche de lluvias continuas, ambas quebradas se llenaron de tal manera que los ictiólogos, herpetólogos y geólogos no pudieron cruzarlas, y nadie de estos grupos llegó a la laguna.

La laguna estaba encima de un derrumbe en la orilla derecha del Cachiyacu Colorado. Mide unos 60 m de largo y 25 m de ancho, y es casi invisible en la imagen satelital. Sus playas son lodosas y rodeadas de vegetación dominada por la palmera aguaje (*Mauritia flexuosa*), a pesar de estar ubicada a los 750 m. No hay un río o arroyo evidente que esté alimentando la laguna, lo que la hace una gran candidata para darnos interesantes datos sobre polen acumulado. Los Shawi aseguran que una anaconda domina la laguna y que nunca se seca. En el transcurso de tres semanas (durante el trabajo del grupo de avanzada y el equipo biológico) hubo 10 a 12 individuos de zambullidores (*Tachybaptus dominicus*) viviendo en la laguna, indicando la presencia de peces. Es difícil saber si estas aves eran residentes, si estaban en época de apareamiento, o si se trata de una población transeúnte.

Nuestros guías Shawi conocían bien el área y nos decían que cada tres meses ellos caminan por dos días desde Balsapuerto para cazar en un campamento ubicado en el Cachiyacu Colorado.

Campamento intermedio Alto Cachiyacu (S 5°51'22.0" O 76°45'37.9", 800–1,700 m)

Nuestro campamento estaba a 6 km de nuestro campamento base por la trocha, a unos 100 m de la trocha y ubicado en medio de un grupo de ficus matapalos (*Ficus castellviana, F. americana, F. schippii y F. schultesii*, Moraceae). Establecimos un techo de plástico como un albergue para todos los que tenían mosquiteros y más allá del techo había espacio para nueve carpas y algunas hamacas. Un arroyo efímero e intermitente atravesaba nuestro campamento. Se secó durante el trabajo de nuestro equipo de avanzada, pero estaba lleno durante el inventario. Nuestra única trocha a lo largo de este paisaje fue la trocha que iba desde el campamento base a la cumbre, y consideramos los bosques que están entre los 3 a 8 km a lo largo de esta trocha como los bosques asociados al campamento intermedio (800–1,700 m).

Aproximadamente desde los 3 a 6 km a lo largo de la trocha desde el campamento base, justo debajo del campamento intermedio, la trocha atravesaba un majestuoso bosque compuesto de árboles amazónicos que usualmente crecen en suelos ricos. Este bosque se asemejaba los bosques localizados a 6 km al oeste (a unos 300 m menos de altura) entre los ríos Cachiyacu Colorado y Cachiyacu Chico, que crecen en la misma formación geológica de las capas rojas relativamente jóvenes (Yahuarango).

Por encima del campamento intermedio el paisaje cambiaba dramáticamente. Peñascos grandes dominaban tanto el campamento como los 200 m más arriba (1,200–1,400 m). Algunos de estos fueron del tamaño de una casa de dos pisos (aprox. 15 m de ancho y 8 m de alto) y la mayoría del tamaño de un auto pequeño (aprox. 3 m de ancho y 2 m de alto). Arriba del paisaje de peñasco, entre los 1,400 y 1,700 m de elevación, la trocha atravesaba el bosque de neblina. A los 1,700 m el bosque de neblina se convertía en un bosque enano.

Campamento cumbre Alto Cachiyacu (S 5°52'2.1" O 76°46'29.3", 1,700–1,950 m)

Este fue el punto más alto que se investigó durante nuestro inventario y representó un cambio completo en cuanto a flora y fauna en comparación con el campamento base. El paisaje es colinoso e irregular, cubierto de una alfombra gruesa y esponjosa de raíces. Con excepción de una sola saliente de areniscas, nuestro geólogo no fue capaz de muestrear el suelo subyacente debido a la gruesa capa de raíces de casi 2 m de espesor. Caminar por el paisaje era difícil debido a la presencia de hondos agujeros entre las raíces más grandes.

Aquí crecía un bosque enano de aprox. 3–5 m de altura, con tallos muy densos y cubiertos de musgos. Nuestro equipo de avanzada trabajó por seis horas para cortar 500 m de trocha. Si se hubieran cortado unos 1.5 km más de trocha, es probable que se hubiera podido llegar a la cumbre más alta. Dos de los botánicos y un

guía local Shawi cortaron unos 400 m más de trocha hacia la cumbre, y muestrearon un bosque aún más pequeño en tamaño, con una cobertura de suelo diferente y otra composición florística. Casi todos visitamos este campamento con excepción de los ictiólogos.

En las noches más despejadas, se veía las luces de Yurimaguas hacia el este. Moyobamba se ubica unos 29 km hacia el oeste de este campamento y sorprendentemente había cobertura telefónica de celular Movistar a los 1,900 m. Los vientos que pasan por estas montañas empujan las nubes y cambian el clima de manera muy rápida. En pocos minutos el clima puede cambiar de lluvias torrenciales a cielos azules y luego a llovizna.

Alto Cahuapanas (27 de setiembre al 1 de octubre de 2013, S 5°39'51.8" O 76°50'20.4", 1,000–1,350 m)

Este fue nuestro campamento base más alto y el que más se parecía a los tepuyes del Escudo Guayanés. Desde el aire se atisbaba una inmensa meseta (tepui) que se eleva a 300–400 m sobre el valle y un incomparable río de aguas negras, el Cahuapanas, que drena estas tierras altas de areniscas. Visualmente el paisaje se parece al del río Nanay en Loreto. Sin embargo, el Cahuapanas atraviesa el bosque a una altura de 1,000 m mientras el paisaje que el Nanay cruza está a una elevación de 100–200 m.

Acampamos en el valle debajo de la meseta, a lo largo del río Alto Cahuapanas. Este fue nuestro único sitio en una cuenca que fluye al Marañón hacia el norte. Nuestros otros dos sitios se encontraban a lo largo de un río que drena al Huallaga en el sur. Este sitio tenía la geología menos variada de los tres campamentos del inventario y todas nuestras trochas cruzaban las planicies inundables y areniscas de la formación Cushabatay. Sin embargo, había una gran variación de hábitats. Nuestro sistema de trochas de 11 km iba desde un bosque enano de valle (conocido en Loreto como chamizal), pantanos, bosques más altos de valles, bosque de neblina en las laderas y un bosque enano que crecía en las cumbres.

No exploramos la meseta en sí, pero sí visitamos los levantamientos cercanos, y alcanzamos elevaciones de 350 m sobre nuestro campamento en el valle. Uno de los descubrimientos más notables fue una gran extensión de chamizales de altura extendiéndose sobre el valle.

Desde el aire era claro que estos parches de bosques poco desarrollados se daban dentro de una red de bosques más altos. No estamos seguros si esto representaba un proceso de erosión de las arenas de las mesetas, producción *in situ* de arenas en el valle, o ambos procesos. Nuestras aproximaciones iniciales a partir de las imágenes satelitales sugieren que estos chamizales cubren unas 700 ha, una extensión más grande que los chamizales conocidos en la selva baja de Loreto (p. ej., la Reserva Nacional de Allpahuayo-Mishana, Jenaro Herrera).

Las quebradas locales eran de aguas negras y claras, algunas con fondos de canto rodado, algunas con fondos arenosos. Aquí registramos las aguas más ácidas (pH promedio de 5.2) y las conductividades más bajas (3–12 µS/cm). La gran mayoría de suelos en esta región tenían una calidad esponjosa, de tal manera que uno se encontraban rebotando al caminar en esta densa alfombra de raíces.

Nuestro trabajo en este lugar se redujo de cuatro a dos días cuando 22 indígenas Shawi y Awajún ocuparon nuestro campamento. Ellos habían caminado desde sus comunidades San Ramón de Sillay y Nueva Jordania, ambas al norte de nuestro campamento, debido a que creían que estábamos trabajando sin su permiso en las tierras que ellos consideran sus territorios (ver la sección 'Conflictos y titulación de tierras' en el capítulo *Panorama regional*). Sin darnos cuenta estuvimos involucrados en un conflicto entre organizaciones indígenas (CORPI y ORDEPIAA) y municipalidades (Cahuapanas y Balsapuerto). Por fortuna nadie fue herido. Abandonamos el campamento al siguiente día (1 de octubre de 2013). Con solo una excepción, ningún equipo condujo trabajos de campo durante el 30 de setiembre y el 1 de octubre. El equipo de aves hizo observaciones dispersas en los alrededores del campamento en esos días.

SITIOS DEL INVENTARIO SOCIAL

El inventario social se llevó a cabo entre el 16 de setiembre y el 2 de octubre de 2013 en la región al este de la Cordillera Escalera, específicamente en las cabeceras de los ríos Paranapura, Yanayacu y Cachiyacu. Durante este periodo, el equipo social visitó dos comunidades

Shawi localizadas en el río Paranapura (Nueva Vida y Los Ángeles), dos comunidades en el río Yanayacu (San Antonio de Yanayacu y San Miguel) y cinco comunidades en el río Cachiyacu (Balsapuerto, Canoa Puerto, Puerto Libre, Nueva Luz y San Lorenzo; Fig. 2B). En este reporte presentamos tres capítulos con una visión generalizada de la historia, organización social y fortalezas culturales de las comunidades Shawi que fueron visitadas durante nuestro trabajo de campo. Un capítulo examina la especial manera de los Shawi para relacionarse con su medio ambiente; su conocimiento, uso y manejo de los recursos naturales de la Cordillera Escalera; y cómo esto se relaciona con la percepción de la calidad de vida de la región (ver el capítulo *Patrimonio biocultural del pueblo Shawi: Uso de los recursos naturales, conocimiento ecológico tradicional y calidad de vida*, este volumen).

GEOLOGÍA, HIDROLOGÍA Y SUELOS

Autores: Robert F. Stallard y Lina Lindell

Objetos de conservación: Un paisaje geológicamente diverso que comprende dos sectores con diferentes tipos de rocas, suelos y aguas; en el sector sur, un mosaico de varios tipos de areniscas (arenitas de cuarzo, líticas y sublíticas), calizas, lutitas (arcillas compactas) y evaporitas pequeñas, asociados con diversos tipos de suelos y comunidades de plantas; en el sector norte, un paisaje dominado por arenitas de cuarzo del Cretáceo, dando lugar a suelos y una vegetación similar a la ubicada en otros levantamientos subandinos y las areniscas precámbricas y los granitos erosionados del Escudo Guayanés; quebradas y lagos con un amplio rango de acidez y conductividad, los cuales ofrecen un hábitat excepcionalmente diverso para los organismos acuáticos; minas de sal (evaporitas) históricamente y culturalmente importantes; suelos pobres y superficiales con pendientes inestables que no son aptos para las grandes actividades de desarrollo

INTRODUCCIÓN

La Cordillera Escalera forma una cordillera larga y estrecha de unos 125 x 30 km, que se extiende con dirección aproximada noroeste-sudeste. En su parte septentrional, la cordillera se curva de manera dramática rumbo oeste noroeste-este sudeste. El límite sur es el río Huallaga. La Cordillera Escalera se separa en dos cuencas tectónicas: al suroeste la cuenca tectónica del Huallaga, que es drenada por los ríos Huallaga y Mayo, y al nordeste la amplia cuenca del río Marañón (Perupetro 2013). Esta última se extiende hasta el Arco de Iquitos y subyace una gran parte de la selva baja amazónica de Loreto. Estas tres cuencas contienen grandes llanuras a unos 200 m sobre el nivel de mar (en adelante m). La divisoria es también el límite político entre la Región San Martín al oeste y la Región Loreto al este. Las laderas de la Cordillera Escalera tienden a ser escarpadas (25–60°) y las cumbres más altas alcanzan los 2,300 m. Muchas de estas pendientes están definidas por los planos de estratificación (bedding planes) en las formaciones más duras de areniscas que forman las montañas y los acantilados que son perpendiculares a esta estratificación.

Geología regional

El inventario rápido de la Cordillera Escalera es parecido a los inventarios anteriores realizados en Cordillera Azul (Foster 2001), Sierra del Divisor (Stallard 2006) y Cerros de Kampankis (Stallard y Zapata-Pardo 2012), en que todos estos paisajes contenían lechos de rocas que fueron depositados antes que el levantamiento de los Andes contemporáneos. En los otros inventarios realizados en Loreto (i.e., los que no son listados en la frase anterior), todo el lecho de rocas fue depositado durante y después del levantamiento de los Andes y fue en parte derivado de estas rocas del pre-levantamiento. Las formaciones de rocas en estas montañas tienen diferentes nombres dependiendo de la fuente de literatura consultada y a la presencia o ausencia a nivel local, lo que en parte depende de las fallas que fueron activas durante el Mesozoico y el Cenozoico (más de 65 millones de años atrás). En este documento utilizamos los nombres del informe de la geología de la región de Balsapuerto-Yurimaguas por Sánchez et al. (1997). Para las fechas geológicas, usamos la escala de la Sociedad Geológica de América (Walker y Geissman 2009).

Las formaciones geológicas más antiguas de esta cordillera son los lechos rojos del Jurásico de la formación Sarayaquillo (aprox. de 175 a 145 millones de años de antigüedad). Estas son seguidas por varios tipos de areniscas, lutitas y calizas que fueron depositadas en un ambiente cerca de una costa marina. En la Cordillera Escalera, dos grandes formaciones de color claro (blancas) de arenisca de cuarzo (arenitas de cuarzo) dominan: primero la formación Cushabatay y luego la formación Aguas Calientes. Estas se formaron en el Cretáceo inferior (125 a 94 millones de años atrás) y están separadas por areniscas y lutitas delgadas de un grano mucho más fino de la formación Esperanza. Las lutitas marinas oscuras y las calizas oscuras de la formación Chonta se formaron en el Cretáceo superior (94–85 millones de años atrás). Las gigantescas rocas blancas de la formación Vivian (85 a 83 millones de años atrás, mucho más delgadas que las formaciones Cushabatay y Aguas Calientes) son depositadas encima de la formación Chonta. A principios del fin del Cretáceo (70–60 millones de años atrás), las areniscas y las lutitas de la formación Cachiyacu-Hushpayacu fueron depositadas. Estos sedimentos transitan en los lechos rocosos rojizos continentales de la formación Yahuarango del Eoceno (55–34 millones de años atrás). Seguido de esta sección están las lutitas oscuras y calizas de las aguas saladas de la formación Pozo del Eoceno-Oligoceno (20–25 millones de años atrás). Esto es seguido de los lechos rojizos de la formación Chambira del temprano medio del Mioceno (25–12 millones de años atrás). Tanto la formación Pozo como la Chambira fueron erosionadas de los levantamientos andinos y fueron depositadas en el márgen occidental del sistema deposicional Pebas/Solimões en las llanuras amazónicas (Rahkit Consulting 2002, Roddaz et al. 2010). En el Mioceno tardío (9 a 5 millones de años atrás) se depositaron las areniscas, lutitas y los conglomerados de la formación Ipururo. Después, en el Plioceno tardío y el Pleistoceno temprano (2–3 millones de años atrás), los conglomerados fluviales y areniscas de la formación Ucayali fueron depositados. La formación Ucayali y tal vez algún depósito aluvial subsecuente son contemporáneos de las Formaciones Nauta 1 y 2 de las llanuras amazónicas. Los depósitos de suelo aluvial en la superficie cerca de Balsapuerto son arenas de cuarzo puras, que en el campo se parecen a las arenas localizadas alrededor de Iquitos y a lo largo del río Blanco (Stallard 2005a; R. Stallard, obs. pers.).

El límite este de la Cordillera Escalera se define por una serie de fallas geológicas conectadas que están descritas colectivamente como la Falla Inversa del Este del Perú (Eastern Peru Thrust Front, EP; Veloza et al.

2012). Al sur de la Cordillera Escalera, cerca de la intersección con el río Huallaga, hay una serie de fallas muy importantes que van de norte a sur. Estas son las Fallas de Pucallpa y Pasco (PU, PA). Al sur y al oeste de estas fallas existen montañas que son conocidas como levantamientos subandinos. De norte a sur, empezando desde el río Marañón, estos rangos incluyen la Cordillera de Manseriche, la Cordillera Escalera, la parte norte de la Pampa del Sacramento y la Sierra de Contamana en el Arco de Contaya, al este del río Ucayali. Las anomalías de gravedad negativa (ver Navarro et al. 2005) nos indican que el levantamiento subandino principal (anomalías negativas que indican flotación) se ubica al oeste de las fallas EP–PU/PA y no incluye el Arco de Contaya, que es una placa más antigua como el Arco de Iquitos (ambos tienen anomalías de gravedad positivas, lo que indica el soporte de las placas). Los sistemas de fallas que hemos descrito están formados de una serie de pequeñas fallas paralelas poco espaciadas. Existen otras fallas paralelas con mayor espaciamiento en las cuencas de roca sedimentaria. Muchas de estas fallas son reactivaciones de fallas mucho más antiguas (Tankard Enterprises 2002).

Los Andes fueron formados por una serie de orogenias (episodios de formación de montañas) causadas por la subducción de la placa tectónica de Nazca debajo del Perú (Pardo-Casas y Molnar 1987). La Orogenia Inca en el Eoceno-Oligoceno (35–30 millones de años atrás) estableció muchos de los sistemas activos de fallas en la Escalera (Sánchez et al. 1997). Localmente, este asentamiento causó transgresiones marinas superficiales asociadas con la deposición de la formación Pozo. El levantamiento andino más reciente así como los levantamientos de las cordilleras subandinas son referidos como la Orogenia Quechua y ocurrieron en tres tiempos los cuales son designados como I, II y III. La Orogenia Quechua I se dio desde los finales del Eoceno hasta el Mioceno (25–20 millones de años atrás). Está asociado con la deposición de rocas rojizas de la formación Chambira (Sánchez et al. 1997) e inclusiones volcánicas al este de la Cordillera Escalera, justo al sur de Balsapuerto (Stewart 1971, Rodríguez y Chalco 1975). La Orogenia Quechua II del Mioceno y Plioceno está asociada con la deposición de la formación Ipururo hace

10 a 5 millones de años atrás. La mayoría de las fallas en la Cordillera Escalera estuvieron activas durante este levantamiento (Sánchez et al. 1997). Notablemente, la formación Chambira fue levantada dentro de la Cordillera Escalera, cerca de Balsapuerto (cerca al campamento Mina de Sal), lo que indica que hubo mayor actividad de levantamientos y curvaturas después de la deposición Chambira, pero antes de la deposición Ipururo. La Orogenia Quechua III (de 2 a 3 millones de años atrás) está asociada con las fallas de las llanuras ubicadas a lo largo de la Cuenca Tectónica del Marañón, incluyendo las fallas descritas en los inventarios rápidos de Matsés (Stallard 2005a), Sierra del Divisor (Stallard 2006) y Ere-Campuya-Algodón (Stallard 2013). El choque de dos anomalías topográficas relativamente flotantes de la Placa de Nazca (la Loma de Nazca en el Perú central y la ahora desaparecida Meseta Inca en el norte del Perú) parece que ha controlado el estilo de la subducción de placas en el norte del Perú, incluyendo la falta de volcanismo y episodios de deposición de minerales (Gutscher et al. 1999; Rosenbaum et al. 2005). Los levantamientos causados por la subducción de estos podrían haber tenido un rol importante en la biogeografía desde hace 10 millones de años atrás (Stallard 2005b).

Las orogenias actuales y las abundantes fallas están asociadas con la actividad sísmica. Por ejemplo, el valle del Mayo al oeste de la Cordillera Escalera sufre de frecuentes movimiento sísmicos a profundidades menores de 70 km (Rhea et al. 2010). La selva baja justo al este del valle tiene abundantes movimientos sísmicos a profundidades mayores de 70 km. En ambas áreas, la alta tasa de movimientos sísmicos, junto con las laderas empinadas y las condiciones húmedas, son las causas principales de los derrumbes visibles en casi toda la Cordillera Escalera.

Las fallas y los plegamientos que han formado los levantamientos subandinos han jugado un papel importante en la biogeografía humana y animal. Las evaporitas (depósitos de rocas de sal, yeso y anhidritas), algunas de ellas muy gruesas, fueron depositadas debajo de toda la región durante el Pérmico y Jurásico (Benavides 1968, Rodríguez y Chalco 1975, Alemán y Marksteiner 1996). Las sales y las aguas salinas salen a la superficie por estas fallas. Algunas aguas extremadamente saladas (137,000 ppm de cloruros, o siete veces más salina que el agua de mar) han sido encontradas en las perforaciones petroleras (Wine et al. 2001). La sal es expulsada de aberturas profundas, llamadas diapiros, las cuales penetran los sedimentos más jóvenes. Las extrusiones y los manantiales a lo largo de las fallas de los cerros de Kampankis (Stallard y Zapata-Pardo 2012) y en la selva baja de Loreto (Stallard 2013) forman las denominadas *collpas* (lamederos con tierras y aguas saladas) que atraen las aves y mamíferos que buscan sal. En la región de la Cordillera Escalera, hay numerosos diapiros y extrusiones a lo largo de las fallas (Benavides 1968), incluyendo dos cerca a nuestros campamentos (Mina de Sal y campamento intermedio Alto Cachiyacu). Estos depósitos de sal han tenido una gran influencia en la geografía humana y las rutas de comercio en todo el oeste de la Amazonía (Rydén 1962).

La gran abundancia de las areniscas claras de cuarzo en los afloramientos superficiales es una característica no solo de la Cordillera Escalera pero de varios levantamientos subandinos cercanos y de los levantamientos que se extienden hasta Ecuador y Colombia. Durante las orogenias, la erosión empieza a remover los sedimentos que son levantados por encima de las llanuras aledañas (arriba del nivel base local). Los sedimentos más suaves (lutitas) y químicamente más erosionables (evaporitas y calizas) son los primeros en ser removidos (erosión limitada al clima; Stallard 1985, 1988). Con el tiempo, las formaciones más resistentes son las que permanecen. Por lo tanto durante el levantamiento los sedimentos más suaves contribuyen fuertemente a los depósitos de las cuencas anexas, mientras que los sedimentos químicos erosionables son llevados como solución al océano o a los lagos (Sistema Pebas). La Orogenia Quechua I probablemente eliminó la mayor parte de los materiales erosionables del Cretáceo y del Neógeno temprano, mientras que la Orogenia Quechua II continúo con este proceso y también eliminó la porción levantada de la formación Chambira. Estos sedimentos re-erosionados (policíclicos) pierden nutrientes con cada ciclo de erosión y meteorización, produciendo sedimentos cada vez más pobres. Con el tiempo, la erosión lenta de las areniscas de cuarzo claro

contribuye una porción cada vez mayor de los sedimentos clásticos (partículas), haciendo que las arenas en los ríos alcanzan una composición de casi puro cuarzo. La terraza fluvial donde se encuentra Balsapuerto tiene suelos de arena de puro cuarzo, del color de la nieve. Es razonable proponer que esta erosión tardía es el origen de los depósitos de arenas blancas en las llanuras amazónicas cerca de Iquitos y al sur.

La región que está siendo considerada como área de conservación puede ser separada en dos sectores, basándose en la geología y la estructura. El sector del sur incluye la cuenca entera del Cachiyacu, mientras que el sector del norte incluye todas las cuencas del norte. La mayor es del río Cahuapanas y ésta drena directamente al Marañón. Entre estas dos cuencas esta la cuenca del Yaracyacu. El valle del Yaracyacu corre a lo largo de la falla Shanusi-Yaracyacu, la cual se curva desde la dirección noroeste-sudeste a oeste-este, y ahí forma un límite entre los dos sectores. El estilo de la falla y los pliegues en el sector sur resulta en la exposición, a ángulos muy inclinados, de todas las formaciones de rocas de la región. Esta exposición también es repetida en numerosas fallas. Algunas de estas fallas tienen extrusiones de sal o manantiales salados, y también hay un diapiro salado, la Mina de Sal. En el sector norte las formaciones se inclinan hacia las llanuras, formando una serie larga de crestas tabulares de areniscas y valles de lutitas. El interior del levantamiento tiene una estratificación casi horizontal (<5° de inclinación) y está erosionado hasta llegar a las areniscas de la Cushabatay y debajo de los lechos rojizos Sarayaquillo, formando un amplio valle interior con montañas tabulares de areniscas repletas de vegetación.

Si no fuera por la vegetación, estas montañas tabulares del sector norteño podrían asemejarse a los tepuyes del Escudo Guayanés, formados por la metacuarcita de la formación Roraima (areniscas metamorfoseadas de cuarzo). La diferencia entre la arenisca de la formación Cushabatay y la metacuarcita de la Roraima es que esta última es mucho más fuerte y menos porosa. En realidad un indicador de campo de la formación Cushabatay es la peculiar suavidad de algunas capas (Sánchez et al. 1997). Muchos factores pueden contribuir a la diferencia de estas propiedades. La porosidad se reduce con el tiempo y la profundidad de entierro, y la Roraima es 20 veces más antigua que la Cushabatay. El agua que se moviliza por los poros disuelve el cemento (usualmente cuarzo), por lo que la roca se suaviza. Además, algunas capas en la Cushabatay estaban cimentadas con calcita (el principal componente de la caliza) la cual es susceptible a la meteorización química. Hasta las areniscas calcáreas de cuarzo tienen minerales con nutrientes menores, y la meteorización más rápida proveería de más nutrientes derivados del lecho de rocas y sostendría más vegetación. Sin embargo el sector norte tiene la geología de un paisaje pobre en nutrientes comparado con el sector sur.

MÉTODOS

Para estudiar el paisaje la Cordillera Escalera se visitó tres áreas ubicadas en algunas de las partes más interesantes de la cordillera (ver los capítulos *Panorama regional* y *Descripción de los sitios visitados en los inventarios sociales y biológicos*, este volumen). Estos tres sitios tienen características muy distintas, lo que permitió la investigación de varios ambientes diferentes. Uno de estos sitios estuvo localizado en la parte norte de la cordillera, en la cuenca del río Cahuapanas que desemboca en el río Marañón (Fig. 2). Los otros dos sitios estaban localizados en el sur, en la cuenca del río Cachiyacu que desemboca en el río Paranapura, el cual a su vez desemboca en el río Huallaga (Fig. 6C).

La exploración de campo se realizó recorriendo las trochas que fueron establecidas en cada campamento. Adicionalmente se recorrieron algunas riberas de los ríos principales. Se registraron las coordenadas geográficas y la elevación de todos los puntos en los que se recolectaron muestras de rocas, suelo y agua superficial. Estos puntos fueron registrados con un GPS bajo el sistema de proyección geográfica WGS 84. Los datos sobre el rumbo, buzamiento y lineamiento de las otras estructuras fueron registrados en grados azimut usando una brújula marca Silva. Se tomaron muestras de las diferentes unidades geológicas incluyendo evaporitas y varios especímenes de fósiles. Para el muestreo y la interpretación litológica se empleó un martillo geológico, un cincel, ácido clorhídrico al 10% (1.2M) para detectar material calcáreo y una lupa (10x). En total se

recolectó 40 muestras representativas de las formaciones jurásicas, cretácicas y triásicas. Para las descripciones de las litologías se empleó la nomenclatura de espesor de capas de Ingram (1954) y Watkins (1971), la escala granulométrica (tamaño de grano) elaborado por Wentworth (1922) y para describir la composición de los depósitos usamos la nomenclatura de Folk (1962, 1974).

Para estudiar la relación entre los sustratos litológicos y los suelos desarrollados encima de ellos se tomaron 16 muestras de suelo. Para describir la composición de las comunidades de plantas en cada sitio se trabajó con el botánico David Neill. Cada muestra se componía de tres perfiles separados por una distancia de 10 m. Hubo una sola excepción, que ocurrió en un lugar con un mosaico de distintos suelos con muy poca separación entre ellos, y donde cada perfil fue una sola muestra. El material orgánico superficial (MO) fue descartado y se colectó el material localizado en los primeros 10 cm. En el laboratorio de campo se describió la textura (Stallard 2005a) y el color empleando la tabla de Munsell (1954). Se midió el pH y los macronutrientes nitrógeno (N), fosforo (P) y potasio (K) con un sistema de comparación de colores (Rapitest). También se midió el pH con las tiras ColorpHast en una suspensión de suelo y agua destilada (1:5). Las muestras fueron analizadas después en un laboratorio peruano (Consultores para la Innovación Tecnológica de la Amazonía) para determinar los porcentajes de arena, limo y arcilla, y el pH, así como los níveles de los macronutrientes (N, P, K), los micronutrientes (Fe, Cu, Zn, Mn, B), $CaCO_3$, MO, la CIE (capacidad de intercambio catiónico) y los cationes intercambiables.

Para caracterizar las aguas superficiales se estudiaron todos los ríos, quebradas, manantiales y lagos encontrados cerca a los campamentos y a lo largo de las trochas. En total se muestrearon 27 sitios. Se registró la fuerza de la corriente, apariencia del agua, composición del lecho, ancho y profundidad de la corriente y la altura de las riberas. Se midió el pH, la conductividad eléctrica (CE) y la temperatura del agua *in situ*. El pH se midió con las tiras ColorpHast usando cuatro rangos (0.0–14.0, 2.5–4.5, 4.0–7.0, 6.5–10.0). La CE se midió con un instrumento portátil digital (Milwaukee CD 601). Se colectaron tres muestras de agua para cada lugar en botellas purgadas Nalgene. Una muestra de 30 ml fue usada para medir pH y CE en condiciones estables de laboratorio (similar presión, temperatura y calibración de equipo) usando un equipo portátil para medir el pH y conductividad, ExStick EC500 (Extech Instruments). Otra muestra de 60 ml fue utilizada para determinar los sólidos suspendidos y otra de 250 ml fue destinada para hacer el análisis comprehensivo de los principales componentes y nutrientes. Esta muestra fue esterilizada con luz ultravioleta en una botella de Nalgene de 1 l, usando un Steripen. Las muestras fueron almacenadas y transportadas en una nevera de tecnopor para evitar cambios de temperatura inesperados y limitar la exposición a la luz. Las concentraciones de sedimentos suspendidos fueron medidas mediante el pesado de los filtrados secos al aire (filtros policarbonados de 0.2 micrones– Nucleopore) de las muestras con volúmenes conocidos. El estudio de los ríos tropicales en el este de Puerto Rico (Stallard 2012) indica que las bajas concentraciones (<5 mg/l) están usualmente dominadas por materia orgánica, mientras que las altas concentraciones están dominadas por material mineral.

Para realizar una mejor interpretación de los datos sobre calidad de agua, se calcularon los porcentajes de las diferentes litologías de cada cuenca en cada muestra. Estos cálculos fueron realizados por Mark Johnston y Jon Markel, quienes usaron un mapa geológico y un modelo de elevación digital.

RESULTADOS

La Cordillera Escalera se estrecha longitudinalmente con un buzamiento que sigue la dirección de los Andes (noroeste-sudeste). Está formada por depósitos sedimentarios que van desde el periodo Jurásico (hace 160 millones de años) al Mioceno (hace 5 millones de años). Estos depósitos consisten en 10 formaciones geológicas de carácter sedimentario de origen continental y marino. Litológicamente los sedimentos están compuestos por areniscas de cuarzo blancas (53%), capas rojas (también conocidas con el nombre de molasas, 36%) que incluyen algunos afloramientos de evaporitas pequeñas, y lutitas con calcitas (8%). Estos afloramientos son parecidos a aquellos expuestos en las cordilleras al

sur y al norte de la Cordillera Escalera, mientras la zona subandina al oeste (Región San Martín) tiene un mayor porcentaje de litologías más jóvenes, incluyendo una representación mayor de material calcáreo.

La erosión por drenaje hídrico ha producido un paisaje altamente variado donde las litologías más resistentes (areniscas) forman valles empinados y escarpes, mientras las formaciones más suaves (limolitas y lutitas) y la caliza, que se disuelve fácilmente, forman zonas de pendientes menores y zonas inundables. La región es altamente afectada por pliegues y fallas que han levantado las litologías más antiguas a la superficie. Esta es una característica del sector sur de la Cordillera Escalera, el cual tiene todo el rango de litografías encontradas en la cordillera. Aunque las areniscas de cuarzo son abundantes (40%), las litologías de grano fino tienen gran influencia en la composición de las aguas, de los suelos y de las comunidades de plantas. Por otro lado, el sector norte es litológicamente más homogéneo, compuesto principalmente por dos litologías de tierras altas distintas, las areniscas de cuarzo del Cretácico Inferior (68%) y las capas sedimentarias rojas del Jurásico Superior (19%). Los valles yacen sobre grandes depósitos aluviales del Holoceno.

El carácter edáfico en la Cordillera Escalera depende de la composición del sustrato litológico y de la topografía (es decir de la roca madre, el material coluvial y aluvial, altura, pendiente, aspecto y drenaje). Debido a que gran parte de la cordillera está compuesta por areniscas de cuarzo, la mayoría de los suelos son de textura gruesa a moderadamente gruesa, poco profundos, y con poco desarrollo edáfico (Entisoles). Muchos de los suelos tiene material rocoso en proceso de meteorización cerca a la superficie (>10 cm). Estos suelos por lo general son ácidos y pobres en nutrientes. Sin embargo, las capas sedimentarias rojas y las calizas que contienen calcita permiten el desarrollo de suelos más fértiles. Existe una variación edáfica muy grande en cuanto a la textura y al contenido de nutrientes debido a las variaciones en la composición de las formaciones geológicas. Las capas rojas por ejemplo están formadas en su mayoría por areniscas (de grano fino a muy fino) pero también contienen capas de limolitas y lodolitas.

Debido a la accidentada topografía y a los procesos tectónicos (sismos) hay una alta frecuencia de derrumbes y deslizamientos. Enormes cantidades de material se trasladan desde las partes más altas para formar los depósitos coluviales de los valles. Esta gran cantidad de material coluvial contribuye al mosaico de suelos. Los suelos coluviales son distintos a los suelos originados únicamente por material parental.

Las características químicas de las aguas superficiales reflejan la composición de los lechos rocosos y los suelos que drenan. Debido a la diversidad litológica hay una gran variación en la composición química de las aguas superficiales (quebradas, ríos y lagunas). Gran parte de las quebradas pequeñas son de agua clara, mientras los ríos son turbios (agua blanca) pero también existen quebradas de aguas marrones claras. Los pH medidos en el laboratorio varían entre 4.3 (fuertemente ácido) a 7.9 (ligeramente alcalino). Por lo general las aguas son más ácidas en el sector norte que en el sector sur; los valores medios del pH son 5.3 y 7.0 respectivamente. Esto se debe a que las aguas muestreadas en el sector norte están drenando areniscas de cuarzo y material aluvial mientras en el sur hay una mayor abundancia de lecho de roca de grano fino y material calcáreo. El rango de conductividad varía desde valores muy bajos (6.7 µS/cm), en las aguas que drenan el material aluvial derivado de las areniscas de cuarzo, a valores muy altos (1,767 µS/cm), en las aguas que drenan las evaporitas grandes. Los valores medios en los sectores norte y sur son de 11 y 277 uS/cm respectivamente. Las altas concentraciones de sedimentos suspendidos están asociadas con las quebradas que drenan lutitas y capas rojas. Adicionalmente, las concentraciones altas de sedimentos suspendidos requieren de flujos altos; compara las dos muestras del río Cachiyacu en el campamento Mina de Sal (flujo alto C1T0Q1/AM130003 y flujo bajo C1T0Q3/AM130004 en el Apéndice 3).

Los parámetros y descripciones de las aguas, suelos y rocas muestreados y analizados en los diferentes campamentos de este inventario rápido se encuentran en los Apéndices 3, 4 y 5 respectivamente. En las siguientes secciones damos información más detallada sobre cada campamento que visitamos.

Mina de Sal

El campamento Mina de Sal se ubica en la orilla del río Cachiyacu, en el sector sur de la Cordillera Escalera (S 5°53'2.2" O 76°36'15.7", 267 m; Fig. 2). Las quebradas drenando las laderas del campamento desembocan en el río Cachiyacu, que más abajo se une con en el río Paranapura, uno de los afluentes del río Huallaga. Debido a fallas inversas que se extienden en la misma dirección que la cordillera (noroeste-sudeste) los lechos rocosos de diferentes edades han sido levantados a la superficie. Las áreas accesibles desde el campamento están sobre dos sustratos litológicos. En las partes más altas alrededor del campamento hay extensiones pequeñas de areniscas de cuarzo claras de diferentes tamaños de grano (muy fino a muy grueso) del Cretáceo Inferior (formación Cushabatay). Sin embargo, la mayor parte de las áreas que rodeaban el campamento estaban sobre las capas rojas del Jurásico Superior (formación Sarayaquillo). En el mismo campamento el sustrato litológico estaba dominado por areniscas rojas de grano muy fino pero también existen algunas capas con limolita rojiza. Asociadas a esta formación geológica están las evaporitas (sales) de yeso (o anhidrita) y halita (NaCl) que principalmente están expuestas en el cauce del río Cachiyacu (que significa agua salada). Estos depósitos de sal han sido muy importantes para el desarrollo de las comunidades locales y siguen siendo importantes para la nutrición de hoy en día. El pueblo Shawi también utiliza el yeso (el cual es llamado 'sal muerta'). Este se rostiza (para convertirlo en anhidrita) y es pulverizado hasta formar una especie de talco, el cual es utilizado en el proceso de producción de hilo de algodón para su vestimenta tradicional (a'siantë' o pampanillas).

Las pendientes empinadas hacen que la mayor parte del lecho parental esté cubierto de material coluvial. Esto, junto con las variaciones topográficas y el carácter del material parental, originan un mosaico de suelos. La fracción de material coluvial derivado de las areniscas de cuarzo aumenta hacia el oeste y hacia las elevaciones mayores. También existe una mayor abundancia de material coluvial derivado de las areniscas claras de cuarzo en las áreas localizadas al sur del río Cachiyacu.

A pesar de la variedad de la composición de los suelos, es posible distinguir dos tipos principales: los suelos marrones rojizos desarrollados sobre las capas rojas y los suelos marrones grisáceos desarrollados sobre las arenitas de cuarzo. Los suelos sobre las areniscas albergan una vegetación de mayor diversidad y altura de la que se encuentra en los suelos pobres y altamente ácidos. Salvo un pequeño parche de bosque enano de cumbre sobre las areniscas de cuarzo, las areniscas y las capas sedimentarias rojas localizadas en la misma altitud albergan comunidades de plantas similares (bosque alto de laderas). Esto se puede deber a que la zona estudiada forma la zona de transición entre las dos formaciones litológicas, como se ve en el área pequeña de suelo marrón amarillenta localizada entre las capas rojas y las areniscas claras. Es posible que debido a la inclinación de los niveles litológicos, las raíces de la vegetación sobre las areniscas claras alcancen las capas sedimentarias rojas localizadas a mayor profundidad.

Quebradas paralelas de varias cuencas hidrográficas desembocan en el río Cachiyacu a ambos lados del río. Desde el campamento se logró estudiar dos de estos, el Shimbilloyacu y el Buen Paso. Las propiedades de estas aguas (agua clara, baja conductividad eléctrica y pH moderado) nos indican que los sustratos litológicos están dominados por sedimentos sílico-clásticos que no contribuyen altas concentraciones de iones disueltos en las aguas. El pH promedio de las quebradas fue de 7.0 (neutral) y la conductividad promedio fue de 30 µS/cm. En contraste, el pH promedio y la conductividad promedio medida en el río Cachiyacu, que drena litologías variadas en sus nacientes incluyendo evaporitas, fueron de 7.3 (neutral) y 330 µS/cm respectivamente. Este es un río de agua blanca y turbia por la gran cantidad de material suspendido.

Alto Cachiyacu

El campamento Alto Cachiyacu está ubicado en la parte suroeste de la Cordillera Escalera (Fig. 2), pero al este de la divisoria entre el río Mayo y el río Paranapura. Está localizado en la ribera del río Cachiyacu, en la parte alta de la cuenca. Un larga trocha (Fig. 17) fue estudiada desde este campamento (S 5°51'31.0" O 76°43'3.4", 510 m) hasta una de las crestas en la parte occidental (S 5°52'2.1" O 76°46'29.3", 1,930 m). Este campamento también está en la misma zona afectada por las fallas y plegamientos

Figura 17. Geología y vegetación a lo largo de un transecto desde el campamento base Alto Cachiyacu hasta el campamento cumbre Alto Cachiyacu, en base a observaciones de campo durante el inventario rápido de la Cordillera Escalera-Loreto, Perú. La ubicación de los campamentos está indicada con abreviaciones de dos letras: CB = campamento base, CI = campamento intermedio, CC = campamento cumbre. Los códigos de las formaciones geológicos, ordenados desde las más jóvenes hasta las más antiguas, son: Ji-p = Pucara (no expuesta), Js-s = Jurásico Sarayaquillo superior, Ki-C = Cretáceo Cushabatay medio, Kis-ch = Cretáceo Chonta medio-superior, Ki-v = Cretáceo medio Vivian, Ks-ca-h = Cretáceo Cachiyacu-Huchpayacu superior, P-y = Paleoceno Yahuarango.

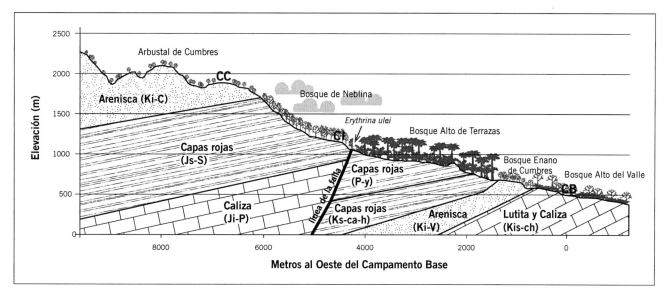

descritos para el campamento Mina de Sal. Este campamento se distingue de los otros por su gran variedad de unidades litológicas. En el ascenso desde la falla hacia el este se observa que el lecho rocoso se hace más antiguo. En el lado oeste de la falla, el patrón se repite, siendo las unidades en el oeste más antiguas (Fig. 17). El tipo de sustrato está fuertemente asociado con la morfología del paisaje. Los materiales más resistentes a la meteorización (Cushabatay, Sarayaquillo, Aguas Calientes y Vivian) forman las partes altas y las paredes casi verticales adyacentes al material geológico más suave.

Las partes más altas de esta trocha estaban sobre areniscas de cuarzo blancas de grano fino del Cretáceo inferior de la formación Cushabatay, después de las cuales seguían las capas rojas del Jurásico. La falla inversa hace que estas formaciones estén en contacto con las capas sedimentarias rojas mucho más jóvenes del Terciario (formación Yahuarango). Esta falla se ubica cerca del campamento intermedio (S 5°51'22.0" O 76°45'37.9", 1,216 m). La posición de la falla se distingue por la abundancia de árboles de *Erythrina ulei* con flores rojas. Al parecer, estos árboles son favorecidos por el material fracturado, que facilitaría la penetración profunda de los raíces y el acceso a mayor cantidad de nutrientes disponibles para la vegetación. De otro lado, tal vez la falla es una fuente de aguas más saladas lo que podría estar favoreciendo a estos árboles. Al este de la zona de las capas rojas se extienden unas capas rojas de menor edad que contienen zonas de arenas finas cementadas de calcita (formación Cachiyacu-Uchpayacu) y las areniscas de cuarzo claras de la formación Vivian. Llegando al río Cachiyacu se puede encontrar calizas gris-oscuras de la formación Chonta del Cretáceo medio, en la cual abundan los fósiles de organismos marinos (como conchas, bivalvos y amonitas). Al este del río hay arenas de cuarzo claras de la formación Aguas Calientes y una franja muy delgada de calizas de la formación Esperanza, y finalmente están las areniscas y las capas sedimentarias rojas asociadas al campamento Mina de Sal.

Debido a la gran variación de sustratos litológicos y topografías se desarrolla un mosaico de suelos de propiedades muy distintas en cuanto a color, textura y contenido de nutrientes. En las partes más altas los suelos son más gruesos y pobres en nutrientes. Estas cumbres alojan un bosque enano de cumbres creciendo sobre una densa y profunda alfombra esponjosa de raíces. Debajo de estas áreas, en lugares con mayor influencia de las capas sedimentarias rojas, los suelos están dominados por arenas de grano fino, y son de textura más fina siendo poblados por bosques de niebla. Esta franja tiene una gran influencia sobre la composición del material coluvial debido a la alta inclinación de sus pendientes. Pasando la falla, la topografía del terreno se hace más suave y se extiende sobre un sustrato de granos finos (mayormente limolitas). Este permite la formación de suelos más ricos en nutrientes sobre el cual crece un 'bosque de catedral'. Antes de llegar al campamento base hay una franja delgada de areniscas de cuarzo de la formación Vivian que se distingue por el bosque enano en sus cumbres. Sobre la franja de suelos derivados del material calcáreo crece un bosque alto de valle y más cerca al río crece la vegetación sucesional. Los suelos sobre las calizas son influenciados por el material arenoso en el material coluvial que viene desde la cercana formación Vivian.

Desde el campamento se tenía acceso a una gran cantidad de quebradas, algunas con cataratas y cascadas, y lagunas pequeñas. La gran variación espacial en la composición litológica produce una gran variación en las propiedades químicas de las aguas superficiales. Las propiedades de estas aguas (aguas claras, baja conductividad y pH moderado) indican que los sustratos están dominados por sedimentos siliclásticos que no contribuyen altas concentraciones de iones disueltos en el agua. El rango de pH comprendía desde 4.3 (fuertemente ácido) a 7.3 (ligeramente alcalino) con un promedio de 6.5. La conductividad tenía un rango de 10 µS/cm hasta aproximadamente 2,000 µS/cm. Los valores altos indican aguas ligeramente salinas drenando los yacimientos de evaporitas. El color rojo del tributario Cachiyacu Colorado es una de las características de las aguas superficiales asociadas con depósitos de sal.

Alto Cahuapanas

El campamento Alto Cahuapanas está situado en el sector norte de la Cordillera Escalera (S 5°39'51.0" O 76°50'20.4", 1,028 m; Fig. 2). El campamento estaba ubicado en las cabeceras del Cahuapanas, que drena en el río Marañón. El sustrato geológico está dominado por areniscas de cuarzo claras del Cretáceo Inferior de la formación Cushabatay[1], algunas de ellas con rastros de hierro. La zona al sudeste del campamento forma parte de una estructura anticlinal compuesta de capas rojas del Jurásico de la formación Sarayaquillo. También existen extensiones de capas rojas en las partes media y superior de la cuenca, río arriba del campamento. El campamento está rodeado de fallas y plegamientos posiblemente asociados a éstas, y estos han creado una zona de depresión que caracteriza al sitio. También es posible que las areniscas de cuarzo estén cementadas con calcita, lo que se evidencia por las hendiduras en algunas de las areniscas encontradas. Sin embargo, no se encontró ningún material calcáreo. Las áreas relativamente bajas están compuestas por planicies aluviales y terrazas onduladas que se dividen más mientras mayor su elevación por encima de los ríos. Los canales con agua estancada son comunes. Las planicies aluviales son cubiertas por material aluvial de diferentes edades derivado de las areniscas. Debido a que el área está rodeada de cerros escarpados, el material coluvial derivado de los derrumbes tiene una gran influencia sobre las condiciones edáficas.

Este campamento se distingue de los dos anteriores en varios aspectos importantes. Está formado por un tipo de material litológico (areniscas de cuarzo) con estratos litológicos con inclinación subhorizontal (los buzamientos de <5° son menores que aquellos ubicados en el sector sur de la Cordillera Escalera). Debido a que el material litológico predominante en esta parte de la cordillera está formado de cuarzo, suelos de areniscas y depósitos aluviales, se han desarrollado suelos de textura gruesa (arenosos) y fuertemente ácidos. Estos suelos son pobres en nutrientes y solo albergan plantas adaptadas a estas condiciones. Las aguas muestreadas en este campamento reflejan las características del material geológico. Todas las quebradas tienen agua fuertemente ácida (pH medio = 5.3) y muy pura, con conductividades

eléctricas que van desde 6.7 a 14.3 µS/cm (conductividad promedio = 11 µS/cm). Aunque las aguas en este campamento son bastante homogéneas, se puede distinguir dos grupos de agua. Un grupo drena las áreas dominadas por arenisca. Estas aguas son de color marrón claro, parecido en apariencia y características químicas a las aguas negras de la selva baja. En contraste, las aguas que drenaban las áreas dominadas por depósitos aluviales estaban claras y muy puras.

En la región que rodea al campamente existen tres tipos de sustratos y unidades morfológicas. Las diferencias en nutrientes y contenido de humedad, junto con la variación topográfica, han permitido el desarrollo de distintas comunidades de plantas. Estas clases de sustratos incluyen afloramientos de roca madre, material coluvial y aluvial. En general la textura de los suelos es gruesa o moderadamente gruesa pero con mayor porcentaje de limo y arcilla en las cumbres. Las áreas con grandes afloramientos de roca parental albergan bosques de arbustales con bromelias terrestres. Las áreas influenciadas por el material coluvial están pobladas por plantas que toleran el estrés por falta de agua. Estas áreas están caracterizadas por una especie de bromelia que crece en el suelo. Cuando el sustrato es aluvial en áreas de llanura, hay un bosque de valle con un sotobosque rico en palmeras. Otro tipo de bosque localizado en los valles planos de tierras aluviales se parece a los chamizales de las llanuras amazónicas. Según las imágenes satélites es probable que estas comunidades de vegetación se hayan formado sobre material aluvial. Estos suelos tienen una gruesa capa de material orgánico y probablemente contienen turberas tropicales. Por consiguiente, es probable que las aguas que drenan estas áreas sean negras.

DISCUSIÓN

En esta sección discutiremos sobre las relaciones entre la geología, calidad de agua, animales y plantas. La química del agua es controlada por la erosión del lecho rocoso, la cual también forma suelos. La descripción de la composición del agua nos permite hacer inferencias sobre la riqueza de los suelos y su impacto sobre la flora y a la fauna. La composición del agua (Fig. 18,

1 Se verificó la ocurrencia de la formación Cushabatay en este campamento. Las particulares características de esta formación fueron encontradas en otros campamentos. Estas arenas no tienen glauconitas, que son características de la formación Aguas Calientes del Cretáceo Medio. De acuerdo a Sánchez et al. (1997), esta formación se distingue por su matriz deleznable de arenas, en algunas ocasiones sin cemento, lo que hace que se desintegre fácilmente.

Apéndice 3), observaciones del suelo (Apéndice 4) y las descripciones de las rocas (Apéndice 5) nos permiten hacer comparaciones entre los lugares del inventario. Los datos que se discuten a continuación indican que el sector sur de la Cordillera Escalera posee paisajes con altos niveles de nutrientes, en comparación a los otros lugares de las llanuras de la Amazonía, pero un paisaje muy similar a los Cerros de Kampankis. Por otro lado, el sector del norte tiene un paisaje pobre en nutrientes que es similar a las llanuras amazónicas con suelos de arena de cuarzo, pero diferentes a las llanuras con suelos ricos en arcillas.

Paisaje, geología y calidad de agua

Hasta la fecha se han conducido siete inventarios rápidos que han utilizado la conductividad y el pH para clasificar las aguas superficiales. Esto se realizó para Matsés (Stallard 2005a), Sierra del Divisor (Stallard 2006), Nanay-Mazán-Arabela (Stallard 2007), Yaguas-Cotuhé (Stallard 2011), Cerros de Kampankis (Stallard y Zapata-Pardo 2012), Ere-Campuya-Algodón (Stallard 2013) y el inventario actual. Adicionalmente para expandir el marco geográfico de referencia, durante el mes de diciembre de 2012 Stallard visitó la Gran Sabana, escaló el Tepui de Roraima en Venezuela e hizo observaciones usando la misma técnica de mediciones.

El uso de conductividad y pH (pH = -log(H⁺)) para clasificar aguas superficiales de una manera sistemática es poco común, en parte debido a que la conductividad es una medida agregada de una gran variedad de iones disueltos. Los datos son distribuidos típicamente en un gráfico con una figura en forma de búmeran (Fig. 18). Cuando se tiene valores de pH menores a 5.5, la conductividad de los iones de hidrógeno, siete veces mayor a comparación de otros iones, causa un incremento de la conductividad cuando el pH disminuye. Cuando se tienen valores de pH mayores a 5.5, otros iones dominan y la conductividad aumenta con el aumento del pH. En otros inventarios la relación entre el pH y la conductividad fue comparada con los valores medidos en varios lugares de la Amazonía y la Orinoquía (Stallard y Edmond 1983, Stallard 1985). Para las muestras de selva baja, los gráficos de conductividad y pH permiten distinguir las aguas que originan de los diferentes depósitos geológicos (p. ej., arenas blancas,

formaciones Nauta 1 y 2, formación Pebas) que son por lo general difíciles de observar debido a la cobertura de suelos y vegetación. La presencia de una gruesa alfombra de raíces desarrollada en los suelos se correlaciona con las muestras de agua de baja conductividad y bajo pH. Esta característica, junto con las aguas marrón claras, caracteriza a los ríos de aguas negras. En todos los inventarios anteriores, las collpas destacan por sus aguas de alta conductividad a comparación de las quebradas que hay en los mismos paisajes.

El sector sur de la Cordillera Escalera es similar al paisaje muestreado durante el inventario rápido de los Cerros de Kampankis (Stallard y Zapata-Pardo 2012). En el gráfico de dispersión, las muestras de Kampankis coinciden con las muestras colectadas en el sector sur de la Cordillera Escalera (Fig. 18). Sin embargo, el sector sur cubre un rango más bajo de valores que los obtenidos en el inventario de Kampankis, debido a que más de muestras colectadas en Kampankis eran de cuencas llenas de areniscas. Las aguas de la parte baja del Cachiyacu y del Cachiyacu Colorado tenían medidas de conductividad y pH que coincidían con las collpas en otros lugares. Un apunte particular es que el río Cachiyacu Colorado cruza la Falla de Julca, una de las fallas regionales más grandes, justo por encima del local más elevado que muestreamos en ese río. El río Cachiyacu en el campamento base Alto Cachiyacu no era particularmente salado, lo que sugiere que una extrusión a lo largo de la falla donde el Cachiyacu Colorado cruza la trocha podría ser una fuente importante de sal. En general, la sal es abundante en el sector sur. También es probable que los arboles de *Erythrina ulei* que demarcan la falla están siendo favorecidos por estas sales.

Una muestra del sector sur (C2T4Q1, AM130018) fue inusual ya que mostró un resultado anómalo: pH bajo y conductividad alta. La muestra fue colectada de un pozo de aguas turquesas de 3 x 4 m, la cual estaba demasiado turbia (como leche) como para ver el fondo. Dos tipos de aguas tienen este tipo de composición. Una es el agua ácida hidrotermal, donde los ácidos son clorhídricos y sulfúricos. La otra es el agua derivada de la intemperización de los minerales sulfúricos, lo que produce ácido sulfúrico. Esto sucede durante la meteorización de las lutitas negras, en algunos depósitos

Figura 18. Mediciones en campo de pH y de conductividad, en micro-Siemens por cm. Los símbolos sólidos y en negro representan las muestras de agua de quebradas recolectadas durante este estudio, en la Cordillera Escalera-Loreto, en Loreto, Perú. Los símbolos sólidos grises claros representan las muestras colectadas en otros inventarios rápidos: Matsés (Stallard 2005a), Sierra del Divisor (Stallard 2006, combinada con Matsés), Nanay-Mazán-Arabela (Stallard 2007), Yaguas-Cotuhé (Stallard 2011) y Ere-Campuya-Algodón (Stallard 2013). Los símbolos abiertos color gris oscuro incluyen Cerros de Kampankis (Stallard y Zapata-Pardo 2012) y las muestras colectadas por Stallard durante el mes de diciembre de 2013 de la Gran Sabana y el Tepui Roraima en el Escudo Guayanés en Venezuela. Los símbolos abiertos de color gris claro corresponden a numerosas muestras colectadas en otros sitios de la cuenca del Amazonas y del Orinoco. Las muestras de *collpas* están indicadas con cuadrados negros. Vale notar que las muestras de Kampankis coinciden con las de Cordillera Escalera. Las muestras de la Gran Sabana y del Tepui Roraima forman un grupo único que está separado de las muestras más diluidas de Cordillera Escalera. Ambas drenan areniscas de cuarzo, pero el sustrato del Escudo Guayanés es mucho más antiguo y duro, y menos susceptible a la meteorización. Aunque hay conexiones florísticas entre el Escudo Guayanés y la Cordillera Escalera, la composición de agua es algo diferente. Casi todas las aguas negras de la cuenca del Amazonas y del Orinoco, incluyendo al río Negro, son de elevaciones más bajas que el Escudo Guayanés; éstas se superponen con las muestras de Escalera.

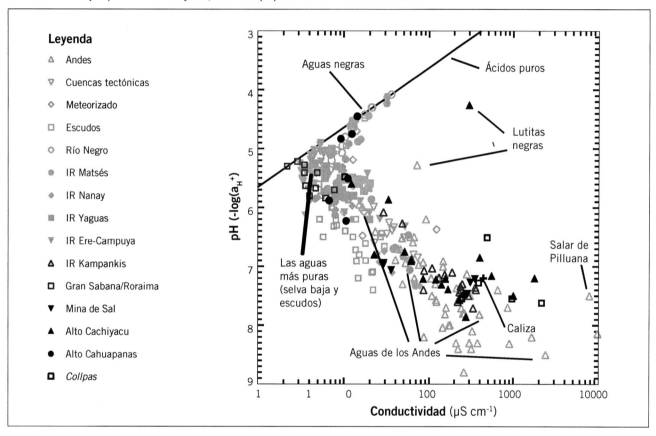

estuarios con intrusiones sulfúricas, y la meteorización de la mineralización de los sulfuros (frecuentemente asociada con el drenaje ácido de las minas). Esta muestra fue colectada en la formación Chonta, la que tiene capas de lutitas negras. Un manantial que salía de una de estas capas sulfúricas, característica de una lutita negra, podría explicar este pozo, donde las aguas podrían ser demasiado tóxicas para los organismos típicos de pantanos.

Las muestras en el sector del norte, colectadas alrededor del campamento Alto Cahuapanas, no contenían aguas de alta conductividad ni pH alto. Estas muestras se parecen a las aguas muestreadas en el inventario rápido de Matsés en las arenas de cuarzo cerca la cabecera del río Gálvez y a lo largo del río Blanco (Stallard 2005a), y durante el inventario del Nanay-Mazán-Arabela en las cabeceras del Nanay (Stallard 2007). Estas son diferentes ríos de aguas negras, algunas con ácidos orgánicos casi puros y algunos con una poca cantidad de cationes agregados. Una alfombra densa de raíces cubre la mayor parte del paisaje alrededor del campamento, reflejando los suelos pobres en cationes. En numerosas áreas de las tierras altas, la alfombra de raíces fue reemplazada por grandes acumulaciones de musgo *Sphagnum*.

Tabla 1. Valores medianos de atributos químicos y físicos del suelo medidos en los campamentos durante el inventario rápido de la Cordillera Escalera-Loreto, Perú. Para facilitar la comparación también se presenta datos para los suelos de una región subandina de San Martín (Escobedo 2004, Lindell et al. 2010) y de la llanura amazónica (McGrath et al. 2001).

	Mina de Sal (n=5)	Alto Cachiyacu (n=7)	Alto Cahuapanas (n=4)	Región subandina (San Martín) Inceptisols y Entisols (n_{max}=156)	Planicie amazónica Ultisols* y Oxisols** (n_{max}=68)
Arcilla (%)	23	55	15	35	18*:61**
pH	3.6	4.3	3.7	5.6	4.7
MO (%)	3.2	3.0	0.7	3.4	2.6*:5.7**
N_{tot} (%)	0.17	0.16	0.04	0.30	0.15
P (ppm)	4.4	8.2	11.0	8.4	3.5
K (ppm)	58	192	51	78	n.a.
Ca (ppm)	48	3046	49	2325	220
Mg (ppm)	15	162	15	115	n.a.
CIC (meq/100)	7.0	18.8	4.2	10.8	3.5
SB (%)	8	77	14	99	n.a.

Por otro lado, las aguas muy negras y ácidas están ausentes del Tepui de Roraima y de la cercana Gran Sabana, donde las aguas son aún más puras (Fig. 18) y solo ligeramente manchadas con material orgánico disuelto. Las alfombras de raíces son pequeñas o ausentes, pero los musgos son más abundantes. Es así que a pesar de que la Cordillera Escalera comparte elementos florísticos con los paisajes de suelos de cuarzo del Escudo Guayanés, las aguas y los suelos son bastante distintos.

En resumen, el amplio rango de litología y la gran abundancia de areniscas ricas en cuarzo han producido un paisaje con la mayor variedad de aguas registrada en todos nuestros inventarios, que van desde aguas muy pobres en solubles en las quebradas aluviales del sector norte hasta las quebradas ricas en solubles afectados por evaporitas superficiales y los manantiales de agua saladas en el sector sur. Los carbonatos de la formación Chonta y dispersos en las lutitas producen una abundancia de niveles solubles intermedios en el sector sur, acompañado de suelos ricos en nutrientes y una variedad de hábitats. Las aguas ácidas que parecen estar influenciadas por ácidos sulfúricos naturales son únicas en la totalidad de nuestros inventarios pero podría estar reflejando condiciones inusuales de suelo que podrían acompañar a una flora distintiva.

Características de los suelos

Los suelos de los tres campamentos mostraron grandes variaciones en las características físicas y químicas. La textura de los suelos varió de arena gruesa a arcilla fina. Los suelos más finos (es decir, los suelos con un alto porcentaje de partículas de arcilla) se encontraron en el campamento Alto Cachiyacu. Los suelos del campamento Mina de Sal eran moderadamente finos, excepto en el caso del suelo gruesa sobre roca arenisca blanca en las elevaciones más altas. En contraste, los suelos aluviales en el campamento Alto Cahuapanas en general estaban moderadamente gruesos a gruesos. Una excepción fue el suelo amarillo fino muestreado en una de las cumbres. Las concentraciones de los nutrientes minerales variaron desde tan bajas como en los suelos de la llanura amazónica a niveles tan altos como en los suelos sobre sustratos calcáreos en la Región San Martín adyacente (Tabla 1). En general, sin embargo, los suelos estudiados eran fuertemente ácidos y deficientes en varios nutrientes importantes.

La textura del suelo es una variable muy importante, ya que está estrechamente relacionada con la fertilidad del suelo. En un estudio de los suelos subandinos bajo diferentes tipos de uso de tierra se encontró que el porcentaje de arcilla fue el factor más importante para determinar las concentraciones de nutrientes en el suelo (Lindell et al. 2010). Los suelos finos del campamento Alto Cachiyacu fueron en verdad muy elevados en nutrientes en comparación con los suelos de los otros dos sitios, tanto en términos de macronutrientes (K, Ca, Mg) como de micronutrientes (Cu, Zn, Mn). Las concentraciones de nutrientes fueron particularmente altas a lo largo de dos secciones ($z \approx 700$ m y $z \approx 550$ m) de un transecto que estudiamos, el cual se extiende desde la elevación más alta hasta el río Cachiyacu. Estos suelos se han desarrollado sobre una roca madre con material calcáreo, las formaciones Cachiyacu-Huchpayacu[2] y Chonta. Las concentraciones de nutrientes elevadas que medimos son consistentes con la biomasa impresionante en el bosque de catedral y el bosque alto valle observada en estas secciones, respectivamente (D. Neill, com. pers.).

La acidez (pH) de los suelos estudiados fue fuerte (pH 3.8 la mediana[3]) y notablemente más baja que en los suelos subandinos al oeste de la Cordillera Escalera (San Martín; pH = 5.6), así como en los Ultisoles y Oxisoles de la llanura amazónica (pH = 4.7; Tabla 1). Un pH tan bajo indica que los suelos estudiados tienen una capacidad muy pobre de amortiguar la entrada de ácidos y que hay un riesgo de toxicidad de aluminio (Al). La saturación de Al fue de hecho elevada (potencialmente tóxica) en casi el 75% de los suelos muestreados, y la saturación de base (BS) fue extremadamente baja en muchos sitios (mediana de 8% y 14% en los campamentos Mina de Sal y Alto Cahuapanas, respectivamente). La capacidad de los suelos para retener los nutrientes (CCE) en estos sitios fue muy baja a baja y los nutrientes en estos suelos son por lo tanto muy vulnerables a la lixiviación. En contraste, el fósforo (P) puede volverse indisponible para las plantas en suelos ácidos debido a la fijación con Al y hierro (Fe). Los niveles medidos de P fueron en general muy bajos a bajos y alcanzaron niveles moderados en muy pocos sitios. Solo los suelos muestreados sobre lecho de roca calcárea en el campamento Alto Cachiyacu y una

muestra de suelos sobre depósitos evaporíticos (sal) en el campamento Mina de Sal fueron moderadamente ácidos (pH = 5.1–5.9).

Explotación de los recursos geológicos

Esta región no es conocida por la explotación de sus recursos geológicos. De acuerdo a PeruPetro (2013), la Cordillera Escalera abarca dos concesiones de petróleo y gas, los lotes 103 y 109, y hay pocas líneas sísmicas dentro de la Escalera. El bloque 103 fue adquirido en 2004 por la Petrolera Talismán del Perú, comprende 871,000 ha, pero solo 120 ha son explotadas. El bloque 109 fue adquirido por Repsol Exploración Perú; se extiende a lo largo de 359,000 ha, de las cuales 90 ha están siendo explotadas (en teoría esta área es la que tiene perforaciones y campamentos activos). La falta de líneas sísmicas en Escalera (PeruPetro 2012) es consistente con las pocas probabilidades de encontrar petróleo, lo que requiere de fuentes de rocas y una trampa geológica. Las fuentes de rocas incluyen a las formaciones Chonta y Esperanza, y otras formaciones más profundas, las cuales no están expuestas en Escalera (Rahkit Consulting 2002). Las rocas de reservorio son de las formaciones Cushabatay, Aguas Calientes y Vivian. El petróleo es más liviano que el agua y migra colina arriba. Para ser un reservorio óptimo de petróleo, una de estas formaciones tendría que estar sellada por una falla o un pliegue. En la Cordillera Escalera estas formaciones están expuestas sub-aéreamente, y todo el petróleo podría haber migrado completamente fuera de la roca y se habría perdido. Como resultado, la mayoría de las fuentes disponibles en la cuenca tectónica del Marañón están lejos de las cordilleras (Rahkit Consulting 2002). Los lotes 103 y 109 podrían ser reducidos de tal manera que no incluyan la Cordillera Escalera.

Las rocas sedimentarias de la Cordillera Escalera no son una fuente adecuada de oro u otros metales.

El potencial hidroeléctrico de algunos de los valles más profundos en la Cordillera Escalera es muy alto, en particular en donde el río Cahuapanas sale de la cordillera. Sánchez et al. (1997) sugiere que las calizas de la formación Chonta podría ser ideal para fabricar concreto, uno de los requerimientos para la construcción de una represa.

---

2 De acuerdo con el mapa geológico de la zona, las muestras de suelo C2T3S1-S3 se desarrollaron sobre arenisca gruesa (la formación Vivian). Sin embargo, los datos químicos (pH alto y Ca alto) sugieren que se superponen las capas rojas calcáreas adyacentes (la formación Cachiyacu-Huchpayacu). Los datos indican, además, que la frontera de contacto entre estas dos formaciones geológicas es aguda.

3 Compare este valor con el pH mínimo tolerable para algunos de los cultivos locales como banana (*Musa* spp., pH 4.0), cacao (*Theobroma cacao*, pH 4.5) y maíz (*Zea mays*, pH 5.0; Porta y López-Acevedo 2005).

AMENAZAS

La principal amenaza geológica para la región es la construcción de represas hidroeléctricas. El potencial de encontrar petróleo utilizable, gas o metales preciosos es muy bajo por lo que las actividades petroleras o mineras no se muestran como amenazas en la actualidad.

Otra de las amenazas para el diverso ecosistema de la Cordillera Escalera es la deforestación para realizar actividades de agricultura de subsistencia. La Cordillera Escalera delimita con áreas altamente deforestadas y fragmentadas. Las tierras de la Cordillera Escalera son muy vulnerables debido a la empinada topografía y a los suelos poco profundos. Estas características están asociadas a la gran frecuencia de deslizamientos que han afectado el paisaje y desplazado una gran cantidad de material litológico, rocas meteorizadas y lechos de roca. Además, la mayoría de los suelos y el material aluvial son derivados de arenas de cuarzo, las cuales producen suelos altamente ácidos y pobres en nutrientes. Es por eso que la mayoría de las tierras son frágiles y poco apropiadas para las actividades agrícolas. Adicionalmente, debido a que el paisaje está dominado por deslizamientos y gran parte de las áreas menos inclinadas y los fondos de valles están sujetos a frecuentes inundaciones, gran parte de la zona no es apta para el establecimiento de asentamientos humanos.

RECOMENDACIONES PARA LA CONSERVACIÓN

- Proteger a la Cordillera Escalera para así preservar su paisaje de acantilados, laderas empinadas y cumbres, el cual fue creado por procesos tectónicos y de erosión a lo largo de los últimos 5 millones de años, y para preservar la diversidad de suelos y microhábitats que contribuyen a la biodiversidad de la región. Con la protección adecuada la Cordillera Escalera podría albergar una impresionante cantidad de suelos, plantas y animales.
- Evitar el desarrollo de grandes infraestructuras en esta región. Esta es una región con grandes riesgos geológicos. El potencial para movimientos sísmicos grandes (de magnitud 7 o más) y lo escarpado del terreno hace que sea una zona con muchos derrumbes. Los canales tienen peñascos grandes y grandes

orillas con terrenos sueltos, lo que es una señal de frecuentes inundaciones fuertes. Debido a estos riesgos geológicos la región no sirve para establecer una infraestructura de carácter intensivo ni para actividades de desarrollo en general. Esto incluye las carreteras, represas, caseríos humanos grandes y la mayor parte de las actividades agrícolas.

- Es importante proteger de la deforestación los suelos de los campamentos Mina de Sal y Alto Cahuapanas, ya que son altamente inadecuados para la producción agrícola debido a su fuerte acidez y bajos niveles de nutrientes. En particular, los suelos en las laderas en Mina de Sal necesitan atención ya que se encuentran cerca de la frontera agrícola-forestal. El área ocupada por bosques catedral en Alto Cachiyacu también merece atención ya que el relativamente alto contenido de nutrientes y el pH más alto de estos suelos los hacen atractivos para la producción agrícola.

VEGETACIÓN Y FLORA

Autores: David A. Neill, Marcos Ríos Paredes, Luis Alberto Torres Montenegro, Tony Jonatan Mori Vargas y Corine Vriesendorp

Objetos de conservación: Bosque enano de cumbres alrededor de los 2,000 m de elevación; muchas especies de plantas de distribución restringida, algunas de ellas reportadas solamente en los bosques sobre formaciones de arenisca en los tepuyes andinos y endémicas de esta zona; decenas de posibles especies nuevas para la ciencia y reportes nuevos para la Región Loreto; poblaciones saludables y sin evidencias de perturbación de *Cedrelinga cateniformis* (tornillo), especie maderable, sujeta a una extrema presión extractiva en la selva baja amazónica; una considerable variedad de especies de plantas ancestralmente utilizadas por el pueblo Shawi para la alimentación, medicina, elaboración de prendas de vestir y materiales de construcción

INTRODUCCIÓN

La Cordillera Escalera tiene una extensión aproximada de 100 km, a lo largo de la frontera entre las regiones de San Martín y Loreto en la Amazonía peruana, y cubre por lo menos 300,000 ha de territorio. Escalera es una de las 'cordilleras subandinas' ubicadas en la Cordillera Oriental de los Andes, las cuales incluyen, de norte a sur, la Serranía de la Macarena en Colombia, las cordilleras

Galeras y Kutukú en Ecuador, la Cordillera del Cóndor a lo largo de la frontera Ecuador-Perú, los Cerros de Kampankis en el norte del Perú (y en realidad una extensión austral del Kutukú), y al sur de la Cordillera Escalera, la Cordillera Azul y la Cordillera de Yanachaga en el centro del Perú.

En esta sección se describe la vegetación y la flora de cada uno de los sitios visitados por el equipo de campo (ver los capítulos *Panorama regional* y *Descripción de los sitios visitados en los inventarios sociales y biológicos*, este volumen), con frecuentes referencias a los patrones biogeográficos de las numerosas especies registradas. Empezamos con una breve discusión del contexto geológico de la región y de su influencia en los patrones de vegetación y flora. Enfatizamos en las conexiones biogeográficas entre la flora de la Cordillera Escalera y otras áreas con sustratos de arenisca y arena blanca, ya que estos patrones no han sido sintetizados en publicaciones anteriores y muchos de estos patrones son reportados aquí por primera vez.

Este capítulo incluye secciones separadas que tratan los patrones florísticos de los tepuyes andinos, la vegetación de los *chamizales* y las similaridades de la vegetación y la flora de las porciones de la Cordillera Escalera ubicadas en las regiones de Loreto y San Martín.

Contexto geológico

La composición geológica de todas las cordilleras subandinas, a diferencia de la cadena andina principal (compuesta en su mayoría de rocas volcánicas y metamórficas), es que éstas están formadas de depósitos sedimentarios que fueron depositados mucho antes del levantamiento de la cordillera andina, durante los periodos Cretáceo y Terciario, cuando esta parte del mundo era el borde occidental de Sudamérica y estaba en contacto con el Océano Pacífico (ver el capítulo *Geología, hidrología y suelos*, este volumen). Durante las fases marinas de deposición se formó caliza, y durante las fases continentales se formaron otros tipos de rocas sedimentarias, incluyendo areniscas de cuarcitas que son estructural y químicamente similares a las areniscas precambricas, mucho más antiguas, que conforman la mayor parte de los escudos de la Guayana y de Brasil, el núcleo ancestral de Sudamérica. Las formaciones sedimentarias

en Ecuador y Perú tienden a tener diferentes nombres para cada país, pero al menos algunas de estas diferencias de nomenclatura son solo regionales. Por ejemplo, la principal formación de areniscas en Ecuador, la Hollín, es equivalente a las formaciones Aguas Calientes y Cushabatay en el Perú (Sánchez et al. 1997). La otra gran formación de arenisca en el Perú, la Vivian, es un poco más joven (Cretáceo tardío en vez del Cretáceo medio, que corresponde a las formaciones Hollín-Aguas Calientes-Cushabatay), y puede ser que no haya un equivalente temporal para la formación Vivian en Ecuador.

Los patrones de erosión formados en estas diferentes formaciones sedimentarias son muy distintivos, y la naturaleza química y física de los suelos varía de acuerdo a la composición de la roca madre. La arenisca de cuarcita es muy resistente a la erosión y generalmente se erosiona en los acantilados verticales en los bordes de las mesetas horizontales o inclinadas (la inclinación del sedimento depende de los eventos tectónicos asociados al levantamiento de los Andes). El suelo formado de las areniscas de cuarcita es usualmente muy ácido (pH 4.5 o menos) y extremadamente deficiente en los nutrientes básicos esenciales para el crecimiento de las plantas. Los sedimentos calcáreos son rápidamente disueltos por las aguas ácidas superficiales y subterráneas, y la caliza usualmente forma paisajes kársticos, con sumideros, cavernas y terrenos accidentados al estilo ‹diente de perro›, y la acidez del suelo es amortiguada por el carbonato de calcio de la roca parental. En áreas de alta precipitación tales como el oriente peruano, la caliza soluble se erosiona mucho más rápido que la arenisca, que es más resistente, por lo que las capas de arenisca que permanecen forman los filones y mesetas de la región.

La composición florística de la vegetación es muy distinta entre las áreas de roca parental caliza vs. arenisca. La flora de las áreas de arenisca está compuesta mayormente por especies que pueden tolerar niveles extremadamente bajos de nutrientes y alta acidez del suelo, crecen muy lentamente, tiene hojas esclerófilas, duras y gruesas con abundantes taninos que las hacen resistentes a los herbívoros y probablemente debido a su crecimiento intrínseco lento no pueden competir con otras especies que crecen en suelos ‹normales› no-areniscas (Fine et al. 2004, Fine y Mesones 2011).

Las plantas dominantes en las áreas de arenisca tienden a ser 'especialistas de arenisca'. Algunas de estas son endémicas locales en ciertas cordilleras subandinas, mientras otras son más comunes y presentes en múltiples cordilleras e incluso algunas veces en parches de arena blanca de la selva baja amazónica. A excepción de las especies que crecen directamente en la roca caliza parental, las cuales a veces son exclusivas de ese sustrato, las especies en los suelos derivados de las rocas calizas no tienden a ser 'especialistas de caliza' y pueden también ocurrir en suelos volcánicos de la cordillera oriental (D. Neill, obs. pers.). Hemos observado estos patrones en la Cordillera del Cóndor y esperábamos encontrar condiciones similares en la Cordillera Escalera.

Tepuyes andinos

El término 'cordillera subandina' que hemos usado hasta este momento puede originar confusiones, ya que parece implicar que estas cordilleras están por debajo de los Andes, lo cual no es realmente cierto. Algunos de estos afloramientos sedimentarios, incluyendo las formaciones de arenisca y caliza, en realidad no están separados de los Andes, sino que colindan directamente con las formaciones volcánicas o metamórficas de la cordillera oriental. El término 'subandino' es ampliamente utilizado por los geólogos para referirse a las cuencas sedimentarias (cuenca en el sentido estratigráfico, no el sentido topográfico) ubicadas al este de los Andes, compuestas de estas rocas sedimentarias. Por otro lado, los zoólogos, especialmente los ornitólogos, han utilizado el término de 'montañas periféricas' (*outlying ridges*) para referirse a las cadenas de montañas ubicadas al este de la cordillera oriental principal (p. ej., Davis 1986).

Aquí proponemos adoptar el término de 'tepui andino' para referirnos a las cordilleras compuestas de rocas sedimentarias, específicamente de areniscas, al este de la cadena oriental principal de la cordillera de los Andes, en el Perú y Ecuador. El término 'tepui', usado ampliamente en la literatura científica y popular para las montañas de arenisca del Escudo Guayanés, particularmente en la Guayana venezolana, fue adoptado del nombre utilizado por los nativos Pemón de esa región (Huber 1995). Los sedimentos proterozoicos del Escudo Guayanés son usualmente, pero no siempre,

horizontales, mientras los sedimentos del Mesozoico y del Cenozoico temprano que predominan al este de los Andes están usualmente inclinados, como resultado de las fuerzas tectónicas de la orogenia andina. El uso del término 'tepui andino' (el plural es tepuyes andinos) establece con claridad la similitud de estas formaciones con las montañas de areniscas del Escudo Guayanés y las conexiones biogeográficas que resultan de estas similitudes litológicas. En Ecuador, el término tepui ha sido adoptado por la comunidad científica para referirse a estas formaciones. De igual manera, el Ministerio del Ambiente ha adoptado este nombre para algunas de las áreas protegidas en la Cordillera del Cóndor.

Stallard y Lindell (en este volumen) señalan que la formación Roraima de la era Proterozoica, componente de las formaciones tepuyes en las tierras altas de la Guayana, es 20 veces más antigua que la formación Cushabatay de la era Cretácea, la cual es componente de los tepuyes andinos en la Cordillera Escalera y en otros lugares del Perú y Ecuador. Ambas formaciones están compuestas de arenisca, pero la formación Roraima es más antigua y está compuesta de metacuarcita (arenisca de cuarcita metamorfoseada) que es mucho más dura y menos porosa que la arenisca no-metamorfoseada Cushabatay. Las rocas antiguas también producen suelos con mucho menos nutrientes que las areniscas más jóvenes. A pesar de estas tremendas diferencias de edad entre los tepuyes del Escudo Guayanés y los tepuyes andinos, sus similitudes estructurales y químicas están reflejadas en los patrones de vegetación similar, enlaces fitogeográficos, a pesar de estar separados por una distancia de unos 2,500 km de llanura amazónica, como lo describiremos en las siguientes secciones.

Historia de los inventarios botánicos

Hay muy pocas colecciones botánicas provenientes de la Cordillera Escalera, pero es posible que haya más registros en los herbarios peruanos que no figuran en las bases de datos virtuales. El botánico inglés Richard Spruce hizo colecciones en las cumbres de areniscas cerca de Tarapoto durante su visita a la región en 1855–1856. Spruce visitó el Cerro Pelado, la cumbre más alta visible desde Tarapoto, y el Cerro Guayrapurima, en el lado nororiental de la Cordillera Escalera (por Yurimaguas;

Spruce 1908). Al inicio del siglo veinte, los botánicos alemanes Ernst Ule y August Weberbauer hicieron colecciones en la Cordillera Escalera, aunque ellos no utilizaron ese nombre; las descripciones de la localidad son en su mayoría "montañas al este de Moyobamba" a unos 1,000 m sobre el nivel de mar (en adelante m). Varias de las colecciones de Spruce, Ule y Weberbauer son especímenes tipo de especies descritas para la Cordillera Escalera, y algunas de estas, incluyendo *Symbolanthus pauciflorus* y *S. obscurerosaceous* (Gentianaceae), son endémicas locales de la Cordillera Escalera. Otras, tales como *Bonnetia paniculata* (cuyo tipo fue colectado por Spruce cerca de Tabalosos, entre Tarapoto y Moyobamba), son frecuentes en otras cordillera de areniscas, incluyendo la Cordillera del Cóndor y numerosos tepuyes andinos en el Perú. La mayoría de las colecciones modernas (i.e., del fin del siglo veinte) en Escalera han sido realizadas en la carretera entre Tarapoto y Yurimaguas, donde cruza la Cordillera.

Todas las colecciones botánicas indicadas arriba fueron realizadas en la parte suroeste de la Cordillera Escalera, en la Región San Martín (ver abajo la sección 'La Cordillera Escalera en Loreto y San Martín: Variación florística en una misma cordillera'). La única colección botánica realizada en el pasado y de la cual se tienen registros en el área oriental de la Cordillera, en la Región Loreto, fue realizada por Guillermo Klug, exactamente 80 años antes de nuestro inventario, entre agosto y setiembre de 1933. Klug, quien fue contratado para colectar plantas en el Perú por el botánico J. Francis Macbride de The Field Museum, colectó cientos de especímenes de plantas en una localidad denominada en sus etiquetas como "Pumayacu, entre Moyabamba y Balsapuerto". Esto evidentemente corresponde a la quebrada Pumayacu, el área con una gran caída de agua a unos pocos kilómetros al oeste de nuestro campamento Mina de Sal, ubicada aproximadamente a S 5°40' O 76°36'. Las colecciones de Klug fueron distribuidas desde The Field Museum a otros herbarios. Un juego casi completo de estas colecciones fue depositado en el Jardín Botánico de Missouri (MO) y, por lo tanto, los registros de los especímenes están incluidos en la base de datos botánicos Tropicos (*http://www. tropicos.org*). Las colecciones de Klug en el área incluyen numerosos especímenes tipo, incluyendo el tipo de la

hierba reofítica *Dicranopygium yacu-sisa* (Cyclanthaceae) y el arbusto reofítico *Centropogon silvaticus* (Campanulaceae). Antes de colectar en Escalera en 1933, Klug hizo extensas colecciones en la llanura amazónica en los alrededores de Balsapuerto, pero éstas están fuera del área de la Cordillera Escalera y fuera de nuestra área de estudio. El presente inventario, por lo tanto, es prácticamente el primero en documentar las plantas en las elevaciones más altas de la Región Loreto, hasta casi los 2,000 m en las alturas máximas de la Cordillera Escalera, en el límite con San Martín.

Otros inventarios florísticos han sido llevados a cabo en numerosos tepuyes andinos en Ecuador y Perú, donde los sustratos oligotróficos de arenisca son predominantes, incluyendo la Cordillera del Cóndor (Foster et al. 1997, Neill 2007), Cordillera Azul (Foster et al. 2001), Sierra del Divisor (Vriesendorp et al. 2006b) y los Cerros de Kampankis (Neill et al. 2012). La información sobre la vegetación y la flora de estos estudios anteriores nos permiten hacer comparaciones con el presente estudio sobre la Cordillera Escalera.

MÉTODOS

Antes del inicio de la temporada de campo, el equipo botánico compiló una lista de plantas vasculares que potencialmente podrían estar presentes en la Cordillera Escalera. Se consultó y descargó la base de datos en línea disponible en Tropicos, del Jardín Botánico de Missouri. Al principio se hizo una descarga global de los datos disponibles para Loreto y San Martín, y luego se escudriñaron los datos hasta solo incluir los especímenes registrados en los alrededores de la cordillera para ambas regiones. Como punto de partida para la base de datos de las especies de Cordillera Escalera en Loreto, usamos la lista compilada por Pitman et al. (2013) y disponible en línea en la dirección *http://ciel.org/Publications/Loreto/ BioLoretoAnexo1.xlsx*. Para la nomenclatura de las plantas vasculares usamos la lista de nombres publicada en Tropicos, y para la ubicación de los géneros en las respectivas familias utilizamos la última versión de la clasificación de las familias de las plantas por el Grupo para la Filogenia de Angiospermas (APGIII 2009 por sus siglas en inglés).

Antes del trabajo de campo, también se examinó las imágenes satelitales, mapas topográficos y mapas geológicos disponibles para los cuadrángulos que corresponden a Balsapuerto y Yurimaguas (Sánchez et al. 1997). Con estos documentos, así como también las observaciones en el sobrevuelo al área realizado en mayo de 2013 (Apéndices 1 y 2), desarrollamos las hipótesis iniciales sobre la estructura y composición de la vegetación en el área de estudio, que luego corroboramos con observaciones e inventarios de plantas en el campo.

Durante las tres semanas de trabajo de campo, los cinco miembros del equipo botánico caminaron a lo largo de trochas preestablecidas, así como también numerosas áreas fuera de trocha y a lo largo de los ríos y quebradas, para estudiar la vegetación y compilar una lista de las especies de plantas observadas o colectadas como especímenes *voucher*. Usamos los binoculares para identificar los árboles de dosel y lianas, y muchas veces usamos las hojas caídas en la base de los árboles de dosel para corroborar las identificaciones.

En el campo se tomó notas sobre la vegetación y los elementos florísticos principales de cada uno de los sitios visitados. Nuestras descripciones de la vegetación incluyen notas del sustrato geológico, características del suelo, pendiente y aspecto de cada lugar, altura y densidad del dosel, y las especies de plantas más comunes (principalmente los árboles y arbustos dominantes), así como hábitats especiales como la vegetación reofítica compuesta de arbustos bajos y plantas herbáceas a lo largo de los lechos rocosos de las quebradas. Anotamos la presencia de especies que están restringidas a ciertos tipos de suelos y sustratos geológicos, las cuales sirven como indicadores de ciertos hábitats. También anotamos las especies raras e inusuales, e hicimos grandes esfuerzos para encontrar y colectar especímenes fértiles de especies que no eran conocidas por los miembros del equipo.

El equipo botánico tomó fotografías digitales de las plantas registradas durante el trabajo de campo, así como de la vegetación y del paisaje del área de estudio. Estas imágenes ayudaron a la subsecuente identificación de las especies. Un grupo seleccionado de estas imágenes serán agregadas a la galería de imágenes de plantas en línea mantenida por The Field Museum (*http://fm2. fieldmuseum.org/plantguides/*) y publicadas en una guía fotográfica de campo disponible en (*http://fm2. fieldmuseum.org/plantguides/guideimages.asp?ID=669*).

Colectamos muestras de especímenes de todas las especies encontradas con flores o frutos, incluyendo los árboles que podían ser muestreados con tijeras telescópicas que alcanzan una altura aproximada de 10 m sobre el suelo. Los árboles y lianas más altos no fueron colectados pero el uso de binoculares, un examen al corte del tronco, y las hojas, flores y frutos caídos usualmente nos ayudaban con la identificación. Se colectó hasta ocho duplicados por cada colección. La mayoría de estas colecciones fueron fértiles, pero también se colectaron algunas muestras estériles de plantas de interés que pueden ser identificadas a partir de material estéril. Todas las muestras fueron depositadas bajo un número de colección de la serie de Marcos Ríos Paredes. El primer juego de especímenes fue depositado en el AMAZ, el herbario de la Universidad Nacional de la Amazonía Peruana (UNAP) en Iquitos. Los duplicados de las muestras serán depositadas en The Field Museum (F), el herbario de la Universidad Nacional Mayor de San Marcos (USM) en Lima y otros herbarios en el Perú y en el extranjero (ver el próximo párrafo).

Después del trabajo de campo, compilamos una biblioteca de imágenes digitales de plantas a partir de las fotografías tomadas en el campo, y se empezó con el trabajo de determinación de las plantas, usando las imágenes y consultando las bases de datos de imágenes digitales de plantas, tales como el sitio de internet del herbario digital y de las imágenes de plantas en vivo de The Field Museum, la página de Flora del Mundo, auspiciada por Chris Davidson (*http://www. floraoftheworld.org*), y Tropicos. También enviamos muchas de estas imágenes digitales a numerosos especialistas taxonómicos, que nos dieron identificaciones preliminares a nivel de especie en base a las imágenes. Un juego de las muestras de plantas fue llevada al herbario de la USM en Lima, donde se hicieron identificaciones adicionales en base a la comparación con las muestras alojadas en esta institución. Otro juego de muestras fue comparado con las muestras del Herbario Nacional de Ecuador (QCNE) en Quito y luego fueron depositadas en el herbario de la Universidad Estatal Amazónica (ECUAMZ) en Puyo, Ecuador. En el futuro se harán más

Tabla 2. Principales tipos de bosques de la Cordillera Escalera-Loreto, Perú.

Nombre en castellano	Nombre en inglés	Descripción
Bosque alto del valle	*Tall valley forest*	En suelos aluviales y en las pendientes bajas de los ríos principales: el río Cachiyacu en el sur, con una fertilidad de suelo relativamente alta, y la parte alta del río Cahuapanas en el norte, con un suelo arenoso muy pobre en nutrientes
Bosque alto de laderas	*Tall slope forest*	En las pendientes, usualmente muy empinadas, entre los 300 y 1,200 m de elevación
Bosque alto de terrazas	*Tall terrace forest*	En las terrazas amplias, casi niveladas, de suelos relativamente fértiles entre los 700 y 1,200 m en la parte superior de la cuenca del Cachiyacu
Bosque de neblina	*Cloud forest*	Mayormente en laderas empinadas a los 1,200–1,700 m de elevación; caracterizado por una carga densa de epífitas en los árboles, los cuales son de menor estatura que en los bosques ubicados en pendientes suaves a menor elevación
Bosque enano de cumbres	*Dwarf ridgecrest forest*	En cumbres con roca arenisca cerca a la superficie, y una alfombra densa de raíces con una gruesa capa 'esponjosa' de humus; ubicado en elevaciones tan bajas como los 500 m en algunas áreas y hasta los 1,900 m en otras; un denso bosque con un dosel de 5 a 7 m de altura
Arbustal de cumbres	*Dwarf ridgecrest scrub*	Una vegetación arbustiva muy densa, con arbustos que no exceden a los 2–3 m, en cumbres de arenisca expuestas; localizado en numerosos lugares, desde los 700 m de elevación pero mayormente a los 1,400 m en Alto Cahuapanas y a los 1,900 m en el campamento cumbre Alto Cachiyacu
Bosque enano de valle o chamizal	*Dwarf valley forest*	Un bosque bajo y denso en terreno nivelado en la parte superior del valle del río Cahuapanas
Bosque de humedal o palmar	*Wetland forest*	Un bosque pantanoso dominado mayormente por palmeras

identificaciones, y cuando sea posible, los duplicados serán enviados a los especialistas taxonómicos en los diferentes herbarios del mundo para una identificación positiva de los taxones más difíciles.

RESULTADOS Y DISCUSIÓN

Diversidad florística, composición florística y estado de conservación

Durante el inventario se colectó 644 especímenes, se tomó aproximadamente unas 2,500 fotografías digitales y se identificó cientos de especies de plantas en el campo. A la fecha, esto ha generado una lista preliminar de 830 especies de plantas vasculares, de las cuales 586 habían sido identificadas a nivel de especie al momento de la publicación de este reporte (Apéndice 6). Cuando a esta lista preliminar se añaden las 287 especies registradas en el área en expediciones anteriores, el número total de las especies de plantas conocidas para el área de Cordillera Escalera-Loreto es de 1,117. En base a estos resultados preliminares y a nuestra interpretación de la vegetación y el paisaje regional, estimamos que aproximadamente unas 2,500 a 3,000 especies de plantas vasculares crecen en la Cordillera Escalera-Loreto.

Tipos de vegetación

Hemos identificado ocho principales tipos de vegetación en la Cordillera Escalera, en base a la estructura y fisionomía de la vegetación, la altura del dosel y la posición topográfica, así como dos tipos adicionales de vegetación con limitada extensión. Sin embargo, en términos de la composición florística, algunos de estos tipos de vegetación varían significativamente de lugar en lugar dentro de la cordillera, reflejando los diferentes sustratos geológicos y composición edáfica del área.

Los principales tipos de vegetación están listados y descritos en la Tabla 2. Adicionalmente a estos tipos de vegetación, hemos identificado áreas de vegetación sucesional en lugares afectados por disturbios naturales, mayormente derrumbes, y en pequeñas extensiones afectadas por la influencia humana; y la vegetación riparia a lo largo de los ríos y los tributarios principales. La vegetación sucesional, en su mayoría sobre los derrumbes y otras áreas disturbadas naturalmente, está dominada por los taxones de rápido crecimiento y ubicuos para estos lugares: *Ochroma pyramidale* (Malvaceae), *Tessaria integrifolia* y varias especies de *Baccharis* (Asteraceae), y numerosas especies de *Cecropia*

(Urticaceae). La vegetación riparia fue observada en una franja angosta a lo largo del cauce principal del río Cachiyacu y de sus tributarios mayores. Las plantas leñosas más comunes en las riberas más estables incluyen los árboles *Zygia longifolia* e *Inga ruiziana*, y el arbusto *Calliandra surinamensis* (Fabaceae). En las riberas inestables se observa los mismos taxones sucesionales listados con anterioridad.

Un proyecto multidisciplinario dirigido por NatureServe para mapear los ecosistemas terrestres de la cuenca amazónica del Perú y Bolivia, incluyendo las estribaciones orientales de los Andes, ha producido un mapa y las respectivas descripciones de los ecosistemas (Josse et al. 2007) que actualmente están ampliamente usados en ambos países. Aunque estas unidades de vegetación/ecosistema fueron mapeadas a una escala relativamente gruesa que no es de mucha ayuda para este reporte, en el sistema de NatureServe los ecosistemas (tipos de vegetación) que corresponden a la Cordillera Escalera incluyen los siguientes tipos, con su respectiva numeración en el mapa de Josse et al. (2007):

- #15 *Bosque siempreverde subandino del oeste de la Amazonía*, para las áreas a elevaciones menores de los 800 m;

- #14, *Bosque y palmar basimontano pluvial de Yungas*, para las áreas arriba de los 800 m, con excepción del bosque enano en las cumbres de arenisca; y

- #42, *Arbustal y herbazal sobre mesetas subandinas orientales*, para el bosque enano y arbustal de cumbres en las cumbres expuestas.

Vegetación y flora de los sitios visitados

Mina de Sal

El campamento Mina de Sal estaba ubicado en un cañón de pendientes empinadas en la parte baja del río Cachiyacu, con franjas angostas de suelo aluvial a lo largo del río. La composición florística del bosque era como la de la selva baja amazónica, excepto por la escasez de las palmeras grandes de dosel (Arecaceae). Solo la palmera *Socratea exhorrhiza* fue común en el sitio, y la palmera *Iriartea deltoidea*, que es abundante en las vasta región amazónica del Perú y Ecuador

(Pitman et al. 2001), estuvo ausente casi por completo. La planta *Zygia longifolia* (Fabaceae), un árbol ripario común a lo largo de todo el Neotrópico, formaba una fila casi continua a lo largo de la ribera, y sus ramas se arqueaban por encima del río. Junto a la *Zygia*, en los bancos arenosos de la ribera, crecía un arbusto de *Erythroxylum* (Erythroxylaceae) con flores inusualmente pequeñas para el género, lo cual podría ser una especie nueva para la ciencia. A lo largo de las riberas también se encontró poblaciones abundantes del arbusto *Calliandra surinamensis* (Fabaceae). Los dos árboles de dosel del género *Erythrina*, *E. ulei* y *E. poeppigiana*, se encontraban en plena floración en el valle ribereño y eran visitados por numerosas aves nectaríferas (ver el capítulo *Aves*, este volumen). Otros árboles de dosel comunes pertenecientes a la familia Fabaceae en la parte baja del valle fueron *Andira inermis*, *Dipteryx odorata*, *Platymiscium stipulare*, *Pterocarpus amazonum*, *Stryphnodendron porcatum*, *Parkia multijuga*, *Tachigali chrysaloides*, *T. inconspicua* y *Apuleia leiocarpa*. Esta última especie, conocida localmente como *ana caspi*, es muy notoria en el bosque con su tronco liso y de color canela. *A. leiocarpa* es apreciado por su madera, la cual es usada para construir muebles y ha sido extraído de manera insostenible de las áreas más accesibles de la Amazonía peruana. El valle alberga muchos árboles de dosel comunes en la Amazonía: *Huertea glandulosa* (Tapisciaceae), *Otoba parvifolia*, *Virola peruviana* y *V. calophylla* (Myristicaceae), *Clarisia racemosa* (Moraceae), *Dacryodes peruviana* (Burseraceae), *Symphonia globulifera* (Clusiaceae), *Minquartia guianensis* (Olacaceae), *Terminalia amazonia* y *Buchenavia parvifolia* (Combretaceae), *Jacaratia digitata* (Caricaceae), *Miconia triangularis* (Melastomataceae), *Caryodendron orinocense* (Euphorbiaceae) y *Guarea kunthiana* (Meliaceae). Las especies maderables más valiosas, *Cedrela odorata* y *Swietenia macrophylla* (Meliaceae), no fueron registradas. Un árbol abundante en las laderas empinadas por encima del valle fue la especie *Marmaroxylon basijugum* (Fabaceae), muy común en los suelos arcillosos en el área de Iquitos y también abundante en el Parque Nacional Yasuní en Ecuador.

Otro árbol de dosel grande en el valle y en las estribaciones bajas fue *Couma macrocarpa* (Apocynaceae). Muchos de estos árboles presentaban marcas de cortes de machete en la base del tronco. El látex resinoso de esta especie, conocida como 'leche caspi', es usado por los Shawi como barniz para sus vasijas de cerámica tradicionales. La resina es colectada por los hombres, usualmente durante sus expediciones de cacería en el área, y las vasijas son hechas y decoradas por las mujeres. Algunos de estos cortes de machete en los árboles más grandes de *Couma* parecían tener décadas de antigüedad, lo que atestigua el uso ancestral de este recurso no maderable por los Shawi del área de Balsapuerto. Otra planta que es comúnmente cosechada en el área es la hemiepífita *Heteropsis flexuosa* (Araceae; la determinación de la especie es tentativa), conocida como 'tamshi', de la cual se usan las raíces aéreas para la fabricación de canastas. Esta especie fue abundante en el área y los Shawi que visitaron el campamento durante nuestra jornada obtuvieron bastante material para sus artesanías.

Las quebradas tributarias del río Cachiyacu se caracterizan por la abundante cantidad de peñascos y rocas de cantos rodados en la desembocadura de sus cauces. Sobre estas piedras, en cada quebrada, encontramos un arreglo espectacular de plantas reofíticas, que son especies con sus raíces asentadas directamente en el lecho rocoso o peñascos del cauce del río. Estas plantas son inundadas periódicamente después de las fuertes lluvias cuando los niveles de agua aumentan rápidamente y son capaces de soportar la fuerza de las aguas. Las plantas reofíticas más abundantes fueron unos arbustos de un metro de altura, *Hippotis latifolia* (Rubiaceae) y *Centropogon silvaticus* (Campanulaceae), ambas con flores rojas polinizadas por los picaflores, y las plantas herbáceas *Dicranopygium yacu-sisa* (Cyclanthaceae) y *Cuphea bombonasae* (Lythraceae). Una *Pitcairnia* reofítica (Bromeliaceae) fue encontrada en los peñascos de algunos cauces pero en otros no. Los peñascos en los cauces tienen diferentes composiciones, desde arenisca, caliza y lodo, provenientes de las diferentes formaciones geológicas de la Cordillera Escalera, y las plantas reofíticas al parecer no tienen preferencia alguna por estos sustratos. La muestra del tipo de *C. silvaticus* fue colectada en este lugar por Guillermo Klug en 1933 y hoy es conocida en otras áreas en el Perú, y del río Nangaritza en la Cordillera del Cóndor. Por los datos de colección en todos los especímenes es evidente que esta planta crece exclusivamente como reofítica en los lechos rocosos.

En el campamento Mina de Sal las cumbres elevadas de las montañas arriba de la parte baja del río Cachiyacu alcanzan 500–700 m de elevación y están cubiertas de sedimentos de areniscas de cuarcita de la formación Cushabatay. Mientras uno sube a las cumbres, la altura del dosel disminuye y las especies típicas de sustratos oligotróficos de areniscas comienzan a aparecer, reemplazando a los taxones comunes de la Amazonía que se encuentran en los suelos arcillosos/limosos de las laderas más bajas. El suelo está cubierto por una alfombra gruesa y esponjosa de humus. En estas cumbres, dentro del bosque enano con alturas de 5–8 m las especies más comunes incluyen: *Centronia laurifolia* (Melastomataceae), *Bonnetia paniculata* (Bonnetiaceae), *Dacryodes uruts-kunchae* (Burseraceae), *Schizocalyx condoricus* (Rubiaceae), *Abarema killipii* (Fabaceae), *Wettinia longipetala* (Arecaceae) y el arbusto *Cybianthus magnus* (Primulaceae). Estas especies son típicas de los tepuyes andinos en el Perú y Ecuador, y usualmente son registradas en alturas mayores a 1,000 m de elevación (Fig. 19). El *Dacryodes* (Daly et al. 2012) y el *Schizocalyx* (Taylor et al. 2011) han sido descritas recientemente y son conocidas de la Cordillera del Cóndor y las áreas de areniscas al sur del río Marañón en el área de Bagua, en la Región Amazonas, Perú. Nuestros registros de estas dos especies en la Cordillera Escalera son entonces extensiones hacia el sur de su conocido rango geográfico y extensiones de su rango altitudinal mínimo. En este sitio se encontró también *Protium heptaphyllum* (Burseraceae) y *Remijia ulei* (Rubiaceae), especies que son abundantes en los bosques sobre arenas blancas cerca de Iquitos pero ausentes de los suelos arcillosos en la selva baja amazónica.

En el bosque enano de cumbres también se observó *Sterigmapetalum obovatum* (Rhizophoraceae) y la liana *Krukoviella disticha* (Ochnaceae), ambas presentes en la selva baja sobre arenas blancas así como en las areniscas de áreas elevadas, y *Chrysophyllum sanguinolentum*

Figura 19. Patrones biogeográficos de las especies de plantas de los tepuyes andinos. Los círculos blancos y las flechas oscuras en cada mapa indican la ubicación de la Cordillera Escalera. Fila superior: Especies disyuntas de los tepuyes de la Guayana. Estos taxones están presentes en los tepuyes de arenisca del Escudo Guayanés así como en los tepuyes andinos, mayormente por encima de los 1,000 m de elevación, pero no se encuentran en los bosques sobre arena blanca de la llanura amazónica. Algunos de estos taxones han sido registrados en las mesetas de areniscas del departamento de Caquetá en Colombia, por debajo de los 1,000 m, pero en la roca madre de areniscas, no en las islas de arena blanca. Panel izquierdo: *Bonnetia* (Bonnetiaceae) comprende unas 30 especies endémicas a los tepuyes del Escudo Guayanés, y una de estas especies, *B. paniculata*, ocurre tanto en el Escudo Guayanés como en los tepuyes andinos. El género de helecho *Pterozonium* comprende 14 especies en los tepuyes del Escudo Guayanés, de las cuales dos especies, *P. brevifrons* y *P. reniforme*, tienen poblaciones disyuntas en los tepuyes andinos. Panel medio: El grupo 'Crepinella' del género *Schefflera* (Araliaceae) comprende unas 40 especies en los tepuyes de la Guayana y solo dos especies, *S. harmsii* y *S. japurensis*, en los tepuyes andinos. Panel derecho: El género *Phainantha* (Melastomataceae) comprende tres especies en los tepuyes del Escudo Guayanés y una especie, *P. shuariorum*, se encuentra en los tepuyes andinos. Fila media: Los taxones registrados en las arenas blancas de la llanura amazónica (por debajo de los 300 m de elevación) así como en las mesetas de arenisca de los tepuyes andinos, en su mayoría por encima de los 1,000 m. Estos taxones están ausentes en los suelos arcillosos de las llanuras amazónicas y de los sustratos sin areniscas de los Andes. Fila inferior: Los taxones endémicos de las mesetas de arenisca de los tepuyes andinos en el Perú y Ecuador. Véase también la Fig. 4A.

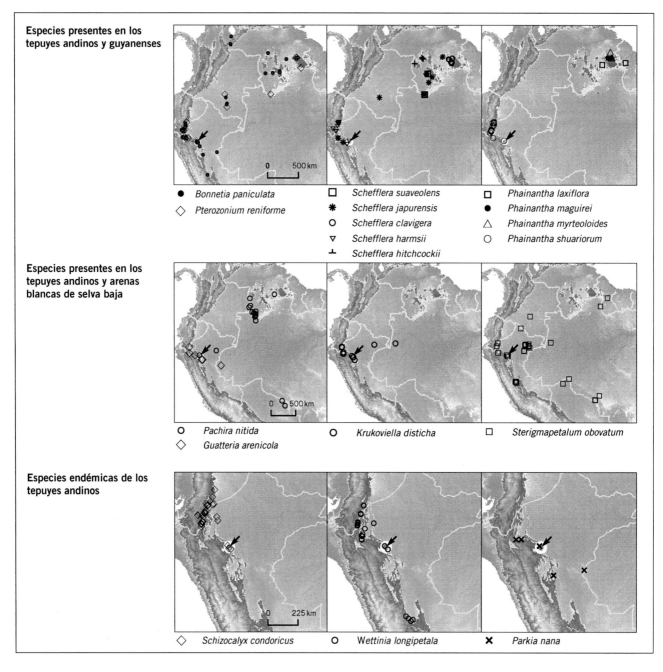

Especies presentes en los tepuyes andinos y guyanenses

- ● *Bonnetia paniculata*
- ◇ *Pterozonium reniforme*
- □ *Schefflera suaveolens*
- ✳ *Schefflera japurensis*
- ○ *Schefflera clavigera*
- ▽ *Schefflera harmsii*
- ⊥ *Schefflera hitchcockii*
- □ *Phainantha laxiflora*
- ● *Phainantha maguirei*
- △ *Phainantha myrteoloides*
- ○ *Phainantha shuariorum*

Especies presentes en los tepuyes andinos y arenas blancas de selva baja

- ○ *Pachira nitida*
- ◇ *Guatteria arenicola*
- ○ *Krukoviella disticha*
- □ *Sterigmapetalum obovatum*

Especies endémicas de los tepuyes andinos

- ◇ *Schizocalyx condoricus*
- ○ *Wettinia longipetala*
- ✗ *Parkia nana*

(Sapotaceae), especie común en las areniscas de la Cordillera del Cóndor y el Escudo Guayanés, pero también en las llanuras amazónicas sobre suelos arcillosos (Fig. 19). Esta especie es morfológicamente variable y podría estar compuesta de taxones ecotípicos distintos en los diferentes sustratos. La especie *Bejaria sprucei* (Ericaceae) también fue registrada como común en los bosques enanos. Esta especie fue colectada por primera vez por Richard Spruce en 1856 en el lado de San Martín de la Cordillera Escalera y también tiene poblaciones discontinuas en el Escudo Guayanés, pero no se encuentra en la selva baja amazónica. Esta especie no ha sido registrada en la Cordillera del Cóndor en Ecuador, pero otra especie de *Bejaria*, *B. resinosa*, es muy abundante a nivel local en el Cóndor. Una especie de *Matayba* (Sapindaceae) con frutos rojos, tal vez una especie no descrita, fue también registrada como común en las cumbres de arenisca. El helecho terrestre *Schizaea elegans*, típico de los sustratos de arenisca, era común en los tierras húmicas profundas.

Las cumbres que albergaban a los bosques enanos eran angostas y empinadas, con la roca madre de arenisca cerca de la superficie, pero en una cumbre ancha a unos 700 m de elevación, donde las areniscas de la formación Cushabatay han erosionado y formado una capa profunda de suelos de arenas blancas, encontramos un bosque muy diferente. Este era relativamente alta, con un dosel de aproximadamente 20 a 25 m, y albergaba árboles típicos de los bosques de arenas blancas en Iquitos, incluyendo: *Micrandra spruceana* (Euphorbiaceae), *Macoubea guianensis* (Apocynaceae), *Micropholis guyanensis* (Sapotaceae) y *Xylopia parviflora* (Annonaceae). Otros árboles de dosel comunes pero no limitados a los suelos de arenas blancas incluyeron: *Parkia nitida* (Fabaceae), *Osteophloeum platyspermum* (Myrsticaceae) y *Couma macrocarpa*. *Tovomita weddelliana* (Clusiaceae) fue uno de los árboles comunes del sotobosque; esta especie es mayormente conocida en los bosques de neblina andinos, pero también es común en las cordilleras de areniscas. En un área pequeña (de varias hectáreas) el arbusto de sotobosque *Aphelandra knappiae* (Acanthaceae) con sus flores amarillas y brillantes fue registrado en abundancia, con docenas de plantas en flor, pero no fue registrado en otras áreas.

Esta especie, recientemente descrita en agosto de 2013, unas semanas antes de nuestro trabajo de campo (Wasshausen 2013), es evidentemente endémica de la Cordillera Escalera, con registros previos para las porciones de Escalera de San Martín y Loreto. El tipo fue colectado cerca de la carretera Tarapoto-Yurimaguas.

En otra cumbre a los 500–600 m de elevación, arriba del campamento Mina de Sal, el lecho parental rocoso estuvo conformado por las piedras rojas jurásicas de la formación Sarayaquillo, y el suelo derivado de este fue una mezcla de arena, limo y arcilla, a diferencia de las arenas oligotróficas de la formación Cushabatay en las cumbres vecinas. En esta cumbre se registró una población de *Podocarpus* (Podocarpaceae, la única familia gimnosperma conífera para el Neotrópico). A lo largo de un kilómetro de trocha en esta cumbre contamos tres árboles adultos de *Podocarpus*, de alturas de 25–30 m, con troncos de 40–70 cm de diámetro, y tres juveniles de 4–10 m de altura con troncos de 2–10 cm de diámetro. Esta especie es probablemente *P. oleifolius* o *P. celatus*. Parece tener una población autosostenible, con regeneración natural ocasional. Los árboles de *Podocarpus* son conocidos por habitar los bosques de nubes andinos y la presencia de polen de *Podocarpus* en las muestras de sedimentos del Pleistoceno extraídos de las llanuras amazónicas han servido de base para argumentar que el Pleistoceno tenía un clima más frio que seco (Colinvaux et al. 1996). *Podocarpus* es conocido en otras áreas de la selva baja amazónica, pero no se han realizado estudios a nivel poblacional y aún no está claro si los registros de *Podocarpus* en las llanuras representan poblaciones viables con potencial de regeneración o si son tan solo reliquias del Pleistoceno y en vías de desaparecer de la selva baja. La discusión activa sobre los climas de la llanura amazónica en el Pleistoceno (Colinvaux et al. 2000) sin duda continuará por mucho tiempo, pero nuestras observaciones de *Podocarpus* en estas elevaciones relativamente bajas podrían ser puntos relevantes para el debate. Otros árboles de dosel que fueron registrados en las cumbres sin areniscas incluyeron: *Anacardium giganteum* (Anacardiaceae), *Hevea guianensis* (Euphorbiaceae), *Tachigali chrysaloides* (Fabaceae) y *Virola calophylla* (Myristicaceae).

Campamento base Alto Cachiyacu

Río arriba del estrecho cañón donde se localizaba el campamento Mina de Sal, el valle en la parte alta del río Cachiyacu es relativamente amplio. El fondo de este valle, a los 500–700 m, también tiene una flora de selva baja amazónica. En esa área, la palmera de dosel *Iriartea deltoidea* era abundante, a diferencia de su ausencia en la parte baja del cañón. Las palmeras de *Iriartea* en esta área fueron similares al morfotipo de las especies colectadas en la selva baja del noroeste de Ecuador, al oeste de los Andes, con troncos relativamente gruesos y la 'barrigona' en el tronco, arriba de la base, en vez de aquel tipo que tiene el tronco delgado sin la hinchazón que es típica de la Amazonía de Ecuador. Esta variación geográfica en *Iriartea deltoidea* no tiene un reconocimiento formal en la taxonomía, pero tal vez debería ya que esta especie es abundante en varios boques húmedos de llanura en ambos lados de los Andes. Otras palmeras de dosel en el bosque del valle incluyeron *Socratea exorrhiza*, *Oenocarpus bataua* y *Astrocaryum chambira*.

El campamento base en Alto Cachiyacu estuvo localizado en suelos aluviales arenosos a lo largo de las riberas, y el árbol *Zygia longifolia* fue abundante tal como en el campamento Mina de Sal. El sotobosque en el campamento antes de que fuera limpiado para establecer el campamento estaba conformado de una maraña de lianas espinosas de *Piptadenia uaupensis* (Fabaceae).

En la parte superior del valle del río Cachiyacu hay muchas áreas amplias, con terrazas suaves y con suelos relativamente fértiles derivados de la formación Yahuarango, sedimentos heterogéneos de roca roja del periodo geológico del Paleógeno (Terciario Temprano). En estas amplias terrazas a los 600–1,200 m documentamos un tipo de bosque muy diferente a los bosques densos y bajos localizados en las areniscas pobres en nutrientes en gran parte de la Cordillera Escalera. La trocha desde el campamento base Alto Cachiyacu hacia el campamento intermedio Alto Cachiyacu atravesaba esta amplia terraza por más de 3 km, a los 1,000–1,200 m. Este mismo tipo de terraza amplia, con suelos fértiles, también fue encontrada a los 600–700 m al sur del campamento base Alto Cachiyacu, entre dos quebradas tributarias principales, el Cachiyacu Chico y el Cachiyacu Colorado. Este tipo de vegetación

realmente merece el nombre de ‹bosque catedral› por ser una formación magnífica, alta y majestuosa con muchos árboles de dosel y emergentes de dosel de 35 a 40 m de altura y algunas veces excediendo los 150 cm de diámetro, y con un sotobosque muy abierto con pocos arbustos y árboles pequeños, de tal manera que se pueden ver los troncos de los árboles a distancias de más de 50 a 100 m, como las columnas de una catedral. Los árboles más grandes y emergentes incluyeron *Cedrelinga cateniformis* (Fabaceae), conocido localmente como *tornillo*, y *Cabralea canjerana* (Meliaceae), conocido como *cedro macho*. Esta última especie estaba fructificando abundantemente durante nuestra visita al área. Ambas especies son muy cotizadas por su madera y han sido severamente afectadas por las actividades de extracción selectiva de madera a las áreas de fácil accesibilidad en la Amazonía del Perú. Los árboles más valiosos de la familia Meliaceae, *Cedrela odorata* y *Swietenia macrophylla*, no fueron encontrados.

Entre los árboles altos y emergentes en el bosque catedral de estas terrazas fértiles estaba *Gyranthera amphibiolepis* (Malvaceae), una especie recientemente publicada (Palacios 2012) para la Amazonía de Ecuador, la cual fue registrada por primera vez en el Perú durante el inventario de Kampankis (Neill et al. 2012) antes de su publicación formal. Este árbol tiene raíces tabulares altas y una corteza característica que se desprende en escamas redondas, lo que le da la apariencia de una piel de sapo; de aquí parte el nombre común en Ecuador, cuero de sapo, el cual fue adoptado por el epíteto específico en el idioma griego, amphibiolepis. Existen otras dos especies de Gyranthera: una en la costa de Venezuela y otra en la región del Darién en Panamá. G. amphibiolepis es conocida en las estribaciones bajas de varios tepuyes andinos en Ecuador, mayormente en suelos derivados de calizas, y nuestro registro de la especie en la Cordillera Escalera es una extensión mucho más al sur de su rango conocido. Un árbol del dosel medio muy común en el bosque de terraza fue *Celtis schippii* (Ulmaceae), también considerado un indicador de suelos ricos. Conocido de los bosques húmedos del noroeste ecuatoriano así como en la Amazonía occidental, es uno de los pocos géneros de árboles que se comparte entre la Amazonía y los bosques templados de Norte América.

En la Cordillera Escalera la formación Vivian del Cretáceo tardío está compuesta de areniscas de cuarcita y muy similar a la formación Cushabatay en cuanto a composición, pero más jóven. La Cushabatay también es más extendida. Las calizas de la fase marina de la formación Chonta están situadas entre los dos estratos de areniscas (ver Stallard y Lindell, en este volumen). La formación Vivian es aproximadamente unos 200 m de ancho en esta área y está registrada en el cuadrángulo del mapa geológico del área, pero solo encontramos un sitio donde está expuesta en la superficie, con plantas creciendo en la roca madre y el suelo arenoso que se forma a partir de ésta. Este sitio es una cumbre al suroeste del campamento base Alto Cachiyacu, al suroeste del punto donde la quebrada Cachiyacu Chico entra al cauce del río principal a unos 700 m de elevación (S 5°53' O 76°42'). La formación Vivian que se forma en una pared vertical de 50 m de altura está ubicada a lo largo de la cumbre, por cientos de metros. Este sitio, visitado por Luis Torres, tenía un bosque enano de cumbres con una composición similar la cumbre formada por la formación Cushabatay a una elevación similar arriba del campamento Mina de Sal que habíamos estudiado unos días atrás. Ambos sitios albergaron varias plantas restringidas a las areniscas: *Bonnetia paniculata*, *Bejaria sprucei*, *Krukoviella disticha*, *Pagamea dudleyi*, *Retiniphyllum fuchsioides* y *Sphyrospermum buxifolium* (Ericaceae), así como plantas no identificadas de *Miconia* (Melastomataceae) y *Alchornea* (Euphorbiaceae).

En el borde superior de la amplia terraza con bosque de catedral, al sur del río Cachiyacu, hay una zona de fallas geológicas donde la formación Yahuarango del periodo Paleógeno limita de forma discordante con la formación Sarayaquillo, que es mucho más antigua, de la era Jurásica. La línea de falla es visible desde el aire, y en un viaje en helicóptero desde el campamento base Alto Cachiyacu hacia el campamento cumbre Alto Cachiyacu fuimos capaces de ver y fotografiar una línea de árboles de *Erythrina ulei*, con sus copas llenas de flores rojas brillantes y sin hojas, en una línea recta, siguiendo la falla, como si hubieran sido plantadas en fila. No sabemos por qué este árbol es tan abundante cerca de la falla geológica, pero sospechamos que pudiera deberse a una condición del suelo en esta porción

específica del paisaje que favorece a esta especie. *E. ulei* fue también muy común en los suelos aluviales del valle del río Cachiyacu, pero no fue observada en la terraza del bosque catedral, por debajo de la falla geológica, ni en el bosque nublado arriba de la línea.

Campamento intermedio Alto Cachiyacu
Inmediatamente arriba de la falla geológica, a los 1,200 m, se estableció el campamento intermedio Alto Cachiyacu. Las pendientes escarpadas de la roca madre de la formación Sarayaquillo se elevaron por encima de este punto, hasta hacer contacto con las areniscas de la formación Cushabatay, que estaba expuesta en las cumbres más altas a los 1,800 m. En el área colindante y justo por encima del campamento intermedio, había numerosos peñascos, algunos tan grandes como las casas, y entre los peñascos había numerosas especies de matapalos, incluyendo *Ficus castellviana*, *F. americana*, *F. schippii* y *F. schultesii* (Moraceae). En este sentido, es importante recalcar que el mono choro de cola amarilla, *Lagothrix (Oreonax) flavicauda*, ocurre en áreas de bosque nublado sanmartinense donde abundan varias especies de *Ficus*, las cuales representan una gran fuente de alimento (Shanee 2011). Podemos especular, a partir de la existencia de los abundantes matapalos en el campamento intermedio y arriba de este, que este primate Críticamente Amenazado podría tener los recursos necesarios para existir en esta área (ver el capítulo *Mamíferos*, este volumen).

En el ascenso a las colinas inclinadas con boques nublados, de los 1,200 a los 1,800 m, el incremento de la carga de epífitas en los árboles confirma el aumento de la humedad relativa (y el descenso de la temperatura) de la atmósfera. Aparte de los abundantes musgos y hepáticas, los árboles en el área de bosque nublado contienen epífitas vasculares abundantes, incluyendo numerosas especies herbáceas de Orchidaceae, Bromeliaceae y Araceae; arbustos epífitos en las familias Ericaceae y Melastomataceae; y los árboles hemiepífitos de *Ficus* (Moraceae), *Clusia* (Clusiaceae), *Schefflera* (Araliaceae) y *Coussapoa* (Urticaceae).

Los árboles de dosel registrados en el bosque de nubes incluyeron especies de los géneros *Weinmannia* (Cunoniaceae), *Ruagea* (Meliaceae), *Pourouma*

(Urticaceae), *Inga* (Fabaceae), *Oreopanax* (Araliaceae), *Alchornea* (Euphorbiaceae), *Hieronyma* (Phyllanthaceae), *Miconia* (Melastomataceae), *Eugenia* y *Myrcia* (Myrtaceae), *Nectandra*, *Ocotea* y *Endlicheria* (Lauraceae), así como los géneros de hemiepífitos mencionados arriba. Un *Podocarpus*, probablemente una especie diferente a la vista en las cumbres de menor elevación en el valle del Cachiyacu a los 600 m, y tal vez correspondiente a la especie andina *P. sprucei*, fue visto ocasionalmente entre los 1,500 y 1,700 m. Los arbustos y árboles pequeños del sotobosque del bosque nublado incluyeron *Psychotria*, *Palicourea*, *Coussarea* y *Faramea* (Rubiaceae), *Piper* (Piperaceae), *Hedyosmum* (Chloranthaceae), y *Miconia* y *Clidemia* (Melastomataceae).

Campamento cumbre Alto Cachiyacu

El helipuerto y el campamento cumbre Alto Cachiyacu estaban localizados en una cumbre de arenisca a los 1,950 m. Este campamento daba el acceso a la parte más elevada de la Cordillera Escalera. Algunos miembros del equipo botánico fueron transportados a este campamento en un helicóptero que también cargó la mayoría del equipo de trabajo y comida, mientras los otros miembros del equipo caminaron 9 km, subiendo 1,300 m más de altura desde el campamento base Alto Cachiyacu a los 525 m. Cerca al campamento y al helipuerto la vegetación consistía en un bosque bajo y muy denso con abundantes briófitas epífitas, y crecía sobre una capa de humus gruesa y esponjosa con las raíces de árboles entrelazadas. La capa de humus tenía más de 1 m de grosor y el suelo y lecho rocoso subyacente no fueron vistos, excepto en una pequeña saliente, precisamente en el sitio del helipuerto, de areniscas de cuarcita de la Cushabatay.

Los árboles más grandes en el bosque enano de cumbres, algunas veces alcanzando los 6 a 8 m pero por lo general con una altura de 4 m, fueron la palmera andina común *Dictyocaryum lamarckianum* y un *Podocarpus* de hojas pequeñas que podría ser *P. tepuiensis*, una especie 'disyunta' (*disjunct*) del Escudo Guayanés y que ha sido identificada en las colecciones de la Cordillera del Cóndor en Ecuador. Otra especie de palmera encontrada en el área fue una *Euterpe*.

Posiblemente es *E. catinga*, la cual es conocida en las llanuras amazónicas sobre arenas blancas, pero tenía caracteres distintos de la especie que conocemos para el área de Iquitos.

El árbol más común en el bosque enano, con no más de 5 m de altura, fue la *Gordonia fruticosa* (Pentaphylacaceae). *Gordonia* es otro dilema taxonómico, ya que el único nombre disponible (*G. fruticosa*) es actualmente utilizado para dos variantes morfológicamente distintas. La variante en Cordillera Escalera, con hojas relativamente pequeñas con pubescencia plateada y serosa en el envés, es similar a la variante más común en la Cordillera del Cóndor. Por otro lado, G. fruticosa en los bosques nublados al oeste de la Cordillera de los Andes en el noroeste ecuatoriano y el sur de Colombia tiene una apariencia muy diferente: es un árbol mucho más grande y tiene hojas glabras o casi glabras. Esto sugiere que el morfotipo de las mesetas de arenisca y en las cumbres de la Escalera y del Cóndor podría ser descrito como nuevo para la ciencia en los próximos años.

Otro árbol común del bosque enano fue *Pagamea dudleyi* (Rubiaceae). *Pagamea* es un género con unas 20 especies localizadas en los dispersos parches de bosques de arenas blancas de la Amazonía del Perú y Brasil, algunas pocas especies en los tepuyes de las tierras altas de la Guayana, y dos especies en las areniscas de los tepuyes andinos del Perú y Ecuador (Vicentini 2007). *P. dudleyi* también es conocida en la Cordillera del Cóndor y la Cordillera Yanachaga de la Selva Central del Perú, así que el nuevo registro de la Escalera está dentro del rango conocido para esta especie.

Tres especies de *Schefflera* (Araliaceae), todas con material fértil, fueron registradas y colectadas en el bosque enano del campamento cumbre Alto Cachiyacu. Todas estas muestras están dentro del grupo 'Cephalopanax' de *Schefflera*, un taxón informal que podría ser considerado como un género nuevo en un futuro no lejano, ya que el género *Schefflera* así como descrito es altamente polifilético, comprendiendo más de 1,000 especies en todo el trópico incluyendo cientos de especies del nuevo mundo en cinco ramas distintas (Frodin et al. 2010). Para este sitio esperábamos encontrar pero no encontramos *S. harmsii*, una especie en el clado de 'Crepinella' de *Schefflera* que es conocida para los tepuyes andinos en el Perú y Ecuador (Fig. 19; esta especie fue encontrada luego en el campamento de Cahuapanas como se ve abajo).

Los árboles y arbustos del bosque enano, arriba de los 1,800 m, incluyen numerosas especies de *Clusia* (Clusiaceae), *Weinmannia* (Cunoniaceae), *Ocotea* y *Persea* (Lauraceae), *Cybianthus* (Primulaceae), y *Palicourea* y *Psychotria* (Rubiaceae). Todos estos géneros son ricos en especies y taxonómicamente complejos y aún no tenemos determinaciones taxonómicas a nivel de especie para las muestras colectadas en este lugar. Algunas de ellas son indudablemente especies colectadas en otros tepuyes andinos del Perú y Ecuador, pero algunas especies serán nuevas para la ciencia, ya que no las hemos visto en otros lugares. Una *Macrocarpaea* (Gentianaceae) que estaba floreciendo en el lugar podría ser una nueva especie, ya que las especies de este género tienen pequeños rangos y bastante endemismo local (Struwe et al. 2009). Un arbusto trepador interesante fue *Phyllonoma ruscifolia* (Phyllonomaceae), muy característico, con flores y frutos naciendo en las láminas y márgenes foliares.

Uno de los registros más misteriosos del bosque enano en el campamento cumbre Alto Cachiyacu fue la abundancia de cañas muertas y podridas, de unos 2 cm de diámetro. Parecía ser un pasto tipo bambú (Poaceae, pero de diámetro demasiado grande como para ser *Chusquea*) o un pasto no-bambusoide como *Gynerium sagittatum*. No encontramos ninguna planta viva que correspondiera a estas cañas muertas.

Debido al corto tiempo y a la dificultad de acceso, no pudimos alcanzar los picos más elevados de areniscas de la Cordillera Escalera en Loreto, los cuales están ubicados a los 2,200–2,300 m, localizadas a varios kilómetros al oeste del campamento cumbre Alto Cachiyacu. Sin embargo, logramos abrir otra trocha desde el final de una trocha preestablecida a 500 m del helipuerto en el bosque enano hasta la base de la última loma a 1,977 m de elevación. La vegetación en este punto era abierta con arbustos pequeños de no más de 1.5 m de altura, con abundante musgo del género *Sphagnum* en el suelo y numerosas bromelias terrestres. La bromelia terrestre más espectacular fue una muy abundante del

género *Pitcairnia* con un tallo erecto de 1 m de altura y una roseta apical de hojas, con las bases de las hojas antiguas cubriendo el tallo o 'tronco'. Esta planta crecía en grupos densos, por lo que parecía un bosque de palmeras en miniatura, siendo la roseta apical lo que se asemejaba a la corona de hojas de las palmeras (Fig. 5J). José Manzanares, un especialista en la sistemática de Bromeliaceae, examinó las fotografías de esta *Pitcairnia* y confirmó que podría ser una especie nueva para la ciencia. Sin embargo, no encontramos individuos fértiles, por lo que no se puede hacer una descripción de la especie. (Esta planta tiene cierta semejanza con *Pitcairnia lignosa* L.B. Smith pero es definitivamente distinta; J. Manzanares, com. pers.)

Bejaria sprucei (Ericaceae), varias *Clusia*, varias *Baccharis* y una *Gynoxys* (Asteraceae) fueron los arbustos más comunes en los lugares de mayor elevación que visitamos. Estamos casi seguros que un arbusto que encontramos con flores vistosas de color violeta es una especie desconocida de *Purdiaea* (Clethraceae) que planeamos publicar como nueva para la ciencia. *Purdiaea* fue ubicada tradicionalmente en la familia Cyrillaceae pero ha sido recientemente transferida a la familia monogenérica Clethraceae (Anderberg y Zhang 2002). Sus patrones de distribución son muy interesantes, con nueve especies endémicas de Cuba, una en América Central y una (*P. nutans*) en los Andes y en los tepuyes andinos de suelos pobres, tanto en sustratos de rocas metamórficas como en las areniscas oligotróficas. *P. nutans*, por ejemplo, es el arbusto/árbol dominante en los esquistos de la estación científica de San Francisco en el sur de Ecuador, por encima de los 2,100 m (Mandl et al. 2008). La planta que encontramos en el campamento cumbre Alto Cachiyacu es muy distinta en cuanto a las características morfológicas de la planta típica de *P. nutans* (Fig. 5G), por lo que merece reconocimiento como una nueva especie.

Un número elevado de especies de orquídeas epífitas fueron colectadas y fotografiadas en el bosque enano y en la vegetación de arbustal bajo, incluyendo por lo menos un *Lepanthes* y numerosos *Epidendrum*. La orquídea más vistosa con las flores más grandes fue *Otoglossum candelabrum*, también conocida para las altas mesetas de areniscas de la Cordillera del Cóndor, con flores amarillas y marrones. Esta planta era conocida por su antiguo sinónimo, *Odontoglossum brevifolium*, en la publicación de la Flora del Perú (Schweinfurth 1958).

El helecho terrestre *Schizaea elegans* fue común en el bosque enano, y unos pocos individuos de otro helecho muy característico, *Pterozonium brevifolium*, fueron encontrados en las pocas áreas donde los lechos desnudos de arenisca estaban cerca de la superficie. El género *Pterozonium* es característico por sus hojas frágiles y sus pecíolos frágiles y negros como *Adiantum*. Comprende 16 especies, todas ellas exclusivamente en areniscas desnudas. Todas estas especies, excepto dos, son endémicas de las alturas de la Guayana, así que ésta es otra especie 'disyunta' de la Guayana en la flora de la Cordillera Escalera (Fig. 19).

Alto Cahuapanas

La mitad del área de estudio conformada por el sector norte es parte de la cuenca superior del río Cahuapanas, un tributario del río Marañón. Por lo tanto, nuestro tercer campamento se estableció en una cuenca totalmente diferente a las del sector sur, las cuales drenan en el río Huallaga. El paisaje del Alto Cahuapanas es muy diferente en muchos aspectos del Cachiyacu y estas diferencias se reflejan en la flora y la vegetación. La mayoría de la parte superior de la cuenca del Cahuapanas está compuesta de areniscas oligotróficas de la formación Cushabatay y el relieve topográfico es menos dramático que en la cuenca alta del Cachiyacu. La cuenca alta del Cahuapanas comprende un área de por lo menos 40,000 ha de mesetas de areniscas y valles con suelos arenosos bajos en nutrientes derivados de las areniscas, todo entre los 1,000 y 1,400 m.

En el vuelo de helicóptero que nos trajo a la cuenca del Cahuapanas desde el campamento base Alto Cachiyacu, pudimos notar un paisaje distinto e identificar algunas palmeras grandes y árboles emergentes. Sorprendentemente, estas palmeras incluían *Ceroxylon*, el género de palmeras cerosas andinas, características por su tronco y el envés de sus hojas blanquecinas por una capa de cera. La mayoría de las especies de Ceroxylon están en los Andes, arriba de los 2,000 m, pero *C. amazonicum* ocurre por debajo de los 1,000 m en la Cordillera del Cóndor en Ecuador. Es probable que la especie en el valle del Alto Cahuapanas es *C. amazonicum*; muchos

individuos fueron cuidadosamente examinados cerca a nuestro campamento a los 1,000 m.

Todos los ríos y quebradas en el área del Alto Cahuapanas son de aguas negras, con alto contenido de materia orgánica, compuesta de ácido tánico proveniente de la vegetación y los suelos húmicos. Otra característica del paisaje es la alfombra gruesa compuesta de una capa esponjosa de humus de por lo menos 30 cm de grosor.

El dosel de los bosques del valle de arenas blancas en el área del Alto Cahuapanas es de aproximadamente 25 m de altura. Las palmeras del dosel, aparte de la sorprendente *Ceroxylon*, incluyen *Oenocarpus bataua*, *Socratea exorrhiza* y *Euterpe catinga*. *Vochysia* cf. *kosnipatae* (Vochysiaceae) fue el árbol de dosel más abundante.

El tipo de vegetación más característico e inesperado en Alto Cahuapanas fue el bosque enano del valle o chamizal (Tabla 2; Fig. 3E). Este tipo de vegetación cubre grandes áreas en el fondo plano del valle a los 1,000 m, ocurre en los interfluvios y no adyacentes al río, y es fácilmente detectado en las imágenes satelitales por el color verde claro con bordes redondeados alrededor de cada parche, lo que los separa de los otros bosques más altos ubicados en las riberas. El término chamizal se dice que fue propuesto por el botánico peruano Filomeno Encarnación y se deriva del término local ‹chamiza›, que hace referencia a la leña de diámetro pequeño. Este término sirve para distinguir entre estos bosques y los bosques sobre arenas blancas llamados varillales, que son un poco más altos, con troncos delgados y cuyo nombre se deriva de la palabra varilla (poste de madera). Ambos términos son usados por los botánicos de Iquitos para referirse a la vegetación de las áreas bajas de arenas blancas cerca de la ciudad, pero no se conocen fuera del Perú. El chamizal es un bosque muy bajo, denso, con un dosel de 4 a 5 m de altura, y con emergentes ocasionales pero con alturas no mayores a 8 m.

Suponemos que los chamizales o bosques enanos del valle del Alto Cahuapanas existen debido a las distintas condiciones edáficas en estos sitios, pero no sabemos exactamente la naturaleza de estas condiciones. Los chamizales están en lugares planos y podrían estar sostenidos por una capa endurecida sobre el lecho de areniscas, de tal manera que en la época de lluvias estos

Tabla 3. Especies de plantas vasculares registradas en la Cordillera Escalera-Loreto, Perú, y que están consideradas como amenazadas de extinción, endémicas del Perú, o endémicas de Loreto.

Categoría	Especie
En Peligro Crítico (CR) a nivel mundial (IUCN 2014; León et al. 2006)	*Guzmania bismarckii* Rauh *Nectandra cordata* Rohwer
En Peligro (EN) a nivel mundial (IUCN 2014; León et al. 2006)	*Calatola costaricensis* Standl. Syn: *Calatola columbiana* Sleumer *Ceroxylon amazonicum* Galeano *Octomeria peruviana* D.E. Benn. & Christenson *Prunus rotunda* J.F. Macbr. *Stenospermation arborescens* Madison *Tococa gonoptera* Gleason
Vulnerable (VU) a nivel mundial (IUCN 2014; León et al. 2006)	*Abarema killipii* (Britton & Rose ex Britton & Killip) Barneby & J.W. Grimes *Aegiphila panamensis* Moldenke *Allomarkgrafia ovalis* (Ruiz & Pav. ex Markgr.) Woodson *Blakea hispida* Markgr. *Centronia laurifolia* D. Don *Columnea mastersonii* (Wiehler) L.E. Skog & L.P. Kvist *Couratari guianensis* Aublet *Cremastosperma megalophyllum* R.E. Fr. *Ficus pulchella* Schott ex Spreng. *Guarea trunciflora* C. DC. *Monnina equatoriensis* Chodat *Nectandra pseudocotea* C.K. Allen & Barneby ex Rohwer *Pouteria vernicosa* T.D. Penn. *Tachia loretensis* Maguire & Weaver *Wettinia longipetala* A.H. Gentry
En Peligro (EN) en el Perú (MINAG 2006)	*Ruagea* cf. *glabra* Triana & Planch.
Vulnerable (VU) en el Perú (MINAG 2006)	*Euterpe catinga* Wallace *Parahancornia peruviana* Monach. *Tabebuia incana* A.H. Gentry
Endémica del Perú (León et al. 2006; descripciones de especies nuevas)	*Allomarkgrafia ovalis* (Ruiz & Pav. ex Markgr.) Woodson *Aphelandra knappiae* Wassh. *Clitoria flexuosa* var. *brevibracteola* Fantz *Drymonia erythroloma* (Leeuwenb.) Wiehler *Ernestia quadriseta* O. Berg ex Triana *Graffenrieda tristis* (Triana) L.O. Williams *Guzmania bismarckii* Rauh *Ladenbergia discolor* K. Schum. *Miconia expansa* Gleason *Miconia semisterilis* Gleason *Nectandra pseudocotea* C.K. Allen & Barneby ex Rohwer *Octomeria peruviana* D.E. Benn. & Christenson *Palicourea smithiana* C.M. Taylor *Parahancornia peruviana* Monach. *Tococa gonoptera* Gleason *Welfia alfredii* A.J. Hend. & Villalba
Endémica de Loreto (León et al. 2006)	*Nectandra cordata* Rohwer *Piper tristigmum* Trel. *Prunus rotunda* J.F. Macbr. *Tachia loretensis* Maguire & Weaver *Trigonia macrantha* Warm.

suelos se saturan. Sin embargo, durante la época seca, a principios de octubre, no observamos ninguna evidencia de agua empozada o de suelos saturados en el chamizal que visitamos en el campamento de Alto Cahuapanas.

La composición florística de los chamizales del Cahuapanas es una curiosa mezcla de especies comunes en los parches de arena blanca a los 100 m cerca de Iquitos y las especies comunes en las mesetas elevadas de areniscas en la Cordillera del Cóndor y otros tepuyes andinos, la mayoría por encima de los 1,500 m. Los elementos de estas areniscas de altura incluyen taxones ‹disyuntos› típicos de la Guayana. Se esperaba encontrar estos ‹disyuntos› en las cumbres de 1,800 m de altura en el campamento cumbre Alto Cachiyacu pero no las encontramos. En cambio, sí fueron encontrados en el chamizal, a unos 800 m más abajo, y por debajo de su rango altitudinal conocido. Estos taxones discontinuos de las montañas de Guayana incluyeron *Phainantha shuariorum* (Melastomataceae), una enredadera herbácea que en vez de tener hojas opuestas como casi todas las melastomatáceas, tiene raíces adventicias opuestas a cada hoja, con las cuales trepa los pequeños troncos de los árboles, asemejándose a la hiedra que trepa las paredes, *Hedera helix* (Araliaceae). *Phainantha* incluye tres especies en las tierras altas de la Guayana al sur de Venezuela y está completamente ausente de la selva baja amazónica. *P. shuariorum*, que fue descrita para la Cordillera del Cóndor en Ecuador (Ulloa y Neill 2006), fue también descubierta recientemente entre las muestras de las areniscas de altura al sur del río Marañón en el área de Bagua, Región Amazonas. Por lo tanto, su presencia en la Escalera, aparte de ser un nuevo registro para Loreto, es también una ampliación de su rango hacia el sur (Fig. 19).

Otra especie disyunta de la Guayana que se esperaba encontrar en el campamento cumbre Alto Cachiyacu pero que fue encontrada en el chamizal de Cahuapanas fue *Schefflera harmsii* (Araliaceae), uno de los arboles pequeños más abundantes en el Chamizal y también en el arbustal de cumbres de la meseta de areniscas, a unos 1,350 m. Esta especie es endémica de los tepuyes andinos desde la Cordillera del Cóndor en Ecuador hacia el sur en el Perú; pertenece al grupo ‘Crepinella’ dentro de *Schefflera*, el cual pronto podría

pasar a ser un nuevo género (Frodin et al. 2010). Casi todas las especies ‘Crepinella’, que suman más de 40, son endémicas de los tepuyes de las alturas de la Guayana (Fig. 19). El grupo ‘Crepinella’ se diferencia de *Schefflera sensu lato* por la arquitectura de la inflorescencia conformada por umbelas compuestas.

Aparte de las especies ‘disyuntas’ de la Guayana, otro taxón típico de las areniscas de tierras elevadas que fue encontrado más abajo de sus límites habituales de elevación, en los chamizales de Cahuapanas, fue *Alzatea verticillata* (Alzateaceae).

Los taxones típicos de los parches de arena blanca en selva baja que fueron encontrados en el chamizal de Cahuanapas, a elevaciones mayores de las previamente conocidas, incluyen *Pachira nitida* (Malvaceae), un árbol con una distribución discontinua y que es conocido en los parches de arena blanca cerca de Iquitos y muy común en las áreas de arenas blancas de la cuenca del río Negro en Venezuela. *Protium heptaphyllum* (Burseraceae) es otra especialista de arena blanca ampliamente distribuida en toda la cuenca amazónica, que fue registrada a una elevación inusualmente alta en el chamizal de Cahuapanas. La palmera *Mauritiella armata*, abundante en el chamizal, es también una especie en su mayoría encontrada en las llanuras amazónicas pero no es especialista de arenas blancas. Ocurre mayormente en áreas pantanosas o áreas estacionalmente inundadas.

Se registró dos orquídeas terrestres con tallos de 2 m de altura, dentro del chamizal: *Sobralia rosea*, con flores grandes blancas y rosas, y *Epistephium amplexicaule*, con flores grandes y violetas, similares a *Cattleya* o a *Laelia*, y hojas amplexicaules que envuelven el tallo. También estaba abundante una bromelia terrestre grande, con rayas horizontales muy llamativas en las hojas. Se trata de *Guzmania bismarckii*, una especie rara y previamente conocida solo de las áreas de arenas blancas del valle Mayo en San Martín, pero cultivada por los cultivadores de bromelias en Europa (J. Manzanares, com. pers.).

Desde el campamento Alto Cahuapanas caminamos hacia una cumbre de areniscas a unos 1,360 m. En una de las pendientes empinadas, encontramos un solo individuo de una palmera que evidentemente se trata de *Welfia alfredii*, una especie publicada durante nuestro trabajo de campo (Henderson y Villalba 2013) en base

Los chamizales de la Cordillera Escalera-Loreto

Autor: Luis Alberto Torres Montenegro

Los bosques de chamizal y varillal son considerados, por su peculiar fisionomía y composición, tipos de vegetación muy característicos de Loreto. Estos bosques poseen un grupo de especies de plantas especializadas en suelos pobres que por razones poco entendidas pueden ser dominantes en un determinado chamizal o varillal de Loreto y escasas o nulas en otros.

Para determinar qué tan similares son los chamizales observados en la Cordillera Escalera-Loreto con los chamizales y varillales estudiados hasta la fecha en otras zonas de Loreto, llevamos a cabo un análisis de similitud de composición en la cual comparamos: 1) las especies registradas en el chamizal del campamento Alto Cahuapanas (1,000 m) durante el inventario rápido y 2) las 10 especies más abundantes en los varillales y chamizales de siete localidades en la selva baja loretana (Fig. 20; Fine et al. 2010). Usando la presencia/ausencia de especies calculamos el índice de similitud de Jaccard entre todas las localidades y elaboramos un dendrograma de similitudes (Fig. 20).

El análisis indica que los chamizales visitados durante el inventario rápido en Alto Cahuapanas tienen una flora más parecida con la de los varillales en Allpahuayo, Alto Nanay, Matsés y Tamshiyacu. Estos sitios comparten entre una y tres especies que suelen ser comunes en la mayoría de los varillales estudiados. Estas son *Pachira brevipes* y *Euterpe catinga*, especies endémicas de los bosques de arena blanca en Loreto, Ecuador y Brasil (Fig. 19), y *Mauritiella armata*, especie común en ambientes saturados de agua, como son los varillales húmedos y chamizales. (Existen dudas sobre la identidad de las *Pachira* en los varillales de Loreto; si bien los estudios futuros podrían distinguir mejor entre *Pachira brevipes* y *P. nitida*, en este análisis fueron tratadas como una especie solamente.)

Los chamizales en el Alto Cahuapanas abarcan una extensión aproximada de 700 ha. Esto significa que los chamizales ubicados a 1,000 m de elevación en la Cordillera Escalera-Loreto representan uno de los chamizales más grandes de Loreto y San Martín. Por sus características particulares, estos hábitats son muy susceptibles a la deforestación por acciones humanas (cultivos, pastos y carreteras), por lo cual merecen protección especial en la Cordillera Escalera-Loreto.

Figura 20. Una evaluación de la similitud de la composición de las comunidades de árboles de arena blanca en la Cordillera Escalera-Loreto con siete lugares de selva baja en Loreto, Perú. Este dendrograma se basa en el índice de similitud de Jaccard de comparaciones directas. Para más detalles sobre el análisis ver el texto.

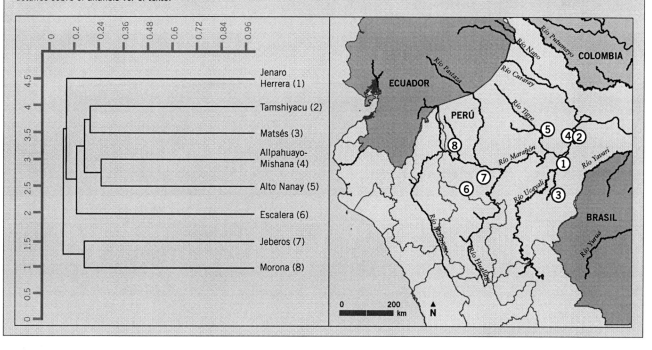

La Cordillera Escalera en Loreto y San Martín: Variación florística en una misma cordillera

Autor: Tony Jonatan Mori Vargas

En agosto de 2013, un grupo de botánicos loretanos del Instituto de Investigaciones de la Amazonía Peruana (IIAP) trabajó por dos semanas en el Área de Conservación Regional Cordillera Escalera-San Martín, con la finalidad de levantar información sobre la flora y vegetación. El equipo estudió la vegetación de varias localidades dentro del ACR, visitando el territorio de la Asociación Comunal Cerro Verde, Canela Uccha, Cerro Lejía, Canela Ishpa y Cerro Peladillo (Gagliardi-Urrutia et al. en prensa). Estas localidades se encuentran ubicadas aproximadamente a 58 km del campamento Mina de Sal, en un rango de elevación entre los 500 y 1,300 m. En esta sección se resumen algunas semejanzas y diferencias notables entre las comunidades de plantas observadas en ese estudio y las observadas durante el inventario rápido de la Cordillera Escalera-Loreto.

Ciertamente es muy notable la similitud en cuanto a la fisiografía y el tipo de sustrato rocoso de las dos zonas. Asimismo, gran parte de las formaciones vegetales observadas en San Martín corresponden a formaciones también observadas en Loreto (Tabla 2), tales como bosques altos de laderas, bosques de neblina y arbustales de cumbres. Todas estas formaciones son relacionadas a suelos de areniscas cuarzosas blanquecinas y localizadas en el grupo geológico Oriente (posiblemente dentro de la formación Cushabatay), muy similares a las formaciones geológicas del campamento Mina de Sal.

En base a estas similitudes se esperó que las floras de las dos zonas también fuesen muy similares. Si

Tabla 4. Especies representativas y compartidas entre Cordillera Escalera-Loreto y Cordillera Escalera-San Martín, Perú. Los rangos altitudinales expresan las elevaciones a las cuales cada especie fue observada.

Especies observadas en CE-Loreto y CE-San Martín	Especies observadas en CE-San Martín pero no observadas en CE-Loreto	Especies observadas en CE-Loreto pero no observadas en CE-San Martín
Tachigali chrysaloides (500–1,300 m)	Compsoneura sp. nov. (1,000–1,300 m)	Parkia nana (1,028 m)
Anacardium giganteum (500–1,190 m)	Diplotropis martiusii (500–1,300 m)	Pitcairnia sp. nov. (1,950 m)
Micrandra spruceana (300–1,000 m)	Spathelia terminaloides (500 m)	Huertea glandulosa (510 m)
Centronia laurifolia (300–1,200 m)	Licania reticulata (1,100–1,300 m)	Perissocarpa ondox (1,200–1,400 m)
Vochysia ferruginea (300–1,300 m)	Maprounea guianensis (1,000–1,300 m)	Ceroxylon amazonum (1,000–1,400 m)
Wettinia maynensis (500–1,000 m)	Tibouchina ochypetala (1,000 m)	Aphelandra knappiae (700 m)
Parahancornia peruviana (300–1,300 m)	Elaeagia mariae cf. (1,190–1,300 m)	Dacryodes uruts-kunchae (500–1,028 m)
Schizocalyx condoricus (267–1,300 m)	Dacryodes chimantensis (1,100–1,300 m)	Dictyocaryum lamarckianum (1,000–1,950 m)
Hedyosmum sp. (1,100–1,300 m)	Virola sebifera (998–1,250 m)	Euterpe catinga (1,000–1,950 m)
Weinmannia sp. (1,100–1,300 m)	Guapira sp. (950–1,164 m)	Pagamea dudleyi (1,400–1,950 m)
Bejaria sprucei (1,000–1,930 m)	Vochysia obscura (1,000 m)	Purdiaea sp. nov. (1,950 m)
Panopsis sp. (1,000–1,028 m)	Sloanea rufa (953 m)	
Wettinia longipetala (500–1,028 m)		

bien encontramos bastantes similitudes, también encontramos muchos casos en que la composición florística y la fisonomía de estas formaciones vegetales son considerablemente distintas. La Tabla 4 resume varias de estas semejanzas y diferencias. Otro patrón observado es que muchas especies son representativas en ambas zonas pero ocupan hábitats distintos en Loreto y San Martín. Es el caso de los árboles *Tachigali chrysaloides* y *Schizocalyx condoricus*, abundantes en San Martín dentro del bosque achaparrado sobre roca sedimentaria y el bosque de neblina (Cerro Lejía, 1,100 a 1,300 m), y abundantes en Loreto dentro del bosque alto del valle (Mina de Sal, 300 a 700 m).

Algunos hábitats particulares, como el bosque de piedra con *Ficus* (Moraceae), fueron solo observados en la Cordillera Escalera-Loreto. Este hábitat es dominado por especies generalmente epífitos leñosos con raíces aéreas, tal como *Ficus castellviana*, *F. americana*, *F. schippii* y *F. schultesii*. A ser confirmada de manera más general, esta diferencia entre la vegetación de Cordillera Escalera-Loreto y San Martín podría ser muy importante, dada la relación entre estos bosques y el primate En Peligro Crítico *Lagothrix* (*Oreonax*) *flavicauda*, que aparentemente prefiere los bosques con abundantes *Ficus* a los 1,500 a 2,650 m de elevación (ver el capítulo *Mamíferos*, este volumen; Shanee 2011).

La situación de especies maderables en la Cordillera Escalera-Loreto es relativamente mejor que en San Martín, posiblemente influenciada con la lejanía a vías de extracción (carreteras o ríos de gran caudal) y la dificultad de extraer este recurso. En Cordillera Escalera-Loreto encontramos poblaciones muy saludables de *Cedrelinga cateniformis*, las cuales no observamos en la Cordillera Escalera-San Martín.

a colecciones de las áreas de areniscas de la Cordillera del Sira en Huánuco. La única otra especie de *Welfia*, *W. regia*, está restringida a América Central y a la costa del Pacífico de la región del Chocó en Colombia y el norte de Ecuador. Por lo tanto, Cordillera Escalera es la segunda localidad conocida para esta palmera.

En las pendientes más elevadas los árboles incluyeron: *Bonnetia paniculata*, *Chrysophyllum sanguinolentum*, *Wettinia longipetala*, numerosas *Miconia* y *Graffenrieda emarginata* (Melastomataceae), *Roucheria punctata* (Linaceae), *Perissocarpa ondox* (Ochnaceae), *Dacryodes uruts-kunchae* (Burseraceae), *Sterigmapetalum obovatum* (Rhizophoraceae) y *Gavarretia terminalis* (Euphorbiaceae). *Perissocarpa* es otra especie 'disyunta' de la Guayana, siendo *P. ondox* endémica de las cordilleras de areniscas del Perú y previamente conocida solo para Amazonas y Huánuco. Las otras dos especies de *Perissocarpa* son de las alturas del Escudo Guayanés, y no son conocidas de las arenas blancas en la selva baja (Wallnöfer 1998). *G. terminalis* es conocido de las áreas de arenas blancas cerca de Iquitos y de las grandes áreas de arenas blancas en el río Negro en Venezuela y Brasil. Es un género monotípico, pero tal vez debería ser considerado congenérico con *Conceveiba* (Secco 2004).

En el lecho rocoso de una quebrada a que llegamos después de subir la mitad de la meseta, encontramos la bromelia reofítica *Pitcairnia aphelandriflora*. En el ascenso final de la meseta empezamos a ver un pequeño arbusto, con ramas dispersas, de 3 m de altura, el cual es otra especie 'disyunta' de las alturas de la Guayana y un género nuevo para el Perú: *Dendrothrix* (Euphorbiaceae). La planta que vimos en Escalera es probablemente conspecífica a la *Dendrothrix* que colectamos en la Cordillera del Cóndor en Ecuador. Aquella fue originalmente determinada como una especie de la Guayana, *D. yutajensis*, pero en el futuro próximo será publicada como una nueva especie (K. Wurdack, com. pers.). En esta área también registramos *Parkia nana* (Fabaceae), un árbol enano de 5 m de altura, a pesar de pertenecer a un género dominado por árboles emergentes y de dosel, de hasta 40 m de altura (Fig. 19). Esta especie fue descrita para las mesetas de areniscas para el área de Bagua en la Región Amazonas, Perú (Neill 2009), y fue registrada en las cumbres de areniscas oligotróficas en dos inventarios rápidos anteriores realizados por The Field Museum antes de que su nombre fuese publicado: Cordillera Azul (Foster et al. 2001) y Sierra del Divisor (Vriesendorp et al. 2006b).

Tan pronto como alcanzamos la cumbre de la meseta de arenisca a los 1,360 m, la vegetación se volvió extremadamente densa y baja (el arbustal de cumbres; ver la Tabla 2) pero ésta era muy distinta al arbustal de cumbres en el campamento cumbre Alto Cachiyacu, a los 1,970 m. El arbustal tenía una altura de solo 1.5 a 2 m y era tan impenetrablemente denso que solo un camino muy angosto, el cual fue cortado por el equipo de avanzada, nos permitió el acceso a la cumbre. La alfombra de raíces y el humus esponjoso eran menos grueso que aquellos presentes en el arbustal del campamento cumbre Alto Cachiyacu. Ya que era una tarde soleada y caliente, cuando visitamos el sitio, y la vegetación y el suelo estaban secos, el sitio le recordó a uno de nuestros miembros del equipo al chaparral del sur de California, más que cualquier otro sitio con vegetación de arbustal en cualquiera de los tepuyes de areniscas andinos. Los arbustos de esta cumbre de areniscas fueron en su mayoría especies que ya habíamos registrado en otras partes, y generalmente fueron caracterizados por sus hojas pequeñas, gruesas y esclerófilas, lo cual es típico para este tipo de vegetación. Registramos *Bonnetia paniculata*, *Alzatea verticillata*, *Pagamea dudleyi*, *Schefflera harmsii*, *Perissocarpa ondox*, *Bejaria sprucei*, varias *Clusia*, *Cybianthus magnus*, *Dendrothrix* sp. nov., *Retiniphyllum fuchsioides* y por lo menos cinco especies que probablemente no han sido publicadas: una *Cinchona* (Rubiaceae), una *Macrocarpaea* (Gentianaceae), una *Ormosia* (Fabaceae), una *Myrcia* (Myrtaceae) y una *Tovomita* (Clusiaceae). Debajo del borde de la meseta, las palmeras *Dictyocaryum lamarckianum*, *Euterpe catinga* y *Wettinia longipetala* se erguían por encima de la capa arbustiva, pero solo llegaban a los 3–4 m de altura en este sitio.

En los pocos espacios abiertos entre los arbustos encontramos numerosas bromelias terrestres, por lo menos una especie de *Pitcairnia* y otra de *Guzmania*, que pueden ser nuevas para la ciencia. La trepadora *Phyllonoma ruscifolia* que colectamos en el campamento cumbre Alto Cachiyacu también fue vista trepando sobre los arbustos más bajos. En este sitio encontramos la segunda especie del género de helecho *Pterozonium* que es 'disyunta' de las alturas de la Guayana: *P. reniforme*, con hojas quebradizas y pecíolos parecidos a alambres como en *Adiantum*. Esto complementa nuestro registro de la otra especie 'disyunta', *P. brevifrons*, proveniente de los bosques altos del campamento cumbre Alto Cachiyacu.

Especies de interés especial para la conservación

La flora de la Cordillera Escalera-Loreto incluye un gran número de especies que están consideradas como amenazadas de extinción, endémicas del Perú, o endémicas de Loreto. Como se muestra en la Tabla 3, estas incluyen 23 especies consideradas como amenazadas a nivel mundial y cuatro especies consideradas como amenazadas a nivel nacional. La lista también incluye 17 especies (una es una variedad) consideradas endémicas del Perú por León et al. (2006) y cuatro otras endémicas descritas después de 2006 (ver la Tabla 3). Aunque cinco de las 21 especies endémicas son también consideradas endémicas de Loreto, la proximidad de nuestra área de estudio a San Martín sugiere que también están presentes en esa región.

De los 586 taxones colectados durante el inventario que han sido identificados a nivel de especie, 119 no han sido registrados con anterioridad en Loreto. En otras palabras, aproximadamente una de cada cinco plantas registradas durante nuestro inventario rápido es un registro nuevo para Loreto. Dieciséis especies de plantas parecen ser registros nuevos para el Perú.

RECOMENDACIONES PARA LA CONSERVACIÓN

En general nuestras recomendaciones para la conservación de las plantas en la Cordillera Escalera-Loreto son muy parecidas a las de la Estrategia Global para la Conservación de las Especies Vegetales 2011–2020, disponible en línea en *http://www.cbd.int/gspc/strategy.shtml*. Las metas de la Estrategia Global buscan asegurar que para 2020 la diversidad vegetal esté documentada de manera adecuada, conservada de forma eficiente y utilizada en una manera sostenible y equitativa. Otra meta es que tanto el conocimiento sobre la diversidad vegetal como los recursos humanos necesarios para estudiar y conservarla aumenten de manera significativa.

En el contexto de la Cordillera Escalera-Loreto consideramos especialmente importantes las siguientes recomendaciones:

- Designar un área protegida con una visión de manejo o co-manejo con las comunidades Shawi

- Incluir en el área protegida áreas representativas de todos los tipos de vegetación descritos en este documento, así como los tipos de vegetación que no pudimos visitar (p. ej., las cumbres de las formaciones Vivian)

- Promover en la comunidad internacional científica y de conservación el concepto de los tepuyes andinos, para así llamar la atención a los taxones endémicos, 'disyuntos' y de rango reducido que crecen en los mismos

- Continuar con la investigación y en especial los inventarios florísticos de todos los tipos de vegetación y en diferentes épocas de año, para así obtener especímenes fértiles de todos los taxones importantes

PECES

Autores: Max H. Hidalgo y María I. Aldea-Guevara

Objetos de conservación: Comunidades de peces de cabeceras especialmente adaptadas a las aguas torrentosas y que incluyen probables especies restringidas del género *Astroblepus* y *Chaetostoma*; los ecosistemas acuáticos de las cabeceras del río Paranapura, incluyendo toda la cuenca del río Cachiyacu por encima de los 250 m de elevación, que son zonas importantes de desove para especies migratorias de importancia socioeconómica, como *Prochilodus nigricans*, *Salminus iquitensis* y *Leporinus friderici*; los ecosistemas acuáticos y bosques ribereños de las cabeceras del río Cahuapanas, con características de selva baja de aguas negras pero ubicados a una elevación por encima de los 1,000 m, permitiendo la coexistencia de especies de zonas bajas y de cordilleras subandinas; especies probablemente nuevas para la ciencia del género *Astroblepus*, que pudieran ser exclusivas de la Cordillera Escalera

INTRODUCCIÓN

Hidrográficamente la Cordillera Escalera-Loreto contiene los ecosistemas acuáticos de mayor altitud de la Región Loreto. Forma parte del sistema de drenaje que va a la cuenca del Huallaga (el río Paranapura, con sus tributarios Yanayacu, Cachiyacu y Armanayacu) en la

parte sur de la cordillera y a la cuenca del Marañón (el río Cahuapanas) en la parte norte de la cordillera.

Este es el primer inventario ictiológico que se realiza en la Cordillera Escalera en Loreto e incluye los primeros registros de peces en Loreto por encima de los 1,000 m sobre el nivel de mar (en adelante m). Regiones montañosas similares y cercanas de las que se conoce algo de su ictiofauna son el Parque Nacional Cordillera Azul y los Cerros de Kampankis, con rangos altitudinales similares a los presentes en la Cordillera Escalera y en los que han sido realizados inventarios rápidos de peces (de Rham et al. 2001, Quispe e Hidalgo 2012). Otros estudios han mostrado la diversidad de peces en los gradientes altitudinales en la región andino-amazónica y han encontrado un patrón consistente en la cual la diversidad disminuye con el aumento en elevación (Anderson y Maldonado-Ocampo 2010, Lujan et al. 2013).

La meta de este estudio fue generar información ictiológica que permita al pueblo indígena Shawi conservar y manejar los ecosistemas acuáticos en la Cordillera Escalera-Loreto. Los objetivos específicos fueron 1) determinar la composición y riqueza de las especies de peces en la Cordillera Escalera-Loreto, 2) evaluar el estado de conservación de los cuerpos de agua estudiados y 3) sugerir medidas para su conservación a largo plazo. Asimismo, se analiza la distribución altitudinal de los peces registrados y los potenciales factores que influyen en esto.

MÉTODOS

Muestreo de campo

El inventario ictiológico se llevó a cabo durante 10 días efectivos de trabajo de campo (cuatro días en el campamento Mina de Sal, cuatro días en el campamento Alto Cachiyacu y dos días en el campamento Alto Cahuapanas) entre el 14 y 30 de setiembre de 2013 (ver los capítulos *Panorama regional* y *Descripción de los sitios visitados en los inventarios sociales y biológicos*, este volumen). Evaluamos 11 estaciones de muestreo distribuidas en tres tipos de hábitats —ríos, quebradas y lagunas— en las cuencas de los ríos Cachiyacu y Alto Cahuapanas, entre los 241 y 1,040 m de elevación.

De las 11 estaciones de muestreo, 10 fueron de ambientes lóticos (con flujo de agua en movimiento) que variaron en el caso de quebradas de 1 a 8 m de ancho y de ríos de 6 a 25 m de ancho. La mitad de los ambientes lóticos fueron de agua clara, tres fueron de aguas blancas y dos de aguas negras. Evaluamos un ambiente léntico (aguas quietas) de 3 m de ancho y de aguas negras (aprox. 500 m de elevación). La mayoría de los ambientes lóticos presentaron fuerza de torrente moderada, siendo el tipo de sustrato más común el pedregoso con rocas grandes. En general, a medida que aumentaba la altitud, el tamaño de los ríos y quebradas disminuía. Las estaciones de muestreo estuvieron situadas altitudinalmente entre los 241 y 1,040 m y en cada una hicimos una caracterización detallada del ambiente que incluye —además de las características mencionadas— tipo de vegetación, tipo de microhábitat, esfuerzo de muestreo y algunos parámetros fisicoquímicos (Apéndice 7).

Las faenas de pesca fueron todas diurnas, de las 09:00 a las 15:30 horas. Usamos diferentes métodos de pesca de acuerdo al microhábitat, en tramos que fueron desde 200 a 700 m de longitud. No logramos evaluar la quebrada Cachiyacu Colorado ni la laguna en el campamento Alto Cachiyacu, debido a una creciente.

Colecta y análisis del material biológico

Colectamos los peces principalmente con una red de 5 x 2 m y abertura de malla de 5 mm empleada para el arrastre a orilla o con una red de espera luego de remover zonas de rápidos de fondo pedregoso, palizada y hojas donde pudieran estar refugiadas las especies. Dentro de cada tramo realizamos un esfuerzo de pesca de entre 8 y 42 lances por red. Complementariamente se utilizó una atarraya de 8 kg y abertura de malla de una media pulgada. Los peces colectados fueron transportados vivos a los campamentos para fotografiarlos y tomar muestras de tejido para futuros estudios genéticos y posteriormente fueron fijados en formol al 10% por 24 horas. La preservación final fue en alcohol al 70% para su transporte y almacenamiento.

La identificación preliminar de los peces se realizó en los campamentos empleando algunas guías de peces del Field Museum (p. ej., Hidalgo 2011), conocimientos adquiridos en estudios ictiológicos, otros inventarios e investigaciones diversas. En Iquitos se revisó la literatura disponible y se hizo consultas a especialistas. La gran mayoría de individuos fueron identificados a nivel de especie. Sin embargo, algunos quedaron como morfoespecies (p. ej., *Astroblepus* spp. 1 y 2), principalmente en aquellos grupos de taxonomía no resuelta.

Esta metodología ha sido aplicada en todos los inventarios rápidos hechos en el Perú. Todas las muestras ictiológicas han sido depositadas en la colección de peces del Museo de Historia Natural de la Universidad Nacional Mayor San Marcos (MHN-UNMSM).

RESULTADOS

Riqueza y composición

Registramos 30 especies de peces entre los 931 individuos muestreados, distribuidas en cinco órdenes, 12 familias y 23 géneros (Apéndice 8). Las especies están agrupadas en su mayoría (87%) dentro del superorden Ostariophysi, grupo de peces que es dominante dentro de la ictiofauna neotropical.

El órden más diverso corresponde a Characiformes (peces con escamas, sin aletas en las espinas), con 17 especies (57%), seguido por Siluriformes (bagres armados y de cuerpo desnudo o de cuero), con nueve especies (30%). Otros órdenes que encontramos en la Cordillera Escalera-Loreto y que usualmente son comunes en el piedemonte y la Amazonía baja son Perciformes (dos especies de Cichlidae; 7%), Cyprinodontiformes (una especie de Rivulidae; 3%) y Synbranchiformes (3%), representado por la especie más común del orden, *Synbranchus marmoratus*. Esta estructura de especies es característica de ecosistemas acuáticos montañosos en la región Andes-Amazonía, como ha sido observado en los Cerros de Kampankis (Quispe e Hidalgo 2012), Cordillera Azul (de Rham et al. 2001), Cordillera del Cóndor (Ortega y Chang 1997), Yanachaga-Chemillén (M. Hidalgo, obs. pers.) y Megantoni (Hidalgo y Quispe 2004).

En todos los sitios del inventario en Cordillera Escalera-Loreto registramos especies adaptadas a los torrentes y que eventualmente podrían representar endemismos. Estas especies corresponden a los géneros *Astroblepus* y *Chaetostoma*, usuales o frecuentes en aguas claras que mantienen un buen estado de conservación, de corriente rápida y que en el caso de la Cordillera Escalera-Loreto potencialmente incluyen dos especies nuevas del género *Astroblepus*. También registramos en baja frecuencia y abundancia especies migratorias de Characiformes comunes del llano amazónico y de amplia distribución que son usadas para el consumo humano por las comunidades Shawi de la zona y explotadas comercialmente en Yurimaguas y otras pesquerías amazónicas, como *Prochilodus nigricans* (boquichico), *Leporinus friderici* (lisa) y *Salminus iquitensis* (sábalo).

A nivel de familia, Characidae es la más numerosa con 10 especies (60%). La mayoría de estas especies son de tamaño pequeño (menos de 10 cm de longitud estándar en los adultos). Incluyen *Astyanax*, *Hemibrycon*, *Knodus*, *Creagrutus*, *Odontostilbe* y el pequeño Glandulocaudinae *Scopaeocharax rhinodus*. Estos peces fueron observados principalmente en el río Cachiyacu y en quebradas, en cardúmenes compuestos por más de una especie y en asociaciones distintas (no se registró grupos iguales comparando cada punto de muestreo evaluado). De estos, *Hemibrycon huambonicus* y *Creagrutus* aff. *gracilis* fueron registradas por encima de los 1,000 m. Otras especies de Characiformes que registramos en la Cordillera Escalera-Loreto incluyen géneros como *Erythrinus*, *Characidium* y *Parodon*. Especies de estos últimos dos géneros fueron observadas en las quebradas de aguas claras tributarias del río Cachiyacu, alimentándose sobre el sustrato pedregoso.

Para el orden Siluriformes las familias más numerosas fueron Loricariidae y Astroblepidae, con cuatro especies cada una. En el caso de Loricariidae, registramos dos especies de *Chaetostoma* y dos especies de *Ancistrus*, habitando exclusivamente ambientes lóticos. Las especies de *Chaetostoma* fueron frecuentes en el río Cachiyacu y en las quebradas grandes en esta cuenca, mientras que *Ancistrus* fue más común en quebradas de menor tamaño y fue el único loricárido con una especie por encima de los 1,000 m. De los bagres de torrente astroblépidos, cuatro morfoespecies fueron identificadas exclusivamente en quebradas; ninguna fue observada en el río Cachiyacu. Registramos finalmente solo una especie de bagre pimelódido en el río Cachiyacu, *Pimelodus maculatus*,

especie común del llano amazónico y de amplia distribución en el Perú.

De los Perciformes, todas las especies correspondieron a la familia Cichlidae, con una especie de *Bujurquina* y una de *Crenicichla*. De ellas, *Crenicichla* es de mayor tamaño y es uno de los pocos peces depredadores registrados. La especie *Bujurquina* sp., fue encontrada a más de 1,000 m en la zona del Alto Cahuapanas, siendo poco común y observada en las aguas negras del fondo arenoso característico de este río.

Dentro de los Cyprinodontiformes registramos *Rivulus*, peces de valor ornamental que usualmente son comunes en zonas bajas del llano amazónico en hábitats lénticos como pantanos, aguajales, cochas y pozas temporales en el bosque. En la Cordillera Escalera-Loreto fue habitual encontrarlos en remanentes de quebradas, pozas abandonadas y aún en charcos formados por las lluvias en las trochas. Esta especie fue capturada entre los 241 y 840 m, presentando mayores abundancias en el campamento Alto Cachiyacu. Para el caso de otros órdenes, *Synbranchus marmoratus* (Synbranchiformes) estuvo presente en el campamento Mina de Sal.

La riqueza de especies en la Cordillera Escalera-Loreto es baja aunque dentro de lo esperado en cuanto a los grupos principales (dominancia de carácidos y silúridos), considerando que para todo el Perú se ha registrado 80 especies de peces por encima de los 1,000 m (Ortega 1992). Las abundancias de las especies de toda la ictiofauna en la Cordillera Escalera-Loreto fueron muy bajas, en especial en el río Cachiyacu.

Mina de Sal

Los ambientes acuáticos evaluados en este campamento fueron los de menor altitud del inventario, variando entre los 241 y 455 m. De las cuatro estaciones muestreadas tres fueron quebradas de aguas claras y cauce encajonado, y una fue un río de aguas blancas con playas. Aquí observamos rápidos como el microhábitat dominante. Las aguas tuvieron velocidades de corriente moderadas y fuertes (quebrada y río respectivamente), con un pH que varió de 5.4 a 6.1 y valores de conductividad menores a 30 µs/cm. La excepción fue la conductividad registrada en el río Cachiyacu, con 435 µs/cm.

En total encontramos 21 especies de peces para este sitio, representando la mayor riqueza de los campamentos muestreados. La familia Characidae presentó mayor riqueza con nueve especies, entre ellas especies comunes de la Amazonía peruana como *Astyanax fasciatus*, *Galeocharax gulo*, *Knodus orteguasae*, *Salminus iquitensis* y *Cynopotamus amazonus*. En general, los carácidos pequeños como *Knodus* y *Odontostilbe* fueron los de mayor abundancia en este sitio, en especial en la desembocadura de la quebrada Shimbiyacu. Otras familias de Characiformes registradas aquí incluyen Prochilodontidae (*Prochilodus nigricans*), Anostomidae (*Leporinus friderici*), Parodontidae (*Parodon buckleyi*) y Crenuchidae (*Characidium etheostoma* y *Melanocharacidium* sp.). Las tres primeras habitan los ambiente lóticos mayores (quebrada Buen Paso y río Cachiyacu) mientras que *Characidium etheostoma* estuvo en casi todos los puntos de muestreo exceptuando la parte alta de la quebrada Shimbiyacu.

En cuanto a los bagres Siluriformes, *Astroblepus* sp. 1 fue el más abundante con 19 individuos, todos capturados en la parte alta de la quebrada Shimbiyacu (el punto más alto de este campamento, con 455 m). Las aguas claras torrentosas con pequeñas cascadas y fondo pedregoso rodeadas de bosque primario con gran cobertura vegetal (más de 60%) conforman un ambiente propicio para estos bagres desnudos. Para el caso de los bagres loricáridos, estos fueron registrados en la quebrada Buen Paso y en el río Cachiyacu solamente, ambientes lóticos de mayor tamaño y caudal que la quebrada Shimbiyacu en su parte alta. Adicionalmente, registramos el bagre pimelódido mediano *Pimelodus maculatus* (cunchi), que puede alcanzar hasta 36 cm (Reis et al. 2003) y muy común en el llano amazónico. No obtuvimos registros de bagres migradores de mayor tamaño pero no descartamos que estos puedan alcanzar esta zona del Cachiyacu.

Este campamento tuvo el mayor número de especies colectadas. En términos de abundancia fue el segundo más alto en el inventario (273 individuos), por corresponder a la zona de menor altitud y en la que hay una mezcla de ictiofauna típica del llano amazónico (p. ej., *Pimelodus*, *Prochilodus*) con otras más frecuentes

de torrentes del piedemonte y zonas motañosas (*Chaetostoma*, *Astroblepus*). Por ello, es notorio en los resultados que 71% de las especies (15 de 21) fueran solo registradas en este campamento. Estas incluyen especies migradoras de importancia socioeconómica del órden Characiformes (*Prochilodus nigricans*, *Salminus iquitensis* y *Leporinus friderici*) y de otros órdenes como *Synbranchus marmoratus* y *Crenicichla* cf. *anthurus*. En general, las abundancias de la mayoría de especies registradas fueron bajas a pesar de que invertimos mucho esfuerzo de pesca en las capturas (Apéndice 8). Considerando que las fechas de evaluación corresponden a la época seca esperábamos capturar más individuos, por el caudal bajo en los ríos y quebradas.

Alto Cachiyacu

Los cuerpos de agua evaluados en este campamento correspondieron al siguiente rango altitudinal del inventario. Los puntos de muestreo fueron entre 464 y 840 m, siendo comparativamente más amplio en rango (376 m) que los demás campamentos. De las cuatro estaciones muestreadas tres fueron quebradas de agua clara y una el río Cachiyacu, de aguas blancas. Las quebradas presentaron cauce encajonado mientras que el río Cachiyacu en esta zona es de menor ancho, reduciéndose en más del 70% comparado con lo observado en el campamento Mina de Sal (Apéndice 7). Esta zona presenta hábitats con gran número de rápidos como microhábitat dominante. Las aguas tuvieron velocidades de corriente moderadas a fuertes, con un pH que varió de 5.5 a 7.9 y valores de conductividad de 90 a 600 µs/cm.

Identificamos nueve especies en este campamento, con una dominancia recurrente de Characiformes con cinco especies (56% del total). Estas fueron repartidas en cuatro especies de la familia Characidae (*Hemibrycon huambonicus*, *Knodus orteguasae*, *Knodus* aff. *orteguasae* y *Salminus iquitensis*) y una especie de Crenuchidae (*Characidium* sp.). El segundo órden dominante fue Siluriformes, con tres especies (33%) distribuidas en las familias Loricariidae (*Chaetostoma* sp.) y Astroblepidae (dos especies). Similar al campamento anterior, completa la comunidad de peces el órden Cyprinodontiformes (*Rivulus* sp.). Tres

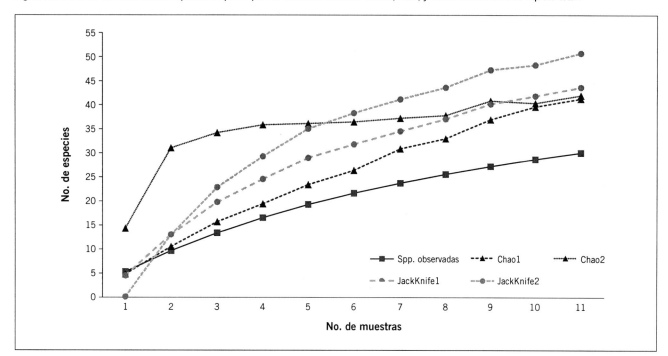

especies de peces (*Characidium* sp., *Astroblepus* sp. 2 y *Chaetostoma* sp.) fueron solo registradas en este campamento y son correspondientes a formas típicas de aguas torrentosas (en especial los bagres silúridos). De las especies migradoras y de importancia socioeconómica, solo registramos *Salminus iquitensis*).

El número de individuos capturados en este campamento fue el más bajo de todo el inventario (200 individuos en total vs. 273–458 de los otros campamentos; Apéndice 8). Es probable que estos resultados son un producto del menor esfuerzo de muestreo realizado en este campamento. En particular, el río Cachiyacu fue explorado muy poco debido a que su caudal aumentó rápidamente con lluvias que ocurrieron durante el periodo de evaluación, no permitiendo realizar los muestreos por el fuerte torrente que llevaba. Asimismo, algunos de los hábitats de interés (la quebrada Cachiyacu Colorado y la laguna adyacente a ésta) no pudimos evaluar por la creciente. Consideramos que en general este campamento estuvo submuestreado.

Alto Cahuapanas

Este campamento es singularmente diferente a los otros campamentos, presentando el rango altitudinal más alto del inventario (1,014–1,040 m). Evaluamos tres estaciones —dos quebradas y una laguna— todas de aguas negras y substrato arenoso y fangoso, con presencia de palizada/hojarasca. Este sistema se caracterizó por ser inusualmente sinuoso-meándrico condicionado por la poca pendiente del río, de fondo de arena blanca y con aguas negras a una altitud superior a los 1,000 m, siendo similar en aspecto a lo que se puede observar en áreas bajas en Loreto como el río Nanay o cuerpos de agua en varillales (Hidalgo y Velásquez 2006, Hidalgo y Willink 2007). Nuestra expectativa era encontrar ambientes acuáticos más torrentosos y de fondo duro pedregoso-rocoso.

Registramos para este campamento siete especies, distribuidas principalmente entre los órdenes Characiformes y Siluriformes (tres especies cada uno) y con una especie de Perciformes. Del primer orden identificamos dos especies de carácidos (*Creagrutus* aff. *gracilis* y *Hemibrycon huambonicus*) y una especie de eritrínido (*Erythrinus* sp.). Del segundo orden registramos dos especies de bagres de torrentes (*Astroblepus* sp. 3 y *Astroblepus* aff. *fissidens*) y una carachama (*Ancistrus malacops*). La especie de Perciformes fue un cíclido o bujurqui (*Bujurquina* sp.). Resaltamos como resultado

Figura 22. Relación entre la riqueza de especies de peces y la altitud en la Cordillera Escalera-Loreto, Perú.

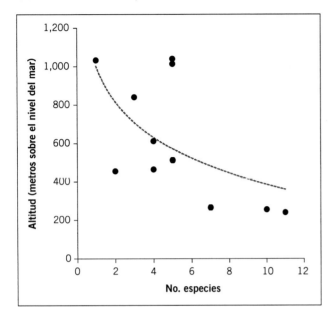

Figura 23. Áreas de drenaje de los ríos que nacen de la Cordillera Escalera-Loreto, Perú, y los sitios de muestreo. Las áreas de las cuencas están en la Tabla 5.

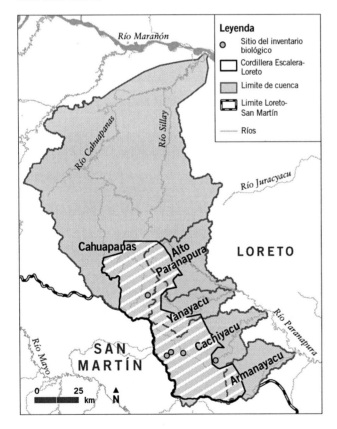

notorio para este campamento que seis de las siete especies fueron solo registradas aquí, siendo la única especie común con los otros dos campamentos el carácido *Hemibrycon huambonicus*.

La abundancia de peces en este campamento fue la mayor de todo el inventario (458 individuos), aún considerando que realizamos la mitad del esfuerzo de muestreo aplicado (Apéndices 7 y 8). La explicación más plausible es que las características del río Alto Cahuapanas (meándrico, formando lagunas, fondo arenoso con palizadas sumergidas, moderada fuerza del caudal, poca pendiente) ofrecen un mayor número de microhábitats. Esto se relacionaría con mayor abundancia de peces, incluso la presencia de grupos de especies más frecuentes en el llano amazónico (*Bujurquina* y *Erythrinus*).

DISCUSIÓN

La Cordillera Escalera-Loreto es la única área en Loreto en donde los peces han sido estudiados por encima de los 1,000 m (el campamento Alto Cahuapanas). Entre otras cosas, este inventario rápido ha permitido la inclusión de dos familias más (Erythrinidae con *Erythrinus* sp. y Cichlidae con *Bujurquina* sp.) a la lista de peces que habitan por encima de los 1,000 m en aguas continentales peruanas (Ortega 1992) y de los Andes sudamericanos (Schaefer et al. 2011).

La diversidad de peces de la Cordillera Escalera-Loreto es moderada, siendo menor comparado con la diversidad de las regiones montañosas asociadas o cercanas como Cerros de Kampankis (60 especies) y Cordillera Azul (93 especies). Sin embargo al comparar en mayor detalle, observamos que nuestros resultados indicarían que la Cordillera Escalera-Loreto sería quizás una de las más diversas montañas de la región norte peruana, pudiendo superar quizás las 50 especies estimadas (Fig. 21).

Como esperábamos encontrar, la diversidad de peces en la Cordillera Escalera-Loreto disminuyó con la altitud (Fig. 22). Sin embargo es notorio que la zona más baja de Cordillera Escalera (por debajo de los 450 m) presentó pocas especies, comparado con lo registrado en otras áreas por debajo de esa altitud (más de 21 especies, de

Rham et al. 2001, Quispe e Hidalgo 2012, Lujan et al. 2013). Este relativamente bajo número de especies puede deberse a varios factores pero asumimos que en general hay una baja abundancia en esta región relacionada a efectos antropogénicos.

Nuestra afirmación de que existiría una diversidad de peces mayor que otras áreas montañosas se basa en que en este inventario pudimos evaluar un gradiente altitudinal más continuo y mayor (250–1,050 m) comparado con Cerros de Kampankis que fue más bajo (197–487 m, 60 especies) y más parecido a Cordillera Azul (300–700 m, 21 especies en ese rango altitudinal). Cordillera Azul presenta altitudes mayores que son equiparables con Cerro Escalera (hasta aprox. los 2,400 m). Sin embargo, los peces no han sido estudiados en la Cordillera Azul por encima de los 700 m, centrándose los esfuerzos de investigación posteriores al inventario rápido del año 2000 en las áreas bajas del Pisqui, Cushabatay y algunas zonas de la cuenca media del Huallaga (CIMA-Cordillera Azul 2011). La diversidad de peces por encima de los 1,000 m en la Cordillera Azul pudiera ser también interesante por la potencial presencia de especies restringidas. Para Kampankis no se espera especies de peces por encima de los 1,000 m, ya que su mayor cota altitudinal es aproximadamente 1,400 m donde no se presentan hábitats acuáticos para peces.

En un análisis geográfico preliminar de la Cordillera Escalera-Loreto, la ictiofauna de esta área estaría más aislada del área del llano amazónico comparado con Cerros de Kampankis y con Cordillera Azul. Las cabeceras del Cachiyacu nacen de estas montañas y fluyen hacia un tributario del río Huallaga (el río Paranapura). Por lo tanto, la conexión con un gran río (en este caso el Huallaga) es menos directa (Fig. 23). Lo contrario ocurre con los Cerros de Kampankis, en donde los hábitats acuáticos mayores fluyen directamente por el oeste hacia el río Santiago o por el este hacia el río Morona, cuencas que aportan especies del llano amazónico a las partes bajas de Kampankis. Una situación análoga a Kampankis se da en la Cordillera Azul, ya que estas montañas son la divisoria de aguas entre el medio Huallaga y el Ucayali (los ríos Pauya y Pisqui pertenecen a la cuenca del Ucayali) y de estas montañas nacen varios tributarios que fluyen a estos dos ríos. Cabe mencionar que el río Ucayali corresponde a una de las cuencas de mayor diversidad de peces continentales del Perú (Ortega et al. 2011).

Biogeográficamente, Cordillera Escalera-Loreto presenta dos ictiofaunas diferentes. La primera es compuesta por algunas especies del llano amazónico provenientes de las zonas bajas más allá del Huallaga-Paranapura y que llegarían a las cabeceras del Cachiyacu (probablemente Yanayacu y en el mismo Paranapura) hasta alrededor de los 600 m para desovar (p. ej., *Salminus iquitensis*). La segunda ictiofauna es compuesta por las especies restringidas a los hábitats montañosos (p. ej., *Astroblepus*, *Chaetostoma*) sobre las cuales Cordillera Escalera-Loreto estaría funcionando como ríos-islas (*rivers as islands*) delimitados por la elevación

Tabla 5. Áreas de las cinco cuencas hidrográficas en la Cordillera Escalera-Loreto, Perú, indicando la proporción dentro y fuera de la misma.

Cuenca	Dentro o fuera de la Cordillera Escalera-Loreto	Área (ha)	Proporción del área total
Alto Paranapura	Dentro	12,303	24%
	Fuera	39,117	76%
Armanayacu	Dentro	7,532	23%
	Fuera	25,258	77%
Cachiyacu	Dentro	57,779	67%
	Fuera	28,318	33%
Cahuapanas	Dentro	38,886	10%
	Fuera	362,611	90%
Yanayacu	Dentro	13,711	40%
	Fuera	20,381	60%

y la temperatura (Schaefer y Arroyave 2010). Bajo este último escenario, las especies potencialmente nuevas para la ciencia de la Cordillera Escalera-Loreto que hemos encontrado serían endémicas de estas montañas.

La composición de peces de la Cordillera Escalera-Loreto muestra asimismo una baja afinidad con otras zonas montañosas estudiadas tanto en el Perú como en Ecuador, según un análisis que hicimos basado en el índice de Jaccard (Fig. 24). Este índice mide la similitud y diversidad de un conjunto de muestras, entre 0 y 1, con valores más altos siendo más similares. Es interesante notar que existe una baja similaridad entre todos estos estudios en montañas incluidos en el análisis, deducido por los valores menores de 0.2 obtenidos. Sin embargo, la Cordillera Escalera-Loreto se observa agrupada con Kampankis y con Cordillera Azul (ambas áreas están geográficamente y ictiológicamente relacionadas a la Cordillera Escalera), mientras que la ictiofauna de la Cordillera del Cóndor (en específico de los ríos Nangaritza, Alto Cenepa y Alto Comaina) ubicada más al norte y al oeste de Cordillera Escalera-Loreto sale más distante de este último. Este resultado en particular podría ameritar otro análisis científico de revisión que no son los objetivos de este capítulo.

Figura 24. Cluster de similaridad comparando la comunidad de peces de la Cordillera Escalera-Loreto, Perú, con las de otras áreas montañosas en el Perú y Ecuador.

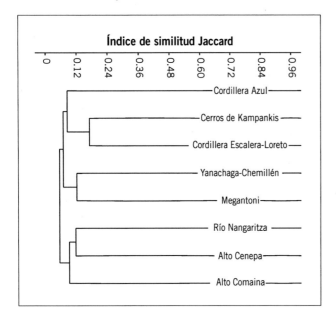

Un análisis de similaridad hecho por Schaefer et al. (2011) para los bagres de la familia Astroblepidae en las grandes cuencas de Sudamérica mostró que para la ictiofauna andina existen mayores afinidades por proximidad geográfica (como ocurriría con Cordillera Escalera-Kampankis-Cordillera Azul) que con otros factores. Sin embargo, este mismo estudio resalta la baja similaridad que existe entre la ictiofauna andina del río Huallaga y la del río Marañón, lo que también explicaría que el 86% de las especies de peces que encontramos en Alto Cahuapanas (tributario del río Marañón) fuera distinto de la ictiofauna del Cachiyacu (tributario del río Huallaga). Observamos un resultado similar en Kampankis (Quispe e Hidalgo 2012). Estos resultados demuestran la necesidad de futuros estudios biogeográficos para explicar estos patrones en la diversidad de la ictiofauna andino-amazonico.

AMENAZAS

Los principales usos del agua están relacionados con las actividades productivas de la región. En particular, estos factores antropogénicos incluyen actividades agrícolas, pesqueras, ganaderas, industriales y turísticas. Estas amenazas son similares a las que afectan a los ecosistemas acuáticos a nivel regional en los Andes tropicales (Anderson y Maldonado-Ocampo 2010). Otros factores regionales que en este momento no son amenazas inminentes en la Cordillera Escalera-Loreto pero podrían ser en el futuro incluyen el desarrollo de infraestructura para proyectos hidroeléctricos y el cambio climático.

Estas actividades interrumpen los procesos de los ecosistemas acuáticos en diversas maneras. Debido a la generación de residuos sólidos, efluentes y productos químicos que generalmente son vertidos en los cuerpos de agua sin tratamiento previo, estas actividades productivas contaminan los cuerpos de agua. El incremento de la deforestación como consecuencia de la expansión de los cultivos agrícolas y ganadería causa la erosión del suelo y constituye una amenaza para las comunidades acuáticas que deriva en una serie de impactos directos e indirectos. En regiones de cabeceras de ríos, como en el Cachiyacu y Cahuapanas, la relación entre el bosque de tierra firme y las especies de peces se hace más estrecha si tenemos en cuenta que la producción primaria es mucho más reducida en comparación con las áreas inundables ubicadas en las partes bajas de las cuencas de drenaje. En sistemas acuáticos con baja producción primaria, gran cantidad de recursos alimenticios para las especies de peces son aportados por los bosques en diversas formas (p. ej., invertebrados terrestres, frutos, semillas, troncos y polen). Las especies que allí viven pueden usar estos recursos y en general presentan adaptaciones a estas condiciones, como algunos bagres (*Ancistrus*) o peces caracoideos (*Hemibrycon*, *Creagrutus*, *Characidium*).

RECOMENDACIONES PARA LA CONSERVACIÓN

Teniendo en consideración que la Cordillera Escalera-Loreto forma parte de los sistemas de drenaje del Huallaga (el río Cachiyacu) y del Marañón (el río Alto Cahuapanas), es imperativo implementar medidas de conservación de estas cabeceras que favorezcan a las especies migratorias de valor socioeconómico evitando perturbaciones causadas por el otorgamiento de derechos a actividades que alteren las condiciones naturales de los ecosistemas acuáticos montañosos.

Los pobladores de la zona tienen conocimiento que el uso de sustancias toxicas (barbasco) hace insostenible la pesca en el mediano y largo plazo, afectando la disponibilidad de los recursos pesqueros. En este sentido se debe fortalecer los acuerdos internos existentes en las comunidades locales, respetando la prohibición de prácticas nocivas en los cuerpos de agua del río Cachiyacu como en los ríos principales.

Es importante realizar un diagnóstico de los recursos pesqueros de la zona que nos permita conocer las poblaciones de los peces. Asimismo se recomienda realizar estudios ecológicos para entender como se da la dinámica de las especies migratorias que utilizan estas zonas como áreas de desove. Ante la información recibida de que las abundancias de pescado para consumo han disminuido en la zona, se hace necesario un estudio dirigido que permita recopilar información sobre especies usadas, cantidades, lugares de pesca y métodos, entre otros datos. A partir de esta información se podría seleccionar tanto variables como especies a monitorear, de forma que puedan implementar programas de manejo pesquero participativos con las comunidades indígenas presentes en la zona.

Existen en la zona peces con escaso o nulo valor comercial pero de gran valor científico, ya que son especies endémicas y con adaptaciones singulares a la vida en el agua de poca profundidad y torrentosa. Ya que el rol de estas especies en estos ecosistemas es todavía poco conocido, consideramos importante realizar estudios que nos ayuden a generar información básica sobre la biología y ecología de estas especies.

Otros estudios adicionales que consideramos una prioridad son inventarios de las especies de peces en los ríos Cahuapanas, Cachiyacu y Paranapura. Si bien estos ríos han sido algo explorados, no existe a la fecha listas de especies. También recomendamos llevar a cabo estudios filogeográficos de *Astroblepus* y *Chaetostoma*, con el objetivo de evaluar las relaciones filogenéticas y variaciones entre las poblaciones aisladas en ésta y otras cordilleras.

ANFIBIOS Y REPTILES

Autores: Pablo J. Venegas, Giuseppe Gagliardi-Urrutia y Marco Odicio

Objetos de conservación: Comunidades de anfibios y reptiles en buen estado de conservación, aisladas entre los 800 y 2,000 m de elevación, en las pendientes y cumbres de la Cordillera Escalera-Loreto; poblaciones en buen estado de conservación de especies de ranas venenosas de valor comercial, como la especie *Ranitomeya fantastica*, endémica de las cordilleras subandinas del norte del Perú, incluidas en el Apéndice II de CITES; cinco especies de anfibios potencialmente nuevas para la ciencia y una especie de reptil, al igual que cinco especies de anfibios con distribución restringida a los bosques montanos del norte y sur de Ecuador; tres especies de anfibios consideradas vulnerables según la Lista Roja de la UICN (las ranas de lluvia Pristimantis bromeliaceus, *P. incomptus* y *P. nephophilus*); la continuidad de hábitats en una gradiente altitudinal entre 200 y 2,000 m, que podría proporcionar 'refugios térmicos' para las especies de partes bajas amenazadas por incrementos de temperatura debidos al cambio climático; un refugio o reservorio desde el cual las especies pueden recolonizar zonas bajas que han sido modificadas o sobreexplotadas por el hombre

INTRODUCCIÓN

La compleja topografía del norte del Perú y extremo sur de Ecuador se encuentra reflejada en las numerosas cordilleras subandinas aisladas por diferentes tributarios del río Marañón hacia el norte y sur de este. Por ejemplo, la Cordillera Escalera se encuentra aislada de la Cordillera de Kampankis por el río Marañón hacia el norte y de Cordillera Azul por el río Huallaga al sur. La exploración herpetológica de estas cordilleras (Kutukú en Ecuador, Cordillera del Cóndor entre el Perú y Ecuador, Cerros de Kampankis, Cordillera Azul, Cordillera del Sira y Cordillera de Yanachaga en el Perú) ha resultado en el descubrimiento de especies nuevas para la ciencia y registrado una gran diversidad. La alta diversidad de especies que se encuentra en estas cadenas montañosas está compuesta por una mezcla de especies de tierras bajas amazónicas de amplia distribución junto a especies de pie de monte andinos con rangos de distribución restringidos.

La Cordillera Escalera ha sido una localidad de diversos estudios herpetológicos bastante productivos durante las últimas décadas. Como resultado de estos estudios se describió muchas nuevas especies de anfibios de las familias Centrolenidae, Craugastoridae y Dendrobatidae (Schulte 1986, 1999; Duellman 1992a, b; Duellman y Schulte 1993; Brown et al. 2008). Aunque las colecciones realizadas en esta zona se encuentren principalmente concentradas a lo largo de la carretera Tarapoto-Yurimaguas, a mediados del siglo XVIII el naturalista James Orton realizó algunas colecciones en Balsapuerto y misioneros jesuitas realizaron algunas colecciones en los alrededores de la comunidad Chayahuita en el Alto Paranapura, de donde se describió la especie amenazada de extinción *Atelopus pulcher* (Boulenger 1882).

El inventario en el lado loretano de la Cordillera Escalera significó la oportunidad perfecta para alcanzar zonas nunca antes estudiadas y evaluar una gradiente altitudinal considerable en las cabeceras de los ríos Cachiyacu y Cahuapanas. El inventario también fue una oportunidad de contribuir al entendimiento de los patrones de distribución de la herpetofauna en el nordeste del Perú y llenar el vacío de información sobre la herpetofauna ubicada entre los Cerros de Kampankis y Cordillera Azul.

Con la finalidad de evaluar el estado de la biodiversidad y el valor para la conservación de Cordillera Escalera-Loreto, documentamos la riqueza y composición de la herpetofauna encontrada durante 16 días de muestreo intensivo. Además, con la finalidad de resaltar y demostrar la particularidad de esta región, comparamos nuestros resultados con los de otros sitios evaluados previamente mediante inventarios rápidos y colecciones de museos realizadas en las regiones de Amazonas, Loreto y San Martín.

MÉTODOS

Trabajamos del 14 al 30 de setiembre de 2013 en tres campamentos ubicados en las cuencas de los ríos Cachiyacu y Cahuapanas (ver los capítulos *Panorama regional* y *Descripción de los sitios visitados en los inventarios sociales y biológicos*, este volumen). Además, establecimos dos campamentos satélites entre los 1,000 y 1,900 m sobre el nivel de mar (en adelante m) en las cabeceras del río Cachiyacu. Buscamos anfibios y reptiles utilizando la técnica de inventario completo de especies (Scott 1994) durante caminatas lentas tanto diurnas (10:00–14:30) y nocturnas (19:30–02:00) por las trochas; búsquedas dirigidas en lugares con microhábitats potencialmente favorables para anfibios y reptiles (quebradas, riachuelos, hojarasca, árboles con aletas y troncos caídos). Dedicamos un esfuerzo total de 169 horas-persona, repartidas en 66, 62 y 41 horas-persona en los campamentos Mina de Sal, Alto Cachiyacu y Alto Cahuapanas respectivamente. En el campamento Alto Cachiyacu, nuestro esfuerzo fue subdividido en 30 horas-persona en el campamento base Alto Cachiyacu, 20 horas-persona en el campamento intermedio Alto Cachiyacu y 12 horas-persona en el campamento cumbre Alto Cachiyacu. La duración de nuestras estadías varió entre los campamentos, siendo de seis días en el campamento Mina de Sal, siete días en campamento Alto Cachiyacu y tres días en el campamento Alto Cahuapanas.

Registramos el número de individuos de cada especie observada y/o capturada. Además, reconocimos algunas especies por el canto y por observaciones de otros investigadores, miembros del equipo logístico y

Figura 25. Riqueza y cobertura de muestreo estimadas para las comunidades de anfibios y reptiles en la Cordillera Escalera-Loreto, Loreto, Perú. a) Riqueza de especies de anfibios registrada y estimada. b) Riqueza de especies de reptiles registrada y estimada. c) Cobertura de muestreo de la comunidad de anfibios. d) Cobertura de muestreo de la comunidad de reptiles. En todas las figuras las líneas sólidas representan los datos colectados durante el inventario rápido, las líneas separadas representan las estimaciones y las áreas grises representan un intervalo de confianza del 95% generado por re-muestreo computarizado (500 *bootstraps*).

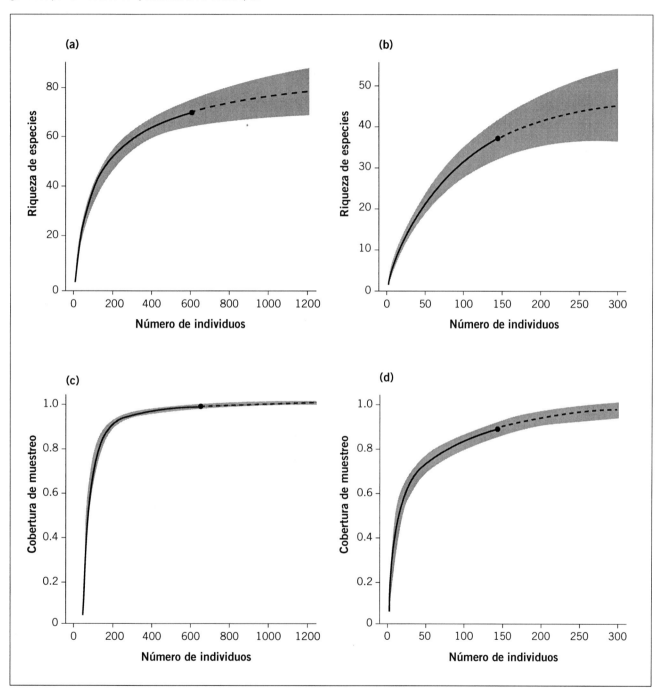

equipo social. Grabamos los cantos de algunas especies de anfibios que contribuirán al conocimiento sobre la historia natural de estas especies. Fotografiamos por lo menos un espécimen de la mayoría de las especies observadas durante el inventario.

Para las especies de identificación dudosa, potencialmente nuevas o nuevos registros, y especies poco representadas en museos, realizamos una colección de referencia de 349 especímenes, entre anfibios y reptiles. Estos especímenes fueron depositados en las colecciones herpetológicas del Centro de Ornitología y Biodiversidad en Lima (CORBIDI; 155 especímenes) y la colección referencial de biodiversidad del Instituto de Investigaciones de la Amazonía Peruana en Iquitos (CRBIIAP; 194 especímenes).

En el Apéndice 9, aparte de los anfibios y reptiles que registramos durante este inventario, incluimos las especies colectadas por la Universidad de Kansas en el lado de San Martín de la Cordillera Escalera, a lo largo de la carretera Tarapoto-Yurimaguas, obtenidas a través de la página de Herpnet (*http://www.herpnet.org*). Aunque no revisamos este material muchas de estas especies han sido registradas en descripciones de especies nuevas o revisiones taxonómicas. Por lo tanto, es posible que algunas identificaciones en estos datos de Herpnet no estén actualizadas o contengan errores. También incluimos las especies de ranas venenosas registradas por Lotters et al. (2007) y la herpetofauna registrada por el personal del IIAP en el lado de San Martín de la Cordillera Escalera (Gagliardi-Urrutia et al. en prensa).

Para la comparación con otras cordilleras subandinas cercanas a la zona de estudio usamos como referencia las colecciones herpetológicas realizadas por PJV en el Parque Nacional Cordillera Azul a 1,100 m en la cuenca del Chambirillo, los resultados de los inventarios rápidos en Cordillera Azul (Rodríguez et al. 2001) y Cerros de Kampankis (Catenazzi y Venegas 2012), y especímenes colectados en la Cordillera del Alto Mayo en la Región San Martín, depositados en CORBIDI. Además, elaboramos una curva de rarefacción y extrapolación (Chao et al. 2014) para estimar la riqueza de especies de anfibios y reptiles en toda el área de estudio. Calculamos el porcentaje de cobertura de muestreo (CM%) alcanzado por nuestro inventario y estimamos cuanto

más faltaría cubrir para alcanzar el número máximo de especies. Para ello utilizamos el programa InexT Online (Hsieh et al. 2013) y usamos 500 bootstraps para crear intervalos de confianza al 95%.

RESULTADOS

Riqueza y composición de la herpetofauna

En las evaluaciones a los tres campamentos registramos 746 individuos y 108 especies, de los cuales 69 son anfibios y 39 reptiles. El número de especies aumenta cuando consideramos la rana arborícola *Hypsiboas lanciformis* y reptiles de consumo como *Paleosuchus trigonatus* y *Kinosternon scorpioides*, registrados por el equipo social en las comunidades Shawi (Apéndice 9). Estimamos para los tres campamentos 130 especies, alrededor de 80 anfibios y 50 reptiles, cuando se alcance una cobertura de muestreo mayor al 99%. En anfibios, con 606 individuos, alcanzamos una cobertura de muestreo de 97%. En reptiles, con 140 individuos, logramos una cobertura de 88% (Fig. 25). Claramente, nuestro inventario muestra resultados razonables para la riqueza de anfibios, pero subestima a los reptiles.

Consideramos que la herpetofauna total de la región visitada es mucho más rica, albergando un total de 120 anfibios y más de 100 reptiles. El número total de especies conocidas para toda la zona de interés, delimitada por el río Marañón por el norte y el río Huallaga al sur, es de 97 anfibios y 64 reptiles (ver discusión). Estos números incluyen también las especies colectadas por R. Schulte, W. E. Duellman y P. J. Venegas a lo largo de la carretera Tarapoto-Yurimaguas en la Cordillera Escalera del lado de San Martín, y durante el inventario del IIAP en la misma zona, donde se registró 46 anfibios y 24 reptiles (Gagliardi-Urrutia et al. en prensa).

En nuestro inventario los anfibios registrados se encuentran representados por dos órdenes (Anura y Caudata), agrupados en 10 familias y 27 géneros. Destacan las familias Craugastoridae e Hylidae, ambas con 21 especies, agrupadas en 4 y 8 géneros, respectivamente. En reptiles, encontramos a los órdenes Crocodylia y Testudines representados por una especie cada uno, y al orden Squamata representado por 40 especies agrupadas en 9 familias y 23 géneros. En cuanto al orden Squamata, destacan las familias Colubridae y Gymnophthalmidae, con 15 especies agrupadas en 10 géneros y 6 especies agrupadas en 4 géneros, respectivamente.

La herpetofauna es una mezcla de comunidades típicas de la Amazonía baja, conformada principalmente por especies de amplia distribución amazónica, y especies de piedemonte andino restringidas a ecosistemas montanos, entre los 1,500 y 2,500 m, de cordilleras subandinas de la vertiente amazónica. Encontramos también que la herpetofauna registrada se encuentra principalmente asociada a nueve tipos de hábitat: bosque alto del valle o bosque aluvial, bosque alto de laderas, bosque alto de terrazas, bosque de neblina, bosque enano de cumbres, arbustal de cumbres, bosque enano del valle, bosque de humedales y vegetación riparia.

Composición y estructura de los anfibios y reptiles por tipo de vegetación

Bosque alto del valle

Este tipo de vegetación fue conformado por una estrecha banda de bosque aluvial compuesto por vegetación sucesional y terrazas inundables, en donde se ubicaron los campamentos Mina de Sal, Alto Cachiyacu (base) y Alto Cahuapanas. Fue uno de los más diversos en anfibios y estuvo compuesto principalmente por especies de amplia distribución amazónica. Estos bosques estuvieron caracterizados por la predominancia de ranas de desarrollo directo de la familia Craugastoridae, principalmente del género *Pristimantis*, y las ranas arborícolas de la familia Hylidae, así como también algunos representantes de las familias Bufonidae, Leptodactylidae y Microhylidae, que están asociados al igual que los hylidos a las pozas temporales en las que se reproducen. A excepción de las ranas arborícolas *Osteocephalus deridens*, *O. leoniae* y *O. planiceps*, todo los demás hilidos fueron encontrados en los alrededores de una poza temporal de no más de 4 m² y 30 cm de profundidad, y mostraban comportamiento reproductivo con algunas especies amplexando y vocalizando. En esta misma poza durante la primera noche de muestreo encontramos una alta concentración de ranas de la especie *Chiasmocleis bassleri* (Microhylidae) vocalizando, amplexando y oviponiendo en la superficie del agua.

Bosque alto de laderas

Este tipo de vegetación fue caracterizado principalmente por la abundancia de ranas venenosas de la familia Dendrobatidae como *Ranitomeya variabilis* y *R. fantastica*, que son especies tanto terrestres como arborícolas, las cuales se reproducen en el agua depositada en troncos, hojas y bromelias. Otras especies como *Ameerega altamazonica*, *A. trivittata* y *Hyloxalus argyrogaster* viven en la hojarasca del bosque y crían sus renacuajos en arroyos lentos y charcas formadas por la creciente de quebradas. Otra especie que fue abundante en este hábitat y se reproduce en bromelias y troncos huecos fue la rana arborícola *Osteocephalus leoniae*. También encontramos algunos hílidos como *Osteocephalus cannatellai* e *Hypsiboas cinerascens* que se encuentran asociados a la vegetación riparia de quebradas rocosas, donde colocan sus huevos debajo de hojas ubicadas sobre el agua, y se desarrollan sus renacuajos. Además, en la quebrada Churoyacu registramos dos especies de ranas de cristal (Centrolenidae), *Rulyrana flavopunctata* y *Teratohyla midas*, que se caracterizan por reproducirse en quebradas torrentosas, y la lagartija semiacuática *Potamites strangulatus*.

Algunas ranas de la familia Hylidae que fueron abundantes en las charcas del bosque alto del valle como *Agalychnis hulli*, *Phyllomedusa tarsius*, *P. tomopterna* y *Dendropsophus sarayacuensis* también se encontraron concentradas en una poza estacional junto a *Dendropsophus minutus* que fue exclusiva del bosque alto de laderas. Las ranas de desarrollo directo que se reproducen en la hojarasca húmeda, como *Pristimantis orcus*, *P. ventrimarmoratus*, *P. trachyblepharis*, *P. peruvianus* y *Strabomantis sulcatus*, fueron también muy abundantes.

Bosque alto de terrazas

Este tipo de bosque solo logramos muestrearlo en el campamento intermedio Alto Cachiyacu. Los anfibios en este tipo de bosque estuvieron compuestos principalmente por ranas de desarrollo directo (Craugastoridae) que se reproducen en la hojarasca húmeda del bosque. También registramos otras especies como *Leptodactylus rhodonotus* y dos especies de género *Rhinella* (*R. festae* y una nueva especie de *Rhinella*). Aunque la familia

Dendrobatidae estuvo representada por tan solo una especie *Hyloxalus* sp., similar a *H. argyrogaster* de zonas más bajas, esta especie fue muy abundante en la hojarasca durante el día. A pesar de que la zona se encontraba irrigada por algunos riachuelos con agua poco corriente, no registramos especies de hílidos que generalmente usan estos microhábitat para reproducirse. Sin embargo, creemos que durante la época de lluvias donde se forman pozas estacionales y los riachuelos poseen más corriente, es probable que se puedan encontrar algunas especies de hílidos reproduciéndose en las pozas, tal como *Dendropsophus aperomeus* y *Phyllomedusa duellmani*, así como *Osteocephalus verruciger* en los riachuelos (especies no registradas en el presente estudio).

En cuanto a reptiles fue sorprendente la abundancia de tres especies de lagartijas de hojarasca de la familia Gymnophthalmidae: *Alopoglossus atriventris*, *Potamites cf. juruazensis* y *Potamites ecpleopus*. Estas especies las encontramos activas durante el día y la noche, y fueron más abundantes en este tipo de bosque, entre los 900 y 1,300 m, que en todos los demás tipos de vegetación evaluados. Otra especie de lagartija abundante fue *Enyalioides preaestabilis*, con una frecuencia relativa de encuentro de uno a cuatro individuos por hora de muestreo nocturno.

Bosque enano de cumbres

A este tipo de vegetación tuvimos acceso solo en el campamento cumbre Alto Cachiyacu. La mayoría de las especies registradas fueron exclusivas, ya que se trataban de especies típicas de ecosistemas montanos. Los anfibios estuvieron compuestos únicamente por especies de desarrollo directo, como *Pristimantis bromeliaceus*, *P. nephophilus*, *P. rufioculis*, *P. incomptus*, *P. sp.* (vientre amarillo) y *Strabomantis sulcatus*. En este tipo de hábitat los hílidos suelen ser escasos, ya que no encuentran fuentes de agua como pozas estacionales o riachuelos donde reproducirse, mientras que las ranas de desarrollo directo que se reproducen en la hojarasca húmeda, musgos y bromelias suelen ser predominantes. Solo registramos tres especies de reptiles: la serpiente caracolera *Dipsas peruana*, una nueva especie de lagartija del género *Anolis* y *Enyalioides praestabilis*, este último

menos abundante que en el bosque alto de terrazas a menor elevación.

Arbustal de cumbres

Este hábitat fue poco muestreado herpetológicamente. En el campamento Mina de Sal se logró alcanzar este tipo de hábitat, pero solo se registró la rana venenosa *Ranitomeya fantastica* en las bromelias. Durante nuestro muestreo la zona se encontraba muy seca y probablemente durante la época de lluvias se pueda registrar mayor diversidad. En el campamento Alto Cahuapanas no logramos llegar hasta los arbustales de cumbres.

Bosque enano del valle o chamizal y bosque de humedales

Este hábitat estuvo conformado por especies típicas de bosques amazónicos de tierras bajas a excepción de algunas especies de *Pristimantis* no identificadas a nivel de especie. Este fue el tipo de vegetación con la mayor diversidad de ranas de desarrollo directo, con 11 especies compuestas por tres géneros (*Hypodactylus*, *Oreobates* y *Pristimantis*). Creemos que la diversidad de ranas de desarrollo directo se deba a la abundancia de hojarasca húmeda. Encontramos también tres especies de ranas de la familia Microhylidae que usan como microhábitat la hojarasca (*Chiasmocleis bassleri*, *Chiasmocleis* sp. nov. y *Syncope* sp.). A pesar de poseer menos especies que los Craugastóridos, estas especies fueron muy abundantes. Los bosques de humedales se encontraban dispersos dentro del bosque enano del valle en zonas planas y con suelos de mal drenaje en zonas pantanosas y pequeñas lagunas de poca profundidad. Los anfibios de este hábitat se encontraban compuestos por cuatro especies de ranas arborícolas de la familia Hylidae (*Dendropsophus parviceps*, *D. sarayacuensis*, *Hypsiboas geographicus* y *Phyllomedusa vaillanti*) que usan estos pantanos y lagunas para reproducirse. Las especies predominantes en estos humedales fueron *Dendropsophus sarayacuensis* e *Hypsiboas geographicus*.

Bosque de neblina

Este tipo de vegetación fue muestreado únicamente en el campamento Alto Cahuapanas en los cerros adyacentes al campamento. Estos bosques estaban ubicados en pendientes inclinadas y se caracterizaban por la presencia de musgos y plantas epífitas como bromelias y orquídeas. A pesar de estas condiciones aparentemente propicias para anfibios solo encontramos cuatro especies: *Pristimantis* sp. (vientre amarillo), *Strabomantis sulcatus*, *Syncope* sp., registradas también en otros tipos de vegetación, y *Pristimantis* sp. (grupo *peruvianus*) que fue exclusivo de este tipo de vegetación. Esta última, especie probablemente nueva para la ciencia, fue la más abundante de este hábitat. En cuanto a reptiles, solo registramos dos especies de lagartijas: *Anolis fuscoauratus*, que fue registrada también en los demás tipos de vegetación, y *Enyalioides praestabilis*, que se encontró relacionado a los bosques por encima de los 900 m e incluso se encontró en el bosque enano de cumbres a los 1,800 m.

Comparación entre campamentos

Mina de Sal

En este campamento registramos 62 especies (40 anfibios y 22 reptiles). Este fue el campamento ubicado a menor elevación y se muestreó a lo largo de una gradiente altitudinal de 275 a 700 m. Más de la mitad de las especies de anfibios registrados en este campamento (23) fueron encontradas en los alrededores del campamento. A excepción de las ranas de desarrollo directo (Craugastoridae) y tres especies de ranas arborícolas (*Osteocephalus deridens*, *O. lenoniae* y *O. planiceps*), el resto de especies se encontraban concentradas en una poza alargada de no más de 4 m² y 30 cm de profundidad vocalizando. En este campamento también encontramos la mayor diversidad de reptiles, todas las especies de amplia distribución amazónica. Entre los principales hallazgos tenemos un posible anfibio nuevo para la ciencia del género *Pristimantis* (relacionado a *P. acuminatus*) que también fue registrado en el resto de los campamentos. También registramos *Agalychnis hulli*, conocida previamente solo para su localidad tipo en Andoas, Loreto, y *Ranitomeya fantastica*, especie endémica del Perú que habita las cordilleras subandinas de Amazonas, San Martín y Loreto. Además se registró la rana recién descrita *Osteocephalus cannatellai*, que viene a ser una ampliación de rango considerable desde la Cordillera de Kampankis.

Entre los reptiles registrados no encontramos ningún género conspicuamente representado. Sin embargo,

destacaron especies raras como la boa esmeralda *Corallus batesii* y la serpiente coral *Leptomicrurus narduccii*.

Alto Cachiyacu

En este campamento registramos un total de 62 especies (41 anfibios y 21 reptiles). Este fue el campamento con la mayor gradiente altitudinal muestreada, desde los 500 hasta los 1,900 m, y tuvo que ser subdividido en tres campamentos. Esto nos permitió muestrear en tipos de vegetación como el bosque alto de terrazas y bosque enano de cumbres, que no pudimos evaluar en los otros campamentos. Debido a la variación entre los tipos de vegetación muestreados y la elevación, explicamos los principales hallazgos en cada campamento por separado.

Campamento base Alto Cachiyacu. Registramos 42 especies (27 anfibios y 15 reptiles), de las cuales 27 son exclusivas (19 anfibios y 8 reptiles). La herpetofauna de este campamento fue muy parecida a la del campamento Mina de Sal y la mayor riqueza de hílidos fue también registrada en pozas estacionales cercanas al campamento. La excepción fueron las especies *Hypsiboas boans*, *Osteocephalus mimeticus* y *Scinax ruber*, que fueron registradas en la vegetación riparia del río Cachiyacu. En este campamento también se registró dos especies de ranas de cristal, *Rulyrana flavopunctata* y *Teratohyla midas* (la primera un nuevo registro para el Perú), en la quebrada Churoyacu. Estas fueron exclusivas de este campamento.

Entre los reptiles registrados destacan dos registros exclusivos de este campamento: la lagartija de quebrada *Potamites strangulatus* y la serpiente caracolera Dipsas cf. *vermiculata*.

Campamento intermedio Alto Cachiyacu. Se registró 21 especies (12 anfibios y 9 reptiles), de las cuales 11 son exclusivas (6 anfibios y 5 reptiles). Este fue el único campamento donde se muestreó el bosque alto de terrazas entre los 900 y 1,300 m. Entre las especies exclusivas de este campamento tenemos la rana *Hyloxalus* sp., que es muy abundante durante el día en la hojarasca, y también *Rhinella festae*. Durante la noche encontramos una especie de *Hemiphractus* muy parecida a *H. bubalus* que mantenemos como *H.* cf. *bubalus* en el Apéndice 9 y la salamandra *Bolitoglossa peruviana*. Entre los reptiles registramos algunas especies muy abundantes como las lagartijas de hojarasca *Alopoglossus atriventris*, *Potamites ecpleopus* y *P.* cf. *juruazensis*, y también la lagartija *Enyalioides praestabilis*. Registramos también la serpiente caracolera *Dipsas indica* que aunque se trata de una serpiente común en la Amazonía baja solo fue registrada en este campamento. El hallazgo más importante de este campamento fue una nueva especie de *Rhinella* similar a *R. festae*.

Campamento cumbre Alto Cachiyacu. Encontramos 11 especies (7 anfibios y 4 reptiles) de las cuales 6 especies de anfibios y 2 reptiles son exclusivas a este campamento. En este campamento se muestreó el bosque enano de cumbres entre los 1,700 y 1,900 m. Los hallazgos más importantes fueron las ranas *Pristimantis bromeliaceus*, *P. incomptus*, *P. nephophilus*, *P. rufioculis* y una especie nueva de lagartija (*Anolis* sp.) que fueron exclusivas de este campamento y poseen distribución restringida a los bosques montanos del norte del Perú y extremo sur de Ecuador. Otro registro importante de este campamento fue la serpiente caracolera *Dipsas peruana* que posee una distribución principalmente andina, que se extiende desde Venezuela hasta Bolivia (Harvey 2009). Todas estas especies son nuevos registros para Loreto.

Alto Cahuapanas

En este campamento se muestreó desde los 1,000 m hasta los 1,300 m, registrándose un total de 35 especies (25 anfibios y 10 reptiles), de las cuales 13 (10 anfibios y 3 reptiles) fueron exclusivas de este campamento. Los tipos de vegetación evaluados solamente en este campamento fueron el bosque enano del valle o chamizal y bosque de humedales, que se encontraban en zonas relativamente planas. Además, muestreamos en los bosques de neblina ubicados en los cerros colindantes al campamento. Entre los registros destacados tenemos tres especies probablemente nuevas para la ciencia: un microhílido con puntos blancos en el dorso y vientre (*Chiasmocleis* sp.), una *Pristimantis* con vientre amarillo registrada en los dos campamentos anteriores y una *Pristimantis* del grupo *P. peruvianus*, especie probablemente nueva para la ciencia y exclusiva de este campamento. También

registramos la lagartija *Enyalioides praestabilis* en los bosques de neblina entre los 1,100 y 1,300 m. Es importante resaltar la abundancia de una rana no identificada de la familia Microhylidae, *Chiasmocleis* sp., similar a *C. magnova*, relacionada a los chamizales sobre suelos de arena. Otras especies de ranas abundantes en las lagunas y pantanos del chamizal fueron *Dendropsophus sarayacuensis*, *Hypsiboas geographicus* y *Phyllomedusa vaillantii*. La comunidad de anfibios registrada en este inusual chamizal fue compuesta principalmente por especies típicas de la Amazonía baja, a pesar de que el local se encuentra ubicado en una planicie a los 1,000 m.

Registros notables

Nuevos registros para el Perú

Rulyrana flavopunctata. Esta rana de cristal, registrada en el campamento base Alto Cachiyacu, tiene una distribución conocida de Ecuador y Colombia (Cisneros-Heredia 2009). Es una especie muy parecida a *Rulyrana saxiscandens*, descrita de las cataratas de Ahuashiyacu en San Martín, Perú (Duellman y Schulte 1993); sin embargo, basándonos en las diagnosis de ambas especies consideramos que la especie que registramos es *Rulyrana flavopunctata* y que probablemente ésta sea confundida con *R. saxiscandens* en otras localidades del Perú.

Extensiones de rango

Osteocephalus cannatellai. Esta especie recientemente descrita de la provincia de Pastaza en Ecuador se encuentra distribuida a través de la Amazonía de Ecuador hasta la Cordillera de Kampankis en el norte del Perú (Ron et al. 2012). Nuestro registro amplía su rango de distribución en más de 237 km al sur de Kampankis.

Nuevos registros para Loreto

Pristimantis avicoporum, P. bromeliaceus, P. rufioculis, P. incomptus y *Dipsas peruana* son especies que forman los ensambles típicos de los bosques montanos del norte del Perú (Duellman y Pramuk 1999, Duellman y Lehr 2009), a excepción de *D. peruana* que se extiende a través de los Andes desde Bolivia hasta Venezuela (Harvey y Embert 2009). Fueron desconocidas para Loreto hasta este inventario.

Tabla 6. Nombres Shawi de herpetofauna en comunidades cerca de la Cordillera Escalera-Loreto, Perú. * = probablemente confundida con una especie de mayor tamaño. ** = probablemente confundida con un hílido verde, necesita confirmación. *** = probablemente usado para las especies verdes del género *Chironius*. **** = término que podría usarse para *Chironius scurrulus* y juveniles de *Clelia clelia*.

Clase	Especie	Nombre Shawi	¿Se come?
Anfibios	*Allobates* spp.	Curiawa *	Sí
	Colosthetus sp. 2	Pe'ra	No
	Rhinella festae	Ácaca	No
	Rhinella marina	Wawátu	Sí
	Pristimantis acuminatus	Shapira wa'wa' **	Sí
	Hyloxalus spp.	Tururu'	Sí
	Ranitomeya variabilis	Shápira	No
	Hypsiboas boans	Ütug	Sí
	Osteocephalus leoniae	Phéniu	Sí
	Osteocephalus mutabor	Wiri utún	Sí
	Hypsiboas lanciformis	Wawá	Sí
	Engystomops petersi	Pácura	Sí
	Leptodactylus pentadactylus	In'pa'	Sí
Reptiles	*Chelonoidis denticulata*	Mayú	Sí
	Phrynops, Messoclemys spp.	Cumsithe	Sí
	Paleosuchus trigonatus	Táya	Sí
	Amphisbaena fuliginosa	Náyuwarú	No
	Epicretes cenchria	Tanán cupiwan	No
	Alopoglossus spp.	Ishana tayarawa	Sí
	Cercosaura manicatus	Tanán yurú	No
	Enyalioides laticeps	Narawayan	No
	Gonatodes spp.	Aquihua	No
	Eunectes murinus	Kupiwán	No
	Chironius exoletus	Kanín mañarú ***	No
	Clelia clelia	Mañarú	No
	Leptodeira annulata	Shapi nashi	No
	Helicops leopardinus	Mutui tayuwan	No
	Oxyrhopus formosus	Kewán yawan ****	No
	Siphophlis compressus	Userín yawan	No
	Micrurus spp.	Nacanaca	No
	Bothrops atrox	Tayu'wan	No
	Bothriopsis bilineata	Tuwaris	No
	Bothrocophias hyoprora	Tayu'wan	No
	Lachesis muta	Nashi	No

Posibles nuevas especies para la ciencia

Rhinella sp. nov. (verde). Esta especie de bufónido similar a *R. festae* es también conocida para Cordillera Azul y el Área de Conservación Regional Cordillera Escalera (San Martín). Es una especie bastante llamativa que tiene una coloración verdosa en la noche y marrón rojiza durante el día.

Pristimantis sp. nov. (acuminado), *Pristimantis* sp. nov. (vientre amarillo) y *Pristimantis* sp. nov. (grupo peruvianus). La primera fue registrada en todos los campamentos evaluados, siempre en la vegetación sucesional de zonas aluviales de poca pendiente. Logramos realizar grabaciones de esta especie que contribuirán en la descripción de la misma. La segunda especie también fue registrada en todos los campamentos pero ésta se encontraba en colinas. La tercera especie fue registrada solo en el campamento Alto Cahuapanas a una altitud por encima de los 1,200 m en el bosque de neblina.

Chiasmocleis sp. nov. (puntos blancos). Esta especie de microhílido ha sido registrada solamente en el campamento Alto Cahuapanas asociada al bosque enano del valle. La especie presenta puntos blancos dorsales y ventrales en todo el cuerpo sobre un fondo marrón oscuro. Es probable que esta especie esté asociada a los bosques enanos que crecen sobre arena blanca en la zona.

Anolis sp. Esta especie ha sido registrada en el campamento cumbre Alto Cachiyacu, entre los 900 y 1,800 m, y aparentemente es una especie relacionada a *Anolis podocarpus* del sur de Ecuador (Ayala-Valera y Torres-Carvajal 2010).

Nombres Shawi de herpetofauna

Presentamos en la Tabla 6 una lista de algunas especies de anfibios y reptiles con el nombre en el idioma del pueblo Shawi de la Cordillera Escalera-Loreto, así como información de su consumo localmente. Asimismo, hacemos algunas anotaciones sobre la pertinencia del uso del nombre a más especies o géneros y a las afirmaciones de consumo.

DISCUSIÓN

En la Cordillera Escalera-Loreto registramos 111 especies (70 anfibios y 41 reptiles). Estos resultados obtenidos en pocos días de muestreo sugieren un número mucho mayor, considerando que el área estudiada contiene una gran diversidad de hábitats en un rango de altitudes que va desde los 200 a los 2,300 m. Además, nuestra evaluación se realizó en un periodo muy corto existiendo lagunas y quebradas en las zonas de menor elevación que no pudimos evaluar y hábitats típicos de bosque montano donde no pudimos pasar mucho tiempo. Sumando nuestros resultados con estudios de la herpetofauna dentro de la Cordillera Escalera de San Martín, alcanzamos 164 especies (97 anfibios y 63 reptiles). Estos resultados incluyen colecciones de inventarios realizados por el IIAP en el Área de Conservación Regional Cordillera Escalera y colecciones a fines de los ochenta a lo largo de la carretera Tarapoto-Yurimaguas. Teniendo en cuenta que los hábitats del lado de San Martín están seriamente deforestados por actividades ganaderas y de monocultivos, estimamos que en la Cordillera Escalera-Loreto las especies de anfibios y reptiles alcanzan un número mucho mayor que el conocido para toda la Cordillera Escalera en la actualidad, ya que sus hábitats se encuentran en buen estado de conservación y mantienen un sistema de drenaje de ríos, quebradas y lagunas que propician áreas de reproducción para la herpetofauna en las zonas bajas (especies con desarrollo larvario como hylidos y leptodactylidos) y aportan en el mantenimiento de factores climáticos favorables para la reproducción de especies de desarrollo directo como Craugastorides, en las zonas más altas.

Las comunidades de anfibios y reptiles en la zona son una mezcla de comunidades típicas de la Amazonía baja, pie de monte andino y ecosistemas montanos. Esta mezcla es muy particular, porque no siempre sigue una lógica coherente de acuerdo a gradientes altitudinales. Esto puede explicarse porque algunas zonas altas (mayores a 1,000 m) forman extensos valles con meandros de ríos antiguos que logran conectarse con zonas de menor altitud (500 m), permitiendo que los anfibios y reptiles que viven en zonas de menor altitud colonicen a mayor altitud.

Comparación con inventarios en zonas cercanas

La comparación con otros inventarios se encuentra principalmente limitada por dos importantes razones: 1) el acceso al material colectado y su revisión para constatar la identidad taxonómica y 2) las diferencias de nomenclatura producto de las últimas clasificaciones taxonómicas de los anfibios (p. ej., Faivovich et al. 2005, Frost et al. 2006, Grant et al. 2006, Hedges et al. 2008). Por ejemplo, Catenazzi y Venegas (2012), encontraron imposible comparar muchas de las especies registradas en Cordillera del Cóndor por Reynolds e Icochea (1997) que se encontraban listadas como Epipedobates sp., Dendrobatid sp., *Hyla* sp. (Hylidae) y *Eleutherodactylus* sp. (Craugastoridae). Grant et al. (2006) realizaron grandes cambios en la familia Dendrobatidae, reasignando algunas especies de *Epipedobates* al género *Allobates* y la mayoría de los *Epipedobates* al género *Ameerega*; Faivovich et al. (2005) dividieron el género *Hyla* en *Dendropsophus* e *Hypsiboas*; y Hedges et al. (2008) dividieron *Eleutherodactylus* en *Hypodactylus*, *Strabomantis* y *Pristimantis*. Por lo tanto, Catenazzi y Venegas (2012) optaron solo por comparar las ranas del género *Pristimantis* registradas en la Cordillera de Kampankis con otras cordilleras aisladas de la Amazonía.

Nosotros optamos por comparar las especies de anfibios encontradas en nuestro inventario registradas por encima de los 900 m en las cordilleras más cercanas y a las que tuvimos acceso a la revisión de material colectado, tal como las colecciones del IIAP en el lado de San Martín de la Cordillera Escalera (Gagliardi-Urrutia et al. en prensa), y colecciones de la Cordillera del Alto Mayo y la Cordillera Azul depositadas en CORBIDI (Fig. 26). Sin embargo, revisando los listados de especies de Duellman y Lynch (1988) de la Cordillera del Kutukú y Reynolds e Icochea (1997) de la Cordillera del Cóndor para elevaciones mayores a 1,000 m encontramos que nuestro inventario comparte con ambas las especies *Hemiphractus bubalus* y *Rhinella festae*, y *Pristimantis bromeliaceus* con el Kutukú. A elevaciones intermedias entre 900 y 1,500 m nuestro inventario comparte especies como *Hemiphractus bubalus*, *Oreobates saxatilis*, *Pristimantis diadematus*, *Rhinella* sp. nov., *Pristimantis ockendeni*, *Dipsas indica*, *Potamites* cf. *juruazensis*,

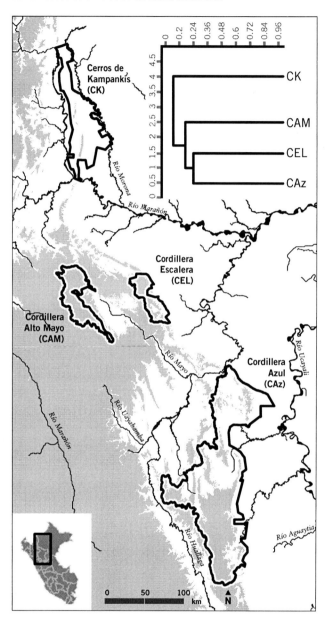

Figura 26. Un mapa del norte del Perú que muestra cuatro cordilleras donde se ha muestreado comunidades de anfibios, incluyendo la Cordillera Escalera-Loreto. El dendrograma indica la similitud entre las comunidades de anfibios en las cuatro cordilleras.

Potamites ecpleopus y *Alopoglossus atriventris* con la Cordillera Azul. El mayor rango altitudinal de nuestro inventario (1,700 a 1,950 m) comparte con la Cordillera del Alto Mayo tres especies de *Pristimantis* y la serpiente *Dipsas peruana* y a elevaciones intermedias *Osteocephalus festae*. La Cordillera de Kampankis, aislada de las demás cordilleras por el río Marañón y el valle del río Santiago, es la zona de comparación con menos especies compartidas, con tan solo *Rhinella festae* e *Hypodactylus nigrovittatus*.

Es necesario aún un mayor esfuerzo de muestreo en las Cordilleras Azul y Alto Mayo para poder tener una idea más clara sobre la similitud entre la herpetofauna de estas cordilleras y su nivel de endemismo.

AMENAZAS

- Muchas comunidades Shawi tienen grandes extensiones de territorio destinadas al establecimiento de pastizales utilizados en ganadería, así como sembríos de monocultivos que afectan la dinámica natural del bosque. Estos cambios representan amenazas a las poblaciones de anfibios y reptiles.

- Existe consumo local de tortugas, caimán de frente lisa y una gran diversidad de anfibios, que en exceso y sin un manejo adecuado podría poner en peligro las poblaciones locales. En zonas cercanas a comunidades, existe una gran diversidad de especies de valor comercial que sufren presión por extracción ilegal, principalmente las ranas venenosas de la familia Dendrobatidae.

- La propuesta carretera Balsapuerto-Moyobamba es una seria amenaza potencial a la herpetofauna, pues abriría un acceso para el comercio ilegal de especies de anfibios y reptiles, desde la Región San Martín en la que existe una gran cantidad de pobladores dedicados a las actividades de captura y comercio ilegal de herpetofauna. La deforestación causada a lo largo de la carretera afectaría a gran parte de las poblaciones de anfibios y reptiles. Los establecimientos de nuevas comunidades en las zonas más altas de la Cordillera Escalera pondría en peligro la comunidad herpetológica del bosque montano en el área propuesta, que constituye la única población conocida de este tipo en Loreto.

RECOMENDACIONES PARA LA CONSERVACIÓN

- Recomendamos que se proteja la Cordillera Escalera-Loreto bajo alguna figura legal de conservación que garantice el mantenimiento de las poblaciones saludables de la herpetofauna de la zona,

principalmente la comunidad herpetológica de bosques montanos, que es la única conocida para Loreto.

- Consideramos conveniente que los pueblos Shawi establezcan acuerdos comunales para la restricción de captura de especies de consumo local durante ciertos periodos del año que permitan su reproducción. En el caso de los anfibios, esto sería principalmente en las primeras dos semanas de la época de lluvias.

- Recomendamos evaluar la presencia del hongo *Batrachochytrium dendrobatidis* causante de la declinación de anfibios a nivel mundial, pues la ausencia de especies del género *Atelopus* durante el inventario nos da un indicio de probabilidad de presencia de este patógeno en la zona. Además, el hongo ha sido registrado por Kosch et al. (2012) en el lado de San Martín de la Cordillera Escalera.

- Se recomienda la protección de cabeceras de cuenca de la Cordillera Escalera-Loreto, lo que garantizaría la protección y provisión de fuentes de agua que brindan los hábitats y microhábitats más adecuados para la reproducción de muchos anfibios.

AVES

Autores: Douglas F. Stotz, Percy Saboya del Castillo y Ernesto Ruelas Inzunza

Objetos de conservación: Dieciséis especies de aves restringidas a los tepuyes andinos (crestas subandinas aisladas) en el Perú, siete de las cuales están restringidas al norte del Perú y al sur de Ecuador; poblaciones de aves de caza (especialmente crácidos y trompeteros) afectadas por la caza excesiva que podrían ser recuperadas; comunidades diversas de aves de bosque montano; una gradiente de elevación continua con una conectividad de hábitat que le permite a las poblaciones adaptarse al cambio climático

INTRODUCCIÓN

Las aves de los tepuyes andinos (se cita en la literatura como 'crestas aisladas' o 'crestas subandinas aisladas'; p. ej., Schulenberg et al. 2010) y la cordillera andina principal de la Región San Martín han sido relativamente bien estudiadas. Por el contrario, la Cordillera Escalera en el lado de Loreto casi no tiene estudios. Los estudios realizados en San Martín datan de las expediciones de colecta desde la primera mitad del siglo XX (para un resumen referirse a Davis [1986]). Los primeros estudios más importantes en las montañas de San Martín fueron los realizados en 1977 por Parker y Parker (1980, 1982), quienes realizaron inventarios de aves por 18 días en Afluente (1,100 m sobre el nivel de mar, en adelante m), al noroeste de Rioja. Después de estos estudios, Davis (1986) realizó un inventario en la parte suroeste de la Cordillera Escalera en San Martín, entre los 750 y 1,450 m, durante un periodo de tres meses en 1983. Entre julio y agosto de 2013, Saboya muestreó aves desde los 500 a los 1,300 m como parte de un inventario de la ACR Cordillera Escalera, en San Martín, arriba del río Cumbaza (Gagliardi-Urrutia et al. en prensa). Este último nos da un punto de comparación a pesar de estar muy disturbado. Se ha realizado inventarios de aves en otras crestas en el norte de San Martín, especialmente en el Abra Patricia, pero es difícil acceder a estas publicaciones. La porción de la carretera Tarapoto-Yurimaguas que cruza el flanco sur de la Cordillera Escalera es usualmente visitada por ornitólogos aficionados y algunos de sus datos están disponible en E-bird *(http://www.ebird.org/)*.

Otros inventarios rápidos del Field Museum han investigado otros tepuyes andinos en el Perú, incluyendo Cordillera Azul, Sierra del Divisor, Megantoni y Cerros de Kampankis (Alverson et al. 2001; Vriesendorp et al. 2004, 2006; Pitman et al. 2012). Otros estudios de aves al norte de nuestra área de estudio incluyen los en el lado peruano y ecuatoriano de la Cordillera del Cóndor (Schulenberg y Awbrey 1997) y en Kutukú (Robbins et al. 1987). Hacia el sur, las aves del Sira en el centro del Perú (Harvey et al. 2011) y Pantiacolla (Parque Nacional Manu) en el sur del Perú han sido ampliamente estudiados pero la gran mayoría de estos trabajos no han sido publicados.

MÉTODOS

Stotz, Saboya y Ruelas realizaron un inventario de aves de la Cordillera Escalera durante tres semanas en 2013 (ver los capítulos *Panorama regional* y *Descripción de los sitios visitados en los inventarios sociales y biológicos,*

este volumen). Se hizo el inventario en tres campamentos. Por cuatro días completos y tres días incompletos se estudió Mina de Sal (del 15 al 18 de setiembre de 2013), por seis días enteros y dos días incompletos Alto Cachiyacu (del 21 al 26 de setiembre) y dos días enteros y tres días incompletos Alto Cahuapanas (del 28 al 29 de setiembre). En Mina de Sal cubrimos un rango de elevación de los 300 a los 700 m, en Alto Cachiyacu de los 500 a los 1,950 m y en Alto Cahuapanas de los 1,000 a los 1,300 m. Stotz, Saboya y Ruelas observaron aves por 92 horas en Mina de Sal, por 148 horas en Alto Cachiyacu y por 61 horas en Alto Cahuapanas. Debido al extensivo rango altitudinal que se inventarió en Alto Cachiyacu, nos quedamos en dos campamentos satélites arriba del campamento base, uno a los 1,200 m y otro a los 1,950 m. Cada uno de nosotros se quedó una noche en cada uno de estos campamentos satélites. Las elevaciones entre los 1,300 y 1,950 m recibieron 33 horas de muestreo, mientras que aquellas entre los 900 y 1,300 m recibieron 17.5 horas. El tiempo restante de trabajo de campo se enfocó en las pendientes bajas de los 500 a los 900 m, totalizando 97.5 horas. Por este motivo, a pesar de haber tenido acceso a las elevaciones altas, las tierras bajas fueron mejor estudiadas.

Nuestro protocolo consistió en caminatas en las trochas mirando y escuchando aves. Llevamos a cabo nuestros inventarios separadamente para incrementar el esfuerzo observador-independiente, pero Saboya y Stotz pasaron un día juntos en Mina de Sal, y Ruelas y Saboya estuvieron un día juntos en Mina de Sal y un día juntos en Alto Cachiyacu. Por lo general salíamos al campo antes de los primeros rayos de sol y permanecíamos en el campo hasta la media tarde. En algunos días retornábamos al campamento una o dos horas antes del atardecer. Tratábamos de cubrir todos los hábitats cerca de cada campamento. En cada campamento, un miembro del equipo de aves caminó todo el sistema de trochas por lo menos una vez; la mayoría de las trochas fue muestreada múltiples veces. La distancia total recorrida por cada observador cada día variaba de 4 a 15 km, dependiendo de la longitud de trocha, hábitat, densidad de aves y condición del observador. Las trochas eran generalmente empinadas con cambios drásticos de elevación en distancias cortas.

Ruelas llevó una grabadora digital Marantz PMD661 y un micrófono unidireccional Sennheiser ME66 para documentar las especies y las identificaciones con las reproducciones (*playbacks*). Saboya y Ruelas también llevaron iPods con una colección de referencia de vocalizaciones para ayudarse en las identificaciones de campo. Todos los observadores llevaron registros diarios del número de especies observadas y estos registros fueron compilados durante las reuniones que el equipo tenía todas las noches. Las observaciones de los miembros de los otros equipos suplementaron nuestros registros.

El equipo de aves también se enfocó en el registro de las distribuciones de elevación de todas las especies en cada uno de los tres campamentos. Cada uno de nosotros usó una unidad de GPS Garmin 60CSX para obtener la elevación de cada uno de nuestros registros de aves. En el Apéndice 10 damos los rangos de elevación para cada una de las especies observadas en cada campamento. Las elevaciones están redondeadas al metro 50 más cercano. Por ejemplo, un ave vista entre los 625 y 675 m fue registrada en los 650 m. Muchas de las especies fueron vistas en un solo intervalo de altitud y esto aparece en el apéndice con una sola elevación. De lo contrario, damos la elevación más alta y más baja para cada una de las especies observadas

Nuestra lista completa de especies en el Apéndice 10 sigue la taxonomía, secuencia y nomenclatura (para los nombres científicos y nombres en inglés) del Comité de la Lista Sudamericana de la Unión de Ornitólogos Americanos, versión 23 de setiembre de 2013 (*http:// www.museum.lsu.edu/~Remsen/SACCBaseline.html*). Los nombres en castellano usados en el texto son de Schulenberg et al. (2010).

En el Apéndice 10 estimamos las abundancias relativas usando nuestro registros diarios. Debido a que nuestras visitas a estos sitios fueron cortas, nuestros estimados son muy crudos y no reflejan la abundancia de aves o presencia de estas durante otras estaciones. Para los tres sitios del inventario, usamos cuatro clases de abundancia: 'Común' (C) indica las aves observadas (vistas u oídas) diariamente en números altos (con un promedio de 10 o más aves por día). 'Relativamente común' (F) indica las aves vistas diariamente pero

representadas por menos de 10 individuos por día. 'Poco común' (U) indica las aves observadas más de dos veces en el campamento pero no observadas diariamente y 'Rara' (R) cuando fueron observadas solo una o dos veces en el campamento, como un solo individuo o un par. Debido a los cortos periodos de estudio en Alto Cachiyacu, los estimados de abundancia son aún menos precisos que aquellos para Mina de Sal y para las bajas elevaciones de Alto Cachiyacu.

Comparamos nuestros resultados con aquellos de los otros inventarios rápidos realizados en tepuyes andinos. De norte a sur estos son: Serranías Cofán-Bermejo, Sinangoe (Schulenberg 2002), Cerros de Kampankis (Ruelas Inzunza et al. 2012), Cordillera Azul (Schulenberg et al. 2001), Sierra del Divisor (Schulenberg et al. 2006) y Megantoni (Lane y Pequeño 2004). También comparamos nuestros datos con aquellos del Sira y Pantiacolla en el centro y sur del Perú respectivamente; con los de Davis (1986), cuyo campamento, de los 1,350 a los 1,450 m, estaba a solo 20 km al sur de nuestro campamento de Alto Cachiyacu; y con los de Parker y Parker (1982), Schulenberg y Awbrey (1997) y Robbins et al. (1987).

RESULTADOS

Riqueza de especies

Durante el inventario encontramos 422 especies de aves. Este número es impresionante y sobrepasa casi a todos nuestros 12 inventarios anteriores, excepto Güeppí, donde se registró 437 especies.

Estimamos que unas 600 a 650 especies de aves existen en la Cordillera Escalera-Loreto y sus tierras bajas asociadas. De las especies que se esperaban ver pero que no registramos, unas 60 son de montañas. Las otras 150 especies que posiblemente están ahí estarían en las tierras bajas e incluirían unas 20 especies migratorias de Norte América. Podría haber una mayor cantidad de especies en las tierras bajas. Si bien unas 250 especies que no encontramos existen regularmente en los bosques de llanura del oeste de Loreto, al sur del río Marañón, a elevaciones más altas (arriba de los 300 m) la falta en la región de hábitats ribereños bien desarrollados como bosques inundables y cochas, los suelos pobres y la

Figura 27. Número de especies de aves registradas en diferentes pisos altitudinales durante un inventario rápido de la Cordillera Escalera-Loreto, Perú.

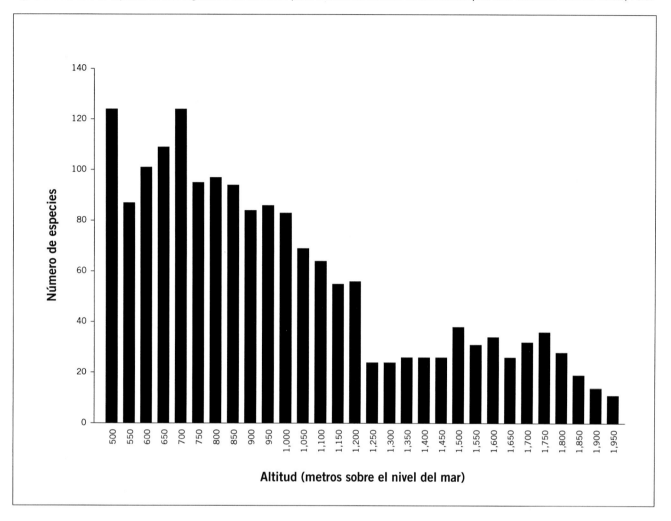

extensión limitada de selva baja en el área nos sugieren que aún después de un muestreo exhaustivo muchas de estas especies de selva baja no serán encontradas.

La riqueza de especies en estos tres campamentos fue muy diferente, en parte debido a la distribución de especies a lo largo de la gradiente de elevación y su desigual muestreo. Encontramos 190 especies en el campamento Mina de Sal en cuatro días de inventario. De estos, 151 fueron muestreadas a lo largo del río y el bosque de terraza adyacente a unos 300 m. Noventa especies fueron registradas en las colinas entre los 350 y los 700 m, pero solo 39 de estas estaban restringidas a los bosques de colina, mientras que 100 especies solo existían en las riberas.

En Alto Cachiyacu, encontramos el mayor número de especies, 333. Estas especies se distribuyeron a través de

un rango de elevación de 1,450 m. La riqueza de especies fue relativamente alta, desde las llanuras a los 500 m hasta los 1,200 m. Arriba de los 1,200 m los bosques y la avifauna asociada cambiaron dramáticamente y la riqueza de especies declinó dramáticamente (Fig. 27). Sin embargo, esta avifauna menos diversa de montaña era muy distinta de la avifauna encontrada a bajas elevaciones. De las 94 especies registradas por encima de los 1,250 m, solo 22 fueron registradas a los 1,200 m o más abajo, y solo 10 fueron registradas cerca del río Cachiyacu, a los 500 m.

En Alto Cahuapanas, con solo dos días completos de inventarios, registramos 181 especies, el número más bajo de todas las localidades. De acuerdo a nuestra tasa de acumulación de especies, sospechamos que con cuatro días de muestreos completos, como se hizo en Mina de

Sal, podríamos haber registrado 220 especies. La riqueza de especies en este sitio estuvo concentrada a lo largo del río entre los 1,000 y 1,050 m. Encontramos 165 especies en esta elevación. Solo encontramos 59 especies por encima de los 1,050 m y solo 16 de estas fueron exclusivas para las elevaciones mayores de 1,050 m en los bosques enanos y arbustales.

Las distribuciones de elevación de cada especie variaban, en algunos casos dramáticamente, entre campamentos. Setenta y cinco de las especies amazónicas fueron encontradas en los bosques altos de terraza, extendiéndose por encima de los 1,000 m en Alto Cachiyacu, y 28 de estas existían por encima de los 1,200 m, donde los bosques cambiaban drásticamente. En la mayor parte de los casos, estas especies fueron encontradas a lo largo del río a los 300 m en Mina de Sal y a los 1,050 m en Alto Cahuapanas. La mayoría de la avifauna característica de la Amazonía estuvo ausente en Mina de Sal y Alto Cahuapanas. De las 202 especies que se encontró en Alto Cachiyacu por debajo de los 700 m, 100 no fueron encontradas en Alto Cahuapanas y 80 no fueron encontradas en Mina de Sal.

Como un ejemplo de la variación en las distribuciones de elevación, Saltarín de Corona Azul *(Lepidothrix coronata)* fue registrada desde los 300 a los 550 m en Mina de Sal, y al parecer desapareció en las elevaciones más altas en ese sitio. Sin embargo, en Alto Cachiyacu lo encontramos desde los 650 a los 1,200 m, lo que significa que estuvo ausente a lo largo del río, a diferencia de Mina de Sal, pero se extendía a las partes altas del bosque de terraza. En Alto Cahuapanas, el más alto de nuestros campamentos, pareció estar ausente, pero su reemplazo montano Saltarín de Lomo Azul *(Lepidothrix isidorei)* fue registrado en los bosques montanos de cumbre que empezaban a los 1,200 m.

Las aves en las montañas de Loreto han sido poco estudiadas. En el inventario rápido de Cordillera Azul se muestreó tres ríos a los 1,800 m: el Cushabatay, Pauya y Pisqui (Schulenberg et al. 2001). En Kampankis, los inventarios de aves se extendieron hasta los 1,400 m, aunque la estrechez de la cresta limitó la cobertura de las elevadas montañas, y registramos 38 especies de aves que no habían sido registradas previamente en Loreto (Pitman et al. 2013). Estas especies, muchas de las cuales

fueron encontradas en los bosques montanos por encima de los 1,400 m en Alto Cachiyacu, son indicadas en el Apéndice 10.

Aves de caza

Las poblaciones de las aves de caza fueron bajas en todos los campamentos. Había bastante evidencia de cacería (restos de municiones, trochas, puestos de cacería, etc.) y lo más probable es que el número limitado de observaciones de las aves de caza fue resultado de la presión de cacería. Los crácidos fueron pobremente representados, con pocos ejemplares de paujiles *(Mitu tuberosum)* y pava de monte o pucacunga *(Penelope jacquacu)* en cada campamento. Pava de Garganta Azul *(Pipile cumanensis)* fue encontrada solo en Alto Cachiyacu, muy lejos del río. Encontramos la especie de montaña, Pava Carunculata *(Aburria aburri)*, pero en pocas cantidades en Alto Cachiyacu y Alto Cahuapanas. La única observación de trompeteros *(Psophia leucoptera)* fue un grupo visto por los ictiólogos en Mina de Sal. La cantidad de codornices *(Odontophorus)* y perdices (seis especies de Tinamidae) fue por lo general moderada y podría indicar bastante sobre las condiciones de hábitat y la presión de cacería.

También había bastante presión de caza en la región sobre Gallito de las Rocas Andino *(Rupicola peruviana)*. Observamos pocos individuos en las elevaciones apropiadas en Alto Cachiyacu y ninguna en Alto Cahuapanas. Esta especie es bien conocida y usualmente común en las vertientes andinas (en su mayoría de los 800 a los 2,000 m), aún en las cumbres más aisladas (Schulenberg et al. 2010). Los miembros del equipo social reportaron que las plumas de la especie son comúnmente usadas como ornamentos en Balsapuerto. Al parecer estas plumas fueron obtenidas en la Cordillera Escalera. Observamos viejas trochas de cacería en Alto Cachiyacu por encima de los 1,600 m, las cuales podrían dar acceso al hábitat de Gallito de las Rocas.

Registros notables

El componente más notable de la avifauna fue el diverso grupo de especies de montañas observadas a lo largo de la gradiente de elevación que estudiamos. Sin embargo, además de la avifauna de montaña con amplios rangos de distribución, encontramos un número de especies notables. El mayor grupo de estos eran especialistas de los tepuyes andinos que se mencionan en la siguiente sección. Un pequeño grupo de aves fue compuesto por cuatro especies asociadas a los suelos arenosos en la parte norte de San Martín y Cordillera Escalera que tienen poblaciones discontinuas en la Amazonía oriental de Brasil. Tres de estas especies (Cotinga de Pecho Purpúrea, *Cotinga cotinga*; Tangara Manchada, *Tangara varia*; y Tangara de Hombro Rojo, *Tachyphonus phoenicius*) están mayormente en los bosques de llanura al este del río Negro en Brasil, asociados al Escudo Guayanés. La cuarta especie, Pibí Negruzco (Contopus nigrescens), está mayormente al sur del Amazonas, desde el río Tocantins hacia el este.

Los colibríes (Trochilidae) fueron notablemente diversos en este inventario (Figs. 8A–M). Observamos 31 especies con una riqueza significativa en todas las elevaciones. En Mina de Sal, un árbol en flor de *Erythrina poeppigiana* atrajo nueve especies, incluyendo cuatro que no fueron vistas nuevamente durante el inventario: Topacio de Fuego (*Topaza pyra*), Zifira de Barbilla Azul (*Chlorestes notata*), Amazilia de Garganta Brillante (*Amazilia fimbriata*) y Zafiro de Garganta Roja (*Hylocharis sapphirina*). Entre los colibríes había cinco especies restringidas a las crestas aisladas (ver abajo) incluyendo Ermitaño de Koepcke (*Phaethornis koepckeae*), Ángel de Sol Real (*Heliangelus regalis*), Cola Pintado Ecuatoriano (*Phlogophilus hemileucurus*), Brillante de Garganta Rosada (*Heliodoxa gularis*) y Ala de Sable del Napo (*Campylopterus villaviscensio*).

Registramos 11 especies consideradas Vulnerables o Amenazadas por BirdLife International (2014c) y la UICN (IUCN 2014), y 19 especies consideradas Casi Amenazadas. Dos de las especies Vulnerables, Pava de Garganta Azul (*Pipile cumanensis*) y Paloma Rojiza (*Patagioenas subvinacea*), tienen distribuciones amplias en la Amazonía por lo que no consideramos que estén seriamente amenazadas. Las otras especies Vulnerables son especies de montañas con estrechas distribuciones de elevación, rangos restringidos o ambos. Dos especies, Ángel de Sol Real (*Heliangelus regalis*) y Hormiguerito de Garganta Ceniza (*Herpsilochmus parkeri*), están consideradas como Amenazadas. Ambas han sido

descritas de otras localidades, en tepuyes andinos relativamente cercanos (Fitzpatrick et al. 1977, Davis y O'Neill 1986) y ambas tienen estrechas distribuciones de elevación y requerimientos de hábitat especializados.

Entre las 19 especies de aves Casi Amenazadas, siete son especies de las llanuras amazónicas, mayormente aves de presa y loros que sufren por la explotación de los humanos. Una especie es migratoria de Norte América, Pibí Boreal (*Contopus cooperi*). Los datos del Breeding Bird Survey nos indican que se estima un 75% de disminución de esta especie en los últimos 40 años. Aunque la especie todavía es común y ampliamente distribuida, esta disminución nos sugiere que está amenazada (BirdLife International 2014a). El resto de las especies son todas de montañas. La mayoría tiene distribuciones en las pendientes más bajas y están bajo presión por la agricultura y otros factores de riesgo, tales como la cacería y los pequeños rangos geográficos y de elevación. Cinco de las especies Casi Amenazadas — Ermitaño de Koepcke (*Phaethornis koepckeae*), Ala de Sable del Napo (*Campylopterus villaviscensio*), Tirano-Todi de Garganta Anteada (*Hemitriccus rufigularis*), Sirio de Cola Gris (*Snowornis subalaris*) y Cucarachero Montés de Ala Barrada (*Henicorhina leucoptera*)— están restringidas a los tepuyes andinos.

Especialistas de los tepuyes andinos

Hay aproximadamente unas 30 especies de aves en el Perú que están restringidas, o por lo menos altamente asociadas, a estas cumbres periféricas en el norte del Perú. Durante nuestro inventario encontramos 16 de estos especialistas de tepuyes andinos (Tabla 7). Estas aves no estaban distribuidas a lo largo de las gradientes de elevación que muestreamos. Por el contrario, estaban concentradas en las estribaciones bajas, por debajo de los 1,100 m, o encontradas en el bosque enano en las cumbres de las crestas.

Entre las especies típicas de los tepuyes andinos está Hormiguerito de Garganta Ceniza (*Herpsilochmus parkeri*). Encontramos un par a los 1,250 m en Alto Cachiyacu. Davis y O'Neill (1986) describieron esta especie para el flanco suroeste de la Cordillera Escalera a los 1,350 m, en la Región San Martín y a menos de 20 km al sur de nuestro campamento Alto Cachiyacu.

Tabla 7. Especies de aves restringidas o casi restringidas a los tepuyes andinos. Se indica los registros obtenidos durante el inventario rápido de la Cordillera Escalera-Loreto en Loreto, Perú, y en 13 otros sitios en el Perú y Ecuador.

Species	Nombre común	Cordillera Escalera-Loreto	Flanco SO Cordillera Escalera[1]	Cordillera del Cóndor[2]	Cordillera del Cóndor[3]	
Pauxi unicornis	Paujil Cornudo					
Morphnarchus princeps	Gavilán Barrado	x			x	
Eutoxeres aquila	Pico de Hoz de Puntas Blancas		x	x	x	
Phaethornis koepckeae	Ermitaño de Koepcke	x	x			
Heliangelus regalis	Ángel del Sol Real	x	x			
Phlogophilus hemileucurus	Cola Pintada Ecuatoriano	x			x	
Phlogophilus harterti	Cola Pintada Peruano					
Heliodoxa gularis	Brillante de Garganta Rosada	x	x			
Heliodoxa branickii	Brillante de Ala Canela					
Campylopterus villaviscensio	Ala de Sable del Napo	x	x		x	
Capito wallacei	Barbudo de Franja Escarlata					
Touit stictopterus	Periquito de Ala Punteada		x	x	x	
Thamnophilus divisorius	Batará de Acre					
Herpsilochmus motacilloides	Hormiguerito de Vientre Cremoso					
Herpsilochmus parkeri	Hormiguerito de Garganta Ceniza	x	x			
Chamaeza campanisona	Rasconzuelo de Cola Corta	x	x	x	x	
Myiornis albiventris	Tirano Pigmeo de Vientre Blanco					
Hemitriccus rufigularis	Tirano-todi de Garganta Anteada	x	x	x		
Myiophobus roraimae	Mosquerito de Roraima		x		x	
Contopus nigrescens	Pibí Negruzco	x	x			
Oxyruncus cristatus	Picoagudo		x	x		
Snowornis subalaris	Sirio de Cola Gris	x	x	x		
Cotinga cotinga	Cotinga de Pecho Púrpura	x				
Machaeropterus regulus	Saltarín Rayado		x			
Laniisoma elegans	Plañidero Elegante			x		
Henicorhina leucoptera	Cucarachero Montés de Ala Barrada	x	x	x	x	
Microbates cinereiventris	Soterillo de Cara Leonada	x	x	x		
Tangara phillipsi	Tangara del Sira					
Tangara varia	Tangara Manchada	x				
Chlorothraupis carmioli	Tangara Aceitunada	x	x			
Number of species recorded		**16**	**17**	**9**	**8**	

Es conocida por ahora en dos áreas: la parte sur de la Cordillera Escalera y cerca a Afluente, una localidad en el sector noroccidental de San Martín, a unos 115 km al noroeste.

Bosques enanos

Los bosques enanos y los arbustales de cumbres asociados con condiciones edáficas y de clima específicas (Tabla 2 y el capítulo *Vegetación y flora*, este volumen) juegan un rol importante en definir la distribución de aves observada en este inventario. Arriba de los 1,800 m en Alto Cachiyacu se encontraba un área densa de arbustales. El número de especies de aves en estos arbustales fue bajo (Fig. 27) pero se observó dos aves endémicas del norte del Perú y del sur de Ecuador: Ángel de Sol Real (*Heliangelus regalis*) y Cucarachero Montés

Fuentes: 1 = Davis (1986), 2 = inventario de Parker en Schulenberg y Awbrey (1997), 3 = inventario de Schulenberg y Wust en Schulenberg y Awbrey (1997), 4 = Harvey et al. (2011), 5 = Forero-Medina et al. (2011), 6 = Schulenberg (2002), 7 = Schulenberg et al. (2001), 8 = Lane y Pequeño (2004), 9 = Schulenberg et al. (2006), 10 = Ruelas Inzunza et al. (2012), 11 = Stotz et al. (1985), 12 = Robbins et al. (1987), 13 = datos sin publicar de un inventario de Fitzpatrick en 1985

Cordillera del Sira[4]	Vilcabamba[5]	Cofán-Bermejo[6]	Cordillera Azul[7]	Megantoni[8]	Sierra del Divisor[9]	Cerros de Kampankis[10]	Amazonia Lodge[11]	Kutukú[12]	Pantiacolla[13]
x									
		x				x		x	
			x					x	
x	x						x		x
			x						
		x					x		x
x				x				x	
						x			
x	x		x				x		x
		x				x		x	
x			x						
		x	x					x	
					x				
	x			x					
x		x	x	x		x		x	x
			x						
x	x	x	x				x	x	x
x			x					x	x
			x						
x	x		x						x
x	x	x	x			x			x
			x						
			x						
x							x		x
		x							
x		x	x			x	x		x
x									
			x						
x	x	x	x				x		x
14	**7**	**9**	**18**	**3**	**1**	**6**	**7**	**8**	**11**

de Ala Barrada (*Henicorhina leucoptera*). Estas dos especies también estaban en los arbustales de cumbres con suelo arenoso en Alto Cahuapanas. Estos arbustales se encontraban entre los 1,150 y 1,350 m.

En Alto Cahuapanas, tan pronto como uno empezaba a salir del valle ribereño, la vegetación se transformaba a un bosque enano en las cumbres con una avifauna dominada por las especies de montañas. Estas incluyeron

algunas especies que solo estaban a elevaciones muy altas en Alto Cachiyacu.

Bandadas mixtas

Las bandadas mixtas son un componente principal de las avifaunas de los bosques tropicales. En Cordillera Escalera, las bandadas de sotobosque en Mina de Sal tenían básicamente una estructura y apariencia amazónica, y las bandadas estaban dirigidas por Batará de Garganta Oscura (*Thamnomanes ardesiacus*). Sin embargo, había muy pocas bandadas en el dosel en este sitio. Encontramos grupos de tangaras en el dosel pero mayormente posándose en los árboles con frutas. Un elemento inusual fue la existencia de unas pocas bandadas pequeñas y transitorias que encontramos alrededor de Tangara Aceitunada (*Chlorothraupis carmioli*). La mayoría de las *Chlorothraupis* que vimos estaban en bandadas de dosel junto con *Thamnomanes*, pero ocasionalmente estaban por si solas y actuaban de líderes de la bandada. Batará Cinéreo (*Thamnomanes caesius*), otra especie líder de bandadas, se observó solo en Mina de Sal. En ambas ocasiones eran parte de la bandada de dosel que incluía *Thamnomanes ardesiacus*.

En Alto Cachiyacu y Alto Cahuapanas, las bandadas de dosel que están por debajo de los 1,200 y los 1,050 m respectivamente se parecían a las que encontramos en Mina de Sal, con *Thamnomanes ardesiacus* actuando como el líder. Alto Cachiyacu tenía bandadas de dosel comunes y bien desarrolladas, formándose alrededor de Tangara Leonada (*Lanio fulvus*) en el bosque de terraza. En las otras áreas de elevaciones bajas en este sitio había bandadas de dosel alrededor de Lanio, pero eran más pequeñas y más dispersas. En Alto Cahuapanas encontramos bandadas similares solo en el bosque del valle a lo largo del río. Estas eran menos abundantes que las encontradas en Alto Cachiyacu, pero eran más grandes y estables. Aunque algunas de estas bandadas de dosel en ambos sitios tenían una composición predominantemente amazónica, registramos una docena de especies de montaña que eran miembros de estas bandadas, por lo menos en algunas ocasiones. Estas incluían Batará Rojiza (*Thamnistes anabatinus*), Coliespina de Ceja Ceniza (*Cranioleuca curtata*), Mosqueta Cerdosa de Anteojos (*Phylloscartes orbitalis*), Parula Tropical (*Setophaga pitiayumi*) y Hormiguerito de Ala Rufa (*Herpsilochmus rufimarginatus*).

El hábitat se convertía en bosque de nubes arriba de los 1,200 m en Alto Cachiyacu. Con esta transición la avifauna cambiaba dramáticamente, así como las bandadas mixtas. Esta transición en la estructura y composición de la bandada es un elemento común en los cambios de elevación en las montañas de Sudamérica.

En Alto Cachiyacu, entre los 1,350 y los 1,800 m, las bandadas estaban dominadas por los tangaras, pero la especie dominante al parecer era Reinita de Cabeza Listada (*Basileuterus tristriatus*). No había ninguna separación entre las bandadas del sotobosque y del dosel. Algunas bandadas no tenían *Basileuterus*. En estas bandadas parecía que Tangara de Garganta Amarilla (*Iridosornis analis*) y Tangara de Montaña de Ala Azul (*Anisognathus somptuosus*) actuaban de líderes. Varias especies de *Chlorospingus* son usualmente importantes líderes de bandadas en sistemas montanos, pero las dos especies presentes en Alto Cachiyacu eran poco comunes y no parecían jugar ningún rol importante en el liderazgo de la bandada a ninguna elevación.

Reproducción

La búsqueda de nidos y la observación del comportamiento reproductivo son actividades secundarias en un inventario rápido. Típicamente encontramos pocas evidencias sobre el comportamiento reproductivo y este inventario no fue la excepción. Sin embargo, parecía haber más evidencia de actividades de reproducción en este inventario. Encontramos un nido de Hormiguero de Cresta Canosa (*Rhegmatorhina melanosticta*) con dos pequeños polluelos a unos 1,600 m en Alto Cachiyacu. Cabezón de Corona Castaña (*Pachyramphus castaneus*) y Mosquero Social (*Myiozetetes similis*) estaban construyendo nidos cerca al helipuerto en Alto Cachiyacu. Vimos numerosas especies que tenían juveniles dependientes que acompañaban a los adultos. Estas eran Hormiguerito de Cola Rufa (*Epinecrophylla erythrura*), Hormiguero de Plumón Blanco (*Pithys albifrons*), Cabezón de Garganta Rosada (*Pachyramphus minor*), Soterillo de Cara Leonada (*Microbates cinereiventris*) y Vireón de Ceja Rufa (*Lanio fulva*).

Migrantes

Debido a las fechas del inventario (mediados de setiembre y principios de octubre) las aves migratorias de Norte América deberían haber estado llegando a la región. Solo encontramos cinco especies del norte, incluyendo dos especies de aves playeras, Playero Coleador (*Actitis macularius*) y Playero Solitario

(*Tringa solitaria*), y tres Pibíes Contopus: Pibí Oriental
(*C. virens*), Pibí Occidental (*C. sordidulus*) y Pibí Boreal
(*C. cooperi*). Otras especies migratorias deberían estar
presentes más tarde en la temporada.

DISCUSIÓN

Hábitats y avifaunas en los sitios del inventario

Mina de Sal

Este campamento tenía la elevación más baja de las
tres localidades que estudiamos. Por lo tanto, antes de
llegar habíamos predicho que esta localidad tendría
la mayor cantidad de especies amazónicas, pero esto
no se cumplió. Este campamento estuvo situado en un
valle muy angosto, con las colinas que se levantaban
inmediatamente detrás de nuestro campamento y a lo
largo del río. Estas colinas tenían suelos muy pobres
y no se parecían a la típica tierra firme amazónica que
la avifauna de la Amazonía utiliza. La estrechez del
valle significaba que los tipos de bosque amazónicos
eran muy pequeños y ninguno de estos correspondía
a la tierra firme. Como resultado, la avifauna de este
lugar era muy pobre y con un pequeño grupo de aves
de montaña. En Mina de Sal no encontramos unas 80
especies de aves que sí encontramos en Alto Cachiyacu,
y en Mina de Sal solo encontramos 41 especies de
tierras bajas que no encontramos en Alto Cachiyacu.
En Mina de Sal encontramos solo cinco especies que
no existen usualmente en las llanuras: Paloma-perdiz
Rojiza (*Geotrygon saphirina*), Pico-Lanza de Frente
Azul (*Doryfera johannae*), Brillante de Garganta
Rosada (*Heliodoxa gularis*), Hormiguerito de Ala
Rufa (*Herpsilochmus rufimarginatus*) y Saltarín Verde
(*Xenopipo holochlora*). Brillante de Garganta Rosada es
la más importante de estas especies montanas.
Es un especialista de los tepuyes andinos (ver abajo)
restringido al sur de Ecuador hasta la Cordillera
Escalera y está considerado como Vulnerable por
BirdLife International (2014b).

El componente amazónico de la avifauna de Mina
de Sal estaba dominado por grupos relativamente
tolerantes a los bordes boscosos y disturbios, tales como
colibríes, mosqueros, orejeritos y tangaras. Muchas
familias típicamente de selva baja estaban pobremente

representadas aquí: Trogonidae (trogones), Momotidae
(momotos), Bucconidae (bucos), Ramphastidae (tucanes),
Picidae (carpinteros), Psittacidae (loros), Furnariidae
(horneritos) y Turdidae (zorzales). Aunque los otros
campamentos tenían más especies de estas familias, solo
Furnariidae, al final, estaba bien representada en nuestro
inventario.

Catorce especies de colibríes fueron registradas en
este sitio, un buen número para este rango de altitud.
La razón principal para esto fue que un solo árbol de
Erythrina poeppigiana estaba en plena floración y lleno
de colibríes y tangaras, así como abejas y mariposas.
Registramos nueve especies de colibríes en ese árbol. En
otros campamentos también había un gran número de
árboles en flor de *Erythrina ulei*, pero no observamos
aves y solo se vio un pequeño número de insectos
visitando a las flores. No quedó claro si *Erythrina ulei*
es un recurso menos valioso para los nectarívoros, o
si los árboles que examinamos no estaban en el estado
fenológico apropiado.

Alto Cachiyacu

A pesar de tener una elevación mínima más alta que Mina
de Sal (500 m), esta localidad tenía una avifauna amazónica
más completa. A diferencia de Mina de Sal, una gran
parte del elemento amazónico se dio en las colinas y en
las terrazas de las pendientes a unos 1,200 m. El hábitat
a lo largo del río en este sitio estuvo dominado por una
vegetación secundaria asociada con la inundación de los
ríos y los derrumbes, especialmente un derrumbe grande
donde se ubicaba el helipuerto. La mayoría de las especies
amazónicas en este lugar características de tierra firme
fueron registradas en las pendientes por encima de los 700
m y algunas de estas fueron observadas a los 1,200 m,
donde el bosque cambió dramáticamente a bosque montano
y la avifauna también cambió a una avifauna típica de
montaña. En cambio, las especies características de bosques
secundarios estaban bien representadas cerca al río y varias
de estas especies también fueron observadas hasta los 800
m en áreas disturbadas. Tuvimos 48 especies características
de hábitats secundarios, un número extraordinario para un
sitio casi sin alteraciones antropogénicas de la vegetación.
Esto se compara con las 15 especies de aves en los hábitats
secundarios de Mina de Sal y 13 en Alto Cahuapanas. En

otros inventarios rápidos por lo general se encontró menos especies de hábitats secundarios. Por ejemplo, solo 25 de estas especies fueron registradas en todo el inventario de Ampiyacu-Apayacu (Stotz y Pequeño 2004). El inventario de Yavarí se enfocó en un gran río de selva baja y tuvo solo 37 especies en hábitats secundarios (Lane et al. 2003).

El cambio de la avifauna montana a los 1,200 m fue relativamente dramático (Fig. 27). Solo 19 especies encontradas por debajo de los 1,200 m fueron también encontradas por encima de los 1,200 m. De esas, 11 son especies que están ampliamente distribuidas en la Amazonía. Las otras son especies de las estribaciones bajas que encontramos a los 900 m en este sitio. Veintiocho especies de la Amazonía alcanzaron su límite superior justo a los 1,200 m.

Dos características de este patrón sobresalen en comparación con otros sistemas de montaña. La primera es la alta elevación en que ocurrió la transición hacia la avifauna de montaña. A pesar de que algunas especies de la Amazonía pueden existir a los 1,500 m o más, generalmente entre los 800 y 1,000 m el elemento amazónico es atenuado con la elevación y reemplazado casi en su totalidad por la avifauna de montaña (Stotz et al. 1996; ver especialmente Fig. 3.5 donde se muestra la disminución de las especies de la Amazonía y el incremento de las especies de montaña en el Cerro de Pantiacolla). Las bandadas de especies mixtas se convierten en bandadas de montaña naturalmente, cuando los hormigueros del sotobosque de la selva baja desaparecen y las bandadas de tangaras están compuestas de especies de montaña por lo general. En Alto Cachiyacu, el elemento amazónico dominó hasta los 1,200 m. A los 1,200 m, Stotz registró una gran bandada de dosel liderada por Lanio, una especie de selva baja; todos los tangaras y la mayoría de las otras especies en la bandada eran especies de selva baja.

La segunda característica poco usual fue el cambio brusco de la avifauna de montaña. Muy pocos especies de montaña se dieron en Alto Cachiyacu por debajo de los 1,400 m. El elemento premontano de la avifauna andina estaba ausente y las especies de montaña solo se daban por encima de los 1,400 m. Como resultado, la avifauna era casi en su totalidad amazónica hasta los 1,200 m, y de montaña por encima de los 1,400 m. El patrón típico,

en donde se mezclan las aves de montaña con las aves de llanuras a lo largo de cientos de metros de elevación, no se dio en Alto Cachiyacu.

Alto Cahuapanas

En esta localidad muestreamos el rango de altitud más estrecho de los tres campamentos. La mayoría de nuestras observaciones fueron a lo largo del río Cahuapanas a los 1,050 m. También muestreamos dos colinas de areniscas que se elevaron a los 1,400 y 1,150 m. De muchas maneras la avifauna a lo largo del río Cahuapanas se pareció a la avifauna en las terrazas altas entre los 900 y 1,200 m en Alto Cachiyacu. Encontramos un elemento amazónico importante y las bandadas mixtas estaban dominadas por especies de selva baja. Las bandadas de dosel estaban dirigidas por Tangara Leonada (*Lanio fulvus*) y las bandadas de sotobosque por Batará de Garganta Oscura (*Thamnomanes ardesiacus*). Aún así hubo algunas especies amazónicas que sorprendentemente no estaban en Alto Cahuapanas y que eran abundantes en Alto Cachiyacu arriba de los 900 m. Estas incluyeron Perdiz Abigarrada (*Crypturellus variegatus*), Hormiguerito de Hombro Castaño (*Euchrepomis humeralis*), Hormiguero Peruano (*Hypocnemis peruviana*), Hormiguero Gris (*Cercomacra cinerascens*), Gallito-Hormiguero de Cara Negra (*Formicarius analis*), Trepador de Garganta Anteada (*Xiphorhynchus guttatus*) y todas las especies de oropéndolas (*Psarocolius y Clypicterus*). Sospechamos que la distancia más larga, por lo menos 20 km, al bosque de baja elevación más cercano (menos de 500 m) interfiere con la capacidad de las especies amazónicas de alcanzar nuestro campamento y alrededores. No es claro aún porque ciertas especies amazónicas no fueron registradas en Alto Cahuapanas, mientras que otras especies fueron comunes. No parecía haber un componente obvio de hábitat para este patrón, ni tampoco había especies que eran reemplazadas por sus congéneres de montaña.

Había más especies de montaña a los 1,050 m en Alto Cahuapanas (33) que debajo de los 1,200 m en Alto Cachiyacu (25). Sin embargo, dos especies que eran comunes en las pendientes bajas en Alto Cachiyacu y Mina de Sal, Hormiguerito de Ala Rufa (*Herpsilochmus rufimarginatus*) y Tangara Aceitunada (*Chlorothraupis carmioli*), no fueron registradas en Alto Cahuapanas. No encontramos una razón obvia para explicar la ausencia de estas en Alto Cahuapanas.

Aves de caza

Los pocos individuos de aves de caza en estos tres campamentos, junto con la poca cantidad de mamíferos grandes (en especial monos), nos indicaron que hay bastante presión de cacería en la Cordillera Escalera. Al mismo tiempo, sí encontramos poblaciones de las especies esperadas de aves de caza. La presencia de todas estas especies nos sugiere que el manejo de la cacería permitiría recuperar las poblaciones de estos animales. Debido a que estas poblaciones son muy pequeñas, los límites deben ser estrictos para poder así ayudar a la recuperación de las especies. Las comunidades locales necesitan establecer estos límites de cacería y implementarlos durante todo el año. El manejo de Gallito de las Rocas Andino (*Rupicola peruviana*) es una prioridad. Los pocos individuos observados de esta ave que por lo general es común, y su uso extensivo en los ornamentos nos sugieren que esta especie está bajo una gran presión de cacería. El hecho de que los machos forman grupos de exhibición para aparearse es un considerable riesgo. Así como con las aves de presa, es necesario empezar un manejo con límites estrictos en la explotación de Gallito de las Rocas hasta que se recuperen las poblaciones.

Especialistas de los tepuyes andinos

Las 16 especies de aves restringidas a los tepuyes andinos encontradas en este inventario reflejan la importancia de este subgrupo de aves en la Cordillera Escalera. Davis (1986) encontró 17 especialistas de crestas aisladas (Tabla 7), de los cuales cinco no fueron encontrados durante nuestro inventario. Esto nos da un total de 21 especialistas de tepuyes andinos para la Cordillera Escalera.

Comparamos nuestros resultados con el patrón de distribución de estos especialistas encontrados en otros complejos de tepuyes andinos desde el norte de Ecuador al sur del Perú (Tabla 7). Tres cordilleras sobresalen en cuanto a la diversidad de especialistas de crestas:

Cordillera Escalera con 21 especies, Cordillera Azul con 18 y Cerros del Sira con 14. Estas tres son cordilleras grandes y complejas, diferenciándose de otras localidades de tepuyes andinos que típicamente tienen una sola cresta central que alcanza una elevación de unos 1,500 m. La Cordillera Escalera alcanza los 2,300 m, Cordillera Azul los 2,400 m y el Sira los 2,200 m. Además de este perfil de elevaciones altas, está claro que hay un pico de diversidad de aves en los tepuyes andinos en el norte y centro del Perú, extendiéndose desde San Martín (la parte al sur del Marañón) hasta Huánuco. Al norte y al sur de esta área, la cantidad de especialistas que se encuentra a nivel regional es menor.

Además, hay un grupo pequeño de especies endémicas en esta área. El Sira tiene tres especies endémicas: Paujil del Sira (*Pauxi koepckeae*), Barbudo del Sira (*Capito fitzpatricki*) y Tangara del Sira (*Tangara phillipsi*). Barbudo de Franja Escarlata (*Capito wallacei*) es endémico de Cordillera Azul. No se conocen especies endémicas para la Cordillera Escalera, pero Hormiguerito de Garganta Ceniza (*Herpsilochmus parkeri*) solo existe aquí y en los tepuyes andinos en el sector noroccidental de San Martín, cerca de Afluente, 115 km al noroeste.

Los especialistas de los tepuyes andinos no están uniformemente distribuidos a lo largo de la gradiente altitudinal de Cordillera Escalera. Solo cuatro de las 21 especies conocidas para la Cordillera Escalera fueron encontradas arriba de los 1,400 m. Dos de estas eran especialistas de arbustales de cumbre, Ángel de Sol Real (*Heliangelus regalis*) y Cucarachero Montés de Ala Barrada (*Henicorhina leucoptera*), encontrados entre los 1,850 y 1,950 m en Alto Cachiyacu, pero entre los 1,150 y 1,350 m en Alto Cahuapanas. Los otros dos son Gavilán Barreado (*Morphnarchus princeps*), encontrado a los 1,800 m, y Rasconzuela de Cola Corta (*Chamaeza campanisona*), encontrada desde los 1,000 m hasta los 1,600 m pero más común por debajo de los 1,200 m. Esto reflejaría el menor muestreo que se realizó a altas elevaciones, pero en realidad la mayoría de estas especies tienen sus elevaciones conocidas concentradas en las pendientes bajas a lo largo de su rango.

Se ha sugerido que estos especialistas de tepuyes andinos son especies reliquia, que sobreviven en las crestas periféricas justamente porque sus competidores andinos están ausentes en esos lugares (Fitzpatrick et al. 1977, Terborgh y Weske 1975). Es muy probable que sean especies reliquia, pero la hipótesis de competencia reducida no parece ser aplicable debido a la distribución de los congéneres de algunos de estos especialistas de crestas. Por ejemplo, dos especies con amplia distribución, Cucarachero Montés de Pecho Gris (*Henicorhina leucophrys*) y Cucarachero Montés de Pecho Blanco (*H. leucosticta*), están en Cordillera Escalera, reemplazándose una a otra en la gradiente de elevación en el bosque alto. Cucarachero Montés de Ala Barrada (*Henicorhina leucoptera*) puede coexistir con estas especies debido a que ocupa los arbustales en vez del bosque alto. Estos arbustales están asociados por lo general con los tepuyes andinos en el norte del Perú y Ecuador, debido a que las condiciones edáficas y climáticas no se duplican en la Cordillera de los Andes.

De manera similar Hormiguerito de Garganta Ceniza (*Herpsilochmus parkeri*) existe con sus dos congéneres de amplia distribución, Hormiguerito de Ala Rufa (*Herpsilochmus rufimarginatus*) y Hormiguerito de Pecho Amarillo (*Herpsilochmus axillaris*), en la Cordillera Escalera. Un reciente estudio molecular de las relaciones del género *Herpsilochmus* (Whitney et al. 2013) es de mucha ayuda. La hermana de *Herpsilochmus parkeri* es Hormiguerito de Vientre Cremoso (*Herpsilochmus motacilloides*), que ocupa las crestas aisladas desde Huánuco hacia el sur, llegando a Madre de Dios. Este patrón de los taxones hermanos de las especies de tepuyes andinos reemplazándose una a otra geográficamente entre el norte y el centro del Perú se ve en los colibríes *Phlogophilus*, así como en Brillante de Garganta Rosada (*Heliodoxa gularis*) y Brillante de Ala Canela (*Heliodoxa branickii*). Sin embargo, muchos de estos especialistas de tepuyes andinos no tienen parientes cercanos (p. ej., Gavilán Barreado, *Morphnarchus princeps*) o no tienen ninguna relación con otras partes del Neotrópico, como el Escudo Guayanés, el Bosque Atlántico del este de Brasil o la Amazonía. El entendimiento de la base ecológica y evolucionaria de este patrón de distribución de las aves restringidas a los tepuyes andinos requerirá un mayor conocimiento de los requerimientos ecológicos de estas especies y más estudios sobre las relaciones filogenéticas y la biogeografía.

Distribuciones de elevación

La elevación es una de las características principales que forman a las comunidades de aves a nivel regional y local (Stotz et al. 1996, Stotz 1998). La combinación de hábitats y elevación determina cuáles especies de aves pueden ser encontradas en cuáles lugares, así como los patrones de riqueza y endemismo. Como resultado, las distribuciones de elevación de las especies individuales varían de acuerdo a las diferentes gradientes de altura, aún a pequeñas escalas. Aunque en los tres campamentos en la Cordillera Escalera había una gran variación de altitud, solo la gradiente de elevación existente en Alto Cachiyacu nos ayudó a entender como las aves estaban distribuidas con respecto a la elevación. Aún así, el limitado tiempo en el campo que se tuvo en las áreas por encima de los 1,000 m restringió el entendimiento del verdadero patrón de las distribuciones de elevación.

En Mina de Sal había solo cinco especies puramente de montaña, los suelos eran pobres y la falta de una avifauna más completa de tierra firme significó que encontramos un patrón atenuante relativamente rápido de las especies de llanuras con respecto a la elevación. Veinticinco especies de aves de llanura fueron registradas en estas pendientes y no a lo largo del río (Apéndice 10). Todas estas fueron observadas a solo una elevación, así que parece ser que el rango de elevación observado estaba incompleto. Cada intervalo de elevación colina arriba tenía un pequeño número (2–7) de estas especies de una sola elevación. En general la riqueza de aves disminuía regularmente con la elevación, de 145 especies a los 300 m a 12 especies a los 650 m. Es muy probable que la riqueza observada a los 650 m fue altamente subestimada debido al área limitada de esa elevación en nuestro sistema de trochas y el limitado tiempo de observación ahí debido a la distancia desde nuestro campamento.

En Alto Cahuapanas se representó una condición poco usual desde la perspectiva de la distribución de elevación. Los bosques a lo largo del río a los 1,050 m tenían una avifauna mayormente de llanuras, pero muchas especies de selva baja que típicamente suben a las elevaciones mayores estuvieron ausentes. Nosotros sospechamos que esto se debe a que la distancia a lo largo del curso del río hacia la verdadera selva baja es más de 20 km, lo que reduce el intercambio que es más típica de una gradiente de elevación en las estribaciones de una montaña. Adicionalmente, aunque teníamos acceso a una gradiente de 200 m de elevación vertical en este campamento (de los 1,050 a los 1,250 m), el cambio relativamente abrupto desde que salíamos del valle ribereño al bosque enano de suelos muy pobres resultó en un cambio abrupto de especies y una disminución rápida de la riqueza de especies.

Alto Cachiyacu fue el único lugar con un perfil de riqueza de especies más o menos típico con la elevación existente (Fig. 27). A lo largo de la mayoría de las gradientes de elevación en el Neotrópico (Stotz et al. 1996) hay una alta diversidad de aves en los bosques de tierra firme, la que gradualmente disminuye con el incremento de la elevación hasta un punto de la gradiente en el cual la mayoría de las especies de llanura desaparece; la avifauna más arriba de este punto es casi totalmente de montaña. En Alto Cachiyacu, esto ocurrió por encima de los 1,200 m, donde los bosques de terraza desaparecen y son reemplazados por bosques de neblina con bastante musgo. Este cambio de elevación es más dramático del que ocurre típicamente para la avifauna, desde la Amazonía hasta las montañas. En nuestros estudios en otras regiones, este cambio usualmente ocurre entre los 700 y 900 m.

Casi siempre la transición de una avifauna amazónica a una avifauna de montaña se refleja claramente en la composición de las bandadas de especies mixtas. Las bandadas de sotobosque lideradas por las batarás *Thamnomanes* y las bandadas de dosel lideradas por las tangaras *Lanio*, con los insectívoros de llanura y las especies de llanura de *Tangara* ocurren en las estribaciones hasta el punto en que los *Thamnomanes* y *Lanio* alcanzan sus límites máximos de elevación. En ese punto, las bandadas cambian rápidamente a bandadas de montaña, con las reinitas *Basileuterus* o las *Chlorospingus* en su núcleo. Observamos este mismo patrón en Alto Cachiyacu, donde *Thamnomanes ardesiacus* (Batará de Garganta Oscura) y *Lanio fulvus* (Tangara Leonada) desaparecieron a los 1,200 m. La zona entre los 1,200 y 1,400 m era muy empinada y rocosa, con algo de bosque enano. Había algunas pocas bandadas a estas elevaciones, pero por encima de los 1,400 m las bandadas de especies mixtas eran comunes,

con *Basileuterus tristriatus* liderando la mayoría de estas. Las otras especies en estas bandadas eran todas de montaña, ya que la mayoría de las bandadas mixtas de especies de llanura había desaparecido a los 1,200 m. Aunque las condiciones en Alto Cahuapanas eran obviamente diferentes, había una transición similar con las bandadas de especies mixtas. *Thamnomanes ardesiacus* y *Lanio fulvus* dirigían las bandadas en el bosque a lo largo del río a los 1,050 m, pero ninguna de estas especies fue registrada en las estribaciones adyacentes. Las especies de llanura en estas bandadas a lo largo de río tampoco fueron registradas en las estribaciones cercanas.

El hábitat de bosques enanos y la dificultad de muestrear en la zona entre los 1,200 y 1,400 m pudieron haber generado un elemento poco común en el perfil de riqueza de especies con la elevación: una brusca disminución de la riqueza a los 1,200 m y un ligero repunte a los 1,500 m (Fig. 27). Típicamente estos perfiles tienen una forma casi uniforme, por lo que Terborgh (1971) concluyó que el cambio de especies es por lo general constante a lo largo de las pendientes de los Andes en el centro del Perú. La transición desde las llanuras amazónicas hasta las pendientes usualmente genera una notable disminución de especies, debido a la pérdida simultanea de los hábitats asociados a los ríos y cochas en las llanuras (ver la Fig. 3.5 en Stotz et al. 1996), y vemos un patrón similar en la transición en la Fig. 27. Sin embargo, las transiciones a lo largo de las pendientes tienden a ser más graduales. Es notable que la transición hacia los arbustales de las cumbres no está acompañada con el brusco cambio en el perfil de riqueza de especies (Fig. 27).

Comparación con Davis (1986)

En 1983 por casi tres meses Davis estudió la avifauna del flanco suroeste de la Cordillera Escalera en San Martín, entre los 750 y 1,450 m (Davis 1986). Fue durante este inventario que se descubrió Hormiguerito de Garganta Ceniza (*Herpsilochmus parkeri*; Davis y O'Neill 1986). Davis nos dio las listas completas para estos tres campamentos (1986), lo que nos permitió comparar resultados. No encontramos 56 de las 311 especies que Davis registró. Veintisiete de estas especies tienen distribución de montaña, incluyendo cinco especies que están restringidas a los tepuyes andinos (Tabla 7). De las especies restantes, la mayoría son típicas de la selva baja amazónica, pero seis son migrantes de Norte América que probablemente estarán en esta área de estudio más tarde, y cuatro son especies de hábitats abiertos encontrados en el valle de Mayo pero no conocidos para la vertiente oriental de la Cordillera Escalera. Debido a que numerosas especies que encontramos (p. ej., Tangara Manchada [*Tangara varia*] y Tangara de Hombro Rojo [*Tachyphonus phoenicius*]) no han sido registradas previamente en las montañas, todas estas especies podrían existir en nuestra área de estudio.

Encontramos 167 especies que Davis (1986) no registró. Cincuenta y cinco de estas son especies de montañas, de las cuales casi 33 probablemente no existen en las elevaciones bajas que Davis estudió. Las otras especies son en su mayoría amazónicas. Aunque la porción amazónica de la avifauna que muestreamos no incluía algunos elementos importantes de la selva baja, la presencia de un río moderadamente grande (el Cachiyacu) y las áreas de bajas elevaciones que muestreamos nos dieron como resultado muchas más especies amazónicas que las registradas por Davis.

Comparación con la Cordillera Azul y los Cerros de Kampankis

Los inventarios rápidos de estos dos tepuyes andinos nos dan excelentes puntos de comparación. La investigación en Cordillera Azul tuvo dos etapas: dos expediciones de dos meses cada una por el personal de Louisiana State University (LSU) y un inventario rápido que duró casi lo mismo que el nuestro en Cordillera Escalera. El informe completo hecho por Schulenberg et al. (2001) incluyó las dos expediciones de LSU: junio–agosto de 1996 en la cuenca del río Cushabatay y de junio–agosto de 2000 en la cuenca del río Pauya. El inventario rápido fue conducido de agosto a setiembre de 2000 en las cuencas de los ríos Pauya y Pisqui. Las dos expediciones de LSU encontraron 520 especies mientras que el inventario rápido encontró 375 especies. Las expediciones del LSU muestrearon extensivamente los bosques de llanura así como las estribaciones bajas de las montañas más cercanas, mientras que el inventario rápido se enfocó en las montañas.

La característica principal de los inventarios de Cordillera Azul fue que encontraron una mayor cantidad de especies amazónicas que la que encontramos nosotros, debido a que se muestreó intensivamente el bosque de llanura y por periodos más largos. Ellos encontraron 420 especies de aves en los hábitats de llanura amazónica, mientras que en la Cordillera Escalera encontramos 300 especies características de llanura. El inventario completo de Cordillera Azul encontró 102 especies de aves de montañas, de las cuales 39 no fueron encontradas en nuestro inventario en la Cordillera Escalera. Quince de las especies de montaña que nosotros no registramos fueron registradas por Davis. En el inventario de la Cordillera Escalera encontramos 126 especies de aves de montañas. La mayoría de las 63 especies de montañas que encontramos y que no fueron encontradas en el inventario de Cordillera Azul fueron las especies de los bosques de montaña intermedios, arriba de los 1,400 m. Áreas de esta elevación existen en la Cordillera Azul pero no fueron estudiadas durante el inventario rápido ni durante las expediciones de LSU.

En Kampankis se registró 350 especies durante el inventario rápido (Ruelas Inzunza et al. 2012). Ochenta y cuatro de estas son de montañas, y de estas 19 no fueron registradas en Cordillera Escalera. La elevación más baja de los Cerros de Kampankis, los cuales solo alcanzan los 1,400 m, limita el área de montaña y su avifauna en comparación a Cordillera Azul y Cordillera Escalera. Adicionalmente Kampankis tenía menos aves especialistas de los tepuyes andinos (seis especies; Tabla 7). El hecho de que la cresta en Kampankis era más pequeña pudo influir en esto, pero en general está claro que la diversidad de especies aumenta sustancialmente al sur del Marañón, donde la Cordillera Escalera, la Cordillera Azul, y la Cordillera del Sira albergan más aves especialistas de tepuyes andinos que cualquier otra cresta en el Perú o Ecuador.

Bandadas mixtas

Las bandadas mixtas de la Cordillera Escalera mostraron un patrón de ocurrencia similar al que se encuentra en otros sitios ubicados a lo largo de las cumbres bajas de los Andes. Las bandadas de las tierras bajas, tanto las del dosel como las del sotobosque, se encuentran al pie de las montañas y permanecen intactas en su mayoría, pero son menos diversas y menos comunes que las bandadas mixtas en plena selva baja (D. Stotz, obs. pers.). Estas son bandadas casi típicas con un elemento montano progresivamente mayor al subir la elevación. Las especies líderes de las bandadas de las llanuras disminuyen a diferentes elevaciones en la Cordillera Escalera: a los 1,200 m en Alto Cachiyacu y a los 1,050 m en Alto Cahuapanas. En los lugares donde sucede esto, las bandadas cambian rápidamente a una especie líder de montaña, tal como *Basileuterus o Chlorospingus*. En este punto, la gran mayoría de las bandadas de aves de llanura desaparecen y las bandadas se convierten en bandadas de montaña sin una clara separación entre las bandadas del dosel y del sotobosque.

Esto ocurrió claramente en Alto Cachiyacu, donde las bandadas eran típicamente amazónicas a los 1,200 m pero típicamente de montaña empezando a los 1,400 m. Las únicas especies de selva baja que pudieron pasar este punto de transición, según observamos, fueron Dacnis Azul *(Dacnis cayana)*, que se observó a los 1,500 m, y Eufonia de Vientre Naranja *(Euphonia xanthogaster)*, que se registró a por lo menos los 1,750 m. En Alto Cahuapanas esta transición fue mucho menos clara, ya que vimos muy poco sobre el comportamiento de estas bandadas en el corto periodo de observación, aparte de las bandadas de llanura a lo largo del río.

AMENAZAS

Las amenazas a las poblaciones de aves en Cordillera Escalera son similares a las de otras regiones de la Amazonía. La más importante es la destrucción (actual o potencial) de hábitat consecuencia de actividades productivas como ganadería y agricultura, que pueden ser agudizadas por proyectos de desarrollo de infraestructura como la construcción de la carretera Moyobamba-Balsapuerto, la exploración y explotación petrolera y las concesiones forestales.

La sobre caza de especies de consumo (crácidos y tinámidos) es otro factor importante encontrado a los tres sitios visitados. Las especies de caza necesitan medidas estrictas de manejo para recuperar niveles saludables en sus poblaciones. Finalmente, la caza selectiva de especies para la elaboración de adornos de plumas (tucanes, Gallitos de Rocas) necesita ser evaluada

a detalle para conocer los efectos de estas prácticas en las poblaciones de estas especies.

RECOMENDACIONES PARA LA CONSERVACIÓN

En la Cordillera Escalera registramos una alta riqueza de especies de aves que combina elementos de afinidad amazónica con especies propias de montañas de elevaciones medias y altas. Alberga aves endémicas para el Perú, especies restringidas a cordilleras aisladas subandinas y aquellas que habitan bosques de baja estatura que crecen sobre suelos arenosos pobres en nutrientes (un puñado de estas con poblaciones disyuntas en el oriente de la Amazonía de Brasil, hacen de esta zona un objeto fundamental para la conservación). En este inventario, registramos 11 especies consideradas Vulnerables o Amenazadas (Bird Life International), así como 19 especies consideradas Casi Amenazadas. El subconjunto de especies más importantes para enfocar los esfuerzos de conservación sería aquellas especies restringidas en las crestas periféricas aisladas. Esto incluye dos especies consideradas Amenazadas, dos consideradas Vulnerables y cinco consideradas Casi Amenazadas.

Para asegurar su conservación a largo plazo, es importante reducir las actividades ganaderas y agrícolas extensivas que signifiquen pérdidas netas de la superficie boscosa y buscar alternativas de agroecosistemas que mitiguen los impactos en las aves sin reducir la capacidad de generar ingresos para la gente. Es crítico estar atento a los planes y avances de actividades de exploración petrolera, desarrollo de carreteras y concesiones forestales que pueden acelerar la pérdida de hábitats.

Durante el inventario registramos poblaciones reducidas de aves de caza, siendo evidente que hay una fuerte presión sobre este recurso. Recomendamos aplicar planes de manejo comunal que fortalezcan acuerdos tradicionales como el concepto de 'dejar descansar' el bosque.

La aparente presión de caza del Gallito de las Rocas podría requerir mayor atención que la típica caza de aves de presa. Los machos de esta especie son muy conspicuos cuando se exhiben. Estos terrenos de exhibición son tradicionalmente ocupados por numerosos machos a lo largo de múltiples años, lo que hace posible que esta especie sea rápidamente exterminada. Además, en la mayoría de los casos, las aves de presa son presas secundarias para los cazadores, después de los mamíferos grandes, así que la presión en las aves es típicamente una función de la presión de cacería total. La reducción en la presión de caza le permitiría a las poblaciones de las aves de presa una rápida recuperación. Para el Gallito de las Rocas, la presión de caza está basada en el colorido de sus plumas lo que las hace un objeto primordial de cacería. Estas aves son grandes para tener un plumaje tan colorido, y como se mencionó con anterioridad, su sistema de reproducción lo hace susceptible a altos niveles de cacería. Debido a esta presión, nos parece que en el corto plazo la cacería de esta especie debería terminar. Podría desarrollarse un plan de manejo que podría ser consistente con la protección leal que esta especie recibe. Mientras tanto, aves como los tucanes (*Ramphastus* spp.) y tal vez algunas tangaras podría ser usadas para cumplir la demanda de plumas de color para decoración.

Para acrecentar el conocimiento de la avifauna de Cordillera Escalera, es importante realizar inventarios más detallados que ayuden a entender con mayor claridad las aves que habitan las mayores elevaciones, así como obtener información estacional para entender los movimientos altitudinales y la capacidad de adaptación al cambio climático en las gradientes estudiadas. Más estudios en estas elevaciones altas (>1,200 m) en Alto Cachiyacu nos podrían dar una visión más completa de la diversidad de estos bosques de altas elevaciones en los tepuyes andinos. Inventarios a elevaciones similares dentro de Cordillera Escalera así como en Cordillera Azul deberían ser de alta prioridad para futuros inventarios ornitológicos en la región.

MAMÍFEROS

Autores: Bruce D. Patterson y Cristina López Wong

Objetos de conservación: Una población recientemente descubierta de uno de los primates más raros y más amenazados del mundo, el mono choro de cola amarilla (*Lagothrix flavicauda*), el cual está En Peligro Critico (UICN), listado en el Apéndice I de CITES y Amenazado (US Fish & Wildlife); poblaciones saludables de otorongo (*Panthera onca*) y oso de anteojos (*Tremarctos ornatus*), ambos considerados Casi Amenazados por la UICN, y puma (*Puma concolor*), pero estos viven en regiones donde hay un incremento en el ganado; un grupo diverso de mamíferos que son cazados por las comunidades aledañas, incluyendo sachavaca (*Tapirus terrestris*), venados (*Mazama* spp.), sajinos, monos y roedores grandes, y cuyas poblaciones han sido reducidas cerca de los asentamientos humanos; especies endémicas de mamíferos que están restringidas a las elevaciones altas y por lo tanto aisladas en la Cordillera Escalera, y las cuales podrían incluir especies nuevas para la ciencia

INTRODUCCIÓN

La fauna de mamíferos de Sudamérica está organizada de forma mosaica y jerárquica a la vez, y las dos regiones más ricas en especies y géneros endémicos son los Andes tropicales y la Amazonía (Solari et al. 2012). Por lo general, la fauna vertebrada del Neotrópico alcanza su diversidad máxima cuando estas dos regiones se encuentran y sus especies se juntan (*http://www.savingspecies.org*). A lo largo del tiempo geológico, la fauna de los Andes y de la Amazonía se ha enriquecido por continuos intercambios de fauna durante los últimos 10 millones de años, con la colonización de las especies de una región hacia la otra y la diversificación de éstas en la nueva región (Upham et al. 2013). Los estudios realizados en la enorme gradiente altitudinal que junta las dos regiones han demostrado que el número de especies baja progresivamente con el aumento de altitud (Patterson et al. 1998, 2006). Muchas especies amazónicas son conocidas por tener amplios rangos geográficos en las llanuras amazónicas, mientras que las especies andinas tienden a cubrir delgadas y largas franjas localizadas a ciertas elevaciones en las estribaciones orientales (Graves 1988). Las especies de las Yungas tienen por lo general rangos geográficos menores y niveles de endemismo más altos (Voss 2003), por lo que las especies neotropicales amenazadas a nivel mundial están concentradas en esta área (p. ej., Amori et al. 2013). La fauna de las Yungas comprende la mayoría de las especies endémicas del Perú (Pacheco et al. 2009) y muchas de las especies recientemente descritas (Patterson et al. 2012). Debido a que la Cordillera Escalera incluye elevaciones mayores a los 2,000 m sobre el nivel de mar (en adelante m) así como llanuras localizadas a los 250 m, el área, potencialmente podría albergar la diversidad faunística tanto de las regiones andinas como de las amazónicas.

Hasta hace poco, no se podía afirmar mucho sobre la comunidad de mamíferos de la Cordillera Escalera. Algunos reportes anteriores sobre la fauna del área (INRENA 2004, GORESAM 2007, Williams y Plenge 2009) no especificaron metodologías de muestreo, autoridades taxonómicas o regiones geográficas, así que no podían ser consideradas definitivas, pero son útiles para establecer registros regionales (ver Apéndice 11). La cuenca del río Mayo al oeste ha sido estudiada por numerosos científicos, incluyendo a Alexander von Humboldt y R. W. Hendee, los que documentaron la rica fauna de mamíferos, la cual es endémica a nivel de subespecie, especie e inclusive género (p. ej., Thomas 1927, Paúl Velazco et al., sin publicar). Conjuntamente con las comunidades Awajún, Berlin y Patton (1979) y Patton et al. (1982) documentaron los mamíferos en la región del bajo Marañón hacia el norte. Numerosos estudios han documentado los primates de Amazonas y San Martín desde el redescubrimiento del mono choro de cola amarilla (*Lagothrix [Oreonax] flavicauda*) en los años setenta (Leo Luna 1980, Butchart et al. 1995, DeLuycker 2007, Shanee et al. 2008, Di Fiore et al. 2014). Numerosos inventarios rápidos organizados por The Field Museum (p. ej., Cordillera Azul, Sierra del Divisor y Cerros de Kampankis) nos han dado más información sobre la fauna de mamíferos de las otras cordilleras aisladas que borden las llanuras amazónicas en el norte del Perú (Pacheco y Arias 2001, Jorge y Velazco 2006, Castro Vergara 2012). Casi nada se sabía sobre la fauna de murciélagos de la Cordillera Escalera hasta que se hizo un inventario de dos semanas, realizado por el IIAP en el lado de San Martín de la cordillera en agosto de 2013, lo que documentó 29 especies en 3 familias (Emballonuridae, Phyllostomidae y Mormoopidae) en una colección de 118 especímenes (Gagliardi-Urrutia et al. en prensa; ver el Apéndice 11).

A pesar de lo limitado del conocimiento actual, la diversidad y endemismo en la región enmarcada por los ríos Marañón y Huallaga es impresionante. Los monos endémicos conocidos solo para esta región incluyen mono choro de cola amarilla *(Lagothrix flavicauda;* CR A4c a nivel mundial), mono tocón del río Mayo *(Callicebus oenanthe;* CR A2cd) y musmuqui andino *(Aotus miconax;* VU A2c). Estos tres primates habitan el bosque montano (800–2,700 m) con distribuciones centradas en la cuenca del Alto Mayo en el noroeste de San Martín, pero extendiéndose hacia el sur a Huánuco y hacia el norte a Amazonas, así que podrían estar dentro de las regiones inexploradas de la Cordillera Escalera. Otras especies endémicas regionales incluyen quirquincho peludo *(Dasypus pilosus;* VU B2ab [ii]), el roedor thomasomys del río Abiseo *(Thomasomys apeco;* VU D2) y ratón campestre *(Akodon orophilus).* Otros taxones que son poco conocidos podrían ser endémicos, tales como las especies de marsupiales Caenolestes, *Gracilinanus* y *Marmosops.* Los bosques premontanos andinos son también el hogar de varias especies con amplios rangos de distribución, tales como oso de anteojos *(Tremarctos ornatus;* VU A4cd), otorongo *(Panthera onca;* NT), puma *(Puma concolor;* NT), huamburushu *(Leopardus wiedii;* NT) y paca de montaña *(Cuniculus taczanowskii;* NT), mientras que los bosques de selva baja albergan los dos felinos mencionados y tigrillo *(Leopardus tigrinus;* VU A3c), oso hormiguero *(Myrmecophaga tridactylus;* VU A2c) y carachupa mama *(Priodontes maximus;* VU A2cd). Adicionalmente a estos objetos de conservación, el área también alberga un gran número de especies que son cazadas por las comunidades nativas para su alimentación (Patton et al. 1982), así como otras especies con amplios rangos de distribución que proveen de importantes servicios al ecosistema de estos bosques, y cumplen funciones de polinización, dispersión de semilla e insectivoría (Ceballos y Erhlich 2009, Kunz et al. 2011).

Nuestros cuatro objetivos principales se enfocaron en: 1) caracterizar la fauna de mamíferos presentes en la región, 2) identificar las poblaciones de especies de mamíferos amenazadas, 3) evaluar el estado de las especies de mamíferos grandes que son usadas como carne de monte por las comunidades aledañas Shawi y Awajún, 4) identificar las amenazas para la integridad continua de esta fauna y 5) obtener más información sobre las características, hábitat, distribución y comportamiento de las especies menos conocidas.

MÉTODOS

El inventario fue conducido en la época seca del 16 al 29 de setiembre de 2013, en los alrededores de tres diferentes sitios dentro de la cordillera (ver los capítulos *Panorama regional* y *Descripción de los sitios visitados en los inventarios sociales y biológicos*, este volumen). Los lugares principales tenían elevaciones desde los 280 a 1,028 m, pero también se condujo un muestreo limitado a mayores elevaciones (de los 1,200 a 1,920 m), cerca de nuestro segundo campamento y a lo largo del sistema de trochas que unían los diferentes campamentos. La información sobre las especies amenazadas fue obtenida de la UICN (IUCN 2013) y del CITES (2005). La información sobre la categorización de especies amenazadas realizada por el estado peruano fue obtenida de MINAG (2004).

Mamíferos medianos y grandes

Utilizamos observaciones directas y una variedad de evidencias indirectas para registrar a los mamíferos medianos y grandes. Las observaciones indirectas incluyeron huellas y otros signos de la actividad animal, tales como vocalizaciones, restos de comida, heces, bañaderos, madrigueras y marcas en los árboles. La búsqueda intensiva de mamíferos grandes se dio en el transcurso de siete días sobre 36 km en los tres campamentos: dos días en el campamento Mina de Sal (300–700 m), tres días en Alto Cachiyacu (500–1,950 m), y dos días en Alto Cahuapanas (1,000–1,400 m). La búsqueda de mamíferos se realizó a lo largo de trochas de más de 9 km de largo que fueron construidas específicamente para llegar a la mayoría de hábitats. Caminamos a una velocidad de 1 km/h, entre las 08:00 y 17:00, buscando huellas y otros signos de animales en las trochas o sus márgenes, en las orillas y bordes de los ríos y quebradas, y a lo largo de trochas de animales. En algunos casos fue necesario abandonar la trocha para lograr identificar el mamífero. Todas las veces que nos fue posible, capturamos y archivamos los registros fotográficamente. Las identificaciones de los rastros

animales se realizaron en base a la experiencia personal y a las publicaciones de Emmons y Feer (1997) y Tirira (2007). Adicionalmente, todos los miembros del equipo biológico registraron sus encuentros incidentales con mamíferos y esta información suplementó nuestros registros. Las observaciones diurnas fueron realizadas por los ornitólogos, botánicos e ictiólogos, los cuales realizaban su propia investigación entre las 06:00 y 17:00. Los registros nocturnos fueron realizados por los mastozoólogos que monitoreaban las redes colocadas a lo largo de las trochas o por los herpetólogos que buscaban anfibios y reptiles. Ambos grupos estaban activos entre las 18:00 y 22:30 pero en varias ocasiones las observaciones se extendían hasta las 03:00 o 04:00. Los registros incidentales incluyen ocho observaciones realizadas por el equipo de avanzada mientras cortaban trochas (del 22 de agosto al 22 de setiembre de 2013). Entrevistamos a los asistentes locales en Mina de Sal y Alto Cachiyacu usando la guía rápida de colores *Mamíferos grandes de Loreto, Perú* (Leite-Pitman 2012). Ellos identificaron las especies que suponían presentes en la Cordillera Escalera y nos dieron los nombres Shawi para estos animales.

Mamíferos pequeños

Evaluamos las poblaciones de murciélagos de la Cordillera Escalera durante la mayoría de las noches del inventario usando redes de niebla. Las redes de niebla (en combinaciones de cuatro redes de 6 m y ocho redes de 12 m) fueron establecidas en varios hábitats (p. ej., bosque primario, bosque secundario, bosque ripario, sobre quebradas y otros cuerpos de agua) y en micrositios preferidos (p. ej., debajo de árboles con fruta, claros de bosque y a través de las trochas). El esfuerzo de muestreo de cada noche fue correlacionado inversamente con la tasa de captura, precipitación y radiación lunar, y directamente con hábitat apropiado (i.e., trochas más largas y derechas con un sotobosque más abierto que facilitaba el vuelo de los murciélagos). Las redes fueron abiertas cada noche al ponerse el sol y cerradas después de tres a seis horas. Las redes se cerraban temprano cuando llovía o la luz de la luna reducía la probabilidad de capturas; estas permanecían abiertas hasta antes del amanecer en bosque de elevaciones altas donde registramos menos capturas. El esfuerzo utilizado para muestrear murciélagos fue cuantificado por la longitud de las redes utilizadas (cada metro de longitud corresponde aproximadamente a 2 m² en área), multiplicado por el número de horas que estaban abiertas.

Las redes de niebla fueron extendidas por 12 noches durante el inventario (cuatro en Mina de Sal, cinco en Alto Cachiyacu y tres en Alto Cahuapanas), haciendo un total de 4,377 m-horas de muestreo. Una noche promedio de muestreo tenía unos 364.7 m-h (rango = 33–945, desviación estándar = 242.5), lo que corresponde a cinco redes de 12 m abiertas desde la puesta de sol hasta la medianoche.

Se muestreó también mamíferos no voladores en Mina de Sal y Alto Cachiyacu, usando trampas para ratones y ratas. Se usó 40 trampas Woodstream Museum Special y 12 trampas Victor, donde se puso cebo consistente en una mezcla de avena y mantequilla de maní a lo largo de las trochas en secuencia alternativa, cada 5 a 10 m de intervalo, en micrositios favorables para la actividad de los mamíferos pequeños. El cebo era rápidamente consumido por hormigas y cucarachas, usualmente en un periodo menor a dos horas; debido a esto se envolvía el cebo con gasa antes de instalar las trampas. Estas bolas de cebo con gasa no detenían el ataque de las hormigas y cucarachas pero al menos aumentaba el periodo de duración del cebo. Con el interés de maximizar los datos de colección no se instaló trampas en el último campamento. El esfuerzo de muestreo (medio en noches de trampeo) fue de 108 para Mina de Sal, 93 para Alto Cachiyacu base, 44 para Alto Cachiyacu intermedio, 104 para Alto Cachiyacu cumbre y nada para Alto Cahuapanas.

Analizamos los datos usando tablas dinámicas e histogramas en Microsoft Excel 2010. Hicimos regresiones lineares y no lineares, correlaciones producto-momento de Pearson y análisis de componentes principales (basados en correlaciones de la matriz de presencia y ausencia) usando Statistica v.7.1 (StatSoft 2005).

RESULTADOS

Mamíferos grandes y medianos

Las evaluaciones de los 36 km de trocha, con observaciones incidentales realizadas por los miembros del equipo y asistentes de campo, produjeron un total de 43 especies de mamíferos grandes y medianos en la Cordillera Escalera, representando 9 órdenes y 26 familias. Estos datos, más los registros de otras localidades cercanas y las distribuciones geográficas conocidas para los mamíferos peruanos (IUCN 2013), aumentan el número de especies de mamíferos grandes y medianos esperadas para la Cordillera Escalera a 65. La mayoría de estas especies tienen un amplio rango de distribución en la Amazonía, mientras que otras, como oso de anteojos (*Tremarctos ornatus*), están distribuidas en bosques montanos. Nuestros registros incluyen el primer reporte confirmado del mono choro de cola amarilla (*Lagothrix flavicauda*) para la Región Loreto. Este animal endémico del Perú tiene un rango geográfico que hasta ahora estaba restringido al bosque montano ubicado entre los 1,500 y 2,700 m en las regiones de San Martín y Amazonas, con poblaciones aisladas en Huánuco y La Libertad.

Se encontró seis especies de mamíferos próximas a todos los campamentos evaluados, incluyendo especies importantes para la dispersión de semillas, como machín negro (*Cebus apella*) y dos especies de roedores: majaz (*Cuniculus paca*) y añuje (*Dasyprocta fuliginosa*). Sin embargo, las especies no eran uniformemente abundantes en estos tres sitios. Por ejemplo, aunque encontramos huellas y/o heces de sachavaca (*Tapirus terrestris*) en los tres campamentos, ningún miembro del equipo biológico observó a una sachavaca. Lo mismo también se dio para venado colorado (*Mazama americana*), una especie localmente cazada, así como otorongo (*Panthera onca*), uno de los principales predadores de la Amazonía. Seis especies estaban distribuidas en dos de los tres campamentos: pichico (*Saguinus fuscicollis*), huapo negro (*Pithecia monachus*) y coto mono (*Alouatta seniculus*), así como chosna (*Potos flavus*), ardilla enana del Amazonas (*Microsciurus flaviventer*) y huayhuasi (*Sciurus igniventris*).

Ocho de estas especies están oficialmente amenazadas, tanto nacionalmente (Decreto Supremo No. 034-2004-AG) como internacionalmente (IUCN 2013), mientras que nueve especies están listada en el Apéndice CITES, la que regula el comercio internacional de especies.

Mina de Sal

En este sitio registramos 38 especies de mamíferos grandes y medianos. Dieciséis de ellas fueron documentadas en 8.6 km de muestro en trochas. El resto fue registrado por los miembros del equipo y los asistentes de campo. En conjunto, 32 especies fueron reportadas para este campamento por los asistentes locales, incluyendo 22 adiciones para nuestros registros. *Cebus apella* y *Saguinus fuscicollis* fueron las especies observadas con mayor frecuencia durante el muestreo en trocha. Reportamos la presencia de *Alouatta seniculus* en base a las vocalizaciones escuchadas. También documentamos tres especies de grandes carnívoros, que son importantes reguladores de las poblaciones de presas: otorongo (*Panthera onca*), tigrillo (*Leopardus pardalis*) y puma (*Puma concolor*).

Los registros de *Cebus apella* en Mina de Sal representa un modesto incremento en el rango de extensión en el mapa de la UICN (IUCN 2013).

Durante las evaluaciones de campo encontramos campamentos de cacería y observamos muchas 'barbacoas' (el nombre local que le dan a las elevadas plataformas de cacería que se posicionan frente a los lugares de alimentación, sobre las cuales el cazador espera su presa), cartuchos de escopeta y trochas de cacería muy activas. Los asistentes locales nos informaron que hace poco tiempo ellos habían cazado en la región pero que allí solo se obtenían animales pequeños.

Observamos huellas de animales de caza con amplia distribución en la Amazonía, tales como sachavaca (*Tapirus terrestris*) y venado colorado (*Mazama americana*), pero estos no eran abundantes en las trochas. No registramos sajino (*Tayassu tajacu*) ni huangana (*Tayassu pecari*), dos especies comúnmente cazadas que se esperaba encontrar en este sitio.

Observamos frecuentemente huellas de majaz (*Cuniculus paca*) y añuje (*Dasyprocta fuliginosa*), principalmente en los alrededores de las quebradas. Adicionalmente, los asistentes locales reportaron haber observado oso de anteojos (*Tremarctos ornatus*) en los bosques de terrazas altas y el bosque de neblina durante visitas de cacerías anteriores a este campamento.

Cinco especies registradas aquí están amenazadas de acuerdo a las listas nacionales e internacionales (Decreto Supremo No. 034-2004-AG e IUCN 2013): *Tapirus terrestris* (VU), *Tremarctos ornatus* (VU), *Alouatta seniculus* (NT), *Panthera onca* (NT) y *Puma concolor* (NT).

Alto Cachiyacu

En este campamento registramos 32 especies de mamíferos grandes y medianos, perteneciendo a 7 órdenes y 20 familias. Quince especies fueron registradas durante nuestras evaluaciones de campo a lo largo de 12.9 km de trocha y con observaciones incidentales de los miembros del equipo biológico y 29 especies fueron reportadas por los asistentes locales en nuestras entrevistas, incluyendo 17 especies que no fueron registradas por nuestro equipo.

Registramos cinco especies de primates asociadas con los bosques altos de terraza, bosques altos del valle (vegetación sucesional) y bosques altos de laderas: machín negro (*Cebus apella*), pichico (*Saguinus fuscicollis*), huapo negro (*Pithecia monachus*), coto mono (*Alouatta seniculus*) y mono choro de cola amarilla (*Lagothrix flavicauda*). La última está críticamente amenazada, es endémica del Perú y tiene un rango restringido; hasta ahora era solo conocida para las regiones de San Martín, Amazonas, Huánuco y La Libertad.

El ornitólogo Percy Saboya observó y fotografió tres *Lagothrix* a aproximadamente 1,700 m en el boque de neblina, entre el campamento intermedio y el campamento cumbre de Alto Cachiyacu. El equipo herpetológico vio un *Lagothrix* después a los 1,200 m en los alrededores del campamento intermedio Alto Cachiyacu en el bosque alto de laderas y el bosque alto de terraza. Estas observaciones extienden el rango geográfico de *Lagothrix* a Loreto (unos 70 km hacia el este) y representa la más baja elevación en la cal esta especie ocurre actualmente (360 m más abajo que Shunte, San Martín; Shanee 2011). Oso de anteojos (*Tremarctos ornatus*), registrado en las entrevistas con los asistentes locales, está también asociado con los bosques altos de terraza, bosques altos de laderas y bosques de neblina.

La cacería también era evidente en esta zona, pero menos que en Mina de Sal. Registramos un número de especies que localmente son cazadas y consumidas: carachupa (*Dasypus novemcinctus*), sachavaca (*Tapirus terrestris*), venado colorado (*Mazama americana*), añuje (*Dasyprocta fuliginosa*) y majaz (*Cuniculus paca*). Se registró huellas de huangana (*Tayassu pecari*) en dos ocasiones en el muestreo de trocha en el bosque alto de terraza, lo cual no es un resultado frecuente en la cuenca amazónica. También registramos carachupa mama (*Priodontes maximus*), achuni (*Nasua nasua*), chosna (*Potos flavus*), huayhuasi (*Sciurus igniventris*) y otorongo (*Panthera onca*).

Siete de estos taxones están reconocidos como amenazados a nivel nacional (Decreto Supremo No. 034-2004-AG) e internacional (IUCN 2013; USF&WS): *Lagothrix flavicauda* (EN, En Peligro Crítico A4c, EN), *Priodontes maximus* (VU, VUA2cd), *Tremarctos ornatus* (VU), *Tapirus terrestris* (VU), *Alouatta seniculus* (NT) y *Panthera onca* (NT).

Alto Cahuapanas

Registramos 13 especies de mamíferos grandes y medianos, pertenecientes a 5 órdenes y 10 familias, por medio de observaciones directas e indirectas a lo largo de 14.5 km de muestreo en trocha, así como las observaciones incidentales del equipo biológico. No pudimos entrevistar a los asistentes locales en este último campamento.

Observamos los primates machín negro (*Cebus apella*), huapo negro (Pithecia monachus) y coto mono (*Alouatta seniculus*). Todas estas especies tienen amplios rangos de distribución en la Amazonía, y aquí estaban principalmente asociadas a los bosques altos de terraza. En los bordes de las quebradas, vimos osito cangrejero (*Procyon cancrivorus*) y con menor frecuencia majaz (*Cuniculus paca*) y añuje (*Dasyprocta fuliginosa*). Adicionalmente, durante las evaluaciones en las trochas y en los alrededores del campamento, registramos una ardilla no identificada (*Sciurus sp.*) y huayhasi (*Microsciurus flaviventer*).

Adicionalmente, registramos sachavaca (*Tapirus terrestris*), venado colorado (*Mazama americana*) y venado gris (*Mazama nemorivaga*), todas especies cazadas por las poblaciones locales. Los asistentes locales en el grupo de avanzada mencionaron que cazaban en varias de las trochas de esta zona, especialmente para abastecerse de carne para las festividades locales. Incluimos sus observaciones de zarigüeya común

(*Didelphis marsupialis*), una especie neotropical ampliamente distribuida, en este lugar a mediados de setiembre, antes de la llegada del equipo biológico.

Dentro de nuestros registros en el último campamento, tres especies están reconocidas como amenazadas o casi amenazadas a nivel nacional (Decreto Supremo No. 034-2004-AG): *Panthera onca* (NT), *Tapirus terrestris* (VU) y *Tremarctos ornatus* (VU). Estas especies también están consideradas amenazadas por la UICN (IUCN 2013). *Cebus apella* y *Pithecia monachu*s, también registradas en este campamento, están listadas en el Apéndice II del CITES.

Mamíferos pequeños

Muestreamos murciélagos por 12 noches en la Cordillera Escalera, pero nuestro esfuerzo de muestreo fue muy desigual. En Mina de Sal (280 m) instalamos las redes por 1,247.2 m-h, en Alto Cachiyacu base (520 m) por 459.8 m-h, en Alto Cahuapanas (1,028 m) 1,854 m-h, en Alto Cachiyacu intermedio (1,216 m) 605.9 m-h y en Alto Cachiyacu cumbre (1,930 m) 210 m-h. Capturamos 174 individuos de murciélagos: 101 en Mina de Sal, 48 en Alto Cachiyacu base, 21 en Alto Cahuapanas, 3 en Alto Cachiyacu intermedio y 1 en Alto Cachiyacu cumbre. El promedio de capturas fue de 5.4 murciélagos por 100 m-h (rango nocturno es de 0 a 15.3), pero las capturas de murciélagos variaron con la altitud. A 280 m, nuestro promedio de captura fue de 7.5 murciélagos por 100 m-h, a 520 m 9.8 murciélagos, a los 1,028 m 1.4 murciélagos, a los 1,216 m 0.86 murciélagos y a los 1,920 m 0.47 murciélagos. El número de capturas en cada sitio estuvo negativamente correlacionado con la elevación (r = -0.64, P < 0.05) y fase lunar (r = -0.645, P < 0.05) pero no se correlacionaba con esfuerzo de captura (r = 0.2, no significativo; Fig. 28).

Solo dos mamíferos no voladores, ratones registrados en el campamento cumbre Alto Cachiyacu, fueron capturados en las trampas instaladas en la Mina de Sal y en los tres campamentos de Alto Cachiyacu. Según nuestro esfuerzo de muestreo, esto sería un éxito de trampeo del 0.57%, lo cual es bajo pero común en selva baja, donde las hormigas y cucarachas usualmente encuentran el cebo antes que los mamíferos pequeños.

Figura 28. Correlaciones de las capturas nocturnas de murciélagos y la riqueza de especies de murciélagos en la Cordillera Escalera, Perú. El esfuerzo de muestreo, medido en metros-hora de muestreo con red, no se correlacionó con el número de capturas (a) ni la riqueza de especies (b). Sin embargo, la elevación estuvo inversamente correlacionada con ambas medidas (c, d), en lo que parece ser de una manera no lineal; las líneas ajustadas son cuadráticas y polinomios. Tanto las capturas como la riqueza de especies variaban con las fases lunares, probablemente como una respuesta al incremento de presión de predadores en las noches que tienen iluminación lunar. Tanto las capturas como la riqueza de especies disminuían cuando la luna crecía y aumentaban cuando la luna menguaba (e, f).

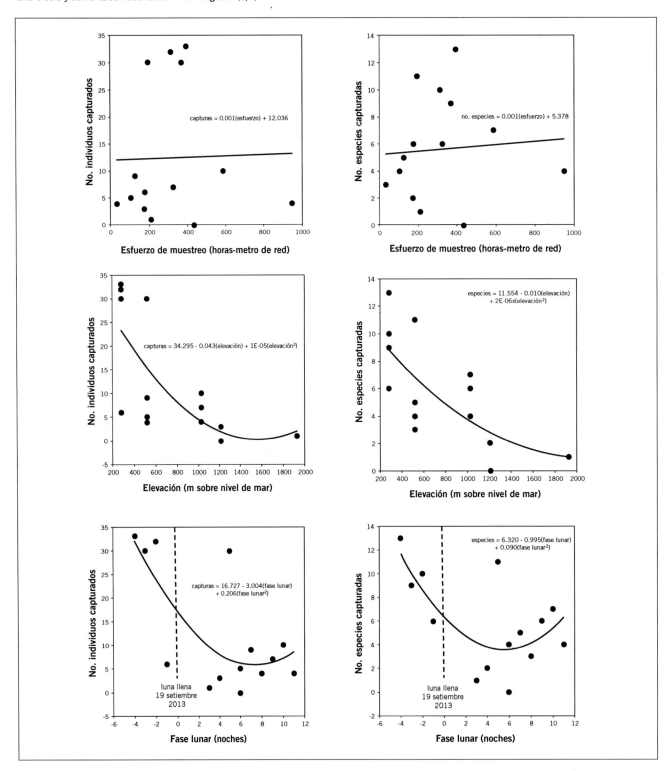

Registramos por lo menos 28 especies de murciélagos, representando 19 géneros y 2 familias (Phyllostomidae y Vespertilionidae). Dos taxones, ambos representados por un par de capturas, solo pudieron identificarse a nivel de género (*Anoura* y *Myotis*), y con estudios posteriores podrían representar tres o inclusive cuatro especies. La mayoría de los registros fueron frugívoros en las subfamilias Stenodermatinae y Carolliinae. *Carollia brevicauda*, *Artibeus obscurus* y *Rhinophylla pumilio* fueron las especies más abundantes en los tres campamentos. Sin embargo, numerosos otros grupos funcionales según la alimentación estuvieron representados, incluyendo los nectívoros (p. ej., *Lonchophylla* y *Anoura*), insectívoros de presas en arbustos (p. ej., *Mimon*, *Tonatia* y *Trinycteris*), insectívoros aéreos (*Myotis*), omnívoros (*Phyllostomus*) y hematófagos (*Desmodus*). De todas las estrategias de alimentación de los murciélagos (Patterson et al. 2003) solo faltaron los piscívoros y no muestreamos los hábitats que son favorecidos por el único piscívoro de la región, *Noctilio leporinus* (Hood y Jones 1984).

Mina de Sal

Veinte especies de murciélagos fueron representadas en 101 capturas en la Mina de Sal y sus frecuencias se muestran en la Fig. 29a. La mayoría son típicos de la selva baja y ninguno es particularmente raro o especializado a un hábitat. Debemos destacar la presencia del vampiro común, *Desmodus rotundus*. Los vampiros comunes se alimentan exclusivamente de sangre de los mamíferos grandes y son muy raros en áreas con bosques intactos. Su abundancia es típicamente más alta en las áreas dominadas por el ganado. La presencia de esta especie en el campamento de menor elevación, cerca de los pastizales alrededor de Balsapuerto, y su ausencia en los otros sitios del inventario, nos confirman que la presencia de esta especie se puede usar como un indicador de la degradación del paisaje.

Alto Cachiyacu

Once especies de murciélagos estuvieron representadas en las 48 capturas en el campamento base Alto Cachiyacu y sus frecuencias son mostradas en la Fig. 29b. Estas especies son todas típicas de selva baja y ninguna es rara o especializada en términos de dieta o hábitat. El registro

de 'Sturnira especie nueva 3' no se refiere a un nuevo descubrimiento en este inventario, sino a una especie de murciélago que ha sido confundida desde hace mucho tiempo con *Sturnira lilium* (ver Velazco y Patterson 2013).

En el campamento intermedio Alto Cachiyacu, solo se realizaron tres capturas y esas fueron de dos especies: *Mimon crenulatum* y *Sturnira magna*. El éxito de captura fue particularmente bajo debido a la lluvia. Mientras que *M. crenulatum*, tal como se la conoce en la actualidad, tiene un rango amplio en Centro y Sudamérica, *Sturnira magna* habita la cuenca oeste del Amazonas y las estribaciones andinas bajas desde Colombia a Bolivia.

En el campamento cumbre Alto Cachiyacu hicimos las únicas capturas de mamíferos no voladores: dos individuos del ratón endémico *Akodon orophilus* (Jiménez et al. 2013). Otros mamíferos pequeños encontrados en el bosque enano y arbustal de cumbres (*Caenolestes* sp., *Microryzomomys* sp., *Oligoryzomys* sp.) no fueron registrados. No se sabe si esta ausencia fue debida a la verdadera ausencia de estas especies o a lo limitado de nuestro muestreo. La única captura que hicimos de un murciélago en este sitio fue de un *Anoura*. Este género se alimenta de néctar y está ampliamente distribuido en los bosques andinos. Ahora el género contiene un número de especies recientemente descritas y distinguidas sutilmente, las caules son mejor identificadas con la ayuda de las características dentales y craneales.

Alto Cahuapanas

En este campamento se registró por lo menos 11 especies de murciélagos en solo 21 capturas. Dos de estas, *Anoura* y *Myotis*, solo podían ser identificadas a nivel de género y ambas aparentemente tienen afinidades andinas. Las demás capturas representan especies que son más o menos ampliamente distribuidas en la selva baja o en las pendientes andinas más bajas. La uniformidad de la abundancia entre estas especies de murciélagos es notable, pues la especie más común fue capturada solo seis veces más que las otras seis especies (las cuales fueron capturadas solo una vez).

Patrones regionales

Cuando la fauna de murciélagos en nuestros tres campamentos principales es comparada con los resultados de los inventarios anteriores, el carácter diferente de estas

Figura 29. La captura de murcielagos en la Cordillera Escalera, Perú, en tres elevaciones: a) Mina de Sal (280 m), b) campamento base Alto Cachiyacu (520 m) y c) Alto Cahuapanas (1,128 m). En todas estas elevaciones, las capturas tendían a estar dominadas por unas cuantas especies frugívoras de amplio rango (especialmente *Carollia brevicauda*, *Rhinophylla pumilio* y *Artibeus obscurus*), pero estas especies de selva baja fueron menos abundantes a elevaciones más altas. Las especies típicas de los bosques montanos (tales como *Anoura* sp. y *Myotis* sp.) aparecieron a elevaciones mayores de los 1,000 m y las capturas (y se supone que las abundancias) fueron distribuidas más equitativamente entre los miembros de la comunidad.

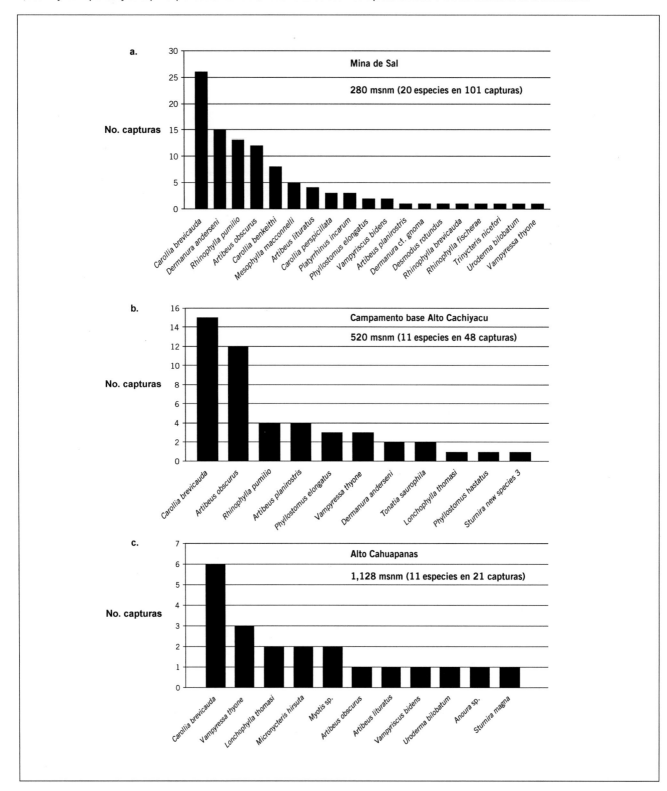

muestras es evidente. La Fig. 30 muestra una ordenación de componentes principales de los registros de ausencia-presencia para cada campamento visitado, y los registros de los inventarios rápidos de Cordillera Azul, Cerros de Kampankis y Sierra del Divisor. La muestra de Mina de Sal parece ser muy distinta, ya que su posición es muy distante a las otras muestras. Las ubicaciones con proporciones negativas tienden a ser lugares ricos en especies a comparación de aquellas que están en la porción superior de la ordenación, e incluyen especies raras que son encontradas con poca frecuencia. Las muestras del campamento base Alto Cachiyacu y de Alto Cahuapanas son las más similares en composición a la fauna de murciélagos en la cercana Cordillera de Kampankis.

DISCUSIÓN

Los patrones de riqueza de especies y zonificación que documentamos en la Cordillera Escalera corroboran los patrones de diversidad en general en el Neotrópico. Dos patrones parecen predominar: la riqueza de especies disminuye, algunas veces precipitadamente, con la elevación (p. ej., Patterson et al. 1998, Presley et al. 2012), y las especies de las yungas son muchas veces amenazadas y endémicas (Voss 2003, Pacheco et al. 2009, Patterson et al. 2012). Como consecuencia de esto, la fauna de las tierras bajas es usualmente rica y dominadas por especies con amplios rangos de distribución mientras que la fauna de las tierras altas es más pobre y con alto grado de endemismo. En muchas localidades, estos patrones biológicos están influenciados por los cambios producidos por la influencia humana. En la Cordillera Escalera, la tala de bosques y la cacería excesiva son comunes en la selva baja, por lo que la abundancia de los mamíferos grandes que son cazados por los Shawi es excepcionalmente baja. Pero estas especies tienen un amplio rango geográfico, por lo que estos efectos no tienen mucha secuela desde el punto de vista conservacionista.

Sin embargo, las trochas de cacería en la Cordillera Escalera atraviesan toda el área de conservación propuesta, alcanzando las elevaciones más altas. Los múltiples informantes nos hablaron de encuentros regulares con ciertos animales en lugares específicos en

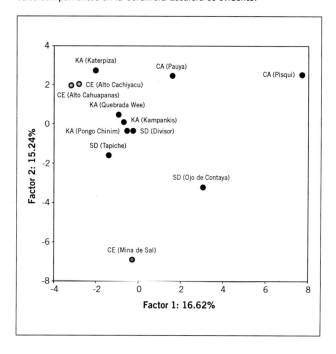

Figura 30. Los resultados de un análisis de componentes principales de la fauna de murciélagos de los inventarios rápidos realizados en el nordeste del Perú, los cuales investigaron grandes gradientes de elevación. Las abreviaciones para los inventarios rápidos son CA = Cordillera Azul, CE = Cordillera Escalera, KA = Cerros de Kampankis y SD = Sierra del Divisor. Las anotaciones se refieren a los diferentes campamentos muestreados en cada inventario. El carácter único de la fauna de murciélagos en el campamento Mina de Sal con relación a los otros campamentos en la Cordillera Escalera es evidente.

la Cordillera Escalera (p. ej., oso de anteojo y mono choro), lo que hace que los efectos antropogénicos sean prácticamente omnipresentes. A pesar de que los lugares ubicados en las tierras altas sean menos frecuentados por los Shawi debido a la distancia, las comunidades faunísticas de las tierras altas podrían estar aún más impactadas si sus especies tienen pequeñas poblaciones y ocupan un rango geográfico limitado. Estos atributos son característicos de las numerosas especies de yungas y ambas podrían estar contribuyendo a su endemismo (pequeñas poblaciones localizadas sujetas a rápidas divergencias evolutivas por medio de la selección natural o la deriva genética [*genetic drift*]) y a su vulnerabilidad (pequeñas poblaciones localizadas son más vulnerables al deterioro del hábitat y/o a los accidentes demográficos o epidemias). Estas características aumentan la importancia de conservar las yungas en el Perú (Young y Valencia 1992, Leo Luna 1995, Young et al. 2002).

Grandes predadores

El perímetro de la Cordillera Escalera hoy en día muestra los efectos de la cacería excesiva y los asentamientos humanos, tanto en la baja abundancia o la ausencia de numerosas aves y mamíferos comunmente cazados y la presencia de especies como *Desmodus rotundus* que dependen de los animales domesticados para poder alimentarse. Sin embargo, este lugar todavía alberga grandes predadores como otorongo (presente en los tres campamentos), puma (registrado solo en el campamento más bajo pero potencial en toda el área) y oso de anteojos (reportado con certeza en numerosos sitios por encima de los 1,000 m). Cuando la cacería excesiva extermina las presas de estos grandes predadores y los pastizales invaden su hábitat, esto da origen a los inevitables conflictos entre los grandes predadores y la ganadería. En el oeste brasilero, Azevedo y Murrary (2007) mostraron que la proximidad al bosque determina las tasas de perdida de ganado por ataques de pumas y jaguares. En la Amazonía colombiana, los jaguares prefieren los cerdos antes que los caballos o el ganado (Garrote 2012). Los conflictos entre los grandes predadores y los productores de ganado en los llanos venezolanos son tan numerosos que algunos han sugerido reemplazar el ganado vacuno con búfalos de agua, ya que estos son menos vulnerables a los predadores (Hoogesteijn y Hoogesteijn 2008).

Una multitud de factores gobiernan las actividades de depredación por los grandes predadores, incluyendo comportamientos innatos y aprendidos, salud y estado del individuo, partición de nichos, prácticas de crianza animal, abundancia y distribución de presas silvestres y estacionalidad (Polisar et al. 2003, Patterson et al. 2004). Para conservar intacta la comunidad de predadores en la Cordillera Escalera, los pastizales que se abran no pueden estar próximos al perímetro del área protegida, ya que el ganado se hará más vulnerable al ataque de los predadores. Adicionalmente, la cacería de las presas naturales de los grandes predadores debe ser sostenible para evitar que los predadores busquen otras fuentes de alimento (i.e., ganado y cerdos).

Monos

El registro más importante de mamíferos documentado en este inventario rápido fue mono choro de cola amarilla (*Lagothrix flavicauda*), primer registro tanto en la Cordillera Escalera como en Loreto. *L. flavicauda* es considerado como uno de los 25 primates más amenazados a nivel mundial (Cornejo et al. 2009). Se pensó que estaba extinto hasta que fue redescubierto en los años setenta. Es conocido en los bosques montanos y de neblina primarios de las regiones de Amazonas y San Martín, así como localidades cercanas en La Libertad y Huánuco. Su rango geográfico potencial ha sido estimado en tan solo 7,240 km^2 y se sigue encogiendo (Buckingham y Shanee 2009). Está amenazado no solo por la masiva deforestación pero también por la cacería excesiva (Cornejo et al. 2009). Aunque no hay una base sólida para estimar el tamaño del total de la población, Nowak (1999) creía que solo unos 250 individuos existían en los bosques. Dado su crítico estado de conservación, cualquier registro que aumenten este rango geográfico y la población global de *L. flavicauda* nos dará una cobertura adicional contra la extinción global de la especie.

El descubrimiento de la población de *L. flavicauda* en los bosques de neblina entre los campamentos cumbre e intermedio Alto Cachiyacu es notable pero no inesperado. Los inventarios focalizados en este rango geográfico han documentado *L. flavicauda* en los bosques de neblina dominados por *Ficus* entre los 1,500 y 2,700 m (Cornejo et al. 2009, Shanee 2011, Shanee y Shanee 2011). *L. flavicauda* nunca ha sido registrado en Loreto, pero dos documentos (INRENA 2004, Williams y Plenge 2009) han reportado su ocurrencia en alguna parte de la Cordillera Escalera. Sin embargo, un reciente análisis de mapas realizados con SIG sobre los registros de *L. flavicauda* y las áreas protegidas (Buckingham y Shanee 2009) no identificó la Cordillera Escalera como región de interés.

La Cordillera Escalera contiene un área bastante grande de un hábitat aparentemente apropiado para este primate (Fig. 9G). Nuestro mejor registro de esta especie fueron los tres individuos fotografiados por Percy Saboya a los 1,700 m en bosques de neblina dominados por *Ficus*, lo cual concuerda con caracterizaciones previas sobre el hábitat de *L. flavicauda*. Por encima de los 1,500 m, los bosques de neblina parecen cubrir solo 77.5 km² en la Cordillera Escalera, basándonos en los contornos topográficos. Los estimados de densidad de *L. flavicauda* realizados en Amazonas y San Martín revelan que estos existen a bajas densidades, desde 0.25 a 1 grupo por km² de bosque (Leo Luna 1987) o 1–2 grupos por km² (Cornejo 2007). Aunque se ha observado grupos con 17 a 20 individuos, estos pueden ser amalgamas de grupos separados, lo que sería una respuesta a la rápida deforestación (DeLucker 2007). El tamaño de grupo más típico parece ser de nueve individuos (Leo Luna 1982). Si los bosques entre los 1,500 y 1,800 m fueran hábitat apropiado, si las poblaciones no estuvieran bajo presión de cacería y si la especie ocurriera en grupos de nueve individuos y a una densidad de 0.25 a 2 grupos por km², el área de conservación propuesta en la Cordillera Escalera-Loreto podría acomodar una población de *L. flavicauda* de 174 a 1,395 individuos.

Sin embargo, también registramos esta especie a unos 1,216 m, en los alrededores del campamento intermedio Alto Cachiyacu (Fig. 9G). Este registro está muy por debajo de los límites de elevación inferiores de las poblaciones actuales, pero no está más abajo que de algunas poblaciones documentadas en el pasado reciente, las cuales extendían por debajo de los 1,000 m en Paujil (San Martín), donde la especie ya no existe debido a la presión de cacería. Si la población de *L. flavicauda* de la Escalera ocupara todo el bosque alto montano desde los 1,200 a los 1,800 m, esto podría quintuplicar el área habitable a 356.5 km² y conectaría las tierras altas centrales del área protegida propuesta hacia una cumbre más extensa que está paralela al límite entre Loreto y San Martín. Se piensa que esta área aún alberga poblaciones viables de *Lagothrix* (Rolando Aquino, com. pers.). Esto aumentaría nuestros estimados de la población existente en la Cordillera Escalera-Loreto de 801 a 6,417. Enfatizamos que estos estimados están basados en cálculos optimistas que asumen un hábitat ideal sin presión de cacería o deforestación. De cualquier forma, la Cordillera Escalera representa una gran adición al rango conocido y a la población global de *L. flavicauda*.

Cornejo et al. (2009) ha observado que *L. flavicauda* ha sido extirpado de casi todos los bosques excepto los más distantes y aislados localizados al lado este del río Alto Mayo. Esto nos sugiere que la población de la Cordillera Escalera está muy aislada y vulnerable a la extinción local. Los registros que documentamos están a 65–70 km (distancia en línea recta) de la población existente más cercana en San Martín, y la distancia se duplica si medimos la verdadera distancia que sigue a los contornos topográficos de 1,200 m.

Otras dos especies de primates endémicas encontradas algunas veces con *L. flavicauda* son *Aotus miconax* (Aotidae) y *Callicebus oenanthe* (Pitheciidae). No registramos ninguna de estas en los bosques que rodeaban al campamento intermedio Alto Cachiyacu pero podrían haber estado presentes. Esta área fue brevemente estudiada y un inventario más completo debería ser realizado en estas elevaciones para comprobar la existencia de estas especies. Williams y Plenge (2009) listaron *Aotus nancymaae* para la Cordillera Escalera, pero no presentaron evidencias y tampoco detallaron cómo distinguieron esta especie de *A. miconax*. De igual manera nuestros asistentes de campo reportaron haber avistado una especie de *Aotus* en la Cordillera Escalera-Loreto (identificada por ellos en las entrevistas como *A. nigriceps*), pero las especies de *Aotus* son difíciles de identificar sin tener un espécimen en la mano.

Como un primer paso se debería consultar con las comunidades vecinas Shawi acerca de sus conocimientos sobre estos primates. Debido a que estas comunidades cazan para su alimentación, se debería hacer un esfuerzo para recuperar huesos, pieles, muestras de tejido y otros restos. Estas muestras son necesarias para realizar análisis genéticos para caracterizar la variabilidad genética en la Cordillera Escalera, ya que éstas están aisladas de las poblaciones conspecíficas en San Martín y Loreto (ver también Cornejo et al. 2009). Las muestras biológicas son también necesarias para dar más luz sobre las relaciones sistemáticas de los monos choro. La validez de la separación de *L. flavicauda* de los otros monos choro (especies de *Lagothrix*) a nivel de género (*Oreonax*; ver Groves 2001) es dudosa (Rosenberger y Matthews 2008, Di Fiore et al. 2014). Sin embargo, hay evidencia de una diversidad críptica entre los monos choro a nivel de especie y subespecie (Mantilla-Meluk 2013). Finalmente, nuevas muestras pueden ayudar a clarificar la historia biogeográfica de los monos andinos. ¿Cómo es posible que esta pequeña área de los Andes centrales albergue tres especies endémicas que pertenecen a tres familias diferentes? ¿Cómo fue que *L. flavicauda*, a pesar de la ocurrencia de otros monos choro al norte, sur y este, permaneció aislado el tiempo suficiente como para evolucionar en un distinto linaje?

Un segundo y más decisivo paso sería la organización de inventarios detallados de las áreas no estudiadas de la Cordillera Escalera y la elaboración de entrevistas más extensivas a las comunidades aledañas. La información recolectada nos permitiría un mejor entendimiento de la distribución y estado de *L. flavicauda* y de otros primates encontrados en el área, así como de su hábitat y las amenazas que enfrentan.

Otros mamíferos

El mono choro de cola amarilla podría ser la especie bandera que ayude a proteger otras especies endémicas de los bosques de altura, y el entendimiento de los orígenes históricos de cada una de estas especies nos daría un mayor alcance para realizar actividades de conservación. La rica fauna de mamíferos del Perú incluye 39 especies que son endémicas de las yungas, las cuales representan el 60% de las especies endémicas del país (Pacheco et al. 2009). Aunque nuevas especies de mamíferos son encontradas en todos los biomas de Sudamérica, son especialmente abundantes en las yungas, ya sea porque esta región es casi inaccesible o pobremente muestreada o debido a que estas especies tienen un pequeño rango de distribución geográfica y son usualmente ignoradas (Voss 2003, Patterson et al. 2012). Dos especies de sigmodontines que co-ocurren con *L. flavicauda* son endémicas de las tierras altas al este y al sur del Marañón y al oeste del Huallaga (Leo Luna y Gardner 1993, Jiménez et al. 2013): *Akodon orophilus*, el cual fue capturado en el campamento cumbre Alto Cachiyacu, y el thomasomys del río Abiseo (*Thomasomys apeco*), conocido solo para San Martín. La conservación de estas comunidades de bosques de neblina es la única manera de proteger muchas de las especies endémicas del Perú (Leo Luna 1995).

AMENAZAS

La deforestación es la amenaza más grande para todos los mamíferos y para los recursos forestales de los cuales dependen. Ya sea por su madera o para limpiar tierras para la agricultura o pastoreo, la tala de los bosques reduce y podría eliminar el hábitat para las especies dependientes de bosques. Estas amenazas son aún más pronunciadas para las especies endémicas y amenazadas.

El exceso de cacería de carne de monte es una amenaza principalmente para los mamíferos grandes de la Cordillera Escalera, aunque los primates más pequeños como ardillas y armadillos también son cazados como alimentos. La tasa de reproducción más lenta de los grandes mamíferos y primates hace que su resistencia a la presión de caza sea limitada y estos efectos se ven claramente en las partes de la cordillera que están muy cerca de los asentamientos humanos.

El comercio de animales, como mascotas y como alimento, es una amenaza para los primates (mercado de mascotas) y venados (carne de monte) pero también afecta otras especies, tales como los felinos y los osos (Shanee 2012). Su impacto en las poblaciones de animales silvestre es inconmensurable. La mortalidad en cautiverio es muy alta para la mayoría de las especies y la adquisición de este tipo de mascotas requiere usualmente que se mate a la madre para capturar a la cría, lo que remueve las hembras en etapa de reproducción de las poblaciones. El comercio de la carne de monte aumenta la cantidad de animales que una comunidad necesita para satisfacer sus necesidades y puede disminuir rápidamente las poblaciones locales.

La cacería motivada por los conflictos entre los humanos y la vida silvestre se origina principalmente debido a las actividades agrícolas, ya sea en respuesta a la depredación del ganado o daños a los cultivos. Amenaza principalmente a los felinos más grandes (jaguares y pumas) y al oso de anteojos, pero también se cree comúnmente que los herbívoros y los monos dañan a los cultivos.

RECOMENDACIONES PARA LA CONSERVACIÓN

Inventario adicional

Son necesarios inventarios enfocados en los bosques nublados que albergan el mono choro de cola amarilla. La persistencia de este gran primate en la Cordillera Escalera indica que los remanentes de bosques de neblina poseen un área y una productividad suficiente grande como para su supervivencia de largo plazo. Sin duda alguna, otras especies endémicas de elevaciones altas que no han sido documentadas en este hábitat sí occuren aquí, tal vez incluyendo primates globalmente amenazados como tocón de río Mayo (*Callicebus oenanthe*) y musmuqui andino (*Aotus miconax*), así como quirquincho peludo (*Dasypus pilosus*). Adicionalmente, los mamíferos pequeños y murciélagos deberían ser estudiados en toda la Cordillera Escalera. Estas comunidades menos conspicuas aún son casi desconocidas. Sin embargo, la mayoría de los mamíferos nuevos descubiertos para el Perú son endémicos de las tierras altas y tienen rangos geográficos restringidos. La existencia de numerosos mamíferos grandes endémicos a esta región sugiere que numerosas especies más pequeñas también serán confirmadas como distintas y endémicas.

Especies vulnerables

Nuestro inventario incluyó registros de armadillos (*Dasypus* sp.) y musmuquis (*Aotus* sp.) que solo pudieron ser identificados a nivel de género. Ambos géneros contienen especies que son endémicas a las estribaciones ubicadas entre los ríos Marañón y Huallaga, tienen rangos geográficos muy localizados y son considerados vulnerables por la UICN. Tanto *Dasypus pilosus* como *Aotus miconax* se distinguen de las especies más comunes y con amplia distribución (i.e., *Dasypus novemcinctus* y *Aotus nigriceps*) por sutiles características morfológicas y pueden ser fácilmente confundidas con estas. Se necesita colectar especímenes, ya sea por expediciones científicas o por la recuperación de material en los campamentos de los cazadores, para poder establecer si estas especies están en la Cordillera Escalera y para determinar su abundancia. Los especímenes colectados también permitirían hacer estudios genéticos para evaluar la endogamia, los flujos genéticos, el tamaño de poblaciones y las relaciones evolutivas.

Consulta con las comunidades

El incremento de la ganadería cerca a los bosques donde habitan jaguares, pumas y osos de anteojos hará inevitable que el ganado sea depredado y se originen los conflictos humano-animal. Las comunidades deben desarrollar estrategias para equilibrar, por un lado, cuánto bosque se limpia para la ganadería y dónde

se realizará esta actividad, y por otro lado la presión de caza sobre los animales del monte que son presas de los carnívoros, tales como sachavaca, venados, sajinos, roedores grandes y monos. Para documentar efectivamente estas estrategias se necesita estudios para generar estimados precisos sobre el daño real que produce la fauna silvestre a los cultivos y al ganado. Esta necesidad es imperativa en el área de Balsapuerto.

También es una prioridad el diálogo con los líderes de las comunidades al norte y al oeste del área propuesta. Estas comunidades están cercas de las cumbres que albergarían un bosque de neblina y podrían contener poblaciones del mono choro de cola amarilla. Este corredor podría ayudar a conectar las poblaciones de Lagothrix de la Cordillera Escalera con las poblaciones de San Martín. Los residentes deberían estar informados de la importancia global de esta población y de los recientes procesos de extinción de poblaciones locales que se han dado en otras partes.

LA CORDILLERA ESCALERA Y EL PUEBLO SHAWI: ETNOHISTORIA

Autor: Joshua Homan

INTRODUCCIÓN

La región que rodea la Cordillera Escalera tiene un rica y larga historia humana, que data de miles de años atrás (ver el capítulo *Arqueología de la cuenca del Paranapura*, este volumen). Hoy en día, a lo largo de los flancos nororientales de la cordillera, principalmente en la zona de Balsapuerto en la Región Loreto, los Shawi (también conocidos como los Kampu Piyawi, Canpo Piyapi, Chayahuita y Chayavita) son la población nativa dominante. Sin embargo, en los alrededores, dentro de los distritos de Lamas, San Martín y Cahuapanas, también encontramos comunidades Shiwilu (Jeberos, Jeveros), Awajún (Aguaruna, Jívaro) y Llakwash (Quechua Lamista, Quechua de San Martín). Todos estos grupos tienen profundas conexiones sociales y espirituales a la Cordillera Escalera, pero este capítulo se enfoca en la etnohistoria de las comunidades Shawi que visitamos durante el inventario social y biológico a lo largo de los ríos Cachiyacu, Paranapura y Yanayacu. De esa forma, este capítulo representa una contribución al proyecto más amplio de entender los numerosos cambios en este paisaje socio-ecológico durante los últimos 500 años.

La era pre-hispánica

Desafortunadamente, nuestros conocimientos sobre la ocupación pre-hispánica en la cuenca del Paranapura están limitados debido a la falta de investigaciones arqueológicas a profundidad. Sin embargo, los estudios más recientes realizados en la cuenca y los alrededores nos indican que los asentamientos humanos han existido en la región por miles de años, en ocupaciones sucesivas pero no relacionadas (ver el capítulo *Arqueología de la cuenca del Paranapura*, este volumen; Orefici 2013:185). Los petroglifos encontrados en unas rocas a lo largo de los ríos Armanayacu y Cachiyacu, como los de la Casa de Cumpanamá cerca de Puerto Libre, están relacionados a las ocupaciones más antiguas, posiblemente anteriores a 1,000 antes de la Era Común (AEC). Muchos petroglifos están en el lado oriental de la Cordillera Escalera, pero también se encuentran petroglifos similares en toda la región occidental, como los petroglifos de Bello Horizonte y Utcurarca cerca de la ciudad de Tarapoto en San Martín, lo que indicaría una continuidad cultural en ambos lados de la cordillera durante este periodo. También los numerosos restos de cerámica en varios depositos a lo largo del río Cachiyacu indicarían otra ocupación entre los años 800 y 1,200 de la Era Común (EC). Sin embargo, parecería que estas ocupaciones estarían desconectadas de las ocupaciones más tempranas, así como del actual pueblo Shawi (Rivas 2003). Aunque los orígenes del pueblo Shawi son desconocidos, Orefici (2013:187) especula que los antepasados de los Shawi fueron llevados a la región por los Incas como mitimaes (*mitmaq*)[4].

La era colonial temprana y las reducciones Jesuitas

La mayoría de la información histórica concerniente al pueblo Shawi se obtiene de los documentos que datan de la era colonial, diarios de viaje y registros de la misión Jesuita. El primer contacto registrado con la gente indígena de la región oriental de la Cordillera Escalera fue durante el viaje de reconocimiento a las cuencas de los ríos Huallaga y Marañón, por Alonso de Mercadillo y Diego Núñez en 1538 y 1539 (Jiménez 1895:210). Con el incremento de la presencia española en la región, especialmente alrededor de la cuidad de Moyobamba, comenzaron a emerger las encomiendas, en donde grandes áreas de territorio y gente indígena eran otorgados a los encomenderos, o hacendados españoles. El término encomienda fue derivado de la noción pre-colombiana de *mita* (labor comunal), en donde las comunidades proveían al Inca de mano de obra agrícola como pago a los tributos. Los indígenas que estaban dentro del sistema de encomienda eran forzados a trabajar como una forma de tributo al encomendero (Valdez 1921:124). El encomendero, a su vez, no solo recibía el tributo de los indígenas sino que también debía convertirlos al cristianismo (Trujillo 1981:240). Adicionalmente, Golob (1982:132) sugiere que éste era un tipo particular de esclavitud, ya que los indígenas que servían en los sistemas de encomiendas no solo trabajaban para el encomendero sino que también tenían que autoabastecerse.

Las encomiendas que se ubicaban a lo largo de toda la región andina funcionaban de tal manera que su objetivo principal era por lo general la obtención de riquezas por parte de los dueños. Por el contrario, las encomiendas en la Amazonía pocas veces eran rentables, y más bien se enfocaban en el control y adquisición de grupos indígenas para convertirlos en trabajadores (Taylor 1999:214). Los individuos que no podían proveer del tributo requerido por el encomendero eran severamente castigados. Los indígenas huían de las encomiendas debido al trato inhumano, por lo que los dueños organizaban cacerías de esclavos a lo largo de la parte alta y baja del río Amazonas para poder reemplazar su fuerza laboral, especialmente en las áreas de Moyobamba y el poblado español de San Francisco de Borja[5] en las cabeceras del río Marañón. Esta práctica de cacería de esclavos realizada por los encomenderos desestabilizó por entero a la región. Es posible que

---

4 *Mitmaq* (o mitimae en español peruano) es un término quechua que se usa para referirse al proceso de reubicación forzosa de las poblaciones indígenas conquistadas por los Incas.

5 En 1619 Diego Vaca de Vega fundó San Francisco de Borja en la ribera del río Marañón, debajo del Pongo de Manseriche, lo cual interrumpió los patrones tradicionales de trueque entre los Shiwilu (Jebero) y los Kandozi/Shapra (Mainas). Referirse a Reeve (1993) para tener más información sobre las relaciones de trueque pre-hispánicas en el alto Amazonas.

durante los primeros 100 años desde la llegada de los españoles, los Shawi hayan estado ocupando un territorio mucho más amplio, asentándose en toda la región oriental de la Cordillera Escalera, pero fueron forzados a huir a su ubicación actual debido a las cacerías de esclavos que se daban desde Moyobamba y Lamas (Steward 1948:607). Este proceso de cacería de esclavos se dio hasta finales del siglo XVII, mucho después de la abolición del sistema de encomiendas en 1542, con la aprobación de las Leyes Nuevas por el Rey Carlos I de España. Sin embargo, la falta de ganancias que se asociaba al sistema de encomiendas de la Amazonía era muy evidente, y a esto se agregaron las rebeliones de los grupos indígenas Jíbaros y Quijos al norte del Marañón, por lo que la mayoría de encomenderos inmigrantes se reubicaron en los Andes o en las áreas de la costa con la esperanza de enriquecerse. Es por eso que para el año 1645, solo 22 de las 42 encomiendas de la Amazonía todavía seguían funcionando (Reeve 1993:116). Las encomiendas eventualmente desaparecieron y dieron lugar a un sistema similar, el repartimiento, en el cual los individuos eran tratados más como trabajadores que como esclavos, pero aún así los efectos de las encomiendas fueron evidentes; para el año 1600 la población indígena del Perú había disminuido en aproximadamente un 40% (Covey et al. 2011).

En 1638, los curas Jesuitas Lucas de la Cueva y Gaspar de Cujia llegaron a la encomienda de San Francisco de Borja a pedido del gobernador de Maynas, con la esperanza de brindar paz a la región, después de darse numerosas rebeliones indígenas, tales como la rebelión pan-Jívaro de 1599, y numerosas cacerías de esclavos a lo largo de los ríos Pastaza y Marañón (Santos y Barclay 2007). El Padre Cueva utilizó las relaciones existentes con los Shiwilu (Jeberos, Jeveros, Xeveros) y los Kandozi (Candoshi, Maina) para establecer la primera misión Jesuita en Maynas: ‹La Limpia Concepción de Nuestra Señora de Xeveros›, localizada en el río Aipena, cerca de la ubicación actual de Jeberos (Reeve 1993). Los Shiwilu jugaron un rol crítico en el establecimiento exitoso de las primeras misiones Jesuitas o reducciones, ya que tenían buenos contactos con otros grupos indígenas que vivían a lo largo de los ríos Marañón, Pastaza, Huallaga y Paranapura.

Los Shiwilu acompañaban a los curas Jesuitas en sus viajes por la Amazonía para ayudar tanto en el establecimiento de nuevas misiones así como en la adquisición de nuevos indígenas. A simple vista este arreglo parecía ser beneficioso para los Shiwilu, ya que por medio de este arreglo estos adquirían bienes materiales de los Jesuitas, pero eventualmente este mismo arreglo decimó a la población Shiwilu debido a las condiciones de vida de la misión.[6] En todas las misiones Jesuitas, así como en las encomiendas, las condiciones de vida eran miserables. Golob (1982:142) ha estimado que 9 de 10 personas que llegaban a la misión morían de diferentes enfermedades como paperas o malaria en menos de un año. Aún con estas condiciones las reducciones fueron vistas por la gente indígena como lugares a salvo del maltrato recibido en las haciendas y encomiendas españolas, así como también un lugar donde se protegían de las cacerías de indios perpetradas por los españoles, portugueses y otros grupos indígenas (Golob 1982:179).

Algunos Shawi fueron integrados a la misión de Xeveros, pero no fue hasta que el Padre Raymundo de Santa Cruz entró al río Paranapura con un grupo de asistentes Kukama y Shiwilu que un gran porcentaje de la población se unió a las misiones. En 1652, el Padre Santa Cruz viajó a las cabeceras del río Paranapura y fundó la misión de ‹Nuestra Señora de Loreto de Paranapuras›. La población de esta misión inicialmente consistía en indígenas Shawi (Paranapuras, Chayavita), Shiwilu (Xeveros) y Muniches (Figueroa 1986:202). Después del trabajo del Padre Santa Cruz, en 1678 el Padre Joaquín Hedel fundó la reducción ‹La Presentación de Chayavitas› en la cabeceras del río Sillay, cerca de lo que ahora es la comunidad de Pueblo Chayahuita. Esta misión estuvo mayormente compuesta de indígenas Shawi (Paranapuras, Chayavitas), Shiwilu, Muniches y Kandozi (Mainas; Golob 1982:220).[7]

Con la presencia de las reducciones en la cuenca del Paranapura las formas ‘tradicionales’ de vida fueron

---

6 De acuerdo a las fuentes de información de la misión de la época, los Shiwilu eran un gran grupo que controlaba la mayoría del comercio a lo largo de los ríos Huallaga y Marañón, así como también en las áreas ubicadas entre las tierras bajas y Moyobamba. Hoy en día, sin embargo, solo queda un pequeño grupo indígena de 300 individuos, con solo 30 personas que pueden hablar su lenguaje (Valenzuela 2012:46).

7 Las misiones de la región incluían a San Antonio de Muniches, San José de Yurimaguas, La Concepción de Cahuapanas, San Xavier de los Chamicuros, Las Nieves de Yurimaguas y Aisauris.

radicalmente alteradas. De acuerdo a documentos históricos, antes de la llegada de los Jesuitas, los Shawi vivían en casas dispersadas a lo largo de toda la Cordillera Escalera y las cabeceras de los ríos Paranapura y Cahuapanas (Maroni 1988:96). Después de la fundación de estas reducciones, los Shawi fueron reubicados forzosamente en las villas localizadas a lo largo de los principales sistemas de ríos. Golob (1982:180) recalca que los ríos más grandes, como el Paranapura, Huallaga y Marañón, sirvieron para el propósito específico de establecer nuevas reducciones, mientras que las tierras adentro de la selva, tales como Cordillera Escalera, se usaron solamente para reclutar nuevos indígenas para la conversión al cristianismo.

Debido a la diversidad lingüística en las reducciones del Paranapura, en donde vivían indígenas Shawi, Shiwilu, Cutinanas, Kandozi y Muniches, entre otras, y debido a que pocos indígenas podían hablar español, los padres Jesuitas dependían del quechua como lengua general para poder comunicarse con los diversos grupos. Los Jesuitas solo enseñaban quechua (Ynga) a los hombres adultos, mientras que las mujeres y los niños se comunicaban en su lengua nativa (Golob 1982:223). Esto creó una cultura de dependencia para las mujeres, ya que los hombres actuaban como intermediarios entre el mundo exterior y la esfera comunitaria. Esta tendencia continúa en la actualidad, pues hoy en día la mayoría de las mujeres Shawi solo hablan en su lengua materna mientras que los hombres son capaces de conversar en español. Las mujeres fueron aún más marginalizadas durante su estadía en la misión ya que fueron obligadas a aprender las nociones occidentales sobre labores domésticas y a producir artesanías, y se les prohibió trabajar en los huertos caseros (Golob 1982:263). Si bien esta práctica ha mantenido a las mujeres en una posición marginal relativa a los hombres, quienes a su vez controlan las relaciones con el exterior, también ha permitido que las mujeres mantengan la lengua Shawi y las prácticas culturales tradicionales.

En 1767, el rey de España, Carlos III, ordenó la expulsión de los Jesuitas del Nuevo Mundo. Esta expulsión de los Jesuitas de la región, hizo que la mayoría de misiones colapsaran, ya que los indígenas retornaron a su modo de vida disperso (Golob 1982:203). Esto fue un suceso crítico, ya que permitió que los Shawi mantuvieran

poblaciones saludables lejos de la presión de la modernización. Sin embargo, las estructuras impuestas a los nativos de la región durante el periodo de las misiones tuvieron efectos duraderos que se ven en las poblaciones de hoy en día. Los remanentes de esa era se ven todavía en la cultura, lenguaje y organización social de los Shawi. Como se mencionó anteriormente, el quechua fue la lengua oficial de las misiones, lo que originó que múltiples generaciones de Shawi fueran expuestas a esta lengua. Adicionalmente el extenso contacto con los Llakwash Runa y los Inga Runa, de las cuencas del río Mayo y Pastaza respectivamente, aseguró que la lengua quechua se hablara fluidamente hasta principios del siglo XX (Valenzuela 2012:45). El resultado de esto es la presencia de palabras quechua y algunas reglas gramaticales de esta lengua en el lenguaje Shawi.[8]

En el presente, la celebración de los principales feriados católicos (Navidad, Corpus Christi, Año Nuevo y Semana Santa) está muy integrada a las comunidades Shawi que no han sido tan evangelizadas. Esto se aprecia más en la comunidad de Pueblo Chayahuita. Después de la desaparición de las reducciones Jesuitas, este pueblo funcionó como una especie de centro ceremonial para los Shawi que se habían dispersado y continua siendo el centro de celebración para las festividades católicas (ver Fuentes 1988:187). Adicionalmente, el sistema político visto no solo en las comunidades Shawi sino también en otras comunidades indígenas en la Amazonía tiene antecedentes en la era de las misiones. El concepto de *varayo* (*varayoq*, *varayuk*) tiene sus orígenes en los sistemas políticos pre-colombinos a lo largo de todos los Andes, tales como la cultura Inca. Sin embargo, en la Amazonía fue adoptado por los Jesuitas y conectado al concepto de 'portadores de la vara'. En este sistema, aquellos que poseían las varas podían ir a todas las casas en las reducciones Jesuitas y asegurarse de que los residentes de la misión atiendan la misa (Golob 1982:244).[9] En cada comunidad visitada durante nuestro

---

8 Así como en otras lenguas amazónicas, las palabras quechua incluyen los números 6–10, 100 y 1,000. También términos como *supay* (demonio) y *chumpi* (*chumbi*, correa) nos muestran la gran influencia del quechua durante el periodo de las misiones, así como el contacto continuo con los Inga Runa y Llakwash Runa. También vemos características gramaticales como la palabra *ama*, que se utiliza en oraciones imperativas con connotación negativa, tal como se utiliza en las lenguas quechua II-B/C.

9 Los policías o varayos en las comunidades que visitamos tenían los roles similares. Iban de casa en casa para asegurarse que los miembros de la comunidad se enteren de las asambleas generales, mingas y otras actividades comunitarias.

trabajo de campo, observamos que la tradición de 'pasar la vara' se sigue usando al momento de elegir un nuevo dirigente indígena. De la misma manera, durante las asambleas generales y otras reuniones de carácter público, los distintos miembros de la dirigencia comunal (*apus*, teniente gobernadores, agentes municipales y policías) por lo general tenían unas varas entre sus manos. Así como en las comunidades indígenas de los Andes, como en Ayacucho, las varas de los Shawi están usualmente decoradas con pequeños *chumpis* (correas tejidas), pompones de lana y otros objetos decorativos (cf. La Serna 2008, Whitten 1976:13).

El sistema de hacienda en el Alto Amazonas y los booms económicos

El sistema de hacienda (la adjudicación de grandes áreas de terrenos para los conquistadores españoles o misionarios Jesuitas) se originó a principios de la era colonial, pero no fue sino hasta el siglo XIX que muchas haciendas se establecieron en las llanuras amazónicas. Así como las encomiendas o repartimientos, la hacienda era también un sistema en el que un hacendado o patrón podía utilizar a las poblaciones locales para crear capital a través de actividades de producción o extractivas. A pesar de que a mediados del siglo XIX se aprobaron numerosas leyes que aseguraban los derechos de los indígenas amazónicos como ciudadanos peruanos, la realidad de la situación era muy diferente (Huertas 2007:31). En el siglo XIX se crearon numerosas haciendas a lo largo de las cuencas del Paranapura, Huallaga y Cahuapanas, lo que significó la continuación de la 'cultura del terror' que ha acompañado a los Shawi en los últimos 300 años (Taussig 1984). Fuentes (1988:25) menciona que el 97% del total de las exportaciones a Brasil durante los años 1855–1858 consistía en sombreros de paja producidos en Moyobamba. La ruta entre Moyobamba y Balsapuerto era la ruta principal de comercio, y grandes cantidades de productos eran cargados por los denominados 'indios cristianos', tales como los indígenas Llakwash Runa, Shawi y Shiwilu.

Con este movimiento de materiales desde las tierras altas hasta las tierras bajas, ida y vuelta, la villa de Balsapuerto llegó a ser un punto de importancia. Fue oficialmente fundada por Don Doroteo Arévalo en 1822

y servía como ciudad intermedia entre la selva baja y las tierras altas. Esto fue una decisión estratégica, ya que las rutas fluviales que corrían en las tierras altas eran peligrosas y llenas de obstáculos, tales como el Pongo de Aguirre cerca del pueblo de Chazuta. Es así que el transporte de productos más seguro y eficiente se hacía primero sobre las rutas terrestres y luego en los ríos Cachiyacu, Paranapura, Huallaga y Marañón, hasta llegar al Amazonas.

En la cuenca del Paranapura había algunas haciendas que jugaron un rol importante en la historia de los Shawi. Sin embargo, sabemos muy poco de estas haciendas, y se basa mayormente en las historias orales y algunos pocos documentos oficiales de a finales del siglo XIX y a principios del siglo XX. De acuerdo a estas fuentes, para 1870 ya existían cuatro haciendas operando en los ríos Paranapura y Cachiyacu, pero se desconoce la identidad de los dueños (Fuentes 1988). A lo largo del río Yanayacu, uno de los patrones, Antonio Acosta, que también era gobernador de Cahuapanas para ese entonces, tenía una hacienda grande. Para 1902 tenía 20 trabajadores (incluyendo mujeres y niños) que se encargaban de la producción de aguardiente y chancaca así como el pastoreo del ganado, adicionalmente también controlaba la entrada y salida de todos los productos de la parte superior de los ríos Yanayacu y Paranapura. En la región actual de San Gabriel de Varadero, cerca de la desembocadura del río Cachiyacu, Juan José Vidaurrizaga era dueño de grandes extensiones de terrenos en los que producía aguardiente y chancaca. Así como en la hacienda Soledad, algunos de los trabajadores de Vidaurrizaga se dedicaban también al pastoreo del ganado (Derteano 1905[1903]:85).

La extracción de shiringa y caucho en la cuenca del río Amazonas tiene sus raíces históricas a principios del siglo XIX, especialmente en Brasil, pero no fue sino hasta 1892 en que el precio del caucho subió considerablemente y se inició el periodo de esplendor del caucho. La presencia de las haciendas amazónicas en ese entonces facilitó la conversión de la mano de obra para la extracción de látex. La era del auge del caucho, especialmente en la región del Putumayo, correctamente ha sido caracterizada como una forma de etnocidio ejecutado por la ambición y codicia de varios 'barones del caucho' (Taussig 1984, Chirif y Cornejo

Chaparro 2009). En las cuencas de los ríos Paranapura y Cahuapanas el efecto de este auge económico fue distinto y sin la violencia asociada a los otros lugares. Fuentes (1988) menciona que la región era como una reserva de mano de obra, con pocos individuos forzados a trabajar en las tierras bajas del Marañón, como en los alrededores de la ciudad de Iquitos. Sin embargo, algunos de los Shawi que se quedaron en la cuenca del Paranapura, especialmente en el área de Balsapuerto, fueron obligados a extraer caucho o shiringa y cargar estos productos a través de la Cordillera Escalera para ser vendidos en Moyobamba.

Después de la muerte de Antonio Acosta, sus hijos continuaron su trabajo dividiendo por la mitad la cuenca superior del río Paranapura. Alberto Acosta, el hijo mayor, se apoderó de la hacienda Soledad, que era propiedad de su padre, y expandió las operaciones ganaderas. Antonio Acosta II, el otro hijo, fundó una hacienda nueva al oeste de lo que es ahora la comunidad de Nueva Vida, donde se ubica ahora el poblado de Los Ángeles, y trabajó especialmente en las cabeceras de los ríos Paranapura, Sillay y Cahuapanas. Es así que los Shawi que vivían a lo largo del río Yanayacu trabajaban para Alberto Acosta, ya sea en la hacienda pastoreando al ganado, fabricando aguardiente o comercializando los 'productos forestales' tales como shiringa (*shirinka*; *Hevea guianensis*), leche caspi (*uwiru*; *Couma macrocarpa*), barbasco (*pënanin*; *Lonchocarpus utilis*), así como maderas finas, pieles de animales, chanchos y gallinas, a cambio de bienes manufacturados como tela, hilo, agujas, municiones y otros productos.[10]

Como los Shawi vivían dispersos, no poseían motores fuera de borda para movilizarse y no hablaban español, no podían integrarse fácilmente a los mercados río abajo en Yurimaguas. Este hecho originó una dependencia forzada con los patrones, los que proveían de trabajo y materiales, pero hacían que los indígenas se endeudaran cada vez más. Los Shawi entraron en sistema perpetuo de endeudamiento de peonaje, llamado habilitación, del cual nunca escaparon. Este tema fue reiterado por los residentes más antiguos de las comunidades y refleja una relación patrón-cliente que se ve en la mayoría de las comunidades que hemos visitado en nuestros inventarios en la Amazonía del Perú (Taussig 1987, Chibnik 1994, Dean 2004, Pitman et al. 2011). Más adelante los hermanos Acosta argumentaron que como ellos eran dueños de las tierras a lo largo de la parte alta de los ríos Paranapura y Yanayacu, la mitad de todos los recursos eran propiedad de ellos también. Muchos Shawi trataron de evitar el comercio con los hermanos, especialmente una vez que se enteraron de la gran diferencia de precios entre el mercado y lo que los hermanos daban a los Shawi. Estos intentos sin embargo fueron inútiles, ya que los hermanos tenían numerosos puestos de control a lo largo del Paranapura, con leales individuos haciendo los patrullajes. Si capturaban a un Shawi tratando de vender mercancías a los regatones, los Acosta se encargaban de castigar al individuo. Estos castigos eran severos, desde palizas con palos a largas estadías en calabozos.

Finalmente, un shamán (*penoto*) que vivía en el área de lo que es ahora Villa Alegre decidió vengarse de Alberto por sus continuos abusos a los miembros de la comunidad, mandando *virote* (*shinërë*), o dardos espirituales que causan enfermedad. El ataque al parecer fue efectivo, ya que Alberto cayó enfermo con dolores estomacales y dolores de cabeza. Como su enfermedad progresaba rápidamente, se decidió que un grupo de individuos leales a Alberto lo llevaría a Yurimaguas para ver a un médico. Ese viaje fue el último realizado por Alberto. El viaje a Yurimaguas se realizó en canoa, tomando tres o cuatro días. Cada día Alberto empeoraba y falleció un poco antes de llegar a Yurimaguas.

Después de la muerte de Alberto, su esposa Luisa se hizo cargo de la hacienda y continúo aplicando los mismos métodos de abuso y dominancia. Se convirtió en la patrona de toda la región de Yanayacu por algunos años, extrayendo recursos y acumulando bienes. Sin embargo, pocos años después, ella murió debido a un accidente en el cual su brazo fue destrozado por el ganado de su hacienda. Después de las muertes de Alberto y Luisa, los Shawi de la región de Yanayacu tuvieron la oportunidad de vivir en una paz relativa y podían vender sus productos a los comerciantes de Yurimaguas a precios más justos. Desafortunadamente en otras áreas, especialmente cerca de lo que es ahora

---

10 Patrones similares son vistos en otros sistemas ribereños. En la comunidad de Balsapuerto, fuimos informados que Pancho Meza fue el patrón hasta los años sesenta, teniendo una hacienda cerca del pueblo. La familia Meza tenía propiedades anteriormente, en Desengaño en el río Cachiyacu, en Varadero en el río Paranapura, y en muchos otros lugares.

Nueva Vida, el patronazgo continuó hasta finales de los años sesenta. Sus efectos disminuyeron con la llegada de las misiones evangélicas, la organización Shawi en comunidades indígenas permanentes y la aprobación de nuevas leyes a nivel nacional que disolvían el sistema de haciendas.

Una segunda ola de misiones y la fundación permanente de comunidades

A principios de 1947, el Instituto Lingüístico de Verano (ILV) empezó a mandar misioneros a la cuenca amazónica con el objetivo de traducir la Biblia en varios idiomas indígenas. Así como el sistema de relaciones detallado en los párrafos anteriores, la llegada de los misioneros de ILV está claramente impreso en la memoria colectiva de los Shawi que viven en las cabeceras del Paranapura. A principios de 1956, el misionero de ILV George Hart empezó su trabajo de traducción de la Biblia al lenguaje Shawi en la cuenca del Paranapura (Fuentes 1988). De acuerdo a las entrevistas con los antiguos de la región, la llegada de este señor fue bien recibida. Estos residentes también afirman que a mediados de los sesenta Hart llegó en bote a lo que es ahora Nueva Vida, y en ese entonces era un bosque con pocas casas dispersas en el área. A su llegada encontró a cuatro familias que vivían en un pequeño grupo de casas, agrupadas cerca al banco izquierdo del río Paranapura. Estas familias consistían en cuatro hermanos casados con cuatro hermanas. Durante ese periodo los Shawi habían experimentado la dominación de los Acosta y fuertes peleas internas usando *ushates* (cuchillos pequeños) y machetes. Adicionalmente, la región estaba dominada por los múltiples ataques furtivos de los Awajún, que habían iniciado una 'caza de brujos', en la que asesinaban a los chamanes, acusándolos de brujería así como de secuestrar mujeres (Fuentes 1988:183). Aunque el último ataque furtivo se dio a finales de los años cincuenta, todavía se vive con el miedo y la incertidumbre asociado a los Awajún que viven en los alrededores.

Al llegar George Hart las cosas comenzaron a cambiar rápidamente. Aunque él no hablaba Shawi, George predicaba a las familias, diciéndoles que estaban viviendo tiempos violentos y que necesitaban hacer entrar a Dios en su corazón. Como algunos de los hermanos entendían un poco de español debido a las interacciones con los patrones y otros mestizos, lo aceptaron rápidamente y le dijeron que harían cualquier cosa para mostrar su apoyo. Hart les dijo a las familias que deberían limpiar el bosque alrededor y hacer una pista de aterrizaje para que él podría regresar fácilmente en el futuro. Después de su salida, los hermanos limpiaron rápidamente el área y construyeron la pista de aterrizaje. Hart regresó por un periodo corto, construyó una casa, predicaba a la comunidad y luego se fue nuevamente. Esta vez se llevó con él a dos de los hermanos a Yarinacocha, en la Región Ucayali. Ahí estos hombres trabajaron en la traducción de la Biblia al Shawi, mientras que al mismo tiempo aprendían todo lo referente a los evangelios. Los hermanos estuvieron dos años en Yarinacocha. Al regreso, George y uno de los hermanos, Alberto, fueron de comunidad en comunidad predicando la buena nueva. Como encontraron nuevos creyentes, los convencieron de que poblaran el área donde los hermanos vivían. Como la comunidad crecía, George construyó una iglesia y se instaló junto con su esposa Martha.

Después del exitoso golpe de estado de 1968, en el cual el General Juan Velasco Alvarado derrocó al entonces presidente Fernando Belaunde Terry, se empezó a implementar nuevas reformas, tales como la Reforma Agraria (Decreto Ley No. 17716), en la cual se re-apropiaban las tierras de los hacendados y las retornaban a las poblaciones indígenas a lo largo del Perú. Esta fue la causa principal de la expulsión del sistema de haciendas en la parte superior del Paranapura, pero la gente local dice que fue la llegada de los misioneros de ILV y la organización de la gente Shawi en comunidades evangélicas lo que forzó a los patrones fuera del área (ver también Huertas 2004:32). Con los hermanos Acosta fuera del mapa y la disminución de conflictos internos dentro del pueblo Shawi, Hart sugirió que la nueva comunidad se denomine Nueva Vida, ya que habían encontrado una nueva vida en Dios.

Como se manifestó anteriormente, con la asistencia de la iglesia evangélica, se establecieron comunidades casi permanentes a lo largo de los ríos principales. Así mismo en 1974, el gobierno peruano bajo el presidente Velasco aprobó la Ley de Comunidades Nativas y de

Promoción Agropecuaria de Regiones de Selva y Ceja de Selva (Decreto Ley No. 20653). Este hito permitió el reconocimiento y titulación de ciertos territorios ancestrales ocupados por los indígenas si estos formaban comunidades permanentes, y al mismo tiempo reconocía los derechos de los numerosos grupos indígenas de la Amazonía. Sin embargo, también abrió las puertas a la colonización de tierras así como la explotación de recursos con actividades de minería, tala de árboles y extracción de petróleo, ya que la titulación fue específicamente para tierras agrícolas (García 1995:38). Esta ley solo estuvo vigente por cuatro años, para luego ser alterada por el presidente, el General Francisco Morales Bermúdez. Su administración aprobó el nuevo decreto, la Ley de Comunidades Nativas y de Desarrollo Agrario de la Selva y Ceja de Selva (Decreto Ley No. 22175), en 1978. La ley 22175 trajo numerosos cambios para la gente indígena de la Amazonía del Perú, ya que especificó numerosas restricciones y reglamentos para la formación de comunidades indígenas, pero también garantizaban los derechos comunales de las tierras ancestrales usadas para la producción agrícola y ganadera.

Esta formación de comunidades nativas durante los años setentas alteró radicalmente los patrones de las comunidades tradicionales Shawi, así como de las otras poblaciones indígenas en la Amazonía peruana. Dejando de vivir en hogares dispersos en el monte que rodeaba a las quebradas y las tierras altas de la Cordillera Escalera, los Shawi comenzaron a formar comunidades basándose en la ley 22175 y la ayuda de la iglesia evangélica. Esto hizo que la población de indígenas aumente, incrementando la presión ecológica en el territorio utilizado, un punto que fue repetidamente mencionado en las tradiciones orales de los residentes más antiguos en todas las comunidades que visitamos. Mientras que en los años sesenta y setenta los animales eran fáciles de cazar en los alrededores de las poblaciones, en los años ochenta y noventa esto ya no era el caso. Con el aumento de la población local, las expediciones de cacería se hacían cada vez más largas (ver el capítulo *Patrimonio biocultural del pueblo Shawi: Uso de los recursos naturales, conocimiento ecológico tradicional y calidad de vida*, este volumen, para mayor información sobre estos cambios).

Aunque el ILV se encargó de impartir educación bilingüe a algunas comunidades en la Amazonía del Perú desde 1953, no fue hasta mediados de los setenta que el estado peruano financió la educación bilingüe en las comunidades indígenas amazónicas. A principios de los años ochenta, algunas comunidades como Nueva Vida y Soledad, que habían comenzado este proceso de reconocimiento y titulación desde el principio, se aseguraron de fomentar la educación para los niños a través de una petición al gobierno para la construcción de una escuela. Algunas comunidades fueron reconocidas por el estado peruano como comunidades indígenas durante los años setenta y ochenta, pero la mayoría fue reconocida a mediados y a finales de los años noventa. La titulación de tierras durante este periodo seguía siendo problemática. La Ley de la Inversión Privada en el Desarrollo de las Actividades Económicas en las Tierras del Territorio Nacional y de las Comunidades Campesinas y Nativas (Decreto Ley No. 26505), aprobada en 1995 por el presidente Alberto Fujimori, abrió por completo la posibilidad de concesionar los territorios indígenas, especialmente en cuanto a los recursos naturales del subsuelo (p. ej., petróleo y gas natural), pero al mismo tiempo y contradictoriamente aseguraba los derechos indígenas sobre sus territorios.

En los años recientes, los Shawi han estado políticamente envueltos en la defensa de su territorio ancestral. Durante el paro de 2009, después de los eventos sucedidos en la Curva del Diablo fuera de Bagua, los Shawi, junto con otros grupos indígenas y mestizos, tomaron la carretera Fernando Belaunde Terry IRSA Norte, en las afueras de Yurimaguas. Este paro no solo se dio como acto de solidaridad con los Awajún de Bagua pero también para protestar la entrada de las compañías petroleras, madereros y otras empresas extractivas en la cuenca del Paranapura. Los Shawi se involucraron activamente en este paro, con las mujeres al frente de la protesta en sus vestidos tradicionales: la falda de *pampanilla* (*a'siantë*), la blusa (*sanabi kutun*), los collares (*a'sunkunurinsu'*), los adornos del pelo, sus rostros y cuerpos pintados con *huito* (*isa*) y achiote (*nuwa*). Los hombres Shawi también participaban activamente, marchando con lanzas de madera (*shunki*). El participante más visible en este movimiento fue

Alberto Pizango Chota, el actual presidente de AIDESEP y líder Shawi. Después de las protestas, Pizango fue visto por el gobierno peruano como un incitador a la violencia contra el estado y fue acusado de sedición. Estos cargos eventualmente desaparecieron después de los reclamos internacionales y Pizango retornó a sus labores con AIDESEP. Desde ese entonces, Pizango se encuentra activo en la política peruana e inclusive postuló a la presidencia del Perú en 2010.

En los siguientes dos capítulos, describimos la metodología del inventario social y el actual estado de las numerosas comunidades que visitamos. También se presenta un análisis profundo del patrimonio social y cultural de los Shawi para la conservación de la diversidad biológica y cultural de la Cordillera Escalera (ver el capítulo *Comunidades humanas visitadas: Patrimonio social y cultural*, este volumen), y un vistazo a cómo los Shawi utilizan sus recursos naturales con el conocimiento ecológico 'tradicional' y cómo esto influye en la calidad de vida del pueblo (ver el capítulo *Patrimonio biocultural del pueblo Shawi: Uso de los recursos naturales, conocimiento ecológico tradicional y calidad de vida*, este volumen).

COMUNIDADES HUMANAS VISITADAS: PATRIMONIO SOCIAL Y CULTURAL

Participantes/Autores: Diana Alvira, Joshua Homan, Daniel Huayunga, Jorge Joel Inga, Agustín Lancha Pizango, Arterio Napo, Mario Pariona, Patty Ruiz Ojanama y Bladimiro Tapayuri (en orden alfabético)

INTRODUCCIÓN

El objetivo principal de este inventario social fue la documentación de las prácticas sociales y del patrimonio cultural de los Shawi asociados con el uso y manejo de los recursos naturales, en especial a lo relacionado con la Cordillera Escalera-Loreto, así como la visión de los residentes en cuanto al futuro de la región. En cada comunidad organizamos asambleas generales y talleres con los miembros de la comunidad para informarles sobre la metodología de los inventarios rápidos y los objetivos generales, para así generar un diálogo.

El diálogo que se dio durante las asambleas y los talleres fue un elemento crítico para la ejecución exitosa del inventario social, ya que permitió a los colaboradores Shawi expresar sus opiniones y dudas. Usamos un alcance metodológico etnográfico para evaluar rápidamente los temas relacionados a la organización social, estructuras políticas locales y a la cosmología.

Debido a la desafortunada escasez de información y estudios, solo se pudo depender de un limitado número de referencias para obtener la información necesaria para realizar este inventario social. Sin embargo, los pocos estudios etnográficos disponibles fueron muy útiles para establecer la base para nuestro estudio (p. ej. Pía 1987, Fuentes 1988). De la misma manera, la investigación cooperativa realizada por la organización no gubernamental italiana Terra Nuova fue esencial para nuestro trabajo de campo y análisis. Estos textos, enfocados en las relaciones entre el mundo natural y la cosmovisión Shawi, nos dio un mayor entendimiento de la intrincada cosmología Shawi que de otra manera no hubiéramos podido desenmarañar (ver Eddowes y Saurín 2006, Huertas 2007, Huertas y Chanchari 2011, Huertas y Chanchari 2012).

En este capítulo describimos la metodología del inventario social y el actual estado de las comunidades, enfocándonos en la demografía, patrones de asentamiento, sistemas de comunicación y organización socio-política. Luego proveeremos de un análisis a fondo de las fortalezas sociales y culturales de los Shawi, las amenazas para la conservación de la región y cómo estas amenazas afectan directamente a las comunidades locales. Finalmente, damos algunas recomendaciones para la conservación a futuro, las cuales están basadas en las fortalezas sociales y culturales de la gente Shawi.

MÉTODOS

Entre los meses de setiembre y octubre de 2013, visitamos nueve diferentes comunidades Shawi, durante 17 días de trabajo de campo, a lo largo de los ríos Paranapura, Yanayacu y Cachiyacu en el Distrito de Balsapuerto de la Región Loreto (Fig. 31, Apéndice 12). Durante los primeros cinco días del inventario trabajamos en Nueva Vida y su anexo Los Ángeles, localizados en la

Figura 31. Comunidades Shawi visitadas por el equipo científico-social durante el inventario rápido de la Cordillera Escalera-Loreto, Perú, en setiembre y octubre de 2013. Nota: En los distritos de Balsapuerto y Cahuapanas no están definidos oficialmente los polígonos de todas las comunidades y aún existen varias superposiciones entre las mismas. En este inventario utilizamos la información disponible a la fecha (Instituto del Bien Común 2013). En el momento que se está escribiendo este informe la Dirección de Saneamiento Físico Legal de la Propiedad Agraria (DISAFILPA) está en proceso de verificar datos en campo en las comunidades nativas y producirá información oficial.

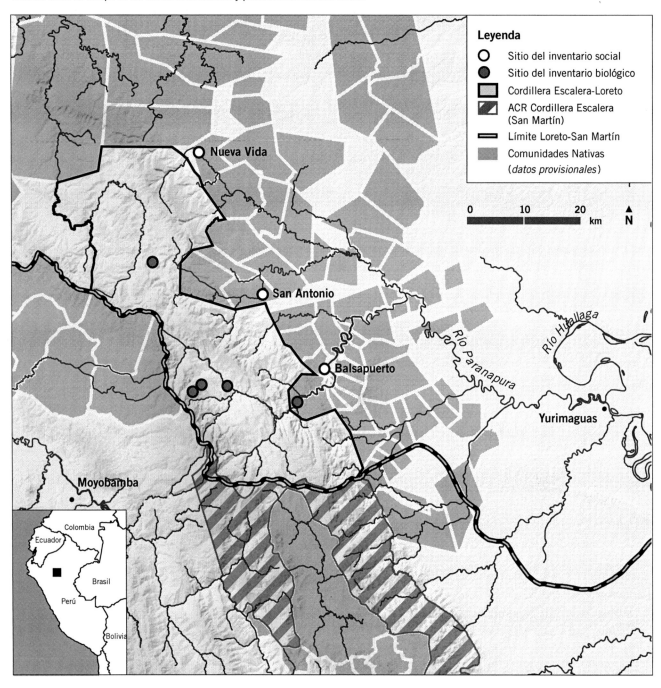

parte superior del río Paranapura. De ahí viajamos a las comunidades nativas de San Antonio de Yanayacu y San Miguel, localizadas en las cabeceras del río Yanayacu, donde nos quedamos por otros cinco días. Finalmente, visitamos algunas comunidades a lo largo del río Cachiyacu: Balsapuerto, Canoa Puerto, Puerto Libre, San Lorenzo y Nueva Luz. En cada una de estas comunidades colaboramos activamente con los líderes indígenas, educadores y otros residentes, para así hacer que nuestro trabajo sea accesible para todos los participantes.

El equipo del inventario social fue multidisciplinario. Nuestro equipo incluyó a un ingeniero forestal, un ecólogo social, un antropólogo sociocultural, un biólogo, un agente extensionista y un educador indígena, así como tres líderes políticos Shawi. Recibimos ayuda crítica de las federaciones Shawi: la Organización Shawi del Yanayacu y Alto Paranapura (OSHAYAAP), la Federación de Comunidades Shawi del Armanayacu (FECOSHARMA) y la Federación de Comunidades Nativas Chayahuitas (FECONACHA), así como de la Organización de Pueblos Indígenas del Alto Amazonas (ORDEPIAA) y la Coordinadora Regional de Pueblos Indígenas San Lorenzo (CORPI-SL). Sin la generosa asistencia de estas organizaciones el inventario social no hubiera sido posible.

Durante nuestro inventario usamos numerosos métodos cuantitativos y cualitativos para colectar datos. Nuestro método principal de investigación fue la observación participativa etnográfica tradicional en la cual nos intentamos integrar a la vida diaria de los Shawi mientras observamos su comportamiento social. Realizamos entrevistas semi-estructuradas y no estructuradas a los colaboradores claves, tales como los líderes de la comunidad, mujeres, educadores y ancianos para documentar las historias de vida, el uso local de los recursos, los mitos y las percepciones del cambio social y ambiental. También trabajamos con grupos focales formados por hombres, mujeres y niños para realizar el ejercicio de mapeo participativo, para así entender mejor cómo los residentes Shawi perciben y se relacionan con el ambiente y, más específicamente, con la Cordillera Escalera-Loreto.

En los talleres realizados en las comunidades colaboramos con los residentes Shawi usando ejercicios grupales (p. ej., *el hombre/la mujer del buen vivir*) que les permitieron evaluar sus percepciones de la vida comunal, tales como la prevalencia de los recursos naturales, la calidad de las relaciones sociales y la vida política, y la fortaleza de la identidad cultural (ver Alverson et al. 2008). Usamos varias guías de la flora y fauna de la región, producida por The Field Museum, para entender el conocimiento ecológico local, así como para elucidar los nombres Shawi de las especies (ver Foster y Huamantupa 2010, Hidalgo 2011, Catenazzi y Venegas 2012, Leite Pitman 2012, Foster et al. 2013). También utilizamos cuestionarios estandarizados para colectar datos demográficos y económicos. Después del trabajo de campo, nos reunimos con el equipo biológico en varias sesiones para analizar los datos colectados. Por medio de estas reuniones fuimos capaces de producir una síntesis de los datos colectados, los cuales son presentados en tres capítulos: *La Cordillera Escalera y el pueblo Shawi: Etnohistoria, este capítulo, y Patrimonio biocultural del pueblo Shawi: Uso de los recursos naturales, conocimiento ecológico tradicional y calidad de vida.*

ESTADO ACTUAL DE LAS COMUNIDADES VISITADAS

Tendencias demográficas actuales

Los Shawi son el grupo indígena dominante en los flancos nororientales de la Cordillera Escalera, en el Distrito de Balsapuerto. En los alrededores de la Cordillera Escalera y en los distritos de Lamas, San Martín y Cahuapanas, hay algunas comunidades Shiwilu (Jeberos, Jeveros), Awajún (Aguaruna, Jivaro) y Llakwash (Quechua Lamista, Quechua de San Martín). Reconocemos que todos estos grupos indígenas tienen profundas conexiones sociales y espirituales con la Cordillera Escalera, pero este reporte se enfoca específicamente a las comunidades Shawi que están a lo largo de los ríos Cachiyacu, Paranapura y Yanayacu en el Distrito de Balsapuerto.

El Distrito de Balsapuerto cuenta con aproximadamente 19,177 habitantes ubicados alrededor de las cuatro cuencas principales (ríos Armanayacu, Cachiyacu, Yanayacu y Paranapura) y distribuidos en 126 comunidades (tituladas, no tituladas y anexos; ver el Apéndice 12). Las comunidades más pobladas son Puerto

Porvenir (554 hab.) en la cuenca del río Armanayacu, Balsapuerto (capital de distrito, 1,277 hab.) en el río Cachiyacu, Soledad (670 hab.) en el río Yanayacu, y San Gabriel de Varadero (850 hab.) y Nueva Vida (960 hab.) en la cuenca del río Paranapura (Apéndice 12). Las comunidades tituladas han sido reconocidas como comunidades nativas Shawi; también habitan familias mestizas, principalmente en las comunidades de Balsapuerto y San Gabriel de Varadero.

Así como en la mayoría de las comunidades de la Amazonía peruana, las comunidades visitadas están asentadas en las orillas de los ríos o quebradas y las viviendas alrededor de un espacio central que hace las veces de campo deportivo. En algunos casos existen pequeños barrios y viviendas dispersas que superan los 30 minutos de caminata a lo largo de potreros y montañas. En todo el distrito las únicas comunidades que cuentan con veredas peatonales son Balsapuerto, San Gabriel de Varadero y Panán, en las cuales dan preferencia al acceso hacia los sitios más concurridos por la comunidad. En las construcciones de las viviendas predomina el material local (hojas de palmeras, maderas y fibras usadas para amarrar). Asimismo como en muchas comunidades de la Región Loreto, existe el programa Techo Digno promovido por el Gobierno Regional, que provee de calaminas para techar las viviendas.

Servicios públicos e infraestructura

En su mayoría las comunidades del Distrito de Balsapuerto cuentan con centros educativos de nivel inicial y primaria. Solamente algunas comunidades cuentan con el nivel de educación secundaria: Nueva Vida y Panán en el río Paranapura, Soledad en el Yanayacu y Balsapuerto en el Cachiyacu. Por lo general estos centros educativos de secundaria cuentan con internados para los estudiantes que acuden de las comunidades vecinas. En todo el distrito existe una población estudiantil de la lengua materna Shawi, y la Unidad de Gestión Educativa Local-Alto Amazonas (UGEL-AA) ha implementado docentes bilingües Shawi para los niveles de inicial y primaria (analizaremos este aspecto con más detalles en la sección Fortalezas Sociales y Culturales).

El alumbrado público existe únicamente en Balsapuerto y en San Gabriel de Varadero. Pocas

familias poseen generadores de luz y paneles solares. Las comunidades se abastecen de agua de los ríos y quebradas. Balsapuerto es la única en el distrito que tiene un sistema de acueducto (agua entubada y grifos para la mayoría de las viviendas), pero el agua no es apta para el consumo humano porque no está siendo tratada. En pocas comunidades existen pilares de agua y pozos artesanales.

La limpieza de la comunidad es planificada y ejecutada a través de los trabajos comunales que realizan los comuneros semanalmente. En Nueva Vida nos informaron que cada semana los estudiantes del colegio están encargados de recoger la basura de toda la comunidad y han construido un pozo para los desperdicios. En la mayoría de las comunidades no existen letrinas, excepto en San Antonio de Yanayacu, Panán y San Gabriel de Varadero. Estas tienen letrinas comunales las cuales fueron gestionadas por el puesto de salud y la Municipalidad.

Existen pocos locales comunales y muchos de ellos son infraestructuras construidas por algunos proyectos, los cuales son actualmente utilizados por las comunidades para el desarrollo de sus eventos. Pudimos observar locales comunales en Nueva Luz, San Lorenzo y Puerto Libre.

En las comunidades grandes del distrito existen puestos de salud; Balsapuerto, por ser capital del distrito, cuenta con un centro de salud. Sin embargo, la mayoría de las comunidades solo tienen botiquines que muchas veces se encuentran sin medicamentos. Algunos puestos y el centro de salud están implementados con motores fuera de borda y botes con motor peque-peque. Desde 2001, los puestos de salud en algunas comunidades como San Gabriel de Varadero, Balsapuerto y Panán han tenido un sistema de telemedicina por radio VHF. Los doctores y técnicos trabajando en los puestos de salud utilizan este sistema para comunicarse con el hospital Santa Gema en Yurimaguas y los pobladores también lo usan en situaciones de emergencia (ver Martínez et al. 2007). Asimismo brigadas médicas del gobierno peruano llegan hasta las comunidades más alejadas del distrito.

El pueblo Shawi utiliza una variedad de medios de comunicación. Existen teléfonos GILAT (teléfonos satelitales públicos) funcionales en la mayoría de las comunidades. Aunque varias comunidades tienen radiofonía, pocos de estos equipos están funcionando. De la misma manera, en las comunidades cerca de Balsapuerto y Yurimaguas observamos que las personas disponían de teléfonos celulares. El medio de comunicación más utilizado es la radio y los programas más escuchados son 'El Shushmero', que se transmite a partir de las 04:00 y '40 grados Tropical', transmitida a partir de las 16:00 por Radio Oriente de Yurimaguas. Actualmente en el Distrito de Balsapuerto existe una emisora radial comunitaria llamada 'Radio Shawi', que trasmite su programación de 18:00 a 21:00. Este programa constituye un espacio libre para que el pueblo Shawi pueda informar y comunicar información de interés comunal. Los Shawi también utilizan una red extensa de caminos ancestrales y medios escritos (cartas) para comunicarse entre comunidades.

La mayoría de los Shawi cuentan con transporte fluvial propio, canoas con un diseño especial (alargadas y con superficies más o menos planas para recorrer ríos pequeños, impulsadas con motor peque-peque y remos). En las cuencas altas de los ríos se dificulta la navegación por la poca profundidad de los ríos, en especial en la época seca. De esta manera el transporte de personas y sus productos al mercado se hace en canoas pequeñas y en otros tramos a pie utilizando la gran red de caminos existentes (ver el capítulo *Patrimonio biocultural del pueblo Shawi: Uso de los recursos naturales, conocimiento ecológico tradicional y calidad de vida*, este volumen). En épocas de lluvia se construyen balsas de madera para transportar y bajar los productos por el río hasta Panán, San Gabriel de Varadero o Balsapuerto, en donde existe transporte público fluvial todo el año hacia la ciudad de Yurimaguas. Hasta la fecha la única trocha carrozable en el Distrito de Balsapuerto es desde Yurimaguas hasta Arica en el río Armanayacu.

FORTALEZAS SOCIALES Y CULTURALES

Los Shawi han vivido una larga historia de movimiento, agresión y sumisión, en particular durante los primeros años de la conquista (mediados del siglo XVI), durante las épocas de bonanzas económicas de sal, barbasco, shiringa, caucho y otros productos en los fines del siglo XIX y principios del XX, y durante la más reciente etapa

de evangelización y concentración en asentamientos nucleados (ver el capítulo *La Cordillera Escalera y el pueblo Shawi: Etnohistoria*, este volumen). A pesar de estas presiones, los Shawi han mantenido fuertes vínculos con la Cordillera Escalera y el área alrededor de esta, sus conocimientos de uso y manejo de los recursos naturales, y una fuerte identidad cultural, los cuales están reflejados en su vida cotidiana y su cosmovisión (Fuentes 1988, Huertas 2007, Huertas y Chanchari 2011, Huertas y Chanchari 2012).

En esta sección describimos algunas de las fortalezas sociales y culturales del pueblo Shawi. Algunas son comunes a otros pueblos indígenas de la Amazonía, pero otras representan una particularidad del pueblo Shawi. En esta sección también explicamos cómo y por qué se han mantenido dichas fortalezas.

Relaciones de parentesco, reciprocidad y trabajo comunitario

Así como en los inventarios anteriores realizados en la Amazonía peruana, encontramos que las comunidades Shawi que visitamos tienen un sistema fuerte de cooperación y reciprocidad basado en relaciones familiares y redes de parentesco, matrimonio y amistad. Estos lazos van más allá de las comunidades, estableciendo lazos con otras comunidades, pueblos y grandes ciudades. Particularmente, los Shawi tienen un patrón de asentamiento relacionado a la preferencia social por la residencia uxorilocal, en donde el hombre se muda con la familia de la esposa y asume una posición subordinada hacia el suegro. En esta relación el marido provee de mano de obra al suegro, usualmente trabajando en la chacra. Esta costumbre es similar a las de otros grupos indígenas en otras partes de la Amazonía peruana, tales como los Urarina, Shipibo, Awajún y Wampis (ver Hern 1977, Dean 2009, Alvira et al. 2012). Después de cierto tiempo, la pareja podría mudarse a la comunidad natal del novio, pero muchas no lo hacen.

Adicionalmente, es una práctica usual que un grupo de hermanos se casen con un grupo de hermanas, creando alianzas entre dos familias grandes y proveyendo de una gran cantidad de mano de obra a la familia del suegro. Esto asegura que las mujeres no solo tengan el apoyo de su propia familia, sino también de alianzas formadas por medio del matrimonio. El comercio es también fortalecido con el movimiento de los hombres hacia las comunidades de sus esposas. Este patrón está relacionado directamente con las maneras en que se forman las grandes comunidades y en que se mantienen las relaciones de reciprocidad. De hecho, como se muestra en el capítulo de etnohistoria (*La Cordillera Escalera y el pueblo Shawi: Etnohistoria*, este volumen), la fundación de varias comunidades (p. ej., San Antonio de Yanayacu y Nueva Vida) fue basada en la nucleación de tres o cuatro familias, un grupo de hermanos casados con un grupo de hermanas, que se juntaron con el prospecto de asegurarse una educación o unirse a la iglesia evangélica, respectivamente. Hay varios casos de poliginia, muchas veces con hermanas, y usualmente practicada por los poderosos líderes y chamanes, pero esta práctica ha disminuido recientemente (cf. Harner 1972:94, Hern 1992).

En todas las comunidades Shawi visitadas así como en muchas comunidades amazónicas observamos que los recursos (presas de caza, yuca, caracoles, etc.) son constantemente compartidos entre familiares. También existe la práctica característica de la minga, la cual es el trabajo comunitario entre familiares, vecinos y amigos para hacer las chacras y otras actividades para suplir necesidades básicas de las familias (p. ej., construir una casa, una canoa, abrir una chacra). En la minga estas actividades organizadas son lideradas por el que convoca la minga, quien además comparte el alimento y la bebida que por lo general es el masato. Estas redes de apoyo y reciprocidad mantienen el tejido social y la unidad cultural y sostienen la economía de subsistencia que predomina en las comunidades amazónicas. Asimismo estas relaciones sociales facilitan el compartir recursos y minimiza la presión hacia los bosques y los ríos.

Organización social y liderazgo

Como muchas otras sociedades amazónicas, incluyendo a las Awajún y Wampis, en los tiempos ancestrales los Shawi vivían en casas dispersas conteniendo familias extendidas y localizadas alrededor de la cordillera occidental de Loreto. Particularmente, el territorio ancestral Shawi es la Cordillera Escalera y las cabeceras de los ríos Paranapura y Cahuapanas (Maroni 1988:96; ver los capítulos

La Cordillera Escalera y el pueblo Shawi: Etnohistoria y Arqueología de la cuenca del Paranapura, este volumen). A diferencia de los Awajún y Wampis, los que no fueron conquistados por los españoles, los Shawi fueron muchas veces reubicados y obligados a vivir en misiones a lo largo del Paranapura, y esto alteró radicalmente su modo tradicional de vida. Debido a esto, la organización política Shawi es una mezcla de la influencia pre-hispánica y Jesuita, combinada con los numerosos reglamentos comprendidos en la legislación peruana de los últimos 40 años. Nuestro conocimiento sobre el periodo pre-contacto es incompleto debido a los limitados registros arqueológicos, así que solo podemos especular que ciertas características, tales como la existencia del 'líder tradicional', el *wa'an*, tiene sus raíces en tradiciones que datan antes de la llegada de los españoles. Sin embargo, como se detalla en el capítulo *La Cordillera Escalera y el pueblo Shawi: Etnohistoria*, en este volumen, los efectos de las reducciones Jesuitas en las estructuras sociales y políticas Shawi no pueden ser subestimados.

Durante esta era, los padres Jesuitas impusieron una forma jerárquica de organización socio-política sobre los numerosos grupos indígenas que vivían en las reducciones (Fuentes 1988). Este sistema introdujo una mezcla de posiciones eclesiásticas y civiles, nombrando a un solo hombre nativo, seleccionado por el padre Jesuita, como líder (*curaca*) y dándole un cierto nivel de prestigio e influencia dentro de la reducción. El *curaca* estaba a cargo de un número de individuos que estaban jerárquicamente por debajo de él, tales como el alguacil (policía), pero al mismo tiempo mantenía un rol simbólico de alguien que podía unificar a los residentes de la misión. Este sistema ha tenido un efecto duradero en los Shawi, especialmente en las pocas comunidades directamente relacionadas con las misiones, las cuales tenían más o menos residencia permanente hasta la expulsión de los Jesuitas en 1767. De hecho, hasta mediados de los años setenta, la mayoría de las comunidades tenían las siguientes autoridades: *curaca* (líder), alcalde, tesorero, capitán, teniente y varios policías.

Como se ha explicado en el capítulo de etnohistoria en este volumen (*La Cordillera Escalera y el pueblo Shawi: Etnohistoria*), todas estas autoridades portaban la vara (varayo), una representación de su autoridad. Cada posición dentro de la misión cumplía un rol. Por ejemplo, el alcalde organizaba las labores comunales (*mingas*), el capitán estaba a cargo de los tenientes y la policía, mientras que el tesorero se hacía cargo de los asuntos de la iglesia y de los objetos litúrgicos. Sin embargo, durante los años setenta, el rol de *curaca* fue reemplazado por el *apu*, un líder democráticamente elegido por la comunidad. Las posiciones de capitán y teniente fueron fusionadas en la de teniente gobernador, quien mantiene el control sobre los policías (ahora llamados varayos), organiza las actividades comunales y refuerza los reglamentos y acuerdos de la comunidad (estatuto comunal). Finalmente, el alcalde fue reemplazado por el agente municipal. Esta forma generalizada de organización política continua hoy en día en la mayoría de las comunidades Shawi tituladas en la región. Durante nuestras visitas a las comunidades observamos que las autoridades juegan un rol importante y respetado. Registramos que el rol del varayo (policía) era convocar a los residentes para las actividades de trabajo comunal y asistir a las asambleas. En las asambleas comunales las autoridades dirigían y participan en estas activamente. En algunos casos el *apu* es joven (como en San Antonio de Yanayacu durante nuestra visita en 2013), en otros casos son mayores (como en Nueva Vida y Balsapuerto en 2013). Los mayores que han vivido en la comunidad por un largo periodo de tiempo son muy respetados e influencian las decisiones de la comunidad.

Mientras la configuración política descrita arriba fue encontrada en las comunidades más grandes, tales como Pueblo Chayahuita, en los asentamientos multifamiliares localizados a lo largo de los numerosas quebradas, alejados de los ríos principales, así como en los límites de la Cordillera Escalera, los *wa'an* cumplían un rol muy particular. De acuerdo a las historias orales recolectadas durante nuestro trabajo de campo, los *wa'an* facilitaban el contacto entre las autoridades mestizas de Yurimaguas y Balsapuerto y al mismo tiempo defendían a sus comunidades de los viajeros y mercaderes que entraban a su territorio. Estos mismos individuos nos dijeron que *los wa'an* utilizaban *ayahuasca* (*Banisteriopsis caapi*) y otras plantas sagradas entogénicas para hacer sus decisiones. De esta manera, los *wa'an* pueden ser comparados con los líderes chamanes que existen en los grupos indígenas de las tierras bajas, tales como los Urarina o Achuar (cf. Dean 2009). Desafortunadamente, con el incremento de homicidios de chamanes en la cuenca del Paranapura y la influencia de los cristianos evangélicos, la noción del *wa'an* como un líder de la comunidad está en vías de desaparecer.

Documentamos las diferentes maneras de como la mujer participa en la 'vida pública' y en la toma de decisiones a nivel comunal. Durante nuestras visitas las mujeres siempre participaban activamente en todos los talleres y discusiones, en particular en la elaboración del mapa de uso de recursos, durante las asambleas cuando se realizó el ejercicio de calidad de vida, y en las reuniones de grupos de mujeres. Uno de los temas recurrentes en las reuniones con grupos de mujeres era su interés por continuar viviendo en su comunidad con sus familias e hijos, cuidando de la chacra y viviendo de lo que da la chacra y el bosque y el río. Asimismo manifestaron su preocupación por la escasez de animales de caza y de pescado. Aunque la posición de *mujer líder* —común en otras comunidades amazónicas en las que hemos trabajado— no existe en las comunidades Shawi del Distrito de Balsapuerto, la mujer Shawi cumple numerosos roles. Fuimos informados que en Balsapuerto se eligen mujeres policía cada año para colaborar con el orden público y el entendimiento de las personas de la comunidad.

Adicionalmente, durante nuestro inventario, la alcaldesa del Distrito de Balsapuerto era Pascuala Chanchari Tamabi. También tuvimos la oportunidad de entrevistar a Cecilia Chanchari, quien fue la primera mujer Shawi apu de la zona. Ella es actualmente profesora de la escuela inicial de la comunidad de Nueva Luz y secretaria del Frente de Defensa Shawi (organización civil que trabaja en pro de la defensa de los intereses colectivos del pueblo Shawi y en particular relacionado con la defensa de los recursos naturales, el medio ambiente y el derecho del desarrollo social del pueblo). Ella nos comentó acerca de los diferentes roles que juega la mujer para apoyar a otras mujeres y a sus familias. Por ejemplo, cuando ella fue la jefa del programa Juntos para Aliviar la Pobreza (que da una suma de dinero mensual a las madres de las familias más pobres), en los días de paga ella organizaba un mercadillo de productos de las chacras, para venderlos a precios muy cómodos y para intercambiar entre las familias los diferentes productos y compartir ideas de cómo se maneja la chacra entre las diferentes familias que participaban. Asimismo ella al ser profesora Shawi y mujer está muy interesada en que más mujeres jóvenes Shawi sean profesoras y por esto está apoyando el convenio entre la UGEL-AA y el colegio de secundaria de Balsapuerto. Ella tuvo un rol primordial al final de nuestro inventario, como traductora español-Shawi en nuestra última asamblea comunal, en donde los resultados preliminares fueron presentados a las autoridades de las diferentes comunidades y de los distritos de Balsapuerto y Cahuapanas. Ella también atendió a la presentación oficial del inventario rápido que se hizo frente a las autoridades nacionales de Lima, representando a las mujeres Shawi.

Hoy en día, los Shawi también se han integrado a las numerosas federaciones indígenas. La primera de ellas, la Federación de Comunidades Nativas Chayahuitas (FECONACHA), fue fundada en 1992 por los líderes indígenas de las comunidades a lo largo de los ríos Paranapura, Yanayacu, Armanayacu y Cachiyacu (García Hierro et al. 2002). Sin embargo, después de algún tiempo, debido a la combinación de conflictos políticos y distancia geográfica, surgieron nuevas federaciones Shawi. Las federaciones más grandes hoy en día son FECONACHA, la cual está enfocada principalmente en los ríos Cachiyacu y Paranapura, la Federación de Comunidades Shawi del Armanayacu (FECOSHARMA) y la más nueva, la Organización Shawi del Yanayacu y Alto Paranapura (OSHAYAAP). También nos informaron de la existencia de la Federación de Mujeres Shawi de Alto Amazonas-FEDEMUSHAL. Hoy en día ésta no está muy activa, pero sí hay bastantes intereses por reactivar la iniciativa.

Estas federaciones están agrupadas dentro de una de las dos federaciones regionales multiétnicas. La Coordinadora Regional de los Pueblos Indígenas de San Lorenzo (CORPI-SL) tiene un gran historial con la gente indígena del Alto Amazonas y Datem del Marañón. CORPI-SL, cuya oficina principal está basada en la pequeña comunidad de San Lorenzo, en la ribera norte del río Marañón, trabaja con la gente Inga, Kandozi, Awajún, Wampis y Shawi. De la misma manera, la Organización de Pueblos Indígenas del Alto Amazonas (ORDEPIAA) es relativamente nueva (fundada en 2013) y rápidamente está ganando influencia en la región. De hecho, ORDEPIAA ahora representa a los numerosos grupos Shawi, Kichwa, Kukama-Kukamiria y Kandozi del Alto Amazonas. Estas organizaciones ayudan a los grupos indígenas con sus derechos territoriales, el desarrollo de la consulta previa y otros asuntos políticos.

Finalmente, AIDESEP (Asociación Interétnica de Desarrollo de la Selva Peruana) es una organización nacional, bajo la cual una gran mayoría de grupos indígenas y organizaciones regionales son reunidos. AIDESEP fue fundada en 1980 para representar los intereses de todos los grupos indígenas de la Amazonía a nivel nacional, para garantizar los derechos territoriales y culturales para los indígenas y promocionar un desarrollo sostenible y justo de la Amazonía peruana. Aunque ha habido algunos conflictos en años recientes entre las federaciones locales y AIDESEP, la organización todavía juega un rol vital para los grupos indígenas. De hecho, el actual presidente de la organización, Alberto Pizango, es un líder Shawi.

Recientemente los Shawi también están integrándose más a la política regional y nacional. Como se mencionó anteriormente, Alberto Pizango Chota y AIDESEP representan a los intereses Shawi a nivel nacional, e interactúan frecuentemente con los miembros del gobierno peruano. Hemos visto también que algunos individuos Shawi han sido elegidos como regidores o en otras posiciones en los gobiernos regionales del Alto Amazonas y Cahuapanas.

Además de las organizaciones políticas mencionadas con anterioridad, queremos enfatizar algunas organizaciones clave identificadas durante nuestra visita. Estas son el Frente de Defensa Shawi (organización civil que trabaja en pro de la defensa de los intereses colectivos del pueblo Shawi y en particular relacionado con la defensa de los recursos naturales, el medio ambiente y el derecho del desarrollo social del pueblo), el programa Vaso de Leche (que apoya a las mujeres embarazadas, madres solteras, niños y gente anciana), organizaciones de padres de familia de las escuelas (APAFA), el Programa Juntos, y el comité de las comunidades pesqueras organizadas por Terra Nuova. Las mujeres tienen roles importante en el programa de

Vaso de Leche, en las APAFA, y en el Programa Juntos para aliviar la pobreza.

Fuerte identidad cultural del pueblo Shawi

En las comunidades visitadas pudimos constatar una fuerte identidad cultural del pueblo Shawi. Asimismo, todas las personas de las diferentes comunidades que participaron en el ejercicio de la percepción de la calidad de vida le dieron una alta calificación al componente cultural (ver el capítulo *Patrimonio biocultural del pueblo Shawi: Uso de los recursos naturales, conocimiento ecológico tradicional y calidad de vida*, este volumen). Esta fuerte identidad cultural Shawi se manifiesta en: el idioma (dominio de la lengua Shawi desde los niños hasta los ancianos); los textiles (elaboración de vestimentas típicas de las mujeres y adornos tanto para hombres como para las mujeres); las cerámicas y la pintura facial con diferentes patrones y símbolos (en su mayoría en las mujeres); elaboración de objetos utilitarios (*shicras*, canastos y paneros, atarrayas, remos, canoas, etc.); la preparación de comidas típicas (i.e. patarashca de suri [larva del coleóptero (*Rhynchophorus palmarum*)] o picante de churo [caracol]) y bebidas típicas (i.e. masato, chicha de maíz); amplio conocimiento ecológico tradicional de uso de los recursos del bosque, la chacra y el río (frutos, maderas, plantas medicinales, animales, peces, trampas para cazar y pescar), y un amplio conocimiento del territorio (Cordillera Escalera y espacio alrededor). Estos dos últimos son tratados en el siguiente capítulo, *Patrimonio biocultural del pueblo Shawi: Uso de los recursos naturales, conocimiento ecológico tradicional y calidad de vida.*

Durante el desarrollo de este inventario pudimos documentar el rol primordial que la mujer indígena tiene en el mantenimiento y reproducción de la cultura (Bocos 2011). En particular en el pueblo Shawi encontramos que esta historia de marginalización de la mujer durante la época de las reducciones Jesuitas y las haciendas, en la cual a las mujeres no se les permitía aprender castellano y se les designaba labores domésticas relacionadas como la preparación de los alimentos y la elaboración de artesanías, permitió a las mujeres mantener el idioma Shawi y muchas prácticas culturales tradicionales. Es así como en las comunidades Shawi visitadas todos

reconocieron que las mujeres son las más resistentes a la influencia de los mestizos. A continuación presentaremos algunos ejemplos en particular de este importante rol de la mujer Shawi en el mantenimiento de la cultura.

La mujer Shawi juega un papel muy importante en el ritual femenino de pubertad, que además de recalcar el papel reproductivo de la mujer en la sociedad, resalta su rol de garantizar la permanencia y la continuidad de la cultura pasándolo de generación en generación (Fuentes 1988, Huertas y Chanchari 2011). Varias mujeres de las comunidades que visitamos nos contaron que el ritual de pubertad sigue presente y que éste consta de dos etapas principales en las que la mujer Shawi juega un papel fundamental. Una de ellas es la época de reclusión, en la que la joven se aísla en un rincón de su casa para aprender a hilar el algodón y lo hace sin descansar por varios días, para que de esta manera la mujer sea activa, trabajadora y no sea ociosa (cf. Crocker y Crocker 1994:34, Johnson 2003:114).

La segunda etapa es la de reincorporación, en la que la joven sale de su reclusión. Su madre prepara masato e invita a parientes y vecinos y en particular una persona mayor que sabe la formula ritual o los *icaros* especiales del ritual de pubertad. A la joven se le invita a sentar en el centro de la casa sobre una piedra y en los *icaros* se le identifica a la joven con árboles de diferentes nombres caracterizados por su gran longevidad. De esta manera con los árboles longevos y el sentarse en una piedra se ve reflejado la permanencia y continuidad de la mujer. Luego las personas se van acercando y le van cortando mechones de cabello y le van aconsejando sobre su futuro como mujer en la cultura y vida Shawi. Una vez que le han cortado el cabello, la joven corre alrededor de la casa siendo perseguida por un varón que lleva una planta urticaria (*Urera* sp., ishanga) y amenaza con azotarla, como símbolo de que la mujer siempre tiene que estar en constante actividad, ya sea trabajando en la chacra, haciendo cerámica, hilando algodón y haciendo faldas tradicionales y en sus tareas cotidianas. Luego la joven es pintada con huito por todo el cuerpo y va a la chacra para cosechar yuca y preparar su primer masato. Después de unos días el padre invita a degustar el masato que ella ha preparado, y de esta manera la joven ha aprendido y comenzado a cumplir con todas las tareas que va a tener que hacer en su vida adulta.

La mujer Shawi cultiva la chacra para producir los alimentos básicos para suplir la alimentación familiar, elaborando platos tradicionales. En particular cultiva la yuca para el consumo diario y para preparar el masato, que además de ser un alimento esencial, facilita las relaciones sociales, y es un medio para expresar las relaciones entre los miembros de la comunidad (Daggett 1983). De esta manera la mujer convida el masato en su casa para su familia y visitas; así como en las mingas o trabajos comunales organizados por su esposo, ya sea para hacer una chacra o canoa, o para construir el techo de la casa y/o realizar otras labores a través de la ayuda mutua. También participa activamente en la organización de reuniones y celebraciones comunales en las que contribuye con su balde de masato y convida el masato vestida con su atuendo típico y el rostro pintado con diferentes simbolismos.

También la mujer Shawi cultiva el algodón, el cual es hilado y luego teñido con tintes naturales (en particular *Piper* sp.) y también artificiales para luego elaborar en un telar sus vestimentas típicas (faldas llamadas 'pampanillas', pretinas y cinturones) las cuales son utilizadas diariamente. También observamos que para ocasiones especiales como reuniones comunales y festividades las mujeres utilizan *pampanillas*, blusas y adornos especiales tales como collares (utilizando chaquiras y semillas) y adornos para la cabeza (utilizando algodón, lana, pieles y plumas de animales cazados por sus esposos). También se pintan la cara con diferentes simbolismos y colores utilizando huito, achiote y más recientemente lápiz labial y delineador de ojos. Algunas de las mujeres entrevistadas mencionaron que los diferentes simbolismos (rayas y dibujos) están relacionados con la edad de la mujer, estado civil (casada, soltera, viuda) y con características particulares del temperamento (vea García Tomas 1993). Igualmente observamos que las mujeres elaboran adornos para sus esposos con lana, algodón y plumas, los cuales los hombres utilizan en reuniones y festividades.

Acompañamos a las mujeres en la elaboración de la cerámica de tipo utilitario para uso diario (*tinajas* para guardar agua y masato, *mocahua* para servir y

convidar el masato y *callana* para servir la comida). Informaron que algunas cerámicas se hacen con mejor acabado y decoración para utilizar en las fiestas. Ellas nos comunicaron que anteriormente se elaboraban grandes ollas de barro para cocinar, pero estas han sido remplazadas por ollas de aluminio. Las mujeres mencionaron y dibujaron durante el mapeo de uso de recursos (Fig. 32 en el capítulo *Patrimonio biocultural del pueblo Shawi: Uso de los recursos naturales, conocimiento ecológico tradicional y calidad de vida*, este volumen) las zonas específicas donde se colecta la greda. Ellas también nos informaron acerca de los diferentes tipos, colores y calidades de greda (negra, blanca y rojiza) que ellas conocen y utilizan para elaborar su cerámica. La técnica utilizada es de tipo enrollado y el acabado más común es el que combina los colores ocre y blanco para las *mocahuas* y negro para las *callanas*. Se hace la cocción en la hoguera y luego de esto se recubre con leche caspi (*Couma macrocarpa*) para darle brillo y suavidad. Todas las *mocahuas* están decoradas en su interior con dibujos geométricos (en colores azul, rojo y negro). Pudimos ver en San Antonio y Nueva Vida que además de los dibujos geométricos se adicionan diferentes frases o palabras, tanto en Shawi como en castellano.

Asimismo pudimos observar que la mujer Shawi domina la lengua materna y la enseña a sus hijos. Otro de los factores incidentes en el mantenimiento de la lengua Shawi y por ende la cultura y 'tradición' es el sistema de educación intercultural bilingüe que existe en las escuelas inicial y primaria en la mayoría de las comunidades en el Distrito de Balsapuerto. Esto lo pudimos constatar conversando y visitando las escuelas de cuatro comunidades y conversando con profesores de otras comunidades. En la mayoría de las escuelas, tanto inicial como primaria, hay una dominancia de profesores Shawi. Para la escuela inicial hay un mandato de impartir educación en lo que llaman L1 (lengua materna) y para primaria en L1 y L2 (castellano). El gran interés es que los niños aprendan a leer y a escribir primero en su lengua materna. Asimismo existen textos en lengua Shawi para la escuela primaria, los cuales están siendo revisados para mejorar la calidad de la educación. La educación en la escuela secundaria se imparte en su mayoría en castellano. Un patrón similar de fuerte mantenimiento del idioma y cultura lo observamos en el inventario social realizado en 2011 con los pueblos Wampis y Awajún del río Santiago, en donde también existe una dominancia de profesores y profesoras nativos y un empuje para enseñar y mantener el idioma (Alvira et al. 2012). Por otro lado, existe una iniciativa por parte de la UGEL-AA para que las mujeres jóvenes estudiantes en el quinto año de secundaria del colegio de Balsapuerto (las cuales son mayoría Shawi) puedan tener capacitación y prácticas en la enseñanza de escuela inicial y luego practicar y obtener un empleo en las escuelas de inicial de las comunidades alrededor de Balsapuerto. Ya que no hay escuelas secundarias en todas las comunidades y además éstas están ubicadas solamente en comunidades grandes a lo largo de las diferentes cuencas, hay una minoría de mujeres que estudian la secundaria, debido a que sus padres quieren que sus hijas estén cerca de sus familias y no corriendo peligros en comunidades alejadas. En contraste con otras comunidades amazónicas visitadas en inventarios anteriores, las APAFAs (Asociaciones de Padres de Familia) de las escuelas inicial y primaria en las comunidades visitadas del Distrito de Balsapuerto tienen una muy buena relación con los directores de las escuelas y profesores. Se trabaja coordinadamente y hay una participación activa y contribución de la cuota por parte de los padres, lo cual parece estar contribuyendo al funcionamiento del sistema educativo.

Tal como hemos observado en otras comunidades amazónicas visitadas durante los inventarios rápidos, el hombre complementa a la mujer en el mantenimiento de la cultura y la reproducción social de la familia (cf. Perruchon 2003). En las comunidades Shawi vimos que la elaboración y enseñanza hacia los niños y jóvenes de cómo hacer objetos utilitarios (*shicras*, canastos y paneros, atarrayas, remos, canoas, etc.) son labores de los hombres, así como las correrías para ir de cacería y pesca, y las labores más exigentes de preparación de la chacra (roza, tumba y quema). Al mismo tiempo hombres y mujeres mencionaron que en la unidad familiar todos colaboran en los trabajos de la chacra, pero la mujer tiene un rol importante en la siembra, mantenimiento y cosecha en particular de los cultivos como algodón, yuca y plátano y otros para la alimentación familiar. Los hombres tienen una mayor responsabilidad en aquellos

cultivos que se comercializan, tales como el maíz y el arroz y en las actividades de cuidado y manejo del ganado vacuno en aquellas familias que tienen ganado.

Consideramos que es una fortaleza para la conservación incluir las perspectivas y conocimientos tanto de las mujeres como de los hombres. En particular la mujer tiene la principal responsabilidad en relación con la atención de las necesidades de la familia y, por consiguiente, constituye una fuerza importante en la determinación de las tendencias del consumo. En ese sentido, la mujer tiene un papel clave que desempeña en la elaboración de modalidades de producción y consumo sostenibles y ecológicamente racionales.

Consideramos que todas estas fortalezas —la fuerte identidad cultural Shawi, el amplio conocimiento ecológico tradicional y del espacio comunal y de la Cordillera Escalera, los diferentes sistemas de comunicación, así como diferentes iniciativas de control y vigilancia, y las redes de apoyo y cooperación entre familias y entre comunidades— representan una oportunidad de concretar e implementar una visión común del pueblo Shawi para la conservación y el uso sostenible de recursos. Asimismo, indican un gran potencial para la implementación de un sistema de control y vigilancia indígena del territorio y una oportunidad para monitorear y manejar las poblaciones de fauna para la alimentación de los Shawi.

AMENAZAS Y RETOS

Hemos conversado con los moradores del área sobre sus preocupaciones, retos y percepciones de amenazas a su calidad de vida. En la página 63 de este informe se ha presentado la mayoría de las amenazas. Aquí detallamos algunas amenazas más específicas.

- La desaparición del bosque ribereño desde la década del ochenta para impulsar el cultivo del arroz y pastizales. Esto ha debilitado las riberas de los ríos, causando erosión y disminución del caudal de los ríos. Es así que en las cabeceras de cuenca del Paranapura hay una reducción de la profundidad, generando playas amplias y palizadas y por lo tanto es casi imposible navegar en una gran parte del año inclusive hasta con los peque-peques. En las zonas media y baja del Paranapura también hay erosión de las riberas y amplias playas y en época seca solo se puede navegar con botes pequeños.

- La escasez de peces, en particular en las zonas de cabecera de cuenca, la cual está relacionada con la disminución de los bosques ribereños y la posterior erosión, así como con el uso indiscriminado de barbasco y huaca hasta el año 2000 (aunque hoy en día está un poco más regulado y controlado). Asimismo existe sobrepesca durante la época del mijano en el río Paranapura, donde se está pescando con grandes redes y sin control.

- Una fuerte presión de cacería, tanto en los relictos de bosque alrededor de las comunidades así como en la Cordillera Escalera, por parte de la población Shawi. Las comunidades Shawi ahora están asentadas permanentemente en comunidades a lo largo de ríos y quebradas y en constante aumento poblacional, lo cual está ejerciendo una presión más intensa y concentrada sobre los recursos naturales y en particular sobre la fauna.

- La actividad ganadera que causa deforestación, compactación de los suelos y erosión en las riberas de ríos y quebradas. Asimismo la ganadería crea conflictos internos en las poblaciones locales sobre dónde abrir espacio para establecer pastizales y cómo cuidar y controlar el ganado.

- Falta de entendimiento entre las comunidades, federaciones, autoridades y el Estado, lo cual genera confusión y conflictos internos que no permiten tener una visión clara o establecer sinergias entre los diferentes actores para lograr el objetivo común de proteger los recursos naturales del territorio Shawi. El mal uso y la mala difusión de la información también generan mal entendidos acerca de la conservación y protección del territorio.

- Los indicadores de pobreza extrema en el Distrito de Balsapuerto (Mapa de la Pobreza FONCODES 2006), que generan una visión negativa hacia el pueblo Shawi y atraen políticas asistencialistas de desarrollo que imponen monocultivos (cacao, café, sacha inchi), ganadería, piscigranjas y prácticas y costumbres externas a la realidad local,

desvalorizando las prácticas tradicionales (chacras diversificadas y con múltiples estratos) y generando dependencia en las comunidades.

- La apertura de la trocha carrozable Arica-Balsapuerto y los impactos que ésta pudiera generar si no hay una planificación consensuada a nivel comunal y distrital sobre cómo controlar el uso del suelo en las zonas aledañas a ésta, como el arriendo de la tierra para cultivadores de papaya quienes destruyen la carretera y a la vez deterioran la calidad del suelo y del agua con este monocultivo. Aunque la trocha carrozable fue aprobada por ocho comunidades Shawi en enero de 2014, todavía está siendo planificada.

- Las invasiones al territorio Shawi por parte de los Awajún en el nordeste y por los Quechua-Lamistas de Yurilamas en la región sur.

RECOMENDACIONES PARA LA CONSERVACIÓN

- Promover las investigaciones relacionadas con la disminución de peces en la cuenca del Paranapura y reforzar y hacer cumplir a cabalidad la ordenanza distrital que prohíbe la pesca con barbasco y huaca.

- Validar y utilizar los mapas participativos y de uso de los recursos naturales realizados durante la caracterización social y ampliarlos para incluir las comunidades faltantes. Utilizar estos mapas para desarrollar la zonificación en el ámbito comunal e involucrar a las comunidades en el manejo y vigilancia de sus territorios comunales y de la Cordillera Escalera.

- Establecer acuerdos y reglamentos de uso del territorio comunal, de la fauna y de la flora, tanto a nivel comunal como en la Cordillera Escalera. Promover espacios de reflexión y análisis de los efectos de la ganadería y monocultivos en la calidad de los recursos naturales comunales y la seguridad alimentaria y promover prácticas amigables con el medio ambiente como sistemas silvopastoriles y agroforestales (reforzando el uso de la chacra integral ya existente).

- Elaborar con las comunidades calendarios ecológicos para monitorear los cambios del clima y sus efectos en la biodiversidad y la calidad de vida de las comunidades. Establecer un sistema sencillo de monitoreo periódico de los recursos naturales. Promover el uso de las plantas medicinales para la salud de las comunidades y articular el uso de las plantas medicinales y la medicina tradicional indígena con el sistema público de salud.

- Aprovechar los sistemas de comunicación ya existentes (radio, telefonía) y los espacios de discusión para mantener un flujo constante de información clara y precisa acerca de la visión de cuidar y proteger el territorio Shawi y los mecanismos para poder lograrlo incluyendo a todos los niveles de la población. Asimismo es importante generar discusión y reflexión sobre las consecuencias positivas y negativas de los diferentes proyectos de infraestructura y desarrollo planificados en la zona (carretera Moyobamba-Balsapuerto, lotes petroleros, concesiones madereras, Central Hidroeléctrica en la Cascada Pumayacu)

PATRIMONIO BIOCULTURAL DEL PUEBLO SHAWI: USO DE LOS RECURSOS NATURALES, CONOCIMIENTO ECOLÓGICO TRADICIONAL Y CALIDAD DE VIDA

Participantes/Autores: Diana Alvira, Joshua Homan, Daniel Huayunga, Jorge Joel Inga, Agustín Lancha Pizango, Arterio Napo, Mario Pariona, Patty Ruiz Ojanama y Bladimiro Tapayuri (en orden alfabético)

Objetos de conservación: Redes de caminos y trochas antiguas y nuevas que comunican a las diferentes comunidades y cuencas a través de la Cordillera Escalera; chacras integrales y purmas ancestrales (purmas de más de 20 años); zonas de recolección de plantas medicinales, cortezas y frutos y especies sagradas (ayahuasca, chuchuhuasi, copaiba); zonas de recolección de greda; minas de sal (actuales y 'muertas'); cascadas de importancia cultural y turística; zonas sagradas asociadas con *a'shin*; cerámica, vestimenta tradicional y adornos para las mujeres y hombres; mitos y cantos (*icaros*)

INTRODUCCIÓN

Cuentan los Shawi que todas las lecciones de aprovechamiento de los recursos naturales fueron establecidas y guiadas por el supremo Mashi (uno de los principales dioses de la cultura Shawi), quien enseñó a los hombres a cazar, pescar, hacer la chacra y a las mujeres a sembrar, cocinar, hilar y hacer cerámica (Huertas y Chanchari 2011). Refieren que Mashi descendió de las montañas, por lo cual los Shawi tienen una estrecha

relación de convivencia con la Cordillera Escalera y sus componentes, tales como las altas cumbres, lomas, lagos, barrancos, cataratas, animales y plantas. De esta coexistencia surgieron tradiciones que en la actualidad relatan efusivamente bajo la forma de mitos y leyendas.

El pueblo Shawi está fuertemente vinculado con su medio ambiente natural. Todos los componentes de la naturaleza son considerados como parte de su vida cotidiana y son el motor que dinamiza la persistencia de su cultura. Sin embargo y a pesar de esta conexión, ya vienen surgiendo ciertos conflictos como la erosión de los cauces de los ríos y quebradas que no les permite navegar en ciertas épocas del año, la lejanía de las zonas ricas para la caza de animales y aves, disminución de los peces en los ríos y cada vez menos áreas para realizar la apertura de nuevas chacras debido al incremento de la población humana y de áreas de pastizales para la ganadería. También ven con preocupación la escasez de los materiales para la construcción de viviendas (especialmente las hojas de palma para techar), botes, postes para potreros y otras necesidades.

En este capítulo presentamos un análisis del patrimonio biocultural del pueblo Shawi del Distrito de Balsapuerto, su relación con el medio ambiente y su relación con su percepción de calidad de vida. El patrimonio biocultural comprende los conocimientos, las innovaciones y las prácticas que han sido mantenidas de manera colectiva e inextricablemente vinculadas a los recursos naturales y su territorio ancestral, a su economía familiar, a su biodiversidad y ecosistemas y a los valores culturales y espirituales y a las leyes consuetudinarias formuladas en el contexto social y ecológico de las comunidades.

MÉTODOS

Para entender mejor cómo las comunidades Shawi ubicadas a lo largo de las partes altas de los ríos Paranapura, Yanayacu y Cachiyacu perciben su calidad de vida y su ambiente, así de cómo utilizan sus recursos naturales, trabajamos con los hombres, mujeres y niños locales en varios talleres y asambleas comunales. En las comunidades de Nueva Vida, San Antonio de Yanayacu y Balsapuerto, organizamos los primeros talleres enfocados en percepciones locales de la calidad de vida usando la metodología ‹el hombre/la mujer del buen vivir›, la cual fue explicada en el capítulo de este volumen *Comunidades humanas visitadas: Patrimonio social y cultural*. Adicionalmente, en las comunidades mencionadas, así como en Canoa Puerto, Puerto Libre y Nueva Luz, dividimos a los participantes en grupos focales para discutir y mapear sus relaciones con el ambiente, identificando áreas de extracción de recursos, sitios de uso de tierra, trochas y caminos, áreas prohibidas y sagradas. Después del ejercicio de mapeo y de los talleres de calidad de vida, visitamos las chacras y pastizales para documentar la diversidad de cultivos y la riqueza botánica de su territorio. Durante estas visitas también entrevistamos a los individuos sobre su uso y manejo de los recursos naturales. Realizamos entrevistas semi-estructuradas y no estructuradas con los informantes claves enfocándonos en el manejo de los recursos naturales, conocimientos de los bosques primarios y secundarios, uso de plantas medicinales, mitologías y percepciones del ambiente.

RESULTADOS Y DISCUSIÓN

Cosmología y mitología Shawi

La cosmología Shawi es muy compleja y se basa en un entendimiento animista del mundo natural en el cual las plantas, animales y objetos, tales como las piedras, están provistos de almas y agencia. Desafortunadamente, debido al corto periodo de nuestro trabajo de campo y a las limitaciones de espacio en este texto, no podemos explicar cómo se percibe esta compleja cosmología. Sin embargo, hay un número de características que estaban presentes en varias comunidades que visitamos y nos dieron una idea de cómo los Shawi perciben y entienden al mundo natural, especialmente en relación a su rica mitología. De la misma manera, estas historias nos permitieron ver las profundas conexiones que los Shawi tienen con la Cordillera Escalera y otros caracteres del ambiente que definen su forma de relacionarse con los recursos naturales así como manejarlos.

En todas las comunidades que visitamos escuchamos historias del dios creador Shawi, Cumpanamá. Estos cuentos son complejos y tocan numerosos temas que también son encontrados entre otros grupos indígenas de la Amazonía. Las numerosas aventuras de Cumpanamá explican el origen de numerosos animales, de la

agricultura y de los paisajes naturales. Adicionalmente, la Cordillera Escalera también juega un rol importante en la mitología asociada con Cumpanamá. En una historia contada por Rafael Pizuri Cardeñas en la comunidad indígena de Nueva Vida, el origen de todas las cabeceras de los ríos en la cuenca del Paranapura está directamente relacionado con las acciones de Cumpanamá. En esta historia, una anaconda gigante estaba aterrorizando a la gente Shawi, comiéndose a sus niños. Para vencer a la anaconda, ellos le pidieron ayuda a Cumpanamá, quien rápidamente aceptó el reto y fue a buscar la bestia. Cuando la encontró él también fue devorado y pasó numerosos años en el estómago de la serpiente, poco a poco abriendo las entrañas de la anaconda con una hacha hasta que finalmente la venció. Sin embargo, cuando la serpiente murió, numerosas anacondas grandes aparecieron del cuerpo muerto de la bestia y persiguieron a Cumpanamá hacia la parte alta de la Cordillera Escalera. Fue en este momento en que Cumpanamá ordenó que todas las aves frugívoras coman ciertos alimentos de tal manera que produzcan heces poderosas. Después de que los pájaros se alimentaron, estos defecaron sobre las anacondas, cegándolas en el proceso. En seguida las anacondas huyeron cuesta abajo desde las cumbres de la Cordillera Escalera y al hacerlo crearon las cabeceras de varios ríos.

Otra característica importante de la cosmología Shawi y su mitología relacionada es la presencia de *a'shins* (madres). Estos seres podrían ser espíritus que protegen ciertos aspectos del mundo natural. Una de las *a'shins* más importantes es la entidad Amana, la dueña del bosque (cf. Gow 1991:94). Así como en otras comunidades indígenas de las tierras bajas, las personas deben de negociar con Amana para poder extraer los recursos naturales y en especial a los animales del monte. De la misma manera la mina de sal localizada en la quebrada de Mullengue, un afluente del río Cachiyacu, así como la mina de sal 'muerta' del río Armanayacu, están regidas por poderosas *a'shins* quienes castigan cruelmente a los que les faltan el respeto a estos lugares (ver también Huertas 2007:40). Hay muchas 'madres' tales como *pë'sa a'shin*, o la madre de la palizada (arbustos y troncos sumergidos en el río), quien vive debajo de la superficie del río y hace que el paso de las palizadas sea muy difícil. De la misma manera, la *ta'kiyanwashi a'shin*, o la madre de los pantanos de palmeras, protege pantanos y pequeñas cochas de intrusiones no autorizadas. Se dice que si uno trata de entrar en estas áreas protegidas, el cielo se volverá gris y una lluvia fuerte empezará, evitando que el intruso logre su cometido. Es interesante que los *penotoru'sa'* (chamanes) tienen el poder de entrar en estas áreas, pero solo después de haber aprendido poderosos *icaros* (canciones) que apacigüen a la madre específica.

La cosmología Shawi también integra numerosos 'espíritus' o entidades que afectan la vida cotidiana. Así como en otras culturas indígenas o mestizas en la Amazonía, también aquí hay una fuerte creencia que existe una entidad llamada *shapshico*, también conocida como *chullachaqui* o *yashingo* (cf. Rumrill 2010). De igual manera el *nansë wa'yan* (*tunchi*) es también importante en la cosmología y mitología Shawi. Al igual que en otros grupos indígenas, especialmente la gente quechua hablante del Alto Amazonas (i.e., Llakwash Runa, Inga Runa, Puyu Runa, Napo Runa), la idea del yanapuma, un jaguar negro y gigante que vive en el bosque, es también muy predominante en la mitología Shawi, tal como se muestra en el capítulo *La arqueología de la cuenca del Paranapura* en este volumen (ver también Fuentes 1988, Kohn 2013). Otras entidades incluyen al asa, un espíritu demoniaco que vive en los bosques y se aparece como una mujer con pelo largo y ropas viejas; el *ka'ini'*, una chosna (*Potos flavus*) que tiene la habilidad de transformarse en un jaguar; el *kari wa'yan*, un espíritu que vive en los barrancos de Cordillera Escalera y evita que los individuos los pasen; y finalmente el *tarampi o a'yapi*, una persona que como el *ka'ini*, tiene la habilidad de convertirse en jaguar. En el mapa de uso de recursos naturales los participantes indicaron varios de los sitios sagrados, encantados o prohibidos que están ubicados tanto en la Cordillera Escalera (barrancos, cataratas y algunos sitios en ciertas partes de quebradas) como en los territorios comunales (cementerios antiguos, cochas, aguajales).

El agua juega un papel muy importante en la vida espiritual de los Shawi. Varios entrevistados nos informaron y además pudimos constatar que los Shawi tienen la costumbre de bañarse en los ríos o quebradas ya sea a media noche o en la madrugada. Durante este baño se hace un fuerte movimiento con las manos sobre el agua, generando un sonido y movimiento energizante para todo el cuerpo. Esta es la forma de llenarse de energía, poder y vida y recibir la fuerza del agua que viene de las montañas donde vive Mashi, uno de los seres más poderosos para los Shawi. Luego del baño toman masato tibio, se sientan en una banca para conversar y los viejos van dando consejos a los más jóvenes (Huertas y Chanchari 2011).

La práctica del chamanismo, para curaciones, quiromancia, toma de decisiones y otros propósitos ha sido 'tradicionalmente' integrada a la reproducción social Shawi y su vida cotidiana. En las entrevistas con nuestros colaboradores encontramos que los Shawi, así como muchos mestizos y gente indígena de la Amazonía, creen que el mal de aire, mal de gente, y susto (*pa'yan*) pueden causar serios problemas de salud (cf. Homan 2011). *Yadama'*, el hecho de querer algo y no recibirlo, es la fuente de muchas enfermedades en las comunidades Shawi. Otra fuente peligrosa de enfermedades es conocida como *kutip'*, del verbo quechua *kutipana* (causar enfermedad, *cutipar*). Esta enfermedad se da cuando uno toma la presa de otro animal, que puede ser un puma o un águila y se la come. Después de comer esta carne, empieza un proceso de mimesis o imitación en el cual la forma del animal predador posesiona al humano. Por ejemplo, una persona que come la presa del águila empezará a tener cambios de comportamiento, tales como arañar involuntariamente a la gente o comportarse como un águila. Esta enfermedad puede ser muy peligrosa y en los niños jóvenes puede degenerar en muerte, especialmente si no es rápidamente tratada por el *nunëntuna'pi* (curandero). Los Shawi también distinguen entre las enfermedades causadas por fuerzas espirituales, tales como las detalladas en los párrafos anteriores y aquellas causadas por virus y bacterias, las cuales son curadas por antibióticos y otros tipos de tratamiento derivados de la medicina occidental.

Así como otros grupos indígenas de las tierras bajas de Sudamérica, los Shawi tienen fuertes creencias sobre el poder de los *pënoton* (brujos) para poder causar enfermedades e inclusive la muerte. Las muertes que para los Shawi son de origen extraño, son generalmente causadas por un brujo que ha mandado un *shinërë* (*virote*, dardo espiritual) mientras están bajos los efectos de ayahuasca (*Banisteriopsis caapi*; cf. Harner 1972, Homan 2011). La familia de la persona muerta tomará ayahuasca con numerosos chamanes para confirmar la identidad del brujo que mandó el virote. Como todos los chamanes de la ayahuasca han desarrollado defensas en contra de los ataques que provienen de los otros chamanes, no se les puede matar con hechicería simple. Por eso, una vez que la identidad del brujo es descubierta, los miembros de la familia esperan de uno a un año y medio para poder mandar a un grupo de hombres que asesinen al chamán. En años recientes esta práctica ha llegado a ser muy importante y se ha mezclado con la política local. Desde 2009 hasta 2011, 14 chamanes de ayahuasca fueron asesinados en la cuenca del Paranapura. La gente local culpó al alcalde evangélico y a su hermano por los asesinatos, pero una investigación dirigida por la Policía Nacional del Perú no encontró evidencias para esta acusación. Parece que este hecho fue un simple resurgimiento de la antigua práctica de las matanzas por venganza después de una serie de muertes que se dieron en múltiples comunidades. El asesinato más reciente se dio en agosto de 2013, cuando un chamán fue asesinado en una comunidad del río Yanayacu.

Debido a la problemática asociada al chamanismo de ayahuasca descrita anteriormente, especialmente cuando es utilizado para mandar dardos espirituales (*shuntatërin*, *chontear*) para infligir daño o muerte a otras personas, la relevancia, visibilidad y poder de esta práctica han disminuido dramáticamente. En muchas comunidades hoy en dia, el chamanismo con ayahuasca está completamente escondido del público ya que a la más minima sospecha del uso de ésta, se podría llegar a asesinar a la persona involucrada. En las entrevistas que realizamos durante nuestro periodo de campo, ciertas preguntas relacionadas con el consumo de la ayahuasca y otras prácticas chamanísticas no fueron bienvenidas. Aunque la práctica del chamanismo con ayahuasca ha desaparecido en la mayoría de comunidades, la práctica del turismo ayahuasquero ha aumentado constantemente en la región durante la última década. Es más, tanto como en Balsapuerto y la comunidad cercana de San Gabriel de Varadero, se encuentran a los chamanes de

ayahuasca que principalmente trabajan con turistas. Sin embargo, de acuerdo a las conversaciones con la gente local, estos individuos no son respetados como lo fueron los *wa'an* en el pasado (ver Homan 2011).

Conocimiento ecológico tradicional

En las diferentes visitas a las chacras, en entrevistas revisando las guías a color de plantas y animales y durante el ejercicio del mapeo de uso de recursos en las diferentes comunidades (en el cual dividimos a los participantes entre hombres, mujeres y jóvenes, pero en su mayoría hombres) pudimos documentar el amplio conocimiento ecológico tradicional de los Shawi. Esto incluía el uso de los recursos de los bosques, chacras y ríos (frutos, maderas, plantas medicinales, animales, peces, trampas para cazar y pescar) y los cambios estacionales reflejados en el calendario ecológico elaborado. Este conocimiento es transmitido de generación en generación y en la lengua Shawi. Es así que desde los más pequeños hasta los adultos conocen, distinguen y nombran tanto animales como plantas en su idioma materno.

Uso tradicional de las plantas medicinales y sagradas
Así como la gran mayoría de los grupos indígenas de la Amazonía, los Shawi reconocen y hacen uso de un gran número de plantas medicinales y sagradas. Durante nuestro trabajo de campo usamos una guía fotográfica de plantas medicinales producida por The Field Museum para elucidar los nombres Shawi, los usos de estas plantas y su importancia cosmológica (ver Foster et al. 2013). El conocimiento de los residentes en todas las comunidades fue impresionante; los hombres, las mujeres y aún los niños pequeños eran capaces de identificar acertadamente un gran número de estas especies.

Los Shawi distinguen entre las plantas dependiendo del uso que se la da. *Nunënamën*, derivado del verbo *nunënin* (curar), es un término genérico usado para las plantas que tienen propiedades medicinales. También están las plantas tipo atrayentes, *a'ta* o *pusanga*, usadas para incrementar el éxito de los cazadores en el bosque. El término *ka'pi'* incluye a las plantas que tienen un efecto psicosomático o enteógenas, tales como la liana del ayahuasca. Finalmente, están las plantas *shinpipi* o *piri-piri* que son usadas para una gran variedad de cosas, desde ayudar a las labores de parto hasta energizantes para las labores en la *chacra*.

Mientras estábamos en la comunidad de Nueva Vida entrevistamos a un *vegetalista*, Don Marcial Pizango, del pueblo cercano, sobre sus prácticas curativas y las plantas que él usaba para curar numerosos males. A diferencia de otros *vegetalistas* que hay en todo el Alto Amazonas, Don Marcial nos aseguró que él no usa *ka'pi'* (ayahuasca) en su práctica curativa y en vez de esto dependía de una gran variedad de plantas medicinales para curar numerosas enfermedades. Por ejemplo, para curar la hernia de su esposa, Don Marcial utilizó una pasta hecha de renaco (*Coussapoa spp.*), renaquillo (*Ficus tamatamae*), chimicu (*Ficus killipii*), yacu shimbillo (*Inga nobilis*), ana caspi (*Apuleia leiocarpa*) y charapilla (*Dipteryx micrantha*). De acuerdo a su recuento, ella se curó en menos de un mes y no ha tenido problemas desde entonces. De la misma manera, él nos reportó que una simple dieta de achiote (*Bixa orellana*) y guanábana (*Annona* spp.), tomadas juntas diariamente, podría curar la diabetes.

Las plantas conocidas como *a'ta o wakanki* (*pusanga*) son usadas por los cazadores para incrementar sus posibilidades para cazar animales en el bosque. Un gran número de estas plantas existen y son usualmente relacionadas a animales específicos. Por ejemplo, la planta *yu a'ta* (no identificada) se usa específicamente para cazar venados (*yu*). Para usar esta planta de manera efectiva, el cazador debe de hacer una dieta *na'ninsu'* por ocho días, abrir la capsula del fruto y pintarse la cara justo debajo de las cejas. A través de este proceso ritualístico su miedo al bosque es eliminado y sus oportunidades para encontrar y matar al venado son mayores.

Los animales también se benefician de las plantas sagradas y medicinales. En otras comunidades indígenas (p. ej., Urarina, Kukama-Kukamiria, Llakwash, Murui, Bora, e Inga), los chamanes y otros hombres administran algunas plantas a sus perros para mejorar su habilidades de caza. Entre los Shawi, observamos el uso del chiric sanango (*Brunfelsia grandiflora*), uchu sanango (*Tabernaemontana* spp.) y catahua (*Hura crepitans*). Por ejemplo, el látex cáustico del árbol de catahua se mezcla con pescado ahumado y se les da de comer a los perros para que estos agudicen sus sentidos y encuentren animales en el bosque. En un trabajo de campo anterior, el antropólogo del equipo social también observó a los chamanes Shawi *wa'anru'sa* (chamanes) cantando *icaros* y soplando el humo de *pishin* (tabaco, *Nicotiana rustica*) a los perros jóvenes para hacerlos mejores cazadores de majaz, motelo y otros animales.

Las plantas conocidas colectivamente como *shinpipi* o *piri-piri* son usadas usualmente en la vida cotidiana de los Shawi (cf. Harner 1972). Por ejemplo, las mujeres usan el *piri-piri* llamado *pi'shitu ka'pi'* (*Cyperus* sp.) en las mañanas para hilar fibra. De acuerdo a nuestras fuentes, cuando las mujeres toman este cocimiento hecho de las raíces machacadas de esta planta obtienen bastante energía como para poder hilar fibra durante casi todo el dia sin parar. Otra planta *piri-piri* importante es *wa'wa shinpipi* (*Cyperus* sp.), usada durante los etapas finales del embarazo para acelerar el proceso de nascimiento.

Utilización de los espacios geográficos en función a los conocimientos de la fisiografía

Como en la mayoría de los pueblos amazónicos, la horticultura se basa en la roza y quema de bosque alto y/o secundario (purma) de diferentes edades. Para establecer un ciclo de chacra e implementar un sistema de policultivos los Shawi utilizan la tierra firme —terrazas bajas, colinas y pie de monte— y en algunos casos las laderas de los cerros. Los Shawi poseen amplios conocimiento para identificar y clasificar las tierras de acuerdo a las unidades fisiográficas. Asimismo, mantienen una estrecha relación de familiaridad con las características morfológicas y la elevación topográfica de los terrenos (p. ej., los tipos y colores del suelo). Distinguen rápidamente la capacidad productiva de la tierra según la composición vegetal presente. Además al paisaje lo correlacionan según su cosmovisión y de acuerdo a la capacidad de uso potencial. De esta manera las cataratas son centros designados para el fortalecimiento espiritual, las cachoeiras son sitios especiales para la pesca, los barrancos son lugares predestinados para obtener materiales para la cerámica, los cerros son áreas destinadas para la cacería y puntos de vigilancia, y las colinas, lomas y las terrazas de las llanuras son para la agricultura y ganadería.

Los horticultores Shawi también tienen conocimientos para diferenciar los niveles de fertilidad de las tierras, los cuales determinan de acuerdo a la presencia de ciertas plantas indicadoras, el color del suelo y por la cantidad de materia orgánica existente. Por ejemplo, las tierras de color negro debido a la presencia de materia orgánica, con abundante poblaciones de yarina (*Phytelephas macrocarpa*), bombonaje (*Carludovica palmata*) y huimba o lupuna (*Ceiba* spp.) son suelos ricos, de buena fertilidad y aptas para la producción de la mayoría de las especies agrícolas, como plátanos, yuca, maíz, arroz, maní, verduras y tomates. En cambio, las tierras de color rojo ocre ubicadas en colinas bajas y altas son adecuadas para la producción de plátanos, yuca y árboles frutales. Las tierras con predominancia de arena blanca son clasificadas como áreas de muy baja fertilidad y son sitios buenos para las plantaciones de piña, barbasco, etc.

Durante las reuniones con grupos focales Shawi con relación a los espacios de uso de la tierra, logramos identificar las siguientes categorías o unidades fisiográficas: las tierras de bajura (terraza baja), las alturas (colina baja), las lomas (colina alta), las laderas (pie de monte) y las cumbres (cresta de cerro). Las tierras de llanura o terraza baja están ubicadas a lo largo del río Paranapura y sus afluentes. Constituyen zonas especiales para la producción agrícola y son destinadas básicamente a la producción de cultivos anuales (Fig. 32). Las alturas y las lomas son destinadas para cultivos de plantas de ciclos largos de producción, como los árboles frutales y cultivos anuales que no resisten a las inundaciones.

Calendarios agroecológicos y cambios climáticos
La dinámica agroecológica del pueblo Shawi en la cuenca del río Paranapura está vinculada a los cambios climáticos. Identifican dos grandes estaciones: 1) periodos con meses secos (verano) y 2) meses con fuertes precipitaciones (invierno) o tiempos lluviosos. Estas estaciones rigen el desarrollo de las actividades agrícolas, la producción del bosque y los cambios de caudal de los ríos y quebradas, y también dinamizan las actividades de las poblaciones locales (Fig. 33).

Teniendo en cuenta dichos factores, construimos conjuntamente con los pobladores de las comunidades un esquema que organiza el ciclo anual de las tareas incorporadas en la vida de los Shawi. Al analizar las estaciones, el periodo que sobresale es el comienzo de la temporada seca (verano) en abril o mayo. Durante estos meses incrementan las actividades humanas, inician los planes para reforzar los trabajos en las chacras, surgen las ideas para organizar las mingas y sin duda entre los meses de junio a agosto (pleno verano) ya los pobladores están persuadidos en abrir nuevas chacras en monte alto o bosque secundario. Luego continúan cautelosamente con las labores de preparación del terreno y posteriormente realizan los sembríos de todas las plantas posibles, teniendo en cuenta las fases lunares y de acuerdo a la disponibilidad de semillas o plantas.

Vemos que el calendario fenológico de muchas especies del bosque está presente en la memoria de los jóvenes, adultos, hombres y mujeres. Los entrevistados distinguieron las épocas de producción de muchos frutos silvestres, incluyendo aguaje (*Mauritia flexuosa*), ungurahui (*Oenocarpus bataua*) y metohuayo (*Caryodendron orinocense*). Esta temporada de fructificación está asociada con una abundancia de animales y aves silvestres para la caza; como podemos observar en la Fig. 33 los meses provechosos para cazar animales son de abril a noviembre.

Un periodo muy importante para los pobladores es la época de migración y desove de los peces. Asimismo, los habitantes confirmaron que dicho fenómeno ocurre en los meses de setiembre y octubre; durante nuestra visita nosotros observamos la migración de boquichicos y sardinas. La pesca en esta temporada es llamada la ‹mijaneada›.

Asimismo las comunidades están atentas a los ‹friajes›. Este fenómeno ocurre debido a la incursión de masas de aire frío y seco (pudiendo llegar hasta los 9°C) procedentes del sur. Estos fenómenos suceden entre los meses de junio y agosto y persisten algunos (2–5) días. Estos cambios bruscos de temperatura traen complicaciones de salud en las comunidades como la gripe, infecciones respiratorias, también pudiendo causar alteraciones en la fenología de las especies de vegetales.

Otra habilidad que logramos distinguir en las comunidades ubicadas cerca a la Cordillera Escalera, como Canoa Puerto, Puerto Libre y San Antonio de Yanayacu, es su capacidad de pronosticar en horas la

Figura 32. Mapa de uso de los recursos naturales en la Cordillera Escalera, Loreto, Perú, y en los territorios comunales, elaborado por los habitantes de las comunidades visitadas en el inventario rápido en los meses de setiembre y octubre de 2013.

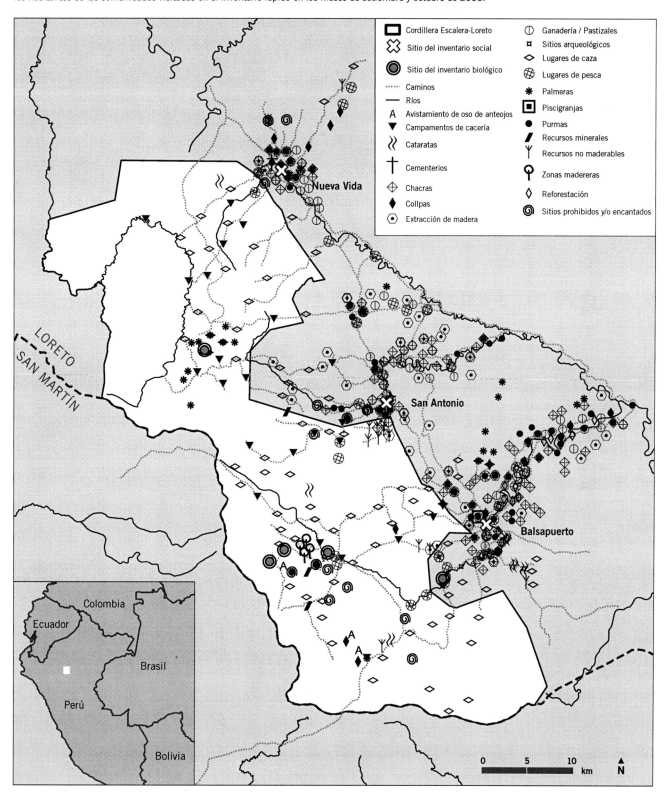

probabilidad de inundaciones generadas por la creciente de los ríos y quebradas debido a la caída de las lluvias en las partes altas de la Cordillera Escalera. Estos pronósticos alertan a la población para que pueden resguardarse, planear sus viajes, etc., lo cual representa una gran capacidad de adaptación y de respuesta a los diferentes cambios del clima. Asimismo pudimos documentar una preocupación de los pobladores que fue difícil de mostrar en el calendario: la reducción del caudal de los ríos y quebradas. Cuentan en la comunidad de San Antonio de Yanayacu que hasta hace algunos años podían llegar con bote motor todo el tiempo; en la actualidad es imposible llegar con este medio. Como vemos los ríos están deteriorándose debido a las sequías prolongadas —incluso durante los meses de mayor precipitación— así como también a las malas prácticas en uso de tierras en las fajas marginales, las cuales han generado erosión en las laderas y colmatación de los ríos.

Conocimiento del espacio comunal y la Cordillera Escalera

Los Shawi también tienen un amplio conocimiento del territorio en particular del espacio de la Cordillera Escalera y sus áreas alrededor. Tanto mujeres como hombres y jóvenes dejaron plasmado en los mapas de uso de recursos las zonas de uso, las zonas de cacería, las áreas de pesca, las diferentes minas de sal y los caminos y trochas por donde van a cazar, a recoger hojas de palma, a visitar a sus parientes y a hacer comercio. En todas las comunidades amazónicas visitadas en inventarios anteriores existe un amplio conocimiento ecológico tradicional y del uso del espacio pero en particular consideramos que este conocimiento, uso y arraigo por su territorio es resaltante tanto en los Shawi, como en los Awajún y Wampis (Fig. 32).

Uso y manejo de los recursos naturales

A continuación presentamos una serie de actividades que contribuyen a los sistemas de vida de las familias (*modos de vida*) teniendo en cuenta, tanto actividades para satisfacer las necesidades de alimentación, transporte, vivienda y objetos utilitarios así como la producción de bienes para vender en el mercado.

Manejo de chacras diversificadas, purmas antiguas o barbechos

Evidentemente las chacras constituyen los centros de trasmisión de conocimientos, sitios de intercambio de productos y lugares para compartir los alimentos y fortalecer los lazos de socialización familiar. En la chacra siempre la división del trabajo es muy marcada. La mujer es la principal responsable, pero el establecimiento inicial de la chacra es responsabilidad del hombre y la siembra normalmente es conducida por ambos. Sin embargo, la mujer es la directora de todos los procesos desde la siembra hasta la cosecha final.

Casi todos los pueblos indígenas en la Amazonía suelen manejar de dos a tres chacras, con superficies que varían de 0.5 a 1.5 ha. Asimismo en las comunidades Shawi visitadas observamos que muchas familias tenían dos o tres chacras de diferentes edades, cada una con una superficie de hasta 2 ha (Huertas 2007).

Los agricultores Shawi en las comunidades visitadas practican dos modalidades de combinar los cultivos, una conservando el cultivo de la yuca dulce (*Manihot esculenta*, de la cual se distinguen más de 10 variedades) como producto principal para autoconsumo y otra con cultivos de maíz como fuente principal para la venta. Cultivan más de 22 especies de plantas. Las chacras con cultivos de yuca se asocian con plátanos, sacha papa (*Dioscorea alata*), hortalizas, sacha inchi, camote, caña de azúcar, tomate, culantro, ají dulce, piña, cocona y árboles frutales como caimito pijuayo, macambo, algunos cítricos, etc. En las chacras con cultivos de maíz, cuando estas plantas tienen un mes y poco más de crecimiento, se asocian con plátanos; luego continúan sembrando otras plantas que puedan tolerar un poco de sombra (ver Apéndice 13). Ciertos productos como la yuca pueden ser cosechados a los siete meses, mientras otros como plátano, sacha papa o pituca (*Colocasia esculenta*) estarán listos para ser cosechados a los 12 meses. El maíz tarda tres meses, el camote ocho meses y el arroz de tres a seis meses.

Durante la fase de sembrío algunas familias todavía practican ciertos rituales para mejorar la producción de sus plantas. Por ejemplo, Jorge Tangoa en la comunidad de San Antonio de Yanayacu nos informó que las mujeres curan a los palos de yuca (semillas) con los frutos de

Figura 33. Un calendario ecológico preparado por comunidades Shawi en la cuenca del Paranapura, Loreto, Perú, durante el inventario rápido de la Cordillera Escalera-Loreto, mostrando las épocas del año en que varios recursos naturales de la región son cosechados y denotando las diferentes actividades que ocurren a lo largo del año.

enero	febrero	marzo	abril	mayo	junio	julio	agosto	setiembre	octubre	noviembre	diciembre
Temporada de lluvias, friajes y aumento del caudal de los ríos					Temporada de verano, friajes bruscos de San Juan y Santa Rosa, vaciante de los ríos					Temporada de lluvias, friajes y aumento del caudal de los ríos	
					Visitas de turistas						
			Preparación de chacras, roza y quema en purmas y monte alto								
Siembra de yuca (*Manihot esculenta*) y plantación de frutales diversos											
			Siembra de maíz (*Zea mays*)				Siembra de arroz (*Oryza sativa*)				
			Siembra de plátano (*Musa* sp.) y frijol (*Phaseolus vulgaris*)		Siembra de dale dale (*Calathea allouia*), algodón (*Gossypium herbaceum*), sacha papa (*Dioscorea* spp.), barbasco (*Lonchocarpus utilis*), pushpo poroto (*Cajanus cajan*), maní (*Arachis hypogaea*) y chiclayo (*Vigna unguiculata*)						
Cuidado de la chacra y de todas las plantas cultivadas											
Producción del caimito (*Pouteria caimito*), zapote (*Matisia cordata*), uvilla de monte (*Pourouma minor*), pijuayo (*Bactris gasipaes*), guaba (*Inga edulis*), shimbillo (*Inga cinnamomea*) y aguaje (*Mauritia flexuosa*)						Producción de charapilla (*Dipteryx micrantha*), chimicua (*Pseudolmedia laevis*), leche caspi (*Couma macrocarpa*) y chambira (*Astrocaryum chambira*)		Producción de metohuayo (*Caryodendron orinocense*), sacha casho (*Anacardium giganteum*), cumala (*Myristicaceae* spp.), chope (*Grias neuberthii*) y tu'wa' (*Plinia* spp.)			
Extracción de cogollos de palmeras y miel de abeja silvestre											
						Extracción de hojas y materiales para construcción de viviendas					
	Temporada de cacería de majáz (*Cuniculus paca*), añuje (*Dasyprocta* spp.), venado (*Mazama* spp.), sajíno (*Pecari tajacu*), sachavaca (*Tapirus terrestris*), choro (*Lagothrix poeppigii*), coto (*Alouatta seniculus*), carachupa (*Dasypus* spp.), perdiz (*Crypturellus* spp.), paujíl (*Crax* spp.), trompetero (*Psophia* spp.) y pucacunga (*Penelope jacquacu*)					Temporada del mijano					
Cultivo de pastizales, arreglo de los potreros, cuidado y comercialización de ganado											
Época de enfermedades en las personas						Época de enfermedades en los animales de crianza					
			Periodo escolar, compra de útiles escolares para los hijos								

enero	febrero	marzo	abril	mayo	junio	julio	agosto	setiembre	octubre	noviembre	diciembre

cocona y rezan o *icaran* antes de plantar, con la finalidad de lograr buena producción.

Concluida la cosecha de los cultivos de ciclo anual en las chacras, estas áreas todavía son empleadas para continuar cultivando la yuca unos meses más, con la finalidad de asegurar la producción durante las épocas de escasez. Luego son dejadas para que prontamente la vegetación de rápido crecimiento cubra el espacio con vegetación típica del bosque de sucesión secundaria, localmente denominada purma. Estas purmas continuarán produciendo por algunos años más, ya que muchos árboles frutales continuarán con su ciclo productivo como la guaba (*Inga* spp.), caimito (*Pouteria caimito*), pijuayo (*Bactris gasipaes*), macambo (*Theobroma bicolor*), algunos cítricos y otros que forman parte predominante del ciclo de producción de estos bosques. Igualmente estas purmas constituyen fuentes importantes de maderas y fibras para la construcción de viviendas, y fuentes de plantas medicinales.

Durante nuestras incursiones al campo logramos distinguir muchas áreas en proceso de recuperación, muchas ellas con sucesión vegetal que varía de tres a seis años de edad. Estas áreas están dominadas por especies heliófilas de rápido crecimiento como el cetico (*Cecropia* spp.), carahuasca (*Guatteria* spp.) y otros. Ubicamos muy pocas áreas de mayor edad. También observamos que la reutilización actual de los barbechos fundamentalmente es destinada a la producción de maíz para la venta y de yuca para autoconsumo. Es importante notar que la rotación de estos barbechos está siendo cada vez más frecuente, debido a la carencia de tierras para la producción de alimentos de primera necesidad cercanas a los centros comunales. Asimismo nos informaron que muchas familias después de utilizar la chacra por dos años convierten este terreno a pastizales con cobertura de pasto brisanta (*Brachiaria brizantha*) para la crianza de ganado vacuno y algunas ovejas de pelo.

Observamos con preocupación que ciertas familias Shawi ya comenzaron a abrir nuevas chacras en las laderas (sitios con pendientes superiores a los 45°) debido a la falta de tierras para agricultura y por la presencia del ganado vacuno. Esta situación podría generar muchos cambios negativos a su medio. También observamos que muchas familias tienen que caminar de una a dos horas desde el centro de la comunidad a sus chacras, pues en áreas cercanas a la comunidad no pueden hacer chacras debido a la presencia del ganado vacuno.

Recolección de frutos y semillas para consumo

Existe un patrón generalizado en las sociedades amazónicas respecto al aprovechamiento de frutos y semillas silvestres. Los que más resaltan son los frutos de las palmeras. Durante las visitas a las comunidades Shawi situadas en los nacientes de los ríos Alto Paranapura, Yanayacu y Cachiyacu logramos registrar más de 34 especies comestibles de lianas, arbustos, árboles y palmeras.

Según los habitantes de los ríos mencionados las especies que prevalecen son las palmeras silvestres tales como el aguaje (*Mauritia flexuosa*), ungurahui (*Oenocarpus bataua*), chambira (*Astrocaryum chambira*), yarina (*Phytelephas macrocarpa*) y huicungo (*Astrocaryum huicungo*). También registran varias especies forestales importantes por sus frutos y semillas, como leche caspi (*Couma macrocarpa*), caimito (*Pouteria caimito*), shimbillo y guaba (*Inga* spp.), sapote (*Matisia cordata*), cashos de monte (*Anacardium giganteum*), huito (*Genipa americana*), sacha mangua (*Potalia resinifera*), charapilla (*Dipteryx micrantha*), metohuayo (*Caryodendron orinocense*) y uvilla de monte (*Pourouma* spp.). Una lista de todas las especies se presenta en el Apéndice 13.

Las épocas de cosecha de la mayoría de estos frutos son de setiembre a marzo. Sin embargo, hay varias especies de palmeras y árboles forestales que fructifican en otras épocas del año (Fig. 33). Casi todos estos productos son utilizados o consumidos en las comunidades locales. Pequeños volúmenes de aguaje, chambira y caimito son comercializados localmente y en Yurimaguas.

Estos bosques de la Cordillera Escalera, además de ser fuentes productoras de frutos y semillas para el consumo humano, también constituyen fuentes muy importantes para la subsistencia de la fauna silvestre. Estos lugares son de gran valor para la caza de monos, huangana (*Tayassu pecari*), majaz (*Cuniculus paca*), aves como el paujil (*Crax alberti*) y la pucacunga (*Penelope jacquacu*), y otros animales. Muchos cazadores construyen en estos sitios las chapanas y preparan trampas para cazar animales y aves (ver Quiroz 2003).

Uso de animales silvestres

Desde tiempos ancestrales la cacería de animales silvestres ha sido una de las principales actividades de los Shawi, y la carne del monte representa una gran fuente proteica para sus dietas. Entre las especies que mayormente son cazadas en la actualidad mencionaron sajino (*Pecari tajacu*), añuje (*Dasyprocta variegata*), carachupa (*Dasypus* sp.), venado (*Mazama americana*), majaz (*Cuniculus paca*), chosna (*Potos flavus*), musmuqui (*Aotus* sp.) y varias otras (ver el Apéndice 14). La carne del monte es destinada mayormente para la subsistencia y en menor cantidad para la comercialización. La venta es solo dentro de la comunidad y no en Yurimaguas, debido al volumen pequeño. El precio de la carne para pobladores fluctúa entre 6 y 10 nuevos soles por kilogramo, mientras que en el mercado de Yurimaguas es vendido de 20 a 30 soles el kilogramo. Los comuneros también reconocen que cada vez tienen que caminar más lejos (hasta 12 horas) para cazar los animales de caza. En las comunidades visitadas nos indicaron que no existen regulaciones respecto a la cacería.

También pudimos documentar el consumo de anfibios y reptiles como una actividad tradicional y complementaria a la caza y pesca que realizan cuando los comuneros ingresan al bosque. Estos animales son recolectados para el consumo familiar y constituyen una parte importante de la dieta de los Shawi. Entre los animales recolectados tenemos diferentes especies de anfibios y reptiles como 'rana verde' (*Osteocephalus taurinus*), hualo (*Leptodactylus pentadactylus*), sapo común (*Rhinella marina*) y las tortugas terrestres motelo (*Chelonoidis denticulata*), charapilla (*Kinosternon scorpioides*) entre otros (ver el Apéndice 14). En el inventario realizado en los Cerros de Kampankis también documentamos el consumo de una gran variedad de anfibios por parte de los Awajún y Wampis (Pitman et al. 2012).

En las comunidades visitadas no es tan frecuente el uso de animales silvestres como mascotas. Sin embargo, ocasionalmente recolectan algunos animales para venderlos a los mestizos en Yurimaguas.

Uso de cochas, quebradas y ríos

Alrededor de las comunidades existen quebradas, pequeñas cochas y ríos de poca profundidad que aumentan su caudal con las lluvias. Los pobladores hacen uso de estos para acceder a los recursos y como medio de comunicación hacia los lugares donde comercializan sus productos. La pesca es una actividad importante que los pobladores realizan individualmente. Actualmente los ríos no ofrecen cantidades significativas de peces, debido a la poca profundidad y caudal de los ríos. Además el empleo ancestral de barbasco y huaca han causado muchos impactos ambientales que dejan evidencias en la actualidad. Entre las especies de peces más consumidas están el sábalo (*Brycon* spp.), boquichico (*Prochilodus nigricans*), lisa (*Leporinus* sp.) y shitari (*Loricaria cataphracta*). La pesca se realiza principalmente con fines de subsistencia; destinan una pequeña parte para la venta cuando existe la oportunidad (Apéndice 14).

Aprovechamiento de productos para la confección de objetos de adorno y artesanía

Estamos bastante impresionados del uso que se da a las plumas de las aves de gallito de roca (*Rupicola peruviana*), tucán (*Ramphastos* spp.), paujil, pucacunga, pava de monte y perdiz (*Crypturellus erythropus*) para confeccionar el *yanku mutu'*, una especie de adorno bastante colorido y atractivo que colocan en la frente de la cabeza. Estas plumas también forman parte de otro hermoso adorno que usan las mujeres, el *tiya'pi*, colocado en la espalda conjuntamente con la cabellera.

Para la confección de los objetos artesanales como cestos, dispositivos de caza, utensilios de cocina, herramientas y otros materiales los Shawi acceden al bosque para proveerse de la materia prima. Estos incluyen las fibras de tamshi (*Heteropsis* spp.) para fabricar canastos y realizar amarrajes en la construcción de viviendas y las fibras de chambira (*Astrocaryum chambira*), usada un poco en la confección de bolsos. Asimismo, la fibra de bombonaje se emplea para hacer sombreros y la corteza de llanchama (*Poulsenia armata*) para lienzos de pinturas. El aprovechamiento de las semillas es poco. Observamos algunos adornos utilizando las semillas de huairuro (*Ormosia coccinea*), ojo de vaca (*Mucuna* spp.), rosario, achira (*Canna* sp.), pashaco (*Parkia* spp.) y shiringa (*Hevea* spp.). Del totumo (*Crescentia cujete*) fabrican utensilios de cocina.

Utilizan la greda de color blanco para fabricar platos (*mocahua*) y algunas veces tinajas. También emplean este material para obtener el color negro y teñir las pampanillas. En los trabajos de alfarería notamos dos aspectos muy importantes. Primero, requieren las cenizas de la corteza de achaparama (*Licania elata*) para mezclar con la arcilla para fabricar el objeto. Segundo, utilizan el látex de leche caspi (*Couma macrocarpa*) para barnizar y dar el acabado final al producto cerámico.

La obtención de los tintes naturales es una labor ejercida prioritariamente por las mujeres, emplean para teñir las prendas de vestir, principalmente los telares para la confección de pampanillas. Durante el desarrollo del estudio varias señoras en las comunidades visitadas nos mostraron como obtener el color negro utilizando la arcilla, el color verde desde las hojas de pijuayo (*Bactris gasipaes*), el amarillo procesando el bulbo del guisador

(*Curcuma longa*) y el rojo usando las semillas de achiote (*Bixa orellana*) y las hojas de piripiri (*Piper* sp.).

Extracción de materiales para la construcción de viviendas, canoas y otras

La mayoría de las viviendas son construidas con materiales de la zona y cuentan con un techo de palmeras tejidas de irapay (*Lepidocaryum tenue*), bombonaje (*Carludovica palmata*), palmiche (*Geonoma* spp.) y yarina. Muy pocos techos son de zinc. Las viviendas están construidas mediante pilotes o postes de maderas duras denominadas localmente *shungo*, de las especies maderables huacapú (*Minquartia guianensis*), estoraque (*Myroxylon balsamum*), tahuari (*Tabebuia* spp.), shihuahuaco (*Dipteryx micrantha*), quinilla (*Pouteria caimito*) y palisangre (*Brosimum* spp.). Luego vienen las soleras y vigas largas, generalmente de una sola pieza y de las especies maderables yana vara (*Aparisthmium cordatum*), anzuelo caspi (*Oxandra mediocris*) y quillobordón (*Aspidosperma parvifolium*). Por lo general las paredes están cubiertas con tabla de madera pashaco (*Parkia* spp.), tornillo (*Cedrelinga cateniformis*) o papelillo (*Couratari macrosperma*). Para los amarrajes utilizan el tamshi (*Heteropsis* spp.).

Casi todas las casas están construidas sobre la tierra que a la vez constituye el piso de la casa. Pocas viviendas tienen piso de madera. La cocina está por lo general al costado de la casa principal, en un pequeño cobertizo, con fogón instalada sobre el piso de tierra y tres troncos de madera como fuente de energía. En algunos casos cuentan con pequeñas parrillas de fierro. Al costado del fogón construyen esterillas de cashapona (*Socratea exorrhiza*), pona (*Iriartea deltoidea*) y maderas para almacenar sus utensilios y alimentos. Existen muy pocas viviendas con techo de zinc o calamina y piso de cemento. Sin embargo los habitantes de las comunidades visitadas en las cabeceras de cuencas nos informaron de la escasez de hojas de palma para techar sus viviendas. Por ejemplo, en San Antonio del Yanayacu compran criznejas de irapay de comunidades río abajo, tales como Panán y Naranjal. También informaron que en San Antonio de Yanayacu han localizado áreas con poblaciones de irapay e yarina y vienen implementando técnicas de manejo a fin de mantener saludables y productivas las poblaciones de estas palmeras. La técnica consiste en cortar solo las hojas maduras y limpiar las lianas y otros arbustos con la finalidad de brindar mayor iluminación. Estas prácticas ya están dando buenos resultados.

Asimismo en las diferentes comunidades se aprovechan del bosque diversas especies de madera para la construcción de los puentes para los caminos intercomunales. Son generalmente maderas duras como palisangre (*Pterocarpus rohri*), estoraque (*Myroxylon balsamun*) y charapilla (*Dipteryx micrantha*). También los comuneros mencionaron el incremento de la demanda de las maderas de alta densidad para cercos de división de potreros y construcción de mangas.

Los Shawi han innovado en el diseño de botes y canoas que se adecuan en función al caudal del río Paranapura. Estas canoas son angostas, alargadas y construidas de maderas livianas como cedro, tornillo, etc. Para el transporte de carga pesada construyen balsas de diversos tamaños, generalmente de palo balsa (*Ochroma pyramidale*).

Otras actividades productivas

Extracción de madera con fines comerciales

Prácticamente todas las comunidades en la cuenca del río Paranapura han sufrido los impactos de la extracción de madera con fines comerciales. Probablemente la mayoría de la extracción ha sido de manera ilegal. En las tierras tituladas de las comunidades que vistamos, las maderas de mayor valor comercial, como cedro (*Cedrela* sp.), tornillo (*Cedrelinga cateniformis*), caoba (*Swietenia macrophylla*) y varias especies de maderas duras o de alta densidad ya fueron extraídas. Todavía quedan algunos ejemplares, pero en lugares externos al territorio comunal y sitios de difícil acceso.

Según cuentan las autoridades en las comunidades visitadas, casi en la mayoría de los casos las actividades de extracción de madera son promovidas en coordinación con algún miembro de la misma comunidad. Las comunidades también han aprendido que no es beneficioso comercializar madera, pues en la mayoría de las veces esta actividad ha creado serios conflictos sociales. El dinero que obtienen no contribuye al desarrollo; contrariamente, a los comuneros les ha puesto en serias dificultades por haber perdido valiosos recursos que les servirían para la construcción de sus viviendas, botes, canoas, cerco de potreros, etc.

Crianza de animales mayores (ganado vacuno) y menores
En todas las comunidades visitadas la crianza de ganado vacuno constituye una actividad muy importante. Aunque los ganados vacunos fueron introducidos en la región durante la época de las misiones Jesuitas alrededor de 1650, esta actividad se intensificó en el año 1986 durante el primer gobierno de Alan García a través del programa social de apoyo llamado RIMANACUY. Ese programa destinaba dinero a las comunidades, quienes luego de realizar asambleas comunales acordaron criar ganado vacuno. El ganado fue comprado en Yurimaguas junto con las semillas para sembrar pastizales (*Brisantha decumbens*) y los materiales para construir los potreros.

En la mayoría de las comunidades desde hace varias décadas y hasta la actualidad la Misión Suiza en el Perú promueve la crianza de ganado vacuno y patrocina la capacitación de jóvenes indígenas en temas de crianza de ganados y construcción de potreros. Esta capacitación se realiza en Pucallpa, luego los jóvenes —conocidos como 'vaqueros comunales'— regresan a sus comunidades para encargarse del cuidado y administración del ganado vacuno.

En toda la cuenca del río Paranapura la crianza del ganado se inició a nivel comunal, y desde entonces la repartición se realiza bajo dos modalidades. La primera consiste en prestar el ganado a una determinada familia hasta que tengan crías; luego el ganado es entregado a otra familia hasta que nuevamente vuelvan a tener crías y así sucesivamente hasta que toda la comunidad tenga su propio ganado. La segunda modalidad consiste en criar el ganado a nivel comunal. Las crías son repartidas entre los comuneros y todos tienen derecho a los ganados; los jóvenes lo reciben a partir de que cumplan 18 años y las mujeres a partir de los 15 años. También existen potreros a nivel familiar que muchas veces son establecidos aún sin tener ganados, solo con la esperanza de recibir el ganado que la comunidad le entregará en algún momento.

Los ganados son criados libremente en pastos comunales y familiares alrededor de las casas y en la cancha deportiva. Si bien estos animales no son comercializados frecuentemente (uno a tres ganados por año), constituyen una reserva o ahorro que las familias utilizan en situaciones de emergencia, cuando hay enfermedades o para enviar a sus hijos a estudiar en Yurimaguas. Es importante anotar que el ganado no es para consumo de su carne ni de la leche de las vacas. En muy pocas ocasiones se sacrifica un animal para comer. Esto es solo en ocasiones de grandes fiestas y en su mayoría algún mestizo es el que compra el animal y hace que se reparta su carne entre todos los miembros de la comunidad.

La actividad ganadera genera impactos negativos en la comunidad (causando daños de cercos e invasión de casas) y al ambiente con la apertura de pastos al borde de los ríos y en las laderas de las montañas con pendientes muy marcadas, generando erosión tanto en laderas como en las riberas de los ríos. Cabe indicar que para la construcción de los potreros no se tumban nuevos bosques; solo utilizan las chacras antiguas. En las comunidades visitadas observamos los pastizales en las comunidades en buen estado y los ganados aparentemente bien alimentados, pero de seguir con esta tendencia llegará un momento en que no habrá más espacio para criar estos animales. Como indicamos anteriormente hoy en día se ve una notable reducción en el tiempo que se dejan descansar los barbechos, debido a que hay un espacio menor para hacer chacras familiares ya que éstas en muchos casos se han convertido en potreros. Por ejemplo, nos informaron que en la comunidad de Panán, en el Alto Paranapura, ya no existen espacios para la crianza de más ganado y muchos comuneros están optando por emigrar a otras comunidades cercanas. Asimismo en las comunidades visitadas en el río Cachiyacu escuchamos de varios comuneros la preocupación de que ya no hay buenos terrenos para establecer las chacras ni los potreros y que cada vez los terrenos están más alejados de las comunidades y en zonas no aptas como laderas.

Asimismo en San Antonio de Yanayacu encontramos ganado ovino perteneciente a una iglesia evangélica, la cual destina su carne para autoconsumo y ocasionalmente para venta. Los ovinos se crían junto con el ganado vacuno. También hay familias que crían cerdos en lugares alejados de la comunidad pero en una mínima cantidad. Estos son para vender en Yurimaguas; en otros casos los llevan hasta Moyobamba, atravesando a pie la Cordillera Escalera.

Crianza de aves de corral

Todas las comunidades visitadas realizan la crianza de aves de corral a pequeña escala. Las aves son destinadas principalmente para la venta y en menor cantidad para el consumo, existiendo familias que venden hasta 60 gallinas por año. El precio de las aves depende del tamaño, pero en promedio venden a 25 nuevos soles una gallina, a 30 un gallo y a 15 un pato. Son comercializadas en Yurimaguas junto con los productos cosechados de la chacra. Las aves son criadas libres en la comunidad y se alimentan de maíz 'shishaco' o 'serrano', de restos de alimentos y de lo que encuentran en los alrededores de las viviendas.

Por otro lado, el Fondo Italo-Peruano (FIP) estuvo apoyando la crianza de aves de postura (gallinas) en las comunidades aledañas a Balsapuerto. Este apoyo consistía en módulos de producción familiar de 10 gallinas y un gallo por beneficiario. Adicionalmente contribuyeron con materiales para la construcción de los corrales, las vacunas y el alimento balanceado de los animales. Algunos beneficiarios del proyecto nos manifestaron que no tuvieron buenos resultados con esta experiencia, ya que casi todas las gallinas murieron a causa de la peste. Las que sobrevivieron fueron criados de manera tradicional, libres en la chacra y alimentándose de lo que encuentran en el campo. Actualmente el Fondo de Cooperación para el Desarrollo Social (FONCODES) está realizando reuniones con las comunidades aledañas a Balsapuerto para comunicarles sobre los proyectos a implementarse en esta zona. Dentro de ellos está la crianza de gallinas, causando gran expectativa en los comuneros. Cabe la reflexión de que este tipo de proyecto tendría mejores resultados si se toma en cuenta el sistema de crianza tradicional.

Siembra de cultivos no tradicionales

Desde 2010 el Gobierno Regional de Loreto (GOREL) viene promoviendo el sembrío de cultivos no tradicionales como el cacao y el sacha inchi. En cuanto al cacao, pudimos observar que existen familias con hasta 2 ha

de plantación. Sin embargo, no saben cómo realizar el injerto ni el podado de los mismos, lo que limita su producción, y nos manifestaron que recibieron el apoyo con las semillas más no para el acompañamiento técnico necesario. Al mismo tiempo que nuestro inventario se estaba desarrollando un programa de cultivos de cacao en los ríos Alto Paranapura, Yanayacu y Cachiyacu. La población estaba bastante motivada, pero aún no tienen mercados asegurados, lo que al final podría acarrear consecuencias negativas. Con el cultivo de sacha inchi pasa algo similar. Existen familias hasta con una hectárea de cultivo que producen mínimas cantidades, principalmente para el autoconsumo. Ocasionalmente es comercializado, no solo porque su precio ha decrecido sino también porque no existe mercado.

Esto nos lleva a pensar que usualmente el apoyo que reciben no es integral y solo se limita a la entrega de semillas. Sin embargo hay que reconocer que ambos cultivos fueron adaptados muy bien a los suelos de esta zona, pero no están produciendo ni causando los resultados que esperaban.

Piscigranjas promovidas por Terra Nuova

Actualmente existen comunidades en la zona que tienen instaladas piscigranjas promovidas por la ONG Terra Nuova a través del proyecto 'Desarrollo comunitario y promoción de la economía indígena de los pueblos Shawi y Awajún', que inició en 2008 y culminó en 2012. Terra Nuova realizó una convocatoria general en todo el Distrito de Balsapuerto. En un principio las piscigranjas eran comunales y les brindaron apoyo integral, asesorándolos técnicamente con el diseño y construcción de los estanques. Facilitaron los alevinos de gamitana (*Colosoma macropomum*), sábalo (*Brycon* sp.), o boquichico (*Prochilodus nigricans*) y el alimento balanceado requerido para el crecimiento de los peces. Al comienzo muchos estuvieron entusiasmados con el proyecto, pero luego varias comunidades desistieron y lo dejaron de lado.

Debido a esto Terra Nuova empezó a promover las piscigranjas familiares y no las comunales como inicialmente planearon. Las piscigranjas a nivel familiar serán más exitosas debido a que (como se explicó en el capítulo anterior) en las comunidades Shawi se trabaja y se comparten recursos a nivel de familia y familia extendida y no a nivel comunal. Actualmente los interesados tienen su estanque ya construido para acceder a los beneficios del proyecto. El acuerdo es que cada vez que comercializan los peces les descuentan los costos de los alevinos y del alimento balanceado que utilizaron. Uno de los resultados del proyecto fue la conformación de cooperativas de las cuencas de los ríos Sillay, Cahuapanas y Paranapura, entre ellas la Cooperativa Agraria Shawi del Sillay (COOPASHASI), la Cooperativa Agraria Indígena del Cahuapanas (COOPAICA) y la Cooperativa Agraria Kampu Piyawi (COOAKAPI). Actualmente solo ésta última viene funcionando como cooperativa. Inició en 2009 con 364 socios Shawi; actualmente solo participan 82 socios estables. Acaban de firmar un convenio con la Municipalidad Provincial de Alto Amazonas (MPAA) para venderles toda su producción de pescado, el que luego es distribuido a las instituciones educativas de Yurimaguas.

Esta actividad va teniendo cada vez mayor importancia, sobretodo luego de la firma del convenio con la municipalidad. Existen comuneros decididos a establecer una piscigranja con la esperanza de formar parte de la COOAKAPI. Esto muestra que existe expectativa sobre los beneficios que las piscigranjas podrían traer a las comunidades. Aún así, es importante reflexionar sobre la sostenibilidad del proyecto debido a que los alevinos y el alimento son subsidiados solo por seis meses, tiempo luego del cual los productores quedan con la responsabilidad total de las piscigranjas. Los comuneros confían en que su producción poco a poco irá aumentando sus ingresos.

Leyes consuetudinarias formuladas en el contexto social y ecológico de las comunidades Shawi

El análisis de extensión de uso y control de los recursos naturales nos conlleva a referir lo siguiente, las comunidades se posesionan de sus sectores o de los espacios circundantes y áreas que son parte de la Cordillera Escalera. Por ejemplo, en San Antonio de Yanayacu se establecieron reglas de uso y control de los recursos del bosque de su sector con las comunidades vecinas, normas internas que son respetadas por ambas partes. De esta manera en esta comunidad existe un

fuerte y efectivo sistema de control y vigilancia frente a la entrada de personas ajenas a su comunidad, ya sean comunidades Shawi vecinas o personas de afuera. Miembros de la comunidad que entrevistamos mencionaron que personas de las comunidades vecinas no pueden entrar a sus territorios titulados y hacia adentro de la Cordillera Escalera sin una autorización de parte de las autoridades comunales. Ellos están siempre vigilantes a las visitas e intromisiones de extraños, así como a las visitas de los madereros, a quienes han expulsado de su territorio.

Algo similar ocurre en la comunidad de Nueva Vida. Los espacios externos al área titulada también son considerados de su dominio y para ingresar a dicha zona necesita comunicarse con el apu. Las autoridades de Panán también mencionaron diferentes acuerdos de uso y cuidado, en particular de una quebrada en la cual todos obtienen el pescado y donde se ha prohibido y penalizado el uso del barbasco. En contraste, en las comunidades circundantes a Balsapuerto y otras de este sector por el momento no practican estos criterios o mecanismos de control. Sin embargo, nos comentaron la existencia de iniciativas de algunas autoridades comunales de implementar un sistema de vigilancia comunal que permita tener mayor control sobre los recursos que existen en la Cordillera Escalera. Existe la idea de 'dejar descansar la montaña' y reforzar sus chacras integrales con cultivos que tengan demanda en el mercado (como cacao y sacha inchi). Consideramos estas iniciativas tan importantes que deberían fortalecerse e implementarse en las comunidades de la cuenca del Paranapura. También es muy importante mencionar que en el Distrito de Balsapuerto existe una ordenanza que prohíbe el uso del barbasco en ríos y quebradas. La meta es hacer cumplir esta ordenanza a nivel comunal. El uso del barbasco es penalizado a nivel comunal por parte del Teniente Gobernador y también a nivel distrital a través del Gobernador del Distrito.

En cuanto a la extracción de madera ilegal en las comunidades, nos comentaron en Nueva Vida que varios miembros de las comunidades habían sospechado el alejamiento del *apu* de una comunidad colindante, justamente porque él había contraído acuerdos de negocio con madereros de Yurimaguas para extraer todas las especies maderables. Esta situación generó conflictos y muchas discusiones entre las comunidades vecinas. Los comuneros no quieren repetir las malas experiencias de negocio con madera, saben que la comunidad no se beneficia, que solo unos cuantos aprovechan y que el comerciante es el mayor ganador. También evidencian que estas acciones contagian a otros miembros y es un peligro para la organización de las comunidades en la zona. Los directivos de OSHAYAAP (Organización Shawi de Yanayacu y Alto Paranapura) tuvieron que intervenir para menguar el conflicto y al menos en diciembre de 2013 no se había logrado solucionar el problema.

Otro caso aconteció en mayo de 2013 en San Antonio de Yanayacu, en donde un comunero negoció con unos madereros e introdujo a un grupo de ellos para aserrar maderas de tornillo y cedro. Fueron detectados por los miembros de la comunidad y de inmediato las autoridades comunales se reunieron y acordaron paralizar. Organizaron una movilización y expulsaron de inmediato a los madereros con sus respectivas pertenencias. Esta acción comunal fue clave y posesionó a todos los recursos naturales de San Antonio de Yanayacu en situación de resguardo o vigilancia.

Aporte económico del bosque, chacra y río

El sistema productivo-económico en la sociedad Shawi es mixto, basándose mayormente en las actividades productivas de subsistencia pero con cierto grado de vínculo con el mercado. Los conocimientos tradicionales de los procesos productivos que corresponden a la horticultura, la pesca artesanal, la caza, la recolección de frutos silvestres y el uso de plantas medicinales son para la subsistencia, mientras que la relación con el mercado es a través de la venta de ganado vacuno, animales menores, maíz, plántanos, arroz, sacha inchi (*Plukenetia volubilis*), aceite de copaiba (*Copaifera* spp.) y sangre de grado (*Croton* spp.), actividades que en conjunto complementan la economía familiar. La mayoría de estos productos son comercializados en Yurimaguas. Algunas veces son comercializados en Moyobamba o en sus comunidades a través de los comerciantes itinerantes (regatones).

Recabamos información sobre la economía familiar a través de encuestas semi-estructuradas a partir del análisis del aporte económico de los productos de autoconsumo y

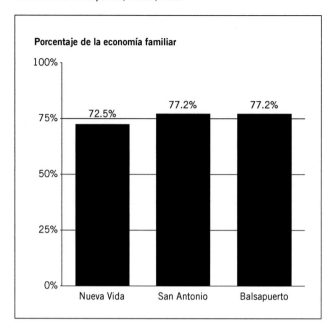

Figura 34. Importancia del bosque y cuerpos de agua en la economía familiar de las comunidades Nueva Vida, San Antonio y Balsapuerto, en el Distrito de Balsapuerto, Loreto, Perú.

venta, y de los gastos realizados para la el mantenimiento de las familias. Observamos que los beneficios obtenidos por autoconsumo y aprovechamiento de los productos del bosque y agricultura de subsistencia cubren el 75% de las necesidades familiares. El 25% restante es cubierto por el ingreso obtenido de la venta de productos agrícolas como el maíz y arroz principalmente (Fig. 34).

En las entrevistas a los hogares preguntamos por los principales productos que son adquiridos por la venta y el valor de los mismos. El producto que genera mayor gasto a las familias es el combustible. Otros productos importantes son las herramientas de trabajo, cartuchos para cacería y ropa. Es importante destacar que el efectivo obtenido por las familias para cubrir estas necesidades proviene de la venta de productos agrícolas, gallinas, cerdos y en una menor cantidad del ganado vacuno.

La ventaja relativa para la población Shawi de vender directamente sus productos al mercado de Yurimaguas, evitando así la intermediación de los regatones, es contrarrestada por las distancias que los comuneros tienen que recorrer. Primero deben transportar los productos a través del bosque haciendo mingas hasta el puerto, situado en algunas comunidades a tres horas de camino hasta el río más cercano, y luego esperar que una creciente permita su navegación para luego viajar entre dos a cuatro días en balsas o en peque-peque (bote motor) hasta llegar a Yurimaguas.

Percepción de la calidad de vida

Aplicando el ejercicio del 'hombre/mujer de buen vivir' pudimos conocer las percepciones locales acerca de la calidad de vida en cada comunidad visitada. Con el ejercicio se analizaron las cinco dimensiones de calidad de vida a nivel comunal: social, cultural, política económica, recursos naturales y sus relaciones entre si. En un rango de 1 (la puntuación más baja) a 5 (la puntuación más alta), las comunidades calificaron la vida social y cultural (4.5 en promedio) como las dimensiones de calidad de vida más altas debido a las buenas relaciones a nivel comunal e intercomunal, estrechas redes de apoyo solidario existentes para manejar y usar sus recursos a través de las mingas, inexistencia de conflictos sociales, convivencia en armonía y una fuerte identidad cultural (lengua y vestido; ver la Tabla 8).

En cuanto a la vida política (3 en promedio) manifestaron que si bien existe un gran respeto por sus autoridades, muchas veces no los apoyan cuando tienen que salir fuera de la comunidad para realizar gestiones ante la municipalidad distrital y provincial. Cuando reflexionaron sobre el aporte de los recursos del bosque y de los cuerpos de agua a la alimentación, salud y vivienda para el autoconsumo familiar y a la generación de ingresos monetarios por venta de recursos del bosque, la evaluación de la situación económica de las familias fue relativamente alta (3.7).

Sin embargo, los comuneros calificaron el estado de sus recursos naturales en 2.7, lo cual es una baja puntuación y refleja la preocupación del pueblo Shawi y la búsqueda de una solución frente a esto. Los criterios para esta baja puntuación fueron la poca abundancia de carne del monte, hojas para techar, madera para construir las viviendas y buenos terrenos para hacer las chacras. También se resaltó las largas distancias que caminan para llegar a los sitios de caza y los efectos negativos que causarían la invasión de foráneos que erosionaría el estilo de vida local y los ecosistemas de los cuales dependen los pobladores para su sobrevivencia (Tabla 8).

CONCLUSIÓN

A pesar de que los Shawi han enfrentado numerosos obstáculos debido al dominio externo por parte de los españoles, patrones, Jesuitas y otros, su sociedad y su cultura continúan siendo altamente valorizadas. En nuestro análisis sobre la calidad de vida, basándonos en nuestros resultados obtenidos en los grupos focales y talleres, encontramos que los Shawi no consideran que viven en estado de 'pobreza extrema', y son los foráneos los que asumen esto. En este reporte damos a conocer que los Shawi están muy integrados a los mercados locales, regionales y globales, pero a pesar de esto los Shawi continúan dependiendo de su ambiente natural para cubrir sus necesidades básicas diarias. De la misma manera, sus preocupaciones se basan mayormente en la amenaza a su medio ambiente por parte del cambio climático, reducción de la fauna para la caza, disminución de la pesca debido a la presión humana y cambios en los cuerpos de agua por sedimentación de sus cauces. La erosión de las laderas y la falta de espacios aptos para las chacras, así como las actividades extractivas madereras, petroleras y mineras representan otra preocupación importante. Es esencial enfocar los esfuerzos para ayudar a los Shawi en la protección y mantenimiento de sus territorios ancestrales en vista de estas amenazas, y estos esfuerzos deberían ser guiados por las prácticas tradicionales y culturales de los Shawi.

Tabla 8. Percepciones de la calidad de vida de tres comunidades en el Distrito de Balsapuerto, Loreto, Amazonía peruana.

Comunidad	Recursos naturales	Relaciones sociales	Vida cultural	Vida política	Economía	Promedio por comunidad
Nueva Vida	3.0	5.0	4.0	3.0	4.0	3.8
San Antonio	3.0	5.0	5.0	3.0	4.0	4.0
Balsapuerto	2.0	4.0	3.5	3.0	3.0	3.1
Promedio para todas las comunidades	**2.7**	**4.7**	**4.2**	**3.0**	**3.7**	

ARQUEOLOGÍA DE LA CUENCA DEL PARANAPURA

Autor: Santiago Rivas Panduro

Objetos de conservación: Por lo menos 12 asentamientos arqueológicos distribuidos en las cuencas de los ríos Paranapura, Cachiyacu y Armanayacu; 25 rocas petroglifos y 13 rocas talleres líticos en la cuenca de los ríos Cachiyacu y Armanayacu

INTRODUCCIÓN

Este capítulo es una síntesis de la arqueología de la cuenca del río Paranapura, territorio histórico de los pueblos originarios amazónicos Shawi y Shiwilu, tras algo más de una década de haberse iniciado los descubrimientos científicos y estudios preliminares de 28 sitios arqueológicos en la zona (Rivas 1999, 2001, 2003).

El escenario de nuestra investigación es la cuenca del Paranapura y específicamente dos de sus tributarios, el Cachiyacu y el Armanayacu. En estas cuencas han sido descubiertos 49 sitios arqueológicos hasta la fecha, de una antigüedad que va de 940 años antes del presente (AP) a 1,200 años después del presente (DP), estimada a nivel estilístico cerámico y rupestre.

Los monumentos arqueológicos registrados se clasifican funcionalmente en asentamientos poblacionales, con predominancia de cerámica, de pasta color beige y gris, de estilos corrugado con 12 variantes, incisos, incisos aserrados (*drag y jab*), acordelados, digitados, ungulados, aplicados, pintados (negro, rojo, blanco o crema) y todas éstas a su vez combinadas, diversificando los tratamientos decorativos. El universo cerámico incluye además sellos para decoraciones de figuras simbólicas, y piruros de arcilla de múltiples formas, tamaños, y decoraciones incisas y pintadas, que revelan una industria especializada textil asociados al cultivo de algodón. La industria lítica también está presente con hachas de piedra pulida 'ranuradas', 'rectangulares' y tipo 'T', empleadas para la agricultura de corte-quema, también cinceles, machacadores o manos de moler y raspadores. Siguiendo la clasificación funcional, también se han registrado rocas petroglifos, donde se evidencian aspectos materiales e ideológicos de estos pueblos, y rocas talleres líticos de producción de hachas de piedras pulidas para la agricultura y la tala de árboles, indicador de especialización del trabajo, así como organización social y económica desarrollada.

Otro aspecto relevante de la cuenca del Paranapura es la presencia de al menos una mina de sal, en un afloramiento rocoso localizado a orillas del río Cachiyacu, cerca del campamento Mina de Sal visitado durante el inventario rápido (ver el capítulo *Geología, hidrología y suelos*, este volumen). Hasta allí acuden anualmente en temporada de vaciante del río, familias enteras de las etnias Shawi, Shiwilu y Awajún (de la margen izquierda del Bajo Huallaga y de la margen derecha del Bajo Marañón) para abastecerse de este importante recurso.

Antecedentes y síntesis de las investigaciones arqueológicas en la zona

Datos etnohistóricos dan cuenta que los Shawi vienen ocupando la cuenca del Paranapura y los tributarios entre el Marañón y el Bajo Huallaga por lo menos desde el año 1644 (Rivas 2003:97; ver el capítulo *La Cordillera Escalera y el pueblo Shawi: Etnohistoria*, este volumen).

La arqueología no conocía de la existencia de las antiguas poblaciones en las cuencas del Cachiyacu y Armanayacu. A partir del descubrimiento de la roca petroglifo Casa de Cumpanamá en 1997 (Sánchez et al. 1997:201) emprendimos estudios arqueológicos en la cuenca del Cachiyacu y Armanayacu, entre 1999 y 2001, los cuales registraron 28 sitios arqueológicos (Rivas 1999, 2000a, 200b, 2001, 2002, 2003). Luego, en 2002 se ejecutó el proyecto de exploración sísmica en el Distrito de Balsapuerto, por parte de la empresa Burlington Resources, durante el cual se registró cuatro rocas petroglifos: Chayahuita Roca A, Chayahuita Roca B, Chayahuita Roca C, y Cumpanamá (Echevarría 2006, 2010), anteriormente reportada por Sánchez et al. (1997) y Rivas (1999, 2000a, 2000b, 2001).

Pocos años después, en 2006, en mérito a un convenio entre el Fondo Ítalo Peruano y la Municipalidad Distrital de Balsapuerto, se llevó a cabo un proyecto de evaluación arqueológica en el Distrito de Balsapuerto. En él se registró a nivel superficial e in situ un total de 10 sitios con evidencias culturales. Siete fueron ubicados fuera del área de influencia del proyecto de módulos de ganado vacuno (Muniches, Balsapuerto, Canoa Puerto, San Lorenzo, Pintoyacu, Nuevo Junín y Montículo Barranquita) y tres dentro del área de influencia (San

Jorge, Santa Rosa y Tunu Icha; Jordán 2006). De los 10 sitios arqueológicos reportados por Jordán, 7 ya habían sido reportados por Rivas (2001).

Posteriormente, en 2011 se hizo dos ingresos al Cachiyacu y Armanayacu para registrar los vestigios arqueológicos del área. La primera fue en mayo, registrándose nuevamente la roca petroglifo Cucharayacu 3, denominado también la 'Piedra de Santa Sofía' por los Shawi de la Comunidad Nativa Santa Sofía, territorio comunal dentro del cual se localiza el petroglifo. Además se evaluó un conjunto de rocas próximas a Cucharayacu 3, descartándose la existencia de petrograbados (Rivas 2011a).

El segundo ingreso se hizo en noviembre del mismo año, junto con el equipo de arqueólogos liderado por el Dr. Giuseppe Orefici, a solicitud de la ONG Terra Nuova. Este trabajo registró 20 de los 28 sitios arqueológicos reportados al Instituto Nacional de Cultura por Rivas en 2001; además se reportaron 17 nuevos sitios arqueológicos, entre asentamientos arqueológicos, rocas petroglifos, rocas talleres líticos y un posible asentamiento con estructuras de piedra (Rivas 2011b).

MÉTODOS

Los estudios llevados a cabo hasta la fecha, con los hallazgos de los asentamientos arqueológicos, rocas petroglifos y rocas talleres líticos, se realizaron con participación de los Shawi. Las pesquisas se realizaron alrededor de las viviendas, en las chacras, en el lecho de las quebradas y al interior del bosque.

Los registros de los asentamientos arqueológicos fueron iniciados con los dibujos de croquis de la fisiografía y los límites naturales de los terrenos altos o ligeramente altos (terrazas), o sinuosos (colinas), marcados por las quebradas y ríos. La concentración de los fragmentos cerámicos y líticos, a nivel superficial, disturbados en su gran mayoría, nos permitió metodológicamente sectorizar los sitios arqueológicos. También se realizaron registros fotográfico y gráfico de las evidencias. Posterior descripción y análisis de la pasta cerámica, formas funcionales y decoraciones estilísticas nos permitieron proponer un patrón cerámico denominado Complejo Balsapuerto y describir sus interrelaciones con otras asambleas cerámicas (Rivas 2003).

Para efectuar el dibujo de planta de las rocas petroglifos, primero se prendían en el suelo de cuatro a ocho palos largos, equidistantes alrededor de la roca, y orientados a cada punto cardinal. Seguidamente, se anudaban soguillas en cada extremo superior de los palos, con el objeto de formar un cuadriculado. Con esta cuadrícula procedíamos a realizar el dibujo de planta de la roca en papel milimetrado, señalando el contorno y las características de la roca. Sobre el dibujo de planta se reproducían las 'figuras-guías', que nos servirían después para ubicar la totalidad de los grabados en el papel milimetrado, enmarcado dentro del perímetro dibujado de la roca. Los calcos de los grabados rupestres se hicieron sobre mangas de plásticos transparentes y uso de plumones indelebles. Las rocas talleres líticos solo fueron registradas fotográficamente.

La reproducción de los grabados rupestres a escala milimétrica se inició con el cuadriculado de 10 x 10 cm sobre una pared de fondo blanco (Fig. 12J). Seguido, se pegaron en la pared los plásticos con los calcos de los grabados rupestres pintados sobre las mangas de plásticos con plumones indelebles, y luego se dibujaban los grabados rupestres en papel milimetrado a escala 1/10, para posteriormente ser escaneados y redibujados por un diseñador gráfico en Corel Draw. Posteriormente, siete rocas petroglifos de la cuenca del Armanayacu fueron reproducidas en esculturas de fibras de vidrio a partir de moldes de arcilla (Fig. 12F). En este trabajo, como en la reproducción milimétrica, participaron tres artistas plásticos y un diseñador gráfico.

RESULTADOS Y DISCUSIÓN

Sintetizando, tres categorías funcionales de sitios arqueológicos han sido reportados hasta el momento en las cuencas del Cachiyacu y Armanayacu: asentamientos arqueológicos, rocas petroglifos, y rocas talleres líticos.

Asentamientos arqueológicos

Hasta la fecha tenemos registrado por lo menos 12 asentamientos arqueológicos: 10 en la cuenca del Cachiyacu, 1 en la cuenca del Armanayacu y 1 en la cuenca del Bajo Paranapura (Rivas 2013a, b; Orefici y Rivas 2013; Apéndice 15). Análisis de la cultura material de siete asentamientos arqueológicos del Cachiyacu (vasijas cerámicas, piruros, hachas de piedra pulida, cinceles, sello de cerámica, etc.) nos llevó a proponer lo siguiente.

Hacia 1,000–1,200 DP el Cachiyacu estaba habitado por una población a la que estamos dominando 'Complejo Balsapuerto' (Rivas 2003), aunque esta ocupación es "posiblemente ubicable entre el final del primer milenio d.C. (siglos VIII-X) y el siglo XI o XII de Nuestra Era" (Orefici 2013).

La alfarería de este complejo refleja el sincretismo de tres elementos cerámicos de distinta procedencia: la cuenca del Ucayali, la zona periférica del Alto Utcubamba en el Perú y la cuenca del Alto Santiago en la selva de Ecuador. Esta mezcla de elementos estaría reflejando que el Complejo Balsapuerto es el resultado de la fusión de tres poblaciones étnicas distintas y distantes entre sí, quienes se unieron para conformar una sola comunidad poblacional. Como punto de partida para tal fusión se tendría la mina de sal del río Cachiyacu, recurso natural que atrajo hacia la zona a estas poblaciones arqueológicas (Rivas 2003).

Las cerámicas manufacturadas por los pobladores de la etnia Shawi que habitan la cuenca del Cachiyacu desde por lo menos el siglo XVII revelan ser totalmente diferentes a la cerámica del Complejo Balsapuerto (Rivas 2003, 2005). Esto nos lleva a interpretar que la primera no deriva de la segunda; vale decir que no existe filiación cultural entre la etnia Shawi y la población arqueológica del Complejo Balsapuerto (Rivas 2003, 2013). Excavaciones arqueológicas y estudios interdisciplinarios nos deben ayudar a resolver esta interrogante.

La presencia de hachas de piedra, cinceles, machacadores, raspadores, piruros y sello decorativo evidencia claramente un nivel productivo, organizativo y simbólico suntuoso de esta sociedad, que sumado al acceso a la mina de sal, obviamente marca una diferencia sustancial respecto a otras sociedades amazónicas prehispánicas de ese tiempo.

Merece especial atención la presencia de machacadores y raspadores. Si están asociados a un perfil estratigráfico de aproximadamente 1 m de profundidad, descubierto en un botadero abierto a un extremo del poblado Balsapuerto, en el sitio arqueológico Balsapuerto 1, no sería raro que estemos ante una ocupación mucho más antigua, como la estudiada en 2012–2013 por

Morcote y Aceituno en el sitio arqueológico Peña Roja, de recolectores del Holoceno Temprano, en la Amazonía colombiana (Morcote y Aceituno 2013).

Rocas petroglifos

Son un total de 25 rocas petroglifos a lo menos que se tiene registrado en las cuencas del Cachiyacu (13) y Armanayacu (12; Rivas 2001, 2013a, b; Orefici y Rivas 2013).

Los petroglifos se localizan próximos a las fuentes de agua de las quebradas o ríos. Las hay de varias dimensiones, siendo la más colosal una de aproximadamente 13 m de largo por 8 m de ancho y 8 m de altura. Las más pequeñas pueden llegar a medir 1 m de longitud. Predominan los motivos naturalistas de cérvidos, aves, arácnidos, batracios, reptiles, sol, luna, cruz del Sur, felinos, pisadas de felinos, rostros, cuerpos y pisadas de humanos, monos, espirales, líneas laberínticas, figuras serpentiformes, colibrís, quelonios, coatís, figuras circulares y geométricas, y un centenar de motivos más abstractos como los del panel principal de la Casa de Cumpanamá.

Entre las rocas petroglifos del Cachiyacu y Armanayacu nos llama mucho la atención la recurrencia de figuras de batracios. Estos anfibios aparecen en diversas asociaciones y formas estilizadas, tamaños variados, desde 20 cm hasta 180 cm de longitud. Algunas figuras siguen una secuencia evolutiva, desde renacuajo hasta adulto (Ojeyacu 1), mientras que otras solo muestran un segmento de esta etapa: o preñadas (Ojeyacu 2), o desovando (Ojeyacu 1) o adultos (Casa de Cumpanamá, Cachiyacu 1). Muy interesante son también las escenas de batracios de figuras naturalistas y antro-zoomorfas, asociados a escenas rituales en torno al agua, como lluvias o cataratas y cuerpos de agua, estilizados, representados de manera prolífica en la Casa de Cumpanamá y Cucharayacu 4.

El reciente descubrimiento del lago del Alto Cachiyacu durante el inventario rápido nos puede dar luces sobre el paleo ambiente de esta parte de la cuenca amazónica, a través de estudios palinológicos (Fig. 3C; ver el capítulo *Descripción de los sitios visitados en los inventarios sociales y biológicos*, este volumen). Es factible que este lago, ubicado en línea recta a poca distancia de Cucharayacu 4, sea clave para poner en prueba la hipótesis de los rituales de petición de lluvia propuesto por el autor del presente artículo.

Aún no podemos concluir categóricamente si la población que grabó los petroglifos se relaciona temporal como culturalmente con la población del Complejo Balsapuerto. Es interesante resaltar que los asentamientos arqueológicos del Complejo Balsapuerto están relativamente próximos a las rocas petroglifos del Cachiyacu y Armanayacu, lo que nos haría suponer que las poblaciones prehispánicas asociadas a estos asentamientos podrían relacionarse temporal y culturalmente entre sí, no obstante los análisis iconográficos de las cerámicas del Complejo Balsapuerto y los grabados rupestres sean abismalmente diferentes.

Lo que sí está claro es que ambas poblaciones practicaban la agricultura de corte-quema, por el uso de hachas de piedra, tal como lo manifestamos para el Complejo Balsapuerto con las evidencias materiales de este tipo encontradas en varios sitios (Rivas 2003:76). Del mismo modo, las hachas tipo 'T' aparecen en la iconografía rupestre de Cucharayacu 4 y Santa Sofía 3 (Orefici y Rivas 2013).

Orefici (2013) sugiere que "es posible que la realización de los grabados rupestres haya sido entre los últimos siglos a.C. y los primeros siglos de Nuestra Era". Esta propuesta cronológica en base a la iconografía rupestre podrá ser corroborada a partir de cronologías absolutas, con análisis y fechados sobre la pátina impregnada en los surcos de los grabados rupestres, o con fechados C14, asociados directamente a actividades humanas relacionadas a los grabados rupestres o rituales rupestres.

Rocas talleres líticos

Se han reportado un total de 13 rocas talleres líticos: 10 para la cuenca del Cachiyacu, próximas a las rocas petroglifos Ojeyacu 1 al 5, y 3 para la cuenca del Armanayacu.

En las rocas talleres líticos se producían instrumentos como hachas de piedra y cinceles. Tienen formas oblongas y cóncavas. Localizadas en el lecho de las quebradas, estas rocas tienen dimensiones de varios metros de largo. La producción de las hachas se darían de manera individual, excepto para la Casa de Cumpanamá y la Cocina de Cumpanamá.

Estas dos últimas rocas petroglifos/rocas talleres líticos nos proporcionan algunas inferencias interesantes. Ambas rocas se localizan a menos de 30 m de la quebrada Hachayacu, cuyo nombre en idioma Shawi es 'Imutu'-i' (imutu' = hacha; i = quebrada). El topónimo 'quebrada de las hachas' revela la actividad realizada sobre las rocas (talleres líticos), es decir, la producción de hachas por los antiguos habitantes.

Estas dos rocas se ubican fuera del lecho de la quebrada, lo que significa que para la elaboración de hachas de piedra, cinceles y otros instrumentos líticos, los productores tuvieron que proveerse de recipientes con agua y llevarlos hasta el lomo de las rocas, o esperar las lluvias, para recién poder realizar los trabajos de abrasión y pulimientos de las preformas.

Si en la superficie del techo de estas dos rocas de dimensiones colosales pueden caber más de 10 personas en actividad simultánea, pues ambas superan los 100 m², la producción de hachas de piedra pulida se habría organizado de manera colectiva y dirigida por un líder.

Interpretación del contexto sociocultural y ambiental en base a los petroglifos de las cuencas del Cachiyacu y Armanayacu

Dos rocas petroglifos y sus grabados rupestres han sido la clave para nuestras interpretaciones: Cucharayacu 1 y Cucharayacu 4.

Cucharayacu 1 es la roca petroglifo que nos conlleva a interpretar que los artistas plasmaron el conjunto de grabados rupestres con una finalidad: la de practicar rituales de petición de cese de los asesinatos de los felinos a humanos. Por ello la recurrencia en varias rocas petroglifos de la zona de pisadas de felinos, asociadas a caminos o trochas a base de líneas rectas, sinuosas y laberínticas, pisadas o palmadas humanas, rostros humanos, cuerpos humanos seccionados o partes incompletas de cuerpos humanos o esqueletos humanos, figuras humanas minimizadas en tamaño en comparación a la del felino, ubicación estratégica del felino arriba del hombre, y estilización del felino sobre la naturalización de la figura humana.

Estos grabados rupestres no hacen sino reconfirmar los datos de las fuentes etnohistóricas presentadas por el historiador peruano Waldemar Espinoza Soriano, quien señala que una de las razones de la fortificación de los poblados de cultura Chachapoyas fue para protegerse de los ataques de estas fieras (Espinoza 1967:234).

Testimonio de ataques y asesinatos de felinos a personas lo encontramos también en los escritos del misionero José Amich, con referencia a la segunda mitad del siglo XVIII:

"… cuando nosotros estábamos en Sarayacu, en cuya época uno de estos tigres se llevó a una muchachita; pero a los gritos de la víctima acudió una tía suya y a garrotazos obligó a la fiera a soltar su presa, mas como le había atravesado ya el cráneo con los dientes o uñas, murió la infeliz a las pocas horas" (Amich 1988:390).

Del P. Manuel J. Uriarte, de la segunda mitad del siglo XVIII, tenemos también varias referencias sobre ataques y muertes de felinos a humanos, cuyas líneas transcribimos para mayor ilustración:

"…Después que hirió [el jaguar] a un indio y éste me vino ensangrentado todo y yo le curaba…" (p. 106); "… con el miedo de tigres era menester acompañar con escopeta a tal cual sano a la chagra, que cosa de pesca y caza no había…" (p. 106); "… y como ya de noche el otro no llegase, fueron a llamarlo; buscaron y lo hallaron muerto por un tigre, que le comió la cabeza y cara…" (p. 119); "Tomó mi consejo, y a los dos meses volvieron todos menos uno, a quien había comido un tigre…" (p. 237) (Uriarte 1986).

El poder destructivo de estos felinos llevó a su divinización por el hombre. Esta cualidad divina del felino fue estudiada ampliamente por Julio C. Tello, en base de mitos amazónicos continentales, para explicar la figura del jaguar en la cultura serrana Chavín de la época formativa. En estos mitos narrados e interpretados por Tello se repite la constancia del ataque y muerte de los felinos a los hombres, y la venganza de éstos asesinando también a los felinos (Tello 1923). La iconografía felínica ha estado incluso antes de Chavín, lo que sugiere una influencia muy marcada de la Amazonía hacia los Andes, pero esto es un tema aparte.

De los Shawi también hemos recopilado historias de ataques y asesinatos de felinos a humanos, sobre todo cuando aún no conocían la escopeta, arma que permitió al poblador amazónico superar en poder al jaguar.

Lo interesante en las historias de los Shawi del Cachiyacu y Armanayacu, y de los Achuar y Wampis, descendientes Pinche y Quechua de las cuencas del Pastaza y Morona, es la figura del yanapuma como el felino más temido por los asesinatos a las personas, y no el jaguar. Dicen que el yanapuma es una fiera del tamaño de un ganado vacuno, y al decir de ellos, tiempo atrás solía devorar familias enteras tan solo en un par de días. Esta información también lo encontramos en el misionero José Amich: "Los más feroces son los Yana-pumas (tigres negros), pero deben existir en muy corto número, pues rara vez se dejan ver" (Amich 1988:391).

Cucharayacu 4 es la roca petroglifo que nos conduce a interpretar que los artistas plasmaron el conjunto de grabados rupestres con otra finalidad: la de practicar rituales de petición de caída de lluvia en un ambiente de sequía, que atentaba con la vida humana, animal y vegetal. Por ello la gran recurrencia de figuras animales (aves, cérvidos, humanos, etc.), así como la recurrencia de batracios asociadas a las fuentes de agua (quebradas o ríos) y simbología de lluvias (líneas punteadas en conjuntos sueltos, en conjuntos encerrados en líneas redondeadas, etc.).

No puede haber justificación de rituales pidiendo lluvia en un ambiente como el de la Amazonía actual donde la lluvia abunda, pero sí en un ambiente de sabana como el que ha experimentado la Amazonía por lo menos en varios episodios durante los últimos 10 mil años. Estas sequías pueden ser por largo tiempo o de corta duración, como los veranillos que los experimentamos anualmente. A su vez, estas sequías pueden ser por varias causas, entre ellas el fenómeno de El Niño y las anomalías climáticas (Goes Neves 2011); habiendo ocurrido en Sudamérica estas fases secas a los 6,000–4,000, 2,700–2,100, 1,500, 1,200, 700, y 400 años antes del presente (Zucchi 2010).

Prácticas rituales pidiendo lluvia o relacionadas a la lluvia, y asociadas al batracio, las encontramos en muchos estudios sudamericanos, contemporáneos o históricos, especialmente en los Andes (Dudan 1951, Gerol 1961, Gómez 1969, Legast 1987, Lucena 1970,

Metraux 1940, Reichel-Domatoff 1960, Rostworowski 1984). En el llano amazónico, hasta donde conozco, esta temática ha sido muy poco abordada.

También hemos recopilado en el territorio Shawi información que puede reforzar la hipótesis de la presencia de los batracios en los grabados rupestres de la cuenca del Paranapura, asociado a los rituales de lluvia. Son los 'sapitos' los que saben llamar a la lluvia, y no las personas; y son los 'sapitos' los que avisan cuando va a caer la lluvia. Aquí unas breves explicaciones que nos dio Miguel Napo Púa en 2000: "El huarira (un tipo de batracio) es de invierno, aparece cuando cae la lluvia; en verano no aparece. Cuando quiere llover huarira canta, así llama la lluvia. El ñañara (otro tipo de batracio) es de invierno, cuando quiere poner huevo le llama a la lluvia. Pone huevo en la cocha, es muy pequeñito".

En síntesis, como si se tratase de un libro rupestre, estos grabados muestran el registro de los fenómenos sociocultural y ambiental que les tocó vivir a las poblaciones de la cuenca del Armanayacu, en relación al felino y a la escasez de la lluvia durante las sequías, motivándolos en ambos casos a fortalecer sus relaciones sociales desarrollando prácticas rituales para salvaguardar la vida humana.

CONCLUSIÓN

La arqueología de las cuencas del Paranapura, Cachiyacu y Armanayacu nos ha llevado a formular varias hipótesis de trabajo, relevantes desde la perspectiva sociocultural y ambiental.

La arqueología amazónica no encuentra evidencias contundentes para demostrar la presencia de sociedades jerarquizadas, a nivel de cacicazgos o jefaturas. Consideramos que las poblaciones prehispánicas del Paranapura, Cachiyacu y Armanayacu nos están proporcionando buenos elementos para entrar a debatir esta problemática. Tuvieron bases económicas y especializadas en la producción y comercialización de hachas de piedra, en la 'agricultura', en la producción y comercialización de hilos y tejidos; tuvieron que organizarse políticamente para controlar la mina de sal del Cachiyacu (para consumo y comercialización); tuvieron especialistas en arte rupestre y prácticas rituales.

El arte rupestre del Cachiyacu y Armanayacu sugiere que esta cuenca se vio afectada en la época prehispánica por una fuerte sequía y reducción del bosque que afectó significativamente a las poblaciones humanas, animales, plantas, ríos y quebradas. Conocer la antigüedad de este proceso ecológico relacionado al cambio climático, y su implicancia en la vida, merece mayor atención, más aún cuando estamos experimentando aceleradamente los efectos del calentamiento global.

RECOMENDACIONES PARA LA CONSERVACIÓN

Socializar con los funcionarios municipales y regionales, organizaciones indígenas, autoridades locales y la población Shawi la facultad otorgada por el artículo 12° de la Ley Orgánica de Municipalidades, Ley 27972, para "promover la protección y difusión del patrimonio cultural de la nación, dentro de su jurisdicción, y la defensa y conservación de los monumentos arqueológicos, colaborando con los organismos regionales y nacionales competentes para su identificación, registro, control, conservación y restauración".

- Realizar talleres informativos con los grupos antes mencionados, que conlleven a establecer convenios interinstitucionales para la aplicación del artículo 12° de la Ley 27972. Estos talleres podrían ser promovidos por el Ministerio de Cultura a través de la Dirección Desconcentrada de Cultura Loreto.

- Delimitar e inscribir en los registros públicos a los monumentos arqueológicos prehispánicos de la Zona de Reserva Arqueológica de la Cuenca Alta y Baja del Río Cachiyacu, declarada por el Ministerio de Cultura (antes Instituto Nacional de Cultura) mediante Resolución Directoral Nacional No. 314/INC, del 19 de abril de 2002.

- Implementar la Zona de Reserva Arqueológica de la Cuenca Alta y Baja del Río Cachiyacu, participativamente, con funcionarios municipales y regionales, organizaciones indígenas, autoridades locales y la población Shawi. Los mismos deberían también considerar la posibilidad de ampliar la Zona Reservada.

- Llevar a cabo estudios arqueológicos interdisciplinarios, que incluyan investigaciones geoarqueológicas, arqueofaunísticas y arqueobotánicas, entre otras disciplinas, en la cuenca del Paranapura y tributarios, e investigaciones palinológicas en el lago del Alto Cachiyacu, para conocer la historia del ecosistema y la historia de las sociedades pretéritas. Los resultados de las investigaciones deben fortalecer las ofertas de turismo comunitario y el control y manejo del territorio por el pueblo Shawi.

Tawerirusa sakatupiru: 13 de setiembre–2 de octubre de 2013

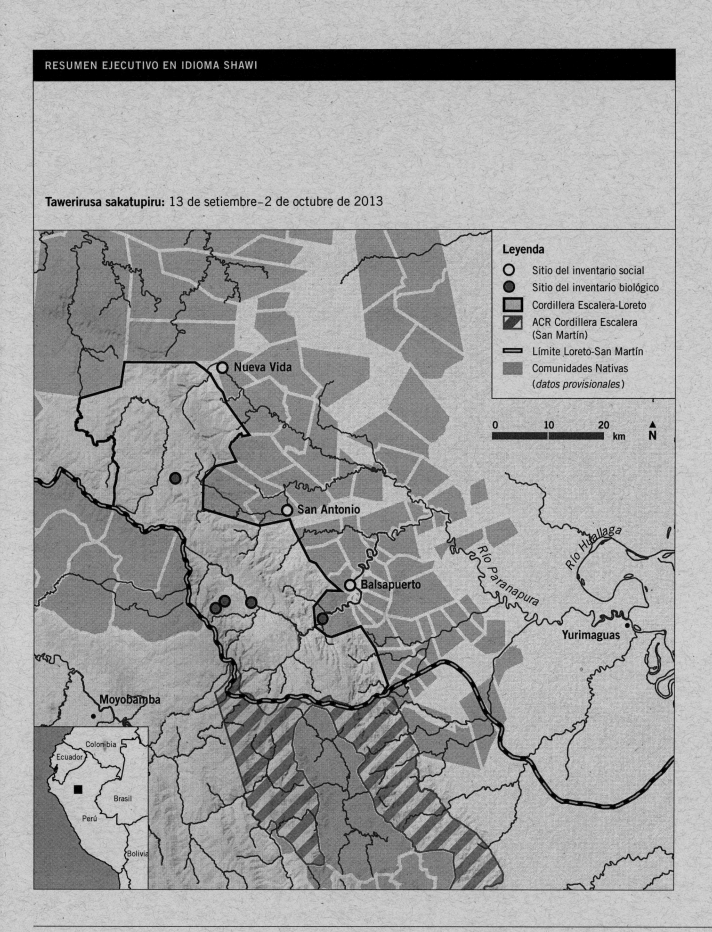

Leyenda

○ Sitio del inventario social
● Sitio del inventario biológico
□ Cordillera Escalera-Loreto
▨ ACR Cordillera Escalera (San Martín)
═ Límite Loreto-San Martín
▦ Comunidades Nativas (*datos provisionales*)

0 10 20 km ▲N

A'na rute

Nanpenan mutupirusa itupiru ihna nakun tanan ya'weterin inaparin na´wetuntarinsu ya'ipi kanun penate pariti yawerinsu' nikanin ihnaparinsu katu warankakara pasa metro (2,300 m), ihna mutupi teteninsu nimanin Nuyampa pariti. Pankaruteterinsu nikanin pasa Kara Shunka Waranka iskun pasa katushunka a'natrapu itaria (130,925 ha), insutana ihna nanpenan mutupirusa ya'ipi pakushupi, inasu nipirinwe kanpuaruteke ina tanansachin nitun ya'kuntupi nikakaimare ya'ipi masharusa ya'werinsu. Isurute' irahka tatamashurusa ya'werinsu tananterinsuke niton shawirusanken inasu', ipura ya'werewa pahsa katushunka sauta (126) kumunida wenseatunapuchin nipisu, mutupikeran kanun pariti nipiru. Nanpenan mutupisuchi papi nuya panenusanen nakun tananusa ya'weterin nitun; napurawatun kananusanta nutuwaru yahwerin mutupisu' teteninsu nimanin seranorusa pariti pamarinsukulumbiaepa nikanin.

Nisha nisharute kantupiru (Fig. 2A)

Nisha nisharuteke nitutunusa' musharusa nipisu:

Kankii' winike	Yamuratake S 5°53'22" W 76°36'15.7", 300–750 m	13–20 de setiembre de 2013
	Yamurai Winii' S 5°51'31.0" W 76°43'3.4", 500–1,950 m	20–27 de setiembre de 2013
Kapanai	Kapanai Winii S 5°39'51.8" W 76°50'20.4", 1,000–1,350 m	27–29 de setiembre de 2013

Ikipu piyapisa' nipisu:

Kankianae	Nueva Pita 220 m	16–21 de setiembre de 2013
	Sanantoniopa Weniwanaipa 245 m	21–26 de setiembre de 2013
	Ninanuepa 205 m	26 de setiembre–2 de octubre de 2013

Ma'sharusa kenanpiru kirakake ninshipunauchinina ikipu piyapisa' nipisu nuntupi wa'anusa nisha nisha kumunitarusake Nunshinan ishake, Libertad, Los Ángeles, Nueva Barranquita, Nueva Era, Nuevo Luz, Nueva Saramiriza, Panán, Puerto Libre, San Juan de Palometa, San Lorenzo, San Miguel, Soledad, Soledad de Huito yacú.

Kutu de octubre de 2013 ekipurusa Ninanike niwentunawatuna ya'ipe wa'aunsa sha'witupi mapitusuna Kenapisu. El 5 de octubre de 2013 inawarusachachin Ikiutu ninanuepa niwentuantarawatuna sha'wipi kananusa Nararusa inapita ta'wanterarapi, umputateta ku tikikarumarewe nahpi nahpirayachachin.

Nu'parute nanpiwiru inake	Nisha Nisha Nuparu, panka napirusa, I'sharusa, Nuparu, Tanan nararusa', Samirusa, Tururu, Yawanusa, Ampiantewanusa, Shushutenapirusa
Piyapirusa' yawepisu	Nuya yawekasu masha niniwasu, unpuyawerewasu, kuriki napurawantun ya'weterinpuasu ku tikimiyatamarewe, kanpua unputerewasu Nararusa'

Kenanpiru masharusa'

Nanpenan Mutupike, yawerin na'a masharusa kananusa' ihraka yawerinsu. Napurawatun pankatanan ihsarusa inapita yawerin, napuatun yunkiate nikakaru ahma tikimiyatamarewe, yawerinchi sha'piwinan suro nipirinwe tanansu yapawanin na'a piyapisa uhwaka petawatuna, nanpenan mutupi a'pitakasumare ahma tanan tikiatuna kananusa atawantakaisumarewe.

Ihna kananusa nuwitupi kenanpi karashunka puhsa nisha masharusa yawerinsu (katu nisha sami, ahnatrapu nihsa tururú, a'nara nisha yawan, karashunka nisha nararusa'. Napuatun tepi ya'wemara katawini waranka ahnatrapu pahsa nisha nisha ma'sharusa.

	Ma'sharusa kenanatuna Ninshipiru	Kanpua nu'pake ya'werinsu
Nararusa'	830	2,500–3,000
Sahmi	30	50
Tururu	70	120
Ya'wanusa	41	>100
Anpiantewanusa	422	600–650
Shushutenapi wa'wishin	29	Desconocido
Shushutenapi pankamiachin Pankamashu	43	65

Nu'pa nitutupisu'

Nanpenan Mutupi nahpa na'a mutupirusare nimanin, tananusanta ihnapuchachin, ku yatawamutupiawawe ihnapa nitun naniterin nikanakasu ahnapita mutupi ihnaparinsu I'kuachu nisawatun Colombia ihnawita mutuwirusa nihkanterin. Napuatun ihna ya'weterin ihrakaterinsu panka kananmashu ya'werin tawerirusa wakirinsu pahsa sauta shunka millones pi'ipi wakirinsu, napurawatun nisha nisha nuparusa kenanpi ihnunan, kewanupa nisawatun nateterunta ya'werin.

Ihna mutupirusa ni'pisu ya'nurin karapuchin ihrakterinsu, a'na shunka millones pi'ipi, ihnaran a'nanta yunkiantarinsu nimara a'natrapu nipachin sauta millones pi'ipi, a'nanta tenin katu millones pi'uipi nimara tenin. Naputupi nipachin mutupi, uwarinterusa', karirusa'nuteyuterinsu ihnapitakeran nikatuna nahputupi. Ya'ipi ihnake ya'werin i'shanarusanta wishaterantarin, ihsha anuirinsu tumunterantarin, napuatun nisha nisha i'sharusa ya'nurin. Nani tenai i'sha i'shanarusake wirihchin nisawatun ahninkeichin, ya'were tekeinsu petuitun, a'naken ihnuteitun, natetei, napirarui.

Ya'were yanurinsu nisha nisha nu'pa mutupike, na'a masha ya'werin, nararusa, ka'nanusa.

Pankarute inuteru inake ma'puchinuwe ya'werin kañupuchin nimara. Napurawatun kenanpi panka kananmushurusa' nanseken ihraka chanatupiru.

Napurawatun panka na'pite ya'werin nitun ihnake yamura pipirin ihnake piyapisa nisha nisha paritikeran pa'pi yamura pe'pepuna i'shikaimare, yamura chimiwitekeran sanapisa' pishitupi a'siante nikakaisumare.

Tanan	Nanpenan mutupike na'a nararusa ya'werin a'naken seseshin niwanitupi. Napurawatun ihnapa nitun sewen, nakun tanan ya'werin, mutupi winimutuepasu na'pite nikatun ihnutepuchinkunta nitun nararusa ku akete inaparinwe shiniru wankana wanipirinawe mukurawaya, ku akete ihnapawe nininsuwe (pusa pasa waranka katu pasa m) ihnaparinsu, sharusa nuyaterin, kanunkepuchin tanani yakateterin.
	Pi'i pa'sawakeran a'na yusantepakeran, nanpenan mutupi ya'weterin kenanpisu nakun masharusa' tanan yakiterinsu insutana sha'witarinenpua ku napi napirayachin tikikasumarewe. Inakeran a'na mutupikenta ihnakesu nipirinwe kuaru sharusa paputechinachinwe inaparinsu waranka katawini pasa m. Ihna nuyarutuntarinsu ya'winiuntarinpa nimara ya'weterin a'natrapu shunka waranka ihtaria nipunawe nararusa mukuta'anachin wanirin,ihna nupa' ihnunan nisawatun wiriruchin. Nararusanta tananke nininsu ihnapa, ya'were pumusuntarekesu' papurin shiniru wankana. Ina nararusa' ya'nurin Venezuela mutupirusa naranenpuchin ihnaparinsu katu pasa m. Reserva Nacional puchin Allpahuayu-Mishana Iquitu yakari ya'werinsu, napurawatun tame mutupirusapuchin.
Nararusa'	Nara nitutunusa' kenanpi sauta pasa katawini shunka katawini nisha nisha nara kenanpiru napuatun tepi ya'wemantarin katupasa ihnapitare nikanin pusapasa karashunka nisha nisha nararusa' ya'werinsu. Nitun tepi katuwaranka a'natrapu pasa- karawaranka nararusa wawishin pahnka ya'ipi ya'werinsu.
	Ihna mutupirusake nani nararusa' kenanpiru kirikake akupisu ya'werin waranka a'natrapu pasa m. Kanpua ruteke, napuatun na'a kenanpike nikanin kanise waranka nisha nisha nararusa' kenanpiru, nipachin pasa a'natrapu shunka kenantapisu ihsuruteke ya'ipi ihna nasa kenanpiru yamurai mutupike.
	Ihnakenta kenantawi shunka a'natrapu nisha nararusa, nisawatun katu generos ihna nahsha kenanpiru a'na pariti mutupirusake ya'werinsu, ihnanpipuchin ni'pi, ihnachi kara pasa km. Akerinsu Ikuachu mutupi pariti itupiru Tame Mutupi. Na'a akete kenanpi nisha nararusa kanpua mutupirusake.
	Tananusake, nuya nupake na'kun nararusa' ya'werin, inanpichachin kanunpariti ya'ipi nikitatunapuchin nitupi, napuatun piyapisari pa'yatupi nuya nararusa'na'a kumunidake nani nikitupi ihnanpi nara.

Samirusa'	Sami nitutunusa' yunipiru sauta ihshanake, tekein, sunu' ya'werinsu Nanpenan Mutupike, ina sami yunipisu yamurai winihke, ihnapikeran wankuraikenta, Wañakaikenta, ihnaran Kapanai winihkenta, napurawatun Marañunkenta, ya'ipi ihnapitairusake kenanpi karashunka ihnaran a'natrapú shunka nisha nisha samirusa' ya'wirinsu nipirinwe katu nihsha sami ya'werin nahshapuchin kenanpiru, ya'wepichina a'naken su'purarusake, a'naken sunuanterusake, ihnake ihnawanta ya'weshinantena'.
	Ihna katuichachin nihshapuchin ya'nupi a'na nakun ya'weterin sami nitun, ya'were kapa nirapirarinsu' nisawaru Yamurai, ya'were Kapanaikesu nakun sami ya'werin, ku ahkete ya'werinwe sami Yamuraike. Nipunawe sakaipuchin ihna katuirusa' Yamurai nisawatun Kapanai, mutupinena' nuya a'pitakasu, uhnpuatunta napupi nika? Yamuraike kenanpi ihrakakeraware penaninke pe'itupisu.
Tururusa' ya'wanusa	Nituhtunusa kenanpi pahsa pusa nisha nisha ya'wanusa ya'werin nanpenan mutupike, ihnaran sauta shunka iskun tururú, ihnaran karashunka iskun yawanusa', nakun inanpirusa' ya'werin ya'ipi tananusa' yanketerin napuatun ihna mutupi tananusa' ku tikikasuwe ahpitawa' ya'ipi ma'sha ihnake ya'werinsu nararusanta, kananusa', ahpiantewanusa', panka mapinusa', samirusa' ya'ipi ihnawa. Ya'werin waranka a'natrapupasa, nikanin katuwaranka a'natrapupasa m. Ikuachu nu'pare nimaninsu', napurawatun yururusanta ihnapa mutupike ya'wepi.
	Kenanpi pa'yapiru yuru nininsu' a'natrapu. Kara wa'wapuchin nininsu' u'nan peranapi ya'werin ihna nitutunusa' payatupi inakeran turistarusanta.
	Kara wa'warawayarusa sanpatapi ta'wantechinaichin nihsapi napurinchi UICN.
Anpiantewanusa'	Ihnawanta ya'werin kenanpi katawinipasa katushunka katu nisha nisha ya'wepisu ihnake ni'pi sauta pasa- sauta pasa a'natrapushunka anpiantewanusa ya'werinsu. Ihna payapiru na'kun kanpua ya'weterewasu ihtupi Loreto ya'werinchi ma'sharusa nipunawe kapapuchin nihsarin.
	Ku pankarutewe ahkete nimara (waranka katawini pasa- waranka iskun pasa m), ihna naparute ya'werin, sauta shunka a'natrapu nanimasha ya'werinsu anpiantewanusa' napuatun tehpi mutupi pumusuterepa ipura nakun ya'werin.
	Kirikake akupiru (ninshipiru) tenin shunka a'nara (11) anpiantewanusa tikimiatechinaichin nihsapi ihna napa panka yunkurun, ihsa, papara, chinsha,tayu, tahmu, yuwin ihnapita.
	Ihnauchin nitun a'naken anpiantewanusa ahna pariti yawinkapi Ikuachu nu'pa pariti ya'winkachinaichin, nikapunawe kanpuaruteke nuya a'napita anpiantewanusa ya'wepi ya'ipi mutupirusake. Ihnawatuna a'natrapu nisha anpiantewanusa nani ninshipi kirikake, ihnawasu' ya'wetupi ihnunan nu'pa Marañun mutupi pariti, nisawatun nani

ihnasu a'pituwinan, Ikuachu yakari. Na'a nisha nisha wishu kenanpi payapiruya, napuatun (kara shunka a'nara wishurusa' nisha nisha anpuruterinsu' kenanpi nani ihnanta kirikake ninshipi), katu kenanpi ihsupariti a'naruteke yawerinpuchin ihsekenta ya'werin, ya'ipi ihnapita kenanpi mutupirusake. Karashunka pusa wishurusa ihsutawerisa' nani ihnanta kirikake akupi.

Anpiantewanusa tehpate kane nisawaru kapa ihnasu nirapiarin, ku tenuru inantupiwe nitun ihnapuchin ninin. Nipunawe panka anpiantewanusaru ku akete ihnanpirinawe ta'mu, sha'we ihnawanta kahpa nisapiwachi ihna anpiantewanusa nanpenan mutupike ya'wepi.

Shu'shutenapirusa

Wentunen ya'werinsu mapinusa' ihna mutupike, ya'nurin ayuntupinanpuchin ya'wepi unpuatunta napupi?, kanun ma'sharusa mutupikenta ya'werin. Kirikake ahkupiru yanurin pupishapuchin. Ihna nitutunusa' sakatupiru nipi katushunka iskun wa'wishin shu'shutenapirusa (katushunka pusa Ihse a'nara shu'mi) ihnaran katawini shunka kara (43) shu'shuterusa wawishin panka, katu ihse ni'sapi nitutakaimare nasha nimara tekaimare, karapriti tanputupike tepi nuyaruterinke we'epi. Nakun ya'werinsu winimutupipa sewen nininkepa nikanin ihnaparinsu', waranka a'natrapupasa m. (1,500 m) shinirutuntarinpa nakun ihse, shu'mi ya'werin.

Ihna kara tanpurusa' nipisu' a'na yakarisha Yamuratake ihnake piyapi ya'karitatun. Ka'nanusa tikirapi ihna napa naman, yu, ipi a'napita ya'werinsunta, ihnakenta kenanpi ise inseketana uwaka ya'werinke, u'unusake, yamura akupike, ya'ipi ihna u'un u'unapirusa tawantarin, tanan pa'terusanta kuachi ahkete manta ya kenanpiwe.

Piyapirusa' ya'wepiru

Ihna nitutunusari nanpenan mutupi pa'tupiru ni'pi ihrakakeraware kanpupiyapisa' (shawirusa') ya'wepiru. Pi'i we'sawakeran yunsarintekeraunta mutupirusake yawepisu' pasanakun kumunida shawirusanken, ihna ya'werin Kankianake, Shanusi nisawatun Kapanaikenta. Pi'i yakunawakeran ya'wepi kemarusa' (aukarusa'), ya'were a'napariteran ya'wepi namiturusa' ihna nanan nunpisu'.

Ihrakakeraware shawirusasu' ya'wepi na'aike mutupirusakenta. Shunka sauta (XVI siglos) waranka pi'ipi keran nani parirusari nihkantipiwachi, nikatunusanta, patrunusanta ihnawasu' pastu ukuipi pankana, ihnawari shawirusa' kanunpariti yanketumapi (pa'kemapi). Waranka iskunpasa sauta shunka pi'ipi tawantenanke nisawatun waranka iskunpasa kaniseshunka (1970) pi'ipi kañarinen nakeranchin weantapi yuse nanan a'chinapirusa ihnawari achintupi nitun wentunen ya'wepiwachi inauchin nipi Yamuraike, Munishianake, weniwanaike, Namuike, Kapanaike, Kankianaike, Shanusikenta, ihnauchin nihpi, winina' a'chinapirusari a'chintakaisumare napurawatun, mushatu peinta nihpi.

Napuruwi nanpiwike shawirusa' patrunusari ku nuyawe nitupirinawe, nanitupi chiniken nikatuna mutupi pariti, kanun pariti, tekeirusa' yunsanke ya'wepi ihpurawanta. Nitutupisu unpu ihnanatuna ma'sha mahkatuna nanpiwi. Ihpurasu' Shawi kumunitarusa' ya'wetupi uhnpu nanpikaisu' iminpi, tanan pa'tupi, sami mahpi, petawatupi ihnaupi inakeran uwaka pe'tawakaisu yunkiantapi. Shatupirunta aruse, nanpiyun mahkira atari ya'ipi ihna pa'anpi panka ninanurusake Yurimawake nisawatun San Lorenzo.

Ihraka mahshurusa' ya'werinsu	Kankiana pantarinke mahshurusa' irakakeraware ya'werinsu kanpua nu'panenpuake,
	Nisha nisha ma'sharusa aipi ruteke nu'panake ya'werinsu kurirusa, inaran ma'sharusa irahka ya'werinsu niyuntuninke.
	Ihsu pi'ike 2002 sha'wipi ma'sharusa ya'weterinpuasu nuyasha pa'puyakasu mutuwi pantarinke, ihnaran kanunparichinta, Yamurayanake nininsu. Ihsupuchin ya'wepirenwe ku napaunawe nuya nuwitupiwe.
	Pichipike ma'sharusa ku ya'ipia sha'wirapipiwe, nahpaunawe nuya ya'werin nitutupisu ihpurawanta. Ya'werinsu 50 i'napisu ya'nurinsu ihraka. A'na kenanpisu ihpurawanta ya'werin (Yamurai pantarinke 49 ya'werin ahke paneke nanitere kenanakasu yamuraike, inaran Munishianake. Napurawatun piyapisa' ya'wetupísu 12 ninanuawarusa' ihraka ya'werinsu) yawerin a'na sha'nepuchin nininsu (13 na'pirusa panka nininsu), ihnaran a'shinusa ya'werinsu (25 na'piru'sa kuripuchin ahkurute ya'werinsu).
	Ihsupita ma'sharusa ya'werinsu nanitere kenanakasu a'naruachin yamurapuchin nininsu, yamurai pantarinke. Nahpurawatun ya'werin na'pikeran ihmutu tarantupisu.
	Nipirinwe na'kun pawanarin nuwitakasu unpuruchinta irahka ma'sha pahsapisu ya'werin. Inseranta shawirusa ya'werinsu, unpu ya'wetupita, tananusa, ihsharusa Kankianake. Ya'ipi ihsupita yunipisu nitutaimare masharusa' ya'werinsu nuya nuyapuchin nininsu nanitere sha'wirapikasu ashimutunusake, wa'anusa ya'wepike.
Ihpura ya'werinsu	Ihpura a'nipisu nupa 130,925 nuwitupisu mutupi nanpenanpuchin nininsu –Nurituke, ihpurawanta ku ya'weterinwe papuyatupisu nutenchachin nininsu. Ya'ipi panka ya'werewake nuwiteyatupi papuyatakasu ya'ipi tananusa' yawerinsu (SERNANP). Wa'an kanpua yawerewake, ihnawitari nuwitupi kahtu i'sharusa nuya nuyapuchin nininsu Kankiana pantarinke, ihnaran Kapanaike- ihsupita i'sharusa pantarinke ketantupisu (GOREL 2012). Ihsupuchin nipikeran na'kun paterin mutupinenpua. Napaunawe na'kun tewayarapi karitira nihpachina Nuyanpakeran, Yamuraipaware na'kun tanan tikiapuna. Nisawatun a'na ni'sapi i'sha anuirinke yakuiyapuna ihnakeran petaterinsu pipitun Ninanuawarusa apintamare.
	Panka Nupa ni'sarinke, ihnake Pitruriu kenanpisu ya'werin (lotes 103 y 109); 97% del total) ihna nuparusake naniterin nararusa shakakasu (tanan ma'sha nuyaterinke 4E y 4G; 38%) napaunawe ku nuwitupiwe ihnauchin tanan ya'werinsu ma'sha nuyaterinsu.
	Nupa ihrakaraware ya'werinsu shawirusanken nakun yunkirewa ya'ipi ninanuawarusa yawerinsu.

Ketanturusa tekenen yunki	**01** Niyuntunatuna insuwitasuna mutupi nuwitapisu, nakun ketantapi ama' ma'sha Tikikasumarewe
	02 Chiniken nunewasu, ya'ipi yaweterinpua kanpua shawikenpua ya'werewasu nakun Nituterewa' yawerinsu nupanenpuake tananusa kananusa
	03 Nakun inaparinsu ya'weshinanterusa 200 a los 2,300 m, yaweterewake ya'nurin nuya-Nuyapuchin nuyasha akukaimare yawerinsu taweri nishaterinkeran
	04 Kuninanpuchin nininkepa mutupirusake apankaterin Kurunpiakeran, Buribiakeran
Tekenen ma'sha ku tikiamarewe	**01** Ninanuawarusa nisha nisha nanpirapisu ahpira ahpira ku nupa aipi yawerinpuchinwe Ihnunanpuchin nininke
	02 Nararusa tananusa, ashinusa ya'werinsu shawirusamare, napurawatun nutuwaru na'a-Rin ya'wekasu nuparusa ihrakakeraware yawerinsu nupanenpuake
	03 Kananusa tewawiru nisarinsu, a'na parichinta inake nu'nukewanpi, tuya (*Lagothrix flavicauda*) Insupita kananusa ku akete yawerinwe nani ayararin
	04 Ma'sha kanpua niniwasu, nituterewasu ku naniantakasuwe ama' ayakamarewe
Ta'wantakasu yunkiatupisu	**01** Pawanin a'na inkarisuna pa'puyatakasu mutuiwinenpuwa'
	02 Chinutupisu karitira nihkakaisu Nuyanpakeran,Yamurai Ninanuke kankikaisu
	03 Sahkatu yanihpisu uhkuikasumare gas o petróleo.
Unpukasuna nininsu	**01** Pa'puyatakasu nakun tawerimare mutuwinenpua, nupanenpuwa ihrakakeraware yawerinsu shawirusamare (130,925 ha)
	02 Asusukaru chiniken yunkipisu masharusa' papuyatamare mutupike yawerinsu ihnaran piyapisanta ya'werinsu
	03 Kenanakasu pa'yatupisu uhnpu sha'wirapikasumare papuyatamare mutuwinenpuwa
	04 Atananpitakasu yauhkuipachina' (gas Pitrurio, nara ihnapita) mutupike yawerinsu
	05 Tewatakasu Shawirusa' tupisu ama' karitira nikakaimarewe Nuyanpa Yamurai ninanuke
	06 Shawirapikasu ihsu sakatu nisapiru ya'ipikeran nuwitakaimare ninanurusake

(for Color Plates, see pages 31–54)

TEAM

María I. Aldea-Guevara (*fishes*)
Universidad Nacional de la Amazonía Peruana
Iquitos, Peru
maryaldea@hotmail.com

Diana (Tita) Alvira Reyes (*social inventory*)
Science and Education
The Field Museum, Chicago, IL, USA
dalvira@fieldmuseum.org

Judith Asipali Pizango (*cook, social inventory*)
Comunidad Nativa San Antonio de Yanayacu
Yanayacu River, Loreto, Peru

Álvaro del Campo (*coordination, field logistics, photography*)
Science and Education
The Field Museum, Chicago, IL, USA
adelcampo@fieldmuseum.org

Juanita Chanchari Rojas (*cook, social inventory*)
Comunidad Nativa Nueva Vida
Paranapura River, Loreto, Peru

Wilma Freitas Araujo (*cook, biological inventory*)
Iquitos, Peru

Giussepe Gagliardi-Urrutia (*amphibians and reptiles*)
Programa de Investigación en Biodiversidad Amazónica
Instituto de Investigaciones de la Amazonía Peruana (IIAP)
Iquitos, Peru
giussepegaliardi@yahoo.com

Max H. Hidalgo (*fishes*)
Museo de Historia Natural Facultad de Ciencias Biológicas
Universidad Nacional Mayor de San Marcos
Lima, Peru
mhidalgod@unmsm.edu.pe

Joshua Homan (*social inventory*)
University of Kansas
Lawrence, KS, USA
jhoman@ku.edu

Daniel Huayunga Inuma (*social inventory*)
President, OSHAYAAP Federation
Comunidad Nativa Panán
Paranapura River, Loreto, Peru

Dario Hurtado Cárdenas (*coordination, transportation logistics*)
Lima, Peru
dhcapache1912@yahoo.es

Jorge Joel Inga Pinedo (*social inventory*)
Universidad Nacional de la Amazonía Peruana
Iquitos, Peru
jorgeinga85@gmail.com

Mark Johnston (*cartography*)
Science and Education
The Field Museum, Chicago, IL, USA
mjohnston@fieldmuseum.org

Guillermo Knell (*field logistics*)
Ecologística Perú
Lima, Peru
atta@ecologisticaperu.com
www.ecologisticaperu.com

Agustín Lancha Pizango (*social inventory, translator*)
Lieutenant Governor, OSHAYAAP Federation
Comunidad Nativa Panán
Paranapura River, Loreto, Peru

Lina Lindell (*geology and hydrology*)
Independent researcher
Malmö, Sweden
linalindell@yahoo.se

Cristina López Wong (*mammals*)
Peruvian Center for Biodiversity and Conservation
Iquitos, Peru
cris_lw@yahoo.es

Jonathan A. Markel (*cartography*)
Science and Education
The Field Museum, Chicago, IL, USA
jmarkel@fieldmuseum.org

Italo Mesones Acuy (*field logistics*)
Universidad de la Amazonía Peruana
Iquitos, Peru
italomesonesacuy@yahoo.com.es

Tony Jonatan Mori Vargas (*plants*)
Instituto de Investigaciones de la Amazonía Peruana (IIAP)
Iquitos, Peru
tjmorivargas@gmail.com

Arterio Napo Tangoa (*social inventory*)
Secretary, FECONACHA Federation
Comunidad Nativa Naranjal
Cachiyacu River, Loreto, Peru

David A. Neill (*plants*)
Dpto. de Conservación y Manejo de Vida Silvestre, Flora y Fauna
Universidad Estatal Amazónica
Puyo, Ecuador
davidneill53@gmail.com

Marco Odicio Iglesias (*amphibians and reptiles*)
Peruvian Center for Biodiversity and Conservation
Iquitos, Peru
odicioiglesias@gmail.com

Mario Pariona (*social inventory*)
Science and Education
The Field Museum, Chicago, IL, USA
mpariona@fieldmuseum.org

Bruce D. Patterson (*mammals*)
Science and Education
The Field Museum, Chicago, IL, USA
bpatterson@fieldmuseum.org

Nigel Pitman (*editing*)
Science and Education
The Field Museum, Chicago, IL, USA
npitman@fieldmuseum.org

Edward Ramírez Sangama (*field logistics*)
Nature and Culture International
Yurimaguas, Peru
bio.edw83@gmail.com

Marcos Ríos Paredes (*plants*)
Servicios de Biodiversidad EIRL
Iquitos, Peru
marcosriosp@gmail.com

Santiago Rivas Panduro (*archaeology*)
Ministry of Culture
Iquitos, Peru
yarani552000@yahoo.com

Ernesto Ruelas Inzunza (*birds, coordination*)
Science and Education
The Field Museum, Chicago, IL, USA
eruelas@fieldmuseum.org

Patty Ruiz Ojanama (*social inventory*)
Nature and Culture International
Yurimaguas, Peru
patty-rizo@hotmail.com

Percy Saboya del Castillo (*birds*)
Peruvian Center for Biodiversity and Conservation
Iquitos, Peru
percnostola@gmail.com

Gloria Sarmiento Valenzuela
Nature and Culture International
Iquitos, Peru
gloriasava@gmail.com

Noam Shany
Nature and Culture International
Iquitos, Peru
noamshany@gmail.com

Robert F. Stallard (*geology*)
Smithsonian Tropical Research Institute
Panama City, Panama
stallard@colorado.edu

Douglas F. Stotz (*birds*)
Science and Education
The Field Museum, Chicago, IL, USA
dstotz@fieldmuseum.org

Bladimiro Tapayuri Murayari (*social inventory*)
Nature and Culture International
Yurimaguas, Peru
btapayuri55@hotmail.com

Luis Alberto Torres Montenegro (*plants*)
Servicios de Biodiversidad EIRL
Iquitos, Peru
luistorresmontenegro@gmail.com

Magno Vásquez Pilco (*field logistics*)
Independent researcher
Iquitos, Peru
carlomagno3818@hotmail.com

Pablo Venegas Ibáñez (*amphibians and reptiles*)
Centro de Ornitología y Biodiversidad (CORBIDI)
Lima, Peru
sancarranca@yahoo.es

Corine Vriesendorp (*coordination, plants*)
Science and Education
The Field Museum, Chicago, IL, USA
cvriesendorp@fieldmuseum.org

Tyana Wachter (*general logistics*)
Science and Education
The Field Museum, Chicago, IL, USA
twachter@fieldmuseum.org

Alaka Wali (*social inventory*)
Science and Education
The Field Museum, Chicago, IL, USA
awali@fieldmuseum.org

COLLABORATORS

Indigenous communities

Comunidad Nativa Balsapuerto
Cachiyacu River, Loreto, Peru

Barrio Santa Rosa, an annex of CN Balsapuerto
Cachiyacu River, Loreto, Peru

Nuevo Cusco, an annex of CN Balsapuerto
Chumbiyacu River, Loreto, Peru

Comunidad Nativa Canoa Puerto
Cachiyacu River, Loreto, Peru

Comunidad Nativa Libertad
Paranapura River, Loreto, Peru

Comunidad Nativa Nueva Barranquita
Paranapura River, Loreto, Peru

Comunidad Nativa Nueva Era
Paranapura River, Loreto, Peru

Comunidad Nativa Nueva Luz
Cachiyacu River, Loreto, Peru

Comunidad Nativa Nueva Vida
Paranapura River, Loreto, Peru

Los Ángeles, an annex of CN Nueva Vida
Paranapura River, Loreto, Peru

Santa Mercedes de Gallinazoyacu, an annex of CN Nueva Vida
Gallinazoyacu River, Loreto, Peru

Comunidad Nativa Nuevo Saramiriza
Armanayacu River, Loreto, Peru

Comunidad Nativa Panán
Paranapura River, Loreto, Peru

Comunidad Nativa Puerto Libre
Cachiyacu River, Loreto, Peru

Comunidad Nativa San Antonio de Yanayacu
Yanayacu River, Loreto, Peru

Comunidad Nativa San Juan de Palometayacu
Palometayacu River, Loreto, Peru

Comunidad Nativa San Lorenzo
Cachiyacu River, Loreto, Peru

Comunidad Nativa San Miguel
Yanayacu River, Loreto, Peru

Comunidad Nativa Soledad
Yanayacu River, Loreto, Peru

Comunidad Nativa Soledad de Huitoyacu
Huitoyacu River, Loreto, Peru

Indigenous organizations

Asociación Interétnica para el Desarrollo de la Amazonía Peruana (AIDESEP)
Lima, Peru

Coordinadora Regional de los Pueblos Indígenas Región San Lorenzo (CORPI-SL)
Yurimaguas, Loreto, Peru

Federación de Comunidades Shawi del Armanayacu (FECOSHARMA)
Armanayacu River, Loreto, Peru

Federación Regional Indígena de Alto Mayo (FERIAAM)
Moyobamba, San Martín, Peru

Federación del Pueblo Indígena Kechwa Región San Martín (FEPIKRESAM)
Barrio Wayku, Lamas, San Martín, Peru

Organización de los Pueblos Indígenas de Alto Amazonas (ORDEPIAA)
Yurimaguas, Loreto, Peru

Peruvian government

Dirección General Forestal y de Fauna Silvestre (DGFFS)
Ministry of Agriculture and Irrigation
Lima, Peru

Servicio Nacional de Áreas Naturales Protegidas por el Estado (SERNANP)
Ministry of the Environment
Lima, Peru

Dirección Regional de Cultura
Ministry of Culture
Iquitos, Loreto, Peru

Loreto Regional Government

**Dirección de Saneamiento Físico Legal de
la Propiedad Agraria (DISAFILPA)**
Loreto Regional Government
Iquitos, Loreto, Peru

Gerencia Regional de Asuntos Indígenas
Loreto Regional Government
Iquitos, Loreto, Peru

**Gerencia Regional de Presupuesto, Planeamiento y
Acondicionamiento Territorial**
Loreto Regional Government
Iquitos, Loreto, Peru

**Gerencia Regional de Recursos Naturales y Gestión del
Medio Ambiente**
Loreto Regional Government
Iquitos, Loreto, Peru

**Programa de Conservación, Gestión y Uso Sostenible de
la Diversidad Biológica de Loreto (PROCREL)**
Loreto Regional Government
Iquitos, Loreto, Peru

**Programa Regional de Manejo de Recursos Forestales y
de Fauna Silvestre (PRMRFFS)**
Loreto Regional Government
Iquitos, Loreto, Peru

Other international collaborators

Smithsonian Tropical Research Institute (STRI)
Panama City, Panama

Universidad Estatal Amazónica
Puyo, Ecuador

Aerolift Crew

Roberto Calderón (*pilot*)
Rubén Fernandini (*pilot*)
Jorge Guzmán (*pilot*)
Luis Rivas (*pilot*)
Jorge Luis Zavala (*pilot*)

Moisés Fernández (*flight engineer*)
Mauricio Mancilla (*flight engineer*)
Ysu Morales (*flight engineer*)
Carlos Yovera (*flight engineer*)

Victor Kazantzev (*aviation engineer*)
Anatoly Lushnikov (*aviation engineer*)

Walter Torres (*mechanic*)

The Field Museum

The Field Museum is a research and educational institution with exhibits open to the public and collections that reflect the natural and cultural diversity of the world. Its work in science and education — exploring the past and present to shape a future rich with biological and cultural diversity — is organized in three centers that complement each other. Its Collections Center oversees and safeguards more than 26 million objects available to researchers, educators, and citizen scientists; the Integrative Research Center pursues scientific inquiry based on its collections, maintains world-class research on evolution, life, and culture, and works across disciplines to tackle critical questions of our times; finally, its Science Action Center puts its science and collections to work for conservation and cultural understanding. This center focuses on results on the ground, from the conservation of tropical forest expanses and restoration of nature in urban centers, to connections of people with their cultural heritage. Education is a central strategy of all three centers: they collaborate closely to bring museum science, collections, and action to its public.

The Field Museum
1400 S. Lake Shore Drive
Chicago, IL 60605-2496 USA
1.312.922.9410 tel
www.fieldmuseum.org

Nature and Culture International

Nature and Culture International is a conservation organization that has been working for almost two decades to protect some of the world's most important and vulnerable ecosystems. NCI does so by building local capacity and in working with local peoples, through a permanent presence on the ground with 10 offices in Latin America comprised of highly skilled local teams. NCI's conservation program aims to protect key ecosystems from the ground up, providing both financial resources and project guidance to conserve Latin America's most precious ecosystems. We help governments define and adopt their own conservation policies and protected areas systems, work with communities on ways to develop community reserves that provide opportunities for sustainable incomes, and nurture the growth of an ecological ethic within each culture.

Nature and Culture International
Urbanización Jardín No. 35 (Cuadra 7 de la Calle Brasil)
Iquitos, Peru
51.065.812.039 tel
1.800.391.4635 tel
www.naturalezaycultura.org
www.natureandculture.org

Federación de Comunidades Nativas Chayahuitas (FECONACHA)

FECONACHA is a Shawi indigenous federation founded in 1985, legally recognized and inscribed in the Loreto Registry Office in Yurimaguas in February 2010, with an office in the District of Balsapuerto. The federation's board of directors includes a president, vice president, secretary, treasurer, accountant, woman's representative, and spokesperson. FECONACHA's jurisdiction extends across the watersheds of the Paranapura River and its three tributaries (the Armanayacu, Cachiyacu, and Yanayacu rivers). The federation represents 126 titled, untitled, and annexed indigenous communities belonging to the Shawi people, all of which are located in the province of Alto Amazonas. FECONACHA aims to strengthen and defend the interests and fundamental rights of indigenous peoples as established in Convention 169 of the International Labor Organization, and to bolster the organizational capacity of its members. The objective of FECONACHA is promoting solidarity among the Shawi indigenous people in the four watersheds of Balsapuerto District, and a strong cultural identity in which the Shawi can maintain healthy natural resources in their surroundings and practice sustainable management to ensure the wellbeing of future generations. FECONACHA is currently involved in processes to establish the mechanisms for integrated biodiversity management and for obtaining recognition of the ancestral territory of the Shawi people. It also works to protect forests in titled community lands from the impacts of forestry, mining, hydrocarbon, and other large extractive projects.

FECONACHA
Yurimaguas, Loreto, Peru
51.965.964.483 tel
RPM: #942167

Organización Shawi del Yanayacu y Alto Paranapura (OSHAYAAP)

OSHAYAAP is a non-profit organization founded in 2012 and currently processing its inscription in the Loreto Registry Office in Yurimaguas. Based in the Comunidad Nativa Panán, the organization's board of directors consists of a president, vice president, secretary, treasurer, accountant, and two spokespersons. OSHAYAAP's jurisdiction extends across the watersheds of the Yanayacu and upper Paranapura rivers and their tributaries. The organization represents 37 titled native communities and annexes belonging to the Shawi people, all of which are in the province of Alto Amazonas and the district of Balsapuerto. OSHAYAAP aims to build organizational capacity in each of the communities it represents in the Yanayacu and upper Paranapura watersheds, in order to promote a strong and unified Shawi people with a solid cultural identity, capable of safeguarding a healthy landscape where natural resources are plentiful and people benefit from sustainable management that ensures the wellbeing of future generations. OSHAYAAP is currently involved in processes to help establish mechanisms that protect biodiversity and to obtain official recognition of conservation efforts in the Cordillera Escalera. The organization also helps its members resolve conflicts and protect communal forests from illegal logging.

OSHAYAAP
Comunidad Nativa Panán
Paranapura River, Loreto, Peru
51.984.847.703 tel
51.65.812.056 tel (Gilat)

Municipalidad Distrital de Balsapuerto

The city of Balsapuerto promotes integrated and sustainable development in the region by sponsoring public and private investment and employment. The city plans and carries out activities, public works, and other projects that generate wellbeing for the people of Balsapuerto. City hall is located in the capital of Balsapuerto District, in the watershed of the Cachiyacu River, and another administrative office is located in Yurimaguas. Municipal duties are defined by Peru's Organic Law of Cities, and include exclusive or shared responsibilities in the following areas: land use, environmental protection and conservation, active community building, programs in sanitation, public health, transportation, education, culture, sports and recreation, social programs, human rights, citizen safety, and other public services and products. Balsapuerto is taking an active role in ensuring the protection of the Cordillera Escalera, providing leadership in local workshops to promote management that is participatory, efficient, and effective. These workshops offer a venue for people to exchange ideas and strategies that will help raise the quality of life of local residents and rural communities.

Municipalidad Distrital de Balsapuerto
Plaza de Armas s/n
Balsapuerto, Loreto, Peru
51.65.352.167 tel

Instituto de Investigaciones de la Amazonía Peruana

The Instituto de Investigaciones de la Amazonía Peruana (IIAP) is a public institution devoted to research and technical development in Amazonia. Its objectives include research, sustainable resource use, biodiversity conservation, and the wellbeing of human populations in Amazonia. Its headquarters are in Iquitos, and it maintains offices in six other regions of Amazonian Peru. In addition to investigating promising species and developing methods for the cultivation, management, and development of biodiversity resources, IIAP is actively promoting the management and conservation of species and ecosystems, including the creation of protected areas; it also participates in the studies necessary for the creation of these areas. IIAP has six research programs, which are focused on aquatic ecosystems and resources, terrestrial ecosystems and resources, ecological-economic zoning and environmental planning, Amazonian biodiversity, human diversity in the Amazon, and information on biodiversity.

Instituto de Investigaciones de la Amazonía Peruana
Av. José A. Quiñónes km 2.5
Apartado Postal 784
Iquitos, Loreto, Peru
51.65.265515, 51.65.265516 tels
51.65.265527 fax
www.iiap.org.pe

Herbario Amazonense de la Universidad Nacional de la Amazonía Peruana

The Herbario Amazonense (AMAZ) is situated in Iquitos, Peru, and forms part of the Universidad Nacional de la Amazonía Peruana (UNAP). It was founded in 1972 as an educational and research institution focused on the flora of the Peruvian Amazon. In addition to housing collections from several countries, the collections showcase representative specimens of the Amazonian flora of Peru, considered one of the most diverse floras on the planet. These collections serve as a valuable resource for understanding the classification, distribution, phenology, and habitat preferences of ferns, gymnosperms, and flowering plants. Local and international students, teachers, and researchers use these collections to teach, study, identify, and research the flora, and in this way the Herbario Amazonense helps conserve Amazonia's diverse flora.

Herbarium Amazonense
Esquina Pevas con Nanay s/n
Iquitos, Peru
51.65.222649 tel
herbarium@dnet.com

Museo de Historia Natural de la Universidad Nacional Mayor de San Marcos

Founded in 1918, the Museo de Historia Natural is the principal source of information on the Peruvian flora and fauna. Its permanent exhibits are visited each year by 50,000 students, while its scientific collections — housing a million and a half plant, bird, mammal, fish, amphibian, reptile, fossil, and mineral specimens — are an invaluable resource for hundreds of Peruvian and foreign researchers. The museum's mission is to be a center of conservation, education, and research on Peru's biodiversity, highlighting the fact that Peru is one of the most biologically diverse countries on the planet, and that its economic progress depends on the conservation and sustainable use of its natural riches. The museum is part of the Universidad Nacional Mayor de San Marcos, founded in 1551.

Museo de Historia Natural
Universidad Nacional Mayor de San Marcos
Avenida Arenales 1256
Lince, Lima 11, Peru
51.1.471.0117 tel
www.museohn.unmsm.edu.pe

Centro de Ornitología y Biodiversidad (CORBIDI)

The Center for Ornithology and Biodiversity (CORBIDI) was
created in Lima in 2006 to help strengthen the natural sciences in
Peru. The institution carries out scientific research, trains scientists,
and facilitates other scientists' and institutions' research on Peruvian
biodiversity. CORBIDI's mission is to encourage responsible
conservation measures that help ensure the long-term preservation
of Peru's extraordinary natural diversity. The organization also
trains and provides support for Peruvian students in the natural
sciences, and advises government and other institutions concerning
policies related to the knowledge, conservation, and use of Peru's
biodiversity. The institution currently has three divisions:
ornithology, mammalogy, and herpetology.

Centro de Ornitología y Biodiversidad
Calle Santa Rita 105, Oficina 202
Urb. Huertos de San Antonio
Surco, Lima 33, Peru
51.1.344.1701 tel
www.corbidi.org

ACKNOWLEDGMENTS

We offer profound thanks to the Shawi people for permitting us to carry out this study in their ancestral territory. It has been a privilege to bear witness to the Shawi people's strong support for the conservation of their ancestral land and their rejection of large-scale activities such as oil and gas exploration, timber concessions, and highways that threaten their territory. Although the regional and local federations in the region have different opinions about the best way to conserve and manage the Shawi territorial space, we are certain that a well-planned process of dialogue and reflection will lead to a strong agreement on how to best protect the Cordillera Escalera-Loreto.

At the regional level there are two organizations (CORPI-SL and ORDEPI-AA) that work with the grassroots indigenous federations and we extend our thanks to them both. Our sincere appreciation goes to the directors of the Organización de los Pueblos Indígenas de Alto Amazonas (Organization of the Indigenous Peoples of Alto Amazonas; ORDEPI-AA), and especially to Juan Tapayuri and Rider Mozombite, for taking on the large task of convening the Shawi people for informed consent meetings in the native communities of Balsapuerto, San Gabriel de Varadero, and Panán. We also extend thanks to the directors of the Coordinadora Regional de Pueblos Indígenas-San Lorenzo (Regional Coordinating Body of Indigenous Peoples-San Lorenzo; CORPI-SL) in Yurimaguas, and in particular to Oswaldo Manihuari, Yolo Navarro, and Marcial Mudarra, whose recommendations were of great use to us in carrying out the rapid inventory.

Likewise, we extend our appreciation to the Organización Shawi del Yanayacu y Alto Paranapura (Shawi Organization of the Yanayacu and Upper Paranapura; OSHAYAAP) and to its president, Daniel Huayunga Inuma, for all of their work supporting the social team and accompanying us on visits to the communities of Nueva Vida and San Antonio. Agustín Lancha Pizango, lieutenant governor of Panán, worked with us as an interpreter and member of the social team during the visits to all of the communities. The directors of the Federación de Comunidades Nativas Chayahuita (Chayahuita Federation of Native Communities; FECONACHA), its president, Segundo Pizango Inuma, and its secretary, Arterio Napo Tangoa, accompanied us and provided very important help to the social team during our visits to Balsapuerto.

We would like to express our recognition of the directors and advisors of the Federación Regional Indígena de Alto Mayo (Regional Indigenous Federation of the Upper Mayo; FERIAAM), based in Moyobamba, and the Federación de Pueblos Indígenas Kechwas-Región San Martín (Federation of Kechwa Indigenous Peoples-San Martín Region; FEPIKRESAM), based in Barrio Wayku, Lamas, for the welcoming reception they gave us and for the dialogue that allowed us to continue our research in the Cordillera Escalera-Loreto.

Our partner in this inventory, Nature and Culture International, deserves special thanks for the commitment its team has shown to the conservation of the Cordillera Escalera. Gloria Sarmiento, Bladimiro Tapayuri, Patty Ruiz, Edward Ramírez, Manuel Pezo Hoyos, Jennifer Montoya, Cristian Pérez, and NCI's director, Noam Shany, gave their all to ensure the success of this inventory.

We had the support of several ministries of the Peruvian government in carrying out the inventory. In requesting research permits from the Dirección General Forestal y de Fauna Silvestre (General Directorate of Forests and Wildlife; DGFFS) in the Ministry of Agriculture, we would like to thank its director, Rosario Acero Villanés, for her courteous attention in granting us the permit to work in the Cordillera Escalera, and most especially to Oscar Portocarrero Alcedo, whose assistance was key to ensuring the permit was processed in a timely manner. The Dirección Regional de Cultura (Regional Directorate of Culture) of the Ministry of Culture in Iquitos made it possible for us to work with archaeologist Santiago Rivas Panduro, who shared very valuable information with us regarding the archaeology of the Cachiyacu watershed. The Servicio Nacional de Áreas Naturales Protegidas por el Estado (National Service of State-Protected Natural Areas; SERNANP) of the Ministry of the Environment was always in the loop regarding our work in the Cordillera Escalera and we are in debt to its director, Pedro Gamboa Moquillaza, for the help that made it possible for us to complete this inventory.

We are thankful for the commitment of the president of the Regional Government of Loreto (GOREL), Iván Vásquez Valera, to conservation in his region. The Dirección de Saneamiento Físico Legal de la Propiedad Agraria (Directorate of the Legal Status of Agrarian Properties; DISAFILPA) acted rapidly to resolve land tenure problems; the Gerencia Regional de Asuntos Indígenas (Regional Management Office for Indigenous Affairs) participated actively in assemblies with communities; while the Gerencia Regional de Presupuesto, Planeamiento y Acondicionamiento

Territorial (Regional Management Office for Budget, Planning, and Territorial Reconditioning), Gerencia Regional de Recursos Naturales y Gestión del Medio Ambiente (Regional Management Office for Natural Resources and Environmental Administration), Programa Regional de Manejo de Recursos Forestales y de Fauna Silvestre (Regional Management Program for Natural Resources and Wildlife; PRMRFFS), and Programa de Conservación, Gestión y Uso Sostenible de la Diversidad Biológica de Loreto (Program on the Conservation, Management, and Sustainable Use of Loreto's Biological Diversity; PROCREL) helped support the inventory in a variety of ways. We thank Jack Flores and Rosario del Águila of PROCREL for their help in bringing this inventory to a successful conclusion.

Reconnaissance overflights are an essential part of rapid inventories. They give us an excellent view of the vegetation and landscape, which makes it possible to choose the biology team's campsites. We extend enormous thanks to the INAER helicopter company, especially to its pilots, Ciro Bardales and Daniel de la Fuente, as well as its personnel in Lima, Liliana Ávila, Ronald Sutcliffe, and Dino Forenza, for all the support they gave us.

Álvaro del Campo coordinated the advance logistics team that entered the field weeks before the inventory teams arrived, to prepare the heliports, campsites, and trails. This is steep and severe terrain, but Álvaro's distinctive mix of determination, leadership, humor, and athleticism somehow got the work done. Together with Alvaro, Guillermo Knell and Edward Ramirez helped establish the 'three-camps-in-one' along the Alto Cachiyacu River. It was a superhuman effort to create trails that extended from 500 m along the river up to 1,950 m in the elfin forests on the mountains crests. The other leaders of the advance team, Italo Mesones, and Magno Vásquez, were amazing in their abilities to establish trails systems along the extremely steep terrain in not one but two campsites. None of our work would happen without the dedicated leaders of the advance team, and we extend our deepest appreciation to Alvaro, Guillermo, Italo, Magno, and Edward.

A total of 41 residents of native communities formed part of the advance team, with many of them also providing significant support during the inventory itself. These *tigres* are: Luis Apuela, Marcos Cahuasa, Bruno Huansi, Norma Inuma, David Lancha, Jaime Lancha, Jorge Lancha, Pascual Lancha, Segundo Lancha, Silvia Lancha, Wilder Lancha, Jorge López, Eugenio Mapuchi, Manuel Mapuchi, Inocente Napo, Alfonso Pizango, Catalino Pizango, Cecilio Pizango, Cornelio Pizango, Elio Pizango, Harry Pizango, José Pizango, Mario Pizango, Miguel Pizango, Richard Pizango, Silver Pizango, Wilson Pizango, Matías Púa, Tito Púa, Mauro Ríos, Pedro Rucoba, Adán Tangoa, Antonio Tangoa, Romel Tangoa, Santosa Tangoa, Toribio Tangoa, Percy Teco, Gregorio Tuesta, Geiner Yumi, Marco Yumi, and Tito Yumi. The inventory would not have been posible without their hard work and commitment, and we extend our deepest admiration and gratitude to all of our local collaborators.

Dario Hurtado Cárdenas ('Apache') once again played a huge role in the logistics involving pilots, helicopters, and flight plans. We thank the Aerolift company for facilitating our work with their MI-8T helicopter, which enabled the team to access remote camps for the inventory. The following Aerolift personnel helped us throughout this inventory: Nikolay Nikitin, deputy manager; Tadeo Valles, operations manager; Tatiana Nikitina, chief treasurer; Svetlana Maksimova, finances; and Marleni Salvador, treasurer. We owe a particularly large debt to the excellent crew members: the pilots Roberto Calderón, Rubén Fernandini, Jorge Guzmán, Luis Rivas, and Jorge Luis Zavala; flight engineers Moisés Fernández, Mauricio Mancilla, Ysu Morales, and Carlos Yovera; aviation engineers Victor Kazantzev and Anatoly Lushnikov; and mechanic Walter Torres.

Patrick Meza Acuña and the entire Talma team were very helpful in the Tarapoto airport and gave us all of their support in boarding the inventory participants and stowing cargo on flights to the various camps. Our thanks to all of them.

María Casasa of Comercial Ingrids, together with her husband, Diójenes Hualcas, and her assistants, Maicol Saboya and Romario Chuña, provided the majority of provisions and equipment for all stages of our work. We extend our thanks to Abel and Antero Silva in Tarapoto for their help in installing the radio, which maintained communication links between our base and the biological and social teams.

The following persons or institutions also provided us with valuable support during some part of our work: Daniel Bacigalupo of Pacífico Seguros; the staff at the Hotel Plaza del Bosque in Tarapoto, especially the manager Claudia Arévalo; the staff of the Gran Hotel Marañón in Iquitos and the Hotel Señorial en Lima; as well as Cynthia Reátegui of LAN Perú, Milagritos Reátegui, César

Reátegui, Gloria Tamayo, Sylvia del Campo, Felipe del Campo, and Chelita Díaz; Techy Marina and Augusta Valles of CIMA Tarapoto; and Ana Rosa Sáenz Rodríguez, Andrea Campos Chung, and Fredy Ferreyra Vela of the Instituto del Bien Común in Iquitos.

The biology team would like to thank Wilma Freitas Araujo for cooking for us in the field.

The geology team would like to thank local residents Gregorio Tuesta and Elio Pizango for their invaluable assistance in the field, for sharing their local knowledge, and for carrying rock, soil, and water samples in the name of science. Thanks to all of the colleagues who gave us photos of geology or hydrology, to Ernesto Ruelas for giving us his last notebook, to David Neill for the collaborative work on the relationship between plants and soils, to Mark Johnston and Jonathan Markel for their incredibly important help creating digital geological and hydrological maps, to Percy Saboya for photographing fossils, and to Tyana Wachter, who loaned us her computer. We extend our thanks to Linneus University in Sweden for providing us with several instruments for our sampling work and to geologist Olga Maskenskaya for her collaboration from Sweden. Lastly, we would like to thank Corine Vriesendorp and Álvaro del Campo for their professional management of the critical situation we experienced in the third camp, as well as everyone else who helped resolve the matter.

The botanical team would like to recognize the invaluable help from their Shawi field assistants, especially Adán Tangoa at the Mina de Sal campsite, and Cornelio (Cori) Pizango and Harry Pizango at the Alto Cachiyacu campsite. Our fieldwork and subsequent interpretative analysis were enriched substantially by interactions with the other researchers on the field team, in particular during frequent discussions with the geologists, Bob Stallard and Lina Lindell. In Iquitos, Carlos Amasifuen (Servicios de Biodiversidad) merits our deep thanks for carrying out the arduous task of drying and sorting our nine large sacks of plant specimens that were preserved in alcohol in the field. We also thank Carlos and Ricardo Zárate (IIAP), who loaned field equipment to the botanical team. Robin Foster helped with plant identifications, based on the photographs we sent him, and several taxonomic specialists at various botanical research institutions, including Charlotte Taylor (MO), also provided species identifications based on photographs. We thank Missouri Botanical Garden for the use of the Tropicos plant database, and Chris Davidson for making available the plant images at *http://www.floraoftheworld.org*. These sources, as well as the Field Museum's online plant images (*http://fm2. fieldmuseum.org/plantguides/*), were very helpful to us in making the species determinations of the plants we inventoried in the Cordillera Escalera.

The herpetological team is especially indebted to Alfonso Pizango Tangoa, Gregorio Tuesta, and Adán Tangoa Yumi, who provided Shawi names for the species we recorded in the field, and to Tito Yumi, who helped us at the Alto Cachiyacu summit camp. We also thank Diana Alvira, Joel Inga, and Patty Ruiz of the social team for sharing their photographs of herpetofauna in the communities they visited.

The ornithologists thank Tom Schulenberg for help in interpreting some of our results and for tracking down some important references, and Ben Winger for sharing published references and unpublished data for the area.

The mammalogists would like to thank Silver Pizango, Pascual Lancha, and Manuel Mapuche for their help in the fieldwork. We also thank the local assistants who shared their knowledge and helped us identify mammals potentially present in the Mina de Sal and Alto Cachiyacu camps and wrote their names in the Shawi language. Thanks also to all of the colleagues in the biological, social, and advance teams who contributed records through observations and photographs. We extend our thanks to Nigel Pitman for providing information that enriched our data analysis; to Paul Velazco for his help in identifying specimens of *Platyrrhinus*; to Agustín Lancha Pizango, lieutenant governor of the community of Panán, for his assistance in reviewing and correcting the names of mammals in the Shawi language; to Rolando Aquino for sharing with us his ample knowledge of the primates of the Amazon and helping us to confirm and correct the potential distribution of some species reported in the study area; and to Mario Escobedo for providing us information from the bat survey of the ACR Cordillera Escalera (San Martín) carried out during the biological inventory by the Instituto de Investigaciones de la Amazonía Peruana in August 2013.

The social team would like to thank all the residents of the many Shawi communities we collaborated with during the rapid inventory for their willingness to share information, their hospitality, and their overall support of the project. In the indigenous community of Nueva Vida, we would like to thank *apu*

Cruz Chanchari Pizango, *teniente gobernador* Samson Tangoa Púa, and *agente municipal* Roger Tango Pizango for their assistance in organizing events during our stay and for ensuring the participation of the community. We would also like to thank Juanita Chanchari Rojas, who cooked for the social team, as well as her assistants Jeny Inuma Púa, Janet Taminchi Chanchari, and Jessica Pizango Chanchari. Erick Chumbe Villacorta, Samuel Huiñapi, Rafael Pizuri Cárdenas, Laura Pizango Apuela, Marcial Pizango Tangoa, Antonia Torres Pizango, Julian Pizango Rocoba, Dora Lancha Tangoa, Humberto Pizango Rocoba, Anita Pua Pizango, Julio Marichi Vera, Cecilio Rocoba Inapi, Bautista Rocoba Inapi, Juan Jose Tangoa Pua, Rafael Marichi Vera, Jose Pizango Pua, Domingo Tangoa Lancha, Sayte Pizango Tango, Mercedes Pacaya Rioja, Roger Huiñapi Tangoa, Marcos Huiñapi Inuma, Raymunda Tangoa Lancha, Salomon Tangoa Lancha, Gregorio Tangoa Huiñapi, Eraina Púa Tangoa, Mariano Tangoa Torres, Rafael Pizango Rucoba, Prof. Eduardo Púa Rucoba, Prof. José Luis Inuma Pua, and Prof. Hernán Pizango Torres all provided services and information to the social team for which we are very thankful.

In the indigenous community of San Antonio de Yanayacu we would like to thank *apu* Francisco Inuma Cahuaza, *teniente gobernador* Adolfo Tangoa Lancha, and *agente municipal* Wilder Chanchari Pizango. In the community of San Miguel we thank *apu* Segundo Rucoba Apuela, *teniente gobernador* Mauro Ríos Rucoba, and *agente municipal* Tito Púa Apuela for their assistance during our stay. We would also like thank Eleovina Púa Tangoa and Judith Aspali Tangoa for cooking for the social team. Finally, we would like to thank Jorge Tangoa Huiñapi, Leandro Tangoa Rucoba, Pablo Inuma Tangoa, Eugenio Inuma Tangoa, Marcial Inuma Marichi, Eugenia Tangoa Púa, Santiago Yumi Chanchari, Mauricio Púa Lancha, Rider Tangoa Yume, Mariano Huiñapi Lancha, Wilder Chanchari Pizango, Celina Tangoa Lancha, Diomedes Lancha Rengifo, Fayerina Pizango Lancha, Segundo Lancha Rengifo, Catalino Yumi Inuma, and Antonio Napuche Pizango for their support and generosity in providing information.

In the indigenous community of San Jorge (Balsapuerto), we would like to thank *apu* Eduardo Púa Pizango, *teniente gobernador* Eugenio Mozambit, and *agente municipal* Rosendo Púa Chanchari for their generosity in providing a locale for meetings as well as for organizing the residents for numerous events and workshops. We would also like to thank Toribio Pizango Pizango, Jhony Pizango Púa, Simon Púa Inuma, Lorenzo Pizango Pizango, José Yume Pizango, Vicente Pizango Pizango, Pablo Púa Chanchari, Sacarias Pizango Púa, Nortia Pizango Púa, Verónica Pizango Púa, Maurico Lancha Púa, Luisa Púa Pizango, Cecilia Pizango Chanchari, Alberto Yume Pizango, Roberth Púa Pizango, Ernesto Púa Pizango, Santo Lancha Púa, Segundo Inuma Napu, and Elena Púa Pizango from Balsapuerto for their assistance. From the indigenous community of Nuevo Cusco we would like to thank Alfonso Tangoa Lancha, Alberto Tangoa Púa, Hermony Pizango Huansi, Isiano Torres Púa, and Franklin Tangoa Inuma. From the indigenous community of Puerto Libre we would like to thank Esteban Tamabi Chambira, Harry Nolorve Chanchari, and Rengifo Apuela Rucoba. In the indigenous community of Nueva Luz we are very grateful to the *apu* Sabino Fatama Napo, *teniente gobernador* Vicente Pizango Pizango, and *agente* Juan Tangoa Chanchari. In the indigenous community of Nuevo San Lorenzo we would like to thank Robertina Tangoa Marichin for sharing with us a wealth of stories passed down from her great-grandfather. Finally, we would like to thank Francisco Lancha Nolorve of the indigenous community of Buenos Aires, and Resurrección Púa Huiñapi of the indigenous community of Canoa Puerto.

In Balsapuerto we want to thank the lieutenant governor of Balsapuerto District, Mifler del Águila, Justice of the Peace José Salvador Torres, Professor Serafín Cárdenas, and Professor Marisela de Cárdenas. The social team would also like to thank Rolando Gallardo, GIS specialist, who made excellent and detailed maps of natural resource use of the communities we visited. The rapid inventory team would also like to thank GIS expert Ermeto Tuesta of the Instituto del Bien Común for providing us with the most up-to-date spatial data available on community boundaries in the Paranapura basin.

Tyana Wachter dedicated herself to the inventory from dawn to dusk for over a month and a half, ignoring weekends and holidays, to make sure that everyone involved in any way — from team members to taxi drivers — had the tools and peace of mind to do their job. Perhaps the best example of Tyana's selfless focus on the wellbeing of others is that at some time while she was running non-stop errands in rainy Iquitos she gave away her only umbrella "to someone who needed it." The entire team is supremely grateful for her superpowers.

Several Field Museum employees who remained in Chicago throughout the inventory provided crucial support from afar. These include Dawn Martin, Sarah Santarelli, Meganne Lube, and Royal Taylor. Robin Foster and Juliana Philipp created, printed, and laminated a large number of rapid color guides that were heavily used in both the social and biological inventories. Jon Markel and Mark Johnston are a critical piece of the planning and execution of our inventories. Their work extends through the writing phase, once fieldwork has been completed, and continues well into the publication stage.

Jim Costello and his team at Costello Communications has worked with us on inventory reports for so long that we consider him an irreplaceable team member—an endless source of creative strategies for communicating what we learned in the field to our partners, policy makers, and others. We are especially grateful for the efficiency and professionalism of Jim, Sophia Brown, and Todd Douglas. We are also very appreciative of the work of Teresa Fagan and others at University of Chicago Press, who help distribute the inventory reports.

The inventory team would like to acknowledge the tremendous contribution of families and friends who carried extra weight while we were away from home. The positive energy they sent from hundreds or thousands of kilometers away gave us strength.

We are indebted to The Gordon and Betty Moore Foundation and The Hamill Family Foundation for their financial support for this inventory and their commitment to training conservation professionals in Loreto. And we are deeply grateful for the enduring support from our home institution, The Field Museum, especially Richard W. Lariviere and our visionary leader, Debra K. Moskovits.

The goal of rapid inventories—biological and social—is to catalyze effective action for conservation in threated regions of high biological and cultural diversity and uniqueness

Approach

Rapid inventories are expert surveys of the geology and biodiversity of remote forests, paired with social assessments that identify natural resource use, social organization, cultural strengths, and aspirations of local residents. After a short fieldwork period, the biological and social teams summarize their findings and develop integrated recommendations to protect the landscape and enhance the quality of life of local people.

During rapid biological inventories scientific teams focus on groups of organisms that indicate habitat type and condition and that can be surveyed quickly and accurately. These inventories do not attempt to produce an exhaustive list of species or higher taxa. Rather, the rapid surveys 1) identify the important biological communities in the site or region of interest, and 2) determine whether these communities are of outstanding quality and significance in a regional or global context.

During social inventories scientists and local communities collaborate to identify patterns of social organization, natural resource use, and opportunities for capacity building. The teams use participant observation and semi-structured interviews to quickly evaluate the assets of these communities that can serve as points of engagement for long-term participation in conservation.

In-country scientists are central to the field teams. The experience of local experts is crucial for understanding areas with little or no history of scientific exploration. After the inventories, protection of natural communities and engagement of social networks rely on initiatives from host-country scientists and conservationists.

Once these rapid inventories have been completed (typically within a month), the teams relay the survey information to regional and national decision-makers who set priorities and guide conservation action in the host country.

Dates of fieldwork: 14 September–2 October 2013

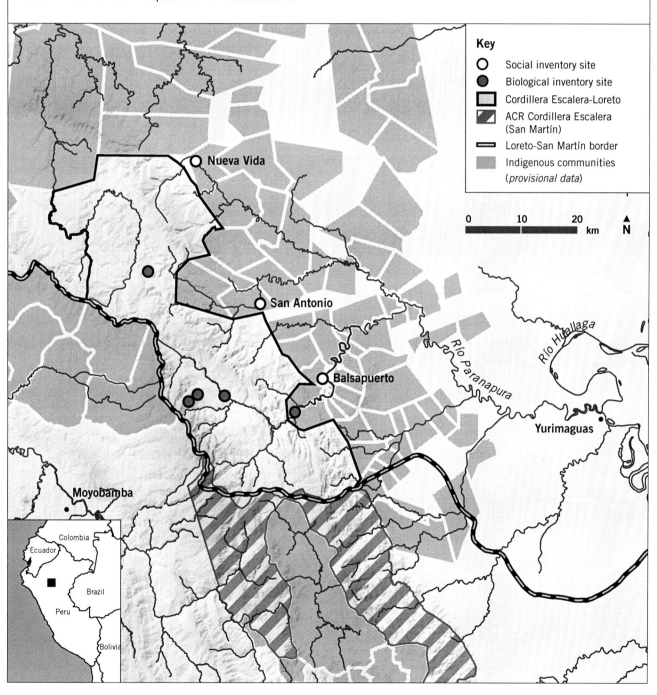

Key

○ Social inventory site

● Biological inventory site

☐ Cordillera Escalera-Loreto

▨ ACR Cordillera Escalera (San Martín)

═ Loreto-San Martín border

▨ Indigenous communities (*provisional data*)

0   10   20 km   N

Nueva Vida

San Antonio

Balsapuerto

Río Paranapura

Río Huallaga

Yurimaguas

Moyobamba

Colombia

Ecuador

Brazil

Peru

Bolivia

Region	The Cordillera Escalera is a sub-Andean mountain range rising from the Amazonian lowlands to 2,300 m elevation along the Loreto-San Martín border in northern Peru. The 130,925-ha area we studied (the Cordillera Escalera-Loreto) falls entirely within Loreto Region, and is one of the first montane sites ever studied there. This is the ancestral territory of the Shawi people (also known as Chayahuita or Kampu Piyawi), who today live in 126 communities in the lowlands east of the cordillera. The Cordillera Escalera is a key component of an archipelago of geologically unique and biologically significant sub-Andean mountain ranges stretching from Peru's Sierra del Divisor in the south to Colombia in the north.

Sites visited
(Fig. 2A)

Biological team:

Paranapura watershed	Mina de Sal *S 5°53'22" W 76°36'15.7"* *300–750 m*	14–20 September 2013
	Alto Cachiyacu *S 5°51'31.0" W 76°43'3.4"* *500–1,950 m*	20–27 September 2013
Cahuapanas watershed	Alto Cahuapanas *S 5°39'51.8" W 76°50'20.4"* *1,000–1,350 m*	27 September–1 October 2013

Social team:

Paranapura watershed	Comunidad Nativa Nueva Vida *220 m*	16–21 September 2013
	Comunidad Nativa San Antonio de Yanayacu *245 m*	21–26 September 2013
	Comunidad Nativa Balsapuerto *205 m*	26 September–2 October 2013

During the inventory the social team also interviewed representatives of the indigenous communities of Canoa Puerto, Libertad, Los Ángeles, Nueva Barranquita, Nueva Era, Nueva Luz, Nuevo Saramiriza, Panán, Puerto Libre, San Juan de Palometayacu, San Lorenzo, San Miguel, Soledad, Soledad de Huitoyacu, and Yacu.

On 2 October 2013 both teams made a public presentation of the preliminary results of the inventory in Balsapuerto, for residents and authorities of the region. On 5 October 2013 both teams carried out a workshop in Iquitos to identify the primary threats, assets, and opportunities in the region, and to draw up recommendations for conservation.

Biological and geological inventory focus	Geomorphology, stratigraphy, hydrology, and soils; vegetation and flora; fishes; amphibians and reptiles; birds; medium-sized and large mammals

Social inventory focus	Social and cultural assets; ethnohistory; demography, economy, and natural resource management; ethnobotany

Principal biological results	The ancient geological formations of the Cordillera Escalera-Loreto harbor megadiverse biological communities. Apart from the excellent conservation status of their forests and rivers, what makes these mountains a high conservation priority is the large number of plant and animal species that are restricted to mountains in this region of Peru—including the endemic yellow-tailed woolly monkey *(Lagothrix flavicauda)*, categorized as Critically Endangered worldwide. Many adjacent mountains in Amazonas and San Martín have lost their forests to advancing pasture and cropland. Protecting the Cordillera Escalera-Loreto will help assure that the same fate does not befall the incomparable montane habitats of Loreto.

During the inventory we found **at least 38 species new to science** (2 fishes, 5 amphibians, 1 reptile, and ~30 plants), **hundreds of new records for Loreto (most of them plants), and two genera new to Peru.** Approximately 4,000–4,500 species of vascular plants and vertebrates are believed to occur in the Cordillera Escalera-Loreto.

	Species recorded during the inventory	Species estimated for the region
Plants	830	2,500–3,000
Fishes	30	50
Amphibians	70	120
Reptiles	41	>100
Birds	422	600–650
Small mammals	29	Unknown
Medium-sized and large mammals	43	65

Geology	The Cordillera Escalera is one of several sub-Andean mountain ranges (called Andean tepuis in this report) that run parallel to the eastern Andean range of Peru, Ecuador, and Colombia, and constitute a transition zone between the high Andes and the Amazonian lowlands. The Escalera mountain range consists of deposits ranging in age from the Jurassic (160 million years ago) to the Miocene (5 million years). There are 10 sedimentary geological formations, of both continental and marine origin, in the region. These are dominated by sandstone (53% of the region), red beds with some small outcrops of evaporites (36%), and limestone (8%).

Three uplift pulses are responsible for the creation of these mountains: the first, estimated to have occurred 10 million years ago; the second, a rapid uplift dated between 5 and 6 million years ago; and the last, which resulted in the deformation of the Miocene sediments and ended more than 2 million years ago. Due to tectonic processes such as folding and faulting, parallel strips of different-aged lithologies with

Geology (continued)	different characteristics are exposed on the surface. Differences in the erodibility of these rocks have resulted in an extremely heterogeneous landscape containing both gentle floodplains with meandering rivers and towering cliffs with waterfalls, as well as great variation in the chemical composition of surface water. The conductivity of these waters ranges from exceptionally low (3.5 µS/cm) to very high in streams that drain massive evaporites (~2,000 µS/cm). Most streams are clearwater and most rivers are turbid (whitewater). Acidity varies from extremely low pH (water draining sandstone) to neutral (water draining lutites and limestone).

The geologically diverse landscape of the Cordillera Escalera offers a tremendous variety of habitat for plants and animals. The extensive areas of quartzite sandstone harbor communities of rare and probably endemic organisms. In contrast to these, and covering a much smaller area, limestone formations contain fossils of various marine organisms. Another important feature of the region are the evaporate deposits: salts that have played an important role in the human history of the region and that are still mined for food today. The Shawi people also use these salts when spinning the cotton thread they use to weave traditional garments. |
| **Vegetation** | The Cordillera Escalera-Loreto harbors a diverse array of vegetation types and plant communities, strongly determined by local geology and topography. Elevation and climate play an important but lesser role in determining vegetation patterns, and we observed similar plant communities growing at markedly different elevations on the same geological substrate. Broadly, vegetation types range from dwarf ridgecrest forest growing on nutrient-poor sandstone rock formations at the highest elevations (Andean tepuis, between 1,700 and 1,950 m) to magnificent, stately expanses of tall slope forest on relatively fertile soils at middle elevations (800–1,200 m) to lowland Amazonian forest similar to, but less diverse, than the forests that dominate most of Loreto.

The southern half of the Cordillera Escalera-Loreto harbors the greatest geological and topographic diversity, and consequently the greatest habitat diversity within the proposed area. By contrast, most of the northern half of the Cordillera Escalera-Loreto is a single geological formation of extremely poor soils at 1,000–1,400 m elevation. This plateau measures ~50,000 ha and harbors a remarkable set of specialized plant communities comprising both lowland white-sand and highland sandstone-associated elements. Tall forests and stunted forests (or *chamizales*) grow side by side on sandy soils in the valley bottoms while low shrubs cover the sandstone massifs (Andean tepuis) that overlook the valleys. These vegetation types closely resemble those of the tepuis of southern Venezuela, and these plant communities share species with lowland white-sand islands in Amazonia below 200 m (e.g., Allpahuayo-Mishana National Reserve near Iquitos) and species typical of other Andean tepuis (e.g., Cordillera del Cóndor). |

Flora	The botanists collected 644 specimens of vascular plants and observed about 200 other species, for a total of 830 species recorded during the inventory. We estimate that 2,500–3,000 vascular plants occur in the Cordillera Escalera-Loreto. Our inventory is the first to document the flora above 1,500 m in Loreto, and our collections add several hundred species to Loreto's plant checklist (currently ~7,000 known species). For example, almost all of the 150 species recorded above 1,800 m at the Alto Cachiyacu campsite are new records for Loreto.
	The survey also yielded 15 species and two genera (*Phainantha* and *Dendrothrix*) that are new records for the flora of Peru. Many of these are Guiana Shield disjuncts found growing on high-elevation sandstone outcrops, whose closest known populations are ~300 km to the north in the Cordillera del Cóndor of Ecuador. Many other species we observed on sandstone substrates in Cordillera Escalera-Loreto are known to occur on other Andean tepuis in Peru, including Cordillera Azul, Cordillera Yanachaga, and Sierra del Divisor. We estimate that 30 species recorded during the inventory are new to science, including several species in the families Rubiaceae, Melastomataceae, and Bromeliaceae. Many of these occur at the highest elevations and may be endemic to the Cordillera Escalera region.
	Mid-elevation forests on richer soils included significant populations of some high-quality timber species that have been logged out in other areas of lowland Amazonian Peru (*Cedrelinga cateniformis* and *Cabralea canjerana*) but not others (*Cedrela odorata* and *Swietenia macrophylla*). Local residents indicated that these species have been mostly logged out in lowland forests around the communities, but we found no evidence of logging in the cordillera itself.
Fishes	Ichthyologists sampled fish communities in six streams, one river, and one lake in the Cordillera Escalera-Loreto. The sampling stations were located in the middle and upper Cachiyacu River (in the Huallaga watershed) and in the upper Cahuapanas (the Marañón watershed). We recorded 30 of the 50 fish species estimated to occur in the region, a diversity typical of sub-Andean habitats. Among the fish recorded are two species of *Astroblepus* that may be new to science.
	The most common species in these mountains are fish adapted to fast-running waters and restricted to aquatic habitats on the Andean slopes. These include species in the genera *Chaetostoma, Astroblepus, Ancistrus, Hemibrycon, Creagrutus, Parodon,* and *Bujurquina.* The two watersheds we visited have almost entirely different ichthyofaunas, however; only one of the 30 species recorded during the inventory was found in both watersheds.
	Fish communities in the two watersheds also showed marked differences in abundance, with more fish in the Cahuapanas headwaters and fewer in the Cachiyacu. It is crucial

Fishes (continued)	that the headwaters of both watersheds are preserved, since they serve as spawning sites for economically important migratory Characiformes species such as *Prochilodus* and *Salminus*. The middle Cachiyacu, near Mina de Sal, showed evidence of use of the fish toxin *barbasco* (*Lonchocarpus utilis*).
Amphibians and reptiles	We recorded 111 species in the Cordillera Escalera-Loreto: 70 amphibians and 41 reptiles. The herpetofauna of these mountains is unique in that it includes both widely distributed Amazonian species and an important group of species characteristic of montane forests between 1,500 and 2,500 m, and restricted to northern Peru and southern Ecuador. We estimate that the region harbors a total of 120 amphibian and 100 reptile species. Among the species we recorded, the poison dart frog *Ranitomeya fantastica* is endemic to the Andean tepuis of northern Peru, and six species (the rain frogs *Pristimantis avicuporum*, *P. bromeliaceus*, *P. nephophilus*, *P. rufioculis*, and *P. incomptus*, and the arboreal lizard *Anolis* sp. nov.) inhabit montane forests at intermediate elevations.

The most important findings were five amphibian species and one lizard species that are potentially new to science. Three of these are rain frogs in the genus *Pristimantis*, which has diversified explosively on the Andean slopes. We also recorded for the first time in Peru the glass frog *Rulyrana flavopunctata*. We discovered a rare toad species, *Rhaebo ecuadoriensis*, which was recently described and previously known from a single locality in Peru (Panguana, Huánuco).

Three frog species characteristic of montane forests and recorded during the inventory (*Pristimantis bromeliaceus*, *P. incomptus* and *P. nephophilus*) are classified as Vulnerable by the IUCN. Species diversity and abundance were very high in hill and premontane forests, and included such species as *Enyalioides praestabilis* and several poison dart frogs (i.e., *Ranitomeya fantastica*), reflecting the well-preserved conservation status of the Cordillera Escalera-Loreto. |
| **Birds** | The ornithologists recorded 422 species of birds during the inventory and estimate a regional avifauna of 600–650 species. The impressive diversity of the Cordillera Escalera-Loreto bird community is accompanied by an unusual composition, combining a relatively depauperate Amazonian element with diverse lower- and mid-montane elements. Our relatively limited sampling between 1,400 and 1,900 m yielded 65 species restricted to that elevational range, and we expect a full complement of mid-montane Andean species to occur in the higher elevations of the Cordillera Escalera.

Notable records included 11 globally threatened bird species and half of the 30 species known to be restricted to sub-Andean ridges in Peru. Six of these species have restricted ranges in southern Ecuador and northern Peru, while the others are |

more widespread along the Andes. Five other species recorded during the inventory are associated with sandy soils restricted to the region between the Marañón River and Cordillera Azul in Peru and have disjunct ranges from populations in eastern Amazonia, mainly on the Guiana Shield. Hummingbird species richness is impressive (31 species, the highest number recorded during a rapid inventory), and two species found here are endemic to Peru (*Phaethornis koepckeae* and *Herpsilochmus parkeri*, whose type locality lies just south of Cordillera Escalera). Thirty-eight species are new records for Loreto.

Game birds were poorly represented, suggesting significant hunting pressure. However, some large birds that are not heavily hunted in the region (e.g., macaws and *Amazona* parrots) were also sparse. The avifauna of the Cordillera Escalera-Loreto is probably very similar to that of Cordillera Azul (~100 km to the south), but lacks some of the Amazonian species found there and includes a small number of northern species that have never been recorded as far south as Cordillera Azul.

Mammals

Mammal communities in the Cordillera Escalera-Loreto appear to be a diverse mix of lowland and Andean faunas, but densities recorded during the inventory were very low. Field work yielded 29 species of small mammals (28 bats and 1 rodent) and 43 species of medium and large mammals. We are examining two tailless nectar bats (*Anoura* spp.) and two *Myotis* bats to determine whether they represent species new to science.

Base camps at all three sites were dominated by lowland species with wide distributions in the Amazon basin. Higher-elevation faunas, particularly those in cloud and dwarf forests above 1,500 m, had a much stronger Andean character, including bat and rodent genera such as *Anoura* and *Akodon*. All elevations harbored globally threatened mammal species. Between 1,200 and 1,700 m we observed yellow-tailed woolly monkey (*Lagothrix flavicauda*), the first record for Loreto of a primate that is Critically Endangered at the global scale. We did not observe signs of the globally Vulnerable spectacled bear (*Tremarctos ornatus*) during the inventory, but local communities reported its presence in the cordillera.

Mammal communities at the three sites we visited differed markedly in composition and abundance. The lowest site, Mina de Sal, showed clear impacts of nearby human settlements. Primates, peccaries, and other frequently hunted large mammals were conspicuously scarce and the common vampire bat (*Desmodus rotundus*), which is commonly encountered in areas with livestock, was present. In contrast, five species of primates were recorded at the second camp and mammal densities there were higher. *Collpas* (mineral licks), which are important resources for mammals and hunters on many landscapes elsewhere in Loreto, were scarce here and appear to play a smaller role in the mammal community.

Human communities

The portion of the Cordillera Escalera we studied is the ancestral territory of the Shawi people. On the eastern and northeastern flanks of the range, more than 100 Shawi communities are established in the Paranapura, Shanusi, and Cahuapanas watersheds. To the west and north there are Awajún (Aguaruna) communities, and to the south is a Llakwash (Quechua Lamista) community.

The Shawi people historically lived in the headwaters of the Cordillera Escalera. Starting in the sixteenth century, driven by the establishment of missions, commercial trade routes, *haciendas*, and towns, the group dispersed into the lowlands, where they lived in a number of different watersheds. In the late 1960s and early 1970s there was a second wave of evangelical work, during which the Shawi established nuclear settlements on the banks of the Cachiyacu, Armanayacu, Yanayacu, Sillay, Cahuapanas, Paranapura, and Shanusi rivers with the goal of educating their children and founding churches.

Despite this long history of migration, submission, and slavery, the Shawi maintain strong connections to the Cordillera Escalera-Loreto and to the lowland forests and rivers around their present-day communities. Their knowledge regarding the use and management of natural resources remains intact, and is reflected in their daily life and worldview. Today, the Shawi communities have a subsistence economy based on slash-and-burn agriculture, hunting, fishing, poultry farming, and since the 1980s cattle ranching, which families use to preserve their savings. Rice, peanuts, corn, beans, poultry, and other products are sold by the Shawi in the towns of Yurimaguas and San Lorenzo, and sometimes sold to itinerant traders or bartered for other products in stores. Since 1980 a large amount of lowland forest around communities has been cut to cultivate rice and establish pasture. This deforestation has sped up erosion, making rivers broader and shallower, and this is now a great source of concern for the communities.

We found a great diversity of social and cultural assets in the communities we visited. These include extensive traditional ecological knowledge regarding the use of forest resources (fruits, timber, medicinal plants, and animals); a deep knowledge of communal territory and of the Cordillera Escalera-Loreto; an extensive network of roads, campsites, and trails; dynamism and a great capacity for organization; respect between community residents, community authorities, and the indigenous federations that represent them; and strong family support networks and reciprocal mechanisms. Together, these assets explain why the Shawi — despite living in a region that the Peruvian government characterizes as suffering from extreme poverty — described their local quality of life as good during participatory workshops.

Archaeology	With its great abundance and variety of petroglyphs and other archaeological artifacts, the Paranapura watershed constitutes the most important archaeological site in Loreto. In 2002, Peru's National Institute of Culture (today the Ministry of Culture) formally designated the Upper and Lower Cachiyacu River Archaeological Reserved Zone. Despite this honor, the Archaeological Reserved Zone has yet to be formally delimited or implemented.
	The rapid inventory did not include archaeological work, but our report includes a chapter summarizing archaeological research carried out in the region to date. Of the 50 archaeological sites discovered so far, one is located inside the study area (in the upper Cachiyacu) and 49 a few kilometers outside of it to the east, in the Cachiyacu and Armanayacu rivers. The 12 archaeological settlements, 13 rock tool workshops, and many ritual sites (25 petroglyph-bearing rocks with hundreds of carved drawings) are located close to scarce and valuable resources, including a salt mine on the banks of the Cachiyacu River and rocky riverbeds used to produce and sharpen stone tools (axes and chisels).
	The age of the rock carvings and the cultural affiliation between the peoples associated with these pre-Hispanic settlements and the Shawi who have occupied the forests and rivers of the Paranapura watershed in more recent centuries remain unknown. Protecting, preserving, and learning more about these important sites will require carefully coordinated efforts by central, regional, and local governments, in partnership with indigenous organizations.
Current status	The 130,925-ha area we studied in the Cordillera Escalera-Loreto currently has no formal protection. Nationally, it has been designated as a conservation priority by the Peruvian park service (SERNANP 2009). Regionally, the government of Loreto has recognized the area's two most important rivers—the Paranapura and the Cahuapanas—as Priority Watersheds (Regional Ordinance No. 005-2013-GRL-CR) and the area itself as a Regional Conservation Priority (GOREL 2012). Despite this consensus regarding its high conservation value, the Cordillera Escalera-Loreto faces a gamut of threats. A road from Moyobamba to Balsapuerto threatens to open the area to colonization and deforestation, and a medium-sized hydroelectric dam has been proposed for the upper Cachiyacu River. Large proportions of the area are within petroleum concessions (lots 103 and 109; 97% of the total) and areas designated for timber production (BPP blocks 4E and 4G; 38%). Although neither are in the production phase, their presence in an area designated as a high priority for conservation and recognized as ancestral Shawi territory has generated significant concern in the surrounding communities.

Principal assets for conservation	01	A consensus among the main stakeholders that the Cordillera Escalera-Loreto is a high priority for conservation
	02	A strong sense of linguistic, social, cultural, and family identity in the Shawi communities, which includes a deep knowledge of their territory and its flora and fauna
	03	A continuous elevational gradient of intact habitats ranging from 200 to 2,300 m, representing the best opportunity in Loreto to mitigate the effects of climate change
	04	A crucial link in the chain of Andean tepuis stretching from Colombia to Bolivia
Conservation targets	01	Diverse biological communities possessing rare and endemic species, especially on nutrient-poor soils derived from sandstone
	02	Species and landscapes that are culturally and spiritually important to the Shawi, including the abundant pre-Hispanic archaeological sites in their territory
	03	Nationally or internationally threatened species and range-restricted species, including the Critically Endangered yellow-tailed woolly monkey (*Lagothrix flavicauda*)
	04	Cultural practices and knowledge linked to the sustainable management of natural resources
Main threats	01	The lack of a legal designation to protect the Cordillera Escalera-Loreto
	02	The proposed Moyobamba-Balsapuerto highway
	03	Gas and petroleum exploration and production
Principal recommendations	01	Conserve the 130,925-ha study area in the Cordillera Escalera-Loreto, which is ancestral Shawi territory
	02	Build a strong consensus regarding the best legal designation for conserving the Cordillera Escalera-Loreto over the long run, to benefit both local indigenous populations and biodiversity
	03	Officially declare the conservation of the Cordillera Escalera-Loreto to be in the Regional Public Interest
	04	Phase out large-scale extractive activities (oil, gas, timber, mining, etc.) in the Cordillera Escalera-Loreto
	05	Respect the Shawi people's decision to not build the Moyobamba-Balsapuerto highway
	06	Incorporate the information in this biological and social inventory into the Ecological and Economic Zoning exercise currently underway in Loreto's Alto Amazonas province

Why Cordillera Escalera-Loreto?

Fully 97% of the hyperdiverse forests of Peru's Loreto Region lie deep within the lush Amazonian lowlands. However, along the western limits of Loreto, a chain of isolated mountain ranges rises up from the Amazonian plain. The winds that sweep west across the Amazon rainforest drape these mountains in fog and drench them in rain, giving rise to hundreds of montane streams and waterfalls that eventually return to the lowlands as tributaries of the Huallaga and Marañón rivers.

Currently some 20,000 Shawi indigenous people live along these rivers, and there are powerful signs that humans have inhabited this landscape for centuries. A two-hour walk southwest of the Shawi community of Canoa Puerto lies the most famous archaeological artifact in Loreto: a house-sized boulder covered in petroglyphs. Known as the *Casa de Cumpanamá*, this boulder, and dozens of other such rocks in the landscape, are covered in etchings made by an ancient civilization: hummingbirds, jaguar tracks, huge frogs and salamanders, rainstorms, long waterfalls, suns and moons, and human figures with their hands extended upwards.

The present-day Shawi also celebrate these mountains for their gifts of water, fauna, flora, and salt. Unlike Andean landscapes in neighboring San Martín that have lost most of their forests to colonization and agriculture, the Shawi ancestral territories in the Cordillera Escalera remain a roadless, forested wilderness. These mountains provide a refuge for a diverse and specialized fauna and flora: *Astroblepus* fishes that scale waterfalls, healthy populations of Peru's endemic and Critically Endangered yellow-tailed woolly monkey, an abundance of spectacular hummingbirds, hundreds of plants adapted for survival on nutrient-poor sandstone outcrops and montane versions of Loreto's famous white-sand forests, and more than 20 species of frogs, lizards, and plants that appear to occur nowhere else in the world.

For the flora and fauna of Cordillera Escalera, as well as the Shawi residents whose way of life depends on these mountains, protecting this landscape is critical. For these organisms to have any chance of responding to a changing climate, altitudinal variation is key: plants and animals need a continuous landscape to migrate upwards towards cooler conditions. Protecting Cordillera Escalera-Loreto and the adjacent portion of these mountains in San Martín will create a seamless conservation landscape of approximately 2.5 million ha of montane forests stretching from Cordillera Azul National Park through the Escalera, Manseriche, and Kampankis mountains, all the way to the Cordillera del Cóndor at the Peru-Ecuador border.

Conservation in the Cordillera Escalera-Loreto region

CONSERVATION TARGETS

01 **A complex landscape with unique geological, hydrological, and edaphic features**

- A stunning natural setting of waterfalls, cliffs, and mountains—vanishingly rare features in the mostly lowland Loreto—officially recognized as a conservation priority by Peru's central government (SERNANP 2009) and the Regional Government of Loreto (GOREL 2012)

- An extremely diverse geological landscape overlying a 2,000-m elevational gradient, resulting in a mosaic of substrates of different ages and fertilities at varying elevations, aspects, and slopes

- A network of montane rivers and streams that varies greatly in watercourse type (from steep rocky cascades to gently meandering rivers), water type (clearwater, whitewater, redwater, and blackwater), and water chemistry (very low to very high levels of conductivity; extremely low to neutral pH)

- Patchy but prominent evaporite deposits (salt deposits) in the Cachiyacu watershed that contribute to strongly heterogeneous water and soil chemistry there (Fig. 3B)

02 **Extremely diverse plant and animal communities with some unique biological features**

- Plant and terrestrial vertebrate communities that rank among the most diverse on Earth at the regional scale, combining hyperdiverse lowland communities and endemic-rich montane communities

- Dwarf ridgecrest forest growing on nutrient-poor sandstone, a vegetation type rare in Peru and in Loreto and characterized by a poorly studied flora and fauna with high rates of endemism (Fig. 5A)

- The upper Cahuapanas watershed, a unique plateau at 1,000–1,400 m elevation that harbors blackwater rivers and patches of white sand forest similar to those in lowland Loreto, as well as sandstone massifs with a unique flora of poor-soil specialists (Fig. 3E)

- Montane plant and animal communities that are among the most threatened in Peru, due to large-scale deforestation in neighboring San Martín Region

03 **A rich storehouse of natural resources for local communities**

- Populations of animal species important for subsistence hunting, including peccaries, tapir, deer, monkeys, and large rodents

- Very diverse forests that local communities rely on to support a high quality of life at a low economic cost, including hundreds of plant species that are used for medicine, timber, thatch, textiles, ornaments, food, and other uses

- Substrates that provide clays for pottery

- Historically important salt mines on the lower Cachiyacu River, still visited and used today by Shawi families (Fig. 3B)

04 **At least 44 species considered to be threatened worldwide**

- Plants considered globally threatened by the IUCN (2014): *Guzmania bismarckii* (CR), *Calatola costaricensis* (EN), *Stenospermation arborescens* (EN), *Abarema killipii* (VU), *Aegiphila panamensis* (VU), *Blakea hispida* (VU), *Centronia laurifolia* (VU), *Columnea mastersonii* (VU), *Couratari guianensis* (VU), *Cremastosperma megalophyllum* (VU), *Ficus pulchella* (VU), *Guarea trunciflora* (VU), *Monnina equatoriensis* (VU), *Nectandra pseudocotea* (VU), and *Pouteria vernicosa* (VU)

- Plants considered globally threatened by León et al. (2006): *Nectandra cordata* (CR), *Octomeria peruviana* (EN), *Prunus rotunda* (EN), *Tococa gonoptera* (EN), *Allomarkgrafia ovalis* (VU), *Tachia* cf. *loretensis* (VU), and *Wettinia longipetala* (VU)

- Amphibians (IUCN 2014): *Pristimantis bromeliaceus, P. incomptus,* and *P. nephophilus* (VU)

- Amphibians: four other globally threatened amphibian species are expected to occur in Cordillera Escalera-Loreto: *Atelopus pulcher* (CR), *Rulyrana saxiscandens* (EN), *Hyloxalus azureiventris* (EN), and *Ameerega cainarachi* (VU)

- Birds: 11 species, including Royal Sunangel (*Heliangelus regalis*) and Ash-throated Antwren (*Herpsilochmus parkeri*), both Endangered (EN)

- A population of one of the world's rarest and most threatened primates, the yellow-tailed woolly monkey (*Lagothrix flavicauda*), which is Critically Endangered (IUCN), listed on Appendix I (CITES), and Endangered (US Fish & Wildlife)

- Other mammals: *Ateles chamek* (EN), *Pteronura brasiliensis* (EN), *Dinomys branickii* (VU), *Lagothrix poeppigii* (VU), *Myrmecophaga tridactyla* (VU), *Priodontes maximus* (VU), *Tapirus terrestris* (VU), *Tayassu pecari* (VU), and *Tremarctos ornatus* (VU); other globally endangered species not recorded but expected to occur in the Cordillera Escalera-Loreto include *Callicebus oenanthe* (EN), *Aotus miconax* (VU), and *Leopardus tigrinus* (VU)

05 **At least 15 species considered threatened in Peru (MINAG 2004, 2006)**

- Plants: *Ruagea cf. glabra* (EN), *Euterpe catinga* (VU), *Parahancornia peruviana* (VU), and *Tabebuia incana* (VU)

- Amphibians: two threatened species are expected to occur in Cordillera Escalera-Loreto: *Rulyrana saxiscandens* (EN) and *Hyloxalus azureiventris* (EN)

- Birds: *Herpsilochmus parkeri* (EN), *Ara militaris* (VU), *Aburria aburri* (NT), *Mitu tuberosum* (NT), *Morphnus guianensis* (NT), *Campylopterus villaviscencio* (NT), *Heliodoxa gularis* (NT), and *Hemitriccus rufigularis* (NT)

- Mammals: *Dinomys branickii* (EN), *Lagothrix flavicauda* (EN), *Pteronura brasiliensis* (EN), *Ateles chamek* (VU), *Myrmecophaga tridactyla* (VU), *Priodontes maximus* (VU), and *Tapirus terrestris* (VU)

06 **Several dozen species that appear to be new to science**

- Plants: dozens of undescribed plant species, including taxa in the genera *Dendrothrix, Erythroxylum, Gordonia, Guzmania, Macrocarpaea, Pitcairnia,* and *Purdiaea* (Fig. 5)

- Fishes: two species in the genus *Astroblepus* (Fig. 6)

- Amphibians: three species in the genera *Rhinella, Pristimantis,* and *Chiasmocleis* (Fig. 7)

- Reptiles: one species in the genus *Enyalioides* (Fig. 7)

07 **A significant number of species that are restricted to Andean tepuis, many of them currently found in no established protected areas in Loreto**

- Several dozen species of plants, including the majority of those that occur in the dwarf ridgecrest forest and dwarf ridgecrest scrub (Fig. 5A)

- 16 species of birds specialized on and restricted to Andean tepuis (Table 7)

- An undetermined number of small mammal species that appear to be restricted to the high-elevation portions of Andean tepuis in this area of Peru

08 **Valuable ecosystem services for local communities, Loreto, and the world**

- Montane streams and rivers in the Cordillera Escalera-Loreto that are important watersheds for the Huallaga and Marañón river basins and a crucial source of water for Shawi and Awajún communities downriver

- Watersheds with dense, natural forest cover that safeguard against erosion and landslides

- Large stocks of aboveground carbon, in the form of healthy forests, that are valued by the international carbon market. Because the Cordillera Escalera-Loreto region is very close to one of the most active deforestation hotspots in Peru, it has special potential for generating value via Reducing Emissions from Deforestation and Forest Degradation (REDD+) programs

- Montane streams that serve as spawning sites for economically important food fish, including *Prochilodus nigricans, Salminus iquitensis,* and *Leporinus friderici*

09 **A rich archaeological history, recognized as culturally important by specialists, local communities, and the Peruvian government**

- At least 50 known archaeological sites in the Paranapura drainage, including massive stone blocks decorated with petroglyphs, comprising what may be the largest and most detailed archaeological record in the Peruvian Amazon (Fig. 12)

- The Upper and Lower Cachiyacu River Archaeological Reserved Zone, formally recognized in 2002 by Peru's Ministry of Culture

10 **A stunningly beautiful natural and cultural landscape with high potential for eco-tourism**

- Breathtaking vistas of mountains, cliffs, waterfalls, and the Amazon lowlands (Fig. 1)

- A rich archaeological heritage in the form of several dozen ancient petroglyph-bearing rocks (Fig. 12)

- Healthy populations of plant and animal species valued highly by Peruvian and international tourists, including dozens of hummingbird and orchid species (Fig. 8)

01 **Extremely high levels of biodiversity** featuring Andean tepuis, a rich mixture of highland and lowland elements, unique or range-restricted species and ecosystems, and threatened species, most notably the Critically Endangered yellow-tailed woolly monkey (*Lagothrix flavicauda*)

02 **An important link in the regional and international conservation corridor** that connects mountainous areas in Peru from Cordillera Azul National Park to the Cerros de Kampankis and extends north to the Kutukú and Cóndor mountain ranges in Ecuador

03 **Important watersheds** of the Paranapura and Cahuapanas rivers, which have been identified as conservation priorities in Loreto (Regional Ordinance 005-2013-GRL-CR)

04 **The best opportunity in Loreto to mitigate and monitor the effects of climate change**

- The longest altitudinal gradient in Loreto Region occurs in the Cordillera Escalera-Loreto

- This gradient enables lowland species to migrate upslope to cooler, higher elevations as temperatures increase

- The montane lakes likely preserve a valuable record of historic climate change in the form of pollen and phytoliths

05 **Archaeological sites on a stunning landscape with good potential for tourism**

06 **The Shawi people's strong linguistic, social, and cultural identity**

- Cooperative networks between families and between communities that maintain the social fabric and keep Shawi culture strong

- Bilingual elementary education that preserves culture and traditions

- Important role of women in cultural maintenance

- Respect for local authorities (*apus* [traditional indigenous leaders], lieutenant governors, municipal agents, mayors, and justices of the peace)

07 **The Shawi's knowledge of their territory,** which is passed on from generation to generation

- An opportunity to establish and implement a common vision of the Shawi people for the conservation and sustainable use of their territory that is grounded in traditional ecological knowledge

- Great potential for implementing a system of indigenous protection and oversight of the territory

- An opportunity to monitor and manage populations of birds, fish, and game animals that have declined due to unregulated hunting and fishing

08 **A system of communication between indigenous communities** based on cell telephones, Gilat telephones, letters, loudspeakers, radio programs, rivers, and trail networks **which help keep families together and facilitate community organization and communication**

09 **Collaboration with other indigenous groups and other provinces of Loreto and San Martín in conserving and managing the Cordillera Escalera**

- Potential for inter-ethnic cooperation between the Awajún, Shawi, and Llakwash (Quechua Lamista) peoples in the management and protection of the Cordillera Escalera

- Potential for inter-provincial cooperation in the management and protection of the Cordillera Escalera between the provinces of Alto Amazonas and Datem del Marañón

- Potential for regional cooperation between Loreto and San Martín in the management and protection of Cordillera Escalera

- New contributions and information that can enrich the land-use plan being prepared by the province of Alto Amazonas

10 **Access to resources for managing and protecting the Cordillera Escalera**

- An opportunity for the Shawi people and for local, regional, and national authorities to come together around a consensus vision for conserving and managing the territory via funds potentially available in the Forest Investment

Plan project 'Integrated Management of the Forest Landscape in the Tarapoto-Yurimaguas Area, in the San Martín and Loreto Regions'

11 **A consensus among indigenous peoples, the central government, and the regional government that the Cordillera Escalera-Loreto is a high priority for conservation based on its biological, archaeological, and cultural diversity**

- Consensus among the Shawi people and the authorities who represent them to protect the mountain range for future generations and to guarantee for perpetuity the natural resource stocks they currently use

- Identified as a conservation priority at the national level by the Master Plan of Natural Protected Areas (SERNANP 2009)

- Identified as a conservation priority at the regional level (GOREL 2012)

- Identified as a conservation priority according to a recent study of biodiversity and protected areas in Peru (Fajardo Nolla 2012)

- Declaration of the Archaeological Reserved Zone of the Upper and Lower Cachiyacu Watershed by Peru's Ministry of Culture (National Directorial Resolution No. 314/INC, April 2002)

THREATS

01 **The lack of a legal designation to protect the Cordillera Escalera-Loreto,** which has led to:

- Unregulated use of the area and unrestricted use of the flora and fauna

- Distrust among local communities and between communities and the Peruvian government

- Apparent land trafficking within the area

02 **A history of tension between the Shawi people and the Awajún people of San Martín over the use and protection of the Cordillera Escalera-Loreto**

03 **The proposed Moyobamba-Balsapuerto highway.** The planned route cuts through the Cordillera Escalera-Loreto, which would lead to:

- Large-scale deforestation within at least 5 km on each side of the highway, which would degrade the headwaters and water quality of the Cachiyacu River

- Land speculation and unregulated colonization

- Negative social impacts on the communities located near the highway, such as an increase in crime, economic inequality, immigration, etc.

04 **Exploration for and production of gas or petroleum** in the hydrocarbon lots 103 and 109, which together cover 97% of the area. These pose a threat via:

- Strong socioeconomic pressure exerted on local communities, which often generates conflicts within communities and federations

- Environmental impacts in an important headwaters area (e.g., pollution of rivers by industrial waste and erosion)

05 **High rates of deforestation due to agriculture and cattle ranching** in indigenous communities to the east (Loreto) and the west (San Martín) of the Cordillera Escalera-Loreto, which have led to:

- Changed dyamics in the Paranapura watershed due to silting of the rivers with eroded sediment

- A drop in river level, which hampers river travel and communication between communities, and reduces water quality and populations of edible fish

06 **Overhunting and fishing in and around the Cordillera Escalera-Loreto,** which
threaten an important source of fish and game animals for local communities

- Unsustainable hunting in the upper Cachiyacu River watershed, which
  has caused a significant decline in populations of large and medium-size
  mammals in the zone

- Use of the natural fish poison *barbasco* (*Lonchocarpus utilis*) in streams, a
  fishing method that destroys entire fish communities without discriminating
  between useful and non-useful species

- Excessive commercial fishing in the areas surrounding Yurimaguas, which
  makes it difficult for migratory fish to reach the headwaters where they spawn

07 **Development projects developed outside the region that propose projects
unsuitable for the region.** One example are projects that promote large-scale
single-crop agriculture (coffee, cacao, papaya) instead of traditional mixed farm
plots (*chacras*)

08 **The uncertainty caused by the designation of the area as Permanent Production
Forests (PPFs).** Blocks 4E and 4G cover 38% of the study area (approximately
50,000 ha). They have not been concessioned and it is not known if they will be
in the future. While in theory the law gives forests within PPFs some degree of
protection, in practice the weak presence of the state means that they are just as
vulnerable as other forests in the area

09 **The proposal of the Ministry of Energy and Mines to establish an 80-MW
hydroelectric power plant on the Cachiyacu River in 2021** (Finer and Jenkins
2012). A hydroelectric power plant on the Cachiyacu River is not a good
investment because:

- Landslides and earthquakes are frequent in the Cachiyacu headwaters, which
  would threaten the sustainability of a dam

- The damming of the river would generate massive changes downriver,
  including negative impacts on fishing and changes in flow

- Hydroelectric projects in Amazonia have a long history of social, ecological, and commercial failure

- Networks to distribute electricity (e.g., towers and cables) will require deforestation

10 **Water pollution caused by poor management of solid waste and raw sewage from humans and cattle** that poses risks to the health of local residents

11 **A general lack of zoning and land-use planning, and the incomplete and in some cases erroneous process of land titling**

12 **Unfounded rumors regarding the presence of gold in the Cordillera Escalera-Loreto,** which attract colonists whose mining could generate severe negative impacts on forests and aquatic habitats, as well as on the Shawi population

The Cordillera Escalera-Loreto is an impressive mountain range located on the western border of Peru's Loreto Region that is **recognized as a conservation priority at both national and regional levels.** The range has extremely high levels of biodiversity—a mix of Amazonian, premontane, and montane elements—as well as a wealth of unique ecosystems, endemic species, and species with limited distributions.

The indigenous communities that surround the mountain range are the most important stakeholders on the social landscape. More than 100 communities of the Shawi people occur to the east and northeast of the Cordillera Escalera-Loreto, dozens of Awajún communities are settled to the north and northeast, and a small number of Quechua Lamista communities are located in the south. The lives of indigenous residents depend on the healthy forests and pure water of the Cordillera Escalera, and residents of these communities have a strong commitment to their care and management.

Within the Shawi communities **dozens of archaeological sites** have been found. Some of them, such as the *Casa de Cumpanamá*, are among the most important in the entire Amazon. These sites attest to the long history of human habitation in the Cachiyacu watershed, whose legacy includes many other sites of historic and cultural importance.

The Cordillera Escalera-Loreto deserves immediate protection, as an irreplaceable resource both for the indigenous communities who live around it and for its diverse and endangered flora and fauna. The threats facing this landscape rich in biology, culture, and history are legion and they require immediate action.

PROTECTION AND MANAGEMENT	01 **Conserve the Cordillera Escalera-Loreto for the long term. At present the area has no legal status to guarantee its protection, and that makes it vulnerable to invasions, large-scale extractive activities, and deforestation. Additionally, no consensus exists among local stakeholders regarding how to best conserve the area**

- Create a working group to develop a strong consensus regarding the best legal mechanism for ensuring the protection of the Cordillera Escalera-Loreto. The working group should include the primary stakeholders of the area in order to generate and solidify a unified vision of conservation in both districts (Balsapuerto and Cahuapanas), both provinces (Alto Amazonas and Datem del Marañón), both regions (Loreto and San Martín), and above all, among local residents. The work must be begin with indigenous stakeholders, in recognition that a solid agreement among indigenous groups is fundamental for achieving effective conservation

- Obtain a Declaration of Regional Public Interest that makes the Cordillera Escalera-Loreto (130,925 ha) an official conservation priority, highlighting the importance of the area for local indigenous communities and biodiversity

02 **Implement legal protection of the Cordillera Escalera-Loreto** via a land use category that reflects a consensus of the working group in coordination with regional and national authorities

03 **Exclude large-scale extractive activities from the Cordillera Escalera-Loreto**

- Eliminate oil and gas concessions, timber concessions, commercial mining, intensive monoculture agriculture, and hydroelectric projects from the area

- Resize or eliminate Blocks 4E and 4G of Permanent Production Forest once the Cordillera Escalera-Loreto has been declared an area of public interest and its legal land use category has been determined

04 **Respect the decision of the Shawi people to not construct the proposed Moyobamba-Balsapuerto highway.** The highway is the biggest threat to the forests of the Cordillera Escalera-Loreto and the high quality of life of the Shawi communities who depend on its flora, fauna, and water

MANAGEMENT AND CARE OF THE CORDILLERA ESCALERA-LORETO

01 **Implement a system to protect and monitor the natural resources of the Cordillera Escalera-Loreto** in close collaboration with the indigenous communities, making use of existing communal patrols and monitoring

02 **In each watershed reach consensus on and strengthen communal agreements regarding the management of species that are hunted and fished in communal territories and in the Cordillera Escalera-Loreto.** These agreements should be founded on the recognition among local indigenous communities of the importance of letting game populations in the Cordillera Escalera-Loreto 'rest'

03 **Establish a system of comprehensive watershed management** that includes protecting intact areas of the Cordillera Escalera-Loreto and restoring areas that need it along rivers and streams in communal territories

04 **Promote economic activities that are compatible with the conservation and sustainable management of the Cordillera Escalera-Loreto**

- Jointly analyze and determine with indigenous communities and tourism companies the types of tourism (e.g., historical, cultural, ecological) that are desirable and feasible in the Cordillera Escalera-Loreto. This process should include a detailed analysis of the legal framework, practical limitations, target audiences, and the historical, cultural, biological, social, and archaeological research needed for tourism to succeed. Analyze and apply the lessons learned from tourism in the communities of Alto Cachiyacu in collaboration with the non-governmental organization Terra Nuova

- Implement the land use plan proposed by the Loreto regional government for the province of Alto Amazonas, with a special focus on areas surrounding the Cordillera Escalera-Loreto

- Analyze, identify, and evaluate together with the communities socially and ecologically responsible economic activities (e.g., agroforestry systems of coffee

RECOMMENDATIONS

**Management and
care of the Cordillera
Escalera-Loreto** (continued)

and cacao, silvo-pastoral systems, aquaculture) and the ideal scale at which these activities can maximize benefits and minimize negative impacts

- Ensure the active participation of the Shawi people (and the Awajún people in the northwest) in the planning, execution, and benefits of any economic activity that affects the Cordillera Escalera-Loreto or their quality of life

05 **Ensure the protection of the archaeological sites** in the Shawi communities of Balsapuerto District, which are the most important in Loreto. Implement the Archaeological Reserved Zone declared in April 2002 (National Directorial Resolution No. 314/INC) in the upper and lower watershed of the Cachiyacu River via a well-planned process. This should include mapping the zone, establishing management rules, and building a site museum, all of which should be carried out as a close and respectful collaboration between the Shawi people and relevant authorities

---

**PROMOTE DIALOGUE
AND COLLABORATION
BETWEEN THE LORETO
REGIONAL GOVERNMENT
AND THE SHAWI
COMMUNITIES**

01 **Continue to strengthen the ties between the Shawi people and government authorities so that they can take joint actions** (e.g., cooperation between DISAFILPA and the Shawi in order to address the Awajún settlement of Bichanak)

02 **Standardize and update the land-tenure information** that is in the hands of various stakeholders, in order to:

- Ensure that everyone has the same high-quality cartographic information on communities

- Resolve pending land tenure requests and resolve land tenure conflicts

03 **Disseminate the results of the rapid biological and social inventory and incorporate them into regional and municipal development plans, such as the regional land use plans of the provinces of Alto Amazonas and Datem del Marañón.** Promote ecological and economic zoning and land use planning at the district, watershed, and community levels

---

**MANAGEMENT AND
ZONING OF COMMUNITY
LANDS**

01 **Design and implement a system for managing solid waste and waste water, in order to eliminate this source of pollution** in rivers throughout the Paranapura watershed

02 Explore, through the Forest Investment Plan project 'Integrated Management of the Forest Landscape in the Strategic Focus Area of Tarapoto-Yurimaguas in the Regions of San Martín and Loreto,' **the opportunity to allocate funds for defining and implementing a common vision of management and conservation** of the Cordillera Escalera and the communal territories that surround it

ADDITIONAL RESEARCH AND INVENTORIES

01 **Carry out high-priority studies on the biological and cultural diversity of the Cordillera Escalera-Loreto.** Some topics include:

- A survey of habitat quantity and quality and population size of the yellow-tailed woolly monkey (*Lagothrix flavicauda*) in the Cordillera Escalera-Loreto. It is critically important to determine if the minimum elevation limit of 1,500 m reported in the rest of its range applies in the Cordillera Escalera-Loreto, because an effective estimate of the number of individuals remaining in Peru requires an answer to this question. Similar studies are an urgent priority for the forests between 1,200 m and 1,800 m just outside the Cordillera Escalera-Loreto on the San Martín side

- Additional biological inventories in the northern sector of the Cordillera Escalera-Loreto. The rapid inventory was sufficient to confirm the unique character of its poor-soil forests but too short to describe them in detail

- Geological and paleo-ecological studies to determine the age and origin of the lake near the Alto Cachiyacu base camp and to reconstruct the history of vegetation, climate, and human occupation of this region of the Cordillera Escalera-Loreto

- More detailed inventories of the plants, animals, and geology in the highest reaches of the Cordillera Escalera-Loreto, where rare and endemic species are concentrated

Technical Report

REGIONAL OVERVIEW

Authors: Corine Vriesendorp, Nigel Pitman, and Joshua Homan

INTRODUCTION

To the east of the Andes, a string of isolated ridges—technically known as sub-Andean cordilleras—stretches from Colombia through Ecuador into Peru (Fig. 4A). Because of the affinity of these outlying ridges with the sandstone tablelands in the Guiana Shield known as tepuis, rather than calling them sub-Andean cordilleras we are referring to them as Andean tepuis (see the chapter *Vegetation and flora*, this volume, for additional details).

In this chapter, we provide a brief overview of the Andean tepuis within the Loreto region of Peru, and then focus on one of these mountain ranges, the Cordillera Escalera-Loreto. We use a broad brush to sketch the topography, political boundaries, climate, geology, social context, and land claims within Cordillera Escalera-Loreto. We close with a look at the conservation of Andean tepuis from Colombia to Peru, and highlight the two greatest conservation opportunities in Peru: the Cordillera Escalera-Loreto and the Cordillera Manseriche-Cahuapanas.

ANDEAN TEPUIS IN LORETO

Loreto, a large region in northeastern Peru famous for its lowland forests, harbors five mountain ranges (Fig. 14). All showcase exposed sandstone, and all should be considered Andean tepuis. Four occur along Loreto's western edge: the Cerros de Kampankis, Cordillera Manseriche-Cahuapanas, Cordillera Escalera, and Cordillera Azul. Together with Sierra del Divisor, a smaller uplift deep within the lowland forests near the Brazilian border, these five Loreto mountain ranges represent an incredible confluence of species richness and rarity, creating:

1) An important point of exchange for species from the extremely diverse Amazon basin and the highly specialized flora and fauna of the Andes;

2) An evolutionary laboratory, where speciation occurs within the mountains themselves, through isolation from neighboring populations in the Andes and Amazon; and

Figure 14. The five major mountain ranges exceeding 350 m elevation in Loreto, Peru, with notes on their conservation status and references for more detailed information. Circles represent Field Museum rapid inventory campsites and percentages reflect the contribution of each mountain range to all land above 350 m in Loreto.

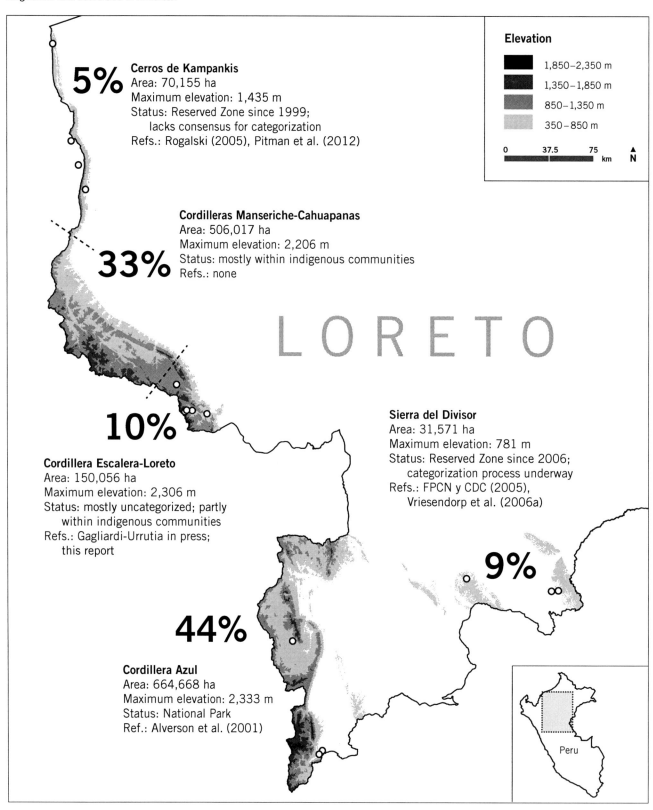

Cerros de Kampankis
Area: 70,155 ha
Maximum elevation: 1,435 m
Status: Reserved Zone since 1999;
    lacks consensus for categorization
Refs.: Rogalski (2005), Pitman et al. (2012)

Cordilleras Manseriche-Cahuapanas
Area: 506,017 ha
Maximum elevation: 2,206 m
Status: mostly within indigenous communities
Refs.: none

Sierra del Divisor
Area: 31,571 ha
Maximum elevation: 781 m
Status: Reserved Zone since 2006;
    categorization process underway
Refs.: FPCN y CDC (2005),
    Vriesendorp et al. (2006a)

Cordillera Escalera-Loreto
Area: 150,056 ha
Maximum elevation: 2,306 m
Status: mostly uncategorized; partly
    within indigenous communities
Refs.: Gagliardi-Urrutia in press;
    this report

Cordillera Azul
Area: 664,668 ha
Maximum elevation: 2,333 m
Status: National Park
Ref.: Alverson et al. (2001)

Elevation

- 1,850–2,350 m
- 1,350–1,850 m
- 850–1,350 m
- 350–850 m

0 37.5 75 km N

5%

33%

10%

44%

9%

LORETO

Peru

3) A strong affinity with rare white-sand forests scattered throughout the Amazon basin, and the tepui massifs on the Guiana Shield in Venezuela, more than 1,400 km to the northeast.

Although we include Sierra del Divisor in our consideration of Loreto's mountains above, that range is quite different from the other four (Fig. 15). Sierra del Divisor is shorter in stature (~800 m above sea level; hereafter m), isolated within the Amazon basin, and harbors fewer truly montane elements (although the ones that do occur there are terrifically interesting).

Of the four other mountain ranges in Loreto (Kampankis, Manseriche-Cahuapanas, Escalera, and Azul), Kampankis is the strong outlier. It is shorter (<1,500 m) and knife-thin compared to the broader, craggier peaks in the other three mountains (Alverson et al. 2001, Vriesendorp et al. 2006a, Pitman et al. 2012). Perhaps the most important feature of Kampankis

that makes its biological communities an outlier is the absence of large high-elevation plateaus or terraces. The Cordilleras Escalera, Manseriche, and Azul all have large flat areas at higher elevations, which appear to permit a fuller community of species to establish at a particular elevation.

Together, Cordillera Azul and Manseriche are 16 times the size of Escalera, and represent the largest expanses of montane habitat within Loreto. However, Cordillera Escalera harbors over half of the habitat between 2,200–2,400 m, and is the most important mountain range for higher elevations (Fig. 15).

Cordillera Escalera

We spent three weeks in the Cordillera Escalera—so named because the portion of the range visible from Tarapoto resembles a staircase (*escalera* in Spanish). Unlike some other Andean tepuis, such as the Sierra

Figure 15. Distribution of upland elevations (300–2,400 m) in Loreto, Peru, highlighting the five most important mountain ranges (Cordillera Escalera, Cerros de Kampankis, Cordillera Azul, Cordillera Manseriche, and Sierra del Divisor). The highest elevations in the miscellaneous category represent unprotected areas outside of Cordillera Azul National Park.

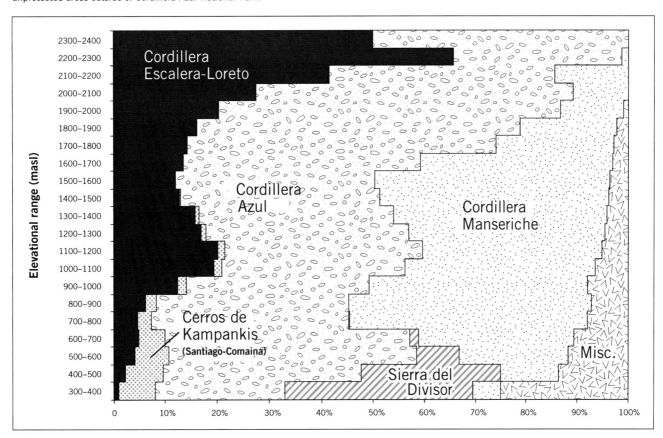

del Divisor, the Cordillera Escalera lacks well-defined geographic limits. While the southern portion of the cordillera is clearly delimited by the Mayo River and by lowlands to the east, south, and west, the northern portion is continuous with the Alto Mayo and Manseriche ranges (see map in Fig. 14). The Escalera-Manseriche ranges are traditionally distinguished from the Alto Mayo range by the Loreto-San Martín and Loreto-Amazonas borders, which in that region separate the eastward-flowing rivers in Loreto from the westward-flowing rivers in San Martín and Amazonas. There is no such consensus, however, regarding where the Cordillera Escalera stops and the Cordillera Manseriche starts (see map in Fig. 14).

As a result, the term 'Cordillera Escalera' has come to mean different things to different people. Some associate it with Cerro Escalera (a single peak near Tarapoto) or with the Cerros Escalera (the portion of the range visible from Tarapoto), both of which represent a miniscule fraction of the entire cordillera. Others associate it with the 149,870-ha Cordillera Escalera Regional Conservation Area, which is restricted to the southern portion and to San Martín. At the broadest scale, and given the poorly defined limits of the Cordillera de Manseriche, the Cordillera Escalera could also be understood to encompass the nearly 1 million-ha highland expanse stretching >300 km from the Pongo de Manseriche in the north to the Mayo River in the south.

Finally, it is worth noting that the term Cordillera Escalera was erected by cartographers with relatively little on-the-ground experience in the region rather than by the indigenous peoples who have lived in and explored the area for centuries. The Shawi have no name for the entire range, but instead prefer to name individual peaks.

CORDILLERA ESCALERA-LORETO

Our rapid inventory focused on a 130,925-ha portion of the Cordillera Escalera that is entirely within Loreto and bounded to the west and south by the Loreto-San Martín border (Fig. 2). This area, which we are calling the Cordillera Escalera-Loreto, is specifically defined as the Loreto portion of the Cordillera Escalera that falls within Shawi ancestral territory but does not fall within any titled native community. It should be noted that land titling in this area of Peru is an ongoing process, and there are still communities defining their native lands (including requests for expansion of existing titles) to the east of the Cordillera Escalera-Loreto, as well as contentious land use claims within the mountains themselves (see the sections 'Social context' and 'Land claims and land titling' below).

Topography and political boundaries

The Cordillera Escalera-Loreto is a roadless, forested wilderness spanning more than 2,000 m in elevation (200–2,300 m), and its mountain crests create a natural boundary between the region of Loreto to the east and the region of San Martín to the west. These crests include 6 of the 10 highest peaks in Loreto, and shelter the headwaters of the Paranapura, Yanayacu, Cachiyacu, and Armanayacu rivers (which drain into the Huallaga), and the headwaters of the Cahuapanas and Sillay rivers (which drain into the Marañón). The proposed conservation area (130,925 ha) is entirely within Loreto but spans two districts and two provinces: Balsapuerto District, Alto Amazonas Province in the south (74%), and the Cahuapanas District, Datem de Marañón Province in the north (26%). The Amazonian town of Yurimaguas in Loreto (~45 km to the east) and Moyobamba in the inter-Andean valley in San Martín (~25 km to the west) are the nearest cities.

About 100 km in length, the Cordillera Escalera-Loreto is composed of two ridges running northwest to southeast, with the western ridge higher than the eastern one by 600–800 m, and the highest points in the southwestern corner (~2,300 m). In the southern portion of the Cordillera Escalera-Loreto, a wedge-shaped valley separates the two ridges, spanning nearly 17 km at the southwestern end. In the northern portion, the major feature is a broad plateau that spans about 35,000 ha, covers elevations from ~1,200 to 1,400 m, and rises above the sandstone valleys (~1,000 m). Loosely in the middle of the northern and southern portion, an uplift that ranges from 1,050 to 1,650 m creates a drainage divide such that rivers in the southern portion flow south and then northeast towards the Huallaga River, and those in the northern portion flow northeast towards the Marañón River.

Geology within the Cordillera Escalera-Loreto

Ten different geological formations occur within the Cordillera Escalera-Loreto, spanning deposits from the Tertiary, Cretaceous, and Jurassic. The two older formations, the Cushabatay (~145 mya), a marine deposit from the Cretaceous, and the Sarayaquillo (~165 mya), a continental deposit from the Jurassic, represent more than 65% of the underlying geologies. Broadly, the underlying material within the Cordillera Escalera ranges from sandstone (53% of the area) to red beds (36%), and limestone and shale (8%), with the red beds (deposits of iron-rich sediment) harboring a few important salt outcrops.

In the southern portion of the Cordillera Escalera-Loreto an extended fault line runs from northwest to southeast, following the general orientation of the mountain range itself as well as the course of the Cachiyacu River. Another long fault line crosses the drainage divide and heads generally towards Balsapuerto, an area with extensive faulting nearby. Two fault lines occur near the salt mine at our first campsite (see the chapter *Sites visited during the biological and social inventories*, this volume). With the exception of the transversal fault at the drainage divide, fault lines in the southern portion orient along a northwest-southeast axis. In contrast, the northern portion of the Cordillera Escalera is crisscrossed with fault lines. As a consequence, the Cahuapanas River in the north carves a gigantic bend around the plateau and then turns back on itself in another gigantic bend to form a large 'S' as it flows northeast towards the Marañón, while the Cachiyacu in the south flows more or less in a straight line.

Climate

The three closest meteorological stations are in Moyobamba, Yurimaguas, and Tarapoto. Using data from these stations, and the maps and data generated by WorldClim (Hijmans et al. 2005), we can piece together general climate patterns for the Cordillera Escalera-Loreto. The area experiences a regular dry season from May to October. Mean annual precipitation is ~1,700 mm and annual values range from 1,375 to 2,100 mm/year. Annual temperature ranges from 18 to 26°C, with average temperatures at 23°C. Remarkably, average daily variation in temperature (~9°C) is similar, and slightly greater, than average mean daily variation across the entire year (~8°C). Compared to the neighboring lowland Amazonian sites to the east, the Cordillera Escalera-Loreto is markedly drier (1,000–2,000 mm less rain per year), and exhibits greater daily and annual temperature variation.

Social context

Native communities line the Cordillera Escalera-Loreto on every side. In the Balsapuerto district in Loreto, some 20,000 Shawi (also known as Chayahuita, Kampu Piyawi, or Kampu Piyapi) live in communities along the Paranapura, Yanayacu, Cachiyacu, and Armanayacu watersheds, and their communal lands abut the Cordillera Escalera-Loreto, considered Shawi ancestral territory. In the Cahuapanas district there are Shawi and Awajún living along the Cahuapanas River, with some communities apparently within the proposed area. On the western side of the mountains in San Martín, about 4,559 Awajún live in native communities within the Mayo watershed. There is one Quechua Lamista settlement to the southeast of the Cordillera Escalera-Loreto.

The Shawi who live on the eastern edges of the Cordillera Escalera-Loreto have a rich history connecting them to the region. Indeed, although their origins are unknown, petroglyphs found at sites such as Cumpanamá suggest a very early human presence. Ceramic objects, however, dating to approximately 1,000–1,200 BCE have been found at various archaeological sites along the Cachiyacu River, suggesting the presence of indigenous groups unrelated to contemporary Shawi peoples (Rivas 2003; see the chapter *Archaeology of the Paranapura basin*, this volume). While the region's more recent history, especially over the past 500 years, is filled with domination by outsiders—Jesuit missionaries, *encomenderos*, government officials, rubber barons, *hacienda* owners, and *regatones* (itinerant traders)—the Shawi have strongly resisted these intrusions in their lives and continue to maintain a strong cultural, social, and linguistic identity as well as a deep 'traditional' knowledge of the environment drawn from their cosmovision.

The Shawi are part of the Cahuapana ethnolinguistic family, which also includes the closely related Shiwilu peoples of the Aipena River. The total population of the Shawi in the Cahuapanas, Paranapura, and Shanusi watersheds is roughly 21,000 individuals (INEI 2007). In the District of Balsapuerto, where the social team undertook fieldwork in September and October 2013, there are 126 Shawi communities along the Paranapura River and its numerous tributaries (Fig. 31, Appendix 12). There are also five Shawi communities in the Departments of Loreto and San Martín located along the Shanusi River, a tributary of the Huallaga River. Likewise, there are a number of communities found on the Cahuapanas and Sillay rivers that flow into the Marañón River, with some Shawi and some Awajún settlements.

Throughout the region, the Shawi rely upon shifting (slash-and-burn) agriculture and small-scale subsistence hunting and fishing in their daily lives. These practices are intrinsically linked to an animistic cosmovision which aids in the regulation and maintenance of their natural resources. The Shawi are also excellent herdsmen, with many communities having large communal herds of cattle. Due to this practice, however, much of the land immediately surrounding populated areas has been converted into pasture, leading to high rates of deforestation. Further away from communities, especially on the eastern slopes of the Cordillera Escalera, are healthy forests which the Shawi manage based upon a system of ancestral and community agreements.

Land claims and land titling

Titled native communities surround the Cordillera Escalera, and many of their boundaries are well-defined. However, there remains a need for titling established but unrecognized communities and expanding established communities, especially in the Cahuapanas municipality but also in Balsapuerto.

Regional maps indicate that there are no settlements within the Cordillera Escalera-Loreto itself. Nonetheless, during our May 2013 overflight we observed two inhabited sites: one known as Bichanak, and one possibly called Kaupan (see Appendices 1 and 2). We have gathered substantial information about Bichanak, and we know very little about Kaupan.

Bichanak is a settlement of Awajún people from the San Martín region, and is about a three-and-a-half hour hike from our Alto Cachiyacu campsite (see Appendices 1 and 2 and the chapter *Sites visited during the biological and social inventories*, this volume). From the air we observed 11 houses, with three in serious disrepair, and no more than 2 ha of open fields. We did not observe any people, or signs of people, during the overflight. We did see campfires during our fieldwork.

The Shawi consider Bichanak an invasion of their ancestral territory. Bichanak is the second attempted settlement of the area by the Awajún. Our Alto Cachiyacu campsite housed the initial Awajún settlement, known as Bashuim. Eight years ago the Shawi dislodged the Awajún living in the six houses in Bashuim, and that settlement relocated farther upstream and renamed itself Bichanak.

A week before the social and biological teams arrived in the field, a commission of governmental officials walked from Balsapuerto to evaluate Bichanak's request to be titled (~80,000 ha). Based on their observations, DISAFILPA, the land titling office within the regional government of Loreto, subsequently recommended annulling Bichanak's status as a native community, and will not be titling these lands (Oficio 338-2013-GRL-DRA-L-AAAA/DISAFILPA/032). However, given the Awajún persistence in settling these lands over the last decade, this will likely continue to be a point of tension into the future.

The settlement in the north (S 05°31'41.70" W 76°54'52.10") may be a community known as Kaupan (Huertas 2004). From the air we observed a long *maloca*, three or four scattered smaller houses, and gardens with banana and manioc surrounding the inhabited area. When we flew over, women and children ran into the forest, and a handful of men stood near the *maloca* and held their ground. We do not know anything about this community. It seems likely that these are Awajún from the Cahuapanas district. Our social and biological inventory teams both received reports of a settlement in the north, either known as Nueva Jordania or Jerusalem. This may be the settlement we saw, or may reflect additional settlements within the area.

Our biological team experienced first-hand the tension around the territory in the northern part of the Cordillera Escalera-Loreto. On the morning of 30 September 2013, a group of 22 Awajún and Shawi indigenous people occupied our Alto Cahuapanas campsite. They appear to have come from the communities of San Ramón de Sillay and Nueva Jordania, both to the north of our campsite. They arrived covered in warpaint, firing shotguns, and shouting in Awajún. They had heard a rumor that we were the oil company and had decided to act on it. Luckily, no one was physically injured, and we were able to defuse the tension and explain that we work to conserve forests and the quality of life of indigenous residents. After a few hours they left, taking with them a lot of our scientific gear (cameras, binoculars, tablets), some of our scientific data (memory cards, notebooks), and some of our personal camping gear (tents, medicines). None of these materials had been returned 10 months later, despite promises from local leaders, including the mayor of Cahuapanas.

One of the great strengths in this region is the fierce local commitment to the Cordillera Escalera mountains. However, both the contentious settlement of Bichanak and the robbery in Alto Cahuapanas underscore the importance of resolving land use claims and building a consensus view of conservation of the Cordillera Escalera-Loreto.

CONSERVATION LANDSCAPE

Andean tepuis harbor both high diversity and high concentrations of rare, endemic or threatened species, and many have been incorporated into protected areas from Colombia to Peru. However, two critical pieces stand out as huge remaining conservation opportunities, and both are in Peru: the Cordillera Escalera-Loreto and the Cordillera Manseriche-Cahuapanas.

These two areas have the potential to unite two conservation complexes. In northern Peru there is a cluster of protected areas associated with Andean tepuis: Parque Nacional Ichigkat Muja (Cordillera del Cóndor, 88,477 ha), Reserva Comunal Tuntanaín (94,967 ha), and the Zona Reservada Santiago-Comaina (Cerros de Kampankis, 398,449 ha). In central Peru, there is another cluster of conservation areas: the Área de Conservación Regional Cordillera Escalera in San Martín (149,870 ha), the Bosque de Protección Alto Mayo (182,000 ha), the Parque Nacional Cordillera Azul (1,353,190 ha), and the Zona Reservada Sierra del Divisor (1,478,311 ha).

Between these two conservation complexes is a stunning, forested, unprotected expanse, extending from the Cordillera Manseriche-Cahuapanas (~712,000 ha) to the Cordillera Escalera-Loreto (130,925 ha). Protecting the Cordillera Escalera-Loreto and Cordillera Manseriche-Cahuapanas unites protected Andean tepuis in northern and central Peru and creates a more than 4.58-million-ha continuous corridor.

The impact of consolidating this corridor extends beyond northern and central Peru to southern Peru, Colombia, and Ecuador. Farther south in Peru there exists an archipelago of other protected Andean tepuis: Parque Nacional Yanachaga-Chemillen (122,000 ha), Reserva Comunal El Sira (616,413 ha), Parque Nacional Otishi (305,973 ha), Reserva Comunal Asháninka (184,468 ha), Reserva Comunal Machiguenga (218,905 ha), Santuario Nacional Megantoni (215,868 ha), as well as the higher elevation areas within Parque Nacional Manu and Parque Nacional Alto Purús. In Colombia and Ecuador, the Andean tepuis include the Parque Nacional Natural Sierra de la Macarena (629,280 ha), and the Parque Nacional Natural Serranía de Chiribiquete (2,780,000 ha) in Colombia, the Cordillera Galeras (14,687 ha) within Parque Nacional Sumaco Napo Galeras, the unprotected but forested Cordillera Kutukú in Ecuador, and the Cordillera del Cóndor along the Ecuador-Peru border. Protecting Cordillera Escalera-Loreto and Cordillera Manseriche-Cahuapanas would create a necklace of protected areas across Colombia, Ecuador, and Peru that spans more than 20 million ha of highland wilderness isolated from the main Andes.

Our inventory focuses on one piece of this urgent conservation opportunity: the Cordillera Escalera-Loreto. However, we fervently hope that both the Cordillera Escalera-Loreto and the Cordillera Manseriche-Cahuapanas will receive protection.

SITES VISITED DURING THE BIOLOGICAL AND SOCIAL INVENTORIES

Authors: Corine Vriesendorp, Lina Lindell, Joshua Homan, and Luis Torres Montenegro

INTRODUCTION

Our two teams—one of 18 biologists and geologists, and the other of six social scientists—spent three weeks in the Cordillera Escalera-Loreto. The biologists and geologists sampled three sites deep within the mountain range itself, and the social scientists visited nine communities along the eastern edge of these mountains. Below we describe the sites visited by the biological/geological team, as well as the communities visited by the social team. These descriptions lay the groundwork for the results reported in the rest of the technical report.

SITES VISITED BY THE BIOLOGICAL/GEOLOGICAL TEAM

While the Cordillera Escalera encapsulates a broad altitudinal range (200–2,300 m), the bulk of the mountain range occurs within 800–1,400 m (67% of the area; Fig. 16). Our team sampled three sites, moving roughly from south to north, and increasing in elevation as we moved from one camp to another. Our basecamps were situated at 350, 500, and 1,050 m; in addition, above our 500 m camp we established satellite camps at 1,200 and 1,950 m. We chose these sampling sites deliberately as we wanted to cover the greatest possible elevation gradient (300–1,950 m). We nearly spanned Cordillera Escalera's elevational range in its entirety, only missing sites between 1,950–2,300 m. Notably, our study is the first to sample biological communities above 1,450 m in Loreto. For reference, the most relevant points of comparison from other biological inventories are the highest points in the Kampankis range (Pitman et al. 2012; Quebrada Wee, 310–1,435 m; Quebrada Katerpiza, 300–1,340 m), and a few sites sampled at intermediate elevations in Cordillera Azul (Alverson et al. 2001; Pisqui Campamento Subcresta, 1,150–1,170 m, Pisqui Campamento Cresta, 1,220 m).

Two of our sites are in the southern portion of the Cordillera Escalera-Loreto, and one site is in the northern portion. Our two southern sites are situated alongside the Cachiyacu River: one near salt outcrops (known as a 'diapir') below the Pumayacu waterfall, and the other about 13 km westward in the upper reaches of the Cachiyacu as it drains both the east- and west-facing mountains that flank the Cachiyacu River valley. Our northern site is in the upper Cahuapanas River basin, north of the drainage divide in the middle of the proposed conservation area.

Our three sites shared some common features: extensive areas of sandstone, thick rootmats that create a 'spongy' forest floor, low mammal abundances, signs of human presence, few or no mosquitoes, and a terrific abundance of butterflies and *Paraponera* ants. However, each site had unique elements that were not found at the two other sites.

We used our observations of unique and shared elements to stitch together a general impression of the Cordillera Escalera-Loreto for geology, hydrology, soils, flora, vegetation, fishes, amphibians, reptiles, birds, and mammals (including bats and rodents).

Below we give a brief description of our three campsites. The technical report that follows provides more detailed information for specific taxonomic groups as well as geology and hydrology.

Mina de Sal (14–20 September 2013, S 5°53'22" W 76°36'15.7", 300–750 m)

This campsite was situated on a small and narrow terrace along the Cachiyacu River, the only flat terrain for many kilometers within the river valley. The campsite is on top of a salt extrusion known to geologists as a 'salt diapir,' whose salt outcrops are known to local people as the *mina de sal*. At this site we were about 4.3 km upriver from the settlement of Canoa Puerto (a three-hour walk for the Shawi), and inside the latest revision to the Canoa Puerto titled lands (SICNA, October 2013).

The Cachiyacu valley is narrow, and all of our trails rose quickly as one left camp. Trails followed ridgelines whenever possible. However, many of the transitions were quite steep, and we used handrails, ladders, and

Figure 16. Distribution of elevational coverage in 100-m increments throughout the Cordillera Escalera-Loreto, Peru.

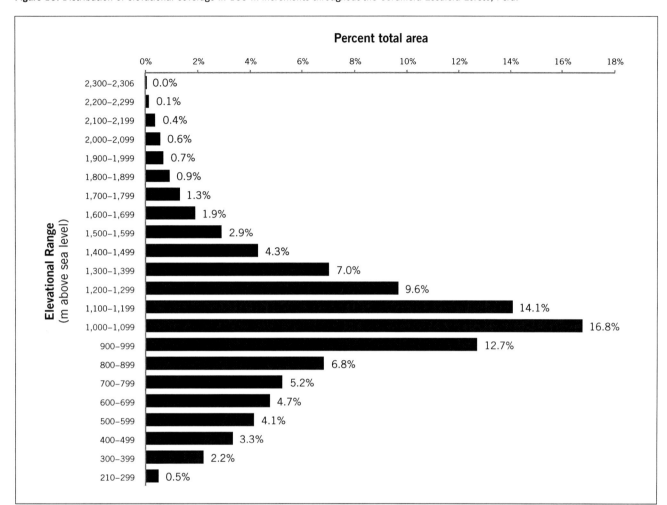

tree roots to scale the most extreme rock walls and slope faces. We explored 17.5 km of trails, four on the northwestern side of the river, and one 5-km-long trail on the southeastern side of the river. We did not reach the Pumayacu waterfall ~6 km upstream from our campsite.

The Cachiyacu riverbed spans ~60 m, and its waters rise and fall quickly in response to rainfall upstream. The river can only be crossed at low water levels, and even then the current is strong. When the river is low, about 25–30 m of rock-studded sandy riverbed is exposed. After it rains, the Cachiyacu becomes a roiling impassable river rising several meters in the course of a few hours. All scientists were under strict instructions to return to camp as quickly as possible if it began raining.

There are two major streams at this site: the Quebrada Shimbilloyacu (20 m wide) on the northwestern side of the Cachiyacu River and the Quebrada Escalera (also known as the Quebrada Buen Paso, 15-m wide) on the southeastern side. Both are similar in appearance, studded with large boulders covered in algae with a small suite of rheophytic plants growing on the boulders. These two streams, as well as all of the other smaller streams that drain the nearby hills and slopes, are clearwaters, while the Cachiyacu appears to be a whitewater river. On average, pH is relatively acidic (5.9) and conductivities are low (30 µS/cm). However, because of the salt mine and other salt deposits farther upriver, the Cachiyacu itself is an outlier, with a pH of 6.6 and a conductivity of 370 µS/cm.

Our trails explored several habitats, including tall forests on slopes, tall and dwarf forests on hilltops, and the gallery forest along rivers and streams. We sampled two geological formations: the Sarayaquillo (red sandstone with siltstone) from the Jurassic and the Cushabatay (sandstone) from the Cretaceous. The salt diapir represents an extrusion of salt separate from these two formations. Once a year, the Shawi travel as a big caravan of families to the salt outcrops to harvest salt (S. Rivas, pers. comm.). The salts are crusty rocks that vary from pink to gray to white in color. The Shawi prize the whiter, grayer pieces as table salt, and the pink pieces are used to salt fish or game. They also extract gypsum from the salt rocks to create a type of plaster. They use this plaster-like substance on their hands as they make cotton threads for their *pampanilla* skirts.

For most groups (plants, fishes, birds, and mammals), this campsite was a species-poor mix of lowland Amazonia and montane species, creating a no-man's transition zone where neither lowland nor upland species present a rich complement of species. Notably, amphibians and reptiles did not fit this pattern, and presented a diverse mix of lowland and montane species.

We found shotgun shells along many of the trails, as well as hunting blinds known locally as *barbacoas*. We did not hear or see any monkeys, and our only direct sighting of a mammal was a gray squirrel. We did see jaguar (*Panthera onca*), agouti (*Dasyprocta fuliginosa*), and paca (*Cuniculus paca*) tracks, as well as tapir (*Tapirus terrestris*) scat.

The Shawi of Canoa Puerto use this area to harvest sap from *leche caspi* trees (*Couma macrocarpa*, Apocynaceae) to seal porous ceramics. We found dozens of slashed trees, some with scars that are likely decades old, and some with fresh marks.

Our team found low fish abundances, and our local assistants report the past use of *barbasco* (*Lonchocarpus utilis*), a plant-based fish toxin, by downstream communities. For the last 30 years the Shawi have herded cattle, and local Spanish missionaries kept cattle in large haciendas for the last few centuries. The signs of this land use are evident in this camp — we caught a vampire bat (*Desmodus rotundus*), a sure sign of nearby livestock, and saw three cattle egrets (*Bubulcus ibis*).

Alto Cachiyacu base, intermediate, and summit camps
(20–27 September 2013)

This campsite was effectively three-camps-in-one. Our advance team cut a 9-km trail from the Cachiyacu River up to the elfin forest near the highest ridges. The route initially followed an old Shawi hunting trail out of our base camp at ~500 m along the Alto Cachiyacu River, then traveled 6 km upslope to an intermediate camp at ~1,200 m, and then advanced another 3 km upslope to our summit camp at ~1,900 m. The elevation gains were 115 m/km from the base camp to the intermediate camp, and about 230 m/km from the intermediate camp to the summit camp.

The trail connecting the three camps spanned 1,450 m in elevation (500–1,950 m), and traversed six major geological formations. From the base camp, one moves across successively younger formations through the Cretaceous (Chonta, Vivian, Cachiyacu/ Huchpayacu) to the Tertiary (Yahuarango), until reaching a fault line at 1,000 m, just below the intermediate camp. The inverse fault has uplifted older geological formations in the landscape exposing Tertiary and Jurassic materials contiguously. We found Jurassic red beds (Sarayaquillo) and Cretaceous sandstones (Cushabatay) on the highest slopes. While we were in the field *Erythrina ulei* trees were in flower, and from the helicopter we could see a flame-red line of trees cutting straight across the mountain slope. Oddly enough, these trees follow the fault line perfectly; we do not understand the underlying reason.

Our camp was located in a tectonically active area. We experienced this firsthand when on 26 September, our last day in this camp, an earthquake of 4.8 struck around midday. All scientists in the field and at base camp were knocked off balance by a short powerful quake, accompanied by a loud rumble.

At the summit camp, the advance team established a heliport at 1,900 m. One group of five scientists (a geologist, two botanists, an ornithologist, and a mammalogist) was airlifted to this site. All other scientists — minus the ichthyologists — visited the summit campsite by walking from the base camp, either a 6–8 hour hike all the way to the top or split over two days with a stay in the intermediate camp. Given the limited camping space at the summit camp (five tents maximum), we established a rotating system of one or two-night stays at the summit camp, and one or two-night stays at the intermediate camp.

Our base camp had an elaborate trail system of more than 12.6 km, the intermediate camp was explored only by the trail from the base camp to the summit camp, and the summit camp had about 900 m of trail exploring the elfin forest up to ~1,950 m. There was no source of water at the summit camp, the intermediate camp had an ephemeral stream, and the closest reliable water source was a stream 3 km from the basecamp, the Quebrada Churroyacu.

Below we describe each of these three camps in additional detail.

Alto Cachiyacu base camp (S 5°51'31.0" W 76°43'3.4", 500–800 m)

Our base camp was situated on a bluff along the upper Cachiyacu River, within the secondary forest that lines the river channel. We established our heliport within the debris field of a landslide. The landslide must be various decades old, as our Shawi counterparts cannot remember when it was formed. The secondary vegetation is reminiscent of successional river communities in Madre de Dios (Terborgh and Petren 1991, Puhakka et al. 1993), including *Gynerium* grasses, balsa trees (*Ochroma pyramidale*), *Cecropia polystachya* trees, and *Tessaria* shrubs. In nearly all of the Cordillera Escalera it seems likely that landslides and flash floods cause the successional bands rather than meander dynamics.

We were about 13 km from our first camp near the salt mine, on one of the two branches of the Cachiyacu that drain the highest peaks of the Cordillera Escalera (~2,000–2,300 m). Our branch of the Cachiyacu (~25-m wide) flowed southeast through a narrow canyon and around a 1,200-m tall escarpment; the other flowed northeast to plunge down the 200-m tall Pumayacu waterfall. The branches join about 5 km upriver from the salt mine.

At our base camp in the upper Cachiyacu the floodplain and river valley were slightly broader than the lower Cachiyacu near the salt mine. The dark rocks exposed along the Cachiyacu are from the Chonta

Formation, and are chock-full of marine fossils. Even though we were about 200 m higher than our camp in the lower Cachiyacu, we recorded greater diversity and abundance of Amazonian species at this camp, presumably because there were larger expanses of flatter areas here compared to the narrow river valley and steep slopes surrounding the salt mine.

We explored 12.6 km of trail from our base camp, spanning 300 m in elevation (500 to 800 m), including two big tributaries of the Cachiyacu (the Cachiyacu Colorado and the Cachiyacu Chico), one smaller stream (Churroyacu), and a mysterious lagoon that sits 100 m above the Cachiyacu Colorado. Both pH (4.9–8.4) and water conductivity (10–2,000 µS/cm) varied broadly at this site because of the broad variation in underlying geologies. The highest values reflect the dissolution of a massive salt deposit in the Cachiyacu Colorado watershed. The red bed material associated with the salt gives this stream its characteristic red color.

Our trails covered three major forested habitats: the gallery forest along the Cachiyacu River, a large swathe of forest regenerating after a substantial mudslide likely several decades old, and a stately forest of rich-soil Amazonian species. The Churroyacu stream was small (~3 m across) and filled with an abundance of snails, or *churros*. Both the Cachiyacu Colorado (~25 m wide) and Cachiyacu Chico (~20 m wide) flow through narrow canyons, and reaching the main river involved a steep descent of about 20–30 m to the river edge, on either side of the river. After a night of continuous rain, both streams were so swollen that neither the ichthyologists, herpetologists, or the geologist were able to cross, and none of these groups reached the lagoon.

The lagoon is situated above a landslide on the right bank of the Cachiyacu Colorado, measures about 60 m long and 25 m wide, and is barely visible on the satellite image. Its banks are muddy, and the surrounding vegetation is dominated by *Mauritia flexuosa* palms, despite occurring at 750 m. There is no obvious river or stream that feeds the lagoon, making it a strong candidate for providing interesting data from pollen cores. The Shawi claim that an anaconda presides over the lagoon, and that it never dries up. Over the course of three weeks (advance team and biological team), there were 10–12 individual Least Grebes (*Tachybaptus dominicus*) living on the lagoon, indicating that fish are present. It is difficult to know whether these birds are resident, breeding, or transient populations.

Our Shawi guides knew this area well, and said that every three months or so they hike two strenuous days from Balsapuerto to hunt and camp along the Cachiyacu Colorado.

Alto Cachiyacu intermediate camp (S 5°51'22.0" W 76°45'37.9", 800–1,700 m)

Our intermediate campsite was 6 km along the trail from our base camp, 100 m off the main trail, and nestled within a grove of strangler figs (*Ficus castellviana, F. americana, F. schippii* and *F. schultesii*, Moraceae). We established a tarp here to shelter anyone with mosquito nets from the rain, and beyond the tarp there was space for nine tents and a few hammocks. An ephemeral/intermittent stream ran through the campsite. It dried up during the advance trail-cutting work, but was flowing during the inventory. Our only trail through this landscape was the trail from the base camp to the summit, and we consider the forests between ~3 and 8 km along this trail as associated with the intermediate camp (800–1,700 m).

From roughly 3 to 6 km along the trail from our base camp, just below the intermediate campsite, the trail traversed a stately forest of mostly richer soil Amazonian trees. This forest closely resembled the forests about 6 km to the west (and about 300 m lower in elevation) between the Cachiyacu Colorado and Cachiyacu Chico rivers, which grow on the same geological formation of relatively young red beds (Yahuarango).

Above the intermediate camp, the landscape changed dramatically. Large boulders dominated both the campsite and the 200 m in elevation above the campsite (1,200–1,400 m), some about the size of a two-story house (~15 m wide and ~8 m tall) and most about the size of a small car (~3 m wide and ~2 m tall). Above the boulder landscape, between 1,400–1,700 m, the trail traveled through a cloud forest. At 1,700 m, the cloud forest transitioned to an elfin forest.

Alto Cachiyacu summit camp (S 5°52'2.1" W 76°46'29.3", 1,700–1,950 m)

This was the highest point we surveyed during the inventory, and it represented a complete turnover in flora and fauna from the basecamp. The landscape is hummocky and irregular, and covered in a thick swaying rootmat. With the exception of a single, tiny outcrop of sandstone on the small heliport, our geologist was unable to sample the underlying soil or bedrock because the rootmat is at least 2 m deep. Walking through the landscape was difficult, with deep holes between some of the larger roots.

An elfin forest (~3–5 m tall) grows here, with very dense, moss-covered stems. Our advance team labored for 6 hours to cut a 500-m trail. With another 1.5 km of trail-cutting, it is likely they would have reached the highest peaks. Two of the botanists and local Shawi guide cut an additional 400 m of trail towards the summit, and sampled an even shorter forest with different ground cover, and some floristic turnover. Everyone but the ichthyologists visited this site.

On clear nights, the lights of Yurimaguas were visible due east. Due west, Moyobamba is 29 km away, and remarkably, there was Movistar cell phone coverage at 1,900 m. Winds stream over these mountains, pushing clouds and weather over in quick succession. In a manner of minutes the weather can change from pouring rain to blue skies to drizzle.

Alto Cahuapanas (27 September–1 October 2013, S 5°39'51.8" W 76°50'20.4", 1,000–1,350 m)

This was our highest base camp and the one that most resembled the tepuis of the Guiana Shield. Approaching from the air, we spotted an extensive tableland (tepui) that rises 300–400 m above the valley below, and a gorgeous blackwater river, the Cahuapanas, draining these sandstone uplands. Visually, the landscape resembles that of the Nanay River in Loreto. However, the Cahuapanas winds through forests at 1,000 m while the Nanay meanders through the lowlands at 100–200 m.

We camped in the valley below the tableland, along the Alto Cahuapanas River. This was our only site in a regional drainage that flows into the Marañón to the north. Our other two sites were along a river that drains toward the Huallaga in the south. This site was the least geologically variable of our three sites, with all our trails traversing the floodplains and sandstones of the Cushabatay Formation. However, there was still extensive habitat variation. Our trail network of 11 km spanned stunted forests (known locally as *chamizales*) in the valley, a swampland, taller forests growing in the valley, cloud forest on the slopes, and elfin forests growing on hilltops.

We did not explore the tableland itself, but did visit nearby uplifts, and reached elevations 350 m above our campsite in the valley. One of the most remarkable finds at this site was a massive expanse of high-elevation *chamizales* covering the valley. From the air it was clear that these patches of obviously stunted forest occurred within a matrix of taller forests. We are not sure if these represent erosion of sands from the tableland, *in situ* production of sands in the valley, or both. Our initial approximations from the satellite image suggest that these *chamizales* cover about 700 ha, much larger than any of the known *chamizales* in lowland Loreto (e.g., the Allpahuayo-Mishana National Reserve, Jenaro Herrera).

The local streams are blackwaters and clearwaters, some with cobble bottoms, some with sandy bottoms. Here we recorded the most acidic waters (average pH = 5.2) and the lowest conductivities (3 – 12 µS/cm). The overwhelming majority of soils in this region have a spongy quality, in that you are on such a dense root mat that there is spring and give as you walk.

Our work at this site was reduced from four to two days when 22 indigenous people (a mix of Shawi and Awajún) occupied our campsite. They had walked from their communities of San Ramón de Sillay and Nueva Jordania, both to the north of our campsite, because they believed we were working without their permission in lands they consider their territory (see the section 'Land claims and land titling' in the chapter *Regional overview*, this volume). We were inadvertently caught in a fight between warring indigenous organizations (CORPI and ORDEPIAA) and municipalities (Cahuapanas and Balsapuerto). Luckily, no one was physically injured. We left the following day (1 October 2013), and with one exception, none of the teams conducted fieldwork on 30 September or 1 October. The bird team has scattered observation made in and close to base camp from both days.

SOCIAL INVENTORY SITES

The social inventory was undertaken between 16 September 2013 and 2 October 2013 in the region to the east of the Cordillera Escalera, specifically in the headwaters of the Paranapura, Yanayacu, and Cachiyacu rivers. During this period the social team visited two Shawi communities located on the Paranapura River (Nueva Vida and Los Ángeles), two communities on the Yanayacu River (San Antonio de Yanayacu and San Miguel), and five communities on the Cachiyacu River (Balsapuerto, Canoa Puerto, Puerto Libre, Nueva Luz, and San Lorenzo; Fig. 2B). In this report, we present three chapters with a generalized overview of the history, social organization, and cultural assets of the Shawi communities visited by the social team during the fieldwork period. One of those chapters examines the unique manner in which Shawi peoples relate to the environment, specifically in their knowledge, use, and management of natural resources in the Cordillera Escalera, and how this relates to perceptions of quality of life in the region (see the chapter *The biocultural heritage of the Shawi people: Use of natural resources, traditional ecological knowledge, and quality of life*, this volume).

GEOLOGY, HYDROLOGY, AND SOILS

Authors: Robert F. Stallard and Lina Lindell

Conservation targets: A geologically diverse landscape comprising two areas with contrasting rock, soil, and water types; in the south, a mosaic of various sandstones (quartz arenites, lithic, and sublithic arenites), limestones, shales, and small evaporates, associated with a diverse array of soil types and plant communities; in the north, a landscape dominated by Cretaceous quartz arenites, featuring soils and vegetation similar to those in other sub-Andean uplifts and Precambrian sandstones and deeply weathered granites on the Guayana Shield; streams and lakes spanning a broad range of acidity and conductivity, offering an exceptionally diverse habitat for aquatic organisms; historically and culturally important salt mines (evaporates); shallow, nutrient-poor soils and unstable slopes unsuitable for large-scale development

INTRODUCTION

The Cordillera Escalera forms a long and narrow range (about 125 x 30 km) that extends in an approximately NW-SE direction. At its northern end, the mountain front bends sharply to a WNW-ESE trend. Its southern end is the Huallaga River. The Cordillera Escalera separates two tectonic basins: to the southwest is the Huallaga tectonic basin, drained by the Huallaga and Mayo rivers, and to the northeast is the vast Marañón tectonic basin (Perupetro 2013). The later extends to the Iquitos Arch and underlies much of the Amazon lowlands in Loreto. These basins contain extensive lowlands that lie at about 200 m above sea level (hereafter m). The divide is also the political boundary between San Martín Region to the west and Loreto Region to the east. Slopes in the Cordillera Escalera tend to be steep (25–60°) and the highest summits are about 2,300 m. Many of the slopes are defined by the bedding planes on the harder sandstone formations that form the mountains and by cliffs that are perpendicular to the bedding.

Regional geology

The Cordillera Escalera rapid inventory is similar to previous rapid inventories in Cordillera Azul (Foster 2001), Sierra del Divisor (Stallard 2006), and Cerros de Kampankis (Stallard and Zapata-Pardo 2012) in that all of these landscapes are dominated by bedrock that was deposited before (older than) the uplift of the

contemporary Andes. In other inventories in Loreto (i.e., ones not listed in the previous sentence), all the bedrock was deposited during and after the uplift of the Andes and was, in part, derived from these pre-uplift rocks. The rock formations in these mountains have different names depending on the literature source and local presence or absence, which in part depends on faults that were active in the Mesozoic and Cenozoic (more than 65 million years ago). Here we use the names from the summary of the geology for the Balsapuerto-Yurimaguas region by Sánchez et al. (1997). For geologic dates, we use the Geological Society of America geologic time scale (Walker and Geissman 2009).

The oldest geological formations in each of these ranges are the Jurassic red beds of the Sarayaquillo Formation (~175–145 million years old). This is followed by various sandstones, shales, and limestones that were deposited in a near-coastal environment. In the Cordillera Escalera, two massive, clean (white) quartz sandstone formations (quartz arenites) dominate: first the Cushabatay Formation, and then the Aguas Calientes Formation. These date to the lower Cretaceous (125–94 million years ago), and are separated by the much thinner fine-grained sandstones and shales of the Esperanza Formation. The marine dark shales and dark limestones of the Chonta Formation follow in the upper Cretaceous (94–85 million years ago). The clean massive quartz sandstones of the Vivian Formation (85–83 million years ago, much thinner than the Cushabatay and Aguas Calientes formations) are deposited on top of the Chonta Formation. Starting near the end of the Cretaceous (70–60 million years ago), the sandstones and shales of the Cachiyacu-Hushpayacu Formation were deposited. These sediments transition into the continental red beds of the Eocene Yahuarango Formation (55–34 million years ago). Next in the section are the darker shales and limestones of the brackish-water Eocene-Oligocene Pozo Formation (20–25 million years ago). This is followed by the red beds of the early-middle Miocene Chambira Formation (25–12 million years ago). Both the Pozo and Chambira Formations eroded from the rising Andes and were deposited on the west margin of the Pebas/Solimões depositional system in the Amazon lowlands (Rahkit Consulting 2002, Roddaz et al. 2010). In the late Miocene (9 to 5 million years ago), the sandstones, shales, and conglomerates of the Ipururo Formation were deposited. Next, in the late Pliocene and early Pleistocene (2–3 million years ago), the fluvial conglomerates and sandstone of the Ucayali Formation were deposited. The Ucayali Formation and perhaps some of the subsequent alluvial deposits are contemporaneous with the Nauta 1 and 2 formations in the Amazon lowlands. The topmost alluvial deposits around Balsapuerto are pure white quartz sands, which in field appearance are quite similar to those in the Iquitos region and along the Blanco River (Stallard 2005a; R. Stallard, personal observation).

The eastern edge of the Cordillera Escalera is defined by a series of linked faults that are collectively described as the Eastern Peru (EP) Thrust Front (Veloza et al. 2012). South of the Escalera, roughly where it intercepts the Huallaga River, a second and more important set of faults trends north-south. These are the Pucallpa and Pasco Faults (PU, PA). To the west and south of these faults are small mountain ranges referred to as sub-Andean uplifts. From north to south, starting with the Marañón River, these ranges include the Cordillera Manseriche, the Cordillera Escalera, the northern Pampa del Sacramento, and the Sierra Contamana on the Contaya Arch on the east side of the Ucayali River. Negative gravity anomalies (see Navarro et al. 2005) indicate that the main sub-Andean uplift (negative anomalies indicating buoyancy) is to the west of the EP–PU/PA faults and does not include the Contaya Arch, which is an older crustal feature like the Iquitos Arch (both have a positive gravity anomaly indicating crustal support). In detail, the fault systems just described are often formed from a closely spaced series of smaller parallel faults. Additional more widely spaced parallel faults occur across the sedimentary basins. Many of the faults are reactivations of much older faults (Tankard Enterprises 2002).

The Andes were built as a series of orogenies (mountain-building episodes) caused by the subduction of the Nazca tectonic plate beneath Peru (Pardo-Casas and Molnar 1987). The Inca Orogeny in the Eocene-Oligocene (35–30 million years ago) established many of the active fault systems in the Escalera (Sánchez et al. 1997). Locally, downwarping caused a shallow marine transgression associated with the deposition of the Pozo Formation. The most recent uplift of the Andes and sub-Andean ranges is referred to as the Quechua Orogeny and occurred in three pulses which are designated I, II, and III. The Quechua I Orogeny took place from the end of the Eocene into the Miocene (25–20 million years ago). It is associated with the deposition of the red beds of the Chambira Formation (Sánchez et al. 1997) and volcanic intrusions east of the Cordillera Escalera and just south of Balsapuerto (Stewart 1971, Rodriguez and Chalco 1975). The Miocene-Pliocene Quechua II Orogeny is associated with the deposition of Ipururo Formation 10 to 5 million years ago. Most of the faults in the Escalera Mountains were active during this uplift (Sánchez et al. 1997). Notably, the Chambira Formation has been uplifted into the Cordillera Escalera near Balsapuerto (near the Mina de Sal campsite), indicating that major faulting and folding happened after the Chambira deposition, but before the Ipururo deposition. The Quechua III Orogeny (2 to 3 million years ago) is associated with faulting in the lowlands across the Marañón tectonic basin, including faulting described in the Matsés (Stallard 2005a), Sierra del Divisor (Stallard 2006), and Ere-Campuya-Algodón rapid inventories (Stallard 2013). The collision of two relatively buoyant topographic anomalies on the Nazca plate, the Nazca Ridge in central Peru and the now-consumed Inca Plateau in northern Peru, appear to have controlled the style of plate subduction in northern Peru, including the lack of volcanism and episodes of ore deposition (Gutscher et al. 1999, Rosenbaum et al. 2005). The uplifts caused by the subduction of these features may have had a significant role in biogeography starting about 10 million years ago (Stallard 2005b).

Ongoing orogenies and abundant faults are associated with earthquakes. Indeed, the Mayo Valley immediately to the west of the Cordillera Escalera has abundant earthquakes at depths of less than 70 km (Rhea et al. 2010). The lowlands just to the east have abundant earthquakes at depths of greater than 70 km. In both areas, the largest quakes are near magnitude 7. The high levels of seismic activity, the steep slopes, and the wet conditions are the likely cause of the landslides visible everywhere in the Cordillera Escalera.

The faults and folds that have built the sub-Andean uplifts have an important role in human and animal biogeography. Evaporites (deposits of rock salt, gypsum, and anhydrite), some quite thick, were deposited under this entire region during the Permian and Jurassic (Benavides 1968, Rodriguez and Chalco 1975, Alemán and Marksteiner 1996). Salts and saline waters are forced up some of these faults. Extremely salty waters (137,000 ppm chloride, or seven times more saline than seawater) have been encountered during drilling (Wine et al. 2001). The salt itself is extruded through deep vents, called diapirs, which penetrate the younger sediments. Extrusions and springs along faults in the Kampankis Mountains (Stallard and Zapata-Pardo 2012) and in the Loreto lowlands (Stallard 2013) form *collpas* (salt licks) that attract birds and mammals seeking salt. In the region around the Cordillera Escalera, there are numerous diapirs and extrusions along faults (Benavides 1968), including near two of our campsites (Mina de Sal and Alto Cachiyacu). These salt deposits have had a major influence on human geography and trade routes (Rydén 1962) throughout western Amazonia.

The great abundance of massive clean quartz sandstones in surface outcrops is a major feature not only of the Cordillera Escalera, but of many of the nearby sub-Andean uplifts and uplifts extending into Ecuador and Colombia. During orogenies, erosion starts removing all sediments that are lifted above the adjacent lowlands (above local base level). The softest (shales) and most chemically erodible (evaporites and limestones) sediments are removed first (weathering-limited erosion; Stallard 1985, 1988). With time, the most resistant formations prevail. Thus, during uplift the softest sediments contribute strongly to the adjacent basin deposits, while the chemically erodible sediments are carried in solution to the ocean or to lakes (Pebas system). The Quechua I orogeny probably removed much of the older erodible material from the Cretaceous and early Neogene, while the Quechua II continued this process and also removed the uplifted Chambira Formation. These re-eroded (polycyclic) sediments lose nutrients with each cycle of weathering and erosion, producing ever poorer sediments. With time, the slowly eroding clean quartz sandstones contribute an ever larger portion of clastic (particulate) sediment, causing associated river-borne sands to trend towards a purer-quartz composition. The fluvial terrace upon which Balsapuerto is built has soils of snow-white, pure quartz sand. It is reasonable to propose that this late-stage erosion may be the source of the white-sand deposits in the Amazon lowlands near Iquitos and to the south.

The region being considered for conservation status can be separated into two sectors based on geology and structure. The southern sector includes the entire Cachiyacu watershed, while the northern sector includes all of the watersheds to the north, the largest of which is the Cahuapanas River, which drains directly into the Marañón River. Between these two large watersheds is the Yaracyacu watershed. The valley of the Yaracyacu runs along the Shanusi-Yaracyacu Fault, which bends from NW-SE to almost W-E where it forms the boundary between the two sectors. The style of faulting and folding in the southern sector results in the exposure, at steep angles, of all the rock formations of the region. The exposure is also repeated across several faults. Some of these faults also have salt extrusions or salt springs, and there is one salt diapir, the *mina de sal*. In the northern sector the formations dip towards the lowlands, forming a long series of tabular sandstone ridges and shale valleys. The interior of the uplift has nearly horizontal bedding (<5° dip) and is eroded down to the Cushabatay sandstone and underlying Sarayaquillo red beds to form a broad interior valley with densely vegetated tabular sandstone mountains.

If it were not for the vegetation, the tabular mountains of the northern sector would resemble the tepuis of the Guyana Shield, formed from the Roraima metaquartzite (metamorphosed quartz sandstone). The difference between the Cushabatay sandstone and the Roraima metaquartzite is that the latter is much tougher and less porous. A peculiar softness of some layers is in fact a field indicator for the Cushabatay (Sánchez et al. 1997). Several factors may contribute to the difference in properties. Porosity is reduced with time and depth of burial, and the Roraima is 20 times the age of the Cushabatay. Water moving through pores dissolves the cement (usually also quartz), thereby softening the rock. Moreover, some layers in the Cushabatay are cemented with calcite (the main component of limestone), which is quite susceptible to chemical weathering. Even clean quartz sandstone has minor nutrient-bearing minerals, and more rapid weathering will provide more bedrock nutrients and sustain more vegetation. The northern sector, however, has the geology of a rather nutrient-poor landscape compared to the southern sector.

METHODS

To study the landscape of the Cordillera Escalera, we visited three sites located in some of the most interesting parts of the Cordillera (see the chapters *Regional overview* and *Sites visited during the biological and social inventories,* this volume). These three sites feature distinct characteristics, allowing the investigation of several different environments. One site was located in the northern sector of the cordillera, in the watershed of the Cahuapanas River, which discharges into the Marañón River (Fig. 2). The two other sites were located in the southern sector, in the Cachiyacu watershed, which discharges into the Paranapura River, which in turn discharges into the Huallaga River (Fig. 6C).

Field exploration was done traversing a trail system radiating from each campsite. In addition the banks of some of the largest rivers were traversed. Geographic coordinates (WGS 84) and elevation were recorded for every sample point for rocks, soils, and surface-water samples or measurements. Data for strike, dip, and alignment of other structures were recorded in azimuth degrees using a Silva compass. Different geological units were sampled, including evaporate materials and fossil specimens. For sampling and interpretation of lithology (composition of rocks), we utilized a rock hammer, chisel, hydrochloric acid (10% or 1.2M, to detect calcite), and a hand lens (10×). In total we collected 40 representative samples of Jurassic, Cretaceous, and Tertiary formations. To describe lithology we employed the bedding thickness nomenclature of Ingram (1954) and Watkins (1971) and the granulometric (grain-size) scales of Wentworth (1922), and to describe the composition of deposits we used the nomenclature of Folk (1962, 1974).

To study the relationship between different rock types and the soils developed upon them, we collected 16 soil samples. We worked together with botanist David Neill

to describe the composition of the plant communities in each sample site. Each sample is a composite of three profiles separated by a distance of 10 m. There was one exception: a site with a mosaic of distinct soils with narrow separation distances, where each profile was a single sample. The surface organic material (OM) was discarded and the top 10 cm of mineral soil collected. In the field laboratory, texture (Stallard 2005a) and color (Munsell 1954) were described. A set of kits (Rapitest) based on color comparison was used to measure pH and the following soil macronutrients: nitrogen (N), phosphorus (P), and potassium (K). Soil pH was also measured using ColorpHast pH strips in a 1:5 suspension of soil in distilled water. After returning from the field, soil samples were measured in a Peruvian laboratory (Consultores para la Innovación Tecnológica de la Amazonía) to determine percentages of sand, silt, and clay, as well as levels of macronutrients (N, P, K) and micronutrients (Fe, Cu, Zn, Mn, B), $CaCO_3$, OM, cation-exchange capacity (CEC), and exchangeable cations.

To characterize surface waters, we examined all the rivers, streams, springs, and lakes encountered near the camps and along the trails. A total of 27 sites were sampled. We recorded the strength of the flow, the appearance of the water, bed composition, the width and depth of flow, and bank height. We measured pH, electrical conductivity (EC), and temperature *in situ*. Water pH was measured using ColorpHast pH strips using four ranges (0.0–14.0, 2.5–4.5, 4.0–7.0, 6.5–10.0). Conductivity was measured with a portable digital instrument (Milwaukee CD 601). Three samples were collected in purged Nalgene bottles. A 30-mL sample was used to measure pH in laboratory conditions (same temperature, pressure, and calibration) using an ExStick EC500 pH/conductivity meter (ExTech Instruments). A 60-mL sample was collected to determine suspended solids. A 250-mL sample was collected for a comprehensive analysis of major constituents and nutrients. This sample was sterilized using ultraviolet light in a 1-L wide-mouth Nalgene bottle using a Steripen. The samples were stored and transported in a Styrofoam cooler to limit temperature variation and exposure to light. Suspended sediment concentrations were measured by weighing air-dried filtrates (0.2 micron polycarbonate filters; Nucleopore) of known-sample volumes. Studies of tropical rivers in eastern Puerto Rico (Stallard 2012) indicate that low concentrations (<5 mg/L) are typically dominated by organic matter while higher concentrations are mostly composed of mineral matter.

To assist in the interpretation of the water-quality data, the fraction of different lithologies within the contributing watershed of each sample was calculated. This calculation, based on a geological map and a digital elevation model, was done by Mark Johnston and Jon Markel.

RESULTS

The Cordillera Escalera is elongated with a strike that parallels the regional trend of the Andes (NW-SE). It is formed from sedimentary deposits that range from the Jurassic Period (160 million years) to the Miocene (5 million years). These deposits consist of 10 geological formations, including both marine and continental sediments. Lithologically, sediments encompass white quartz sandstones (53%) and red beds (also known as molasse, 36%) that include a few small evaporate deposits and shales with calcite (8%). These outcrops are similar to those exposed in the cordilleras to the north and south, whereas the sub-Andean zone to the west (San Martín Region) has a greater portion of younger lithologies, including a greater portion of limey material.

Erosion by the hydrologic network has produced a highly varied landscape in which the most resistant lithologies (sandstones) form deep valleys and scarps, whereas the softer formations (siltstones and shales) and easily dissolved limestone form less steep zones and inundated areas. The zone is strongly affected by folds and faults that have lifted the oldest lithologies to the surface. This is characteristic of the southern sector of the Escalera, which features the entire range of lithologies encountered in the Cordillera. Although quartz sandstones are abundant (40%), fine-grained lithologies have a major influence over the composition of water, soils, and plant communities. In contrast, the northern sector is more homogeneous, being composed principally of two distinct upland lithologies: the quartz sandstones of the lower Cretaceous (68%) and the red beds of the

Jurassic (19%). The valleys are floored by extensive Holocene alluvial deposits.

The edaphic character in the Cordillera Escalera depends on the lithological composition of the substrate and the topography (that is to say, the bedrock, colluvium, alluvium, altitude, slope, aspect, and drainage). Because much of the Cordillera is formed from quartz sandstones, most of the soils are moderately coarse to coarse-grained, shallow, and with little development (Entisols). Many of the soils have near-surface (<10 cm), partially weathered rocky material. These soils are generally acidic and nutrient poor. However, the red beds and the limestones, which contain calcite ($CaCO3$), have seen the development of much more fertile soils. Soils vary dramatically in texture and nutrient content because of the variation of the composition of the geological formations. The red beds, for example, consist in large part of sandstones (very fine- to fine-grained) but also have beds of siltstone and mudstone. Because of the rugged topography and tectonic processes (earthquakes) there is a high frequency of landslides and debris flows. Huge quantities of material are transported from the highest elevations to form colluvial deposits in valleys. The huge quantity of colluvium contributes to the mosaic of soils. The colluvial soils are distinguished from those that are uniquely derived from bedrock.

The chemical characteristics of surface waters reflect the compositions of the bedrock and soils they drain. Owing to the diversity of bedrock lithology there is a great variety in the chemical composition of surface waters (streams, rivers, and lakes). A large portion of the small streams have clear waters, whereas the rivers are turbid (white water), but there are also clear-brown waters. Measured laboratory pH varied between 4.3 (strongly acid) and 7.9 (slightly alkaline). In general, waters are more acid in the north than in the south, and average laboratory pH was 5.3 and 7.0, respectively. This is because the waters sampled in the north drain quartz sandstones and alluvial material derived therefrom, whereas in the south there is a higher abundance of fine-grained bedrock and calcareous material. Laboratory conductivity varied from very low (6.7 μS/cm) in water draining alluvium derived from quartz sandstones to high (1,767 μS/cm) in waters draining massive evaporates.

Average laboratory conductivity was 11 µS/cm and 277 µS/cm in the north and south, respectively. High suspended sediment concentrations are associated with streams that drain shales and red beds. In addition, high suspended sediment concentrations require high flows; compare two samples from the Cachiyacu in the Mina de Sal camp (high-water C1T0Q1/AM130003 and low-water C1T0Q3/AM130004 in Appendix 3).

The parameters and descriptions of the waters, soils, and rocks that were sampled and analyzed in the various camps of this rapid inventory are given in Appendices 3, 4, and 5, respectively. In the next sections we provide more detailed information about the sites visited.

Mina de Sal

The Mina de Sal campsite is located on the bank of the Cachiyacu River in the southern sector of the Cordillera Escalera (S 5°53'2.2" W 76°36'15.7", 267 m; Fig. 2). The rivers that drain the slopes around the camp discharge into the Cachiyacu which downriver joins the Paranapura River, a tributary of the Huallaga River. Because of inverse faults with the same trend as the Cordillera (NW-SE) bedrock of different ages has been lifted to the surface. The areas accessible from the camp are on two lithologic substrates. In the highest areas surrounding the camp are minor extensions of clean quartz sandstones of the lower Cretaceous (Cushabatay Formation) exhibiting a wide range of grain sizes (very fine to very coarse). However, most of the region around the camp is on upper Jurassic red beds (Sarayaquillo Formation). At the camp itself this is dominated by very-fine-grained reddish sandstones with a few beds of reddish siltstone. Associated with this formation are evaporites (salt deposits) formed from gypsum (or anhydrite) and rock salt (halite, NaCl), which are mostly exposed along the channel of the Cachiyacu (which means salt river). These salt deposits have played an important role in the development of the local communities and continue to be important to nutrition today. The Shawi also utilize the gypsum (which they call 'dead salt'). After it is roasted (converted to anhydrite) and pulverized to form a talc-like material, the gypsum is used in the production of cotton yarn for traditional clothing (*a'siantë*, or *pampanillas*).

Because of the steep slopes, much of the bedrock is covered with colluvium. This, along with variation in topography and the character of the bedrock, creates a mosaic of soils. The fraction of colluvial material derived from the quartz sandstones increases to the west and to higher elevations. There is also a greater abundance of colluvial material derived from clean quartz sandstones in areas to the south of the Cachiyacu. Despite the variation of soil compositions, it is possible to distinguish two main types: reddish-brown soils developed over the red beds, and grayish brown soils developed over the quartz sandstones. The soils on sandstones support a more diverse and taller vegetation than is typical for nutrient-poor and strongly acidic soils. Except for a small patch of ridgetop dwarf forest on quartz sandstones, the sandstones and red beds at a given altitude supported similar plant communities (tall slope forest). This can be attributed to this zone being in an area of lithological transition, as illustrated by a small zone of yellow-brown soils between the red beds and the clean sandstones. It may be possible that because of the tilt of the bedding, roots of vegetation developed on the quartz sandstones reach the red beds below.

Streams from various watersheds, arrayed in parallel, discharge into the Cachiyacu River on both banks. Two of these rivers were accessible from camp: the Shimbilloyaco and the Buen Paso stream. The properties of these waters (clear water, low conductivity, and moderate pH) indicate that the substrates are dominated by siliclastic sediments that do not contribute high concentrations of dissolved ions to these waters. Average pH was 7.0 (neutral), and conductivity was 30 µS/cm. In contrast, the average pH and conductivity of the Cachiyacu River, which drains rather varied lithologies in its headwaters, including evaporites, were 7.3 (neutral) and 330 µS/cm, respectively. This is a turbid white-water river because of the large suspended load.

Alto Cachiyacu

The Alto Cachiyacu campsite is located in the southwestern part of the Cordillera Escalera (Fig. 2), although east of the divide between the Mayo and Paranapura rivers. It is located on the bank of the Cachiyacu River, in the upper part of its watershed.

A long transect (Fig. 17) was studied between the camp (S 5°51'31.0" W 76°43'3.4", 510 m) and one of the ridges to its west (S 5°52'2.1" W 76°46'29.3", 1,930 m). This campsite is in the same zone affected by faults and folds as the Mina de Sal campsite. This campsite is distinguished from the others by the large variety of different bedrock types. Climbing from the fault towards the east, bedrock becomes older. On the west side of the fault, the pattern repeats with units becoming older to the west (Fig. 17). Bedrock type is strongly associated with landscape morphology. The formations most resistant to weathering (Sarayaquillo, Cushabatay, Aguas Calientes, and Vivian formations) form the highest landforms and near-vertical walls adjacent to softer substrates.

The uppermost parts of this transect were on the fine-grained, white quartz sandstones of the lower Cretaceous Cushabatay Formation, after which followed Jurassic red beds. The inverse fault places these formations in contact with the much younger red beds of the Tertiary Yahuarango Formation. This fault was located near the intermediate camp along the transect (S 5°51'22.0" W 76°45'37.9", 1,216 m). The fault trace is distinguished by a line of red-flowered *Erythrina ulei* trees (Fig. 17) that appear to favor the fractured rocks, which may aid

deep-root penetration and better access to plant nutrients or the fault may be a source of saltier waters that may favor these trees. To the east of this zone of red beds there are younger red beds that contain zones of fine sands cemented with calcite (Cachiyacu-Hushpayacu Formation) and the clean quartz sandstones of the Vivian Formation. At the Cachiyacu River are the dark-gray limestones of the middle Cretaceous Chonta Formation, in which fossils of marine organisms are abundant (including snails, bivalves, and ammonites). To the east of the river are the clean quartz sands of the Aguas Calientes Formation, then the thin limestone layers of the Esperanza Formation, and finally the red beds and sandstones associated with the Mina de Sal campsite.

Due to the great variation of bedrock lithology and topography, a mosaic of soils has developed with strong variation in color, texture, and nutrient content. At the highest elevations, soils are coarser and nutrient poor. These summits support dwarf forest growing on a thick, dense, spongy root mat. Below, in the areas with stronger influence of red beds, soils are dominated by fine-grained sands, have a finer texture, and support cloud forest. This zone exerts strong control over colluvium composition because of its steep slopes. Upon crossing the fault, the

Figure 17. Geology and vegetation along an altitudinal transect from Alto Cachiyacu base camp to Alto Cachiyacu summit camp, based on observations made during a rapid inventory of the Cordillera Escalera-Loreto, Loreto, Peru. Camp locations are indicated by two-letter abbreviations: BC=base camp, IC=intermediate camp, HC=summit camp. Geological formation codes, from old to young, are: Ji-p=Pucara (nowhere exposed), Js-s=upper Jurassic Sarayaquillo, Ki-C=middle Cretaceous Cushabatay, Kis-ch=middle-upper Cretaceous Chonta, Ki-v=middle Cretaceous Vivian, Ks-ca-h=upper Cretaceous Cachiyacu-Huchpayacu, P-y=Paleocene Yahuarango.

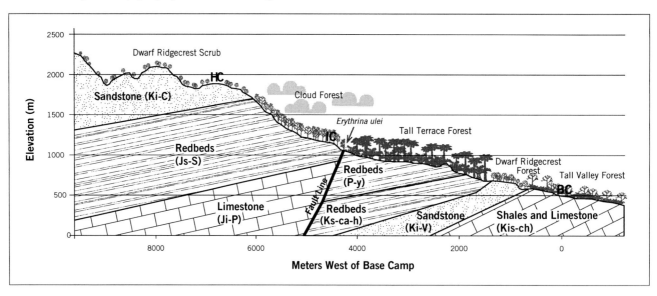

topography becomes gentle over finer-grained substrates (largely siltstones). This permits the formation of more nutrient-rich soils over which a cathedral-like forest has developed. Before arriving at the base camp is a thin bed of quartz sandstones (Vivian Formation) that is distinguished by a dwarf forest on its summits. On top of calcareous materials grows a tall valley forest and close to the river is a successional forest. The soils on the limestones are influenced by the sandy material in the colluvium derived from the adjacent Vivian Formation.

This camp provides access to a wide variety of streams, some with waterfalls and cascades, and small lakes. The great variation in bedrock lithology produces great variation in the chemical properties of surface waters. The properties of these waters (clear water, low conductivity, and moderate pH) indicate that substrates are dominated by siliclastic sediments that do not contribute high concentrations of dissolved ions to these waters. Measured pH ranged from 4.3 (strongly acid) to 7.9 (weakly alkaline), with an average of 6.5. Conductivity ranged from 10 µS/cm to ~2,000 µS/cm. The high values indicate somewhat salty waters draining evaporites. The reddish color of the Cachiyacu Colorado tributary is characteristic of surface waters associated with salt deposits.

Alto Cahuapanas

The Alto Cahuapanas campsite is located in the northern sector of the Cordillera Escalera (S 5°39'51.0" W 76°50'20.4", 1,028 m; Fig. 2). The campsite is in the headwaters of the Cahuapanas River, which contributes water to the Marañón River. The bedrock is dominated by the clean quartz sandstones of the lower Cretaceous Cushabatay Formation[1], some of which are tinted by iron. The zone to the southeast of the camp forms part of an anticline cored by Jurassic red beds of the Sarayaquillo Formation. There are also extensions of the red beds in the middle and upper parts of the watershed, upriver from camp. The camp is surrounded by faults and possibly associated folds, and these have created a depressed area that characterizes the site. It is also

possible that some of the quartz sandstones are cemented with calcite, as is indicated by solution pockets in some of the sandstones encountered. However, no calcareous material was encountered. Relatively low areas are formed from alluvial plains and undulating terraces that are increasingly dissected with altitude above the rivers. Channels with standing water are common. The alluvial terraces are covered with alluvial material, derived from the sandstones, of different ages. Because this area is surrounded by peaks with escarpments, colluvium derived from landslides has considerable influence on edaphic conditions.

This campsite is different from the previous two in several significant aspects. It is formed from one type of lithology (quartz sandstones) with strata being subhorizontal (the dips of <5° are less than those in the southern sector of Cordillera Escalera). Because the predominant bedrock in this part of the cordillera is quartz, sandstone soils and alluvial deposits have developed that are coarse-grained (sandy) and strongly acidic. These soils are nutrient poor and only support plants that can grow under these conditions. The waters sampled in this camp reflect the characteristics of the geological substrate. All the streams have strongly acidic waters (average pH = 5.3) and very pure waters, with conductivities between 6.7 µS/cm and 14.3 µS/cm (average = 11 µS/cm). Although waters at this campsite were rather homogeneous, it was possible to distinguish two groups of water. One group drained areas dominated by sandstones. These waters are clear brown, similar to weak black waters of the lowland jungle. In contrast, waters that drained alluvial deposits were clear and quite pure.

The region around this campsite features three types of substrates and principal morphological units. Variation of these substrates in nutrient and moisture content, along with topographic variation, has permitted the development of distinct plant communities. The classes of substrates include bedrock outcrops, colluvium, and alluvium. In general soils are moderately coarse to coarse-textured, but with a larger portion of silt and clay near summits. Areas with extensive bedrock outcrops support shrub forests with terrestrial bromeliads. Areas influenced by colluvial deposits are populated by plants that can tolerate drought stress. These areas are characterized by

---

1 The occurrence of the Cushabatay Formation was verified at this campsite. The particular properties of this formation were encountered in the other camps. These sands do not have glauconite, which is characteristic of the middle Cretaceous Aguas Calientes Formation. According to Sánchez et al. (1997), the formation is distinguished by its friable sandy matrix, at times without cement, which causes it to easily disintegrate.

one species of bromeliad that grows in the soil. When the substrate is alluvial in floodplains, there is a valley forest with a palm-rich understory. Another forest type in the flat valleys on alluvium is similar to the *chamizal* forest of the lowland jungle. Based on satellite images it is likely that these soils are developed on alluvium. These soils have a thick surface layer of organic material and are likely to include tropical peats. It is likely that streams draining these areas are black waters.

DISCUSSION

In this section we discuss the relationship between geology and water quality and geology, animals, and plants. Water chemistry is controlled by the weathering of bedrock, which also forms soils. Describing water composition also allows us to make inferences about the richness of the soils and their impact on the flora and fauna. Water composition (Fig. 18, Appendix 3), soil observations (Appendix 4), and rock descriptions (Appendix 5) allow comparison among inventory sites. The data, discussed below, indicate that the southern sector of the Cordillera Escalera possesses a very nutrient-rich landscape compared to inventory sites in Peru's Amazonian lowlands, but one quite similar to the Kampankis Mountains. In contrast, the northern sector has a nutrient-poor landscape that is similar to the Amazon lowlands in areas of quartz-sand soils, but unlike lowland landscapes on clay-rich soils.

Water quality, geology, and landscape

Thus far, seven rapid inventories have used conductivity and pH to classify surface waters. These are Matsés (Stallard 2005a), Sierra del Divisor (Stallard 2006), Nanay-Mazán-Arabela (Stallard 2007), Yaguas-Cotuhé (Stallard 2011), Cerros de Kampankis (Stallard and Zapata-Pardo 2012), Ere-Campuya-Algodón (Stallard 2013), and the present inventory. In addition, to expand the geographic frame of reference, during December 2012, Stallard visited the Gran Sabana and climbed the Roraima Tepui in Venezuela and made observations using the same water-measurement techniques.

The use of conductivity and pH (pH = -log(H+)) to classify surface waters in a systematic way is

uncommon, in part because conductivity is an aggregate measurement of a wide variety of dissolved ions. Data are typically distributed in a boomerang shape on the graph (Fig. 18). At values of pH less than 5.5, the seven-fold greater conductivity of hydrogen ions compared to other ions causes conductivity to increase with decreasing pH. At values of pH greater than 5.5, other ions dominate and conductivities typically increase with increasing pH. In the previous inventories, the relationship between pH and conductivity was compared to values determined from across the Amazon and Orinoco river systems (Stallard and Edmond 1983, Stallard 1985). For samples from lowland areas, conductivity-pH graphs permit one to distinguish waters that originate on different geological deposits (e.g., white sands, Nauta 1 and 2 formations, Pebas Formation) that are frequently hard to observe directly because of soil and vegetation cover. The presence of a thick root mat developed on soils correlates with samples of especially low conductivity and especially low pH. This feature, along with clear brown water, characterizes black water rivers. In all previous inventories, *collpas* (salt licks) have been distinguished by higher conductivity waters than streams in the same landscape.

The southern sector of the Cordillera Escalera is similar to the landscape sampled during the Cerros de Kampankis rapid inventory (Stallard and Zapata-Pardo 2012). In the pH-conductivity scatterplot the Kampankis samples overlap with samples collected from the southern sector of Cordillera Escalera (Fig. 18). However, the southern sector covers a lower range of values than the Kampankis inventory because more samples draining almost exclusively sandstones were collected in Kampankis. Waters from the lower Cachiyacu and the Cachiyacu Colorado had conductivity-pH measurements that matched *collpas* at other sites. Of particular note is that the Cachiyacu Colorado crosses the Julca Fault, one of the largest regional faults, just upstream of the farthest upstream sample. The Cachiyacu River at the Alto Cachiyacu base camp is not particularly salty, indicating that salt extrusion along the fault where the Cachiyacu Colorado crosses the trail may be an important source of salts in the surface waters. In general, however, salt is

Figure 18. Field measurements of pH and conductivity, in micro-Siemens per cm. The solid black symbols represent stream-water samples collected during this study, in the Cordillera Escalera-Loreto, Loreto, Peru. The solid light gray symbols represent samples collected during previous inventories; these are Matsés (Stallard 2005a), Sierra del Divisor (Stallard 2006, combined with Matsés), Nanay-Mazán-Arabela (Stallard 2007), Yaguas-Cotuhé (Stallard 2011), and Ere-Campuya-Algodón (Stallard 2013). Darker gray open symbols include Cerros de Kampankis (Stallard and Zapata-Pardo 2012) and samples collected by Stallard during December 2012 from the Gran Sabana and the Roraima Tepuy on the Guyana Shield of Venezuela. The open light gray symbols correspond to numerous samples collected elsewhere across the Amazon and Orinoco basins. *Collpa* (salt-lick) samples are indicated as black squares. Note that the Kampankis samples overlap the Cordillera Escalera samples. Samples from the Gran Sabana and the Roraima Tepuy form a distinctive grouping that is quite separate from the most dilute samples from Cordillera Escalera. Both drain quartz sandstone, but the substrate in the Guyana Shield is much older and tougher and less susceptible to weathering. Thus, although there are floristic connections between the Guyana Shield and the Escalera, the water compositions are somewhat different. Almost all of the Amazon and Orinoco black water rivers, including the Negro River, are from the lower-elevation Guyana Shield, and these overlap with the Escalera samples.

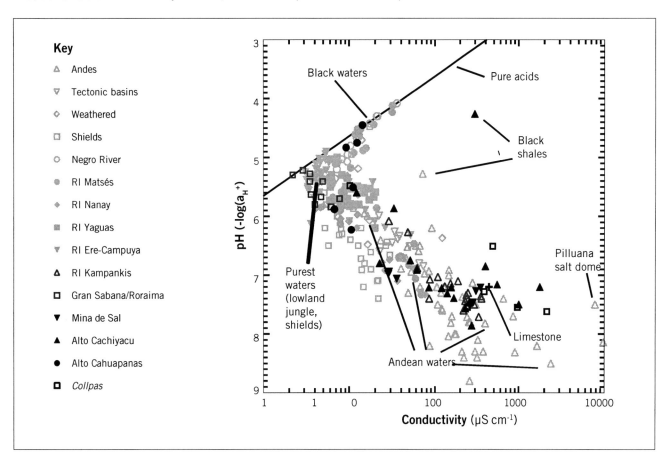

abundant in the southern sector. It is also likely that the *Erythrina ulei* trees that demarcate the fault line may be favored by these salts.

One southern-sector sample (C2T4Q1, AM130018) was unusual in showing anomalously low pH and high conductivity. The sample was collected from a 3 x 4 m pool of turquoise water that was too turbid (like glacial milk) to see the bottom. Two types of water have such a composition. One is acid hydrothermal waters, where the acids are hydrochloric and sulfuric. The other is waters derived from the weathering of sulfide minerals,

which produces sulfuric acid. This happens during the weathering of black shales, some sulfide-bearing estuarine deposits, and the weathering of sulfide mineralization (often associated with acid mine drainage). The sample was collected on the Chonta Formation, which has dark shale layers. A spring flowing out of a particularly sulfide layer characteristic of a black shale could explain this pool, wherein waters might be too toxic for typical wetland organisms.

Samples taken in the northern sector, near the Alto Cahuapanas campsite, lack any high-conductivity, high-

Table 1. Median values of measured chemical and physical soil attributes for the campsites visited during the rapid inventory of Cordillera Escalera-Loreto, Peru, with sub-Andean soils of San Martín (Escobedo 2004, Lindell et al. 2010) and the Amazon plain (McGrath et al. 2001) for comparison.

	Mina de Sal (n = 5)	Alto Cachiyacu (n = 7)	Alto Cahuapanas (n = 4)	Sub-Andean sites (San Martín) Inceptisols and Entisols (n_{max} = 156)	Amazon lowland sites Ultisols* and Oxisols** (n_{max} = 68)
Clay (%)	23	55	15	35	18*:61**
pH	3.6	4.3	3.7	5.6	4.7
OM (%)	3.2	3.0	0.7	3.4	2.6*:5.7**
N_{tot} (%)	0.17	0.16	0.04	0.30	0.15
P (ppm)	4.4	8.2	11.0	8.4	3.5
K (ppm)	58	192	51	78	n.a.
Ca (ppm)	48	3046	49	2325	220
Mg (ppm)	15	162	15	115	n.a.
CEC (meq/100)	7.0	18.8	4.2	10.8	3.5
BS (%)	8	77	14	99	n.a.

pH waters. Samples here resemble waters sampled during the Matsés rapid inventory in the quartz-sand areas near the headwaters of the Gálvez River and along the Blanco River (Stallard 2005a), and during the Nanay-Mazán-Arabela inventory in the Nanay headwaters (Stallard 2007). These are all variations of black-water rivers, some with almost pure organic acids and some with minor added cations. A dense root mat covers much of the landscape around the camp, reflecting the cation-poor soils. In several areas in the uplands the root mat was replaced by extensive buildups of sphagnum moss.

In contrast, the especially acid black waters are absent from the Roraima Tepui and the adjacent Gran Sabana, where waters are even purer (Fig. 18) and only lightly stained with dissolved organic matter. Root mats are also minimal to absent, but mosses are more abundant. Thus, while there may be floristic elements shared with the Guyana Shield in the quartz-soil landscapes of the Cordillera Escalera, the waters and soils are quite different.

In summary, the broad range of lithologies and the great abundance of quartz-rich sandstones has produced a landscape with the greatest variety of water types yet seen in any of the inventories, ranging from exceptionally solute-poor waters on alluvial streams in the northern sector to solute-rich streams affected by surface evaporites and salt-water springs in the southern sector.

Carbonates from the Chonta Formation and dispersed in shales produce an abundance of intermediate solute levels in the southern sector, accompanied by nutrient-rich soils and varied habitats. The acidic water that appears to be influenced by natural sulfuric acid is unique to all inventories but may reflect unusual soil conditions that could be accompanied by unusual flora.

Interpretation of soil characteristics

Soils from the three campsites exhibited great variation in physical and chemical characteristics. Soil texture ranged from coarse sand to fine clay. The finest soils, i.e. soils with a high percentage of clay particles, were found at the Alto Cachiyacu campsite. Soils at Mina de Sal were moderately fine, apart from the coarse soil over white sandstone at the highest elevations. In contrast, the alluvial soils at the Alto Cahuapanas campsite were in general moderately coarse to coarse. An exception was the fine yellow soil sampled on one of the summit ridges. Mineral nutrients ranged in concentrations as low as in soils of the Amazon lowlands to as high as measured in soils over calcareous substrates in adjacent San Martín Region (Table 1). In general however, the studied soils were strongly acidic and deficient in several important nutrients.

Soil texture is a very important soil variable because it is closely related to soil fertility. In a study of sub-Andean soils under different types of land cover, percent clay was found to be the most important driver of soil nutrient concentrations (Lindell et al. 2010). The fine soils of the Alto Cachiyacu campsite were indeed strongly elevated in nutrients compared to soils at the other two sites, both in terms of macronutrients (K, Ca, Mg) and micronutrients (Cu, Zn, Mn). Nutrient concentrations were particularly high along two sections ($z \approx 700$ m and $z \approx 550$ m) of a transect we studied stretching from the highest elevation down to the Cachiyacu River. These soils have developed over bedrock with calcareous material, the Cachiyacu-Huchpayacu[2] and Chonta formations. The elevated nutrient concentrations we measured are consistent with the notably high plant biomass, cathedral-like forest and tall valley forest respectively, observed at these sections (D. Neill, pers. comm.).

Soil reaction (pH) in the studied soils was strongly acid (median pH = 3.8[3]), and notably lower than in sub-Andean soils west of the Cordillera Escalera (San Martín; pH = 5.6) as well as in Ultisols and Oxisols of the Amazon lowlands (pH = 4.7; Table 1). Such low pH indicates that the studied soils have very poor capacity to buffer acid input and that there is a risk of aluminium (Al) toxicity. Al saturation was indeed elevated (potentially toxic) in almost 75% of the sampled soils, and base saturation was extremely low in many sites (median of 8% and 14% in Mina de Sal and Alto Cahuapanas respectively). The ability of the soils to retain nutrients (CEC) in these sites was very low to low and soil nutrients are thus highly vulnerable to leaching. In contrast, phosphorous (P) can become unavailable to plants in acidic soils through fixation to Al and iron (Fe). Measured P was in general very low to low and reached moderate levels at a small number of sites. Only the soils sampled over calcareous bedrock at the Alto Cachiyacu campsite and a sample of soils over evaporitic (salt) deposits at Mina de Sal were moderately acid (pH = 5.1–5.9).

Geological resource exploitation

This region is not noted for geological exploitation. According to PeruPetro (2013), two oil and gas concessions encompass the Escalera region — blocks 103 and 109 — and there are relatively few seismic lines within the Cordillera. Block 103 was acquired in 2004 by Talisman Petrolera del Perú; it is 871,000 ha in area, but only 120 ha of this are being exploited. Block 109 was acquired by Repsol Exploración Perú; it measures 359,000 ha, of which 90 ha are being exploited (presumably this is the area of active drilling sites and associated camps). The lack of seismic lines in the Escalera (PeruPetro 2012) is consistent with a low expectation for finding oil, which requires a source rock and a geological trap. The source rocks include the Chonta Formation and the Esperanza Formation, and several deeper formations, not exposed in the Cordillera Escalera (Rahkit Consulting 2002). The reservoir rocks are the Cushabatay, Aguas Calientes, and Vivian formations. Oil is lighter than water and migrates uphill. To be a suitable reservoir, one of these formations has to be sealed off by a fault or a fold. In the Cordillera Escalera these formations are subaerially exposed, and all oil within would have migrated completely out of the rock and been lost. As a result, most of the viable wells in the Marañón tectonic basin are away from the mountain front (Rahkit Consulting 2002). Blocks 103 and 109 could easily be reduced in size so as not to include the Cordillera Escalera.

The sedimentary rocks in the Cordillera Escalera are not suitable source rocks for gold or any other metals.

The hydroelectric potential of some of the deep valleys in the Cordillera Escalera is probably considerable, particularly where the Cahuapanas River exits the range. Sánchez et al. (1997) suggest that the limestones of the Chonta Formation would be suitable for making concrete, one of the requirements for dam building.

---

2 According to the geological map of the area, soil samples C2T3S1-S3 were developed over coarse sandstone (the Vivian Formation). The chemical data (high pH and high Ca) however suggest they overlay the adjacent calcareous red beds (the Cachiyacu-Huchpayacu Formation). Data further indicate that the contact boundary between these two geological formations is sharp.

3 Compare this value to the minimum tolerable pH values for some local crops such as banana (*Musa* spp., pH 4.0), cacao (*Theobroma cacao*, pH 4.5), and maize (*Zea mays*, pH 5.0; Porta and López-Acevedo 2005).

THREATS

The principal geological threat to this region is hydroelectric dams. The potential for viable oil, gas, and precious metal exploitation seems low, which suggests that hydrocarbon and mining are not important threats at this time.

Another factor that menaces the diverse ecosystem of the Cordillera Escalera is deforestation for agriculture and subsistence. The Cordillera Escalera is bounded by regions that are highly deforested and fragmented. The lands of the Cordillera Escalera are vulnerable owing to the steep topography and shallow soils. This is associated with the high frequency of landslides that have disturbed and displaced large quantity of soils, weathered bedrock, and bedrock. Moreover, the majority of the soils and alluvial materials are derived from quartz sands which produce strongly acidic soils that are poor in nutrients. Consequently the majority of these fragile soils are not appropriate for agricultural activities. Furthermore, because the landscape is dominated by landslides and much of the less steep areas and valley bottoms are subject to frequent inundations, much of the region is not suitable for human settlements.

RECOMMENDATIONS FOR CONSERVATION

- Protect the Cordillera Escalera to preserve its landscape of cliffs, steep hillsides, and ridges, created by tectonic and erosive processes acting over the last five million years, and the diverse soils and microhabitats that contribute to the region's high biodiversity. Adequately protected, the Cordillera Escalera will shelter a remarkable diversity of soils, plants, and animals.
- Avoid large-scale infrastructure development in the region. This is a region of major geological hazards. The potential for strong earthquakes (magnitude 7 or greater) and the steepness of the landscape mean that landslide risk is high. The channels have very large boulders and extensive scoured banks, a sign of frequent large floods. Because of these geological risks, the region is not suitable for capital-intensive infrastructure development in general. This includes roads, dams, extensive human settlement, and most agriculture.

- It is important to protect the soils of the Mina de Sal and Alto Cahuapanas campsites from deforestation since they are highly inappropriate for agricultural production given their strong acidity and low nutrient levels. In particular, the soils on the slopes at Mina de Sal need attention since they are located close to the agricultural-forest frontier. The area occupied by cathedral-like forest at Alto Cachiyacu also merits attention since the relatively high nutrient content and higher pH of these soils make them attractive for agricultural production.

VEGETATION AND FLORA

Authors: David A. Neill, Marcos Ríos Paredes, Luis Alberto Torres Montenegro, Tony Jonatan Mori Vargas, and Corine Vriesendorp

Conservation targets: Dwarf ridgecrest forest at elevations of approximately 2,000 m; many plant species with limited distributions, some of which have only been reported from forests on sandstone formations in Andean tepuis and are endemic to this area; dozens of species that are potentially new to science or new for the Region of Loreto; healthy, undisturbed stands of *Cedrelinga cateniformis*, a timber species that is subject to extreme extractive pressure in the forests of the Amazonian floodplain; a wide variety of plant species used by the Shawi people in daily activities for food, medicine, production of clothing, and construction materials

INTRODUCTION

The Cordillera Escalera extends for about 100 km along the border between the regions of San Martín and Loreto in Amazonian Peru, covering at least 300,000 ha of territory. The Escalera is one of the 'sub-Andean cordilleras' east of the Eastern Cordillera of the Andes, that include, from north to south, the Serranía Macarena in Colombia, the Cordillera Galeras and Kutukú in Ecuador, the Cordillera del Cóndor along the Ecuador-Peru border, the Cerros de Kampankis in northern Peru (actually a southern extension of the Kutukú), and south of the Escalera, the Cordillera Azul and Cordillera de Yanachaga in central Peru.

In this section we describe the vegetation and flora at each of the sites visited by the field team (see the chapters *Regional overview* and *Sites visited during the biological* and *social inventories*, this volume), with frequent reference to the biogeographic patterns of many of the species recorded. We begin with a brief discussion of the geological context of the region and the influence of geology on vegetation and floristic patterns. We point out the biogeographical connections between the flora of the Cordillera Escalera and other areas with sandstone and white-sand substrate, since such patterns have not been synthesized in previous publications and we report many of them here for the first time.

This chapter includes separate boxes on the floristic patterns of Andean tepuis, the vegetation of *chamizales*, and a comparison of the vegetation and flora in the Loreto and San Martín portions of the Cordillera Escalera.

The geological context

The geological composition of all of the sub-Andean cordilleras, unlike the main Andean chain which is mostly volcanic and metamorphic rock, is primarily of sedimentary deposits that were laid down long before the rise of the Andes, during the Cretaceous and early Tertiary periods, when this part of the globe was at the western edge of South America and in contact with the Pacific Ocean (see the chapter *Geology, hydrology, and soils*, this volume). During marine phases of deposition limestone was formed, and during the continental phases other types of sedimentary rocks were formed, including at times the quartzite sandstones that are similar, structurally and chemically, to the much older pre-Cambrian sandstones that make up much of the Guiana and Brazilian shields, the ancient core of South America. The sedimentary formations in Ecuador and Peru tend to have different names in each country, but at least some of these are just parochial nomenclature differences. For instance, the main sandstone formation in Ecuador, the Hollín, is equivalent to the Aguas Calientes and Cushabatay formations in Peru (Sanchez et al. 1997). The other main sandstone formation in Peru, the Vivian, is somewhat younger in age (late Cretaceous rather than mid-Cretaceous for the Hollín-Aguas Calientes-Cushabatay), and there may not be a temporal equivalent for the Vivian Formation in Ecuador.

The erosion patterns formed in these different sedimentary formations are very distinctive, and the physical and chemical nature of the soil varies according to the composition of the parent bedrock. Quartzite sandstone is very resistant to erosion and often erodes in vertical cliffs at the edges of horizontal or inclined mesetas (the incline of the sediment dependent on the tectonic events associated with the rise of the Andes). The soil formed from quartzite sandstone is usually highly acidic (pH 4.5 or lower) and extremely deficient in the basic nutrients essential for plant growth. Limestone sediments are readily dissolved by the acidic surface and subterranean waters, and limestone often forms karst landscapes, with sinkholes, caverns, and a mounded or 'dogtooth' terrain, and the acidity of the soil is buffered by the calcium carbonate in the parent bedrock. In areas of high rainfall such as eastern Peru, the soluble limestone is eroded much more quickly than the more resistant sandstone, so the sandstone layers that remain form the prominent ridges and table mountains of the region.

The floristic composition of the vegetation is very distinct in areas of sandstone vs. limestone bedrock. The flora of the sandstone areas is largely made up of species that can tolerate the extremely low nutrient levels and high acidity of the soil, grow quite slowly, have tough, thick sclerophyllous leaves with abundant tannins that are resistant to herbivory, and probably due to their intrinsic slow growth, cannot compete with other species in 'normal' non-sandstone soils (Fine et al. 2004, Fine and Mesones 2011). The dominant plants on the sandstone areas tend to be 'sandstone specialists.' Some of these are local endemics in each sub-Andean cordillera whereas some are more widespread, occurring in several cordilleras and sometimes also in the white-sand patches of lowland Amazonia. Except for the species growing on bare limestone bedrock, which are sometimes exclusive to that substrate, the species on limestone-derived soils tend not to be limestone specialists and also occur on volcano-derived soils in the eastern Andes (D. Neill, pers. obs.). We have observed these patterns in the Cordillera del Cóndor and expected to find similar conditions in the Cordillera Escalera.

Andean tepuis

The term 'sub-Andean cordillera' that we have used up to this point in the report is somewhat misleading because it seems to imply that these mountain ranges are below the Andes, which is not really the case. Some of the sedimentary outcrops, including sandstone and limestone, are not really separated from the Andes, but abut directly the volcanic or metamorphic formations of the Eastern Cordillera. 'Sub-Andean' is a term widely used by geologists to refer to the sedimentary basins (basin in the stratigraphic sense, not in the topographic sense) east of the Andes that are composed of these sedimentary rocks. On the other hand, zoologists, especially ornithologists, have used the term 'outlying ridges' to refer to the mountain chains east of the main Eastern Cordillera (e.g., Davis 1986).

We propose herein to adopt the term 'Andean tepuis' to refer to the mountain ranges composed of sedimentary rocks, and specifically of sandstone, east of the main Eastern Cordillera of the Andes in Ecuador and Peru. The term 'tepui,' used widely in the scientific and popular literature for the sandstone table mountains in the Guiana Shield, particularly in the Venezuelan Guayana[4], was adopted from the name used by the indigenous Pemón people of that region (Huber 1995). The Proterozoic sediments in the Guiana Shield are usually, but not always, horizontal, whereas the Mesozoic and early Cenozoic that predominate east of the Andes are often tilted as a result of the tectonic forces of the Andean orogeny. Use of the term 'Andean tepui' (in Spanish the plural is *tepuyes andinos*) makes clear the similarity of these formations with the sandstone mountains of the Guiana Shield, and the biogeographical connections that result from these lithological similarities. In Ecuador, the term 'tepui' has been adopted by the scientific community to refer to these formations, as well as by the Ministry of Environment for the names of some protected areas in the Cordillera del Cóndor.

As Stallard and Lindell (this volume) point out, the Roraima Formation of Proterozoic age that forms the tepuis in the Guiana highlands is 20 times older than the Cushabatay Formation of Cretaceous age that forms the Andean tepuis in the Cordillera Escalera and elsewhere in Peru and Ecuador. Both formations are composed of sandstone, but the older Roraima formation is metaquartzite (metamorphosed quartzite sandstone) that is much tougher and less porous than the unmetamorphosed Cushabatay sandstone, and the older rocks also produce soils even lower in nutrients than the younger sandstones. Despite the vast differences in ages between the Guiana Shield tepuis and the Andean tepuis, their structural and chemical similarities are reflected in similar vegetation patterns and phytogeographical links, despite their separation by 2,500 km of Amazon lowlands, as we describe in the following sections.

History of botanical inventory

There are surprisingly few botanical collections records from the Cordillera Escalera, although there may be many more records in Peruvian herbaria that are not yet in online databases. The English botanist Richard Spruce made collections on the sandstone summits near Tarapoto during his sojourn there in 1855–1856. He visited Cerro Pelado, the highest peak visible from Tarapoto, and Cerro Guayrapurima, the ridge on the northeastern, Yurimaguas side of the Escalera (Spruce 1908). Around the turn of the 20th century, the German botanists Ernst Ule and August Weberbauer made collections in the Cordillera Escalera, although they did not mention that name; their locality descriptions are mostly "mountains east of Moyabamba" at around 1,000 m above sea level (hereafter m). A number of the collections of Spruce, Ule, and Weberbauer are the types of species described from the Cordillera Escalera, and some of these, including *Symbolanthus pauciflorus* and *S. obscurerosaceous* (Gentianaceae), are locally endemic to the Escalera. Others, such as *Bonnetia paniculata* (the type collected by Spruce near Tabaloso, between Tarapoto and Moyabamba), are much more widespread in other sandstone cordilleras including the Cordillera del Cóndor and several other Andean tepuis in Peru. Most of the modern late 20th-century collections in the Escalera were made along the Tarapoto-Yurimaguas highway where it crosses the Cordillera.

4 Following Berry et al. (1995) we use the usual English spelling 'Guiana' for the Guiana Shield as a geographic region that covers several countries, but the Spanish spelling for 'Venezuelan Guayana' that is customary in that country.

All of the botanical collections indicated above were made in the southwestern portion of the Cordillera Escalera, in San Martín Region. The only previous botanical inventory for which we have records in the eastern portion of the Cordillera, in Loreto Region, was carried out by Guillermo Klug exactly 80 years prior to our own fieldwork, in August-September 1933. Klug, who was contracted to collect plants in Peru by the Field Museum's botanist at the time, J. Francis Macbride, collected several hundred plant specimens at a locality listed on his labels as "Pumayacu, between Moyabamba and Balsapuerto." This evidently corresponds to the Quebrada Pumayacu, the area of the large waterfall a few kilometers west of our Mina de Sal camp, at about S 5°40' W 76°36'. Klug's collections were distributed from the Field Museum to other herbaria and a nearly complete set at Missouri Botanical Garden (MO) is included in the specimen records of the Tropicos botanical database (*http://www.tropicos.org*). Klug's collections from this area include several type specimens, including types of the rheophytic herb *Dicranopygium yacu-sisa* (Cyclanthaceae) and the rheophytic shrub *Centropogon silvaticus* (Campanulaceae). Earlier in 1933, Klug made extensive collections in lowland Amazonian forest in the vicinity of Balsapuerto, but these are outside of the Cordillera Escalera and not within our study area. The present inventory, therefore, is virtually the first to document the plants of the highest elevation area of Loreto Region, up to nearly 2,000 m at the crest of the Cordillera Escalera along the border with San Martín.

Floristic inventories have been carried out in several other Andean tepuis in Ecuador and Peru where oligotrophic sandstone substrates predominate, including the Cordillera del Cóndor (Foster et al. 1997, Neill 2007), the Cordillera Azul (Foster et al. 2001), the Sierra del Divisor (Vriesendorp et al. 2006b), and the Cerros de Kampankis (Neill et al. 2012). The information on the vegetation and flora from these previous studies allows for comparison with the present study in the Cordillera Escalera.

METHODS

Before the start of fieldwork, the botanical team compiled a list of vascular plant species potentially present in

the Cordillera Escalera. We consulted and downloaded the specimen data available in the Missouri Botanical Garden's Tropicos online database, initially with a global download of the specimen data for Loreto and San Martín, and then winnowing down the data to include only the specimens recorded from the general vicinity of the Cordillera in both regions. As an initial database for the species in the Cordillera Escalera in Loreto, we used the checklist of Loreto vascular plants compiled by Pitman et al. (2013) and available online at *http:// ciel.org/Publications/Loreto/BioLoretoAnexo1.xlsx*. For nomenclature of vascular plants we used the names listed in Tropicos, and for placement of genera in families we used the latest version of plant family classification by the Angiosperm Phylogeny Group (APGIII 2009).

Prior to the fieldwork, we also examined the available satellite imagery, topographic maps, and geological maps of the Balsapuerto and Yurimaguas quadrangles (Sánchez et al. 1997). Using these documents, as well as observations on the overflight of the area made in May 2013 (see Appendices 1 and 2), we developed initial hypotheses regarding the structure and composition of the vegetation in the study area, which we later corroborated with the observations and plant inventories made on the ground.

During the three weeks of fieldwork, the five-member botanical team walked along the pre-established trails, as well as several segments off-trail and along rivers and streams, to survey the vegetation and compile inventories of plant species based on observations and collections of voucher specimens. We used binoculars to identify canopy trees and lianas, often examining the fallen leaves at the base of canopy trees to corroborate identifications.

In the field we took notes on the vegetation and principal floristic elements at each of the sites we visited. Our vegetation descriptions include notes on the geological substrate, soil characteristics, slope and aspect of each site, forest canopy height and density, and the dominant and most common plant species (principally the dominant trees and shrubs), as well as special habitats such as the rheophytic vegetation of low shrubs and herbaceous plants along rocky streambeds. We noted in particular the presence of species that are restricted to certain soil types and geological substrates and thereby serve as indicators of particular habitats. We also took note of rare and unusual species and made concerted efforts to find and collect fertile specimens of species not known to us.

The botanical team took digital photographs of the plants inventoried during the fieldwork, as well as of the vegetation and landscape in the study area. These images aided in the subsequent identification of the species. A subset of the plant images will be added to the online plant image library maintained by the Field Museum (*http://fm2.fieldmuseum.org/plantguides/*) and published as a color field guide available at (*http://fm2.fieldmuseum.org/plantguides/guideimages.asp?ID=669*).

We collected voucher specimens of all species found in flower or fruit, including the trees that could be collected with a set of extendable pole pruners that reach tree branches up to 10 m above ground. The taller canopy trees and lianas were not collected but the use of binoculars, examination of trunk slash, and fallen leaves, flowers and fruits often allowed identification of canopy plants. Up to eight duplicate specimens were made per collection. Most of these were fertile collections, but a few sterile vouchers were made for plants of particular interest that can be identified from sterile specimens. All vouchers were made under the collection number series of Marcos Ríos Paredes. The first set of specimens was deposited at AMAZ, the herbarium of the Universidad Nacional de la Amazonía Peruana (UNAP) in Iquitos, with duplicate vouchers to be deposited at the Field Museum (F), the herbarium of the Universidad Nacional Mayor de San Marcos (USM) in Lima, and additional herbaria in Peru and abroad (see next paragraph).

Following the fieldwork we compiled a plant image library from the digital photographs made in the field, and began the work of completing the species determinations of the plants, using the images and consulting online plant image databases including the Field Museum's website of digitized herbarium specimens and live plant images, the Flora of the World website hosted by Chris Davidson (*http://www.floraoftheworld.org*), and Tropicos. We also sent plant images to several taxonomic specialists, who provided preliminary species-level identifications

based on the images. A set of voucher specimens was taken to the USM herbarium in Lima, where additional identifications were made via comparison with the collections there. Another set of voucher specimens was compared to collections at the National Herbarium of Ecuador (QCNE) in Quito, and then deposited at the herbarium of the Universidad Estatal Amazónica (ECUAMZ) in Puyo, Ecuador. Further identification will be carried out in the future, and when possible, duplicate specimens will be sent to taxonomic specialists at various herbaria around the world for positive identification of taxonomically difficult taxa.

RESULTS AND DISCUSSION

Floristic diversity, composition, and conservation status

During the inventory we collected 644 specimens, took ~2,500 digital photographs, and field-identified several hundred species. To date, this has yielded a preliminary list of 830 species of vascular plants, of which 586 had been identified to the species level at the time of this report (Appendix 6). When this preliminary list is combined with the 287 species recorded from the area in earlier expeditions, the total number of plant species known from the Cordillera Escalera-Loreto at present is 1,117. Based on these preliminary results and on our reading of the regional vegetation and landscape, we estimate that 2,500–3,000 vascular plant species grow in the Cordillera Escalera-Loreto.

Vegetation types

We identified eight major vegetation types in the Cordillera Escalera, based on structure and physiognomy of the vegetation, canopy height and topographic position, as well as two additional vegetation types of limited extent. In terms of floristic composition, however, some of these major vegetation types differ significantly from place to place within the Cordillera, reflecting the different geological substrates and soil composition of the area.

The major vegetation types are listed and described in Table 2. In addition to these main vegetation types, we identified areas of successional vegetation (*vegetación sucesional*), areas affected by natural disturbances, mostly landslides, and small areas of

Table 2. Major forest types of the Cordillera Escalera-Loreto, Peru.

English name	Spanish name	Description
Tall valley forest	*Bosque alto del valle*	On alluvial soil and the lower slopes of the major rivers: the Río Cachiyacu in the south with relatively fertile soil, and the upper Río Cahuapanas in the north with very nutrient-poor sandy soil
Tall slope forest	*Bosque alto de laderas*	On slopes, often very steep, between 300 and 1,200 m elevation
Tall terrace forest	*Bosque alto de terrazas*	On broad, nearly level terraces of relatively fertile soil between 700 and 1,200 m in the upper Cachiyacu watershed
Cloud forest	*Bosque de neblina*	Mostly on steep slopes at 1,200–1,700 m elevation, characterized by dense epiphyte loads on the trees and shorter stature than the forests on gentler slopes at lower elevations
Dwarf ridgecrest forest	*Bosque enano de cumbres*	On ridges with sandstone bedrock close to the surface, and a dense root mat with a thick 'spongy' layer of humus, occurring as low as 500 m in some areas and up to 1,900 m in others; a very dense forest with the canopy usually 5–7 m in height
Dwarf ridgecrest scrub	*Arbustal de cumbres*	A very dense shrubby vegetation with the shrubs not more than 2–3 m tall, on exposed sandstone ridges; found in several places as low as 700 m elevation but mostly at 1,400 m at the Alto Cahuapanas site and above 1,900 m at the Alto Cachiyacu summit camp
Dwarf valley forest	*Bosque enano de valle or chamizal*	A low dense forest on level terrain in the upper valley of the Río Cahuapanas
Wetland forest	*Bosque de humedal or palmar*	A swamp forest dominated mostly by palms

human disturbances; and riparian vegetation (*vegetación riparia*) along the rivers and major tributary streams. Successional vegetation, mostly on landslides and other areas of natural disturbances, is dominated by a few fast-growing taxa that are ubiquitous in such sites: *Ochroma pyramidale* (Malvaceae), *Tessaria integrifolia* and various *Baccharis* species (Asteraceae), and several *Cecropia* species (Urticaceae). Riparian vegetation was observed in a narrow strip along the main course of the Río Cachiyacu and its major tributaries. Common riparian trees on stable riverbanks included *Zygia longifolia* and *Inga ruiziana*, and the shrub *Calliandra surinamensis* (Fabaceae), and on unstable riverbanks, the same successional taxa noted above.

A multidisciplinary project led by NatureServe in mapping terrestrial ecosystems in the Amazon watershed of Peru and Bolivia, including the eastern slopes of the Andes, produced a map and accompanying descriptions of the ecosystems (Josse et al. 2007) that is now being widely used in both countries. Although these ecosystem/vegetation units were mapped on a relatively coarse scale that is less useful for this report, the ecosystems (vegetation types) in the NatureServe system that correspond to the Cordillera Escalera include the following, with their numeric designation on the map of Josse et al. (2007):

- #15, Evergreen sub-Andean forest of western Amazonia (*Bosque siempreverde subandino del oeste de la Amazonía*) for the areas below 800 m elevation;

- #14, Wet low montane Yungas forest and palm forest (*Bosque y palmar basimontano pluvial de Yungas*) for the areas above 800 m, except for the dwarf forest on the sandstone ridges; and

- #42, Shrublands and grasslands on eastern sub-Andean tablelands (*Arbustal y herbazal sobre mesetas subandinas orientales*), for the dwarf forest and scrub on the exposed ridgecrests.

Vegetation and flora at the sites visited

Mina de Sal

The Mina de Sal camp was located in the canyon of the lower Río Cachiyacu, with steep slopes above the river and very narrow strips of alluvial soil along the river. The floristic composition of the forest was lowland Amazonian in character, but a most striking feature was the paucity of large canopy palms (Arecaceae). Only the stilt palm *Socratea exhorrhiza* was common at the site, and *Iriartea deltoidea*, so abundant in vast areas of Amazonian Peru and Ecuador (Pitman et al. 2001), was almost completely absent. *Zygia longifolia* (Fabaceae), a common riverine tree throughout the Neotropics, formed an almost continuous file along the riverbanks, its branches arching above the river itself. Between the *Zygia* trees on the sandy riverbank, a flowering shrub of *Erythroxylum* (Erythroxylaceae) with unusually small flowers for the genus was found and may turn out to be a species new to science. Also along the riverbank was the abundant shrub *Calliandra surinamensis* (Fabaceae). The two canopy *Erythrina* trees, *E. ulei* and *E. poeppigiana*, were in full flower in the river valley and visited by numerous nectarivorous birds (see the chapter *Birds*, this volume). Other common Fabaceae canopy trees in the lower valley included *Andira inermis*, *Dipteryx odorata*, *Platymiscium stipulare*, *Pterocarpus amazonum*, *Stryphnodendron porcatum*, *Parkia multijuga*, *Tachigali chrysaloides* and *T. inconspicua*, and *Apuleia leiocarpa*. The latter species, known locally as *ana caspi* and very conspicuous in the forest with its smoothish tan-colored bark, is valued for its timber, which is used in furniture manufacture and has been logged out in many more accessible areas of Amazonian Peru. The roster of common Amazonian canopy trees in the lower valley included *Huertea glandulosa* (Tapisciaceae), *Otoba parvifolia*, *Virola peruviana*, and *V. calophylla* (Myristicaceae), *Clarisia racemosa* (Moraceae), *Dacryodes peruviana* (Burseraceae), *Symphonia globulifera* (Clusiaceae), *Minquartia guianensis* (Olacaceae), *Terminalia amazonia* and *Buchenavia parvifolia* (Combretaceae), *Jacaratia digitata* (Caricaceae), *Miconia triangularis* (Melastomataceae), *Caryodendron orinocense* (Euphorbiaceae), and *Guarea kunthiana* (Meliaceae). The most valuable timber species of Meliaceae, *Cedrela odorata* and *Swietenia macrophylla*, were not seen. An abundant understory tree on the steep slopes above the valley floor was *Marmaroxylon basijugum* (Fabaceae), a species common on clay soils in the Iquitos area and also abundant in Yasuní National Park in Ecuador.

Another large canopy tree in the valley and lower slopes above the Cachiyacu was *Couma macrocarpa*

(Apocynaceae), and many of these had slanting machete cuts at the base of the trunk. The resinous latex of this species, known as *leche caspi*, is used by the Shawi as a glaze for their traditional pottery. The resin is collected by the men, usually on their periodic hunting forays into the area, and the pottery is made and decorated by the women. Some of the machete slashes on the larger *Couma* trees appeared to be decades old, attesting to the long history of use of the non-timber resources of this forest by the Shawi from the Balsapuerto area. Another commonly harvested plant, the hemiepiphyte *Heteropsis flexuosa* (Araceae; the species determination is tentative) known as *tamshi*, from which the aerial roots are used to make baskets, was abundant in the area, and the Shawi visiting the camp during our sojourn there obtained abundant material for this handicraft.

The tributary streams entering the Río Cachiyacu are characterized by abundant boulders and rounded rocks at the mouths of their streambeds, and on these rocks in every stream we found a striking array of rheophytic plants — species with their roots anchored directly to the bedrock or boulders in the streambeds. These plants are inundated periodically after heavy rains when the water level rises quickly and are able to withstand the force of the floodwaters. The most abundant rheophytes in most streams were the meter-high shrubs *Hippotis latifolia* (Rubiaceae) and *Centropogon silvaticus* (Campanulaceae), both with red hummingbird-pollinated flowers, and the herbaceous *Dicranopygium yacu-sisa* (Cyclanthaceae) and *Cuphea bombonasae* (Lythraceae). A rheophytic *Pitcairnia* (Bromeliaceae) was found on the boulders in some streambeds but not others. The boulders in the streambeds included sandstones, limestones, and mudstones from the various geological formations of the Cordillera Escalera, and the rheophytic plants did not seem to have preference for any particular rock type. The type of *C. silvaticus* was collected at this site by Guillermo Klug in 1933, and it is known from a few other areas in Peru and from the Río Nangaritza in the Cordillera del Cóndor. From the label data on all specimens, it evidently grows exclusively as a rheophyte in rocky riverbeds.

The high ridgecrests above the lower Río Cachiyacu at the Mina de Sal site attain 500–700 m in elevation

Figure 19. Biogeographic patterns of representative Andean tepui plant species. The white circles and dark arrow on each map indicate the location of the Cordillera Escalera. Top row: Guiana tepui disjuncts. Taxa that are present on sandstone tepuis of the Guiana Shield as well on Andean tepuis, mostly above 1,000 m elevation, but not in the lowland white-sand areas of Amazonia. Some of these taxa are recorded from the sandstone plateaus of the Caquetá region in Colombia, well below 1,000 m, but on sandstone bedrock, not on lowland white-sand islands. Left panel: *Bonnetia* (Bonnetiaceae) comprises about 30 species endemic to the Guiana Shield tepuis, and one, *B. paniculata*, disjunct from the Guiana Shield to the Andean tepuis. The fern genus *Pterozonium* comprises 14 species on the Guiana Shield tepuis, of which two species, *P. brevifrons* and *P. reniforme*, include disjunct populations on the Andean tepuis. Middle panel: The 'Crepinella' group of *Schefflera* (Araliaceae) comprises about 40 species on the Guiana Shield tepuis, and just two species, *S. harmsii* and *S. japurensis*, on the Andean tepuis. Right panel: *Phainantha* (Melastomataceae) comprises three species on the Guiana Shield tepuis, and one species, *P. shuariorum*, on the Andean tepuis. Middle row: Taxa that are recorded from the lowland Amazonian white-sand areas (below 300 m elevation) as well as the sandstone plateaus of the Andean tepuis, mostly above 1,000 m. These taxa are absent from clay soils in lowland Amazonia and non-sandstone substrates in the Andes. Bottom row: Taxa endemic to the sandstone plateaus of the Andean tepuis, in Peru and Ecuador. See also Fig. 4A.

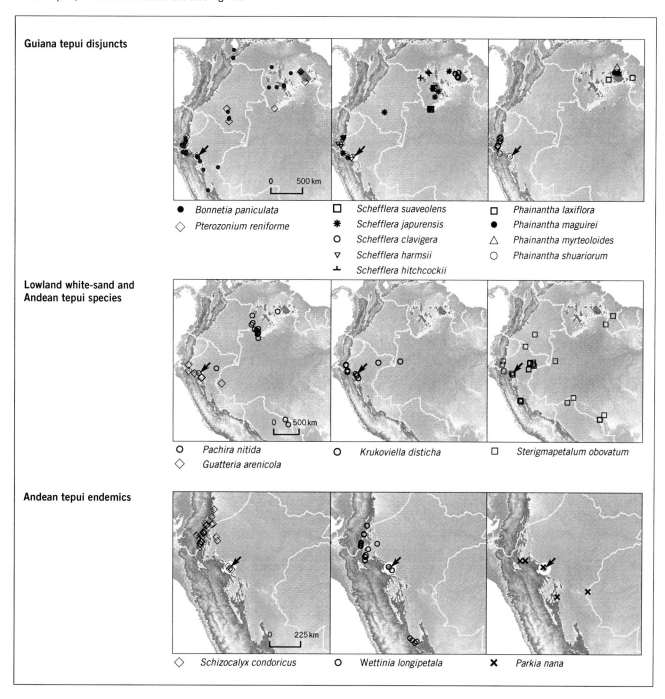

PERÚ: CORDILLERA ESCALERA-LORETO   OCTUBRE/OCTOBER 2014   299

and are capped by the quartzite sandstone sediment of the Cushabatay Formation. As one ascends these ridges, the height of the forest canopy diminishes and plant species typical of oligotrophic sandstone substrates begin to appear, replacing the common Amazonian taxa on the clay/loam soils of the lower slopes. The ground is covered by a dense, spongy root mat with a thick layer of humus. On these ridgecrests, in the dwarf forest with a canopy about 5–8 m in height, the common tree species included *Centronia laurifolia* (Melastomataceae), *Bonnetia paniculata* (Bonnetiaceae), *Dacryodes uruts-kunchae* (Burseraceae), *Schizocalyx condoricus* (Rubiaceae), *Abarema killipii* (Fabaceae), *Wettinia longipetala* (Arecaceae), and the shrub *Cybianthus magnus* (Primulaceae). These species are typical of Andean tepuis in Peru and Ecuador, and usually recorded above 1,000 m elevation (Fig. 19). The *Dacryodes* (Daly et al. 2012) and the *Schizocalyx* (Taylor et al. 2011) are recently described species, known from the Cordillera del Cóndor and the sandstone areas south of the Río Marañón in the Bagua area of Amazonas Region, Peru. Our records of these two species in the Cordillera Escalera are southern extensions of their known geographic range and downward extensions of their known elevational range. At this site they were joined by *Protium heptaphyllum* (Burseraceae) and *Remijia ulei* (Rubiaceae), species that are abundant in the lowland white-sand forests near Iquitos but are absent from clay soils in lowland Amazonia.

Also present in the dwarf ridgecrest forest was *Sterigmapetalum obovatum* (Rhizophoraceae) and the liana *Krukoviella disticha* (Ochnaceae), both known from lowland white-sands as well as highland sandstone areas, and *Chrysophyllum sanguinolentum* (Sapotaceae), common on the sandstones of the Cordillera del Cóndor and the Guiana Shield but also in lowland Amazonia on clay soils (Fig. 19). This species is morphologically variable and may in fact be composed of distinct ecotypic taxa on the different types of substrates. *Bejaria sprucei* (Ericaceae) was also common in the dwarf ridgecrest forest. This species was first collected by Richard Spruce in 1856 on the San Martín side of the Cordillera Escalera, and also has a disjunct distribution to the Guiana highlands but is not in lowland Amazonia. This species is not recorded from the Cordillera del Cóndor

in Ecuador, but a different *Bejaria, B. resinosa*, is locally very abundant in the Cóndor. A *Matayba* (Sapindaceae) with bright red fruits, perhaps an undescribed species, was also common on the sandstone ridgecrests. The terrestrial fern *Schizaea elegans*, typical of sandstone substrates, was common in the deep humus.

The ridges with the dwarf forest were narrow and steep-sided, with the parent sandstone bedrock close to the surface, but on a broad ridge at 700 m elevation, where the Cushabatay Formation sandstone had eroded and formed a deep soil layer of white sand, we found a quite different forest, relatively tall in stature, with a canopy 20–25 m tall and trees typical of the lowland white-sand areas of the Iquitos region, including *Micrandra spruceana* (Euphorbiaceae), *Macoubea guianensis* (Apocynaceae), *Micropholis guyanensis* (Sapotaceae), and *Xylopia parviflora* (Annonaceae). Other common canopy trees not limited to white-sand soils included *Parkia nitida* (Fabaceae), *Osteophloeum platyspermum* (Myrsticaceae), and *Couma macrocarpa*. *Tovomita weddelliana* (Clusiaceae) was a common understory tree; this species is mostly known from Andean cloud forests but is also common in other sandstone cordilleras. In one small area of several hectares, the understory shrub *Aphelandra knappiae* (Acanthaceae) with its very showy bright yellow flowers was extremely abundant, with dozens of plants in flower, but it was not seen in any other area. This newly described species, published in August 2013 just a few weeks before our fieldwork (Wasshausen 2013), is evidently endemic to the Cordillera Escalera, with previous records from both the San Martín and the Loreto portions of the Escalera; the type was collected near the Tarapoto-Yurimaguas road.

On a different ridgecrest at 500–600 m elevation, above the Mina de Sal camp, the parent bedrock was the Jurassic red bed Sarayaquillo Formation, and the soil derived therefrom was a mixed sand/loam/clay rather than the oligotrophic sand from the Cushabatay Formation on neighboring ridgecrests. On this ridge we recorded a population of *Podocarpus* (Podocarpaceae, the only coniferous gymnosperm family in the Neotropics). Along a ~1-km length of trail on this ridge we counted three large adult *Podocarpus* trees, 25–30 m tall with trunks

40–70 cm in diameter, and three juveniles 4–10 m tall with trunks 2–10 cm in diameter. Although uncommon, this *Podocarpus*, probably either *P. oleifolius* or *P. celatus*, appeared to have a self-sustaining population with at least occasional natural regeneration. *Podocarpus* trees are generally known as inhabitants of Andean cloud forests, and the presence of *Podocarpus* pollen in the Pleistocene sediment cores taken from lowland Amazonia has been used to argue for a cooler rather than a drier climate during the Pleistocene (Colinvaux et al. 1996). *Podocarpus* is known from other areas of lowland Amazonia, but population studies have not been done and it is not clear that the lowland *Podocarpus* records represent viable populations regenerating or are merely Pleistocene relicts on their way to local extinction in the lowlands. The heated academic debate over Pleistocene climates in lowland Amazonia (Colinvaux et al. 2000) is not likely to abate soon, but our observations of *Podocarpus* at this relatively low elevation can be taken as a contributing data point. Additional canopy trees recorded on clay soils on the non-sandstone ridgecrests include *Anacardium giganteum* (Anacardiaceae), *Hevea guianensis* (Euphorbiaceae), *Tachigali chrysaloides* (Fabaceae), and *Virola calophylla* (Myristicaceae).

Alto Cachiyacu base camp

The relatively broad valley of the upper Río Cachiyacu, above the narrow canyon where the Mina de Sal camp was located, also has an essentially lowland Amazonian flora in the lower area of the valley floor at 500–700 m. In this area the canopy palm *Iriartea deltoidea* was abundant, in contrast to its absence in the lower canyon. *Iriartea* palms in this area were similar to the morphotype in lowland northwestern Ecuador, west of the Andes, with relatively thick trunks and the 'barrigona' swelling of the trunk above the base, rather than the narrow-trunked form without the mid-trunk bulge that is typical of Amazonian Ecuador. This geographic variation in *Iriartea deltoidea* has no formal taxonomic recognition, but perhaps it should since this species is such a ubiquitous member of lowland wet forests on both sides of the Andes. Other canopy palms in the valley forest included *Socratea exorrhiza*, *Oenocarpus bataua*, and *Astrocaryum chambira*.

The Alto Cachiyacu base camp itself was located on sandy alluvial soil along the riverbank, and the riverine tree *Zygia longifolia* was abundant as at Mina de Sal. The understory at the campsite, before it was cleared for the tent spaces, was a dense tangle of the spiny liana *Piptadenia uaupensis* (Fabaceae).

In the upper Río Cachiyacu valley are several areas of broad, gently sloping terraces with relatively fertile soils derived from the underlying Yahuarango Formation, heterogeneous red bed sediments of Paleogene (early Tertiary) age. On these broad terraces at 600–1,200 m elevation we documented a forest type very different from the low, dense forests on the nutrient-poor sandstones elsewhere in the Cordillera Escalera. The trail from the Alto Cachiyacu base camp to the Alto Cachiyacu intermediate camp traversed the length of this broad terrace for nearly 3 km, at 1,000–1,200 m elevation. The same type of broad terrace with rich soil was also found at 600–700 m elevation due south of the Alto Cachiyacu base camp, between the two major tributary streams, the Cachiyacu Chico and the Cachiyacu Colorado. This is a vegetation that truly merits designation as a 'cathedral forest'—a magnificent, tall, stately formation with many canopy and canopy-emergent trees up to 35–40 m in height and sometimes exceeding 150 cm in diameter, and a very open understory with relatively few shrubs and small trees, so that one can see the trunks of large trees at 50–100 m distance, like the columns of a cathedral. The largest canopy and emergent trees included *Cedrelinga cateniformis* (Fabaceae), known locally as *tornillo* and *Cabralea canjerana* (Meliaceae), known as *cedro macho*. The latter species was fruiting abundantly during our visit to the area. Both of these are prized for their timber and have been severely depleted by selective timber extraction throughout the accessible areas of Amazonian Peru. The most highly valued Meliaceae trees, *Cedrela odorata* and *Swietenia macrophylla*, were not encountered.

Among the tall canopy and emergent trees in the cathedral forest on these rich-soil terraces was *Gyranthera amphibiolepis* (Malvaceae), a recently published species (Palacios 2012) from Amazonian Ecuador that was first recorded for Peru in the Cerros de Kampankis inventory (Neill et al. 2012) before its formal publication. This tree has tall, high buttresses and a characteristic bark that is shed in rounded flakes, lending it a fanciful resemblance to toad skin; hence the common name in Ecuador, *cuero de sapo*, which was adopted for the specific epithet in Greek, *amphibiolepis*. There are just two additional species in *Gyranthera*, one in the coastal range of Venezuela and one in the Darién region of Panama; *G. amphibiolepis* is known from the lower slopes of several Andean tepuis in Ecuador, mostly on limestone-derived soils, and our record of it in the Cordillera Escalera is a considerable southward extension of its known range. A common mid-canopy tree in the terrace forest was *Celtis schippii* (Ulmaceae), also considered an indicator of rich soils and known from the lowland wet forests of northwestern Ecuador as well as western Amazonia, and one of the very few tree genera that are shared between Amazonia and the temperate forests of North America.

In the Cordillera Escalera, the Vivian Formation of late Cretaceous age is composed of quartzite sandstones very similar in composition to, but younger than, the more extensive Cushabatay Formation. The limestones of the marine-phase Chonta Formation are stratigraphically situated between the two sandstone strata (see the chapter *Geology, hydrology, and soils*, this volume). The Vivian Formation is about 200 m thick in this area and is registered on the geologic quadrangle map of the area, but we found only one site where it is actually exposed on the surface, with plants growing on the bedrock and the sandy soil derived therefrom. This site is a ridge southwest of the Alto Cachiyacu base camp, southwest of the point where the Quebrada Chico Cachiyacu enters the main river at about 700 m elevation (S 5°53' W 76°42'). The Vivian Formation formed a vertical rock wall 50 m tall along the length of the ridge for at least several hundred meters. This site, visited by Luis Torres, had dwarf ridgecrest forest with a similar composition of sandstone-restricted plants as the ridgecrest formed of the Cushabatay Formation at a similar elevation above the Mina de Sal camp that we surveyed a few days earlier: *Bonnetia paniculata, Bejaria sprucei, Krukoviella disticha, Pagamea dudleyi, Retiniphyllum fuchsioides, Sphyrospermum buxifolium* (Ericaceae), as well as unidentified *Miconia* (Melastomataceae) and *Alchornea* (Euphorbiaceae).

At the upper edge of the broad terrace with the cathedral forest, south of the Río Cachiyacu, there is a geological fault zone where the Yahuarango Formation of Paleogene age abuts unconformably on the much older Sarayaquillo Formation of Jurassic age. The fault line is clearly visible from the air, and on the helicopter flight from the Alto Cachiyacu base camp up to the Alto Cachiyacu summit camp we were able to see and photograph a line of *Erythrina ulei* trees, with their crowns full of bright red flowers and no leaves, in a straight line right along the fault line, looking as if they had been planted in a row. We do not know why this tree should be so markedly abundant along the fault zone, but suspect that there must be some soil condition at that particular portion of the landscape that favors that particular species. *E. ulei* was also fairly common in the Cachiyacu River valley on alluvial soils, but it was not seen on the terrace of the cathedral forest below the fault zone, nor in the cloud forest above that line.

Alto Cachiyacu intermediate camp
Immediately above the fault zone, at 1,200 m elevation, was the Alto Cachiyacu intermediate camp. The steep slopes composed of bedrock of the Sarayaquillo Formation rose above this point, up to where the contact with the sandstone Cushabatay Formation that was exposed on the highest ridges above 1,800 m. In the area near and just above the intermediate camp, many large boulders, some as large as houses, were present and among the boulders were numerous trees of several species of strangler figs, including *Ficus castellviana, F. americana, F. schippii,* and *F. schultesii* (Moraceae). In this regard, it is interesting to note that the yellow-tailed woolly monkey, *Lagothrix (Oreonax) flavicauda*, recorded in the cloud forest above the intermediate camp, is known to occur in cloud forests in San Martín with frequent *Ficus* trees that represent a major food source (Shanee 2011). One may speculate that the abundant strangler figs in the intermediate camp and above it may be an important resource for this Critically Endangered endemic primate (see the chapter *Mammals*, this volume).

Upon ascending the steep slopes with cloud forest from 1,200 m to 1,800 m in elevation, the increase in the epiphyte load on the trees attests to the increasing relative humidity (and decreasing temperature) of the atmosphere. Besides abundant mosses and liverworts, the trees in the cloud forest zone supported abundant vascular epiphytes, including numerous species of herbaceous Orchidaceae, Bromeliaceae, and Araceae; epiphytc shrubs in the Ericaceae and Melastomataceae; and hemi-epiphytic trees of *Ficus* (Moraceae), *Clusia* (Clusiaceae), *Schefflera* (Araliaceae), and *Coussapoa* (Urticaceae).

The cloud forest canopy tree flora included species of *Weinmannia* (Cunoniaceae), *Ruagea* (Meliaceae), *Pourouma* (Urticaceae), *Inga* (Fabaceae), *Oreopanax* (Araliaceae), *Alchornea* (Euphorbiaceae), *Hieronyma* (Phyllanthaceae), *Miconia* (Melastomataceae), *Eugenia* and *Myrcia* (Myrtaceae), *Nectandra*, *Ocotea*, and *Endlicheria* (Lauraceae), as well as the hemiepiphytic genera listed above. A *Podocarpus*, probably a different species from the one seen on the lower Cachiyacu ridges at 600 m elevation, and perhaps assignable to the Andean *P. sprucei*, was seen occasionally around 1,500–1,700 m elevation. Small trees and shrubs of the understory in the cloud forest included *Psychotria*, *Palicourea*, *Coussarea*, and *Faramea* (Rubiaceae), *Piper* (Piperaceae), *Hedyosmum* (Chloranthaceae), and *Miconia* and *Clidemia* (Melastomataceae).

Alto Cachiyacu summit camp

The heliport and the Alto Cachiyacu summit camp, located on a sandstone ridge at 1,950 m, provided access to the high-elevation portion of the Cordillera Escalera. Some members of the botanical team were transported to the summit camp with the helicopter flight that also carried most of the equipment, food and supplies, while other members of the team hiked up the 9 km and over 1,300 m of elevation gain from the Alto Cachiyacu base camp at 525 m. In the vicinity of the summit camp and heliport, the vegetation was a low, very dense forest with abundant epiphytic bryophytes and a thick spongy humus layer with interlacing tree roots. The humus layer was more than 1 m thick and the underlying soil and bedrock were not seen except for a small outcrop of bedrock, precisely at the heliport site, which proved to be the quartzite Cushabatay sandstone.

The tallest trees in the dwarf ridgecrest forest, sometimes attaining 6–8 m but usually not over

4 m, were the common Andean palm *Dictyocaryum lamarckianum* and a *Podocarpus* with small leaves that may be *P. tepuiensis*, a disjunct from the tepuis of the Guiana Shield that has been identified in collections from the Cordillera del Cóndor in Ecuador. Besides the *Dictyocaryum*, the other canopy-level palm was a *Euterpe*. This is possibly *E. catinga*, which is known from lowland Amazonian white-sand areas, but it seemed somewhat distinct from that species as we know it from the Iquitos area.

The most common canopy tree in the dwarf forest, usually not more than 5 m tall, was *Gordonia fruticosa* (Pentaphylacaceae). *Gordonia* is another taxonomic quandary, however, given that the only available name (*G. fruticosa*) is currently applied to several morphologically distinct variants. The variant in the Cordillera Escalera, with relatively small leaves with silvery sericeous pubescence beneath, is similar to the most common variant in the Cordillera del Cóndor. By contrast, the *G. fruticosa* in cloud forests of the Western Cordillera of the Andes in northwest Ecuador and southern Colombia looks quite different: a large tree with much larger, glabrous or nearly glabrous leaves. This suggests that the morphotype on the sandstone plateaus and ridges of the Escalera and the Cóndor may be described as a species new to science within a few years.

Another common tree in the dwarf ridgecrest forest was *Pagamea dudleyi* (Rubiaceae). *Pagamea* is a genus with about 20 species in the scattered patches of lowland white-sand forest in Amazonian Brazil and Peru, a few species in the tepuis of the Guiana highlands, and two species in the sandstone Andean tepuis of Peru and Ecuador (Vicentini 2007). *P. dudleyi* is known from the Cordillera del Cóndor and the Cordillera Yanachaga of the Selva Central of Peru, so the new record from the Escalera is within its previously known range.

Three species of *Schefflera* (Araliaceae), all with fertile material, were recorded and collected in dwarf forest at the Alto Cachiyacu summit camp. All are in the 'Cephalopanax' group of *Schefflera*, an informal taxon that may be raised to generic rank in the near future, since *Schefflera* as presently circumscribed is highly polyphyletic, comprising nearly 1,000 species throughout the tropics including several hundred in the New World in five distinct clades (Frodin et al. 2010). At this site we expected but did not find *S. harmsii*, a species in the 'Crepinella' clade of *Schefflera* that is known from other Andean tepuis in Peru and Ecuador (Fig. 19; this species was later found in the Alto Cahuapanas site, as discussed below).

The trees and shrubs in the dwarf forest above 1,800 m included several species each of *Clusia* (Clusiaceae), *Weinmannia* (Cunoniaceae), *Ocotea* and *Persea* (Lauraceae), *Cybianthus* (Primulaceae), and *Palicourea* and *Psychotria* (Rubiaceae). These are all species-rich and taxonomically complex genera and we do not yet have species-level determinations for the vouchers collected at this site. Some of them are undoubtedly species known from other Andean tepuis or from the Eastern Cordillera in Peru and Ecuador, but some are likely to be species new to science, as we have not seen them elsewhere. A *Macrocarpaea* (Gentianaceae) found in flower at the site may be another new species, since the species of that genus generally have small ranges with much local endemism (Struwe et al. 2009). An interesting scandent shrub was *Phyllonoma ruscifolia* (Phyllonomaceae), very distinctive with the flowers and fruits borne on the leaf blades and margins.

One mysterious find in the dwarf forest at the Alto Cachiyacu summit camp was the abundance of dead and decaying culms, about 2 cm in diameter, of what appeared to be either a bambusoid grass (Poaceae, but too large in diameter to be the common *Chusquea*) or a non-bambusoid grass like *Gynerium sagittatum*. We did not find any live plants that could conceivably correspond to the dead and decaying culms.

Due to time constraints and difficulty of access, we were not able to reach the highest sandstone peaks of the Cordillera Escalera-Loreto, which are at 2,200–2,300 m in elevation, located several kilometers due west of the Alto Cachiyacu summit camp. We did manage, however, to break a new trail from the end of the previously established trail from 500 m past the heliport in the dwarf forest, up to the base of the final summit ridge at 1,977 m elevation. The vegetation at this point was above the highest tree line, and was an open area with low shrubs no more than 1.5 m tall, abundant *Sphagnum* moss on the ground, and several terrestrial Bromeliaceae. The most astonishing terrestrial bromeliad was a very

abundant *Pitcairnia* with an erect stem to 1 m tall and an apical rosette of leaves, with the old leaf bases covering the stem or 'trunk.' This plant grew in such dense stands that it looked like a miniature forest of diminutive palm trees, the apical leaf rosettes resembling a crown of palm leaves (Fig. 5J). José Manzanares, a specialist in systematics of Bromeliaceae, examined photographs of this *Pitcairnia* and confirmed that it may be new to science. We did not find any fertile individuals, however, which precludes a species description. (This plant has certain resemblances to *Pitcairnia lignosa* L.B. Smith but is definitely distinct; J. Manzanares, pers. comm.)

Bejaria sprucei (Ericaceae), several *Clusia*, several *Baccharis* and a *Gynoxys* (Asteraceae) were among the common shrubs at the highest elevation we reached. One shrub that we found with showy violet flowers is, we are quite certain, a species of *Purdiaea* (Clethraceae) that is unknown and that we plan to publish as new to science. *Purdiaea* was formerly placed in the Cyrillaceae but has recently been transferred to the formerly monogeneric Clethraceae (Anderberg and Zhang 2002); its distribution pattern is most interesting with nine species endemic to Cuba, one in Central America, and one (*P. nutans*) in the Andes and Andean tepuis on poor soils, but on metamorphic rock substrates as well as oligotrophic sandstones. *P. nutans*, for example, is the dominant tree/shrub on schist at the San Francisco research station in southern Ecuador above 2,100 m (Mandl et al. 2008). The plant we found at the Alto Cachiyacu summit camp is quite distinct in several morphological features from typical *P. nutans* (Fig. 5G), so it certainly merits recognition as a new species.

A number of epiphytic orchid species were collected and photographed from the dwarf forest and the low scrub vegetation, including at least one *Lepanthes* and several *Epidendrum*. The showiest orchid with the largest flowers was *Otoglossum candelabrum*, also known from the high sandstone plateaus of the Cordillera del Cóndor, with yellow and brown flowers. This plant was known by an older synonym, *Odontoglossum brevifolium*, in the Flora of Peru publication (Schweinfurth 1958).

The terrestrial fern *Schizaea elegans* was common in the elfin forest, and a few individuals of another very distinctive fern, *Pterozonium brevifolium*, were found on the limited areas where bare sandstone bedrock was close to the surface. The genus *Pterozonium*, distinctive with its brittle leaves and brittle black petioles like an *Adiantum*, comprises 16 species, all of which grow exclusively on bare sandstone. All but two of them are endemic to the Guiana highlands, so this is another Guiana disjunct in the flora of the Cordillera Escalera (Fig. 19).

Alto Cahuapanas

The northern half of the study area is part of the upper Río Cahuapanas watershed, a tributary of the Río Marañón. Our third campsite thus occupied a totally different watershed than the southern half of the study area, which drains into the Río Huallaga. In many respects the Alto Cahuapanas is a landscape quite different from the Cachiyacu, and these differences are reflected in the flora and vegetation. Most of the upper Cahuapanas watershed is composed of oligotrophic sandstone of the Cushabatay Formation, and the topographic relief is less dramatic than in the upper Cachiyacu area. The upper Cahuapanas comprises an area of at least 40,000 ha of sandstone plateaus and valleys with nutrient-low sandy soils derived from the sandstone, all between 1,000 and 1,400 m elevation.

As we crossed into the Cahuapanas watershed on the helicopter flight from the Alto Cachiyacu base camp, we could see this distinct landscape and we noted the large palms that are canopy-level and canopy-emergent trees. Surprisingly, the large palms in this area included a *Ceroxylon*, the genus of Andean wax palms, distinctive for their whitish trunks and undersides of the leaves due to the wax coating on these parts of the tree. Most species of *Ceroxylon* are in the Andes above 2,000 m elevation, but *C. amazonum* is known from 1,000 m and lower in the Cordillera del Cóndor in Ecuador, and that is probably the species in the Alto Cahuapanas River valley; several individuals were observed carefully near our campsite at 1,000 m.

All the rivers and streams in the Alto Cahuapanas area are of the blackwater type, with a high organic matter content composed mostly of tannic acid leached from the vegetation and soil humus. A dense spongy root mat with a thick humus layer at least 30 cm thick also characterizes the entire landscape.

The canopy of the tall valley forest on white sand in the Alto Cahuapanas area is about 25 m in height. The canopy palms, besides the surprising *Ceroxylon*, included *Oenocarpus bataua*, *Socratea exorrhiza*, and *Euterpe catinga*. *Vochysia lomatophylla* (Vochysiaceae), known from the Iquitos area, was the most abundant canopy tree.

The most distinctive and unexpected vegetation type at the Alto Cahuapanas site was the dwarf valley forest (*bosque enano del valle* or *chamizal*; see Table 2 and Fig. 3E). This vegetation type covers extensive areas on the flat valley floors at 1,000 m, in the interfluves, not adjacent to the rivers, and is easily detected on the satellite imagery by the light green color of the *chamizal* with rounded edges around each patch separating them from the taller forest on the riverbank. The term *chamizal* is said to have been invented by Peruvian botanist Filomeno Encarnación, and is derived from the local term for small-diameter firewood, *chamiza*. The term distinguishes these forests from *varillales*, the somewhat taller white-sand forests with thin-trunked trees, whose name is derived from *varilla*, the word for wooden posts. Both these terms are now used by Iquitos-based botanists to refer to the vegetation of the lowland white-sand areas near that city, but they are not commonly known outside of Peru. The *chamizal* is a very dense, very short forest with a canopy about 4–5 m tall, and occasional emergents not more than 8 m tall.

We surmise that the *chamizales* or dwarf valley forests of the Alto Cahuapanas owe their existence to distinct edaphic conditions at those sites, but we do not know exactly the nature of those edaphic conditions. The *chamizales* are on level ground, and may be underlain by hardpan atop the sandstone bedrock, such that in the rainy season the soils are waterlogged. During the dry season in early October, however, we did not see any standing water or find evidence of waterlogged soils in the *chamizal* we visited close to the Alto Cahuapanas camp.

In any event, the floristic composition of the Cahuapanas *chamizales* is a curious mixture of species common to the lowland white-sand patches at 100 m elevation near Iquitos and species common to the highland sandstone plateaus of the Cordillera del Cóndor and other Andean tepuis, mostly above 1,500 m. The highland sandstone elements include some Guiana-centered disjunct taxa that were expected but not found at the higher sandstone ridge at 1,800 m at the Alto Cachiyacu summit camp, but instead turned up at the *chamizal*, 800 m lower and below their previously known elevation range. These disjunct Guiana highland taxa included *Phainantha shuariorum* (Melastomataceae), an herbaceous vine that instead of opposite leaves like most melastomes, has adventitious roots at each node opposite the leaf, by which it clings to and climbs the thin trunks of the trees, much like the common ivy, *Hedera helix* (Araliaceae), clings to buildings. *Phainantha* includes three species in the Guiana highlands of southern Venezuela and is completely absent in lowland Amazonia. *P. shuariorum*, described from the Cordillera Cóndor in Ecuador (Ulloa and Neill 2006), was also recently discovered among specimens from the sandstone heights south of the Río Marañón in the Bagua area of Amazonas, so its appearance in the Escalera, besides being a new generic record for Loreto, is a considerable southward range extension (Fig. 19).

Another Guiana highland disjunct expected at the Alto Cachiyacu summit camp but found instead at the Cahuapanas *chamizal* was *Schefflera harmsii* (Araliaceae), one of the most abundant small trees in the *chamizal* and also abundant in the dwarf scrub vegetation atop the sandstone plateau at 1,350 m in the Cahuapanas area. This species is endemic to the Andean tepuis from the Cordillera Cóndor in Ecuador and southward in Peru; it belongs to the 'Crepinella' group of *Schefflera*, which may be soon raised to generic status (Frodin et al. 2010). All but a few of the 40+ 'Crepinella' species are endemic to the tepuis of the Guiana highlands (Fig. 19). The 'Crepinella' is distinctive among *Schefflera sensu lato* in the inflorescence architecture of compound umbels.

Apart from the Guiana disjuncts, another highland sandstone taxon that was found below its previously known elevation limits in the Cahuapanas *chamizal* is *Alzatea verticillata* (Alzateaceae).

The lowland white-sand taxa that were found in the Cahuapanas *chamizal* well above their previously known elevation limits include *Pachira nitida* (Malvaceae), a tree with a long disjunct distribution that is known from the white-sand patches near Iquitos and is very common in the lowland white-sand areas of the Río Negro basin in Venezuela. *Protium heptaphyllum* (Burseraceae) was another lowland white-sand specialist, widely distributed on this soil type throughout the Amazon basin, at an unusually high elevation in the Cahuapanas *chamizal*. The palm *Mauritiella armata*, abundant in the *chamizal*, is also a mostly lowland Amazonian species but not a white-sand specialist; it occurs mostly in swampy areas or areas with a seasonally high water table.

Two large terrestrial orchids with stems up to 2 m tall were noted in the *chamizal*: *Sobralia rosea*, with large white and rose flowers, and *Epistephium amplexicaule*, with large violet flowers similar to a *Cattleya* or a *Laelia* and amplexicaul leaves clasping the stem. Also present was a large and abundant terrestrial bromeliad with very striking horizontal stripes on the leaves: *Guzmania bismarckii*, a rare species previously known in the wild only from white-sand areas of the Mayo valley of San Martín, but cultivated by bromeliad enthusiasts in Europe (J. Manzanares, pers. comm.)

From the Alto Cahuapanas campsite we hiked up to a nearby sandstone summit at 1,360 m elevation. On a steep slope on the way up, we found a single individual of a palm that evidently is *Welfia alfredii*, a species just published during our fieldwork (Henderson and Villalba 2013) based on collections from the sandstone areas of the Cordillera El Sira in Huánuco. The only other species of *Welfia*, *W. regia*, is restricted to Central America and the Pacific coastal Chocó region of Colombia and northern Ecuador. Therefore, the Cordillera Escalera is only the second locality known for this palm.

On the higher slopes the trees included *Bonnetia paniculata*, *Chrysophyllum sanguinolentum*, *Wettinia longipetala*, several *Miconia* and *Graffenrieda emarginata* (Melastomataceae), *Roucheria punctata* (Linaceae), *Perissocarpa ondox* (Ochnaceae), *Dacryodes uruts-kunchae* (Burseraceae), *Sterigmapetalum obovatum* (Rhizphoraceae), and *Gavarretia terminalis* (Euphorbiaceae). *Perissocarpa* is another Guiana disjunct, with *P. ondox* endemic to sandstone cordilleras in Peru and previously known only from Amazonas and Huánuco. The two other *Perissocarpa* species are

Table 3. Vascular plant species known from the Cordillera Escalera-Loreto, Peru, that are considered to be threatened with extinction, endemic to Peru, or endemic to Loreto.

Category	Species
Critically Endangered (CR) at the global level (IUCN 2014; León et al. 2006)	*Guzmania bismarckii* Rauh *Nectandra cordata* Rohwer
Endangered (EN) at the global level (IUCN 2014; León et al. 2006)	*Calatola costaricensis* Standl. Syn: *Calatola columbiana* Sleumer *Ceroxylon amazonicum* Galeano *Octomeria peruviana* D.E. Benn. & Christenson *Prunus rotunda* J.F. Macbr. *Stenospermation arborescens* Madison *Tococa gonoptera* Gleason
Vulnerable (VU) at the global level (IUCN 2014; León et al. 2006)	*Abarema killipii* (Britton & Rose ex Britton & Killip) Barneby & J.W. Grimes *Aegiphila panamensis* Moldenke *Allomarkgrafia ovalis* (Ruiz & Pav. ex Markgr.) Woodson *Blakea hispida* Markgr. *Centronia laurifolia* D. Don *Columnea mastersonii* (Wiehler) L.E. Skog & L.P. Kvist *Couratari guianensis* Aublet *Cremastosperma megalophyllum* R.E. Fr. *Ficus pulchella* Schott ex Spreng. *Guarea trunciflora* C. DC. *Monnina equatoriensis* Chodat *Nectandra pseudocotea* C.K. Allen & Barneby ex Rohwer *Pouteria vernicosa* T.D. Penn. *Tachia loretensis* Maguire & Weaver *Wettinia longipetala* A.H. Gentry
Endangered (EN) in Peru (MINAG 2006)	*Ruagea cf. glabra* Triana & Planch.
Vulnerable (VU) in Peru (MINAG 2006)	*Euterpe catinga* Wallace *Parahancornia peruviana* Monach. *Tabebuia incana* A.H. Gentry
Endemic to Peru (León et al. 2006; species descriptions)	*Allomarkgrafia ovalis* (Ruiz & Pav. ex Markgr.) Woodson *Aphelandra knappiae* Wassh. *Clitoria flexuosa* var. *brevibracteola* Fantz *Drymonia erythroloma* (Leeuwenb.) Wiehler *Ernestia quadriseta* O. Berg ex Triana *Graffenrieda tristis* (Triana) L.O. Williams *Guzmania bismarckii* Rauh *Ladenbergia discolor* K. Schum. *Miconia expansa* Gleason *Miconia semisterilis* Gleason *Nectandra pseudocotea* C.K. Allen & Barneby ex Rohwer *Octomeria peruviana* D.E. Benn. & Christenson *Palicourea smithiana* C.M. Taylor *Parahancornia peruviana* Monach. *Tococa gonoptera* Gleason *Welfia alfredii* A.J. Hend. & Villalba
Endemic to Loreto (León et al. 2006)	*Nectandra cordata* Rohwer *Piper tristigmum* Trel. *Prunus rotunda* J.F. Macbr. *Tachia loretensis* Maguire & Weaver *Trigonia macrantha* Warm.

from the highlands of the Guiana Shield, and not known from lowland white-sand areas (Wallnöfer 1998). The *Gavarretia* is known from the lowland white-sand areas near Iquitos and from the extensive white-sand areas of the Río Negro in Venezuela and Brazil. It is a monotypic genus, but perhaps best considered congeneric with *Conceveiba* (Secco 2004).

On a rocky streambed halfway up to the plateau we encountered a rheophytic bromeliad, *Pitcairnia aphelandriflora*. On the final ascent to the plateau we began to see a small, sparsely-branched treelet to 3 m tall, that is yet another disjunct from the Guiana highlands, and a new generic record for Peru: *Dendrothrix* (Euphorbiaceae). The Escalera plant is probably conspecific with a *Dendrothrix* we have collected in the Cordillera del Cóndor of Ecuador, originally determined as the Guiana species *D. yutajensis*, but soon to be published as a new species (K. Wurdack, pers. comm.). In this area we also recorded *Parkia nana* (Fabaceae), a dwarf tree 5 m tall in a genus that mostly includes canopy and emergent trees up to 40 m (Fig. 19). This species was described from sandstone plateaus in the Bagua area of Amazonas, Peru (Neill 2009), and has also been recorded from oligotrophic sandstone ridges on two previous Field Museum inventories before the species name was published: Cordillera Azul (Foster et al. 2001) and the Sierra del Divisor (Vriesendorp et al. 2006b).

As we reached the top of the sandstone plateau at 1,360 m elevation, the vegetation was extremely dense and short (ridgecrest scrub; see Table 2) but it was quite different from the ridgecrest scrub at the Alto Cachicayacu summit camp at 1,970 m. The scrub was just 1.5–2 m high, and so impenetrably dense that only the narrow path cut by the advance team allowed access to the summit. The root mat and spongy humus were less thick than at the high-elevation scrub at the Alto Cachiyacu summit camp. Since it was a hot, sunny afternoon and the vegetation and ground were dry, the site reminded one of us of the southern California chapparal more than of other sites with shrubby vegetation elsewhere in the sandstone Andean tepuis. The shrubs on the sandstone summit, though, were mostly species that we had recorded elsewhere, and generally characterized by small, thick sclerophyllous

leaves that are a signature of this vegetation type. We recorded *Bonnetia paniculata*, *Alzatea verticillata*, *Pagamea dudleyi*, *Schefflera harmsii*, *Perissocarpa ondox*, *Bejaria sprucei*, several *Clusia*, *Cybianthus magnus*, *Dendrothrix* sp. nov., *Retiniphyllum fuchsioides*, and at least five species that are probably as yet unpublished: a *Cinchona* (Rubiaceae), a *Macrocarpaea* (Gentianaceae), an *Ormosia* (Fabaceae), a *Myrcia* (Myrtaceae), and a *Tovomita* (Clusiaceae). Below the edge of the plateau, the palms *Dictyocaryum lamarckianum*, *Euterpe catinga*, and *Wettinia longipetala* rose above the shrub layer, but were still only about 3–4 m tall at this site.

In the few open spaces between the shrubs were several terrestrial Bromeliaceae, at least one each of *Pitcairnia* and *Guzmania*, that are likely to be new to science. The scandent *Phyllonoma ruscifolia* that we had collected on the high ridge at the Alto Cachiyacu summit camp was also seen, scrambling over the low shrubs. At this site we found the second species of the fern genus *Pterozonium* that is disjunct from the Guiana highlands: *P. reniforme*, with brittle leaves and wiry *Adiantum*-like petioles. This complemented our record of the other disjunct species, *P. brevifrons*, from high-elevation forest at the Alto Cachiyacu summit camp.

Species of special conservation concern

The flora of the Cordillera Escalera-Loreto includes a large number of species that are considered threatened with extinction, endemic to Peru, or endemic to Loreto. As shown in Table 3, these include 23 species considered to be globally threatened and four species considered to be threatened at the national level. The list also includes 17 species (one is a variety) considered to be endemic to Peru by León et al. (2006) and four additional endemics described since 2006 (see Table 3). While five of the 21 endemic species are also considered endemic to Loreto, the close proximity of our study area to San Martín suggests that they also occur in that region.

Of the 586 taxa collected during the inventory that have been identified to the species level, 119 have not been previously recorded in Loreto. In other words, approximately one out of every five plants recorded during the rapid inventory is a new record for Loreto. Sixteen plant species also appear to be new records for Peru.

The *chamizales* of the Cordillera Escalera-Loreto

Author: Luis Alberto Torres Montenegro

The white-sand vegetation types known in northern Peru as *chamizales* and *varillales* are celebrated for their unique forest structure and species composition and are considered characteristic of Loreto. These forests harbor a flora of poor-soil specialist species that for poorly understood reasons may be dominant in a particular *chamizal* or *varillal* in Loreto and scarce or nonexistent in others.

In order to determine how similar the *chamizales* observed in the Cordillera Escalera-Loreto are to the *chamizales* and *varillales* studied to date in other parts of Loreto, we analyzed the compositional similarity of: 1) the species recorded in the *chamizal* in the Alto Cahuapanas camp (1,000 m) during the rapid inventory and 2) the 10 most abundant species in the *chamizales* and *varillales* of seven localities in the lowland forests of Loreto (Fig. 20; Fine et al. 2010). Based on the presence/absence of species, we calculated the Jaccard similarity index between all localities and created a dendrogram based on the results (Fig. 20).

The analysis revealed that the flora of the *chamizales* sampled at Alto Cahuapanas during the rapid inventory is closest to those of *varillales* in Allpahuayo, Alto Nanay, Matsés, and Tamshiyacu. These sites share from one and three species that tend to be common in the majority of the *varillales* studied to date. These are *Pachira brevipes* and *Euterpe catinga*, endemic species of white-sand forests in Loreto, Ecuador, and Brazil (Fig. 19), and *Mauritiella armata*, a common species in poorly drained environments such as the *chamizales* and wet *varillales*. (There are doubts regarding the identity of the *Pachira* in the *varillales* of Loreto. While future studies may better distinguish between *Pachira brevipes* and *P. nitida*, they were treated in this analysis as a single species.)

The *chamizales* in the Alto Cahuapanas cover approximately 700 ha. This means that the *chamizales* at 1,000 m elevation in the Cordillera Escalera-Loreto represent one of the largest *chamizales* in Loreto and San Martín. Due to their particular characteristics, these habitats are very susceptible to deforestation resulting from human actions (crops, grazing, and highways) and thus merit special protection in the Cordillera Escalera-Loreto.

Figure 20. An assessment of the compositional similarity of white-sand tree communities in Cordillera Escalera-Loreto with those at seven lowland sites in Loreto, Peru. The dendrogram is based on Jaccard similarity values of pairwise comparisons. See text for details.

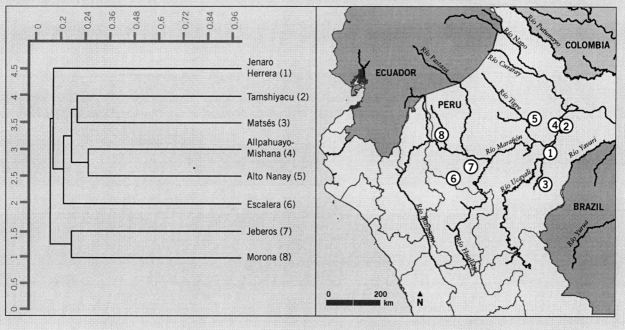

The Cordillera Escalera in Loreto and San Martín: Floristic variation within a single mountain range

Author: Tony Jonatan Mori Vargas

In August 2013 a group of Loreto-based botanists from the Instituto de Investigación de la Amazonía Peruana (IIAP) spent two weeks studying the flora and vegetation of the Cordillera Escalera-San Martín Regional Conservation Area. The team visited several sites within the territory of the Cerro Verde Communal Association, including Canela Uccha, Cerro Lejía, Canela Ishpa, and Cerro Peladillo (Gagliardi-Urrutia et al. in press). These sites are located approximately 58 km from the Mina de Sal campsite, at an elevation of 500–1,300 m. In this section we summarize some of the main similarities and differences between the plant communities observed in that study and those observed during the rapid inventory of the Cordillera Escalera-Loreto.

The Loreto and San Martín portions of the Cordillera Escalera are quite similar in physiography and geology. Likewise, most of the vegetation types observed in San Martín correspond to formations also observed during the rapid inventory in Loreto (see Table 2), such as tall slope forest, cloud forest, and dwarf ridgecrest scrub. All of these formations are related to white quartz sandstone soils found in the Oriente geological group (possibly in the Cushabatay Formation), and those observed in San Martín are very similar to the geological formations of the Mina de Sal campsite.

Table 4. Plant species observed in the Cordillera Escalera-Loreto, Peru, in the Cordillera Escalera-San Martín, Peru, or in both regions. The ranges indicate the elevations at which each species was observed in each region.

Species observed in both CE-Loreto and CE-San Martín	Species observed in CE-San Martín but not in CE-Loreto	Species observed in CE-Loreto but not in CE-San Martín
Tachigali chrysaloides (500–1,300 m)	Compsoneura sp. nov. (1,000–1,300 m)	Parkia nana (1,028 m)
Anacardium giganteum (500–1,190 m)	Diplotropis martiusii (500–1,300 m)	Pitcairnia sp. nov. (1,950 m)
Micrandra spruceana (300–1,000 m)	Spathelia terminaloides (500 m)	Huertea glandulosa (510 m)
Centronia laurifolia (300–1,200 m)	Licania reticulata (1,100–1,300 m)	Perissocarpa ondox (1,200–1,400 m)
Vochysia ferruginea (300–1,300 m)	Maprounea guianensis (1,000–1,300 m)	Ceroxylon amazonum (1,000–1,400 m)
Wettinia maynensis (500–1,000 m)	Tibouchina ochypetala (1,000 m)	Aphelandra knappiae (700 m)
Parahancornia peruviana (300–1,300 m)	Elaeagia mariae cf. (1,190–1,300 m)	Dacryodes uruts-kunchae (500–1,028 m)
Schizocalyx condoricus (267–1,300 m)	Dacryodes chimantensis (1,100–1,300 m)	Dictyocaryum lamarckianum (1,000–1,950 m)
Hedyosmum sp. (1,100–1,300 m)	Virola sebifera (998–1,250 m)	Euterpe catinga (1,000–1,950 m)
Weinmannia sp. (1,100–1,300 m)	Guapira sp. (950–1,164 m)	Pagamea dudleyi (1,400–1,950 m)
Bejaria sprucei (1,000–1,930 m)	Vochysia obscura (1,000 m)	Purdiaea sp. nov. (1,950 m)
Panopsis sp. (1,000–1,028 m)	Sloanea rufa (953 m)	
Wettinia longipetala (500–1,028 m)		

Given these similarities, we expected the flora of the two areas to also be similar. While we did find many similarities, we also found many cases in which the floristic composition and structure of shared vegetation types were considerably different. Table 4 summarizes several of these similarities and differences. We also noted that many species occur in both Loreto and San Martín but occupy different habitats in each. This is the case with the trees *Tachigali chrysaloides* and *Schizocalyx condoricus*, which in San Martín are abundant in the dwarf forest on sedimentary rock and in the cloud forest (Cerro Lejía, 1,100–1,300 m), but which in Loreto are abundant in the tall valley forest (Mina de Sal, 300–700 m).

Certain habitats, such as *Ficus* (Moraceae) forests on rocky substrate, were only observed in the Cordillera Escalera-Loreto. This habitat is generally dominated by woody epiphytic species with aerial roots, such as *Ficus castellviana*, *F. americana*, *F. schippii*, and *F. schultesii*. If this difference between the vegetation of the Cordillera Escalera-Loreto and San Martín is confirmed, it could be significant for conservation, given the relationship between these forests and the critically endangered primate *Lagothrix (Oreonax) flavicauda*, which apparently prefers *Ficus*-rich forests at elevations of 1,500–2,650 m (see the chapter *Mammals*, this volume; Shanee 2011).

Timber species have been less impacted to date in the Cordillera Escalera-Loreto than in San Martín, possibly due to the greater distance from roads (highways or large rivers) and the difficulty of logging. In the Cordillera Escalera-Loreto we found very healthy populations of *Cedrelinga cateniformis*, which we do not see in the Cordillera Escalera-San Martín.

RECOMMENDATIONS FOR CONSERVATION

In general our recommendations for plant conservation in the Cordillera Escalera-Loreto run parallel to those outlined in the Global Strategy for Plant Conservation, available online at *http://www.cbd.int/gspc/default.shtml*. The Global Strategy's targets for 2020 focus on ensuring that by that year plant diversity is well documented, effectively conserved, and used in a sustainable and equitable manner; and that awareness about plant diversity and the human resources need to study and conserve it are significantly boosted.

With regard to the Cordillera Escalera-Loreto region, we consider the following recommendations particularly important:

- Establish a protected area with provisions for management or co-management by Shawi communities

- Design the protected area to include significant areas of all vegetation types described in this report, as well as those in vegetation types we were unable to explore (e.g., the peaks of the Vivian formations)

- Promote the concept of Andean tepuis in the international scientific and conservation community in order to draw new attention to the endemic, restricted-range, and disjunct plant taxa that occur on them

- Continue with research and especially with floristic inventories in all vegetation types and at different seasons of year, in order to obtain fertile herbarium specimens of all important taxa

FISHES

Authors: Max H. Hidalgo and María I. Aldea-Guevara

Conservation targets: Headwater fish communities adapted to fast-flowing waters, including *Astroblepus* species with restricted ranges; headwater habitats of the Paranapura River above 250 m in elevation, including the entire Cachiyacu watershed; piedmont rivers that are crucial nursery habitats for economically important migratory species such as *Prochilodus nigricans*, *Salminus iquitensis*, and *Leporinus friderici*; aquatic ecosystems and riparian forests in the headwaters of the Cahuapanas River above 1,000 m, with a strong resemblance to lowland blackwater rivers; potentially undescribed and endemic *Astroblepus* species

INTRODUCTION

The Cordillera Escalera-Loreto harbors the highest-elevation freshwater ecosystems in Peru's Loreto Region. These ecosystems form part of the Huallaga watershed in the southern portion of the cordillera (the Paranapura River, and its tributaries Yanayacu, Cachiyacu and Armanayacu), and the Marañón watershed in the northern portion of the cordillera (the Cahuapanas River).

This is the first ichthyological inventory conducted in the Cordillera Escalera in Loreto, and includes the first records of fishes >1,000 m above sea level (hereafter m) in Loreto. Similar and nearby mountain ranges sampled in previous rapid biological inventories include Cordillera Azul National Park and the Cerros de Kampankis (de Rham et al. 2001, Quispe and Hidalgo 2012). Those inventories and other studies that have sampled fish communities across elevational gradients in the Andes-Amazon region have found a strong and consistent pattern in which the species diversity of fish communities decreases with increasing elevation (Anderson and Maldonado-Ocampo 2010, Lujan et al. 2013).

The overarching goal of this inventory was to generate information about fish communities of the Cordillera Escalera-Loreto that will enable the Shawi indigenous peoples to manage and conserve the region's aquatic ecosystems. The specific objectives were to: 1) determine fish community richness and composition in the Cordillera Escalera-Loreto; 2) assess the conservation status of aquatic ecosystems there; and 3) suggest management practices for their long-term conservation.

We also analyzed the elevational distribution of fishes and the factors that may determine their ranges in the Cordillera Escalera-Loreto.

METHODS

Field sampling

The ichthyological inventory was conducted over 10 full days of fieldwork at three different campsites between 14 and 30 September 2013 (four days in Mina de Sal, four days in Alto Cachiyacu, and two days in Alto Cahuapanas; see the chapters *Regional overview* and *Sites visited during the biological and social inventories*, this volume). During this period we evaluated 11 sampling stations in three different habitat types—rivers, small streams and ponds—located between 241 and 1,040 m in the Cachiyacu and Alto Cahuapanas watersheds.

Of the 11 sampling stations, 10 were in lotic environments (flowing water), with streams varying in width from 1 to 8 m, and rivers from 6 to 25 m. Five of these lotic ecosystems were clearwater, three were whitewater, and two were blackwater. We also sampled one blackwater pool 3 m wide at an elevation of ~1,000 m. Most lotic systems had moderate flow and substrates of cobblestones interspersed with large boulders. In general, streams and rivers decreased in width with increase in elevation. At each sampling station we described the habitat in detail, including type of riparian vegetation, microhabitats, sampling effort, and physical and chemical characteristics of the water (Appendix 7).

All sampling was conducted during the day from 09:00 to 15:30. We employed different sampling methods as appropriate for the different microhabitats, in transects that ranged from 200 to 700 m in length. Due to a flooding event, we were not able to sample the Cachiyacu Colorado stream or the lake at the Alto Cachiyacu campsite.

Collection and analysis of fish specimens

Fishes were primarily collected using a 5 x 2-m drag net with a 5-mm mesh size, or with a seine net placed downstream of cobblestones, woody debris or leaves, where fish were potentially sheltered. Our sampling efforts varied between 8 and 42 net deployments within each transect. Additionally, we used an 8-kg cast net (*atarraya*) with a 1 inch mesh size. Collected fish were transported to the base camp for processing, which involved photographing, collecting tissue samples, and fixing the specimen in 10% formaldehyde for 24 hours. Subsequently, samples were transferred to 70% alcohol and stored.

In the field we identified individuals to the lowest taxonomic rank possible, utilizing fish field guides produced by the Field Museum (e.g., Hidalgo 2011) and expert knowledge. In Iquitos, additional sources and experts were consulted. Although we were able to identify most individuals to the species level, some specimens were only identified as morphospecies, primarily those in groups with unresolved taxonomies (e.g., *Astroblepus* spp. 1 and 2). This is the same methodology employed in previous rapid inventories conducted in Peru. All ichthyological samples were deposited in the permanent collections of the Natural History Museum at the National University of San Marcos (MHN-UNMSM).

RESULTS

Richness and composition

We collected a total of 931 fish from 30 different species, distributed across 5 orders, 12 families, and 23 genera (Appendix 8). Most fishes collected (87%) belong to the Ostariophysi superorder, which is typical of the Neotropics.

The most diverse order was Characiformes with 17 species (57%), followed by Siluriformes with 9 species (30%). Other orders in our samples that are commonly found in Andean piedmont streams were Perciformes (two Cichlidae species; 7%), Cyprinodontiformes (one Rivulidae species; 3%) and Synbranchiformes (3%), which were represented by the order's most common species, *Synbranchus marmoratus*. The composition of fish communities is characteristic of mountainous aquatic ecosystems in the tropical Andes, as observed in the Cerros de Kampankis (Quispe and Hidalgo 2012), Cordillera Azul (de Rham et al. 2001), Cordillera del Cóndor (Ortega and Chang 1997), Yanachaga-Chemillén

(M. Hidalgo, personal observation), and Megantoni (Hidalgo and Quispe 2004).

At all sampling points within the Cordillera Escalera we recorded species adapted to fast-flowing waters that may be endemic to the region. These included species of *Astroblepus* and *Chaetostoma*, distributed in fast-flowing clearwater systems with few anthropogenic impacts. Two of the *Astroblepus* we collected may be species new to science. We also recorded low abundances of widely distributed migratory Characiformes, such as *Prochilodus nigricans* (*boquichico*), *Leporinus friderici* (*lisa*), and *Salminus iquitensis* (*sábalo*). These species are characteristic of Amazonian floodplain fish faunas and are socioeconomically important and commonly eaten throughout the Amazon region. In the Cordillera Escalera-Loreto they are food sources for Shawi communities, and are additionally sold in markets in Yurimaguas.

Characidae was the most speciose family, with 10 species collected (60%). Most of these individuals were small in size (adults <10 cm standard length). These included *Astyanax, Hemibrycon, Knodus, Creagrutus, Odontostilbe,* and *Scopaeocharax rhinodus*. These fishes were mainly recorded in lotic environments in multi-species schools, but school composition was not consistent. *Hemibrycon huambonicus* and *Creagrutus* aff. *gracilis* were recorded above 1,000 m. Other Characiformes recorded in the Cordillera Escalera-Loreto included the genera *Erythrinus, Characidium,* and *Parodon,* the latter two being observed in clearwater tributaries of the Cachiyacu River, feeding on rocky substrates.

In the order Siluriformes, the most speciose families were Loricariidae and Astroblepidae, with four species each. Loricariids included two *Chaetostoma* spp. and two *Ancistrus* spp., exclusively in lotic systems. *Chaetostoma* spp. were frequently encountered in the Cachiyacu River and in the largest streams of the watershed, while *Ancistrus* spp. were more common in smaller streams, and was the only loricariid observed above 1,000 m. The four undescribed astroblepid catfish were exclusively found in fast-flowing streams; none were observed in the Cachiyacu River. We recorded only one pimelodid catfish in the Cachiyacu River, *Pimelodus maculatus*, a common and widely distributed species of the Amazon floodplain in Peru.

In the order Perciformes, all species collected belonged to the Cichlidae family, with one *Bujurquina* and one *Crenicichla*. *Crenicichla* sp. was the largest individual collected and one of the few predators recorded in the inventory. The *Bujurquina* was found in low abundances above 1,000 m, particularly in blackwater habitats with sandy substrates in the Alto Cahuapana.

Within the Cyprinodontiformes we collected *Rivulus*, a species with some ornamental value that is common in Amazonian lowland lentic systems such as swamps, flooded palm forests, oxbow lakes and vernal pools. In the Cordillera Escalera-Loreto we commonly found these fish in isolated stream fragments and in puddles formed on trails, distributed from 241 to 840 m, with the highest abundances at the Alto Cachiyacu campsite. *Synbranchus marmoratus* (Synbranchiformes) was only found at the Mina de Sal campsite.

Considering that over 80 fish species have been recorded above 1,000 m in Peru (Ortega 1992), overall species richness in the Cordillera Escalera-Loreto was low. Fish community abundances were also low in the Cordillera Escalera-Loreto, particularly in the Cachiyacu River.

Mina de Sal campsite

The aquatic ecosystems sampled at this campsite were within the lowest elevational range of the inventory (between 241 and 455 m). Of the four stations sampled, three were clearwater streams with steep banks, and one was a whitewater river with sandy beaches. Riffles were the dominant habitat type at these stations. Water flow was moderate in the streams and strong in the river, with pH values varying between 5.4 and 6.1. Conductivities were <30 μs/cm in the streams and up to 435 μs/cm in the Cachiyacu River.

This site had the highest species richness of the inventory, with a total of 21 fish species. Characids were the most speciose family, with nine species, many of which are cosmopolitan in the Peruvian Amazon (e.g., *Astyanax fasciatus*, *Galeocharax gulo*, *Knodus orteguasae*, *Salminus iquitensis*, and *Cynopotamus amazonus*). In general, small characids such as *Knodus* and *Odontostilbe* were the most abundant at this campsite, especially at the mouth of the Shimbiyacu

stream. Other characiform families included Prochilodontidae (*Prochilodus nigricans*), Anostomidae (*Leporinus friderici*), Parodontidae (*Parodon buckleyi*), and Crenuchidae (*Characidium etheostoma* and *Melanocharacidium* sp.). The first three species are commonly observed in larger lotic systems (i.e., Buen Paso stream, Cachiyacu River), while *Characidium etheostoma* was observed in all sampling stations except the headwaters of the Shimbiyacu stream.

Astroblepus sp. 1 was the most abundant Siluriformes catfish, with 19 individuals collected in the headwaters of the Shimbiyacu stream (the highest point sampled at this campsite, at 455 m). The turbid clearwater streams with small waterfalls and cobblestone substrates, bordered by riparian vegetation with high forest cover (over 60%) seem to be a suitable habitat for these catfishes. Loricariid catfish were only found in the Buen Paso stream and in the Cachiyacu River, which is larger than the Shimbiyacu stream. Additionally, we collected a medium-sized pimelodid catfish, Pimelodus maculatus (cunchi), a species common to the Amazon floodplain that can reach up to 36 cm (Reis et al. 2003). Although we did not find other large migratory catfish, we do not discard the possibility that these can be found in the Cachiyacu River.

The Mina de Sal campsite had the inventory's highest number of species and the second highest fish abundance (273 individuals), with communities representing a mix of Amazonian floodplain (e.g., *Pimelodus, Prochilodus*) and Andean piedmont (e.g., *Astroblepus, Chaetostoma*) fish faunas. Seventy-one percent of the species (15 of 21) collected in the inventory were only recorded at this campsite. This included migratory and socioeconomically important Characiformes (e.g., *Prochilodus nigricans, Salminus iquitensis,* and *Leporinus friderici*), as well as other orders (e.g., *Synbranchus marmoratus, Crenicihla* cf. *anthurus*). Given that the inventory was conducted in the dry season, when flow and water levels were low, we expected to collect more species. However, in general, most species were found at low abundances (Appendix 8).

Alto Cachiyacu campsite

The aquatic ecosystems sampled at this campsite fell within the largest elevational range sampled in the inventory,

Figure 21. Fish species accumulation curve for the Cordillera Escalera-Loreto, Peru, based on four different estimates of total richness.

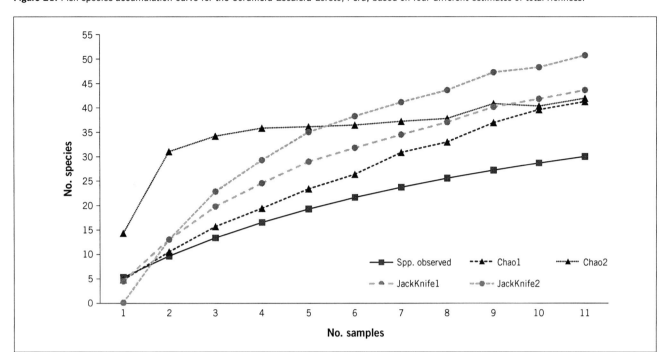

between 464 and 840 m. Of the four sampling stations, three were clearwater streams and one was the whitewater Cachiyacu River. The streams had steep banks while the Cachiyacu River was 70% narrower than at the Mina de Sal campsite (Appendix 7). Riffles were the dominant habitat type at this site. Water flow was moderate to strong with pH values varying between 5.5 and 7.9 and conductivity values between 90 and 600 μs/cm.

We identified nine species at this campsite, with a consistent dominance of Characiformes (five species; 56% of the total). These included four species of Characidae (*Hemibrycon huambonicus, Knodus orteguasae, Knodus* aff. *orteguasae,* and *Salminus iquitensis*), and one species of Crenuchidae (*Characidium* sp.). The second most speciose order was Siluriformes, with three species (33%) in Loricariidae (*Chaetostoma* sp.) and Astroblepidae (two morphospecies). As at the Mina del Sal campsite, we recorded the cyprinodontiform *Rivulus* sp. Three fish species were only found at this campsite (*Characidium* sp., *Astroblepus* sp. 2, and *Chaetostoma* sp.), and are typical of fast-flowing waters. *Salminus iquitensis* was the only migratory and socioeconomically important fish species recorded at this site.

The number of individuals collected at this campsite was the lowest of the inventory (200 individuals; Appendix 8). This is likely a result of a storm event that caused a rapid increase in flow in the Cachiyacu River during the sampling period. For this reason, we were not able to sample some habitats (i.e., Cachiyacu Colorado stream and its adjacent lake) and we consider the site to be undersampled.

Alto Cahuapanas campsite

The sampling stations associated with this campsite represented the highest elevational range of the inventory (1,014–1,040 m). All three sampling stations — two streams and one pond — were blackwater habitats with sandy and muddy substrates, and abundant leaf litter and woody debris. This system was further characterized by large meanders and a low gradient. These types of habitats are ubiquitous in lowland Amazonian floodplain rivers such as those in Loreto, but uncommon in aquatic ecosystems above 1,000 m (Hidalgo and Velásquez 2006, Hidalgo and Willink 2007). We expected to encounter habitats characterized by fast-flowing waters with rocky or pebbly substrates.

Figure 22. The relationship between fish species richness and elevation in the Cordillera Escalera-Loreto, Peru.

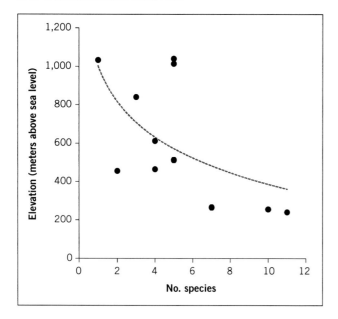

Figure 23. Map depicting the drainage basin of the Cordillera Escalera-Loreto, Peru, its respective major watersheds, and the points sampled in this inventory. Watershed areas are given in Table 5.

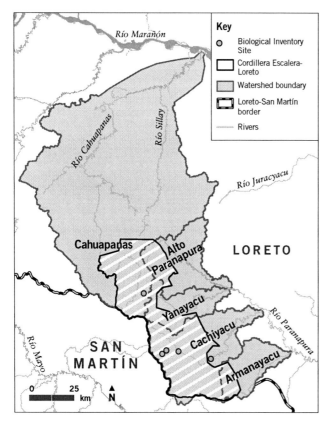

At the Alto Cahuapanas campsite we collected three characiform species, three siluriform species, and one perciform species. The Characiformes were represented by two Characidae species (*Creagrutus* aff. *gracilis* and *Hemibrycon huambonicus*) and one Erythrinidae species (*Erythrinus* sp.). Within Siluriformes we collected two catfishes associated with fast-flowing waters (*Astroblepus* sp. 3 and *Astroblepus* aff. *fissidens*), and one loricariid (*Ancistrus malacops*). The Perciformes species collected was a cichlid (*Bujurquina* sp.). Six of the seven species collected were recorded only at this campsite. The characid *Hemibrycon huambonicus* was found at all campsites.

The Alto Cahuapanas campsite yielded the highest number of individuals of the inventory (458 individuals). This result is remarkable given that our sampling effort here was lower than at the other campsites (Appendices 7 and 8). A potential explanation is that the high sinuosity and low gradient of the Alto Cahuapanas River creates a unique combination of microhabitats, with high levels of leaf litter and woody debris and low water flow. In addition to the higher abundance of fishes, this site also had two species that are common in the Amazonian floodplain (*Bujurquina* and *Erythrinus*).

DISCUSSION

This is the first inventory in which fishes have been sampled above 1,000 m in Loreto Region (the Alto Cahuapanas campsite). Through this inventory, we have added two more families to the list of fishes that inhabit elevations >1,000 m in the tropical Andes (Erythrinidae and Cichlidae; Ortega 1992, Schaefer et al. 2011).

The Cordillera Escalera-Loreto has moderate species richness in comparison to the nearby Cerros de Kampankis (60 species) and Cordillera Azul (93 species). To further investigate these differences we analyzed species richness by rarefying our results, thus taking into account the differing sampling effort at each site. With this analysis we estimated that species richness in the Cordillera Escalera-Loreto could potentially exceed 50 species (Fig. 21). This suggests that the Cordillera Escalera-Loreto has one of the most diverse fish communities among Peru's mountain ranges.

Although our results overall were consistent with the expected pattern of decreasing species richness in relation to increasing elevation (Fig. 22), some of the lowest diversities recorded were at the lowest elevational ranges sampled (de Rham et al. 2001, Quispe and Hidalgo 2012, Lujan et al. 2013). There are many factors that potentially influence fish diversity, but we surmise that the low richness found in this inventory at these stations were a result of anthropogenic impacts on the region's watershed.

Because of the large and continuous elevational gradient evaluated in this inventory, we expected to find a higher fish diversity at the Cordillera Escalera-Loreto (241–1,040 m, 30 spp.) than in nearby ranges such as Cerros de Kampankis (197–487 m, 60 spp.) and Cordillera Azul (300–700 m, 21 spp.). Cordillera Azul has elevations that are comparable to Cerro Escalera-Loreto (reaching ~2,400 m). However, fish communities in Cordillera Azul have not been well described over 700 m since the 2000 rapid inventory sampling focused in the Pisqui and Cushabatay lowlands and in some areas of the middle Huallaga (CIMA-Cordillera Azul 2011). Fish communities in Cordillera Azul may thus also harbor endemic or restricted species above 1,000 m. In Cerros de Kampankis we do not expect to find fishes above 1,000 m because that mountain range has a maximum elevation 1,400 m and no good fish habitat between 1,000 and 1,400 m.

Preliminary biogeographic analysis of the Cordillera Escalera-Loreto fish fauna suggests that this region is more isolated from the Amazonian floodplain than the Cerros de Kampankis and Cordillera Azul. The headwaters of the Cachiyacu River originate from the Cordillera Escalera and flow towards the Paranapura River, which is a tributary of the Huallaga River. In contrast, the major aquatic systems of the Cerros de Kampankis flow directly west towards the Santiago River or east towards the Morona River, which are both large watersheds that connect the piedmont to the Amazonian floodplain. An analogous situation occurs in the Cordillera Azul, which contains several tributaries of the Huallaga and Ucayali rivers. Given that the Ucayali River is one of the most diverse watersheds of Peru, this direct connection with these large rivers may account for the diversity of the Cordillera Azul (Ortega et al. 2011). In conclusion, the headwater tributaries of the Cordillera Escalera-Loreto are not as directly connected to large rivers as those of the Cerros de Kampankis and Cordillera Azul (Fig. 23).

Two different biogeographical faunas compose the fish communities of the Cordillera Escalera-Loreto. Certain species (like *Salminus iquitensis*) correspond to Amazonian floodplain faunas, which are distributed from the lowlands up to the headwaters of the Cachiyacu (e.g., the Yanayacu and Paranapura) up to 600 m in elevation. The other biogeographical fauna in the Cordillera

Table 5. Size of the five watersheds in Cordillera Escalera-Loreto, Peru, showing the proportions of each watershed that are inside and outside the Cordillera.

Watershed	Inside or outside Cordillera Escalera-Loreto	Area (ha)	Proportion of total area
Alto Paranapura	Inside	12,303	24%
	Outside	39,117	76%
Armanayacu	Inside	7,532	23%
	Outside	25,258	77%
Cachiyacu	Inside	57,779	67%
	Outside	28,318	33%
Cahuapanas	Inside	38,886	10%
	Outside	362,611	90%
Yanayacu	Inside	13,711	40%
	Outside	20,381	60%

Escalera-Loreto consists of species restricted to montane habitats (e.g., *Astroblepus*, *Chaetostoma*). For these species, the Cordillera Escalera-Loreto may be 'rivers as islands,' where fish ranges are restricted by elevation and temperature and fish communities inhabiting adjacent watersheds may be isolated from each other (Schaefer and Arroyave 2010). Thus, the potentially new astroblepid species collected in this inventory may be endemic to the Cordillera Escalera-Loreto region.

Fish composition of the Cordillera Escalera-Loreto also shows a low affinity to nearby montane regions in Peru and Ecuador. To further explore the similarity between Cordillera Escalera-Loreto and other regions, we conducted an analysis based on the Jaccard similarity coefficient (Fig. 24). This index falls between 0 and 1, and takes into account the diversity and similarity of sample sets, with higher values being more similar. All comparisons between the different regions yielded low Jaccard index values (less than 0.2), indicating that all regions have unique fish communities. Nevertheless, the Cordillera Escalera-Loreto was grouped with Cerros de Kampankis and Cordillera Azul, both of which are in close geographic proximity. In contrast, the Cordillera del Condor, particularly the Nangaritza, Alto Cenepa, and

Alto Comaina rivers, which are located farther north and west from the Cordillera Escalera-Loreto, come out as most distant in this analysis.

Schaefer et al. (2011) conducted a similarity analysis based on DNA sequences for astroblepids from large South American basins, and found that these Andean fishes are more closely related based on geographic proximity than on other factors. This is congruent with what we found for the Cordillera Escalera, Cerros de Kampankis, and Cordillera Azul. However, Schaefer et al. (2011) also emphasized the low similarity between the Andean ichthyofaunas of the Huallaga and Marañón watersheds. Similarly, this inventory found low overlap (14%) between the species observed in the Alto Cahuapanas River (a tributary of the Marañón) and those observed in the Alto Cachiyacu River (a tributary of the Huallaga). In a previous inventory we observed similar results for the Kampankis River (Quispe and Hidalgo 2012). Further probing into these results is beyond the scope of this chapter, but this preliminary analysis indicates the need for new studies to understand the biogeographic patterns of fish faunas in the tropical Andes.

THREATS

In the Cordillera Escalera-Loreto anthropogenic water use is primarily related to economic activities. The most common factors influencing aquatic ecosystems are agriculture, fisheries, livestock, and tourism. These threats are similar to those affecting aquatic ecosystems across the tropical Andes (Anderson and Maldonado-Ocampo 2010). Other factors that are not currently threats to the fish faunas of the Cordillera Escalera-Loreto but may become so in the future include planned dams and climate change.

These threats disrupt aquatic freshwater ecosystem processes in several ways. By generating waste and chemical by-products, economic activities tend to be upstream sources of pollution. Additionally, expansion of agriculture and livestock changes watershed land-use and decreases forest cover along rivers, influencing aquatic ecosystems through multiple direct and indirect mechanisms. The fish species that inhabit small headwater

Figure 24. Cluster analysis based on the Jaccard similarity index comparing the fish faunas of the Cordillera Escalera-Loreto, Peru, with those of other montane regions in Peru and Ecuador.

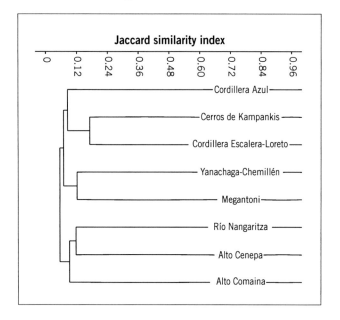

rivers, such as those evaluated in this inventory, are highly dependent on resources originating from the forest rather than from within the river. This is because aquatic primary productivity is limited by low nutrient levels and light penetration in comparison to wider downstream rivers. Thus, fishes, including several catfish (e.g., *Ancistrus*) and characids (e.g., *Hemibrycon, Creagrutus, Characidium*), depend on terrestrial resources such as insects, fruits, seeds, pollen, and other organic debris.

RECOMMENDATIONS FOR CONSERVATION

The Cordillera Escalera-Loreto region contains the headwaters of the Huallaga and the Marañón rivers. These are large tributaries of the Amazon's main branch and are crucial habitats for socioeconomically important migratory fish species such as *Prochilodus nigracans* and *Salminus iquitensis*. Given the strong connection between the headwaters and the lowlands, taking appropriate large-scale conservation measures is imperative to avoid the degradation of these important ecosystems.

People living in the Cordillera Escalera-Loreto are aware of how unsustainable fishing practices, particularly the use of toxic substances (e.g., *barbasco*), can lead to a rapid decline in fish populations and general ecosystem degradation. Strengthening agreements between local communities that prohibit the use of these fishing methods is key to ensuring the long-term conservation of the Cachiyacu River and its diversity.

Another important priority is addressing the substantial gaps in knowledge about the conservation status of fish populations in the Cordillera Escalera-Loreto. Particularly important are ecological studies on how migratory species use these piedmont aquatic ecosystems as spawning habitat. Additionally, information about people's use of fish, current fishing yields, and primary fishing places and practices is badly needed. This information can help identify specific variables and species to be monitored, as well as develop appropriate participative management programs with indigenous communities in the area.

In addition to socioeconomically important species, the region harbors species of high scientific value. These are species that are endemic or are uniquely adapted to high-elevation aquatic environments. We recommend studies to evaluate the phylogeographical relationships and genetic variation between populations of endemic or isolated species that are restricted to high elevations (e.g., *Astroblepus, Chaetostoma*). Since little is known about the role these species play in maintaining the integrity of high- elevation ecosystems, studies that generate basic biological and ecological information about them will also provide insights into the organization and diversity of high-elevation streams.

Lastly, nearby rivers such as the Cahuapanas, Cashuyacu, and Paranapura have only been preliminarily explored. Fish inventories in these regions will help generate a more comprehensive list of fishes in montane regions of Peru and identify priority conservation regions.

AMPHIBIANS AND REPTILES

Authors: Pablo J. Venegas, Giuseppe Gagliardi-Urrutia, and Marco Odicio

Conservation targets: Well-preserved, isolated communities of amphibians and reptiles at elevations between 800 and 2,000 m in the Cordillera Escalera-Loreto; intact and commercially valuable populations of poison dart frogs, such as *Ranitomeya fantastica*, that are endemic to Andean tepuis in northern Peru and included in CITES Appendix II; five amphibian and one reptile species that are potentially new to science, as well as five species of amphibians with distributions limited to the montane forests of northern Peru and southern Ecuador; three species of amphibians classified as Vulnerable on the IUCN Red List (the rain frogs *Pristimantis bromeliaceus, P. incomptus,* and *P. nephophilus*); continuous habitats along an altitudinal gradient between 200 and 2,000 m that could offer a 'thermal refuge' for species from lowland areas that are threatened by increases in temperature due to climate change; a refuge from which species can recolonize lowland areas that have been modified or overexploited by humans

INTRODUCTION

The complex topography of northern Peru and the extreme southern portion of Ecuador is reflected in the numerous sub-Andean mountain ranges (hereafter Andean tepuis; see the chapter *Vegetation and flora,* this volume) that are isolated by various tributaries of the Marañón River to the north and south of its main course. For example, the Cordillera Escalera is isolated from the Cordillera de Kampankis by the Marañón River to the north and from the Cordillera Azul by the Huallaga River to the south. The herpetological exploration of these mountain ranges (the Cordillera Kutukú in Ecuador, the Cordillera del Cóndor in Peru and Ecuador, and the Cerros de Kampankis, Cordillera Azul, Cordillera del Sira, and Cordillera de Yanachaga in Peru) has yielded species new to science and revealed astonishing diversity. The very diverse herpetofauna of these mountain ranges is a mix of large-ranged species from the Amazonian lowlands and restricted-range species from the Andean piedmont.

The Cordillera Escalera has been the site of several very productive herpetological studies over the last decades. These have resulted in the description of many new amphibian species in the Centrolenidae, Craugastoridae, and Dendrobatidae families (Schulte 1986, 1999; Duellman 1992a, b; Duellman and Schulte 1993; Brown et al. 2008). Although most collections from the area have been made along the Tarapoto-Yurimaguas highway, in the middle of the 18th century the naturalist James Orton made some collections from Balsapuerto, and Jesuit missionaries collected from areas surrounding the community of Chayahuita on the upper Paranapura, from which a threatened species, *Atelopus pulcher*, was described (Boulenger 1882).

Our inventory of the Loreto side of the Cordillera Escalera represented a perfect opportunity for reaching zones that had never been studied and exploring the long altitudinal gradient in the headwaters of the Cachiyacu and Cahuapanas rivers. The inventory was also an opportunity to improve our understanding of distributional patterns of the herpetofauna in northeastern Peru and to address the lack of information on amphibian and reptile communities between the Cerros de Kampankis and Cordillera Azul.

During the Cordillera Escalera-Loreto rapid inventory we had 16 days of intensive sampling to document the richness and composition of the herpetofauna, with the goal of evaluating its status and value for conservation. To explore the unique features of the region's herpetofauna, we compared our results with those of other sites evaluated in previous rapid inventories, as well as with museum collections made in the regions of Amazonas, Loreto, and San Martín.

METHODS

We worked 14–30 September 2013 in three camps located in the watersheds of the Cachiyacu and Cahuapanas rivers (see the chapters *Regional overview* and *Sites visited during the biological and social inventories*, this volume). We also visited two satellite camps at 1,000 and 1,900 m above sea level (hereafter m) in the headwaters of the Cachiyacu River. We searched for amphibians and reptiles via the complete species inventory technique (Scott 1994) during slow diurnal (10:00 to 14:30) and nocturnal (19:30 to 02:00) walks on the trails. The searches focused on places with microhabitats that are potentially favorable to amphibians and reptiles (brooks, streams, leaf litter, trees with buttresses, and trunks). We devoted a total of 169 person-hours of effort divided into 66, 62, and 41 person-hours at the Mina de Sal, Alto Cachiyacu, and Alto Cahuapanas campsites, respectively. At the Alto Cachiyacu campsite our work was subdivided into 30 person-hours at the base camp, 20 person-hours at the intermediate camp, and 12 person-hours at the summit camp. The duration of our field work varied among campsites: six days at Mina de Sal, seven days at Alto Cachiyacu, and three days at Alto Cahuapanas.

We recorded the number of individuals of every species we observed or captured, and photographed at least one specimen of every species. The songs of some amphibian species were recorded in the field, and some species were identified by their songs. Some observations made by other researchers and members of the logistics and social teams were incorporated into our records.

For amphibian and reptile species whose identification was uncertain, potential new records, and species that are rare in museums, we made a reference collection of 349 specimens. These were deposited in the herpetological collections of the Centro de Ornitología y Biodiversidad (CORBIDI) in Lima (155 specimens) and the reference collection of the Instituto de Investigaciones de la Amazonía Peruana (CRBIIAP) in Iquitos (194 specimens).

In addition to the amphibians and reptiles recorded during this inventory, Appendix 9 includes species collected by University of Kansas researchers on the San Martín side of the Cordillera Escalera, along the Tarapoto-Yurimaguas highway, based on records we obtained from the website Herpnet (*http://www.herpnet.org*). Although we did not review this material, many of these species have been recorded in descriptions of new species or taxonomic revisions. It is possible, however, that some identifications in the Herpnet data are erroneous or out of date. We also include species of poison dart frogs recorded by Lotters et al. (2007) and the herpetofauna recorded by the IIAP inventory on the San Martín side of the Cordillera Escalera (Gagliardi-Urrutia et al. in press).

To compare our data with those from other Andean tepui regions near the study area, we used the herpetological collections made by PJV at 1,100 m in the Chambirillo watershed of Cordillera Azul National Park, the results of the rapid inventories in Cordillera Azul (Rodríguez et al. 2001) and Cerros de Kampankis (Catenazzi and Venegas 2012), and specimens collected in the Cordillera del Alto Mayo in the Region of San Martín and deposited at CORBIDI. In addition, we created a rarefaction and extrapolation curve (Chao et al. 2014) in order to estimate the richness of species of amphibians and reptiles throughout the study area. We calculated the percent sampling coverage (SC%) reached by our inventory and estimated how much more sampling it would take to reach the full complement of species. To that end, we utilized the program InexT Online (Hsieh et al. 2013) and 500 bootstraps to create 95% confidence intervals.

RESULTS

Richness and composition of the herpetofauna

At the three campsites we recorded 746 individuals and 108 species, of which 69 are amphibians and 39 are reptiles. The number of species increases when we include the social team's records of the tree frog *Hypsiboas lanciformis* and locally hunted reptiles such as *Paleosuchus trigonatus* and *Kinosternon scorpioides* in the communities they visited (Appendix 9). We estimate that 130 species would be found in the three camps—approximately 80 amphibians and 50 reptiles—if sampling coverage exceeded 99%. For amphibians we reached a sampling coverage of 97%

with 606 individuals. For reptiles we reached a sampling coverage of 88% with 140 individuals (Fig. 25). This suggests our inventory yielded reasonable results for amphibians but undersampled reptiles.

We suspect that the entire Cordillera Escalera-Loreto region harbors a much richer herpetofauna, totaling 120 amphibians and more than 100 reptiles. The total number of species recorded to date in the entire area of interest, bounded by the Marañón River to the north and the Huallaga River to the south, is 97 amphibians and 64 reptiles (see discussion). These numbers include species collected by R. Schulte, W. E. Duellman, and P. J. Venegas along the Tarapoto-Yurimaguas highway in the Cordillera Escalera on the San Martín side, and during the IIAP inventory in the same zone, where 46 amphibians and 24 reptiles were recorded (Gagliardi-Urrutia et al. in press).

The amphibians recorded in our inventory belong to 2 orders (Anura and Caudata), 10 families, and 27 genera. The Craugastoridae and Hylidae were the dominant families, each with 21 species grouped into 4 and 8 genera, respectively. Among reptiles, the orders Crocodylia and Testudines were represented by one species each, and Squamata represented by 40 species grouped into 9 families and 23 genera. The dominant families in Squamata were Colubridae and Gymnophthalmidae, with 15 species grouped into 10 genera and 6 species grouped into 4 genera, respectively.

The herpetofauna we found is a mix of communities typical of the Amazon lowlands, comprised of species with broad distributions, and species restricted to montane ecosystems and Andean tepuis between 1,500 and 2,500 m. The herpetofauna was mainly associated with nine types of habitat: tall valley forest, tall slope forest, tall terrace forest, cloud forest, dwarf ridgecrest forest, dwarf ridgecrest scrub, dwarf valley forest, wetland forest, and riparian vegetation (see Table 2).

Composition and structure of amphibian and reptile communities by vegetation type

Tall valley forest

This forest type comprised a narrow band of alluvial forest containing successional vegetation and floodplains, and was present at the Mina de Sal and Alto Cahuapanas

Figure 25. Estimated richness and sampling coverage of amphibian and reptile communities in the Cordillera Escalera-Loreto, Loreto, Peru.
a) Recorded and estimated amphibian species richness. b) Recorded and estimated reptile species richness. c) Sampling coverage of the amphibian community. d) Sampling coverage of the reptile community. In all figures the solid lines represent data collected during the rapid inventory, the dotted lines represent estimates, and the gray areas represent a 95% confidence interval generated by computerized resampling (500 bootstraps).

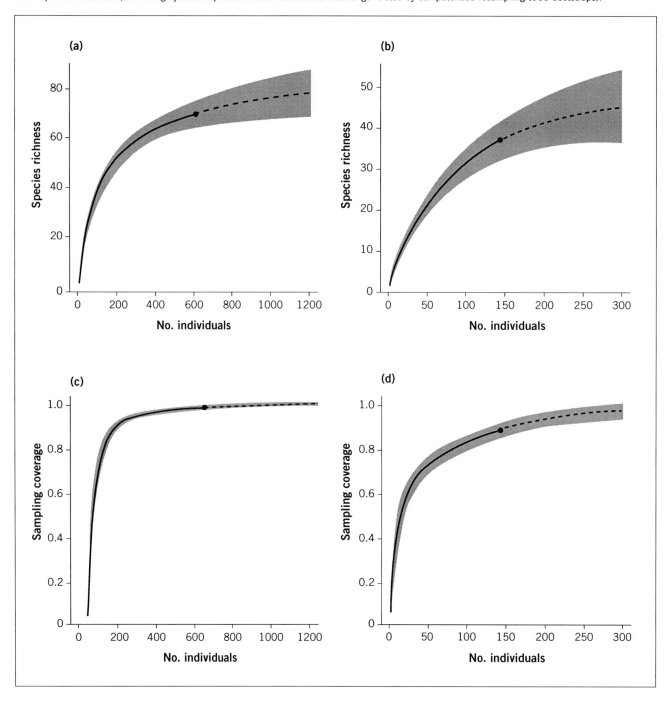

campsites and at the Alto Cachiyacu base camp. It had one of the most diverse amphibian communities and harbored principally species with wide Amazonian distributions. These forests were characterized by the predominance of direct-developing frogs in the family Craugastoridae, especially the genus *Pristimantis*, and tree frogs in the family Hylidae, as well as some representatives of Bufonidae, Leptodactylidae, and Microhylidae. Like the hylids, these latter families are associated with temporary pools, in which they reproduce. Except for the tree frogs *Osteocephalus deridens, O. leoniae*, and *O. planiceps*, all hylids were found around a temporary pool measuring no more than 4 m² and 30 cm in depth. We observed reproductive behavior, with some species performing amplexus and vocalizing. In this same pool, during the first night of sampling we found a high concentration of *Chiasmocleis bassleri* (Microhylidae) frogs vocalizing, performing amplexus, and laying eggs on the surface of the water.

Tall slope forest

This vegetation type is characterized by an abundance of poison dart frogs (Dendrobatidae), such as *Ranitomeya variabilis* and *R. fantastica*. These species are both terrestrial and arboreal, reproduce in water collected in trunks, leaves, and bromeliads. Other species, such as *Ameerega altamazonica, A. trivittata*, and *Hyloxalus argyrogaster*, live in the leaf litter and raise their tadpoles in slow streams and the pools formed when streams overflow their banks. Another species that was abundant in this habitat and that reproduces in bromeliads and hollow tree trunks is the tree frog *Osteocephalus leoniae*. We also found some hylids such as *Osteocephalus cannatellai* and *Hypsiboas cinerascens* that are associated with the riparian vegetation of rocky streams, where they lay their eggs underneath leaves overhanging the water. Additionally, in the Churoyacu Stream we recorded two species of glass frogs (Centrolenidae), *Rulyrana flavopunctata* and *Teratohyla midas*, that reproduce in fast-flowing streams, and the semi-aquatic lizard *Potamites strangulatus*.

Some hylid frogs that were abundant in pools of the tall valley forest, such as *Agalychnis hulli, Phyllomeduda tarsius, P. tomopterna*, and *Dendropsophus*

sarayacuensis, were also found in a seasonal pool with *Dendropsophus minutus*, which was exclusive to the tall slope forests. Frogs that develop directly and reproduce in moist leaf litter, such as *Pristimantis orcus, P. ventrimarmoratus, P. trachyblepharis, P. peruvianus*, and *Strabomantis sulcatus*, were also very abundant.

Tall terrace forest

We were only able to sample this forest type at the Alto Cachiyacu intermediate camp. Amphibians there were mostly represented by direct-developing frogs (Craugastoridae) that reproduce in moist leaf litter. We also recorded other species such as *Leptodactylus rhodonotus* and two species of *Rhinella* (*R. festae* and a new species). Although the family Dendrobatidae was only represented by one species of *Hyloxalus*, similar to *H. argyrogaster* in lower zones, that species was very abundant in the leaf litter during the day. Despite the presence of slow-moving streams, we did not record hylids that generally use those microhabitats to reproduce. We suspect that during the rainy season, when seasonal pools form and stream currents are stronger, some species of hylids (e.g., *Dendropsophus aperomeus* and *Phyllomedusa duellmani*) use pools here to reproduce, while others (e.g., *Osteocephalus verruciger*) reproduce in the streams. Those species were not recorded during the inventory.

Among reptiles, three species of leaf-litter lizards of the family Gymnophthalmidae — *Alopoglossus atriventris, Potamites* cf. *juruazensis*, and *Potamites ecpleopus* — were surprisingly abundant. We found them to be active day and night, and they were more abundant here, between 900 and 1,300 m, than in all of the other forest types we visited. Another common lizard species was *Enyalioides praeestabilis*, with a relative encounter frequency of 1–4 individuals per hour during nocturnal sampling.

Dwarf ridgecrest forest

We only had access to this vegetation type at the Alto Cachiyacu summit camp. Most of the species we recorded were exclusive to that site, since they are typical of montane ecosystems. The amphibians were represented exclusively by direct-developing species, such as *Pristimantis bromeliaceus, P. nephophilus, P. rufioculis*,

P. incomptus, P. sp. (yellow abdomen), and *Strabomantis sulcatus.* Hylids tend to be scarce in this type of habitat, where they are no seasonal pools or streams in which to reproduce, while direct-developing frogs that reproduce in moist leaf litter, moss, and bromeliads tend to predominate. We only recorded three species of reptiles: the Peruvian snail-eater *Dipsas peruana,* a new species of lizard of the genus *Anolis,* and *Enyalioides praestabilis.* The last was rarer here than in the tall terrace forest at lower elevations.

Dwarf ridgecrest scrub

This habitat was not well sampled for herpetofauna. We reached it at the Mina de Sal campsite, but only recorded the poison dart frog *Ranitomeya fantastica* in bromeliads. The region was very dry during our visit and we suspect that greater diversity would be recorded during the rainy season. At the Alto Cahuapanas campsite we were not able to get to the dwarf ridgecrest scrub.

Dwarf valley forest or chamizales and wetland forest

This habitat harbored species typical of Amazonian lowland forests, with the exception of some *Pristimantis* that were not identified to species. This vegetation type had the greatest diversity of direct-developing frogs, with 11 species in 3 genera (*Hypodactylus, Oreobates,* and *Pristimantis*). We believe that the high diversity of direct-developing frogs is due to the abundance of moist leaf litter. We also found three species of frogs in the family Microhylidae that use the leaf litter as a microhabitat (*Chiasmocleis bassleri, Chiasmocleis* sp. nov., and *Syncope* sp.). Despite numbering fewer than the Craugastoridae, microhylid species were quite abundant. The wetland forests were scattered within the dwarf valley forest in flat areas with poorly-drained, swampy soils dotted with shallow pools. The amphibians we found in this habitat were four species of tree frogs in the family Hylidae (*Dendropsophus parviceps, D. sarayacuensis, Hypsiboas geographicus,* and *Phyllomedusa vaillanti*) that use these swamps and lagoons to reproduce. The dominant species in these wetlands were *Dendropsophus sarayacuensis* and *Hypsiboas geographicus.*

Cloud forest

This vegetation type was only sampled in the hills adjacent to the Alto Cahuapanas campsite. These forests grow on steep slopes and were hung with abundant moss and epiphytes such as bromeliads and orchids. Despite these seemingly propitious conditions for amphibians, we only found four species: *Pristimantis* sp. (yellow abdomen), *Strabomantis sulcatus, Syncope* sp., which were also recorded in other vegetation types, and *Pristimantis* sp. (*peruvianus* group), which was exclusive to cloud forest. *Pristimantis* sp. (*peruvianus* group), which is likely new to science, was the most abundant species in this habitat. For reptiles we only recorded two lizards: *Anolis fuscoauratus,* which was also recorded in the other vegetation types, and *Enyalioides praestabilis,* which was associated with forests above 900 m and even present in the dwarf ridgecrest forests at 1,800 m.

Comparisons between campsites

Mina de Sal campsite

We recorded 62 species at this campsite: 40 amphibians and 22 reptiles. While this campsite was the lowest in elevation, we sampled across a gradient from 275 to 700 m. More than half of the amphibian species recorded here (23) were found in the vicinity of camp. With the exception of direct-developing frogs (Craugastoridae) and three species of tree frogs (*Osteocephalus deridens, O. lenoniae,* and *O. planiceps*), species were concentrated in a long pool measuring no more than 4 m² and 30 cm in depth, vocalizing. We also found the greatest diversity of reptiles in this camp, all species with broad Amazonian distributions.

Among the principal findings here was an amphibian that may be new to science: a *Pristimantis* related to *P. acuminatus* that was also recorded in the other camps. We also recorded *Agalychnis hulli,* previously known only from the type locality in Andoas, Loreto, and *Ranitomeya fantastica,* a species endemic to Peru that lives in Andean tepui mountain ranges of Amazonas, San Martín, and Loreto. In addition we recorded the recently described frog *Osteocephalus cannatellai,* which is a considerable extension of its range from the Cerros de Kampankis.

There was no conspicuously dominant genus among the reptiles. Some rare species stood out, such as the emerald tree boa (*Corallus batesii*) and the coral snake (*Leptomicrurus narduccii*).

Alto Cachiyacu campsite

We recorded a total of 62 species at this campsite: 41 amphibians and 21 reptiles. This was the camp with the broadest altitudinal gradient sampled, from 500 to 1,900 m, and sampling had to be subdivided into three camps. This enabled us to sample vegetation types that we were unable to evaluate in the other camps (e.g., tall terrace forests and dwarf ridgecrest forests). Because vegetation types varied with elevation, we explain below the principal findings in each camp.

Alto Cachiyacu base camp. Here we recorded 42 species (27 amphibians and 15 reptiles), of which 27 were exclusive to this site (19 amphibians and 8 reptiles). The herpetofauna in this camp was very similar to that of Mina de Sal and the greatest richness of hylids was also recorded in seasonal pools near camp. The exceptions were *Hypsiboas boans*, *Osteocephalus mimeticus*, and *Scinax ruber*, which were recorded in riparian vegetation along the Cachiyacu River. We also recorded two glass frogs at this camp, *Rulyrana flavopunctata* (first record for Peru) and *Teratohyla midas*, in the Churoyacu Stream.

Among reptiles, two exclusive records from this camp stand out: the stream lizard *Potamites strangulatus* and the vermiculate snail-eater *Dipsas* cf. *vermiculata*.

Alto Cachiyacu intermediate camp. Here we registered 21 species (12 amphibians and 9 reptiles), of which 11 were exclusive to this camp (6 amphibians and 5 reptiles). This was the only camp where we sampled the tall terrace forest between 900 and 1,300 m. Among the species exclusive to this camp were the frog *Hyloxalus* sp., which was very abundant during the day in the leaf litter, and *Rhinella festae*. At night we found a species of *Hemiphractus* that is very similar to *H. bubalus* (*H.* cf. *bubalus* in Appendix 9), and the salamander *Bolitoglossa peruviana*. Among the reptiles recorded

were some very abundant species such as the leaf-litter lizards *Alopoglossus atriventris*, *Potamites ecpleopus*, and *P.* cf. *juruazensis*, as well as the lizard *Enyalioides praestabilis*. We also recorded the Amazonian snail-eater (*Dipsas indica*), which was only recorded in this camp even though it is common in the Amazon lowlands. The most important finding at this camp was a new species of *Rhinella* similar to *R. festae*.

Alto Cachiyacu summit camp. We found 11 species (7 amphibians and 4 reptiles), of which 6 species of amphibians and 2 reptiles were exclusive to this camp. We sampled dwarf ridgecrest forest in this camp between 1,700 and 1,900 m. The most important records were the frogs *Pristimantis bromeliaceus*, *P. incomptus*, *P. nephophilus*, *P. rufioculis*, which were exclusive to this camp and which are limited to montane forests of northern Peru and southernmost Ecuador. We also found a new species of lizard (*Anolis* sp.). Another important record in this camp was the Peruvian snail-eater (*Dipsas peruana*), whose distribution is primarily Andean, extending from Venezuela to Bolivia (Harvey 2009). All of these species are new records for Loreto.

Alto Cahuapanas campsite

We sampled from 1,000 to 1,300 m here, recording a total of 35 species (25 amphibians and 10 reptiles), of which 13 (10 amphibians and 3 reptiles) were exclusive to this campsite. The vegetation types sampled only at this campsite were dwarf valley forest or *chamizal* and wetland forest, both located in low-lying areas. We also sampled cloud forest on the hills adjacent to camp. Among the prominent records are three species that are probably new to science: a microhylid with black spots on its back and abdomen (*Chiasmocleis* sp.); a *Pristimantis* with a yellow abdomen recorded at the two other campsites; and a *Pristimantis* from the *P. peruvianus* group that is probably new to science and was exclusive to this camp. We also recorded the lizard *Enyalioides praestabilis* in cloud forest between 1,100 and 1,300 m. It is important to note a common but unidentified frog in the family Microhylidae, *Chiasmocleis* sp., similar to *C. magnova*, found in *chamizales* on sandy soils. Other common frogs in the pools and *chamizal* were *Dendropsophus sarayacuensis*, *Hypsiboas geographicus*, and *Phyllomedusa vaillantii*. The amphibian community recorded in this unusual *chamizal* vegetation was mostly comprised of species typical of the Amazon lowlands, despite the fact that this site occupies a terrace at 1,000 m.

Notable records

New records for Peru, range extensions, and new records for Loreto

Rulyrana flavopunctata. This glass frog, recorded at the Alto Cachiyacu base camp, is known from Ecuador and Colombia (Cisneros-Heredia 2009). It is very similar to *Rulyrana saxiscandens*, described from the Ahuashiyacu waterfalls in San Martín (Duellman and Schulte 1993). However, based on diagnostic studies of both species, we believe that the species we recorded is *Rulyrana flavopunctata*, and that it is probably confused with *R. saxiscandens* in other localities of Peru.

Osteocephalus cannatellai. This species, recently described from the province of Pastaza in Ecuador, was previously thought to be distributed from the Ecuadorean Amazon south to the Cerros de Kampankis in northern Peru (Ron et al. 2012). Our record extends its range >237 km farther south.

Pristimantis avicoporum, P. bromeliaceus, P rufioculis, P. incomptus, and *Dipsas peruana* were unknown in Loreto until this inventory. The *Pristimantis* species are typical members of the herpetofauna in montane forests of northern Peru (Duellman and Pramuk 1999, Duellman and Lehr 2009), while *D. peruana* extends throughout the Andes from Bolivia to Venezuela (Harvey and Embert 2009).

Species possibly new to science

Rhinella sp. nov. (verde). This bufonid, similar to *R. festae*, is also known from Cordillera Azul and the Cordillera Escalera Regional Conservation Area in San Martín. It is a very flashy species, appearing greenish at night and reddish-brown during the day.

Pristimantis sp. nov. (pointed), *Pristimantis* sp. nov. (yellow abdomen), and *Pristimantis* sp. nov. (*peruvianus* group). The first was recorded in all of the camps we evaluated, always in successional vegetation in floodplains. We were able to make tape-recordings of this species that will contribute to its description. The second species was also recorded in all campsites, but was found on hills. The third species was only recorded at Alto Cahuapanas, from above 1,200 m in the cloud forest.

Chiasmocleis sp. nov. (white spots). This microhylid was only recorded at Alto Cahuapanas, where it was associated with dwarf valley forest. The species has dorsal and ventral white spots throughout its body on a dark brown background. It appears to be associated with dwarf forests on white sand.

Anolis sp. This species was recorded at the Alto Cachiyacu summit camp between 900 and 1,800 m. It appears to be related to *Anolis podocarpus* from southern Ecuador (Ayala-Valera and Torres-Carvajal 2010).

Shawi names of herpetofauna

Table 6 lists some amphibian and reptile species whose names in Shawi we obtained from local residents of the Cordillera Escalera-Loreto. The table also comments on the use of these names for other species or genera, and on the use of these taxa as food by the Shawi.

DISCUSSION

In the rapid inventory of the Cordillera Escalera-Loreto herpetofauna we recorded 111 species: 70 amphibians and 41 reptiles. These results, obtained in just a few days of sampling, suggest a much greater regional diversity, considering that the area studied contains great habitat diversity across elevations of 200–2,300 m. Our field work was too short to sample the region as fully as it merits. For example, pools and streams attractive to amphibians were present at lower elevations but we were unable to spend much time sampling them.

When we combine our results with those of herpetofaunal surveys in the Cordillera Escalera of San Martín, the total reaches 164 species (97 amphibians and 63 reptiles). These results include collections made

Table 6. Shawi names for herpetofauna in communities near the Cordillera Escalera-Loreto, Peru. *=probably confused with a larger species. **=probably confused with a green hylid, requires confirmation. ***=probably used for green species of the genus *Chironius*. ****=a term that could be used for *Chironius scurrulus* and for juveniles of *Clelia clelia*.

Class	Species	Shawi name	Is it eaten?
Amphibians	*Allobates* spp.	Curiawa *	Yes
	Colosthetus sp. 2	Pe'ra	No
	Rhinella festae	Ácaca	No
	Rhinella marina	Wawátu	Yes
	Pristimantis acuminatus	Shapira wa'wa' **	Yes
	Hyloxalus spp.	Tururu'	Yes
	Ranitomeya variabilis	Shápira	No
	Hypsiboas boans	Ütug	Yes
	Osteocephalus leoniae	Phéniu	Yes
	Osteocephalus mutabor	Wiri utún	Yes
	Hypsiboas lanciformis	Wawá	Yes
	Engystomops petersi	Pácura	Yes
	Leptodactylus pentadactylus	In'pa'	Yes
Reptiles	*Chelonoidis denticulata*	Mayú	Yes
	Phrynops, Messoclemys spp.	Cumsithe	Yes
	Paleosuchus trigonatus	Táya	Yes
	Amphisbaena fuliginosa	Náyuwarú	No
	Epicretes cenchria	Tanán cupiwan	No
	Alopoglossus spp.	Ishana tayarawa	Yes
	Cercosaura manicatus	Tanán yurú	No
	Enyalioides laticeps	Narawayan	No
	Gonatodes spp.	Aquihua	No
	Eunectes murinus	Kupiwán	No
	Chironius exoletus	Kanín mañarú ***	No
	Clelia clelia	Mañarú	No
	Leptodeira annulata	Shapi nashi	No
	Helicops leopardinus	Mutui tayuwan	No
	Oxyrhopus formosus	Kewán yawan ****	No
	Siphophlis compressus	Userín yawan	No
	Micrurus spp.	Nacanaca	No
	Bothrops atrox	Tayu'wan	No
	Bothriopsis bilineata	Tuwaris	No
	Bothrocophias hyoprora	Tayu'wan	No
	Lachesis muta	Nashi	No

during the IIAP inventory of the Cordillera Escalera Regional Conservation Area and collections made in the late 1980s along the Tarapoto-Yurimaguas highway. Given that habitats on the San Martín side of these mountains are severely deforested by cattle ranching and agriculture, we estimate that the total number of amphibian and reptile species in the Cordillera Escalera-Loreto is much higher than what is currently known for the entire Cordillera Escalera. This is based on the fact that the habitats we visited are in good condition. Rivers, streams, and pools in the cordillera provide habitat for herpetofauna to reproduce in the lowlands (species with larval development such as hylids and leptodactylids) and help maintain favorable conditions for the reproduction of direct-developing species such as Craugastoridae at the highest elevations.

Amphibian and reptile communities in the study area are a mix of communities typical of the Amazon lowlands, the Andean piedmont, and montane ecosystems. This mix is quite special, in that it does not always follow a coherent logic in accordance with altitudinal gradients. This may be because some high areas (>1,000 m) feature broad valleys with low-gradient rivers that descend to lower elevations (~500 m), and these make it easier for amphibians and reptiles who live at lower altitudes to move upslope.

Comparison with inventories in nearby zones

Comparing our data with those from other inventories was limited by two important factors: 1) limited access to review collected material in order to validate taxonomic identity and 2) differences in nomenclature resulting from the latest taxonomic classifications of amphibians (e.g., Faivovich et al. 2005, Frost et al. 2006, Grant et al. 2006, Hedges et al. 2008). For example, Catenazzi and Venegas (2012) found it impossible to compare many of the species recorded in the Cordillera del Cóndor by Reynolds and Icochea (1997) and listed as *Epipedobates* sp., Dendrobatid sp., *Hyla* sp. (Hylidae), and *Eleutherodactylus* sp. (Craugastoridae). Grant et al. (2006) made significant changes to the family Dendrobatidae, reassigning some species of *Epipedobates* to the genus *Allobates* and the majority

of the *Epipedobates* to the genus *Ameerega*; Faivovich et al. (2005) divided the genus *Hyla* into *Dendropsophus* and *Hypsiboas*; and Hedges et al. (2008) divided *Eleutherodactylus* into *Hypodactylus*, *Strabomantis*, and *Pristimantis*. Therefore, Catenazzi and Venegas (2012) opted to focus on the genus *Pristimantis* in comparisons between the Cordillera de Kampankis and other isolated mountain ranges.

We compared the amphibians recorded in our inventory above 900 m to those recorded in the closest mountain ranges for which we had access to collected material, such as the IIAP collections from the San Martín side of the Cordillera Escalera and the CORBIDI collections from the Cordillera del Alto Mayo and Cordillera Azul (Fig. 26). However, in reviewing the species lists made by Duellman and Lynch (1988) in the Cordillera del Kutukú and Reynolds and Icochea (1997) in the Cordillera del Cóndor for elevations higher than 1,000 m, we found that our inventory shares with both of them the species *Hemiphractus bubalus* and *Rhinella festae* (and *Pristimantis bromeliaceus* with the Kutukú). At intermediate elevations between 900 and 1,500 m, our inventory shares species such as *Hemiphractus bubalus*, *Oreobates saxatilis*, *Pristimantis diadematus*, *Rhinella* sp. nov., *Pristimantis ockendeni*, *Dipsas indica*, *Potamites* cf. *juruazensis*, *Potamites ecpleopus*, and *Alopoglossus atriventris* with the Cordillera Azul. The highest altitudinal range of our inventory (1,700–1,950 m) shares three species of *Pristimantis* and the snake *Dipsas peruana* with the Cordillera Alto Mayo, and *Osteocephalus festae* at intermediate elevations. The Cerros de Kampankis, isolated from the other mountain ranges by the Marañón River and the Santiago River valley, is the region with the fewest shared species: only *Rhinella festae* and *Hypodactylus nigrovittatus*.

Greater sampling in the Cordillera Azul and Cordillera Alto Mayo is clearly needed to better characterize the similarity between the herpetofauna of these mountain ranges and patterns of endemism in the region.

THREATS

- Many Shawi communities dedicate significant areas to cattle ranching, as well as monocultures that affect the forest's natural dynamics. These changes represent threats to amphibian and reptile populations.

- Turtles, smooth-faced caimans, and a great diversity of amphibians are a source of food for local communities. If hunting is not adequately managed, this could pose a threat to local populations. Some areas near communities have a high diversity of commercially valuable species that are sometimes illegally harvested, primarily poison dart frogs in the family Dendrobatidae.

- The proposed Balsapuerto-Moyobamba highway poses a serious potential threat to the herpetofauna, as it would facilitate the illegal trade of amphibian and reptile species in San Martín Region, where many people trap and sell herpetofauna. The deforestation caused along the highway would affect many amphibian and reptile populations. Establishing new communities in the high-elevation areas of the Cordillera Escalera would put at risk herpetological communities in montane forests, which constitute the only known populations of this type in Loreto.

RECOMMENDATIONS FOR CONSERVATION

- We recommend that the Cordillera Escalera-Loreto be protected under a legal framework that maintains healthy populations of the regional herpetofauna. An especially high priority are the amphibians and reptiles of montane forests, since these are some of the only such communities in Loreto.

- We recommend that Shawi communities establish communal agreements to restrict the capture of species for local consumption during certain periods of the year, in order to ensure reproduction. In the case of amphibians, this would primarily be during the first two weeks of the rainy season.

- We recommend that studies test for the presence of the fungus *Batrachochytrium dendrobatidis*, which is a cause of the worldwide decline of amphibians. Our inability to find species in the genus *Atelopus* during the inventory suggests that the pathogen may be present in the area. The fungus has been recorded

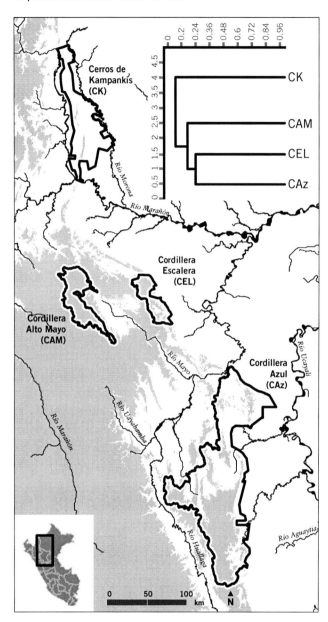

Figure 26. A map of northern Peru showing four montane sites where amphibian communities have been sampled, including the Cordillera Escalera-Loreto. The dendrogram shows the similarity between amphibian communities at the four sites.

by Kosch et al. (2012) on the San Martín side of the Cordillera Escalera.

- Finally, we recommend protecting the headwaters of the Cordillera Escalera-Loreto watershed, which would guarantee the provision of habitats and microhabitats required for the reproduction of many amphibians.

BIRDS

Authors: Douglas F. Stotz, Percy Saboya del Castillo, and Ernesto Ruelas Inzunza

Conservation targets: Sixteen species restricted to Andean tepuis (isolated sub-Andean ridges) in Peru, seven of which are restricted to northern Peru and southern Ecuador; damaged populations of game birds (especially cracids and trumpeters) that could be recuperated; diverse montane forest bird communities; a continuous elevational gradient with habitat connectivity to allow populations to adapt to climate change

INTRODUCTION

The birds of Andean tepuis (cited in the literature as 'isolated ridges' or 'isolated sub-Andean ridges,' e.g., Schulenberg et al. 2010) and the main Andes in San Martín have been relatively well studied. In contrast, the Cordillera Escalera on the Loreto side has been essentially unstudied. The studies from San Martín date back to collecting expeditions from the first half of the 1900s (for a summary see Davis 1986). The first significant studies in recent time in the mountains of San Martín were those of Parker and Parker (1980, 1982), who surveyed birds for 18 days in 1977 at Afluente (1,100 m above sea level, hereon m), northwest of Rioja. Following these studies, Davis (1986) surveyed a portion of the southwestern Cordillera Escalera in San Martín between 750 and 1,450 m for nearly three months in 1983. More recently, Saboya surveyed birds from 500 to 1,300 m as part of an inventory of the ACR Cordillera Escalera in San Martín, above the Río Cumbaza in July-August 2013 (Gagliardi-Urrutia et al. in press). That site provides another point of comparison despite being significantly disturbed. Other ridges in northern San Martín have been surveyed for birds, especially near Abra Patricia, but specific publications are hard to come by. The portion of the Tarapoto-Yurimaguas road that crosses the southern flank of Cordillera Escalera has been regularly visited by birdwatchers and some of those data are available on E-bird (*http://www.ebird.org/*).

Other rapid inventories of The Field Museum have investigated a series of Andean tepuis in Peru, including Cordillera Azul, Sierra del Divisor, Megantoni, and Kampankis (Alverson et al. 2001, Vriesendorp et al.

2004, 2006, and Pitman et al. 2012). Other studies of birds north of the study area include those conducted on both the Peruvian and Ecuadorean sides of the Cordillera del Cóndor (Schulenberg and Awbrey 1997), and in Kutukú (Robbins et al. 1987). To the south, the birds of the Sira in central Peru (Harvey et al. 2011) and Pantiacolla (Manu National Park) in southern Peru have been well studied but unfortunately much of this work remains unpublished.

METHODS

Stotz, Saboya, and Ruelas surveyed the birds of Cordillera Escalera during a three-week rapid inventory in 2013 (see the chapters *Regional overview* and *Sites visited during the biological and social inventories*, this volume). We surveyed three camps, spending four full days and parts of three days at Mina de Sal (15–18 September 2013), six full days and parts of two days at Alto Cachiyacu (21–26 September) and two full days and parts of three days at Alto Cahuapanas (28–29 September). At Mina de Sal we covered an elevational range of 300–700 m, at Alto Cachiyacu 500–1,950 m, and at Alto Cahuapanas 1,000–1,350 m. Stotz, Saboya, and Ruelas spent 92 hours observing birds at Mina de Sal, 148 hours at Alto Cachiyacu, and 61 hours at Alto Cahuapanas. Due to the extensive elevational range surveyed at Alto Cachiyacu, we stayed at two satellite camps above the main base camp, one at 1,200 m and another at 1,950 m. Each of us spent a single night at each of the two satellite camps. Elevations between 1,300 and 1,950 m received 33 hours of coverage, while those between 900 and 1,300 m received 17.5 hours of coverage. The remainder of our fieldwork was focused on the lower slopes from 500 to 900 m, and totaled 97.5 hours. Thus, despite the access to high elevations the lower slopes were much better surveyed.

Our protocol consisted of walking trails looking and listening for birds. We mainly conducted our surveys separately to increase independent-observer effort, but Saboya and Stotz spent a day together at Mina de Sal, and Ruelas and Saboya were in the field together one day at Mina de Sal and one day at Alto Cachiyacu. Typically, we departed camp before first light and remained in the field until mid-afternoon. On some days we returned to the field 1–2 hours before sunset. We tried to cover all the habitats near each camp. At every campsite the entire trail system was walked at least once by a member of the bird team; most trails were surveyed multiple times. Total distances walked by each observer each day varied from 4 to 15 km depending on trail length, habitat, density of birds, and condition of the observer. Trails were generally steep, with extensive changes in elevation across short distances.

Ruelas carried a Marantz PMD661 digital recorder and a Sennheiser ME66 shotgun microphone to document species and confirm identifications with playbacks. Saboya and Ruelas also carried iPods with reference vocalization collections to aid field identification. All observers kept daily records of numbers of each species observed, and compiled these records during a round-table meeting each evening. Observations by other members of the inventory team supplemented our records.

The bird team also focused on recording the elevational distributions of all species observed at each of the three camps. Each of us used a Garmin 60CSX GPS unit to obtain elevations for our bird records. In Appendix 10, we provide elevational ranges for all species observed in each camp. Elevations are rounded to the nearest 50 m. For example, a bird seen between 625 and 675 m would be recorded as 650 m. Many species were seen in only a single elevational interval and these appear in Appendix 10 with a single elevation. Otherwise, we give the lowest and highest elevations at which a species was observed.

Our complete list of species in Appendix 10 follows the taxonomy, sequence, and nomenclature (for scientific and English names) of the South American Checklist Committee of the American Ornithologists' Union, version 23 September 2013 (*http://www.museum.lsu. edu/~Remsen/SACCBaseline.html*).

In Appendix 10 we estimate relative abundances using our daily records. Because our visits to these sites were short, our estimates are necessarily crude and may not reflect bird abundance or presence during other seasons. For the three inventory sites, we used four abundance classes. 'Common' (C) indicates birds observed (seen or heard) daily in substantial numbers (averaging 10 or more birds per day). 'Fairly common' (F) indicates that a species was seen daily but represented by fewer than 10 individuals per day. 'Uncommon' (U) birds were those encountered more than twice at a camp but not seen daily, and 'Rare' (R) birds were observed only once or twice at a camp as single individuals or pairs. Because of the shorter survey periods at Alto Cahuapanas and at elevations above 900 m at Alto Cachiyacu, the abundance estimates are even less precise than those for Mina de Sal and the lower elevations at Alto Cachiyacu.

We compared our results to those of other rapid inventories that focused on Andean tepuis. From north to south these are: Cofan-Bermejo (Schulenberg 2002), Kampankis (Ruelas Inzunza et al. 2012), Cordillera Azul (Schulenberg et al. 2001), Sierra del Divisor (Schulenberg et al. 2006), and Megantoni (Lane and Pequeño 2004). We also compared our data to those from Sira and Pantiacolla in central and southern Peru respectively; from Davis (1986), whose 1,350–1,450 m field site was only 20 km south of our Alto Cachiyacu camp; and from Parker and Parker (1982), Schulenberg and Awbrey (1997), and Robbins et al. (1987).

RESULTS
Species richness

During the inventory we found 422 species of birds. This is an impressive number, exceeded on the 12 rapid inventories conducted in Peru only by Güeppí, where 437 species were recorded.

We estimate that 600–650 species of birds occur in Cordillera Escalera-Loreto and its associated lowlands. Of the expected species that we did not encounter, about 60 are montane. The other 150 or so expected species are lowland and include about 20 species of migrants from North America. There could be a larger array of lowland species than we expect, however; about 250 species that we did not find occur regularly in lowland forests of western Loreto south of the Marañón River. However, higher elevations of the lowland forests (above 300 m), the lack of well-developed riverine habitats like flooded forests and oxbows lakes in the region, the poor soils, and the limited extent of lowlands in the area suggest to

Figure 27. Number of bird species recorded in different elevational ranges during a rapid inventory of the Cordillera Escalera-Loreto, Peru.

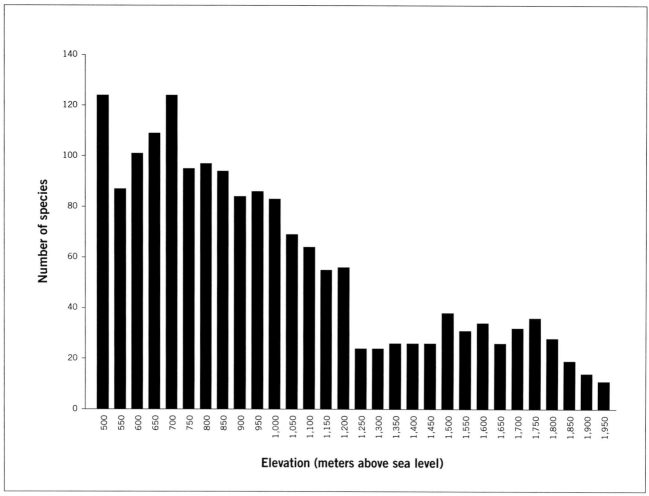

us that, even with exhaustive sampling, many of these lowland species will never be encountered.

Species richness in the three camps varied substantially, in part due to very different elevational distributions of species and unequal sampling. We found 190 species at the Mina de Sal Camp in four days of survey. Of those, 151 were found along the river and the nearby forested terrace at about 300 m. Ninety species occurred in the hills here between 350 and 700 m, but only 39 of these were restricted to the forests on the hills, while 100 species only occurred along the river.

At Alto Cachiyacu we found the largest number of species, 333. These species were distributed across a 1,450 m elevation range. Species richness was relatively high from the lowlands at 500 m until about 1,200 m. Above 1,200 m the forest and the associated avifauna

changed dramatically, and species richness declined dramatically (Fig. 27). However, this less diverse montane avifauna was very distinct from the avifauna found at lower elevations. Of the 94 species recorded above 1,250 m, only 22 were recorded at 1,200 m and below, and only 10 species occurred as low as the river at 500 m.

At Alto Cahuapanas, with only two complete days of survey, we recorded 181 species, the lowest number of all localities. Based on the species accumulation rate, we suspect that with four full days of survey, like at Mina de Sal, we would have recorded about 220 species. Species richness at this site was concentrated along the river between 1,000 and 1,050 m. We found 165 species at this elevation. We found only 59 species above 1,050 m, and only 16 of them were found exclusively above 1,050 m in the very distinct dwarf forest and scrub.

The elevational distributions of individual species varied, sometimes dramatically, among camps. Seventy-five of the Amazonian species found in the tall terrace forest extended above 1,000 m at Alto Cachiyacu, and 28 of them occurred up to 1,200 m where the forest abruptly changed character. For the most part, these species were found only along the river at 300 m at Mina de Sal and at 1,050 m at Alto Cahuapanas. Much of this characteristic Amazonian avifauna was absent at Mina de Sal and Alto Cahuapanas. Of the 202 species we found at Alto Cachiyacu below 700 m, 100 were not found at all at Alto Cahuapanas and 80 were not found at Mina de Sal.

As an example of the variation in elevation distributions, Blue-crowned Manakin (*Lepidothrix coronata*) occurred from 300 to 550 m at Mina de Sal, and appeared to drop out at the highest elevations there. At Alto Cachiyacu however, we found it from 650 to 1,200 m, which means it was absent along the river, unlike at Mina de Sal, but extended to the highest reaches of the terrace forest. At Alto Cahuapanas, the highest of our camps, it appeared to be absent, but its montane replacement, Blue-rumped Manakin (*Lepidothrix isidorei*), was found in the ridgetop montane forest beginning at 1,200 m.

Birds in montane elevations of Loreto have been little studied. On the Cordillera Azul Rapid Inventory montane elevations to 1,800 m were surveyed in three drainages, the Cushubatay, Pauya and Pisqui (Schulenberg et al. 2001). At Kampankis, bird surveys extended up to 1,400 m, although the narrowness of the ridge limited the size of the montane avifauna encountered there. Because of this limited coverage of montane elevations, we recorded 38 species of birds that had not previously been recorded in Loreto (Pitman et al. 2013). These species, most of which were found in the montane forests above 1,400 m at Alto Cachiyacu, are indicated in Appendix 10.

Game birds

Populations of game birds were low at all three camps. There was extensive evidence of hunting (shell casings, trails, hunting stands, etc.) and it seems most likely that the limited number of observations of game birds resulted from hunting pressure. Cracids were poorly represented, with small numbers of Razor-billed Curassow (*Mitu tuberosum*) and Spix's Guan (*Penelope jacquacu*) at each camp. Blue-throated Piping-Guan (*Pipile cumanensis*) were found only at Alto Cachiyacu, well away from the river. We found the montane Wattled Guan (*Aburria aburri*) in small numbers at Alto Cachiyacu and Alto Cahuapanas. The only observation of trumpeters (White-winged Trumpeter, *Psophia leucoptera*) was a group seen by the ichthyologists at Mina de Sal. Numbers of wood-quail (*Odontophorus*) and tinamous (six species of Tinamidae) were generally moderate, and may indicate more about habitat conditions than hunting pressure.

There also may be significant hunting pressure on Andean Cock-of-the-Rock (*Rupicola peruviana*) in the region. We observed only very small numbers at appropriate elevations at Alto Cachiyacu, and none at Alto Cahaupanas. This species is well-known and usually common on Andean slopes (mostly 800–2,000 m), even on other isolated ridges (Schulenberg et al. 2010). Ornithologists and members of the social team reported that cock-of-the-rock feathers were commonly used as ornamentation in Balsapuerto. It seems likely that these feathers were obtained in Cordillera Escalera. We observed old hunting trails at Alto Cachiyacu up to 1,600 m, which would provide access to cock-of-the-rock habitat.

Notable records

The most notable component of the avifauna was a diverse set of montane species throughout the elevational gradients we studied. However, in addition to this widespread montane avifauna we encountered a number of notable species. The biggest set of these were the Andean tepui specialist species discussed in the next section. A small related set of birds were a group of four species associated with sandy soil areas in northern San Martín and at Cordillera Escalera that have disjunct populations in eastern Amazonian Brazil. Three of these species (Purple-breasted Cotinga, *Cotinga cotinga*; Dotted Tanager, *Tangara varia*; and Red-shouldered Tanager, *Tachyphonus phoenicius*) are mainly in lowland forests east of Brazil's Río Negro associated with the Guiana Shield. The fourth species, Blackish Pewee (*Contopus nigrescens*), occurs mainly south of the Amazon from the Río Tocantins locally eastward.

Hummingbirds (Trochilidae) were notably diverse on this inventory (Figs. 8A–M). We observed 31 species with significant richness at all elevations. At Mina de Sal, a flowering *Erythrina poeppigiana* tree attracted nine species, including four not found elsewhere during the inventory: Fiery Topaz (*Topaza pyra*), Blue-chinned Sapphire (*Chlorestes notata*), Glittering-throated Emerald (*Amazilia fimbriata*), and Rufous-throated Sapphire (*Hylocharis sapphirina*). Among the hummingbirds were five species restricted to isolated ridges (see below) including Koepcke's Hermit (*Phaethornis koepckeae*), Royal Sunangel (*Heliangelus regalis*), Ecuadorian Piedtail (*Phlogophilus hemileucurus*), Pink-throated Brilliant (*Heliodoxa gularis*), and Napo Sabrewing (*Campylopterus villaviscensio*).

We recorded 11 species of birds considered Vulnerable or Endangered by BirdLife International (2014c) and the IUCN (2014), and 19 species considered Near Threatened. Two of the Vulnerable species, Blue-throated Piping-Guan (*Pipile cumanensis*) and Ruddy Pigeon (*Patagioenas subvinacea*), are widespread Amazonian birds that we believe do not merit threatened status. The other Vulnerable species are all montane species with narrow elevational distributions, restricted ranges, or both. Two species, Royal Sunangel (*Heliangelus regalis*) and Ash-throated Antwren (*Herpsilochmus parkeri*), are considered Endangered. Both were described from other relatively close Andean tepui localities (Fitzpatrick et al. 1977, Davis and O'Neill 1986) and both have restricted ranges, narrow elevational distributions, and specialized habitat requirements.

Among the 19 Near Threatened species, seven are Amazonian lowland species, mainly game birds or parrots that are under pressure from human exploitation. One is a migrant from North America, Olive-sided Flycatcher (*Contopus cooperi*). Breeding Bird Survey data indicates an estimated 75% decline in this species over the last forty years. While the species remains common and widespread, this decline suggests it may be at risk (BirdLife International 2014a). The remaining species are all montane. Most have distributions on the lower slopes that are under pressure from agriculture or have other risk factors, such as hunting pressure, small geographic

ranges, or narrow elevational ranges. Five of the Near Threatened species, Koepcke's Hermit (*Phaethornis koepckeae*), Napo Sabrewing (*Campylopterus villaviscensio*), Buff-throated Tody-Tyrant (*Hemitriccus rufigularis*), Gray-tailed Piha (*Snowornis subalaris*), and Bar-winged Wood-Wren (*Henicorhina leucoptera*), are restricted to Andean tepuis.

Andean tepui specialists

There are approximately 30 species of birds that in Peru are restricted to these outlying ridges, or at least strongly associated with them in northern Peru. We found 16 of these Andean tepui specialists during the inventory (Table 7). These birds were not evenly distributed across the elevational gradient we surveyed, but concentrated on the lower slopes, below 1,100 m, or were found in the elfin forest at the tops of ridges.

Included among the Andean tepui species we found was Ash-breasted Antwren (*Herpsilochmus parkeri*). We found a pair at 1,250 m at Alto Cachiyacu. Davis and O'Neill (1986) described the species from the southwestern flank of Cordillera Escalera at 1,350 m, about 20 km south of our Alto Cachiyacu camp and in the region of San Martín. It remains known from only two areas: the southern part of the Cordillera Escalera and near Afluente, a locality in northwestern San Martín about 115 km to the northwest.

Dwarf ridgecrest forest and scrub

Dwarf ridgecrest forest and scrub associated with specific edaphic and climatic conditions (see Table 2 and the chapter *Vegetation and flora*, this volume) played an important role in defining bird distributions on this inventory. Above about 1,800 m at Alto Cachiyacu was an area of dense ridgecrest scrub. The number of species of birds in this scrub was low (Fig. 27) but it included two birds endemic to northern Peru and far southern Ecuador: Royal Sunangel (*Heliangelus regalis*) and Bar-winged Wood-Wren (*Henicorhina leucoptera*). These two species were also in low ridgecrest scrub on sandy soils at Alto Cahuapanas. This scrub was found between 1,150 and 1,350 m.

At Alto Cahuapanas, as soon as one began climbing out of the river valley, the vegetation changed to an elfin forest on the ridgetops with an avifauna dominated by montane species. These included some species that were only at significantly higher elevations at Alto Cachiyacu.

Mixed-species flocks

Mixed-species flocks are a major organizing feature of tropical forest avifaunas. At Cordillera Escalera, understory flocks at Mina de Sal were basically Amazonian in structure and makeup with the flocks led by Dusky-throated Antshrike (*Thamnomanes ardesiacus*). However, there was little in the way of canopy flocks at this site. We found groups of tanagers in the canopy, but they seemed mostly tied to fruiting trees. One unusual element were a few small and relatively transitory flocks that we encountered centered on Carmiol's Tanager (*Chlorothraupis carmioli*). Most *Chlorothraupis* were found in understory flocks with *Thamnomanes*, but occasionally they were on their own and could serve as flock leaders. Cinereous Antshrikes (*Thamnomanes caesius*), another flock-leading species, was only observed during the inventory at Mina de Sal. On both occasions they were part of an understory flock that included *Thamnomanes ardesiacus*.

At Alto Cachiyacu and Alto Cahuapanas, the understory flocks below 1,200 and at 1,050 m respectively resembled those we found at Mina de Sal, with *Thamnomanes ardesiacus* acting as flock leader. Alto Cachiyacu had common and very well-developed canopy flocks formed around Fulvous Shrike-Tanager (*Lanio fulvus*) in the terrace forest. Elsewhere at low elevations at this site there were canopy flocks around *Lanio*, but they were smaller and more scattered. Alto Cahuapanas had similar canopy flocks only in the valley forest along the river. These were less abundant than at Alto Cachiyacu, but were generally large and stable. Although these canopy flocks at both sites were predominantly Amazonian in composition, we recorded about a dozen montane species that were members of these flocks at least occasionally. These included Russet Antshrike (*Thamnistes anabatinus*), Ash-breasted Spinetail (*Cranioleuca curtata*), Spectacled Bristle-Tyrant (*Phylloscartes orbitalis*), Tropical Parula (*Setophaga pitiayumi*), and Rufous-winged Antwren (*Herpsilochmus rufimarginatus*).

The habitat transitioned into cloud forest above 1,200 m at Alto Cachiyacu. With this transition, the avifauna changed dramatically, as did the mixed-species flocks. This transition in flock structure and composition is a standard element of elevational changes in avifaunas in the mountains of South America. At Alto Cachiyacu, between about 1,350 and 1,800 m flocks were dominated by tanagers, but the core flock species appeared to be Three-striped Warbler (*Basileuterus tristriatus*). There was no separation into canopy and understory flocks. Some flocks lacked the *Basileuterus*. In these flocks, it seemed that Yellow-throated Tanager (*Iridosornis analis*) and Blue-winged Mountain-Tanager (*Anisognathus somptuosus*) acted as flock leaders. Various species of Chlorospingus (*Chlorospingus*) are often important flock leaders in montane systems, but the two species at Alto Cachiyacu were very uncommon and did not appear to play any significant role in flock leadership at any elevation.

Reproduction

Searching for nests and observing breeding behavior are secondary activities on a rapid inventory. Typically we encounter little evidence of breeding activity and this inventory was no exception. However, it seemed that there was more breeding evidence than is usually found on an inventory. We found a nest of Hairy-crested Antbird (*Rhegmatorhina melanosticta*) with two small young at nearly 1,600 m at Alto Cachiyacu. Chestnut-crowned Becard (*Pachyramphus castaneus*) and Social Flycatcher (*Myiozetetes similis*) were building nests near the heliport at Alto Cachiyacu. We saw several species that had dependent juveniles accompanying adults. These included Rufous-tailed Antwren (*Epinecrophylla erythrura*), White-plumed Antbird (*Pithys albifrons*), Pink-throated Becard (*Pachyramphus minor*), Half-collared Gnatwren (*Microbates cinereiventris*), and Fulvous Shrike-Tanager (*Lanio fulva*).

Migrants

Given the dates of the inventory (mid-September to early October), migrants from North America should have been just beginning to arrive in the region. We found only five species of boreal migrants, including two species of

Table 7. Bird species restricted or almost restricted to Andean tepuis, showing records made during the rapid inventory of the Cordillera Escalera-Loreto in Loreto, Peru, and at 13 other sites in Peru and Ecuador.

Species	English name	Cordillera Escalera-Loreto	Southwestern Cordillera Escalera[1]	Cordillera del Cóndor[2]	Cordillera del Cóndor[3]	
Pauxi unicornis	Horned Curassow					
Morphnarchus princeps	Barred Hawk	x			x	
Eutoxeres aquila	White-tipped Sicklebill		x	x	x	
Phaethornis koepckeae	Koepcke's Hermit	x	x			
Heliangelus regalis	Royal Sunangel	x	x			
Phlogophilus hemileucurus	Ecuadorian Piedtail	x			x	
Phlogophilus harterti	Peruvian Piedtail					
Heliodoxa gularis	Pink-throated Brilliant	x	x			
Heliodoxa branickii	Rufous-webbed Brilliant					
Campylopterus villaviscensio	Napo Sabrewing	x	x		x	
Capito wallacei	Scarlet-banded Barbet					
Touit stictopterus	Spot-winged Parrotlet		x	x	x	
Thamnophilus divisorius	Acre Antshrike					
Herpsilochmus motacilloides	Creamy-bellied Antwren					
Herpsilochmus parkeri	Ash-throated Antwren	x	x			
Chamaeza campanisona	Short-tailed Antthrush	x	x	x	x	
Myiornis albiventris	White-bellied Pygmy-Tyrant					
Hemitriccus rufigularis	Buff-throated Tody-Tyrant	x	x	x		
Myiophobus roraimae	Roraiman Flycatcher		x		x	
Contopus nigrescens	Blackish Pewee	x	x			
Oxyruncus cristatus	Sharpbill		x	x		
Snowornis subalaris	Gray-tailed Piha	x	x	x		
Cotinga cotinga	Purple-breasted Cotinga	x				
Machaeropterus regulus	Striped Manakin		x			
Laniisoma elegans	Shrike-like Cotinga			x		
Henicorhina leucoptera	Bar-winged Wood-Wren	x	x	x	x	
Microbates cinereiventris	Half-collared Gnatwren	x	x	x		
Tangara phillipsi	Sira Tanager	x				
Tangara varia	Dotted Tanager	x				
Chlorothraupis carmioli	Carmiol's Tanager	x	x			
Number of species recorded		**16**	**17**	**9**	**8**	

shorebirds, Spotted Sandpiper (*Actitis macularius*) and Solitary Sandpiper (*Tringa solitaria*), and three *Contopus* flycatchers, Eastern Wood-Pewee (*C. virens*), Western Wood-Pewee (*C. sordidulus*), and Olive-sided Flycatcher (*C. cooperi*). Other migrant species would be expected in the region later in the season.

DISCUSSION

Habitats and avifaunas at surveyed sites

Mina de Sal

This camp had the lowest elevational profile of any of the localities we surveyed. As a result, we anticipated that it would have the largest Amazonian element in its avifauna. This turned out not to be the case. The

Sources: 1 = Davis (1986), 2 = Parker survey in Schulenberg and Awbrey (1997), 3 = Schulenberg and Wust survey in Schulenberg and Awbrey (1997), 4 = Harvey et al. (2011), 5 = Forero-Medina et al. (2011), 6 = Schulenberg (2002), 7 = Schulenberg et al. (2001), 8 = Lane and Pequeño (2004), 9 = Schulenberg et al. (2006), 10 = Ruelas Inzunza et al. (2012), 11 = Stotz et al. (1985), 12 = Robbins et al. (1987), 13 = Fitzpatrick unpublished (1985)

Cordillera del Sira[4]	Vilcabamba[5]	Cofán-Bermejo[6]	Cordillera Azul[7]	Megantoni[8]	Sierra del Divisor[9]	Cerros de Kampankis[10]	Amazonia Lodge[11]	Kutukú[12]	Pantiacolla[13]
x									
		x				x		x	
			x					x	
x	x						x		x
			x						
		x					x		x
x				x				x	
						x			
x	x		x				x		x
		x				x		x	
x			x						
		x	x					x	
					x				
	x			x					
x		x	x	x		x		x	x
			x						
x	x	x	x				x	x	x
x			x					x	
			x						
x	x		x						x
x	x	x	x			x			x
			x						
			x						
x							x		x
			x						
x		x	x			x	x		x
x									
			x						
x	x	x	x				x		x
14	7	9	18	3	1	6	7	8	11

camp was situated in a very narrow valley, with hills rising almost immediately behind our camp and across the river. These hills had poor soils and did not have anything resembling a typical Amazonian terra firme avifauna using them. The narrowness of the valley meant the extent of Amazonian type forest was very small, and none of it corresponded to terra firme forest. As a result, the avifauna here was a very depauperate lowland avifauna with a very small set of montane species. Mina de Sal lacked 80 lowland forest bird species that we found at Alto Cachiyacu, and only had 41 lowland species that we did not find at Alto Cachiyacu. At Mina de Sal we found only five species that do not regularly occur in the lowlands: Sapphire Quail-Dove (*Geotrygon saphirina*), Blue-fronted Lancebill (*Doryfera johannae*), Pink-throated Brilliant (*Heliodoxa gularis*), Rufous-winged Antwren (*Herpsilochmus rufimarginatus*), and Green Manakin (*Xenopipo holochlora*). Pink-throated Brilliant is the most significant of these montane species. It is an Andean tepui specialist (see below), restricted to southern Ecuador through Cordillera Escalera and is considered Vulnerable by BirdLife International (2014b).

The lowland component of the avifauna at Mina de Sal was dominated by groups relatively tolerant of edges and disturbance, such as hummingbirds, tyrant-flycatchers, and tanagers. Many families typical of lowland forest were very poorly represented here including Trogonidae (trogons), Momotidae (motmots), Bucconidae (puffbirds), Ramphastidae (toucans), Picidae (woodpeckers), Psittacidae (parrots), Furnariidae (ovenbirds), and Turdidae (thrushes). Although later camps had more species in these families, only Furnariidae, in the end, was well-represented on the inventory.

Fourteen species of hummingbirds were recorded at this site, a very good number for this elevational range. The main reason for this was a single *Erythrina poeppigiana* tree that was in full flower, and full of hummingbirds and tanagers, as well as bees and butterflies. We recorded nine species of hummingbirds there. At other camps, there were significant numbers of *Erythrina ulei* in flower, but we observed no birds and only small numbers of insects visiting their flowers. It is not clear whether *Erythrina ulei* is a less valuable resource for nectarivores, or whether the trees we examined were just not at the correct phenological stage.

Alto Cachiyacu

Despite having a higher minimum elevation (500 m) than Mina de Sal, this locality had a more complete Amazonian avifauna. In contrast to Mina de Sal, a large portion of this Amazonian element occurred well up onto the hills and terraces of the slopes up to about 1,200 m. The habitat along the river at this site was dominated by secondary vegetation associated with river flooding and landslides, especially a large one on which the heliport was placed. Most of the Amazonian species at this site characteristic of terra firme forest occurred on the slopes above 700 m and a number of these occurred up to 1,200 m, where the character of the forest changed dramatically to montane forest and the avifauna also

changed to a fairly typical montane avifauna. In contrast, species characteristic of secondary habitats were well represented near the river, and a number of these species also occurred up to about 800 m in disturbed areas created by the unstable landscape. We had 48 species characteristic of secondary habitats, an extraordinary number for a site with almost no human alteration of the vegetation. This compares with 15 species of secondary habitats at Mina de Sal and 13 at Alto Cahuapanas. Other rapid inventories typically find many fewer secondary habitat species. For example, at Ampiyacu-Apayacu, only 25 such species were recorded during the entire inventory (Stotz and Pequeño 2004); the Yavarí inventory, focused on a large lowland river, had only 37 species of secondary habitats (Lane et al. 2003).

The switch to a montane avifauna at about 1,200 m was fairly dramatic (Fig. 27). Only 19 species found below 1,200 m were found above 1,200 m. Of these, 11 were species that are widespread in Amazonia, the others were lower montane species that occurred above 900 m at this site. Twenty-eight Amazonian species reached their upper limit right at 1,200 m.

Two features of this pattern stand out compared to other montane systems. The first is the high elevation at which the transition to a montane avifauna occurred. Although certain Amazonian species can occur up to 1,500 m or higher, it is typically between 800 and 1,000 m that the Amazonian element is attenuated with elevation and largely replaced by elements of the montane avifauna (Stotz et al. 1996; see especially Fig. 3.5 showing the attenuation of Amazonian species and the increase in montane species for Cerro de Pantiacolla). Mixed-species flocks become montane in nature, where lowland understory antbirds largely disappear and tanager flocks are composed of primarily montane species. At Alto Cachiyacu, the Amazonian element dominated up to 1,200 m. At 1,200 m, Stotz had a large canopy flock led by *Lanio*, a lowland species; all of the tanagers and most of the remaining species seen within that flock were lowland species.

The second unusual feature was the abruptness of the shift to a montane avifauna. Very few montane species occurred at Alto Cachiyacu below 1,400 m. The premontane element of the Andean avifauna was essentially lacking and montane species occurred almost exclusively above 1,400 m. As a result, the avifauna was almost entirely Amazonian up to 1,200 m, and almost entirely montane above 1,400 m. The typical pattern of blending lowland and montane elements across several hundred meters of elevation did not occur at Alto Cachiyacu.

Alto Cahuapanas

We surveyed the narrowest elevational range of the three camps at this locality. The largest portion of survey was along the Cahuapanas River at an elevation of 1,050 m. We also surveyed two sandstone hills that rose to 1,400 and 1,150 m. In many ways the avifauna along the river at Alto Cahuapanas resembled the avifauna that occurred on the high terraces between 900 and 1,200 m at Alto Cachiyacu. We found a substantial Amazonian element and mixed-species flocks were dominated by lowland species. Canopy flocks were led by Fulvous Shrike-Tanager (*Lanio fulvus*) and understory flocks by Dusky-throated Antshrike (*Thamnomanes ardesiacus*). Yet there were some surprising species of Amazonian birds missing that had been present in substantial numbers at Alto Cachiyacu above 900 m. These included Variegated Tinamou (*Crypturellus variegatus*), Chestnut-shouldered Antwren (*Euchrepomis humeralis*), Peruvian Warbling-Antbird (*Hypocnemis peruviana*), Gray Antbird (*Cercomacra cinerascens*), Black-faced Antthrush (*Formicarius analis*), Buff-throated Woodcreeper (*Xiphorhynchus guttatus*), and all species of oropendolas (*Psarocolius* and *Clypicterus*). We suspect that the long distance, at least 20 km, to the nearest low-elevation forest (below 500 m) interfered with some Amazonian species reaching the vicinity of our camp. Why certain Amazonian species failed to occur at Alto Cahuapanas, while others were common, is unclear. There did not seem to be a clear habitat component to this pattern, nor were species replaced by montane congeners.

There were more montane species found at 1,050 m at Alto Cahuapanas (33) than found below 1,200 m at Alto Cachiyacu (25). However, two species, Rufous-winged Antwren (*Herpsilochmus rufimarginatus*) and Carmiol's Tanager (*Chlorothraupis carmioli*), found commonly throughout the lower slopes at Alto Cachiyacu and Mina de Sal were not recorded at Alto

Cahuapanas. There is no obvious reason for their absence from Alto Cahuapanas.

Game birds

The low numbers of game birds at all three camps, together with the relatively few large mammals we saw (especially monkeys), indicate that there is significant hunting pressure in Cordillera Escalera. At the same time, we did find populations of all of the expected species of game birds. The presence of all the species suggests that a system to manage hunting pressure could allow populations to recover. Because populations are so low, limits placed on hunting would need to be very strict to begin with, so that these populations can recover. Local communities need to set these hunting limits and enforce them year-round.

Managing the Andean Cock-of-the-Rock (*Rupicola peruviana*) is a priority. The small numbers we observed of this otherwise usually fairly common bird and the extensive use of its feathers for ornamentation suggest that this species is also under significant hunting pressure. The fact that males form display leks puts this species at a particularly high risk. As with the game birds, it may be necessary to begin management with a strict limit on the exploitation of cocks-of-the-rock until their numbers recuperate.

Andean tepui specialists

The 16 species of birds restricted to Andean tepuis found on this inventory reflect the importance of this subset of birds on Cordillera Escalera. During a survey of birds in the southwestern part of Cordillera Escalera, Davis (1986) found 17 isolated ridge specialists (Table 7), of which five were not encountered during our inventory. This gives a total of 21 Andean tepui specialists on Cordillera Escalera.

We compared our results with the distribution pattern of these specialists found on other Andean tepui complexes from northern Ecuador to southern Peru (Table 7). Three cordilleras stand out in their diversity of these ridge specialists: Cordillera Escalera with 21 species, Cordillera Azul with 18, and Cerros del Sira with 14. All three are large, complex ranges differing from many of the other Andean tepui localities that typically have a single central ridge that reaches an elevation of about 1,500 m. Cordillera Escalera reaches 2,300 m, Cordillera Azul 2,400 m, and Sira 2,200 m. Besides this higher elevational profile, it seems clear that there is a peak in the diversity of outlying ridge birds in northern and central Peru, extending from San Martín south of the Marañón to Huánuco. North and south of this area the number of specialist species found regionally is lower.

Further, there is a set of narrow endemics in this area. Sira has three species endemic to that range—Sira Curassow (*Pauxi koepckeae*), Sira Barbet (*Capito fitzpatricki*), and Sira Tanager (*Tangara phillipsi*)—while Scarlet-banded Barbet (*Capito wallacei*) is endemic to Cordillera Azul. No locally endemic species of birds are known in Cordillera Escalera, but Ash-breasted Antwren (*Herpsilochmus parkeri*) only occurs there and in outlying hills of northwestern San Martín near Afluente, 115 km northwest.

Andean tepui specialists are not uniformly distributed across the elevational gradient on Cordillera Escalera. Only 4 of the 21 species known from Cordillera Escalera have been found above 1,400 m. Two of these are the ridgetop scrub specialists Royal Sunangel (*Heliangelus regalis*) and Bar-winged Wood-Wren (*Henicorhina leucoptera*), found between 1,850 and 1,950 m at Alto Cachiyacu, but in ridgetop scrub between 1,150 and 1,350 m at Alto Cahuapanas. The other two are Barred Hawk (*Morphnarchus princeps*), found at 1,800 m, and Short-tailed Ant-thrush (*Chamaeza campanisona*), found from 1,000 to 1,600 m but most common below 1,200 m. This may reflect much less sampling at higher elevations, but in fact most of these species have known elevations concentrated on the lower slopes throughout their range.

It has been suggested that these outlying ridge specialists are relict species, surviving on outlying ridges because their Andean competitors are absent there (Fitzpatrick et al. 1977, Terborgh and Weske 1975). They likely are relict species, but the reduced competition hypothesis seems hard to maintain given the distribution of congeners of some of these ridge specialists. For example, the two widespread species of *Henicorhina* wrens, Gray-breasted (*H. leucophrys*) and White-breasted (*H. leucosticta*), occur on Cordillera Escalera, replacing

one another elevationally in tall forest. Bar-winged Wood-Wren (*Henicorhina leucoptera*) is able to coexist with these species because it occupies low scrub instead of tall forest. These scrubs are associated primarily with the Andean tepuis in northern Peru and Ecuador because of edaphic and climatic conditions not duplicated on the main Andes.

Similarly, Ash-breasted Antwren (*Herpsilochmus parkeri*) occurs with its two widespread montane congeners, Rufous-winged Antwren (*Herpsilochmus rufimarginatus*) and Yellow-breasted Antwren (*Herpsilochmus axillaris*), in the Cordillera Escalera. A recent molecular study of relationships in the genus *Herpsilochmus* (Whitney et al. 2013) is instructive. The sister to *Herpsilochmus parkeri* is Creamy-bellied Antwren (*Herpsilochmus motacilloides*), which occupies isolated ridges from Huánuco south to Madre de Dios. This pattern of sister taxa of Andean tepui species replacing one another geographically between northern Peru and central Peru is seen in *Phlogophilus* Piedtail hummingbirds, as well as Pink-throated Brilliant (*Heliodoxa gularis*) and Rufous-webbed Brilliant (*Heliodoxa branickii*). However, many of the isolated ridge specialists have no obvious close relatives (e.g. Barred Hawk, *Morphnarchus princeps*) or have ties to other parts of the Neotropics, like the Guiana Shield, the Atlantic Forest of eastern Brazil, or Amazonia. Understanding the ecological and evolutionary basis for this distributional pattern of birds restricted to Andean tepuis will require a much better sense of the ecological requirements of such species, and studies of the phylogenetic and biogeographic relationships.

Elevational distributions

Elevation is one of the primary features structuring bird communities at a regional and local level (Stotz et al. 1996, Stotz 1998). The interplay of habitat and elevation determine what species of birds are found where, and the resulting patterns of richness and endemism. As a result, elevational distributions of individual species vary between different elevational gradients, even at small scales. Although all three camps in Cordillera Escalera had significant elevational variation, only at Alto Cachiyacu was the elevational gradient sufficient to begin to understand how bird species were distributed with elevation. Even here, the limited amount of field time we had above 1,000 m restricted our understanding of the true pattern of elevational distributions.

At Mina de Sal there were only five purely montane species, the soils were poor, and the lack of an extensive terra firme avifauna meant that we found mainly a pattern of fairly rapid attenuation of lowland species with elevation. Twenty-five species of lowland birds were only recorded on the slopes here and not along the river (Appendix 10). All of them were observed at only one elevation, so it seems likely that the elevational range we observed was significantly incomplete. Each elevation up the slope had a small number (2–7) of these single elevation species. Overall the richness of bird species here decreased regularly with elevation, from 145 species at 300 m to 12 species at 650 m. It seems very likely that the observed richness at 650 m was greatly underestimated because of limited area at that elevation on our trail system, and limited observation time there because of the distance from camp.

Alto Cahuapanas represented a very unusual condition from the perspective of elevational distributions. The forest along the river at 1,050 m contained a largely lowland avifauna, but many lowland species that typically climb to that elevation were absent. We suspect this is because the distance along that rivercourse to true lowland forest is more than 20 km, reducing the interchange among elevations that is more typical of an elevational gradient up a montane slope. Additionally, although we had access to about 200 m of vertical elevation 1,050 to 1,250 m at this camp, the relatively rapid shift as we left the river valley to dwarf forests on very poor soils resulted in a rapid turnover of species and a rapid decline in species richness.

Alto Cachiyacu was the only site with a more-or-less typical species richness profile with elevation (Fig. 27). Along most elevational gradients in the Neotropics (Stotz et al. 1996), there is high diversity in terra firme forests, gradually declining from the lowlands to some point along the elevational gradient where much of the lowland diversity drops out, and the avifauna above that point is almost completely montane. At Alto Cachiyacu, this occurs right above 1,200 m, where the tall terrace forest

ends and is replaced by mossy montane forest. This is higher than the shift from an Amazonian to a montane avifauna typically occurs. In our studies elsewhere, the shift usually occurs between 700 and 900 m.

As is often the case, this transition from mostly Amazonian birds to mostly montane birds is clearly reflected in the makeup of mixed species flocks. Understory flocks led by *Thamnomanes* antshrikes and canopy flocks led by *Lanio* shrike-tanagers with lowland insectivores and lowland species of *Tangara* occur upslope to the point that *Thamnomanes* and *Lanio* reach their elevational limits. At that point, flocks change abruptly to montane flocks with *Basileuterus* warblers or *Chlorospingus* at their core. We saw exactly this at Alto Cachiyacu where *Thamnomanes ardesiacus* (Dusky-throated Antshrike) and *Lanio fulvus* (Fulvous Shrike-Tanager) dropped out at 1,200 m. The zone from 1,200 to 1,400 m was very steep and rocky, with a somewhat stunted forest. There were few flocks at these elevations, but above 1,400 m mixed species flocks were common, with *Basileuterus tristriatus* leading most of them. The other species in these flocks were all montane species, as the lowland mixed species flock birds had all dropped out by 1,200 m. Although conditions at Alto Cahuapanas were distinctly different, there was a similar transition with the mixed species flocks. *Thamnomanes ardesiacus* and *Lanio fulvus* led flocks in the forests along the river at 1,050 m, but neither species occurred on the adjacent slopes. The lowland flock species that were in these flocks along the river also did not occur on the adjacent slopes.

The dwarf forest and scrub habitat and difficulty surveying the zone from 1,200 to 1,400 m may be largely responsible for one unusual element in the species richness profile with elevation (Fig. 27): a sharp decline in richness at 1,200 m and a slight rebound at 1,500 m. Typically these profiles have a fairly smooth shape, leading Terborgh (1971) to conclude that species change is essentially constant along the slopes of the Andes in central Peru. The transition from the lowlands to the slopes often shows a notable decline because of the simultaneous loss of a number of habitats associated with rivers and lakes in the lowlands (see Fig. 3.5 in Stotz et al. 1996), and we see a similar break at that transition in Fig. 27. However, transitions along the slope tend to be more gradual. It is notable that the transition to the scrub at the top of the slope is not accompanied by a sharp break in the richness profile (Fig. 27).

Comparison with Davis (1986)

Davis surveyed the avifauna of the southwestern flank of Cordillera Escalera in San Martin between 750 and 1,450 m in 1983 for nearly three months (Davis 1986). It was during this survey that Ash-throated Antwren (*Herpsilochmus parkeri*) was discovered (Davis and O'Neill 1986). Complete lists for his three camps are provided in Davis (1986), giving us an opportunity to compare our results. We did not find 56 of the 311 species recorded by Davis. Twenty-seven of these are montane in distribution, including five species that are restricted to Andean tepuis (Table 7). Of the remaining species, most are typical lowland Amazonian species, but six are migrants from North America that probably occur in our survey area later in the season, and four are open habitat species found in the Mayo valley but not known from the eastern slope of the Cordillera Escalera. Given that several species we found (e.g., Dotted Tanager [*Tangara varia*] and Red-shouldered Tanager [*Tachyphonus phoenicius*]) had not been found previously east of the mountains, all of these species could occur in our survey area.

We found 167 species that Davis (1986) did not encounter. Fifty-five of these are montane species, of which as many as 33 probably do not occur as low as the areas Davis surveyed. The other species are largely Amazonian species. Even though the Amazonian portion of the avifauna we surveyed was missing significant lowland elements, the presence of a moderately large river (the Cachiyacu) and the lower elevations we surveyed resulted in our finding a much larger array of Amazonian species than Davis.

Comparison with Cordillera Azul and Cerros de Kampankis

Rapid inventories at these two Andean tepui localities provide good points of comparison. The investigation in Cordillera Azul had two phases: two expeditions of about two months each by personnel of Louisiana State University (LSU) and a rapid inventory similar in length and extent to the one we conducted in Cordillera Escalera. The complete survey reported by Schulenberg et al. (2001) includes two LSU expeditions: June–August 1996 in the Río Cushabatay drainage and June–August 2000 in the Río Pauya drainage. The rapid inventory was conducted in August–September 2000 in the Río Pauya and Pisqui drainages. The two LSU expeditions encountered about 520 species, while the rapid inventory found 375 species. The LSU expeditions extensively surveyed the lowland forests of the region in the Río Pauya and Cushabatay drainages as well as adjacent lower montane slopes, while the rapid inventory focused its attention on montane areas.

The main feature of the full survey was a much larger array of Amazonian species than we found, due to more extensive lowland forests in the region and much more extensive surveying of those forests. They found approximately 420 bird species of lowland habitats, while the Cordillera Escalera survey found fewer than 300 species characteristic of lowland habitats. The entire Cordillera Azul inventory found 102 montane species, of which 39 were not encountered during our inventory of Cordillera Escalera. Fifteen of the montane species we did not find were encountered by Davis. On the Cordillera Escalera inventory we found 126 montane species. The lion's share of the 63 montane species we encountered that were not found on the Cordillera Azul survey were species of the mid-montane forests above 1,400 m. These higher elevations exist in Cordillera Azul but were not surveyed during the Rapid Inventory or the two LSU expeditions.

At Kampankis, 350 species of birds were recorded during the rapid inventory (Ruelas Inzunza et al. 2012). Of these, 84 were montane species, of which 19 went unrecorded on the Cordillera Escalera. The much lower maximum elevation of just 1,400 m at Kampankis limits the montane portion of the avifauna compared to Cordillera Azul or Cordillera Escalera. Kampankis also had a much smaller element of Andean tepui birds (six species; Table 7). The smaller size of the ridge played a role in that, but it seems clear that the diversity of such species increases substantially south of the Marañón, where Cordillera Escalera, Cordillera Azul, and Cordillera del Sira harbor a substantially larger set of these ridge specialists than other ridges in Ecuador or Peru.

Mixed-species flocks

The mixed-species flocks of Cordillera Escalera showed a pattern of occurrence that is similar to that found at other sites along the lower edge of the Andes. Lowland flocks, both canopy and understory, are found in the foothills and remain largely intact, but less diverse and less common than mixed-species flocks in the heart of the lowlands (D. Stotz, pers. obs.). These are fairly typical lowland flocks with a progressively larger montane element as one goes up in elevation. The lowland flock leaders drop out at different elevations in Cordillera Escalera: at 1,200 m at Alto Cachiyacu and at 1,050 m at Alto Cahuapanas. Where this happens flocks rapidly transition to a montane flock leader species such as a *Basileuterus* warbler or *Chlorospingus*. At this point the vast majority of lowland flock birds drop out and the flocks become typical montane flocks without a clear separation into canopy and understory flocks.

This happened very clearly at Alto Cachiyacu, where the flocks were typical Amazonian flocks to 1,200 m, but characteristic of montane areas beginning at 1,400 m. The only lowland species that managed to pass this transition point, based on our observations, were Blue Dacnis (*Dacnis cayana*), which we observed to 1,500 m, and Orange-bellied Euphonia (*Euphonia xanthogaster*), which occurred to at least 1,750 m. At Alto Cahuapanas this transition was much less clear, as we saw little in the way of flocking behavior in our short period of observation, apart from the lowland-type flocks that were along the river.

THREATS

Threats to bird populations in Cordillera Escalera are similar to those in other regions of the Amazon. The most important threat is ongoing habitat destruction by agriculture and ranching, which could be worsened by infrastructure development projects such as the proposed Moyobamba-Balsapuerto road, oil exploration, and forestry concessions.

Overhunting of game birds (cracids and tinamous) is another important threat at the three sites we visited. These and other game species require strict management to restore populations to healthy levels. Finally, the hunting of certain species whose feathers are used in decorative ornaments (toucans, Andean Cock-of-the-Rock) needs to be evaluated to determine its impact on the populations of these species.

RECOMMENDATIONS FOR CONSERVATION

In the Cordillera Escalera we recorded a very diverse avifauna that combines Amazonian elements with species unique to mid-elevation and high-elevation mountains. The Escalera harbors bird species endemic to Peru, bird species restricted to isolated sub-Andean ranges, and bird species that live in dwarf scrub vegetation on nutrient-poor sandy soils (a few of which have disjunct populations in the eastern Amazon of Brazil), and all of these make this area one of high conservation value). In this inventory we recorded 11 species considered Endangered or Vulnerable (BirdLife International), and 19 species considered Near Threatened. The species most deserving of conservation attention are those restricted to isolated Andean tepuis. This includes two species considered Endangered, two considered Vulnerable, and five considered Near Threatened.

Long-term conservation will require reducing the extensive ranching and farming that destroys forest cover and seeking alternative agropastoral systems that mitigate impacts on birds without reducing people's ability to make money. It is crucial to keep an eye on the progress of oil activities, road development, and logging concessions, all of which can accelerate habitat loss.

During the inventory we found diminished game bird populations, and it is clear that these populations face strong hunting pressure. We recommend that communities implement agreements to strengthen traditional practices to manage hunting, such as the traditional of 'letting the woods rest.'

The hunting pressure on Andean Cocks-of-the-Rock may require more attention than that on game birds. Males of these species have a very conspicuous mating display. Their leks are traditionally occupied by several males over multiple years, making it easy to drive the species locally extinct. In most cases, game birds are secondary prey for hunters, who primarily target large mammals, so hunting pressure on birds is typically a function of total hunting pressure. Reducing hunting pressure overall would thus allow game bird populations to make a rapid recovery. The Andean Cock-of-the-Rock, by contrast, is specifically targeted for its colorful feathers. These are large, colorful birds whose reproductive behavior makes them susceptible to overhunting. Due to these threats, we believe that over the short term hunting of this species should be ended, and we recommend a hunting plan that gives this species full protection. Meanwhile, birds like toucans (*Ramphastus* spp.) and perhaps some tanagers could be used to meet the demand for colored feathers used in decoration.

To increase what we know of the avifauna of Cordillera Escalera, it is vital that ornithologists carry out more detailed inventories that provide information on the birds that inhabit its highest elevations. It is also crucial that we better understand seasonal altitudinal movements and adaptability to climate change along these elevational gradients. Further studies at the high elevations (>1,200 m) in Alto Cachiyacu will give us a more complete picture of the bird diversity of these forests in high-elevation Andean tepuis. Inventories at similar elevations in both Cordillera Escalera and Cordillera Azul should be a high priority for future bird surveys in the region.

MAMMALS

Authors: Bruce D. Patterson and Cristina López Wong

Conservation targets: A newly discovered population of one of the world's rarest and most threatened primates, the yellow-tailed woolly monkey (*Lagothrix flavicauda*), which is Critically Endangered (IUCN), listed on Appendix I (CITES), and Endangered (US Fish & Wildlife); healthy populations of jaguar (*Panthera onca*) and spectacled bear (*Tremarctos ornatus*), both considered Near Threatened by the IUCN, and puma (*Puma concolor*), but these live in a region where livestock are expanding; a diverse suite of larger mammals that are hunted by neighboring communities — including tapir (*Tapirus terrestris*), deer (*Mazama* spp.), peccaries, monkeys, and large rodents — and whose population densities have been reduced near settlements; endemic small mammals that are restricted to higher elevations and thus isolated on the Cordillera Escalera, which may include species new to science

INTRODUCTION

Mammalian faunas in South America are both mosaic and hierarchical, and the two subregions richest in endemic species and genera are the tropical Andes and Amazonia (Solari et al. 2012). In general, Neotropical vertebrate faunas are richest where these two subregions meet and their faunas intermingle (*http://www. savingspecies.org*). Over geological time, Andean and Amazonian faunas have each been enriched by the other by continuous faunal exchanges over the last 10 million years, as species from one colonized and then diversified in the other (Upham et al. 2013). Studies over the extensive elevational gradients that span these subregions have demonstrated declining species richness at progressively higher elevations (Patterson et al. 1998, 2006). Many Amazonian species are known to have broad geographic ranges throughout the lowlands, whereas Andean species tend to range in long, narrow bands at suitable elevations along the eastern slopes or yungas (Graves 1988). Yungas species commonly have smaller geographic ranges and higher degrees of endemism (Voss 2003), so that globally threatened Neotropical species are concentrated here (e.g., Amori et al. 2013). Yungas faunas include most of Peru's endemic species (Pacheco et al. 2009) and many of its recently described species (Patterson et al. 2012). Because the Cordillera Escalera includes highlands >2,000 m above sea level (hereafter m) as well as lowland basins at 250 m, it could potentially support this full range of mammalian diversity.

Until now, little could be said with certainty about the mammals of the Cordillera Escalera. Prior reports on this fauna (INRENA 2004, GORESAM 2007, Williams and Plenge 2009) did not specify sampling methodologies, taxonomic authorities, or geographic locations, so they cannot be considered definitive, but are useful for establishing regional records (see Appendix 11). The Río Mayo watershed to the west has been studied by several scientists, including Alexander von Humboldt and R. W. Hendee, documenting a rich mammal fauna that is endemic at subspecies, species, and even genus levels (e.g., Thomas 1927; Paúl Velazco and colleagues in 2006, unpubl.). In conjunction with Awajún communities, Berlin and Patton (1979) and Patton et al. (1982) documented mammals of the lower Marañón region to the north. Numerous studies have documented primates throughout Amazonas and San

Martín since the rediscovery of the yellow-tailed woolly monkey (*Lagothrix* [*Oreonax*] *flavicauda*) in the 1970s (Leo Luna 1980, Butchart et al. 1995, DeLuycker 2007, Shanee et al. 2008, Di Fiore et al. 2014). Several rapid inventories organized by The Field Museum (e.g., Cordillera Azul, Sierra del Divisor, and Cerros de Kampankis) offered insights into the mammal faunas of other isolated cordilleras bordering lowland forest in northern Peru (Pacheco and Arias 2001, Jorge and Velazco 2006, Castro Vergara 2012). Virtually nothing was known of the cordillera's bat faunas until a two-week IIAP survey on the San Martín side of the cordillera in August 2013 (Gagliardi-Urrutia et al. in press), which documented 29 species in three families (Emballonuridae, Phyllostomidae, and Mormoopidae) in a collection of 118 specimens (see Appendix 11).

Despite the limits of current knowledge, the diversity and endemism of mammals in the region bounded by the Marañón and Huallaga rivers are impressive. Endemic monkeys known only from this region include the yellow-tailed woolly monkey (*Lagothrix flavicauda*; CR A4c), Río Mayo titi (*Callicebus oenanthe*; CR A2cd), and Andean night monkey (*Aotus miconax*; VU A2c). All three monkeys inhabit montane forests (800–2,700 m) with distributions centered on the Alto Mayo watershed in northwestern San Martín, but extending south into Huánuco and north into Amazonas, so may occur within the unexplored regions of Cordillera Escalera. Other regional endemics include the hairy long-nosed armadillo (*Dasypus pilosus*; VU B2ab[ii]), Río Abiseo thomasomys, a rodent (*Thomasomys apeco*; VU D2), and El Dorado grass mouse (*Akodon orophilus*). Still other poorly known taxa may be endemic to the region, such as species of the marsupials *Caenolestes*, *Gracilinanus*, and *Marmosops*. Andean and premontane forests are also home to more wide-ranging species of conservation concern, including the spectacled bear (*Tremarctos ornatus*; VU A4cd), jaguar (*Panthera onca*; NT), puma (*Puma concolor*; NT), margay (*Leopardus wiedii*; NT), and mountain paca (*Cuniculus taczanowskii*; NT), while lowland forests support the two large cats plus the oncilla (*Leopardus tigrinus*; VU A3c), giant anteater (*Myrmecophaga tridactylus*; VU A2c), and giant armadillo (*Priodontes maximus* (VU A2cd). In addition

to these conservation targets, the area is also home to a large number of species hunted by native communities for subsistence (Patton et al. 1982), as well as other wide-ranging species that contribute important ecosystem services to these forests, such as pollination, seed dispersal, and insectivory (Ceballos and Erhlich 2009, Kunz et al. 2011).

Accordingly, our main objectives were to: 1) characterize the mammal assemblages present in the region, 2) identify populations of threatened mammal species, 3) evaluate the status of large mammal species regularly hunted by neighboring Shawi and Awajún communities, 4) identify threats to the continued integrity of these assemblages, and 5) obtain additional information on characteristics, habitat, distribution and habits of many poorly known species.

METHODS

The inventory was conducted in the dry season, 15–29 September 2013, in the vicinity of three different sites within the Cordillera (see the chapters *Regional overview* and *Sites visited during the biological and social inventories*, this volume). The main sites ranged from 280 to 1,028 m, but limited sampling was also directed to higher-elevation sites (1,200 and 1,920 m) adjacent to the second site and along the trail systems adjoining these different camps. Information on globally threatened species was taken from IUCN (2013) and from CITES (2005). Information on the categorization of threatened species by the Peruvian government was taken from MINAG (2004).

Medium and large mammals

We utilized both direct observations and a variety of indirect evidence to register medium- and large-bodied mammals. Indirect observations included tracks and other signs of mammal activity, including vocalizations, food or feeding remains, feces, wallows, dens, and scratches on trees. Dedicated searches for larger mammals took place over seven days and 36 km in all three main camps: two days at the Mina de Sal campsite (300–700 msnm), three days at Alto Cachiyacu (500–1,950 m), and two days at Alto Cahuapanas (1,000–1,400 m). Searches for mammals took place along trails up to 9 km in length that were purposefully constructed to access most available habitats. We walked trails at a rate of ca. 1 km/h between 08:00 and 17:00, looking for footprints and other signs in the trail or on its margins, on the banks and edges of rivers and streams, and along game trails. In some cases, it was necessary to leave the trail to confirm mammal identifications. Wherever possible, records were captured and archived photographically. Identification of animal signs to genus or species utilized personal experience as well as Emmons and Feer (1997) and Tirira (2007). In addition, all members of the biological team recorded incidental encounters with mammals and these supplemented our records. Daytime observations were made mainly by ornithologists, botanists, and ichthyologists conducting their own surveys between 06:00 and 17:00. Nocturnal records were gathered by mammalogists monitoring mist nets along trails or by herpetologists scouring the forest for amphibians and reptiles. Both groups were most active in the period 18:00–22:30 but observations extended to 03:00–04:00 on occasion. Incidental records were supplemented by eight observations made by the advance team while actually cutting the trails (22 August–22 September 2013). We interviewed local assistants at Mina de Sal and Alto Cachiyacu using the Rapid Color Guide 'Mamíferos Grandes de Loreto, Perú' (Leite Pitman 2012). They identified species thought to be present in the Cordillera Escalera and indicated the Shawi names for the animals.

Small mammals

We evaluated the bat faunas of Cordillera Escalera during most nights of the inventory using mist nets. Mist nets (combinations of four 6-m nets and eight 12-m nets) were placed on the ground in various habitats (e.g., primary forest, secondary forest, riparian forest, over streams and other bodies of water) and potentially preferred microsites (e.g., below flowering or fruiting trees, forest clearings, and across trails). Sampling effort each night was scaled inversely by capture rates, precipitation, and moonshine, and directly by habitat suitability (i.e., larger, straighter trails with more open understories conducive to bat flight). Nets were opened each night at dusk and closed after 3–6 hours. Nets were closed early when

rain or moonlight reduced the likelihood of captures; they remained open until pre-dawn in higher-elevation forests where we recorded fewer captures. The effort used to sample bats was quantified by the length of nets deployed (in m, each meter of length corresponding to approximately 2 m^2 in area), multiplied by the number of hours they were open.

Mist nets were deployed on 12 nights during the survey (four at Mina de Sal, five at Alto Cachiyacu, and three at Alto Cahuapanas), for a total of 4377 meter-hours (m-h) of sampling. An average night of netting had 364.7 m-h (range = 33–945, SD = 242.5), corresponding to five 12-m nets open from dusk until midnight.

Efforts were also made at the Mina de Sal and Alto Cachiyacu campsites to sample non-volant mammals using mouse and rat traps. Up to 40 Woodstream Museum Special and 12 Victor rat traps were baited with a peanut butter-oatmeal mixture and placed along trails in alternating sequence at 5–10 m intervals in favorable microsites for small mammal activity. Given very rapid depletion of baits by ants and roaches (often within two hours!), baits were sometimes wrapped in cheesecloth before being deployed on bait pedals; these 'bait balls' slowed but did not stop bait depletion. In the interests of maximizing data collection, no traps were set at the final campsite. Sampling effort (measured in trap-nights) was 108 for Mina de Sal, 93 for Alto Cachiyacu base camp, 44 for Alto Cachiyacu intermediate camp, 104 for Alto Cachiyacu summit camp, and none for Alto Cahuapanas.

We analyzed our data using pivot tables and histograms in Microsoft Excel 2010. We conducted linear and non-linear regressions, Pearson product-moment correlations, and principal components analyses (based on correlations of the presence-absence matrix) using Statistica v.7.1 (StatSoft 2005).

RESULTS

Medium and large mammals

Tallying the results of our ca. 36 km of trail surveys with incidental observations by team members and field assistants, we documented 43 species of medium and large-bodied mammals in the Cordillera Escalera, representing 9 orders and 26 families. In conjunction with records of others from nearby locations and known geographic distributions for Peruvian mammals (IUCN 2013), we expect that 65 medium and large mammal species may occur in the Cordillera Escalera. Most of these species have broad distributions in Amazonia, whereas some, like the spectacled bear (*Tremarctos ornatus*), are distributed in montane forests. Our records include the first confirmed report of the critically endangered yellow-tailed woolly monkey (*Lagothrix flavicauda*) for the department of Loreto. This Peruvian endemic has a geographic range that until now was restricted to montane forests between 1,500 and 2,700 m elevation in the departments of San Martín and Amazonas, with isolated populations in Huánuco and La Libertad.

Six species of mammals were found in the vicinity of all three of the campsites we evaluated, including species important for seed dispersal like brown capuchin (*Cebus apella*) and two species of rodents: paca (*Cuniculus paca*) and black agouti (*Dasyprocta fuliginosa*). However, the species were not uniformly abundant at all three sites. For example, although tracks and/or feces of tapir (*Tapirus terrestris*) were found at all three campsites, tapirs themselves were never observed by members of the biological team. In this category, we also recorded red brocket deer (*Mazama americana*), a species hunted locally, as well as jaguar (*Panthera onca*), one of the apex predators of Amazonia.

Six species were distributed in two of the three campsites, including the primates saddleback tamarin (*Saguinus fuscicollis*), monk saki (*Pithecia monachus*), and red howler monkey (*Alouatta seniculus*), as well as kinkajou (Potos flavus), Amazon dwarf squirrel (*Microsciurus flaviventer*), and northern Amazon red squirrel (*Sciurus igniventris*).

Eight of these mammal species are officially threatened, both nationally (Decreto Supremo No. 034-2004-AG) and internacionally (IUCN 2013), whereas nine species are listed on the appendices of CITES to regulate international trade.

Mina de Sal

At this site we recorded 38 species of medium and large mammals. These including 16 that were documented in 8.6 km of trail surveys. The remainder were contributed by team members and field assistants. In all, 32 species were reported for this campsite by our local assistants, including 22 additions to our own records. *Cebus apella* and *Saguinus fuscicollis* were most frequently observed during the trail surveys. We report the presence of *Alouatta seniculus* based on vocalizations we heard. We also documented three species of large carnivores that are important regulators of prey populations in forests: jaguar (*Panthera onca*), ocelot (*Leopardus pardalis*), and puma (*Puma concolor*).

The records of *Cebus apella* at Mina de Sal represent a modest range extension as its distribution is mapped by IUCN (2013).

During the trail surveys, we noticed hunting camps and it was common to observe *barbacoas* (a local name given to elevated shooting platforms made of wood that are positioned near feeding locations where a hunter waits for his prey), spent shotgun shells, and actively used hunting trails. Local assistants noted that they had earlier hunted the region but that they generally obtained only small animals there.

We observed tracks of game mammals with broad distributions in Amazonia, such as tapir (*Tapirus terrestris*) and red brocket deer (*Mazama americana*), but they were not abundant along trails. We did not record collared peccary (*Tayassu tajacu*) or white-lipped peccary (*Tayassu pecari*), two commonly hunted species that were expected at this site.

We frequently observed tracks of paca (*Cuniculus paca*) and black agouti (*Dasyprocta fuliginosa*), mainly in the vicinity of streams. In addition, the local assistants reported having observed spectacled bear (*Tremarctos ornatus*) in high terrace forest and cloud forests during prior hunting visits to this camp.

Five species recorded here are threatened or near threatened according to national and international lists (Decreto Supremo No. 034-2004-AG and IUCN 2013): *Tapirus terrestris* (VU), *Tremarctos ornatus* (VU), *Alouatta seniculus* (NT), *Panthera onca* (NT), and *Puma concolor* (NT).

Alto Cachiyacu

At this camp we recorded 32 species of larger mammals, belonging to 7 orders and 20 families. Fifteen species were recorded during focal surveys along 12.9 km and by incidental observaions by members of the biological team and 29 species were reported by local assistants in interviews, including 17 species not otherwise registered by us.

We registered five species of primates associated with tall terrace forest, tall valley forest (successional), and tall slope forest: brown capuchin (*Cebus apella*), saddleback tamarin (*Saguinus fuscicollis*), monk saki (*Pithecia monachus*), red howler monkey (*Alouatta seniculus*), and yellow-tailed woolly monkey (*Lagothrix flavicauda*). The last species is critically endangered, endemic to Peru, and with a very restricted range, until now known only from the regions of San Martín, Amazonas, Huánuco, and La Libertad.

Ornithologist Percy Saboya observed and photographed three *Lagothrix* at roughly 1,700 m elevation in cloud forest, between the Alto Cachiyacu intermediate and summit camps. The herpetology team later spotted *Lagothrix* at 1,200 m in the vicinity of the intermediate camp, in tall slope forest and tall terrace forest. These observations extend the geographic range of *Lagothrix* to Loreto (some 70 km eastward) and represent the lowest elevation at which the species currently lives (360 m below Shunte, San Martín; Shanee 2011). Spectacled bear (*Tremarctos ornatus*), recorded in the course of interviews with local assistants, is also principally associated with tall terrace forest, tall slope forest, and cloud forest.

Evidence of hunting activity was also evident in this zone, but at lower frequencies than at Mina de Sal. We recorded a number of species that are locally hunted and consumed, including nine-banded long-nosed armadillo (*Dasypus novemcinctus*), tapir (*Tapirus terrestris*), red brocket deer (*Mazama americana*), black agouti (*Dasyprocta fuliginosa*), and paca (*Cuniculus paca*). Tracks of white-lipped peccary (*Tayassu pecari*) were recorded on two occasions along survey trails in tall terrace forest, which is atypical of most of the Amazon Basin. We also recorded giant armadillo (*Priodontes maximus*), coati (*Nasua nasua*), kinkajou (*Potos flavus*), northern Amazon red squirrel (*Sciurus igniventris*), and jaguar (*Panthera onca*).

Seven of these taxa are recognized as threatened or near threatened at national (Decreto Supremo No. 034-2004-AG) and international (IUCN 2013; USF&WS) levels: *Lagothrix flavicauda* (EN, CR A4c, EN), *Priodontes maximus* (VU, VU A2cd), *Tremarctos ornatus* (VU), *Tapirus terrestris* (VU), *Alouatta seniculus* (NT), and *Panthera onca* (NT).

Alto Cahuapanas

We recorded 13 species of medium and large mammals, belonging to 5 orders and 10 families through direct and direct observations along 14.5 km of trail surveys, as well as incidental observations of the biological team. We were not able to interview local assistants at this final camp.

We observed the primates brown capuchin (*Cebus apella*), monk saki (*Pithecia monachus*), and red howler monkey (*Alouatta seniculus*), all species with wide distributions in Amazonia; here they were principally associated with tall terrace forest. Along stream banks, we spotted tracks of crab-eating raccoon (*Procyon cancrivorus*) and, at higher frequencies, paca (*Cuniculus paca*) and black agouti (*Dasyprocta fuliginosa*). In addition, during trail surveys and in the vicinity of camp, we recorded one unidentified squirrel (*Sciurus* sp.) and Amazon dwarf squirrel (*Microsciurus flaviventer*).

Additionally, among the other large mammal records were tapir (*Tapirus terrestris*), red brocket deer (*Mazama americana*), and Amazonian gray brocket deer (*Mazama nemorivaga*), all species that are hunted by local populations. Local assistants on the advance team mentioned hunting along various trails in this zone, especially to procure meat for community festivals. We include their observation of common opossum (*Didelphis marsupialis*), a very widespread Neotropical species, at this site in mid-September before the arrival of the biological team.

Among the records at the final camp, three species are recognized as threatened or near threatened according to the national red list (Decreto Supremo No. 034-2004-AG): *Panthera onca* (NT), *Tapirus terrestris* (VU), and *Tremarctos ornatus* (VU). These species are also considered threatened by IUCN (2013). *Cebus apella* and

Pithecia monachus, also recorded at this campsite, are listed on CITES Appendix II.

Small mammals

We sampled for bats on 12 nights at Cordillera Escalera, but our sampling effort among sites was highly uneven. At Mina de Sal (280 m) we netted for 1247.2 m-h, at the Alto Cachiyacu base camp (520 m) 459.8 m-h, at Alto Cahuapanas (1,028 m) 1854 m-h, at the Alto Cachiyacu intermediate camp (1,216 m) 605.9 m-h, and at the Alto Cachiyacu summit camp (1,930 m) 210 m-h. We captured 174 individual bats: 101 at Mina de Sal, 48 at Alto Cachiyacu, 21 at Alto Cahuapanas, 3 at the Alto Cachiyacu intermediate camp, and 1 at the Alto Cachiyacu summit camp. Overall net success averaged 5.4 bats per 100 m-h (nightly range 0–15.3), but bat captures varied with elevation. At 280 m, our success rate averaged 7.5 bats per 100 m-h, at 520 m 9.8 bats, at 1,028 m 1.4 bats, at 1,216 m 0.86 bats, and at 1,920 m 0.47 bats. The number of captures at each site was negatively correlated with elevation ($r = -0.64$, $P < 0.05$) and moon phase ($r = -0.645$, $P < 0.05$) but uncorrelated with net effort ($r = 0.2$, non-significant; Fig. 28).

Only two non-volant small mammals, both mice and taken at the Alto Cachiyacu summit camp, were captured in small mammal traps deployed at Mina de Sal and in all three camps at Alto Cachiyacu. Given sampling effort, this corresponded to a trap-success of 0.57%, low but not uncommon in lowland forests where ants and roaches typically find baits before small mammals.

We recorded at least 28 species of bats, representing 19 genera and 2 families (Phyllostomidae and Vespertilionidae). Two taxa, both represented by a pair of captures, could only be identified to genus (*Anoura* and *Myotis*), and may upon further study represent three or even four species. Most records were of frugivores in the phyllostomid subfamilies Stenodermatinae and Carolliinae, and *Carollia brevicauda*, *Artibeus obscurus*, and *Rhinophylla pumilio* were among the most abundant species at all three camps. However, several additional feeding guilds were represented, including nectarivores (e.g., *Lonchophylla* and *Anoura*), gleaning insectivores (e.g., *Mimon, Tonatia*, and *Trinycteris*), aerial insectivores (*Myotis*), omnivores (*Phyllostomus*),

and sanguinivores (*Desmodus*). Of the major feeding strategies of Chiroptera (Patterson et al. 2003), only piscivory was missing, and we did not sample habitats favored by the region's sole piscivore, *Noctilio leporinus* (Hood and Jones 1984).

Mina de Sal

Twenty bat species were represented in 101 captures at Mina de Sal and their frequencies are shown in Fig. 29a. Most are typical of lowland forest and none is particular rare or specialized as to habitat. Noteworthy was the presence of a common vampire, *Desmodus rotundus*. Common vampires feed exclusively on the blood of large mammals and are quite rare in intact forested areas. Their abundance is typically much higher in areas dominated by livestock. The occurrence of this species in the lowest-elevation site close to the pastures near Balsapuerto, and its absence elsewhere in our surveys, affirm its utility as an indicator of landscape degradation.

Alto Cachiyacu

Eleven bat species were represented in 48 captures at the Alto Cachiyacu base camp, and their frequencies are shown in Fig. 29b. These species are all typical of lowland forest and none is rare or specialized in terms of diet or habitat. The record of 'Sturnira new species 3' refers not to a form that was newly discovered on this trip, but rather to a bat species long confused in the literature with *Sturnira lilium* (see Velazco and Patterson 2013).

At the Alto Cachiyacu intermediate camp, only three captures of two species, *Mimon crenulatum* and *Sturnira magna*, were recorded. Capture success was particularly low owing to rain. Whereas *M. crenulatum* as currently understood has a very broad range in Central and South America, *Sturnira magna* inhabits the western Amazon Basin and lower Andean slopes from Colombia to Bolivia.

At the Alto Cachiyacu summit camp, we secured our only captures of non-volant mammals: two individuals of the endemic mouse *Akodon orophilus* (Jiménez et al. 2013). Other small mammals found in dwarf ridgecrest forest and scrub (*Caenolestes* sp., *Microryzomomys* sp., *Oligoryzomys* sp.) were not taken. Whether they were

Figure 28. Correlates of nightly bat captures and species richness at Cordillera Escalera, Peru. Sampling effort, shown in the top pair and measured in net meter-hours, was not correlated with either numbers of captures (a) or species richness (b). However, elevation was inversely correlated with both measures (c, d) in what appears to be a non-linear manner; the fitted lines are both quadractic polynomials. Both captures and species richness also varied with moon phase, presumably as a response to increased predation pressures on nights with lunar illumination. Both captures and species richness fell as the moon waxed and rose as it waned (e, f).

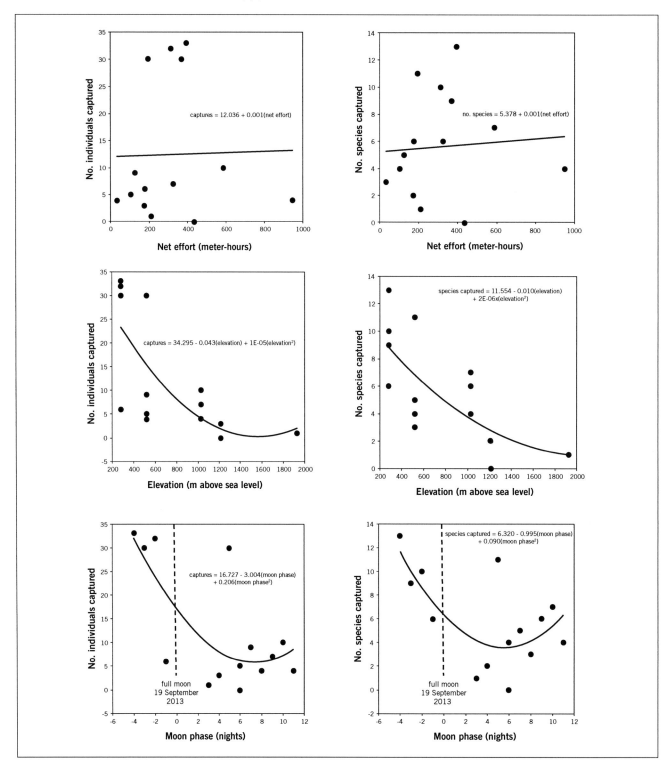

missing due to actual absence or to the modest sampling effort at this location is unknown. Our sole bat capture at this site was of a small *Anoura*. This genus is a nectar-feeding bat that is widespread in Andean forests. It now contains a number of recently described and subtly distinguished species that are best identified with the aid of cranial and dental characters.

Alto Cahuapanas

At least 11 bat species were registered in only 21 captures at this camp. Two of these, *Anoura* and *Myotis*, could only be identified to genus, and both apparently have Andean affinities. The remaining captures represent species that are more or less broadly distributed in lowland forests or on lower Andean slopes. The evenness of abundance among these bat species is noteworthy, as the commonest species was captured only six times as frequently as the six species taken only once.

Regional patterns

When the bat faunas of our three main camps are compared to results from prior rapid inventories, the different character of these samples is more evident. Fig. 30 shows a principal components ordination of presence-absence records from each camp we visited with comparable results from the Cordillera Azul, Cerros de Kampankis, and Sierra del Divisor surveys. The Mina de Sal sample appears strongly distinctive, its position distant from all other samples. Locations with negative loadings tend to be more species-rich than those plotting in the upper portion of the ordination, and include rarer, less frequently encountered species. The Alto Cachiyacu base camp and Alto Cahuapanas samples are most similar in composition to bat faunas in the nearby Cordillera de Kampankis.

DISCUSSION

The patterns of species richness and zonation we documented in Cordillera Escalera corroborate general diversity patterns in the Neotropics and beyond. Two patterns seem central: species richness declines, sometime precipitously, with elevation (e.g., Patterson et al. 1998, Presley et al. 2012), and yungas species are often both endemic and threatened (Voss 2003, Pacheco et al. 2009,

Patterson et al. 2012). As a consequence, lowland faunas are typically rich and dominated by wide-ranging species, whereas highland faunas tend to be poorer but exhibit greater endemism. In many locations, these biological patterns are influenced by human-induced changes. In the Cordillera Escalera, forest clearing and overhunting are most apparent in the lowlands, so that large-bodied species hunted by the Shawi were uncommonly scarce. But these species typically have large geographic ranges, so that these human effects raise fewer conservation concerns.

But hunting trails in the Cordillera Escalera crisscross the entire proposed protected area, reaching the highest elevations. Multiple respondents spoke of regular encounters with particular animals in specific places in the Cordillera Escalera (e.g., spectacled bear and woolly monkey), making anthropogenic effects practically ubiquitous. Although less frequently disturbed owing to their distance from Shawi settlements, higher elevation communities may be even more severely impacted if their species have small population sizes and occur over limited geographic areas. These attributes are characteristic of many species of the yungas, and may contribute both to their endemism (small, localized populations being subject to rapid evolutionary divergence through selection or drift) and to their vulnerability (small, localized populations being vulnerable to habitat deterioration and/or change and to demographic accidents or epidemics). These features magnify the importance of conserving yungas biotas in Peru (Young and Valencia 1992, Leo Luna 1995, Young et al. 2002).

Large predators

The perimeter of the Cordillera Escalera already shows effects of overhunting and human settlement, both in the low abundance or absence of numerous commonly hunted birds and mammals and the presence of species like *Desmodus rotundus* that rely for food on commensal animals. Nevertheless, it still retains a full complement of large predators, including jaguar (present at all three camps), puma (noted only at the lowest elevation camp but possibly present throughout), and spectacled bear (reliably reported at several sites above 1,000 m). As overhunting depletes their prey and pastures encroach

Figure 29. Bat captures in the Cordillera Escalera, Peru, at three elevations: a) Mina de Sal, b) Alto Cachiyacu base camp, and c) Alto Cahuapanas. At all three elevations, captures tended to be dominated by a few widespread species of frugivores (especially *Carollia brevicauda*, *Rhinophylla pumilio*, and *Artibeus obscurus*), but these lowland species were less abundant at higher elevations. Species more typical of montane forests (such as *Anoura* sp. and *Myotis* sp.) appeared in forests above 1,000 m, and captures (and presumably abundance) were more evenly distributed among members of the community.

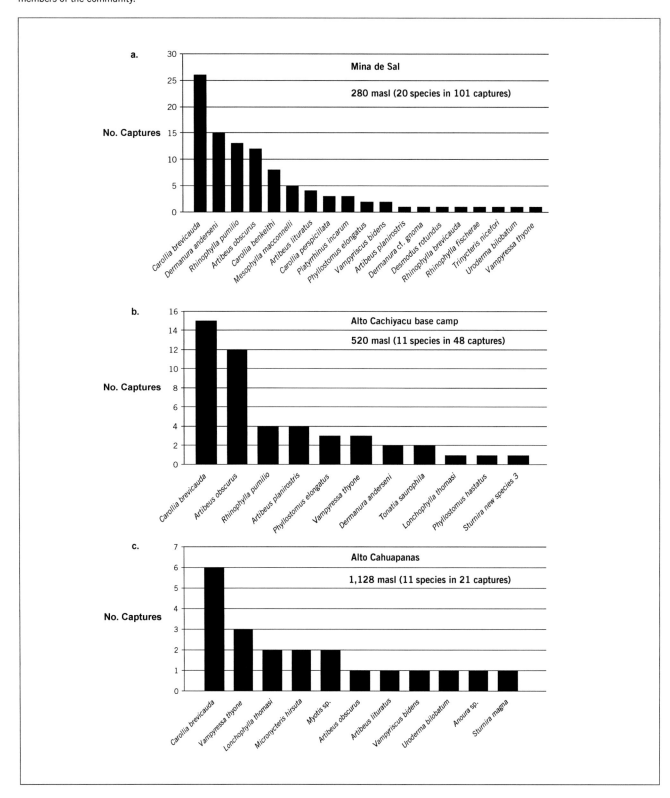

on their forests, conflicts between top predators and livestock production are inevitable. In western Brazil, de Azevedo and Murrary (2007) showed that proximity to forest cover determined rates of livestock loss to jaguars and pumas. In Amazonian Colombia, jaguars greatly prefer pigs to horses or cattle (Garrote 2012). Conflicts between large predators and livestock producers in the llanos of Venezuela are so numerous that some have advocated replacing or augmenting cattle herds with water buffalo, owing to their lessened vulnerability to predation (Hoogesteijn and Hoogesteijn 2008).

A multitude of factors govern livestock depredations by large predators, including innate and learned behaviors, individual health and status, niche partitioning, cattle husbandry practices, the abundance and distribution of natural prey, and seasonality (Polisar et al. 2003, Patterson et al. 2004). To conserve the intact predator community in Cordillera Escalera, forest clearing for livestock pastures cannot approach the perimeter of the protected area, as livestock become increasingly vulnerable to attack by predators. In addition, human harvest of larger mammals must be sustainable to avoid forcing predators to seek new food sources (i.e., cattle and pigs).

Monkeys

The most important mammal records documented by our rapid inventory were the first records of yellow-tailed woolly monkeys (*Lagothrix flavicauda*) in both the Cordillera Escalera and in Loreto. *L. flavicauda* is regarded as one of the world's 25 most endangered primate species (Cornejo et al. 2009). It was thought to be extinct until it was rediscovered in the 1970s. Known from primary montane and cloud forests in the Peruvian regions of Amazonas and San Martín plus adjacent locations in La Libertad and Huánuco, its potential geographic range was estimated to be only 7,240 km² and shrinking (Buckingham and Shanee 2009). It is threatened not only by relentless deforestation but also by overhunting (Cornejo et al. 2009). Although there is no sound basis for estimating its total population size, Nowak (1999) believed that only 250 individuals remained in the wild. Given its severely imperiled status, any records that augment the geographic range and

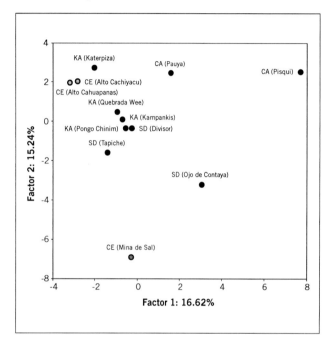

Figure 30. Results of a principal components analysis of bat faunas from four rapid inventories in northeastern Peru that spanned a substantial elevational range. Inventory abbreviations are CA=Cordillera Azul, CE=Cordillera Escalera, KA=Cerros de Kampankis, and SD=Sierra de Divisor. Annotations refer to the different camps sampled in each inventory. The very different character of the bat fauna at the Mina de Sal campsite relative to the other campsites in Cordillera Escalera is clearly evident.

global population size of *L. flavicauda* offer a hedge against its global extinction.

The discovery of an *L. flavicauda* population in cloud forest between the intermediate and summit camps at Alto Cachiyacu is noteworthy but not wholly unexpected. Focused surveys throughout its geographic range have documented *L. flavicauda* in *Ficus*-dominated cloud forests between 1,500 and 2,700 m elevation (Cornejo et al. 2009, Shanee 2011, Shanee and Shanee 2011). *L. flavicauda* had never before been recorded in Loreto, although two documents (INRENA 2004, Williams and Plenge 2009) have noted its occurrence somewhere in the Cordillera Escalera. Still, a recent GIS-based gap analysis of *L. flavicauda* occurrences and protected areas (Buckingham and Shanee 2009) did not identify the Cordillera Escalera as a region of interest.

The Cordillera Escalera contains substantial areas of habitat apparently suitable for this monkey (Fig. 9G). Our best-documented sighting—three individuals photographed by Percy Saboya at 1,700 m in *Ficus*-dominated cloud forests—agrees well with prior characterizations of *L. flavicauda* habitat. Above 1,500 m, cloud forests likely cover only 77.5 km² in the Cordillera Escalera, based on topographic contours. Density estimates for *L. flavicauda* in Amazonas and San Martín reveal that they occur at low densities, from 0.25 to 1 group per km² of forest (Leo Luna 1987) or 1–2 groups per km² (Cornejo 2007). Although groups as large as 17–20 individuals have been observed, these may be amalgamations of separate groups in response to rapid deforestation (DeLucker 2007). A group size of nine may be more typical (Leo Luna 1982). If suitable forest covered elevations between 1,500 and 1,800 m, and populations were nowhere depressed by overhunting and had a group size of nine and a density of 0.25–2 groups per km², the proposed conservation area in Cordillera Escalera-Loreto could accommodate a population of *L. flavicauda* ranging from 174 to 1,395 individuals.

However, we also recorded this species at 1,216 m in the vicinity of the Alto Cachiyacu intermediate camp (Fig. 9G). This record lies well below the lower elevational limits of current populations, but not those documented in the recent past, which extend down to 1,000 m at Paujil (San Martín) where the species no longer occurs, presumably due to hunting pressures. If the *L. flavicauda* population of the Escalera occupied all tall montane forests from 1,200 to 1,800 m, it would nearly quintuple the habitable area to 356.5 km² and connect the central highlands of the proposed protected area to a more extensive crest which parallels the Loreto-San Martín border. This area is thought to support still-viable populations of *Lagothrix* (Rolando Aquino, pers. comm.). This augments our crude population estimates in the Loreto portion of Cordillera Escalera to 801 to 6,417 individuals. We emphasize that these are estimates based on optimistic assumptions involving habitat suitability without hunting pressure or deforestation. Nevertheless, the Cordillera Escalera represents a major addition to the known range and global population of *L. flavicauda*.

Cornejo et al. (2009) noted that *L. flavicauda* has been extirpated from all but the most distant and isolated forests on the east side of the Río Alto Mayo. This suggests that the Escalera population is quite isolated and vulnerable to local extinction. The records we documented lie 65–70 km (straight-line distance) from the nearest extant populations in San Martín, and the distance nearly doubles if measured along elevated topographic contours.

Two other endemic primates sometimes found with *L. flavicauda* populations are *Aotus miconax* (Aotidae) and *Callicebus oenanthe* (Pitheciidae). We recorded neither in the forests surrounding the Alto Cachiyacu intermediate camp, where they might be expected. However, this area was only briefly surveyed and a much more thorough survey of these elevations should be made to ascertain their possible occurrence there. Williams and Plenge (2009) listed *Aotus nancymaae* from the Cordillera Escalera, although neither their evidence nor how they distinguished this form from *A. miconax* were discussed. Similarly, our field assistants reported seeing an *Aotus* species in the Loreto portion of the Cordillera Escalera (identified by them in interviews as *A. nigriceps*), but these species are most confidently distinguished in the hand.

A first step should be surveying neighboring Shawi communities for their knowledge of these monkeys. Because these communities hunt monkeys for food, efforts could be made to recover bones, skin, tissue samples, or other remains. Such samples are needed for genetic analyses to characterize the genetic variability of populations in the Cordillera Escalera, as they are well isolated from conspecifics in San Martín and Loreto (see also Cornejo et al. 2009). Biological samples are also needed to illuminate the systematic relationships of woolly monkeys. The validity of separating *L. flavicauda* in the genus *Oreonax* from other woolly monkeys (*Lagothrix* species) at the generic level (Groves 2001) is now doubtful (Rosenberger and Matthews 2008, Di Fiore et al. 2014). However, there is evidence of cryptic diversity among woolly monkeys at the subspecies or species level (Mantilla-Meluk 2013). Finally, new samples can help clarify the biogeographic history of Andean monkeys. How is it that this small portion of the central Andes should be home to three endemic species belonging to three different families? How could *L. flavicauda*, with other woolly monkeys to the north, south, and east, remain distinct long enough to become a separate lineage?

A second and more decisive step should be to organize detailed inventories of unstudied portions of the Cordillera Escalera and to conduct more extensive interviews with neighboring communities. Information gathered will permit a better understanding of the distribution and status of *L. flavicauda* and of any other monkeys found there, and provide more knowledge about their habitats and the threats that they face.

Other mammals

The yellow-tailed woolly monkey could be a flagship species for a suite of other highland endemics, and understanding the historical derivation of each of them may offer insights to protecting them all. Peru's rich mammal fauna includes 39 species that are endemic to the yungas, 60% of the country's endemics (Pacheco et al. 2009). Although new mammal species are encountered in all South American biomes, they are disproportionately frequent in faunas of the yungas, both because they are often inaccessible and hence poorly sampled, and because they have small geographic ranges and have often been overlooked (Voss 2003, Patterson et al. 2012). Two sigmodontines that co-occur with *L. flavicauda* are endemic to the highlands east and south of the Marañón and west of the Huallaga (Leo Luna and Gardner 1993, Jiménez et al. 2013): *Akodon orophilus*, which we captured at the Alto Cachiyacu summit camp, and the Río Abiseo thomasomys (*Thomasomys apeco*), known only from San Martín. Preserving these montane cloud forest communities is the only way to safeguard many of Peru's endemic species (Leo Luna 1995).

THREATS

Deforestation represents an overwhelming threat to all mammals and the forest resources on which they depend. Whether for timber, agriculture, or grazing land, clearcutting of forests reduces and may eliminate habitat for forest-dependent species. These threats are greatest for endemic and threatened species.

Overhunting for bushmeat threatens mainly the larger mammals in the Cordillera Escalera, although smaller primates, squirrels and armadillos are also taken for food. The slower reproductive rate of large mammals and primates limits their resilience to hunting pressure, and parts of the Cordillera closest to settlements clearly show effects of overhunting.

Pet and commercial trade threatens mainly primates (pet market) and deer (bushmeat) but involves many other species, including cats and bears (Shanee 2012). Their impact on wildlife populations is disproportionately large. Mortality in captivity is high for many species and acquiring pets typically involves shooting mothers in order to catch their offspring, effectively removing breeding females from the population. Commercial trade in bushmeat represents an addition to the harvest needed to meet local demands and can quickly deplete local populations.

Retaliatory killing in response to animal-human conflicts arises chiefly in connection with agriculture, either in response to livestock depredations or crop damage. It threatens mainly the large cats (jaguar and puma) and spectacled bear, but herbivores and monkeys are also commonly believed to damage crops.

RECOMMENDATIONS FOR CONSERVATION

Further inventory

Focal inventories of the cloud forest communities that harbor yellow-tailed woolly monkeys are needed. The persistence of this large-bodied primate in the Cordillera Escalera establishes that sufficient area and productivity of cloud forests remain for their long-term survival. Undoubtedly other high-elevation endemics remain that are not yet documented in this habitat, perhaps including the globally threatened primates Río Mayo titi (*Callicebus oenanthe*) and Andean night monkey (*Aotus miconax*), as well as hairy long-nosed armadillo (*Dasypus pilosus*). In addition, smaller mammals and bats should also be studied throughout the Cordillera Escalera. These less conspicuous community members remain almost unknown. However, the majority of new mammal discoveries from Peru represent highland endemics that have small geographic ranges. The existence of several large mammals endemic to this region strongly suggests that numerous smaller species will also prove to be distinct, endemic species.

Vulnerable species

Our survey included records of armadillos (*Dasypus* sp.) and night monkeys (*Aotus* sp.) that could only be identified to the genus level. Both genera contain species that are endemic to the piedmont region between the Marañón and Huallaga rivers, have very localized geographic ranges, and are considered vulnerable by the IUCN. Both *Dasypus pilosus* and *Aotus miconax* are distinguished by very subtle morphological characters from commoner, more broadly distributed species (i.e., *Dasypus novemcinctus* and *Aotus nigriceps*) and can easily be confused with them. Voucher specimens, either collected by scientists or recovered in settlements from hunters, are needed to establish whether these species occur in the Cordillera Escalera and to determine their abundances. Voucher specimens would also permit genetic studies to evaluate inbreeding, gene flow, population size, and evolutionary relationships.

Consultation with communities

Growing reliance on cattle-ranching near forest communities with jaguars, pumas, and spectacled bears will inevitably lead to livestock depredations and animal-human conflict. Communities must develop strategies to balance on the one hand how much forest is cleared for livestock and where such clearing is done with hunting pressures on the forest mammals these carnivores eat, including tapir, deer, peccaries, large rodents, and monkeys. To inform these strategies, studies are needed to generate accurate estimates of wildlife damage to crops and livestock. This need is greatest in the region surrounding Balsapuerto.

Dialogues are also needed with leaders of the communities to the north and west of the proposed area. These communities lie adjacent to a highland ridge that likely supports cloud forest and may contain populations of yellow-tailed woolly monkey. This corridor would help to connect the Cordillera Escalera population of *Lagothrix* to other populations in San Martín. Residents should be informed of the global significance of this population and the recent local extinction of populations elsewhere.

THE CORDILLERA ESCALERA AND THE PUEBLO SHAWI: ETHNOHISTORY

Author: Joshua Homan

INTRODUCTION

There is a rich history of human settlement in the region surrounding the Cordillera Escalera, dating back thousands of years (see the chapter *Archaeology of the Paranapura basin*, this volume). Today along the northeastern flanks of the range, primarily in the region of Balsapuerto in the Department of Loreto, the Shawi (also known as the Kampu Piyawi, Canpo Piyapi, Chayahuita, and Chayavita) are the dominant indigenous peoples. Nearby, however, especially within the districts of Lamas, San Martín, and Cahuapanas, we also find Shiwilu (Jeberos, Jeveros), Awajún (Aguaruna, Jivaro), and Llakwash (Quechua Lamista, San Martín Quechua) communities. While all these indigenous groups have deep social and spiritual connections to the Cordillera Escalera, this chapter specifically focuses on the ethnohistory of Shawi communities we visited during the rapid biological and social inventory along the Cachiyacu, Paranapura, and Yanayacu rivers. This chapter is one contribution to the broader project of understanding the numerous changes to this socio-ecological landscape over the past 500 years.

The pre-Hispanic era

Unfortunately, our knowledge of pre-Hispanic occupation in the Paranapura basin is limited due to a lack of in-depth archaeological investigations. Recent studies in the watershed and surrounding areas, however, indicate that humans have inhabited the region for thousands of years in successive, yet unrelated, occupations (see the chapter *Archaeology of the Paranapura basin*, this volume; Orefici 2013:185). Petroglyphs found on rocks along the Armanayacu and Cachiyacu rivers, such as at the Casa de Cumpanamá site near Puerto Libre, are related to the earliest occupations, possibly dating prior to 1,000 BCE. While there are many petroglyphs on the eastern side of the Cordillera Escalera, we also find similar petroglyphs throughout the western region as well, such as the Bello Horizonte and Utcurarca petroglyphs near the city of Tarapoto in San Martín, indicating some cultural continuity across the Cordillera during this period. Likewise, ceramics found in numerous caches along the Cachiyacu River indicate another occupation between 800 CE and 1,200 CE, although they are seemingly disconnected from earlier occupations as well as the current day Shawi peoples (Rivas 2003). Although the origins of present-day Shawi peoples are unknown, Orefici (2013:187) speculates that they were perhaps introduced to the region by the Incas through the process of *mitmaq*[5].

The early colonial era and Jesuit reductions

The majority of the historical information pertaining to the Shawi is drawn from colonial-era documents, travelogues, and Jesuit mission records. The first recorded contact with the indigenous peoples of the region east of the Cordillera Escalera was during a reconnaissance journey in the Huallaga and Marañón basins by Alonso de Mercadillo and Diego Núñez in 1538 and 1539 (Jiménez 1895:210). As the Spanish presence increased in the region, especially around the city of Moyobamba, *encomiendas* emerged in which large tracts of land and indigenous peoples were granted to *encomenderos*, or Spanish labor owners. Drawing from the pre-Columbian notion of *mita* (communal labor) in which communities provided agricultural labor to pay tribute to the Inca, indigenous peoples within the *encomienda* system were forced to provide labor as a form of tribute to the *encomendero* (Valdez 1921:124). The *encomendero*, however, was to not only receive tribute from the indigenous peoples but also attempt to convert them to Christianity (Trujillo 1981:240). Furthermore, as Golob (1982:132) notes, this was unlike typical slave labor as indigenous peoples within the *encomienda* system not only provided their labor to the *encomendero* but also had to provide their own subsistence.

In contrast with *encomiendas* found throughout the Andean region, which acted as means to generate wealth for labor owners, Amazonian *encomiendas* were rarely profitable and instead were focused on the

acquisition and control of indigenous bodies as sources of labor (Taylor 1999:214). Individuals who were unable to provide tribute at the appropriate level to the *encomendero* were severely punished. As indigenous peoples fled *encomiendas* due to harsh treatment, the owners relied on the practice of slave raiding throughout the upper and lower Amazon to replenish their labor force, especially from the area around Moyobamba and the Spanish settlement of San Francisco de Borja[6] in the upper reaches of the Marañón River. This practice of slave raiding by encomenderos, other Spanish settlers, and even other indigenous peoples destabilized the entire region. It is possible that during the first 100 years following the arrival of the Spanish the Shawi peoples had occupied a much larger territory that encompassed the eastern region of the Cordillera Escalera, but were forced to flee to their present-day location due to slave raiders from Moyobamba and Lamas (Steward 1948:607). This process of slave raiding continued into the late 17th century, well after the 'official' abolition of the *encomienda* system in 1542 with the passage of the Leyes Nuevas by King Carlos I of Spain. However, as the lack of profitability associated with the Amazonian *encomiendas* became apparent, combined with numerous uprisings by Jivaroan and Quijos indigenous groups north of the Marañón, the majority of migrant *encomenderos* soon relocated to the Andes or coastal areas in the hopes of encountering wealth elsewhere. Indeed, by 1645 only 22 out of 42 *encomiendas* were still functioning in the Amazon (Reeve 1993:116). While the *encomiendas* were ultimately phased out in favor of the similar *repartimiento* system where individuals were more akin to employees rather than slaves, the effects were clear — by the year 1600 the indigenous population in Peru had declined by roughly 40% (Covey et al. 2011).

In 1638, the Jesuit Fathers Lucas de la Cueva and Gaspar de Cujia arrived in the *encomienda* of San Francisco de Borja at the request of the governor of Maynas in the hopes of bringing peace to the region following numerous indigenous rebellions, such as the pan-Jivaroan rebellion in 1599, and continuous slave

---

5 *Mitmaq* (or *mitimae* in Peruvian Spanish) is a Quechua term used to refer to the process of forceful relocation of conquered indigenous peoples by the Inca.

6 San Francisco de Borja was founded by Diego Vaca de Vega in 1619 on the Marañón below the Pongo de Manseriche, disrupting traditional patterns of trade between the Shiwilu (Jebero) and the Kandozi/Shapra (Mainas) peoples. See Reeve (1993) for an excellent overview of pre-Hispanic trade relations in the upper Amazon.

raiding along the Pastaza and Marañón rivers (Santos and Barclay 2007:xxiv). Father Cueva used the existing relations between the Shiwilu (Jeberos, Jeveros, Xeveros) and the Kandozi (Candoshi, Maina) to establish the first Jesuit mission in Maynas, *La Limpia Concepción de Nuestra Señora de Xeveros*, located on the Aipena River near the present-day location of Jeberos (Reeve 1993:119). The Shiwilu were critical in the Jesuits' early success in establishing mission villages, or reductions (*reducciones*), as they already had strong contacts with various indigenous groups along the Marañón, Pastaza, Huallaga, and Paranapura rivers.

The Shiwilu accompanied the Jesuit Fathers on their voyages throughout the Amazon to aid in both the establishment of new mission villages as well as in the acquisition of new indigenous peoples. Although this was a somewhat beneficial arrangement for the Shiwilu, in that they acquired material wealth from the Jesuits, it also eventually led to the decimation of their population due to the conditions at the mission.[7] In all the Jesuit missions, as well as in the earlier *encomiendas*, living conditions were quite poor. It has been estimated by Golob (1982:142) that 9 out of 10 of those that arrived in the missions died of various epidemics such as measles or malaria within a year. Even with these issues, however, the reductions were perceived by some indigenous peoples as a safe-haven from the harsh treatment found in Spanish *encomiendas* and *haciendas*, as well as protection from slave raiding perpetuated by the Portuguese, Spanish, and other indigenous groups (Golob 1982:179).

While some Shawi were integrated into the Xeveros mission, it was not until Father Raymundo de Santa Cruz entered the Paranapura River with a group of Kukama and Shiwilu assistants that a large percentage of the population underwent missionization. In 1652, Father Santa Cruz traveled to the headwaters of the Paranapura River and founded the mission of *Nuestra Señora de Loreto de Paranapuras*. The population at this mission initially included Shawi (Paranapuras, Chayavita), Shiwilu (Xeveros), and Muniches peoples (Figueroa

1986:202). Following the work of Father Santa Cruz, in 1678 Father Joaquín Hedel founded the reduction *La Presentación de Chayavitas* in the headwaters of the Sillay River near the site of present-day village of Pueblo Chayahuita. This mission was mainly composed of Shawi (Paranapuras, Chayavitas), Shiwilu, Muniches, and Kandozi (Mainas) peoples (Golob 1982:220).[8]

With the presence of the mission reductions in the Paranapura basin the Shawi peoples' 'traditional' lifeways were radically altered. According to historical documents, prior to the arrival of the Jesuits, the Shawi lived in dispersed homes throughout the Cordillera Escalera and headwaters of the various tributaries of the Paranapura and Cahuapanas watersheds (Maroni 1988:96). Following the foundation of these reductions, the Shawi were often forcibly relocated to the villages located along the main river systems. As Golob (1982:180) notes, the large rivers, such as the Paranapura, Huallaga, and Marañón, were used for the express purpose of establishing new reductions while the inland areas, such as the Cordillera Escalera, were simply for acquiring new indigenous bodies for conversion.

Due to the linguistic diversity in the missions — with Shawi, Shiwilu, Cutinanas, Kandozi, and Muniches speakers, among others, found at the Paranapuras reductions — as well as very few indigenous peoples being able to speak Spanish, the Jesuit Fathers relied on Quechua as the *lingua franca* to communicate amongst the various groups. The Jesuits only taught Quechua (Ynga) to adult men, while women and children were expected to speak in their native tongue (Golob 1982:223). This created a culture of dependence for women, as men acted as intermediaries between the larger world and the feminine sphere, a trend that continues to the present. Indeed, in the majority of Shawi communities today, women continue to speak only in their maternal language while men are able to converse in trade Spanish. Women were further marginalized during their time in the mission villages as they were forced into Occidental notions of domesticity and handicraft production, and forbidden from working in garden plots

---

7 According to mission-era sources, the Shiwilu were a large group that controlled much of the trade along the Huallaga and Marañón rivers as well as between the lowlands and Moyobamba. Today, however, they are a very small indigenous group of roughly 300 individuals, with only 30 living fluent speakers of their language (Valenzuela 2012:46).

8 Missions in the region included San Antonio de Muniches, San Jose de Yurimaguas, La Concepción de Cahuapanas, San Xavier de los Chamicuros, Las Nieves de Yurimaguas, and Aisauris, among others.

(Golob 1982:263). While this has, in many ways, placed women in a marginal position to men — who often exert control over exterior relations — it has also allowed women to maintain the Shawi language and many 'traditional' cultural practices.

In 1767, King Carlos III of Spain ordered the expulsion of all Jesuit Fathers from the New World. With the Jesuits forced out of the region, the majority of mission villages quickly collapsed as indigenous peoples returned to their dispersed lifestyle (Golob 1982:203). This was a critical juncture, as it enabled the Shawi to maintain healthy populations away from the pressures of modernity. The structures imposed on indigenous peoples during the mission period, nevertheless, have had a lasting effect on current day populations. Remnants of the era are still visible in the language, culture, and social organization of the Shawi peoples. As previously mentioned, Quechua was the *lingua franca* of the missions, resulting in multiple generations of Shawi being heavily exposed to the language. Furthermore, extended contact with the Llakwash Runa and Inga Runa, from the Mayo and Pastaza watersheds respectively, ensured high levels of fluency in spoken Quechua up through the early twentieth century (Valenzuela 2012:45). The result of this is the presence of both Quechua words and some Quechua grammatical features in the Shawi language.[9]

Today the major Catholic holidays (Christmas, Corpus Christi, New Year, and Easter) remain important in the less Evangelical Shawi communities. This is especially notable in the community of Pueblo Chayahuita. Following the fall of the Jesuit reductions, this village acted as a sort of ceremonial center for the dispersed Shawi and continues to be a center for large reunions to celebrate Catholic festivals (see Fuentes 1988:187). Furthermore, the political system seen in not only Shawi communities, but indigenous communities throughout the Amazon, has its antecedents in the mission era. The notion of *varayo* (*varayoq, varayuk*) has its origins in pre-Colombian political systems found throughout the Andes, such as with the Inca. In Amazonia, however, it was co-opted by the Jesuits and connected to the notion of 'staff-bearers.' In this system, those who had *varas* (staves) would go to every home in the Jesuit reductions to make sure that all the mission's residents attended Mass (Golob 1982:244).[10] In every community we visited during the fieldwork period, the practice of 'passing the *vara*' when electing new indigenous leaders continued. Likewise, at general assemblies and other public reunions, the various members of the community's leadership (*apus, teniente gobernadores, agentes municipals*, and *policias*) usually had their *varas* on hand. Much like Andean indigenous communities, such as in Ayacucho, Shawi staves are often decorated with small *chumpis* (woven belts), yarn balls, and other aesthetically pleasing objects (cf. La Serna 2008, Whitten 1976:13).

The *hacienda* system in the upper Amazon and economic booms

Although the *hacienda* system, or the granting of large tracts of lands to Spanish conquistadores or Jesuit missionaries, can be traced back to the early colonial era, it was not until the 19th century that *haciendas* in lowland Amazonia became prevalent. Much like *encomiendas* or *repartimientos*, the *hacienda* was a means through which a *hacendado* (*hacienda* owner) or *patrón* (labor boss) could utilize local populations for the creation of capital through extractive and productive activities. Although a number of laws were passed in the mid-19th century to ensure the rights of indigenous peoples in Amazonia as Peruvian citizens, the reality of the situation was much different (Huertas 2007:31). Throughout the Paranapura, Huallaga, and Cahuapanas basins, numerous *haciendas* were created during the 19th century which continued the 'culture of terror' which had accompanied the Shawi over the past 300 years (Taussig 1984). As Fuentes (1988:25) notes, 97% of the value of all exports to Brazil during the years 1855 to 1858 were based upon straw hats produced in Moyobamba. Since the trail between Moyobamba

---

9 As in many other indigenous Amazonian languages, Quechua words include numbers 6–10, 100, and 1,000. Likewise, terms such as *supay* for demon or *chumpi* (*chumbi*) for belt, demonstrate the heavy influence of Quechua during the mission period, as well as continued contact with the Inga Runa and Llakwash Runa peoples. We also see grammatical features such as the word *ama* utilized in negative imperative sentences, just as in Quechua II-B/C languages.

10 The *policia* or *varayos* in the communities we visited took on a similar role, going house-to-house to ensure that all community members were aware of general assemblies, mingas, and other communal activities.

---

and Balsapuerto was the main route of commerce, a massive amount of products were carried on the backs of the numerous so-called 'Christian Indians' such as the Llakwash Runa, Shawi, and Shiwilu peoples.

With this movement of materials from the highlands to the lowlands and back, the village of Balsapuerto began to gain much importance. Officially founded by Don Doroteo Arévalo in 1822, Balsapuerto acted as the intermediary between the lowlands and highlands. This was a very strategic decision, as fluvial routes from the highlands were extremely dangerous and littered with obstacles, such as the Pongo de Aguirre near the village of Chazuta. Thus, relying on the overland path and then shipping products down the Cachiyacu, Paranapura, Huallaga, and Marañón rivers until finally reaching the Amazon proper was much safer and more efficient.

In the Paranapura basin there were a number of *haciendas* that are important in understanding the history of the Shawi. Our knowledge of these *haciendas*, however, is quite limited, being based on a blend of oral history and a small number of official documents from the late nineteenth and early twentieth century. According to early sources, there were already four *haciendas* operating in the Paranapura and Cachiyacu rivers by 1870 although the identities of the owners are not clear (Fuentes 1988). Along the Yanayacu River, a *patrón* named Antonio Acosta — also the governor of Cahuapanas at the time — had a large *hacienda*. Although he only had 20 workers (including women and children) in 1902 at the *hacienda*, producing *aguardiente* and *chancaca* as well as tending to his large herd of cattle, he also controlled all products entering and leaving the upper reaches of the Yanayacu and Paranapura rivers. In the region of present-day San Gabriel de Varadero, near the mouth of the Cachiyacu River, Juan José Vidaurrizaga had a large land holding that was also focused on the production of *aguardiente* (distilled liquor) and *chancaca* (a typical Peruvian product made of sugar and honey). As in the Soledad *hacienda*, a number of Vidaurrizaga's workers were also dedicated to cattle herding (Derteano 1905[1903]:85).

While rubber extraction in the Amazon basin has its historical roots in the early part of the nineteenth century, especially in Brazil, it was not until 1892 that the price

of rubber hit a high and the 'boom' period began. With the presence of *haciendas* already in the Amazon, it was simple for the *patrones* to shift their work force to the extraction of latex. The rubber boom, especially in the Putumayo region, has rightly been characterized as a form of ethnocide perpetuated by the greed of a number of rubber barons (see Taussig 1984, Chirif and Cornejo Chaparro 2009). In the Paranapura and Cahuapanas basins, however, the effects were quite different and nowhere near as violent. As Fuentes (1988) notes, the region was regarded as a stockpile of labor, with few individuals forced to work in the lower reaches of the Marañón, such as in and around the city of Iquitos. Yet, some of the Shawi who stayed in the Paranapura basin, especially in the area of Balsapuerto, were forced to extract rubber and then carry these products over the Cordillera Escalera to be sold in Moyobamba.

Following the death of Antonio Acosta, his sons continued his work by dividing the upper Paranapura basin in half. Alberto Acosta, the elder son, took over his father's *hacienda* in Soledad while expanding his cattle operations. Likewise, Antonio Acosta II founded a new *hacienda* west of the present-day community of Nueva Vida, where today the village of Los Ángeles is located, focusing his efforts on the headwaters of the Paranapura, Sillay, and Cahuapanas rivers. As such, the Shawi living along the Yanayacu River worked for Alberto Acosta, either in the *hacienda* tending to herds of cattle, making *aguardiente* or through the 'trading' of forest goods such as *shiringa* (*shirinka*; *Hevea guianensis*), *leche caspi* (*uwiru*; *Couma macrocarpa*), or *barbasco* (*pënanin*; *Lonchocarpus utilis*), as well as fine woods, animal skins, pigs, and chickens, in exchange for retail goods like cloth, thread, needles, shotgun shells, machetes, and other products.[11]

As the Shawi living dispersed throughout this region lacked outboard motors and did not speak Spanish, they could not easily integrate with markets downriver in Yurimaguas. Instead, they were forced to rely on *patrones*, providing labor and materials while simultaneously incurring more debt. Indeed, this forced

---

11 Similar patterns are seen on the other river systems. In the community of Balsapuerto we were told that Pancho Meza was the *patrón* through the 1960s, and managed a *hacienda* near the village. The Meza family had previous landholdings in Desengaño on the Cachiyacu, Varadero on the Paranapura, and many other sites.

the Shawi into a system of perpetual debt peonage, known as *habilitación*, from which they never truly escaped. This theme was reiterated by elderly residents in all the communities we visited, and reflects a pattern of patron-client relationship that we have seen in the majority of communities in past inventories in the Peruvian Amazon (see Taussig 1987, Chibnik 1994, Dean 2004, Pitman et al. 2011). Furthermore, as the Acosta brothers asserted that they owned the land along the upper Paranapura and Yanayacu rivers, they argued that half of all resources were theirs as well. Many Shawi tried to bypass the brothers, especially once it became known of the heavy price disparities between market prices in Yurimaguas and what was given to the Shawi. These attempts, however, were often futile as the brothers had numerous outposts along the Paranapura with loyal individuals patrolling the area. If they caught a Shawi individual attempting to sell to other merchants or *regatones* (itinerant traders), the Acosta brothers would punish the individual. These punishments were severe and ranged from beatings with sticks to lengthy stays in the *calabozo*, or makeshift jail.

Eventually a shaman (*penoto*) living in the area of present-day Villa Alegre decided to get revenge on Alberto for his continued mistreatment of other community members by sending *virote* (*shinërë*), or spirit darts, to cause illness. The attack was seemingly effective as Alberto soon fell ill with severe headaches and stomach pains. As his illness rapidly progressed, it was decided that a group of individuals loyal to Alberto would take him to a doctor in Yurimaguas to try to save his life. This voyage, however, would be Alberto's last. The group had to make the trip to Yurimaguas by canoe, taking three to four days to reach the city's port. Each day Alberto grew more ill until he finally passed away close to Yurimaguas.

Following Alberto's death his wife, Luisa, took over the *hacienda* and continued with the same methods of domination as her late husband. She acted as patron for the entire Yanayacu region for a few years, extracting resources and compiling funds. Soon, however, she too died after her arm was crushed by one of the many cattle at the *hacienda*. After Alberto and Luisa's deaths, the Shawi in the region of Yanayacu were able to live

in relative peace as well as sell their goods to other merchants or in Yurimaguas for relatively fair prices. Unfortunately, in other areas, especially near the present-day location of Nueva Vida, the pattern of *patronazgo* continued well into the late 1960s, its effects only softening with the arrival of Evangelical missionaries, the organization of the Shawi into permanent communities, and the passage of new laws at the national level which dissolved the *hacienda* system.

Second wave missionization and the foundation of permanent communities

Beginning in 1947, the Summer Institute of Linguistics (SIL) began to send missionaries to the Amazon basin with the goal of translating the Bible into all of the various indigenous languages. Much like the system of relations detailed above, the arrival of the SIL missionaries is very clear in the collective memory of the Shawi living in the headwaters of the Paranapura. Starting in 1956, SIL missionary George Hart began his work in the Paranapura basin to translate the bible into the Shawi language (Fuentes 1988). According to interviews with elderly individuals in the region of Nueva Vida, his arrival was very well-received. According to these residents, sometime in the early-to-mid-1960s Hart arrived by boat to the present-day area of Nueva Vida, which at that point was uncleared forest with a few houses dispersed throughout. Upon his arrival he found four families living in a small group of homes clustered together near the left bank of the Paranapura River. These families consisted of a group of four brothers who had married a group of sisters. During this period the Shawi had been experiencing not only the domination of the Acosta brothers but also fierce infighting involving *ushates* (short knives) and machetes. Moreover, the region had also felt the wrath of multiple raids by the Awajún, who initiated a *caza de brujos* (shaman hunt), murdering shamans accused of witchcraft as well as kidnapping women (Fuentes 1988:183). Although the last raid that residents remember was during the late 1950s, there is still much fear and uncertainty associated with the Awajún who live nearby.

Once George Hart arrived, however, things began to rapidly change. Even though he didn't speak Shawi,

George began to preach to the families, saying that they had been living in violent times and needed to let God into their hearts. As some of the brothers understood trade Spanish from their interactions with *patrones* and other *mestizos*, they quickly accepted him and said they would do whatever they could to show their support. Hart told the families that they should clear the forest nearby and create a runway so he could easily return in the future. After leaving, the brothers got to work, quickly clearing the area and building the airstrip. Hart returned for a short period, building a house and preaching to the community, before leaving again. This time, however, he took two of the brothers along with him back to Yarinacocha, in Ucayali. There the men worked on the Shawi translation of the Bible while also learning the ins and outs of evangelical Christianity. The brothers spent two years in Yarinacocha and upon their return George and one of the brothers, Alberto, went from community to community preaching the 'good news.' As they found converts, they encouraged them to populate the area where the brothers were living. As the community grew, soon Hart built a church and took up residence there alongside his wife, Martha.

After his 1968 successful coup against Fernando Belaunde Terry, General Juan Velasco Alvarado began to implement a number of reforms, such as the Reforma Agraria (Decreto Ley No. 17716), which re-appropriated the lands held by *hacendados* and returned them to indigenous peoples throughout Peru. While this may be one of the main reasons for the expulsion of the *hacienda* system in the upper Paranapura, local peoples say that it was the arrival of SIL missionaries and organization of the once-dispersed Shawi peoples into communities based around the Evangelical church that forced the *patrones* out (see also Huertas 2004:32). Indeed, because the Shawi were now living in peace—with both Acosta brothers gone, fewer raids from the Awajún, and the diminishment of infighting among the Shawi—Hart suggested they name the community Nueva Vida, as they had now found a new life with God.

As previously stated, with the assistance of the Evangelical church, somewhat permanent communities began to form along the main rivers. Likewise, on 24 June 1974 the Peruvian government under President Velasco passed the *Ley de Comunidades Nativas y de Promoción Agropecuaria de Regiones de Selva y Ceja de Selva* (Decreto Ley No. 20653). This landmark law allowed the recognition and titling of certain ancestral territories belonging to indigenous peoples if they formed permanent communities, while simultaneously recognizing the rights of the numerous Amazonian indigenous groups. It also, however, opened up lands to colonization as well as resource exploitation related to logging, mining, and petroleum as the titling was specifically related to agricultural lands (García 1995:38). The law only took hold for four years before it was altered by President General Francisco Morales Bermúdez. His administration passed the updated law, *Ley de Comunidades Nativas y de Desarrollo Agrario de la Selva y Ceja de Selva* (Decreto Ley No. 22175), in 1978. Law 22175 brought about more changes for the indigenous peoples of the Peruvian Amazon as it specified numerous restrictions and regulations for the foundation of indigenous communities, but also guaranteed communal rights for ancestral lands used for agricultural production or cattle herding.

This move to form indigenous communities (*comunidades nativas*) during the 1970s radically altered 'traditional' Shawi settlement patterns, as well as those of other indigenous peoples living in the Peruvian Amazon. No longer living in dispersed households in the forests along the higher-elevation creeks of the Cordillera Escalera, the Shawi began to settle into communities based on Law 22175 and the encouragement of the Evangelical church. This has led to a large increase in the region's indigenous population and increased ecological pressures on the surrounding environment, a point that was constantly brought up when eliciting oral histories from elder residents in all the communities we visited. While in the 1960s and 1970s game animals were easily encountered near one's home, during the 1980s and 1990s it became more and more difficult to encounter such resources. Indeed, with the heavy increases in local populations, one was soon forced to walk farther and farther every year (see the chapter *The biocultural heritage of the Shawi people: Resource use, traditional ecological knowledge, and quality of life*, this volume, for more information on these changes).

Although the Summer Institute of Linguistics had provided some bilingual education in communities throughout the Peruvian Amazon since 1953, it was not until the mid-1970s that state sponsored bilingual educators began to arrive in indigenous communities in the Amazon. During the early 1980s, communities such as Nueva Vida and Soledad that began the recognition and titling process early were able to secure education for their children through petitioning the government for a school. While a number of communities were recognized by the Peruvian government as indigenous communities during the 1970s and 1980s, the vast majority were recognized and titled during the mid-to-late 1990s. The land titling during this period, however, was problematic. Indeed, the *Ley de la Inversión Privada en el Desarrollo de las Actividades Económicas en las Tierras del Territorio Nacional y de las Comunidades Campesinas y Nativas* (Decreto Ley No. 26505), passed in 1995 under President Alberto Fujimori, completely opened up indigenous lands for concessions, especially in regard to subsurface natural resources such as petroleum and natural gas, while simultaneously ensuring indigenous rights to the lands.

In recent years, the Shawi have been politically active in the defense of their ancestral territory. During the 2009 *paro* (strike) following the events at the Curva del Diablo outside of Bagua, the Shawi along with other indigenous and *mestizo* peoples took over the Fernando Belaunde Terry IRSA-Norte Highway outside of Yurimaguas. This strike was not only to show their solidarity with the Awajún in Bagua but also to protest the presence of petroleum companies, loggers, and other extractive enterprises in the Paranapura basin. The Shawi were very active during this strike, with women in their 'traditional' dress—the skirt or *pampanilla* (*a'siantë*), blouse (*sanabi kutun*), necklaces (*a'sunkunurinsu'*), and hair accessories—and their faces and bodies painted with *huito* (*isa*) and *achiote* (*nuwa*), at the forefront of the protest. Shawi men were also active participants, often seen marching with wooden lances (*shunki*). Indeed, perhaps the most visible participant in the movement was Alberto Pizango Chota, the current president of AIDESEP and a Shawi leader. Following the protests, Pizango was viewed by the Peruvian government as having incited violence against the state and charged with sedition. The charges were eventually dropped after international outcry and Pizango was able to return to his duties with AIDESEP. Since that time, Pizango has been active in national politics, even running for president of Peru in 2010.

In the following two chapters we describe the social inventory's methodology and the current status of the numerous communities we visited, and provide an in-depth analysis of Shawi social and cultural assets for the conservation of the biological and cultural diversity of the Cordillera Escalera (see the chapter *Communities visited: Social and cultural assets*, this volume), and an overview of how the Shawi use natural resources in conjunction with 'traditional' ecological knowledge and its links to Shawi quality of life (see the chapter *The biocultural heritage of the Shawi people: Resource use, traditional ecological knowledge, and quality of life*, this volume).

COMMUNITIES VISITED: SOCIAL AND CULTURAL ASSETS

Participants/Authors: Diana Alvira, Joshua Homan, Daniel Huayunga, Jorge Joel Inga, Agustín Lancha Pizango, Arterio Napo, Mario Pariona, Patty Ruiz Ojanama, and Bladimiro Tapayuri (in alphabetical order)

INTRODUCTION

The goal of the rapid social inventory was to document Shawi social practices and cultural assets associated with the use and management of natural resources, especially in relation to the Cordillera Escalera-Loreto, as well as residents' visions for its future. After arriving in each community, we held general assemblies and workshops with community members to inform them of the rapid inventory's methodology and overall goals as well as to generate discussion. This dialogue during the assemblies and workshops was critical to the success of the social inventory, as it allowed Shawi collaborators to voice their opinions and doubts. We used a rapid ethnographic methodological approach to quickly assess themes related to social organization, local political structures, and cosmology.

Figure 31. Shawi communities visited by the social science team during the rapid inventory of the Cordillera Escalera-Loreto, Peru, in September and October 2013. Note: In Balsapuerto and Cahuapanas districts the boundaries of indigenous community land have not been officially determined and there are many cases of overlap between them. In this inventory we used the most up-to-date information we could find (Instituto del Bien Común 2013). While this report was being prepared the Dirección de Saneamiento Físico Legal de la Propiedad Agraria (DISAFILPA) was ground-truthing community boundaries in the region and will soon release an official map.

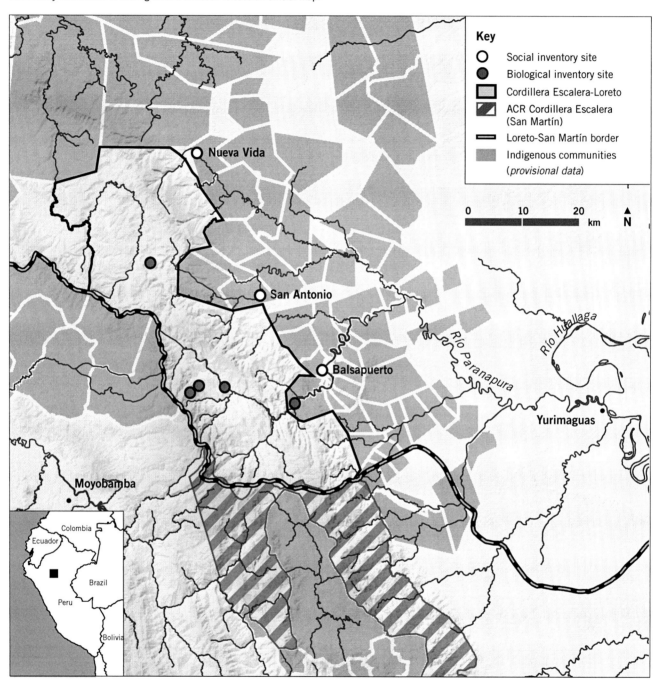

Due to an unfortunate dearth of scholarship, we relied on a limited number of studies for the critical background information necessary for a social inventory. The few ethnographic studies available, however, were exceptionally helpful in establishing a base on which we could build our study (see for example Pía 1987, Fuentes 1988). Likewise, recent collaborative research undertaken by the Italian non-governmental organization Terra Nuova was also essential for our fieldwork and analysis. These texts, focused on the relationships between the natural world and Shawi cosmovision, gave us an understanding of the intricacies of Shawi cosmology that we would not have uncovered otherwise (see Eddowes and Saurín 2006, Huertas 2007, Huertas and Chanchari 2011, Huertas and Chanchari 2012).

In this chapter we describe the social inventory methodology and the current status of the communities, focusing on demography, settlement patterns, communication systems, and socio-political organization. We then provide an in-depth analysis of Shawi social and cultural assets, the various threats to conservation in the region, and how these threats directly affect local communities. Finally, we provide a number of recommendations for future conservation which build upon the social and cultural assets of the Shawi peoples.

METHODS

We undertook 17 days of fieldwork during September and October 2013 in nine different Shawi communities along the Paranapura, Yanayacu, and Cachiyacu rivers in the District of Balsapuerto of Peru's Loreto Region (Fig. 31, Appendix 12). During the first five days of the inventory we worked in Nueva Vida and its annex Los Ángeles, located in the upper reaches of the Paranapura River. We then traveled to the indigenous communities of San Antonio de Yanayacu and San Miguel, located in the headwaters of the Yanayacu River, where we stayed for another five days. Finally, we visited a number of communities along the Cachiyacu River: Balsapuerto, Canoa Puerto, Puerto Libre, San Lorenzo, and Nueva Luz. In each of these communities we actively collaborated with indigenous leaders, educators, and other residents in an effort to make our work accessible to all involved.

The social inventory team drew from a wide breadth of disciplines. Indeed, our team included a forestry engineer, a social ecologist, a sociocultural anthropologist, a biologist, an extension agent, an indigenous educator, as well as three Shawi political leaders. We received critical support from Shawi federations — the Organización Shawi del Yanayacu y Alto Paranapura (OSHAYAAP), the Federación de Comunidades Shawi del Armanayacu (FECOSHARMA), and the Federación de Comunidades Nativas Chayahuitas (FECONACHA) — as well as from the Organización de Pueblos Indígenas del Alto Amazonas (ORDEPIAA) and the Coordinadora Regional de Pueblos Indígenas San Lorenzo (CORPI-SL). Without the generous assistance of these organizations the rapid social inventory would not have been possible.

During the research we used a number of qualitative and quantitative methods to collect data. Our primary method was traditional ethnographic participant-observation in which we attempted to integrate ourselves into Shawi daily life while observing social behavior. We conducted semi-structured and unstructured interviews with key collaborators such as community leaders, women, teachers, and elders to elicit life histories, local uses of resources, mythology, and perceptions of environmental and social change. We also worked with focus groups of men, women, and children in participatory mapping exercises to better understand how Shawi residents perceive and relate to the surrounding environment and, more specifically, the Cordillera Escalera-Loreto.

In community workshops we collaborated with Shawi residents using group exercises (e.g., *el hombre/la mujer del buen vivir*) that allowed them to rate their perceptions of community life, such as the prevalence of natural resources, the quality of social relations and political life, and the strength of cultural identity (see Alverson et al. 2008:235). We used a number of photographic guides to the flora and fauna of the region produced by the Field Museum to better understand the depth of local ecological knowledge as well as elicit species names in Shawi (see Foster and Huamantupa 2010, Hidalgo 2011, Catenazzi and Venegas 2012, Leite Pitman 2012, Foster et al. 2013). We also used standardized questionnaires to collect demographic and economic data. Following the fieldwork, we met with the biological team in a number of sessions to analyze the collected data. Through these meetings we were able to produce a synthesis of collected data which we present in three chapters of this volume: *The Cordillera Escalera and the pueblo Shawi: Ethnohistory*, this chapter, and *The biocultural heritage of the Shawi people: Resource use, traditional ecological knowledge, and quality of life*.

CURRENT STATUS OF COMMUNITIES VISITED

Current demographic trends

The Shawi are the dominant indigenous peoples on the northeastern flanks of the Escalera mountain range, in the District of Balsapuerto. Nearby, within the districts of Lamas, San Martín, and Cahuapanas, there are a number of Shiwilu (Jeberos, Jeveros), Awajún (Aguaruna, Jivaro), and Llakwash (Quechua Lamista, San Martín Quechua) communities. While all these indigenous groups have deep social and spiritual connections to the Cordillera Escalera, this report specifically focuses on Shawi communities found along the Cachiyacu, Paranapura, and Yanayacu rivers in the District of Balsapuerto.

The District of Balsapuerto has approximately 19,777 residents located in its four principal watersheds (the Armanayacu, Cachiyacu, Yanayacu, and Paranapura) and distributed in 126 communities (titled, untitled, or annexed; see Appendix 12). The largest communities are Puerto Porvenir (554 inhabitants) in the Armanayacu watershed, Balsapuerto (the district capital, with 1,277 inhabitants) on the Cachiyacu River, Soledad (670 inhabitants) on the Yanayucu River, and San Gabriel de Varadero (850) and Nueva Vida (960) in the Paranapura watershed (Appendix 12). While titled communities have been recognized as indigenous Shawi communities, *mestizo* families also live there, primarily in Balsapuerto and San Gabriel de Varadero.

As in most communities in the Peruvian Amazon, the ones we visited are located on the banks of rivers or streams and the homes situated around a central space that functions as the sports field. In some cases there are small neighborhoods and scattered homes more than a 30-minute walk away through pastures and mountains. The only communities in the district with sidewalks are Balsapuerto, San Gabriel de Varadero, and Panán, in which priority is given to the most visited sites in

the community. Local materials predominate in home construction (palm leaves, wood, and fibers used for tying). As in many communities in Loreto, the *Techo Digno* program promoted by the regional government provides corrugated tin to roof homes.

Public services and infrastructure

Most communities in Balsapuerto District have elementary schools (pre-K through 5th grade). Only some have middle and high schools (6th through 12th grades): Nueva Vida and Panán on the Paranapura River, Soledad on the Yanayacu River, and Balsapuerto on the Cashiyacu River. Generally speaking, these serve as boarding schools for the students who come from neighboring communities. Throughout the district there is a student population whose mother tongue is Shawi, and the *Unidad de Gestión Educativa Local-Alto Amazonas* (Alto Amazonas Local Educational Management Unit; UGEL-AA) has placed bilingual Shawi teachers in the elementary, middle, and high schools. We analyze this aspect in greater detail in the section on Social and Cultural Assets.

Street lighting exists only in Balsapuerto and San Gabriel de Varadero. A few families have electric generators and solar panels. The communities supply themselves with water from the rivers and streams. While Balsapuerto is the only community in the district with running water and faucets in the majority of homes, the water is not safe to drink because it is not treated. Some communities have public faucets and artesian wells.

Community cleaning is planned and executed by community members on a weekly basis. In Nueva Vida, we were told that each week the school students collect trash throughout the community and take it to a trash pit they built. There are no latrines in most communities. The exceptions are San Antonio de Yanayacu, Panán, and San Gabriel de Varadero, which obtained communal latrines through their health clinics and local authorities.

There are few communal spaces. Many of them were built by past projects and are currently being used by the communities for other events. We saw communal spaces in Nueva Luz, San Lorenzo, and Puerto Libre.

In the large communities of the district there are health posts; Balsapuerto, the capital of the district, has a health center. However, most communities only have first-aid kits which often contain no medicine. Some posts and the health center are outfitted with small boats with outboard motors and the traditional motorized canoes of the Peruvian jungle (*peque-peques*). Since 2001, the health posts in some communities, such as San Gabriel de Varadero, Balsapuerto, and Panán, have had a 'tele-medicine' system delivered via VHF radio. The doctors and technicians working in the health clinics use this system to communicate with the Santa Gema Hospital in Yurimaguas, and the residents use it in emergencies (see Martínez et al. 2007). Likewise, medical brigades from the Peruvian government travel to the most distant communities in the district.

The Shawi use a variety of communication methods. There are functioning GILAT telephones (public satellite telephones) in most communities. Although a number of communities have shortwave transceivers, few are in working condition. Likewise, in communities close to Balsapuerto and Yurimaguas we also observed people using cellphones. The most oft-used means of communication is radio and the most listened-to programs are '*El Shushmero*,' broadcast starting at 04:00, and '*40 grados tropical*,' broadcast starting at 16:00 by Radio Oriente de Yurimaguas. Currently there is a community radio transmitter in the District of Balsapuerto named Radio Shawi that broadcasts from 18:00 to 21:00. This program constitutes a free space in which the Shawi people can communicate information of common interest. The Shawi also use letters and an extensive network of old trails for communication between communities.

Most Shawi have their own river transport: long, flat canoes good for travel on small rivers, driven by *peque-peque* motors and oars. Navigation is difficult in the upper watersheds due to the shallowness of the rivers, particularly during the dry season. People and their products travel to market via small canoes and by foot utilizing the significant network of roads and trails (see the chapter *The biocultural heritage of the Shawi people: Resource use, traditional ecological knowledge, and quality of life*, this volume). In the rainy season, wooden rafts are built for transporting and moving products by river to Panán, San Gabriel de Varadero, or Balsapuerto

where there is public river transport throughout the year to the city of Yurimaguas. To date, the only drivable road in the District of Balsapuerto runs from Yurimaguas to Arica on the Armanayacu River.

SOCIAL AND CULTURAL ASSETS

The Shawi have a long history punctuated by forced migration, violence, and subjugation. These include the first years of the Spanish conquest (the mid-16th century); the economic booms related to salt, *barbasco* [a plant used for fishing], rubber, and other products at the end of the 19th and the beginning of the 20th centuries; and the most recent stage of their evangelization and concentration in nuclear settlements (see the chapter *The Cordillera Escalera and the pueblo Shawi: Ethnohistory*, this volume). Despite these pressures, the Shawi have maintained strong links to the Cordillera Escalera and its surrounding area, knowledge about the use and management of natural resources, and a strong cultural identity, all of which are reflected in their daily lives and 'cosmovision' (Fuentes 1988, Huertas 2007, Huertas and Chanchari 2011, Huertas and Chanchari 2012).

In this section we describe some of the social and cultural assets of the Shawi. Some are common to other indigenous Amazonian peoples, while others are unique to the Shawi. In this section we also explain how and why they have maintained these assets.

Kinship relationships, reciprocity and communal work

As in previous inventories in the Peruvian Amazon, in the Shawi communities visited we found strong systems of cooperation and reciprocity through family ties and kinship networks, marriage and friendship. These ties reach beyond the communities to establish links with other communities, towns and bigger cities. In particular, the Shawi have a settlement pattern linked to a social preference for uroxilocality, in which a man moves in with his wife's family and takes on a subordinate relationship to his father-in-law. In this relationship the husband provides labor to his father-in-law, usually by working in the *chacra*. This practice is similar to those in many other indigenous groups throughout the Peruvian Amazon, such as the Urarina, Shipibo, Awajún, and Wampis (see Hern 1977, Dean 2009, Alvira et al. 2012). After a certain period the couple may move to the groom's natal community, but many do not.

Furthermore, a set of brothers often marries a set of sisters, creating an alliance between two large families and providing a large amount of labor to the father-in-law's family. This ensures that females can rely not only on close family members, but also on long-distance alliances formed through marriage. Trade is also strengthened by men moving into their wives' communities. This pattern is linked directly to the ways in which larger communities are formed and reciprocity networks maintained. Indeed, as shown in the ethnohistory chapter in this volume (*The Cordillera Escalera and the pueblo Shawi: Ethnohistory*), the foundation of communities such as San Antonio de Yanayacu and Nueva Vida was based upon the nucleation of three to four families—a group of brothers married to a group of sisters—that then attracted others based on the prospect of securing education or an Evangelical church, respectively. There are a number of cases of polygyny, often sororal, usually involving powerful leaders and shamans, but this practice has decreased in recent years (cf. Harner 1972:94, Hern 1992).

In all of the Shawi communities we visited, as well as in many Amazonian communities, we observed that resources (game animals, manioc, snails, etc.) are constantly being shared among families. There is also the characteristic practice of the *minga*, which is a communal work party among families, neighbors, and friends convened to do work that one person cannot do on their own (for example, building a house or canoe, opening up a small farm plot, or *chacra*). These organized activities in the *minga* are led by the person who convenes the *minga* and provides food and drink (generally *masato*, a staple drink made from fermented maize, bananas, manioc, or pineapples). These support and reciprocity networks maintain the social fabric and cultural unity and sustain a subsistence economy that predominates in Amazonian communities. Likewise, these social relationships facilitate resource sharing and minimize pressure on the forests and rivers.

Social organization and leadership

Like many other Amazonian societies including the Awajún and Wampis, in ancestral times the Shawi lived in dispersed homes containing extended families, located in and around Loreto's western mountain ranges. Shawi ancestral territory is the Cordillera Escalera and the headwaters of the Paranapura and Cahuapanas rivers (Maroni 1988:96; see the chapters *The Cordillera Escalera and the pueblo Shawi: Ethnohistory* and *The Archaeology of the Paranapura basin*, this volume). In contrast to the Awajún and Wampis, who were not conquered by the Spanish, the Shawi were often relocated and obliged to live in missions along the Paranapura, and this radically altered their traditional way of life. Therefore, Shawi political organization is a blend of pre-Hispanic and Jesuit influence combined with the various regulations embodied in the past forty years of Peruvian legislation. As our knowledge of the pre-contact era is incomplete due to the limited archaeological record, we can only speculate that certain features of Shawi culture, such as the 'traditional' leader—the *wa'an*—have their roots in traditions predating the arrival of the Spaniards. As detailed earlier in the ethnohistory chapter of this volume (*The Cordillera Escalera and the pueblo Shawi: Ethnohistory*), however, the effects of the Jesuit reductions on Shawi social and political structures cannot be understated.

During this era Jesuit fathers imposed a hierarchical form of socio-political organization upon the numerous indigenous groups living in the reductions (Fuentes 1988). This system introduced a blend of civil and ecclesiastical positions, placing a single indigenous male selected by the Jesuit father as a leader (*curaca*) and bestowing him with a certain level of prestige and influence within the reduction. The *curaca* was in charge of a number of individuals who were placed below him in the hierarchy, such as the *alguacil* (*policía*), while also maintaining a symbolic role as someone who could unify the mission's residents. This system had a lasting effect on the Shawi, especially in the few communities directly linked to the missions which had more or less permanent residence until the expulsion of the Jesuits in 1767. Indeed, up until the mid-1970s, the majority of these communities maintained the following authorities, all of which were drawn from the missions: *curaca* (leader), *alcalde* (mayor), *tesorero* (treasurer), *capitán* (captain), *teniente* (lieutenant), and a number of *policías* (police).

As previously explained in the ethnohistory chapter of this volume (*The Cordillera Escalera and the pueblo Shawi: Ethnohistory*), all of these authorities were staff-bearers (*varayo*), with the *vara* or staff being a visible representation of their authority. Each position within the mission had its own role. For example, the *alcalde* organized communal labor activities (*mingas*), the *capitán* was in charge of the lieutenant and the police, while the treasurer cared for various church affairs and liturgical objects. Sometime during the 1970s, however, the role of the *curaca* disappeared and was replaced by the *apu*, a democratically elected leader of the community. The *capitán* and *teniente* positions were merged into the *teniente gobernador* (lieutenant governor), who maintains control over the *policías* (nowadays called *varayos*), organizes communal activities, and enforces communal regulations and agreements (*estatuto communal*). Finally, the *alcalde* was replaced with the *agente municipal* (municipal agent). This general form of political organization continues today in the majority of titled Shawi communities found throughout the region. During our visits to the communities we observed the important and respected role that authorities play. We noted the role of the *varayo* (police) in convening residents for communal work activities and assemblies. At the communal assemblies the authorities directed and participated actively. In some cases the *apu* is young (as in San Antonio de Yanayacu during our 2013 visit), and in other cases older (as in Nueva Vida and Balsapuerto in 2013). Older people who have been living in the community for a long time are very well respected and influence community decisions too.

While the above political configuration was found in larger settled communities, such as Pueblo Chayahuita, in dispersed multi-family settlements located along the smaller rivers as well along the edges of the Cordillera Escalera, the *wa'an* had a very particular role. According to oral histories collected during the fieldwork, the *wa'an* facilitated contact between *mestizo* authorities from Yurimaguas and Balsapuerto while simultaneously fending off travelers and merchants who entered Shawi

territory. These same individuals told us that the *wa'an* used *ayahuasca* and other entheogenic sacred plants to inform their decisions. In this manner, the *wa'an* is comparable to shamanic 'leaders' found in other lowland indigenous groups such as the Urarina or Achuar (cf. Dean 2009). Unfortunately, with the rise of homicides against shamans in the Paranapura basin and the influence of evangelical Christianity, the notion of *wa'an* as a leading figure has been almost entirely lost.

We documented the various ways in which women participate in 'public life' and decision-making at the community level. During our visits, the women always participated actively in workshops and discussions, in particular in the drawing of the resource-use map, during the assemblies when a quality-of-life exercise was performed, and in the meetings of the women's groups. One of the recurring themes in the meetings with the women's groups was their interest in continuing to live in their communities with their families and children, tending their *chacras*, and living from what they harvest in *chacras*, forests, and rivers. Likewise, they expressed their concern over the scarcity of game animals and fish. Although the position of *mujer lider* (female leader) does not exist in the Shawi communities of Balsapuerto district as in other Amazonian communities where we have worked, women serve in many roles. We were informed that in Balsapuerto women police officers are elected each year to help keep order and work with the community.

During the inventory the mayor of the district of Balsapuerto was Pascuala Chanchari Tamabi. We also had an opportunity to interview the first Shawi woman to be *apu* there. She is currently an early-childhood education teacher in the community of Nueva Luz and the secretary of the Shawi Defense Front (a civil society organization that works to defend the collective interests of the Shawi people and in particular the defense of the natural resource base, environment, and the people's right to social development). She told us about different roles that women could play to support other women and their families. For example, when she was the head of the program Juntos para Aliviar la Pobreza (which provides a monthly sum of money to the poorest mothers), on pay days she organized a street market of products from the *chacras* in order to sell them at very reasonable prices, exchange the various products among families, and share ideas on how to manage the *chacras* among the different families that participate. Likewise, as a Shawi teacher and a woman, she is very interested in encouraging more young Shawi women to become teachers and to that end is supporting an agreement between UGEL-AA and the high school in Balsapuerto. She played a very important role as a Spanish-Shawi translator at our final communal assembly, in which preliminary results were presented to authorities from various communities and from the districts of Balsapuerto and Cahuapanas. She also came to the official rapid inventory presentation we made to national authorities in Lima to represent Shawi women.

Today, the Shawi are also integrated into a number of indigenous federations. The first of these, the Federación de Comunidades Nativas Chayahuitas (FECONACHA), was founded in 1992 by indigenous leaders along the Paranapura, Yanayacu, Armanayacu, and Cachiyacu rivers (García Hierro et al. 2002). After some time, however, due to a combination of political strife and geographic distance, a number of new Shawi federations emerged. The largest federations today are FECONACHA, which is now focused primarily on the Cachiyacu and Paranapura rivers, the Federación de Comunidades Shawi del Armanayacu (FECOSHARMA), and the newest federation, the Organización Shawi del Yanayacu y Alto Paranapura (OSHAYAAP). They also told us about the Federación de Mujeres Shawi de Alto Amazonas (FEDEMUSHAL). FEDEMUSHAL is not very active at present, but there is a lot of interest in reactivating it.

These federations are further grouped into one of two regional indigenous federations. The Coordinadora Regional de los Pueblos Indígenas de San Lorenzo (CORPI-SL) has a long history of engagement with indigenous peoples throughout Alto Amazonas and Datem del Marañón. CORPI-SL, whose main office is based in the small community of San Lorenzo, on the northern bank of the Marañón River, works with the Inga, Kandozi, Awajún, Wampis, and Shawi peoples. Likewise, the Organization de Pueblos Indígenas del Alto Amazonas (ORDEPIAA) is a relatively new organization, founded in 2013, that is rapidly gaining influence in the region. ORDEPIAA now represents numerous Shawi,

Kichwa, Kukama-Kukamiria, and Kandozi groups in Alto Amazonas. These organizations assist indigenous peoples with land rights, prior consultation, and other political issues.

Finally, the Asociación Interétnica de Desarrollo de la Selva Peruana (AIDESEP) is a national organization under which the vast majority of indigenous peoples and regional organizations in Peru are grouped. AIDESEP was founded in 1980 to advance the interests of all Amazonian indigenous peoples at a national level, to guarantee land and cultural rights for indigenous peoples, and to promote fair and sustainable development in the Peruvian Amazon. Although there has been some strife in recent years between local federations and AIDESEP, the organization still plays a vital role for indigenous peoples. The current president of the organization, Alberto Pizango, is a Shawi leader.

The Shawi have also become more integrated into regional and national politics in recent years. As mentioned above, Alberto Pizango Chota and AIDESEP represent Shawi interests on the national stage, and interact frequently with members of the Peruvian government. We also see Shawi individuals being elected as *regidores* (councilmen/councilwomen) and other positions in the regional governments of Alto Amazonas and Cahuapanas.

In addition to the abovementioned political organizations, we want to highlight some other key organizations identified during our visits. They include the Frente de Defensa Shawi (a non-governmental organization that works to defend the collective interests of the Shawi people and in particular their natural resource base, environment, and right to social development); the Vaso de Leche program (which provides support to pregnant women, single mothers, children, and older people); school parent associations (APAFA); the Programa Juntos support group; and the fisheries committee organized by Terra Nuova. Women play a key role in Vaso de Leche, APAFA, and the Juntos program for poverty alleviation.

Strong cultural identity of the Shawi people

In the communities we visited we saw evidence of the Shawi people's strong cultural identity. Likewise, everyone who participated in the quality-of-life perception exercise in the communities rated the cultural component highly (see the chapter *The biocultural heritage of the Shawi people: Resource use, traditional ecological knowledge, and quality of life*). This strong Shawi cultural identity is manifested in language (command of the Shawi language by all ages); textiles (the production of typical women's clothing and decorative accessories for men and women); ceramics and face-painting with different patterns and symbols (mostly women); the creation of everyday tools like *shicras* (traditional woven bags), baskets and bread dishes, *tarrafas* (fishing nets), oars, canoes, etc.; typical foods (e.g., *patarashca de suri* [larva of the beetle *Rhynchophorus palmarum*] or *picante de churo* [snails]), and typical drinks (e.g., *masato*, *chicha de maíz* [a corn drink]); traditional ecological knowledge regarding the use of resources from forests, *chacras*, and rivers (fruit, wood, medicinal plants, animals, fish, traps for hunting and fishing), and broad knowledge of their territory (Cordillera Escalera and the surrounding areas). These last two are discussed in the next chapter of this volume, *The biocultural heritage of the Shawi people: Resource use, traditional ecological knowledge, and quality of life*.

During the inventory we were able to document the key role played by indigenous women in maintaining and reproducing the culture (Bocos 2011). In particular, we found that the history of marginalization of women during the period of the Jesuit reductions and *haciendas*, in which Shawi women were not permitted to learn Spanish and were assigned domestic work like cooking and the production of handicrafts, enabled women to keep the Shawi language and many traditional cultural practices alive. In the Shawi communities we visited, everyone recognized that women are the most resistant to *mestizo* influence. Below we present some examples of the important role of Shawi women in maintaining their culture.

Shawi women play a very important role in the feminine puberty ritual. In addition to underscoring women's reproductive role in society, this ritual highlights their role in passing down their culture from generation to generation (Fuentes 1988, Huertas and Chanchari 2011). Several women from the communities we visited told us that the puberty ritual is still carried out. It consists of two principal stages, in which Shawi women play a fundamental role. The first stage is seclusion, in which the young women are left alone in a corner of their homes in order to learn how to spin cotton. They do so without resting for several days, so that they learn to be hard workers and not become idle (cf. Crocker and Crocker 1994:34, Johnson 2003:114).

The second stage is reincorporation, in which the young women emerge from seclusion. Their mothers prepare *masato* and invite relatives and neighbors and an older person who knows the ritual formula or the special *icaros* (ritual songs) of the puberty ritual. The young women are invited to sit in the center of their homes on a rock as the *icaros* regale them with the names of long-lived trees. In this manner, women's permanence and continuity is reflected in the long-lived trees and the rock. Then people begin to draw nearer to the young women, cut locks of their hair, and give them advice about their future as women in Shawi culture and life. Once the young women's hair has been cut, they are chased around their homes by a man threatening to flog them with a stinging nettle (*Urera* sp., *ishanga*), as a lesson that women must always be active, whether working in the *chacra*, making ceramics, spinning cotton and making traditional skirts, or with other daily duties. Then the young women are painted with the natural plant dye *huito* over their entire body and go to the *chacra* to harvest manioc and prepare their first *masato*. After a few days, the fathers invite others to share the *masato* their daughters have prepared, and in this way the young women have learned and begun to fulfill all of the duties of their adult lives.

Shawi women cultivate *chacras* to produce basic foodstuffs for the family diet and to prepare traditional dishes. In particular, they grow manioc for daily consumption and for use in the preparation of *masato*, which in addition to being a staple of the Shawi diet also facilitates social relationships among community members (Daggett 1983). Women invite family and visitors to share *masato* in their homes, as well as during *mingas*. Women also actively participate in organizing meetings and communal celebrations where, dressed in typical clothing and with their faces painted with various symbols, they contribute buckets of *masato* and invite people to share it.

Shawi women also grow cotton, which they spin into thread, dye with artificial and natural dyes (in particular *Piper* sp.), and weave on looms into typical clothing (skirts known as *pampanillas*, waistbands, and belts). These clothes are worn on a daily basis. We also see that on special occasions such as communal meetings and festivities, the women wear *pampanillas*, blouses, and special accessories such as necklaces (comprised of plastic beads and seeds) and head accessories (comprised of cotton, wool, skins, and feathers of animals hunted by their husbands). They also paint their faces with various symbols and colors utilizing *huito*, annatto (*Bixa orellana*), and more recently lipstick and eyeliner. Some of the women we interviewed mentioned that the symbols (lines and drawings) reflect women's age and marital status as well as particular characteristics of their personalities (see García Tomas 1993). Similarly, we observed that the women create decorative accessories for their husbands out of wool, cotton, and feathers, and men wear these in meetings and festivities.

We accompanied women during their production of ceramics for daily use: *tinajas* (large earthenware jars) for storing water and *masato*, *mocahuas* for serving and sharing *masato*, and *callanas* (flat earthenware pans) for serving food. They informed us that some ceramics are made with a nicer finish and decoration for use in festivities. They told us that the huge clay pots formerly made for cooking have been replaced by aluminum pots. During the resource-use mapping (Fig. 32 in the chapter *The biocultural heritage of the Shawi people: Resource use, traditional ecological knowledge, and quality of life*, this volume), women mapped the places where they collect clay. They told us about the various types, colors, and qualities of clay (black, white, and red) that they recognize and use to make ceramics. Pots are made by coiling and the most common finishes are ochre and white for *mocahuas* and black for *callanas*. Firing is done in a fire pit and then pots are coated with sap of the *caspi* tree (*Couma macrocarpa*) to give them shine and softness. The insides of the *mocahuas* are decorated with geometric designs in blue, red, and black. In San Antonio and Nueva Vida we observed that in addition to the

geometric designs, different phrases or words are added, both in the Shawi language and in Spanish.

Likewise, we observed that Shawi women speak the Shawi language and teach it to their children. Another factor that helps maintain the Shawi language, and therefore Shawi culture and tradition, is the bilingual, bicultural education system in elementary and middle schools in most communities of Balsapuerto District. We were able to verify this by visiting schools in four communities and conversing with teachers in other communities. In most schools most teachers are Shawi. Elementary schools teach in Shawi and middle schools in both Shawi and Spanish. There is great interest in ensuring that the children first learn to read and write in their mother tongue. Likewise, there are texts in the Shawi language for middle school; these are being reviewed in order to improve their quality. High school is mostly taught in Spanish. We observed a similarly strong maintenance of language and culture in the social inventory we performed among the Wampis and Awajún peoples of the Santiago River in 2011, where there is also a majority of native teachers and a push to teach and maintain indigenous languages (Alvira et al. 2012). There is an initiative on the part of UGEL-AA to help female students in their fifth year of the Balsapuerto high school (the majority of whom are Shawi) receive training and practice in teaching elementary school and then be hired to teach in the communities around Balsapuerto. As there are no high schools in any of the communities—these are only present in large communities—few women go to high school, as their parents want their daughters to be near their families and not at risk in distant communities. In contrast to other Amazonian communities we have visited during previous inventories, the APAFAs (Parents' Associations) of the kindergartens and elementary schools in the communities we visited in Balsapuerto District have a very good relationship with the principals and teachers of the schools. They work in a coordinated fashion, and with active participation and payments by parents. This appears to help schools function well.

As we have observed in other Amazonian communities visited during rapid inventories, men complement the women in efforts to maintain the culture and the social reproduction of the family (cf. Perruchon 2003). In Shawi communities we saw that teaching children to make useful objects (*shicras*, baskets and bread dishes, *tarrafas*, oars, canoes, etc.) is the job of the men, as well as hunting and fishing and the demanding work of clearing *chacras* (slash and burn). Men and women mentioned that while everyone in the family unit works together in the *chacra*, the women play an important role in planting, tending, and harvesting, in particular staple crops such as cotton, manioc, and plantains. The men have greater responsibility in commercial crops such as corn and rice, and in caring for and maintaining livestock (in families that have them).

We believe that it is key that conservation initiatives include the perspectives and knowledge of both women and men. Women are primarily responsible for attending to the family's needs, and therefore play an important role in determining which resources are harvested and how. Thus, women's input is vital in developing sustainable models of production and consumption.

We feel that all of these assets—the strong Shawi cultural identity; extensive traditional knowledge of ecology and communal space in the Cordillera Escalera; diverse communication systems; control and oversight initiatives; and networks of support and cooperation among families and communities—represent opportunities to solidify and implement a common vision of the Shawi people in conservation and sustainable resource use. Likewise, they show great potential for implementing a system of indigenous management and oversight of the territory and an opportunity for monitoring and managing populations of game animals for the Shawi diet.

THREATS AND CHALLENGES

We talked with residents about their concerns and perceptions of threats to their quality of life. On page 239 of this volume we present most of these threats; here we provide some additional details.

- The loss of riparian forests starting in the 1980s, with the spread of rice fields and pastures. This has weakened riverbanks, causing erosion and reducing river levels. Lower river levels in the upper Paranapura watershed have produced broad beaches and logjams, making it virtually impossible to travel by river during a significant part of the year, even with *peque-peques*. On the middle and lower Paranapura there is also riverbank erosion and large sandbars and in the dry season navigation is only possible in small boats.

- The scarcity of fish, in particular in the headwaters. This is related to the loss of riparian forests and subsequent erosion, as well as the indiscriminate use of *barbasco* and *huaca* before 2000; currently it is slightly better regulated and controlled. There is also overfishing during the *mijano* fish migration in the Paranapura River, when fishing is unregulated and large nets are used.

- Strong hunting pressure by the Shawi, both in the forest remnants surrounding the communities as well as in the Cordillera Escalera-Loreto. The Shawi are now permanently settled in communities along rivers and streams and their population is increasing. This is exerting very intense pressure on natural resources (especially game animals).

- Cattle-ranching in a way that causes deforestation, soil compaction, and riverbank erosion. Cattle-ranching also creates internal conflicts in local communities, regarding where to clear space for pastureland and how to care for and control cattle.

- A lack of understanding between communities, federations, authorities, and the Peruvian government. This results in conflicts that stand in the way of a clear vision or synergies among the various stakeholders to achieve the common objective of protecting the natural resource base of Shawi territory. The poor use and inefficient dissemination of information also generates misunderstandings regarding the conservation and protection of the territory.

- Indicators of extreme poverty in Balsapuerto District (Poverty Map FONCODES 2006) produce negative views of the Shawi people and attract hand-out development policies that impose monocultures (cacao, coffee, *sacha inchi* [*Plukenetia volubilis*]), cattle-ranching, fish farms, and practices and customs that are foreign to local conditions. These projects also devalue traditional practices (e.g., diversified *chacras*) and generate dependency in the communities.

- The opening of the Arica-Balsapuerto road to cars and the impacts it may generate if the communities and district do not plan land use along the road. One specific threat is the leasing of the land to papaya farmers who damage the highway while diminishing soil and water quality. Although the road was approved by eight Shawi communities in January 2014, it is still in the planning stages.

- Invasions of Shawi territory by Awajún in the northeast and by Quechua-Lamistas from Yurilamas in the south.

RECOMMENDATIONS FOR CONSERVATION

- Promote research on the declining fish populations in the Paranapura watershed and strengthen compliance with the district ordinance prohibiting fishing with *barbasco* and *huaca*.

- Validate and use the participatory natural resource-use maps made during the social inventory and expand them to include communities that did not participate. Use these maps to develop community-level zoning and to involve communities in the management of communal territories and the Cordillera Escalera-Loreto.

- Establish agreements and regulations regarding the use of communal territory, fauna, and flora, both at the community level and in the Cordillera Escalera-Loreto. Analyze and reflect on the impacts of cattle-ranching and monoculture crops on the quality of communal natural resources and food security, and promote environmentally friendly practices such as forest grazing and agroforestry systems (reinforcing the use of diversified *chacras*).

- Develop ecological calendars with communities to monitor changes in climate and their effects on biodiversity and the communities' quality of life. Establish a simple system for periodically monitoring the natural resource base.

- Promote the use of medicinal plants for community health and coordinate traditional indigenous medicine with the public health system.

- Take advantage of existing communication systems (radio, telephones, etc.) and other media to communicate information pertinent to the Shawi vision of caring for and protecting Shawi territory and mechanisms for achieving it, including everyone in these discussions. Likewise, it is important to generate discussion and reflection regarding the positive and negative consequences of the various infrastructure and development projects planned for the zone (e.g., the proposed Moyobamba-Balsapuerto highway, petroleum concessions, timber concessions, the proposed hydroelectric power plant at the Pumayacu Waterfall).

THE BIOCULTURAL HERITAGE OF THE SHAWI PEOPLE: USE OF NATURAL RESOURCES, TRADITIONAL ECOLOGICAL KNOWLEDGE, AND QUALITY OF LIFE

Participants/Authors: Diana Alvira, Joshua Homan, Daniel Huayunga, Jorge Joel Inga, Agustín Lancha Pizango, Arterio Napo, Mario Pariona, Patty Ruiz Ojanama, and Bladimiro Tapayuri (in alphabetical order)

Foci of care/conservation targets: Networks of old and present-day roads and paths connecting communities and watersheds throughout the Cordillera Escalera; diversified farm plots (*chacras*) and secondary vegetation in previously farmed areas (*purmas*); zones for gathering medicinal plants and other useful plant products (*ayahuasca, chuchuhuasi, copaiba*); zones for gathering clay; salt mines (active and 'dead' ones); culturally significant waterfalls with potential for tourism; sacred areas associated with *a'shin*; ceramics, traditional clothing, and decorations for women and men; myths and songs

INTRODUCTION

The Shawi believe that everything they know about the use of natural resources comes from the supreme Mashi (one of the main gods in Shawi culture), who taught men how to hunt, fish, and make *chacras*, and taught women how to plant, cook, spin thread, and make ceramics (Huertas and Chanchari 2011). Stories tell how Mashi descended from the mountains, which is why the Shawi respect their close relationship with the Cordillera Escalera-Loreto and its high peaks, lakes, rock faces, waterfalls, animals, and plants. This long coexistence has woven a rich tapestry of tradition which the Shawi recount today in the form of myths and legends.

The Shawi people are strongly linked to their natural environment. All of its components play a role in their daily life and keep their culture rich and thriving. Despite this connection, however, certain environmental conflicts have arisen. These include the erosion of riverbeds which hampers river travel during certain seasons of the year, the increasing distance to the areas rich in game animals, declining fish populations, and ever fewer areas for opening up new *chacras* due to the increasing human population and the spread of pasture for cattle-ranching. They are also concerned about the scarcity of construction materials for houses (especially palm leaves for roof thatch), boats, posts for cattle ranches, and other necessities.

In this chapter we present an analysis of the biocultural heritage of the Shawi people in Balsapuerto District, their relationship with their environment, and their perception of their quality of life. Biocultural heritage comprises knowledge, innovations, and practices that have been maintained collectively and are inextricably linked to a people's natural resource base and ancestral territory, to their family economy, to their biodiversity and ecosystems, to their cultural and spiritual values, and to traditional laws that have been formulated in the social and ecological context of communities.

METHODS

To better understand how Shawi communities located along the upper Paranapura, Yanayacu and Cachiyacu rivers perceive their quality of life and their environment, as well as how they use and manage their natural resources, we collaborated with local men, women, and children in a number of workshops and communal assemblies. In the communities of Nueva Vida, San Antonio de Yanayacu, and Balsapuerto, we first held workshops focused on local perceptions of life quality using the *el hombre/la mujer del buen vivir* methodology highlighted in the prior chapter. In those communities as well as Canoa Puerto, Puerto Libre, and Nueva Luz, we

divided collaborators into focus groups to discuss and map out their relations with the environment, identifying areas of resource extraction, land-use sites, trails and paths, and sacred or prohibited areas. Following the mapping exercise and quality of life workshops, we visited *chacras* and pastures to document the diversity of crops and other plants in their territory. During these visits we also interviewed individuals on their use and management of local natural resources. We performed semi-structured and carried out unstructured interviews with key informants focusing on management of natural resources, knowledge of primary and secondary forests, medicinal plants, mythologies, and perceptions of the environment.

RESULTS AND DISCUSSION

Shawi cosmology and mythology

Shawi cosmology is very complex and based upon an animistic understanding of the natural world in which plants, animals, and objects such as stones are endowed with souls and agency. Unfortunately, due to the short fieldwork period and space limitations in this text, we cannot do this cosmology justice. There are a number of features, however, that were present in the various communities we visited that give us a glimpse of how the Shawi perceive and understand the natural world, especially in relation to their rich mythology. Likewise, these stories allow us to see the deep connections the Shawi have with the Cordillera Escalera and other features of their environment that define the ways they relate to and manage natural resources.

In all the communities we visited we heard stories of the Shawi creator god Cumpanamá. These tales are complex and touch on many themes found among other Amazonian indigenous peoples. The various adventures of Cumpanamá explain the origins of numerous animals, agriculture, and the natural landscape. Furthermore, the Cordillera Escalera also plays an important role in the mythology associated with Cumpanamá. In a story told to us by Rafael Pizuri Cardeñas in the indigenous community of Nueva Vida, the origin of all the headwaters of the various rivers in the Paranapura basin is directly connected to the actions of Cumpanamá. In this story, a giant anaconda had been terrorizing the

Shawi people by eating all of their children. To defeat the anaconda they turned to Cumpanamá, who quickly accepted and went off to find the beast. When he found it, he too was eaten by the anaconda and spent a number of years in the snake's belly, hacking away slowly at its innards with an axe until he finally defeated it. When the snake died, however, many large anacondas spilled forth from its dead body and chased Cumpanamá up the Cordillera Escalera. At this point, Cumpanamá ordered all of the fruit-eating birds to eat certain foods that would give them powerful feces. After dieting the birds then began to defecate on the anacondas, blinding them in the process. The anacondas then fled downhill from the peaks of the Cordillera Escalera, and in doing so created the headwaters and various rivers.

Another important feature of Shawi cosmology, and its related mythology, is the presence of *a'shins* (mothers). These entities can be thought of as spirits that protect certain aspects of the natural world. One of the most important *a'shin* is the entity Amana, the owner of the forest (cf. Gow 1991:94). As in other lowland indigenous communities, individuals must negotiate with Amana in order to extract natural resources and especially game animals. Likewise, the salt mine located near the Mullengue creek, an affluent of the Cachiyacu River, as well as a 'dead' salt mine on the Armanayacu River, are both governed by powerful *a'shins* who will ostensibly punish those who disrespect these sites (see also Huertas 2007:40). There are many other 'mothers' such as the *pë'sa a'shin*, or the mother of the *palizada* (submerged brush and logs that make river navigation difficult), who lives beneath the river's surface and makes passing *palizadas* extremely difficult. Likewise, the *ta'kiyanwashi a'shin*, or the mother of palm swamp, protects swamps and small ponds from unwarranted intrusions. It is said that if one attempts to enter these protected areas the sky will turn gray and a heavy rainstorm will erupt, preventing one from proceeding. Interestingly, *penotoru'sa'* (shamans) have the power to enter these areas, but only after having learned powerful *icaros* (songs) to appease the specific mother.

Shawi cosmology also includes a number of other 'spirits' or entities that affect daily life. As in other indigenous and *mestizo* cultures throughout the Amazon, there is a strong belief in an entity called *shapshico* — also known as *chullachaqui* or *yashingo* (cf. Rumrill 2010). Similarly, *nansë wa'yan* (tunchi) is also prominent in Shawi cosmology and mythology. As in other indigenous groups, especially the various Quechua-speaking peoples of the upper Amazon (i.e., Llakwash Runa, Inga Runa, Puyu Runa, Napo Runa), the idea of the *yanapuma*, a giant black jaguar that lives in the forest, is also prominent in Shawi mythology, as shown in the chapter *The Archaeology of the Paranapura Basin* (see also Fuentes 1988, Kohn 2013). Other entities include the *asa*, an evil spirit that lives in the forest and appears as women with long hair and old clothing; the *ka'ini'*, an animal such as the *chosna* (*Potos flavus*) that has the ability to transform into a jaguar; the *kari wa'yan*, a spirit that lives on the cliffs of the Cordillera Escalera and prevents individuals from passing them; and finally, the *tarampi* or *a'yapi*, a person that, like the *ka'ini*, has the ability to transform into a jaguar. During the natural resource use mapping participants pointed out several sacred, enchanted, or taboo sites both in the Cordillera Escalera (cliffs, waterfalls, and certain stretches of streams) and on community land (old cemeteries, lakes, and swamps).

Water plays a very important role in Shawi spiritual life. Multiple informants told us of the Shawi custom of bathing in rivers or streams at midnight or very early in the morning, and we witnessed this practice during our visit. During these nighttime swims bathers slap the water vigorously, which serves both to make a loud noise and energize the bather. This is one traditional way of recharging one's energy, power, and life, via these vigorous streams that originate in the mountains, the spiritual home of one of the most powerful Shawi gods, Mashi. After bathing, people relax on benches to chat, drink cool *masato*, and listen to older people's advice (Huertas and Chanchari 2011).

The practice of shamanism, for healing, divination, decision-making, and other purposes, has 'traditionally' been integral to Shawi social reproduction and daily life. In interviews with collaborators we found that the Shawi, like many *mestizo* and indigenous peoples of Amazonia, believe that *mal de aire*, *mal de gente*, and *susto* (*pa'yan*) can all cause serious health issues (cf. Homan 2011).

Yadama', which is triggered by wanting something but not receiving it, is the source of many health maladies in Shawi communities. Another dangerous source of illness is known as *kutip'*, from the Quechua verb *kutipana* (to cause illness, *cutipar*). This illness takes hold when one takes a kill from another animal, such as a puma or hawk, and eats it. After ingesting the meat, a process of mimesis takes place in which the form of the predator animal overtakes the human. For example, one who eats a hawk's prey will begin to experience behavioral changes, such as involuntarily scratching other people or acting like a hawk. This illness is quite dangerous and with young children it can easily result in death, especially if it is not quickly cured by a *nunëntuna'pi* (*curandero*, healer). The Shawi also distinguish between diseases caused by spiritual forces, such as those detailed above, and those caused by bacteria or viruses, which are cured through the use of antibiotics or other types of treatments derived from occidental medicine.

As with other indigenous groups of lowland South America, the Shawi have strong beliefs regarding the power of *pënoton* (*brujos, sorcerers*) to cause illness and even death. Deaths which seem strange to the Shawi are often understood as being caused by a *brujo* who had sent a *shinërë* (*virote*, spirit dart) while intoxicated on ayahuasca (cf. Harner 1972, Homan 2011). The deceased's family members will drink ayahuasca with multiple shamans to confirm the identity of the *brujo* who sent the dart. As all ayahuasca shamans have built up defenses against attacks emanating from other shamans, they cannot be easily killed with simple sorcery. As such, once the identity is uncovered, family members wait 1–1.5 years before sending a group of men to murder the shaman. In recent years this practice has taken on new levels of importance and become entangled with local politics. Indeed, between 2009 and 2011 there were 14 ayahuasca shamans murdered in the Paranapura basin. Local people blamed the newly installed evangelical mayor and his brother for the murders. An investigation by the Peruvian National Police, however, found the accusation to be unfounded. It seems that this was simply a resurgence of the earlier practice of revenge killings following a number of deaths in multiple communities. As recently as August 2013, a shaman was murdered in a community on the Yanayacu River.

Due to the numerous issues associated with ayahuasca shamanism outlined above, especially when used to send spirit darts (*shuntatërin, chontear*) to inflict illness or death on others, there has been a dramatic decrease in the relevance, visibility, and power of the practice. In many communities today ayahuasca shamanism is completely out of the public eye, as those suspected of practicing it are sometimes murdered. In interviews with individuals during our fieldwork period, certain questions related to ayahuasca consumption and other shamanic practices were not well received. Although the practice of ayahuasca shamanism in the majority of communities has diminished, the practice of ayahuasca tourism has steadily increased in the region during the past decade. Indeed, in both Balsapuerto and near the indigenous community of San Gabriel de Varadero, ayahuasca shamans can be found who primarily work with tourists. Conversations with local people, however, reveal that these individuals are not highly respected like *wa'an* were in the past (see Homan 2011).

Traditional ecological knowledge

In our visits to the *chacras,* in interviews using the Field Museum field guides of plants and animals, and during the natural resource mapping in the communities (in which we divided participants into men, women, and young people, though the majority were men), we documented a deep reservoir of traditional ecological knowledge among the Shawi. This knowledge concerned resource use in forests, *chacras*, and rivers (e.g., fruits, timber, medicinal plants, fish and other animals, traps for hunting and fishing) and seasonal changes reflected in the ecological calendar they made. This knowledge is passed down from generation to generation and by means of the Shawi language. Everyone, from the youngest to the oldest, can distinguish and name animals, plants, and important sites in their mother tongue.

Traditional uses of medicinal and sacred plants

As in the vast majority of indigenous groups in the Amazon, the Shawi recognize and make use of a large number of medicinal and sacred plants. During the fieldwork we used a photographic guide of medicinal plants produced by The Field Museum to elicit names in Shawi, the various uses for these plants, and their cosmological importance (see Foster et al. 2013). The knowledge displayed by residents in all of the communities we visited was astounding; men, women, and even young children were able to accurately identify a wide breadth of species.

The Shawi distinguish a variety of different plant types depending upon their intended use. *Nunënamën*, derived from the verb *nunënin* (to cure), is the generic term used for plants that have medicinal properties. There are also the *a'ta* or *pusanga* attractant-type plants, used for increasing a hunter's success in the forest. The term *ka'pi'* encompasses a class of plants that have a psychosomatic or entheogenic effect, such as the ayahuasca vine. Finally, there are *shinpipi* or *piri-piri* plants that are used for various activities, from aiding in childbirth to providing energy for work in the *chacra*.

While in the community of Nueva Vida we interviewed a *vegetalista*, Don Marcial Pizango, from a nearby village about his healing practice and the plants that he used to cure various ailments. Unlike other *vegetalistas* found throughout the upper Amazon, Don Marcial assured us that he did not use *ka'pi'* (ayahuasca, *Banisteriopsis caapi*) in his healing practice and instead relied on a wide variety of medicinal plants to cure ailments. For example, to heal his wife's hernia Don Marcial used a paste made from renaco (*Coussapoa* spp.), renaquillo (*Ficus tamatamae*), chimicu (*Ficus killipii*), yacu shimbillo (*Inga nobilis*), ana caspi (*Apuleia leiocarpa*), and charapilla (*Dipteryx micrantha*). According to his report, she was healed within a month and has not had any problems since. Likewise, he claimed that a simple diet of annatto (*Bixa orellana*) and guanábana (*Annona* spp.), taken together daily, would cure diabetes.

Plants known locally as *a'ta* or *wakanki* (*pusanga*) are used by hunters to increase their chances of procuring game while hunting in the forest. A large number of these plants exist and are usually related to a specific animal. For example, the plant *yu a'ta* (unidentified) is used specifically for hunting deer (*yu*). To effectively use this plant, the hunter must undertake a *na'ninsu'* (diet) for

eight days, opening the plant pod and painting his face right below his eyebrows. Through this ritualistic process his fear of the forest is taken away and his chances of encountering and killing a deer are heightened.

Animals also benefit from medicinal and sacred plants. As in other indigenous communities (e.g., Urarina, Kukama-Kukamiria, Llakwash, Murui, Bora, and Inga), shamans and other men administer plants to their dogs to improve the animals' hunting abilities. Among the Shawi, we observed the use of *chiric sanango* (*Brunfelsia grandiflora*), *uchu sanango* (*Tabernaemontana* spp.), and *catahua* (*Hura crepitans*). For example, the caustic latex of the *catahua* tree is mixed with steamed fish and fed to dogs to sharpen their senses and capacity for finding game animals. In previous fieldwork, the anthropologist from the social team has also observed Shawi *wa'anru'sa* (shamans) singing *icaros* and blowing *pishin* (tobacco, *Nicotiana rustica*) smoke on young dogs to make them better hunters of paca, turtles, and other game.

Plants known collectively as *shinpipi* or *piri-piri* are used often in the daily lives of the Shawi (cf. Harner 1972). For example, women make use of a *piri-piri* called *pi'shitu ka'pi'* (*Cyperus* sp.) in the morning when they have to spin thread. According to our sources, when women take a concoction made from the crushed roots of this plant they gain a massive amount of energy and can spin thread non-stop for almost the entire day. Another important *piri-piri* for women is *wa'wa shinpipi* (*Cyperus* sp.), used during the final stages of pregnancy to speed up labor.

Land use based on an understanding of the landscape
As in most Amazonian communities, agriculture is based on the slash and burn of mature or secondary (*purma*) forests of varying ages. In order to establish a *chacra* with many different crops, the Shawi use terra firme (upland forest) on low terraces and hills, and in some cases hillsides. The Shawi are very good at identifying and classifying physiographic units. Likewise, they are keenly aware of the morphological characteristics and topographic elevation of their lands (for example, soil type and color). They can assess at a glance the productivity of a given soil based on the vegetation it supports. In addition, they interpret the landscape according to their cosmovision and potential

Figure 32. A map of natural resources and natural resource use in the Cordillera Escalera-Loreto region of Loreto, Perú, drawn by residents of Shawi communities during the rapid inventory in September and October 2013.

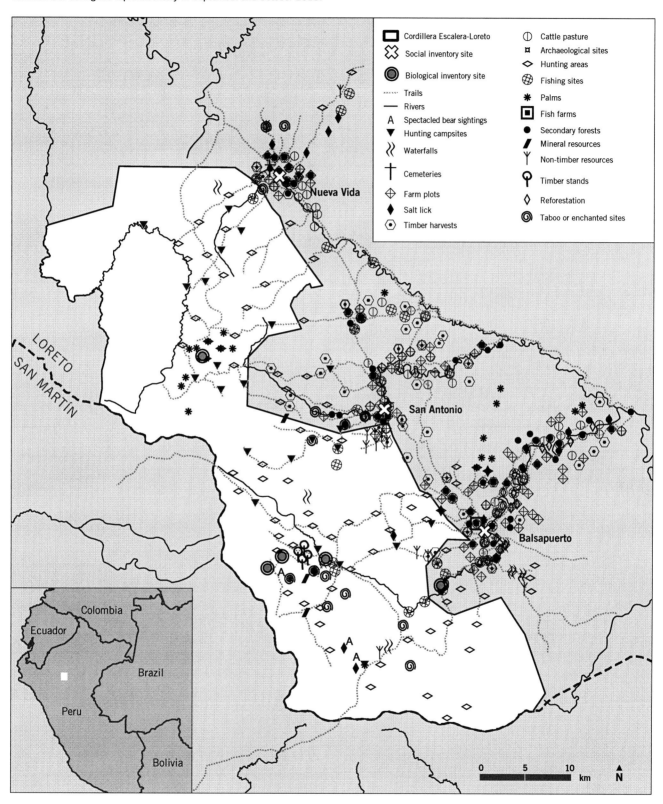

Legend:
- Cordillera Escalera-Loreto
- Social inventory site
- Biological inventory site
- Trails
- Rivers
- A — Spectacled bear sightings
- ▼ — Hunting campsites
- Waterfalls
- Cemeteries
- Farm plots
- ◆ — Salt lick
- Timber harvests
- Cattle pasture
- Archaeological sites
- Hunting areas
- Fishing sites
- ✳ — Palms
- Fish farms
- ● — Secondary forests
- Mineral resources
- Non-timber resources
- Timber stands
- ◇ — Reforestation
- Taboo or enchanted sites

Map labels: Nueva Vida, San Antonio, Balsapuerto, LORETO, SAN MARTÍN

Inset: Colombia, Ecuador, Peru, Brazil, Bolivia

Scale: 0 5 10 km, N

use capacity. Thus, waterfalls and headwaters are for spiritual strengthening, rapids are for fishing, cliffs are for obtaining materials for making ceramics, mountains are for hunting and lookouts, and hills and lowland terraces are for agriculture and cattle-ranching.

Shawi farmers are also able to differentiate between soils of varying fertility, which they determine according to the presence of various indicator plants, the color of the soil, and amount of organic material. For example, soils that are black, contain abundant organic material, and support large populations of *yarina* (*Phytelephas macrocarpa*), the Panama hat plant (*Carludovica palmata*), and *huimba* or *lupuna* (*Ceiba* spp.) are very fertile and suitable for producing most agricultural species such as plantains, manioc, corn, rice, peanuts, vegetables, and tomatoes. By contrast, red-ochre soils on hills are appropriate for producing plantains, manioc, and fruit trees. Soils with a predominance of white sand are classified as very low fertility and are good for planting pineapple, *barbasco*, and some other plants.

During Shawi focus group meetings regarding land use, we identified the following physiographic units: *alturas* (low floodplains), *alturas* (low uplands), *lomas* (higher uplands), *laderas* (foothill slopes), and *cumbres* (mountaintops). Low floodplains are located along the Paranapura River and its tributaries. They are primarily for agriculture and mainly intended for annual crops (Fig. 32). The uplands are intended for cultivating plants with long production cycles, such as fruit trees and annual crops that cannot tolerate flooding.

Agro-ecological calendars and climate change
The agro-ecological dynamics of the Shawi people of the Paranapura River watershed are linked to seasonal changes. They distinguish two major seasons: dry months (summer) and rainy months (winter). These seasons determine agricultural activities, forest phenology, and changes in river levels, as well as other activities among local communities (Fig. 33).

With these factors in mind, we worked with members of the communities to make a diagram showing the annual cycle of tasks in Shawi life. The period that stands out is the beginning of the dry season (summer) in April or May. During these months, human activities increase, work in the *chacras* is planned and carried out, and *mingas* are organized. Between June and August (the height of summer) residents open new *chacras* in mature or secondary forest. They carefully prepare the land and sow plants in accord with the phases of the moon and the availability of seeds or seedlings.

The phenology of many forest species is familiar to young and old, males and females. Interviewees knew the fruiting seasons of many wild plants, including *aguaje* (*Mauritia flexuosa*), *ungurahui* (*Oenocarpus bataua*), and *metohuayo* (*Caryodendron orinocense*). Fruiting season is associated with an abundance of game animals; as shown in Fig. 33, the best months for hunting animals are April through November.

A very important time of year for the Shawi is the season when fish migrate and spawn. Residents confirmed that this phenomenon occurs in September and October; during our visit we observed the migration of *boquichicos* and *sardinas*. Fishing during this period is called the *mijaneada*.

Likewise, communities are attentive to *friajes*, the incursion of masses of cold, dry air from the south that can bring temperatures down to 48.2°F (9°C). These phenomena occur between June and August and last 2–5 days. These abrupt changes in temperature make many people in the communities sick with flu and respiratory infections, and can also alter the phenology of plant species.

Another skill we discerned in communities near the Cordillera Escalera, such as Canoa Puerto, Puerto Libre, and San Antonio de Yanayacu, is their capacity to predict floods generated by rainstorms in the higher elevations of the Cordillera Escalera. These predictions alert the populations so that they can take cover, plan travel, etc., and reflect a good capacity to adapt and respond to climatic change. We also documented a concern among residents regarding a reduction in the water level of rivers. We were told in San Antonio de Yanayacu that a few years ago the community was reachable by motorboat year-round, but that it is no longer possible to get there in that fashion. Rivers are dropping due to prolonged droughts — even during normally rainy months — as well as poor land-use practices, which have generated erosion and silting.

Figure 33. An ecological calendar prepared by Shawi communities in the Paranapura basin, Loreto, Peru, during the rapid inventory of the Cordillera Escalera-Loreto. The calendar shows the seasons in which several natural resources are harvested in the region.

January	February	March	April	May	June	July	August	September	October	November	December
Rainy season, cold spells (*friajes*), and high river levels					Dry season, short cold spells (*friajes de San Juan y Santa Rosa*), and low river levels					Rainy season, cold spells (*friajes*), and high river levels	
					Tourist visits						
			Preparation of farm plots (*chacras*) and slash-and-burn clearing of primary and secondary forest								
Season for planting manioc (*Manihot esculenta*) and fruit trees											
			Season for planting corn (*Zea mays*)					Season for planting rice (*Oryza sativa*)			
			Season for planting plantain (*Musa* sp.) and beans (*Phaseolus vulgaris*)		Season for planting *dale dale* (*Calathea allouia*), cotton (*Gossypium herbaceum*), yams (*Dioscorea* spp.), *barbasco* (*Lonchocarpus utilis*), pigeon pea (*Cajanus cajan*), peanut (*Arachis hypogaea*), and cowpea (*Vigna unguiculata*)						
Season for tending farm plots and all cultivated plants											
Fruiting season for *caimito* (*Pouteria caimito*), *zapote* (*Matisia cordata*), *uvilla de monte* (*Pourouma minor*), peach palm (*Bactris gasipaes*), ice cream bean (*Inga edulis*), *shimbillo* (*Inga cinnamomea*), and *aguaje* (*Mauritia flexuosa*)						Fruiting season for *charapilla* (*Dipteryx micrantha*), *chimicua* (*Pseudolmedia laevis*), *leche caspi* (*Couma macrocarpa*), and *chambira* (*Astrocaryum chambira*)		Fruiting season for *metohuayo* (*Caryodendron orinocense*), *sacha casho* (*Anacardium giganteum*), *cumala* (Myristicaceae spp.), *chope* (*Grias neuberthii*), and *tu'wa'* (*Plinia* spp.)			
Season for harvesting hearts of palm and wild honey											
						Season for harvesting roof thatch and other building materials					
	Hunting season for paca (*Cuniculus paca*), agouti (*Dasyprocta* spp.), deer (*Mazama* spp.), collared peccary (*Tayassu tajacu*), tapir (*Tapirus terrestris*), woolly monkey (*Lagothrix poeppigii*), howler monkey (*Alouatta seniculus*), armadillos (*Dasypus* spp.), tinamous (*Crypturellus* spp.), curassows (*Mitu tuberosum*), trumpeters (*Psophia* spp.), and Spix's Guan (*Penelope jacquacu*)					Season of fish spawning migrations (*mijano*)					
Season for planting pasture grass, tending pastures, and raising and selling cattle											
Human illnesses common						Animal illnesses common					
			School year, season for buying school supplies								
January	February	March	April	May	June	July	August	September	October	November	December

Knowledge of communal space and of the Cordillera Escalera

The Shawi have extensive knowledge of their territory, in particular the Cordillera Escalera and surrounding areas. Women, men, and young people used the resource-mapping exercise to map hunting zones, fishing areas, salt mines, and the roads and paths used for hunting, collecting palm leaves, visiting relatives, and doing business. In all of the Amazonian communities we visited in previous inventories there is traditional knowledge about ecology and the use of space, but we believe that these are especially noteworthy in the Shawi, as well as the Awajún and Wampis (Fig. 32).

Use and management of the natural resource base

Below we describe activities that contribute to families' livelihoods, including both activities that satisfy residents' dietary, transportation, housing, and daily needs and the production of commercial goods.

Management of diversified chacras, *old* purmas, *and fallow lands*

Chacras are centers for teaching, exchanging products, sharing food, and strengthening family ties. The division of labor in the *chacra* is very strict. While the women are primarily in charge, establishing *chacras* is the responsibility of the men and sowing is normally done by both. However, women take the lead in everything from sowing to the final harvest.

Almost all indigenous families in the Amazon tend to manage two or three *chacras* that vary between 0.5 and 1.5 ha in size. In the Shawi communities we visited, many families had two or three *chacras* of different ages, each one measuring up to 2 ha (Huertas 2007).

Shawi farmers in the communities we visited have two main crops. One is sweet manioc (*Manihot esculenta*, of which there are more than 10 varieties) as a staple for their own diet, and the other is corn for sale. They also grow more than 22 other species of plants within the same *chacra*. The *chacras* with manioc crops are associated with plantains, *sacha papa* (*Dioscorea alata*), vegetables, *sacha inchi* (*Plukenetia volubilis*), sweet potato, sugarcane, tomato, cilantro, sweet pepper, pineapple, *cocona*, and fruit trees such as *caimito pijuayo*, *macambo*, some citrus, etc. The *chacras* with corn plants a little more than a month old are associated with plantains; later on, they continue to sow other plants that can tolerate shade (see Appendix 13). Some products such as manioc can be harvested at seven months, while others such as plantain, *sacha papa*, and *pituca* (*Colocasia esculenta*) are ready to be harvested after 12 months. Corn takes three months, sweet potato eight, and rice from three to six months.

During the sowing phase, some families still perform certain rituals to maximize the harvest. For example, Jorge Tangoa in San Antonio de Yanayacu informed us that women treat manioc sticks with *cocona* fruit and pray or sing (*icarar*) before planting, in order to ensure a good harvest.

Once the annual crops have been harvested, *chacras* continue to be used for manioc for a few months in order to ensure production in times of scarcity. They are then abandoned and soon covered with typical secondary-succession forest, locally known as *purma*. These *purmas*

continue to produce for a few more years, thanks to fruit trees such as *guaba* (*Inga* spp.), *abiu* (*Pouteria caimito*), *pijuayo* (*Bactris gasipaes*), *macambo* (*Theobroma bicolor*), certain citrus fruits, and others. Similarly, these *purmas* are important sources of medicinal plants, and wood and fiber for house-building.

During our field visits we saw many areas in the process of recovery, many of them with plant succession between three and six years old. These areas are dominated by heliophilic species such as *cetico* (*Cecropia* spp.) and *carahuasca* (*Guatteria* spp.). We found very few older areas. We also observed that the main reason for reusing fallow lands (*barbechos*) is to produce corn for sale and manioc for food. It is important to note that the rotation of these fallow lands is becoming ever more frequent due to the lack of farmland near communal centers. Likewise, we were told that many families, after using a *chacra* for two years, convert the land into pasture (*Brachiaria brizantha*) for raising cattle and sheep.

We were concerned to observe that some Shawi families have begun to open new *chacras* on hillsides (sites with slopes greater than 45°) due to a lack of agricultural land and the spread of cattle pasture. This could generate many negative impacts on natural resources. We also observed that many families have to walk one to two hours from the center of the community to their *chacras*, as areas closer to the community are dominated by cattle pasture.

Use of forest fruits and seeds

Most Amazonian societies harvest wild fruits and seeds, especially from palms. During our visits to Shawi communities in the headwaters of the Alto Paranapura, Yanayacu, and Cachiyacu rivers, we recorded more than 34 edible species of lianas, shrubs, trees, and palms.

According to residents of these communities, the predominant palm species are *aguaje* (*Mauritia flexuosa*), *ungurahui* (*Oenocarpus bataua*), *chambira* (*Astrocaryum chambira*), *yarina* (*Phytelephas macrocarpa*), and *huicungo* (*Astrocaryum huicungo*). They also noted other species that are harvested for their fruit and seeds, such as *leche caspi* (*Couma macrocarpa*), *abiu* (*Pouteria caimito*), *shimbillo* and *guaba* (*Inga* spp.), *sapote* (*Matisia cordata*), wild cashew (*Anacardium giganteum*), *huito* (*Genipa americana*), *sacha mangua* (*Potalia resinifera*), *charapilla* (*Dipteryx micrantha*), *metohuayo* (*Caryodendron orinocense*), and *uvilla de monte* (*Pourouma* spp.). A list of all these species is provided in Appendix 13.

The primary fruiting season runs from September through March, but several palms and other trees bear fruit at other times of year (Fig. 33). Almost all of these products are eaten in local communities. Small volumes of *aguaje, chambira*, and *caimito* are sold locally and in Yurimaguas.

These forests, in addition to being productive sources of fruit and seeds for human consumption, also constitute very important sources of bushmeat. They are very valuable for hunting monkeys, white-lipped peccary (*Tayassu pecari*), lowland paca (*Cuniculus paca*), birds such as Blue-billed Curassow (*Crax alberti*) and Spix's Guan (*Penelope jacquacu*), and other animals. Many hunters build hunting stands in these places and prepare traps for mammals and birds (see Quiroz 2003).

Use of wild animals

Since ancestral times, hunting has been one of the principal activities of the Shawi people, and bushmeat represents an important source of protein in their diet. They told us that the most commonly hunted species today are collared peccary (*Pecari tajacu*), brown agouti (*Dasyprocta variegata*), armadillo (*Dasypus* spp.), deer (*Mazama* spp.), lowland paca (*Cuniculus paca*), kinkajou (*Potos flavus*), night monkey (*Aotus* spp.), and several others (see Appendix 14). The bushmeat is used primarily for subsistence and to a lesser degree to sell. It is only sold within the community and not in Yurimaguas, due to the small volume. The price of meat for residents fluctuates between 6 and 10 *soles*/kg, while in the Yurimaguas market it varies between 20 and 30 *soles*/kg. Community members acknowledge that they have to walk farther and farther (up to 12 hours) in order to hunt game. In the communities we visited, residents noted that there are no hunting regulations in place.

We also documented the consumption of amphibians and reptiles as a traditional activity that complements hunting and fishing when community members are in the forest. These animals constitute an important

part of the Shawi diet. Among the animals harvested are various species of amphibians and reptiles, such as green frog (*Osteocephalus taurinus*), smoky jungle frog (*Leptodactylus pentadactylus*), cane toad (*Rhinella marina*), yellow-footed tortoise (*Chelonoidis denticulata*), and scorpion mud turtle (*Kinosternon scorpioides*; see Appendix 14 and Table 6). In the Cerros de Kampankis inventory we also documented the consumption of a large variety of amphibians by the Awajún and Wampis peoples (Świerk et al. 2012).

In the communities we visited the use of wild animals as pets is infrequent. Nevertheless, occasionally residents sell some animals to *mestizos* in Yurimaguas.

Use of lakes, streams, and rivers

The communities are surrounded by streams, small lakes, and shallow rivers whose water level rises when it rains. Residents use them to access resources and to travel to the places where they sell their products. Fishing is an important activity that is carried out by the inhabitants individually. Currently, rivers do not have a large amount of fish due to low water levels. In addition, the many environmental impacts caused by the long-term use of *barbasco* and *huaca* can be seen today. The most commonly eaten fish are *Brycon* spp., black prochilodus (*Prochilodus nigricans*), *Leporinus* sp., and *shitari* (*Loricaria cataphracta*). While fishing is primarily a subsistence activity, some fish is sold when an opportunity arises (Appendices 8 and 14).

Use of products for making decorative accessories and handicrafts

We were impressed by the use of feathers of some birds like the Andean Cock-of-the-rock (*Rupicola peruviana*), toucan (*Ramphastos* spp.), Blue-billed Curassow, guans, and red-legged tinamou (*Crypturellus erythropus*) for crafting the *yanku mutu'*, a very colorful, attractive accessory that is placed on the forehead. These feathers are also part of another gorgeous accessory used by women, the *tiya'pi*, which is worn on the back together with the hair.

In order to make handcrafted objects such as baskets, hunting gear, kitchen utensils, and tools, the Shawi harvest raw materials from the forest. These include fibers of *tamshi* (*Heteropsis* spp.) for making baskets and for lashing together beams in house-building, and the fibers of the *chambira* palm (*Astrocaryum chambira*), which are occasionally used to make bags. Likewise, the fibers of the Panama hat plant (*Carludovica palmata*) are used for making hats, while the bark of *llanchama* (*Poulsenia armata*) is used to make canvases for paintings. Seeds are used infrequently. We saw that some of the accessories included seeds of *huairuro* (*Ormosia* spp.), *ojo de vaca* (*Mucuna* sp.), *rosario* (*Coix lacryma-jobi*), *achira* (*Canna* sp.), *pashaco* (*Parkia* spp.), and rubber (*Hevea* spp.).

The Shawi use white-colored clay to make plates (*mocahua*) and sometimes large earthenware jars. The same material is used to make a black dye for dyeing *pampanillas* (skirts). In their pottery we noted two very important aspects. First, they mix ashes from the bark of the *achaparama* tree (*Licania elata*) with clay to make objects. Secondly, they use latex of the *leche caspi* tree (*Couma macrocarpa*) as varnish and to provide finish for ceramic objects.

Natural dyes are primarily obtained by women. Dyes are used for dyeing clothing, principally the *pampanillas*. During our study, several women in the communities we visited showed us how to create the color black with clay, the color green with peach-palm (*Bactris gasipaes*) leaves, the color yellow with the bulb of common turmeric (*Curcuma longa*), and the color red with annatto (*Bixa orellana*) seeds and *piripiri* (*Piper* sp.) leaves.

Natural building materials for houses, canoes, and other items

Most homes are built with local materials and have thatch roofs made with the leaves of the *irapay* palm (*Lepidocaryum tenue*), the Panama hat plant (*Carludovica palmata*), *Geonoma* palms, or *yarina* (*Phytelephas macrocarpa*). Very few roofs are made of zinc. The houses are built on pilings made of hardwoods known locally as *shungo: huacapú* (*Minquartia guianensis*), *estoraque* (*Myroxylon balsamum*), *tahuari* (*Tabebuia* spp.), *shihuahuaco* (*Dipteryx micrantha*), *abiu* (*Pouteria caimito*), and *palisangre* (*Brosimum* spp.). Beams and rafters are generally made of the timber species *yana vara* (*Aparisthmium cordatum*),

anzuelo caspi (*Oxandra mediocris*), and *quillobordón* (*Aspidosperma parvifolium*). In general, the walls are planks of *pashaco* (*Parkia* spp.), *tornillo* (*Cedrelinga cateniformis*), or *papelillo* (*Couratari macrosperma*). *Tamshi* (*Heteropsis* spp.) is used to lash together beams in house-building.

Almost all of the houses have earthen floors. Few houses have wooden floors. The kitchen is generally to the side of the main house, in a small lean-to with a fire pit in the earthen floor, where three logs serve as the fuel source. In some cases, there are small metal grills and next to them wooden tables and shelves made of the palms *Socratea exorrhiza* and *Iriartea deltoidea*, to store kitchen utensils and ceramic pots.

Residents of the communities we visited in the headwaters told us that palm fronds used for thatch were becoming rare. For example, in San Antonio del Yanayacu they buy *irapay* thatch from downriver communities such as Panán and Naranjal. They also informed us that in San Antonio de Yanayacu they have found areas with populations of *irapay* and *yarina*, and are managing them to keep them healthy and productive. The technique consists of only cutting mature leaves and clearing lianas and brush in order to provide more light. These practices are already producing good results.

Likewise, communities use a variety of timber species to build bridges on inter-community roads. These are generally hardwoods such as *palisangre* (*Pterocarpus rohri*), *estoraque* (*Myroxylon balsamum*), and *charapilla* (*Dipteryx micrantha*). Residents also mentioned an increased demand for hardwoods for building pasture fences and cattle chutes.

The Shawi have made innovations to adapt the design of the small boats and canoes to the volume of water in the Paranapura River. These canoes are long and narrow, and built of light wood such as cedar or *tornillo*. To transport heavy cargo they build rafts of varying sizes, generally from balsawood (*Ochroma pyramidale*).

Other productive activities

Commercial timber harvests

Practically all of the communities in the Paranapura watershed have suffered the impacts of commercial timber extraction, most of which has been illegal.

On the titled community lands we visited, the timber with the greatest commercial value, such as tropical cedar (*Cedrela* sp.), *tornillo* (*Cedrelinga cateniformis*), mahogany (*Swietenia macrophylla*), and several species of hardwoods, had already been extracted. Some standing timber remains, but is located outside communal territory or in places that are difficult to access.

According to the authorities in the communities we visited, in most cases timber extraction is coordinated by a member of the community. Communities have also learned that it is not in their interest to sell wood, since in most cases this activity has generated serious social conflict. The money they obtain from timber sales does not contribute to development; on the contrary, it has caused community members serious difficulties by removing valuable resources that would be useful for constructing homes, boats, canoes, pasture fencing, etc.

Cattle ranching and small animal husbandry
Cattle ranching is a very important activity in all of the communities we visited. Although cattle were introduced into the region during the Jesuit missions around 1650, ranching intensified in 1986 during the first administration of Alan García through the social program RIMANACUY. That program provided cash to communities whose communal assemblies agreed to raise cattle. The cattle were purchased in Yurimaguas, together with seed for planting pasture (*Brisantha decumbens*) and material for constructing cattle ranches.

In most communities, starting several decades ago and continuing today, the Swiss Evangelical Mission in Peru has promoted cattle ranching and sponsored ranch training for indigenous youth in Pucallpa. These young people, known as *vaqueros comunales* (community cowboys) return to their communities after training to take charge of the care and administration of the cattle.

Throughout the Paranapura watershed, cattle ranching began at the communal level and has been organized via two main methods. The first consists of lending cattle to a certain family until they produce offspring, which the family keeps. The cattle are then given to another family until once again they produce offspring, and so on until all community members have their own cattle. The second method is communal ranching. Calves are distributed to community members and everyone has a right to cattle; young men receive cattle once they turn 18 and young women upon turning 15. Sometimes pasturelands are established by families without any cattle, in the hopes that they will receive cattle from the community at some point.

Cattle are raised in communal and familial pastures around the homes and on the community sports fields. While these animals are not frequently sold (one to three cattle per year), they constitute a 'savings account' which families use in emergencies, e.g., to buy medicine or send a child to study in Yurimaguas. It is important to note that cattle are not used for meat, nor cows for milk. Very infrequently, animals are sacrificed for food, but only for large celebrations. Most often a *mestizo* will purchase an animal and divide up the meat among all the members of the community.

Ranching has some negative impacts on communities (damaging fences and houses) and the environment through the opening of pastures along rivers and on steep mountain slopes, which generates erosion on hillsides and riverbanks. It should be noted that in order to construct cattle ranches primary forests are not felled; only old *chacras* are used. In the communities we visited, we saw that pastures were in good condition and the cattle apparently well-fed; however, if current trends continue communities will eventually run out of space for raising these animals. As we noted earlier, nowadays the amount of time that fallow lands are allowed to 'rest' has notably decreased due to the fact that there is less space available for establishing family *chacras*, as in many cases these have been turned into cattle pasture. For example, we were told that in the community of Panán on the upper Paranapura, there is no longer any space left for cattle, and many community members are opting to move to other communities nearby. Likewise, in the communities we visited on the Cashiyacu River, we heard from several community members that there is no longer any good land for *chacras* and cattle pasture, and that available land is far from the communities and located in unsuitable areas like hillsides.

In San Antonio de Yanayacu we saw sheep that belong to an evangelical church which uses the meat for food and occasionally to sell. The sheep are raised together with cattle. There are also families that raise hogs in places far from the community, although in small numbers, and then sell them in Yurimaguas; in other cases they are taken to Moyobamba on foot over the Cordillera Escalera.

Poultry farming

All of the communities we visited do small-scale poultry farming. Chickens are primarily raised to sell but sometimes eaten for food, and some families sell up to 60 chickens per year. The price of the poultry depends on their size, but on average chickens sell for 25 *soles* each, roosters for 30, and ducks for 15. They are sold in Yurimaguas along with products harvested in *chacras*. Poultry are raised free in the community and fed *shishaco* or *serrano* corn, leftovers, and whatever else they can scavenge.

The Fondo Italo-Peruano (Italian-Peruvian Fund; FIP) has been supporting chicken farming in communities around Balsapuerto. This support consisted of 10 chickens and one rooster per family. In addition, the foundation contributed materials for building coops, vaccines, and a balanced diet for the animals. Some of the beneficiaries told us that they did not have good results with this experience, as virtually all of the chickens fell sick and died. The ones that survived were raised in a traditional manner, roaming free in a *chacra* and feeding themselves with whatever they found. Currently, the Fondo de Cooperación para el Desarrollo Social (Cooperative Fund for Social Development; FONCODES) is holding meetings with communities around Balsapuerto regarding projects to be implemented in the area. One such project is chicken farming, which has raised great interest among community members. This type of project would likely produce better results if the traditional breeding system were taken into account.

Non-traditional crops

Since 2010 the regional government of Loreto has promoted non-traditional crops such as cacao and *sacha inchi*. We observed families with up to 2 ha of cacao under cultivation. However, they do not know how to graft or prune, which limits production, and they told us that they received seeds but not the necessary technical training. As we were carrying out our inventory, a program of cacao cultivation was being implemented

along the Paranapura, Yanayacu, and Cachiyacu rivers. While people were enthusiastic, they still do not have assured markets, and at the end of the day this could cause problems. Something similar is occurring with *sacha inchi*. There are families with up to 1 ha under cultivation producing minimal quantities, principally for food. Only occasionally do they sell it, because its price has dropped and there is not a good market for the crop.

This leads us to think that the agricultural support local communities receive is often limited to the provision of seeds. Nonetheless, it should be noted that while both crops are adapted very well to the soils of this region, neither is producing or generating the expected results.

Fish farming promoted by Terra Nuova

Some communities in the region have fish farms that were installed and promoted by the NGO Terra Nuova through the project 'Community Development and Promotion of the Indigenous Economy among the Shawi and Awajún Peoples,' which began in 2008 and ended in 2012. Terra Nuova issued a general call for proposals throughout Balsapuerto District. Initially, fish farms were communal and the NGO provided them with comprehensive support, assisting with the design and construction of the ponds. They provided fry of tambaqui or *gamitana* (*Colosoma macropomum*), *Brycon* sp., or *boquichico* (*Prochilodus nigricans*) and the balanced diet required for the fish. At first many people were enthusiastic about the project, but later several communities stopped participating and gave it up.

As a result, Terra Nuova has begun to promote family fish farms rather than the communal ones originally planned. Family fish farms will be more successful due to the fact that (as explained in the previous chapter) in Shawi communities work is done and resources shared at the level of the family and extended family, rather than at the level of the community. Currently, those who are interested have already constructed fish ponds in order to receive the benefits of the project. Under the agreement, each time fish are sold the costs of the fry and balanced diet they used are deducted. One of the results of the project has been the establishment of cooperatives in the Sillay, Cahuapanas, and Paranapura River watersheds, including the Cooperativa Agraria Shawi del Silla

(COOPASHASI), Cooperativa Agraria Indígena del Cahuapanas (COOPAICA), and Cooperativa Agraria Kampu Piyawi (COOAKAPI). Only COOAKAPI is currently operating as a cooperative: it began in 2009 with 364 Shawi members, 82 of whom now participate. They recently signed an agreement with the Provincial Municipality of Alto Amazonas to sell the municipality all of their fish production, which is then distributed to schools in Yurimaguas.

Fish farming is growing in importance, especially after the signing of the agreement with the municipality. Some community members are determined to establish a fish farm in the hopes of becoming a part of COOAKAPI. This shows that there are expectations regarding the benefits that the fish farms could bring to the communities. Even so, it is important to reflect on the sustainability of the project due to the fact that the fry and fish food are subsidized for only six months, after which point farmers are fully responsible for the fish farms. Community members expect that fish farming will gradually increase their income.

Consuetudinary laws formulated within the social and ecological context of Shawi communities

Our analysis of communities' use and oversight of natural resources makes it very clear that these include both their titled territory and surrounding areas, including the Cordillera Escalera. For example, San Antonio de Yanayacu has established rules with neighboring communities regarding the use and control of forest resources in their sector, and these internal rules are respected by both parties. As a result, that community has a strong and effective system of oversight of outsiders, whether they are from neighboring Shawi communities or farther afield. The community members we interviewed noted that individuals from neighboring communities cannot enter their titled territories and go deeper inside the Cordillera Escalera without first receiving authorization from community authorities. They keep a close eye on outsiders' visits, as well as the visits of timber merchants, whom they have thrown out of their territory.

Something similar is occurring in the community of Nueva Vida. Land outside the titled community is also

considered to be under their dominion and can only be entered with the *apu's* permission. The Panán authorities also mentioned various use and stewardship agreements, in particular regarding a stream where everyone fishes and where the use of *barbasco* is prohibited and punished. By contrast, communities around Balsapuerto and others in the region do not currently have such mechanisms. Nonetheless, they told us of initiatives on the part of some community authorities to implement a system of community oversight that permits greater control over resources in the Cordillera Escalera. These initiatives are based on the idea of 'letting the forest rest.' There are also movements to increase the value of *chacras* by adding crops that are in demand (such as cacao and *sacha inchi*). We believe these initiatives are so important that they should be strengthened and implemented in communities throughout the Paranapura watershed. It is also important to note that in Balsapuerto District there is an ordinance that prohibits the use of *barbasco* in the rivers and streams. The goal is to ensure compliance with this ordinance at the community level. The use of *barbasco* is punishable at the community level by the lieutenant governor and at the district level by the district governor.

With regard to illegal timber extraction in the communities, they told us in Nueva Vida that some community members had been suspicious of the behavior of a neighboring community's *apu*, because he had signed business agreements with timber merchants from Yurimaguas to extract timber. This situation generated conflicts and many arguments between the communities. The community members do not wish to repeat the bad experiences they have had with the timber business; they know that the community does not benefit, that only a few individuals benefit, and that timber merchants are the biggest winner. They also made clear that logging has a contagious effect on other members and poses a danger to the organization of the communities in the zone. The directors of the Organización Shawi de Yanayacu y Alto Paranapura (OSHAYAAP) had to intervene in order to defuse the conflict, though as of December 2013 they had not yet been able to resolve the problem.

Another case occurred in May 2013 in San Antonio de Yanayacu, where a community member negotiated

with timber merchants and brought in a group of
outsiders to fell *tornillo* and cedar. They were seen
by members of the community and the communal
authorities immediately met and agreed to halt the work.
They organized a quick response and sent the timber
merchants packing with their respective belongings. This
communal action was essential and another example
of community protection and oversight of the natural
resources of San Antonio de Yanayacu.

Economic contributions of forests, chacras, and rivers

The Shawi have a mixed economy, interconnected with
subsistence activities and to a certain extent linked to the
market. The traditional knowledge of farming, fishing,
hunting, fruit gathering, and the use of medicinal plants
is used for subsistence, whereas the relationship to the
market is primarily through the sale of cattle and other
animals, corn, plantains, rice, *sacha inchi*, *copaiba* oil
(*Copaifera* spp.), and *sangre de drago* (*Croton* spp.),
which complement the family economy. The majority of
these products are sold in Yurimaguas. Sometimes they
are sold in Moyobamba or in the communities through
itinerant traders (*regatones*).

We gathered information related to the family
economy via semi-structured surveys based on an analysis
of the economic contribution of products for subsistence
and for sale, and the cost of family life. We observed
that the benefits obtained from forest products and
subsistence agriculture cover 75% of family needs. The
other 25% is covered by the sale of agricultural products
such as corn and rice (Fig. 34).

In the interviews in people's homes, we asked
them about the principal products they buy and how
much they cost. The product that ranks as the greatest
expenditure for families is fuel. Other important products
are work tools, cartridges for hunting, and clothing. It
is important to highlight that the cash obtained by the
families to cover these necessities comes from the sale
of agricultural products, chickens, pigs, and to a lesser
degree cattle.

The advantage for the Shawi of selling their products
directly in the Yurimaguas market and thereby avoiding
the mediation of small-time dealers is counterbalanced
by the distances that community members have to travel.
First they organize *mingas* to transport their products
through the forest to the nearest port, which is a three-
hour walk from some communities. Then they wait for
water levels to rise, and finally they travel 2–4 days on
rafts or *peque-peques* to get to Yurimaguas.

Perception of the quality of life

By applying the *el hombre/la mujer del buen vivir*
exercise, we were able to learn about local perceptions
regarding the quality of life in each community we visited.
Through this exercise, we analyzed the five dimensions
of the quality of community life: social, cultural, political
economy, natural resources, and the relations between
them. On a range of 1 (the lowest score) to 5 (the highest
score), the communities rated their social and cultural
life (4.5 on average) as being the highest quality-of-life
dimensions due to good relationships within and among
communities, the existence of close and supportive
support networks for managing and utilizing their
resources through *mingas*, the lack of social conflict, their
harmonious coexistence, and strong cultural identity
(language and dress; see Table 8).

As regards political life (3 on average), they declared
that while communities have great respect for their
authorities, the latter do not always support them when

Figure 34. Proportion of family budgets covered by forest, lake, and
river resources in the Shawi communities of Nueva Vida, San Antonio,
and Balsapuerto in Balsapuerto District, Loreto, Peru.

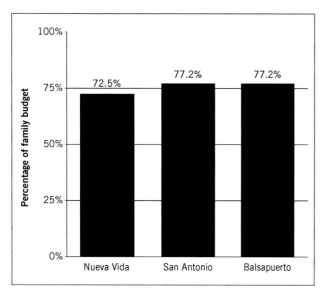

Table 8. Perceptions about quality of life in three communities in Balsapuerto District, Loreto, Amazonian Peru.

Community	Natural resources	Social relationships	Cultural life	Political life	Economic life	Community average
Nueva Vida	3.0	5.0	4.0	3.0	4.0	3.8
San Antonio	3.0	5.0	5.0	3.0	4.0	4.0
Balsapuerto	2.0	4.0	3.5	3.0	3.0	3.1
Average for all three communities	**2.7**	**4.7**	**4.2**	**3.0**	**3.7**	

they must leave the community in order to fulfill obligations with the district and provincial municipality. When they reflected on the contributions of resources from the forests and water bodies to their diet, health, and housing, both for subsistence and for sale, the evaluation of the financial situation of the families was relatively high (3.7).

However, the community members rated the state of their natural resources at 2.7, which is a low score and reflects the concern of the Shawi people and the search for a solution to this problem. The criteria for this low score were the lack of bushmeat, leaves for thatch, wood for house-building, and suitable lands on which to establish their *chacras*. They also highlighted the long walks needed to reach hunting sites (Table 8) and the negative effects of an influx of outsiders, which would erode the local way of life and the ecosystems on which communities depend for their survival.

CONCLUSION

Although the Shawi have faced numerous challenges due to outside domination by the Spanish, *patrones*, Jesuits, and others, their society and culture continue to be strong. In our analysis of quality of life, based on focus groups and workshops, we found that the Shawi do not perceive themselves to be living in a state of extreme poverty, as they are often characterized by outsiders. While strongly integrated into local, regional, and global markets, as shown in this report, the Shawi continue to rely on the natural environment for most basic needs. Their concerns include perceptions that their environment is threatened by climate change, that game populations have declined, and that fishing has declined due to human pressure and sedimentation of the riverbeds. Other threats they see include hillside erosion, a lack of suitable space for *chacras*, and extractive industries such as logging, petroleum

exploration, and mining. Focused efforts to assist the Shawi in protecting and maintaining their ancestral territories in the face of these threats is essential and should be guided by traditional and cultural practices of the Shawi.

ARCHAEOLOGY OF THE PARANAPURA BASIN

Author: Santiago Rivas Panduro

Foci of care: At least 12 archaeological settlements in the basins of the Paranapura, Cachiyacu, and Armanayacu rivers; at least 25 rocks with elaborate petroglyphs (rock engravings) and 13 lithic workshops in the Cachiyacu and Armanayacu river basins

INTRODUCTION

This chapter synthesizes what is known about the archaeology of the Paranapura River basin, a historic territory of the Shawi and Shiwilu Amazonian indigenous peoples, slightly more than 10 years after the first scientific discoveries and preliminary studies of 28 archaeological sites in the zone (Rivas 1999, 2001, 2003).

The site of our research is the Paranapura River basin, and specifically two of its tributaries, the Cachiyacu and Armanayacu. To date, 49 archaeological sites have been discovered in these basins, with ages estimated at 940 B.C. to 1,200 A.D., and have been described in terms of the stylistic elements of ceramics and petroglyphs.

Most archaeological sites recorded to date are functionally classified as human settlements and contain the remains of ceramics. This pottery is made of beige- and gray-colored clay. The style is corrugated with 12 variants, including incising, drag and jab incising, marking with a string or chord, fingertip dimpling, fingernail incisions, appliqué decorations, painting (black, red, white, or cream), and all of these sometimes combined to diversify the decorative elements. Ceramic remains also include stamps decorated with symbolic figures and clay spindles (*piruros*) of various shapes, sizes, and incised and painted decorations. These spindles reveal a specialized textile industry associated with cotton cultivation. Lithic tool-making is also present in the form of polished stone axes that are variously rectangular, T-shaped, or grooved (*ranuradas*). These were used for slash-and-burn agriculture and as chisels, crushers, hand-held grinding stones, and scrapers. Petroglyph-decorated rocks have also been recorded in the study area, and their designs reflect their makers' material and ideological world. Finally, lithic workshops for the production of polished stone axes used in agriculture and tree-felling are present, and these indicate a certain level of labor specialization, as well as social and economic organization.

Another important aspect of the Paranapura basin is the presence of at least one salt mine in a rocky outcropping on the banks of the Cachiyacu River, near the Mina de Sal campsite visited during the rapid inventory (see the chapter *Geology, hydrology, and soils*, this volume). Today entire families of the Shawi, Shiwilu, and Awajún ethnic groups (from the left bank of the Lower Huallaga River and the right bank of the Lower Marañón River) go to the salt mine annually during low-water season to stock up on this important resource.

History and synthesis of archaeological research in the area

Ethnohistorical data show that the Shawi people have been occupying the Paranapura basin and its tributaries between the Marañón and lower Huallaga rivers since at least the year 1644 (Rivas 2003:97; see also the chapter *The Cordillera Escalera and the pueblo Shawi: Ethnohistory*, this volume).

Archaeologists were long unaware of the existence of ancient populations in the Cachiyacu and Armanayacu basins. Following the discovery of the petroglyph rock known as *Casa de Cumpanamá* (House of Cumpanamá) in 1997 (Sánchez et al. 1997:201), we undertook archaeological studies in the Cachiyacu and Armanayacu basins between 1999 and 2001 that recorded 28

archaeological sites (Rivas 1999, 2000a, 200b, 2001, 2002, 2003). In 2002 the Burlington Resources Company carried out seismic exploration in the district of Balsapuerto, during which they recorded four petroglyph rocks (Chayahuita Rocks A, B, and C, and Cumpanamá; Echevarría 2006, 2010) that had been previously reported by Sánchez et al. (1997) and Rivas (1999, 2000a, 2000b, 2001).

Just a few years later, in 2006, under an agreement between the Italian-Peruvian Fund and the Balsapuerto municipal district, an archaeological survey of the district of Balsapuerto was carried out and recorded a total of 10 sites containing cultural evidence on the surface and *in situ*. Seven were located away from cattle pastures (Muniches, Balsapuerto, Canoa Puerto, San Lorenzo, Pintoyacu, Nuevo Junín, and Montículo Barranquita) and three were within (San Jorge, Santa Rosa, and Tunu Icha; Jordán 2006). Of the 10 archaeological sites reported by Jordán, seven had already been reported by Rivas (2001).

Later, in 2011, the Cachiyacu and Armanayacu basins were visited twice in order to further study the area's archaeological remains. During the first visit (May) the petroglyph rock Cucharayacu 3 was again recorded. This rock is known as Saint Sofia's Rock by the Shawi people of the Santa Sofia Native Community, in which the petroglyph is located. A group of rocks near Cucharayacu 3 was also studied and found to contain no petroglyphs (Rivas 2011a).

During the second visit (November), the research was bolstered by a team of archaeologists led by Dr. Giuseppe Orefici, at the request of the NGO Terra Nuova. This work recorded 20 of the 28 archaeological sites reported to the National Institute of Culture by Rivas in 2001, as well as 17 new sites, including archaeological settlements, petroglyph rocks, lithic workshops, and a possible settlement with rock structures (Rivas 2011b).

METHODS

In all research to date the discoveries of archaeological settlements, petroglyph rocks, and lithic workshops were made with the participation of the Shawi people. Research was carried out around their houses, in their farm plots (*chacras*), in streambeds, and inside the forest.

Archaeological settlements were documented first by sketching maps of the surrounding landscape and the natural limits of hills, terraces, streams, and rivers. The concentration of ceramic and lithic fragments at a superficial level, a significant majority of which have been disturbed, allowed us to divide the archaeological sites into sectors. We also took photographs and made drawings of the fragments. Later, describing and analyzing the clay, functional forms, and stylistic decorations made it possible to propose a ceramic pattern named the Balsapuerto Complex and to describe its relationships with other ceramic assemblages (Rivas 2003).

In order to sketch the petroglyph rocks, first we sank four to eight tall vertical posts into the ground around the rock, equidistant from it and distributed at the cardinal points. Next, the tops of the posts were joined by string in order to form a grid. With this grid we proceeded to sketch the rock on graph paper, noting the outline and characteristics of the rock. We also made notes regarding the locations of the engravings, which later allowed us to reproduce them correctly on the rock surface. We traced the rock engravings onto transparent plastic sheets with an indelible felt-tip pen. The lithic workshops were only photographed.

Reproducing the rock engravings at the millimeter scale was begun by placing a 10 x 10 cm grid on a wall with a white background (Fig. 12J). Next we stuck the pieces of plastic bearing the tracings of the rock engravings on the wall and drew them onto 1/10-scale graph paper. These were then scanned and redrawn by a graphic designer in Corel Draw. Finally, seven petroglyph rocks from the Armanayacu basin were reproduced in fiberglass sculptures based on clay molds (Fig. 12F). Three artists and one graphic designer participated in this work and in the reproduction of the engravings.

RESULTS AND DISCUSSION

Three types of functional archaeological sites have been reported to date in the Cachiyacu and Armanayacu basins: archaeological settlements, petroglyph rocks, and lithic workshops.

Archaeological settlements

At least 12 archaeological settlements are currently known: 10 in the Cachiyacu basin, 1 in the Armanayacu basin, and 1 in the Lower Paranapura basin (Rivas 2013a, b; Orefici and Rivas 2013; Appendix 15). An analysis of the material culture of seven of the Cachiyacu archaeological settlements (ceramic vessels, spindles, polished stone axes, chisels, ceramic stamps, etc.) led us to propose the following.

Around 1,000–2,000 A.D., Cachiyacu was inhabited by a population which we have named the Balsapuerto Complex (Rivas 2003). However, this occupation can "possibly be assigned to between the end of the first millennium A.D. (8th-10th centuries) and the 9th or 12th century A.D." (Orefici 2013).

The pottery of this Complex reflects the syncretism of three ceramic elements with different origins: from the Ucayali basin, from the peripheral zone of the upper Utcubamba in Peru, and from the upper Santiago basin in the Ecuadorian Amazon. This combination of elements suggests that the Balsapuerto Complex is the result of the fusion of three ethnically distinct populations that were located at some distance from each other but came together in order to establish a single community. One basis for such a fusion is the Cachiyacu River salt mine, a natural resource that attracted archaeological populations to the zones (Rivas 2003).

The ceramics manufactured by the Shawi peoples who have lived in the Cachiyacu basin since at least the 17th century are completely different from those of the Balsapuerto Complex (Rivas 2003, 2005). This leads us to conclude that the former do not originate from the latter, and that no cultural relationship exists between the Shawi and the archaeological population of the Balsapuerto Complex (Rivas 2003, 2013). Additional archeological excavations and interdisciplinary studies should help us resolve this question.

The presence of stone axes, chisels, crushers, scrapers, spindle whorls (piruros), and decorative stamps provides clear evidence of the advanced productive, organizational, and symbolic level of this society. That this level coincides with the presence of the salt mine strongly suggests a substantial difference with respect to other pre-Hispanic Amazonian societies of that time.

The presence of crushers and scrapers merits special attention. If they are associated with a stratigraphic profile approximately 1 m deep discovered in a garbage pit at one end of the Balsapuerto village at the Balsapuerto 1 archaeological site, it could be that we are observing evidence of a much earlier occupation, such as the Early Holocene gatherer site studied in 2012–2013 at Peña Roja in the Colombian Amazon (Morcote and Aceituno 2013).

Petroglyph rocks

A total of 25 petroglyph rocks have been recorded in the Cachiyacu (13) and Armanayacu (12) basins (Rivas 2001, 2013a, b; Orefici and Rivas 2013).

The petroglyphs are located in the headwaters of streams or rivers. They come in several sizes, with the largest measuring approximately 13 m long by 8 m wide by 8 m high. The smallest ones are 1 m long. Naturalistic motifs predominate: deer, birds, spiders, amphibians, reptiles, the sun, the moon, the Southern Cross, wild cats and their tracks, human bodies, human faces, and human footprints, monkeys, labyrinthine lines, spirals, serpentiform figures, hummingbirds, turtles, coatis, circular and geometric figures, and a hundred more abstract motifs like those found on the main face of the Casa de Cumpanamá.

In the petroglyph rocks of the Cachiyacu and Armanayacu basins our attention is strongly drawn by the recurrence of amphibian figures. These appear in a variety of associations and stylized forms, and vary in length from 20 to 180 cm. Some figures follow a sequence from tadpole through adulthood (Ojeyacu 1), whereas others only show a single stage: gravid (Ojeyacu 2), spawning (Ojeyacu 1), or adult (Casa de Cumpanamá, Cachiyacu 1). Also of particular interest are the scenes of amphibians and anthro-zoomorphic figures associated with ritual scenes involving water, such as the rain, waterfalls, or bodies of water that are stylized and abundant in the Casa de Cumpanamá and Cucharayacu 4.

The recent discovery of the lake of the upper Cachiyacu during the rapid inventory can help shed light on the paleoenvironment of this part of the Amazon through palynological studies (Fig. 3C; see the chapter *Sites visited during the biological and social inventories*,

this volume). This lake, located a short distance from Cucharayacu 4, is central to testing the 'rain-prayer ritual' hypothesis proposed here.

We still cannot determine if the population that engraved the petroglyphs was related temporally and culturally to the population of the Balsapuerto Complex. It is interesting to note that the archaeological settlements of the Balsapuerto Complex are relatively near the petroglyph rocks on the Cachiyacu and Armanayacu, which suggests that the pre-Hispanic populations associated with these settlements might be temporally and culturally related to each other. Nevertheless, iconographic analyses of the ceramics of the Balsapuerto Complex and the rock engravings reveal extreme dissimilarity.

What is indeed clear is that both populations practiced slash-and-burn agriculture, as evidenced by stone axes. These were found at several sites associated with the Balsapuerto Complex (Rivas 2003:76), and T-shaped axes appear in the rock iconography of Cucharayacu 4 and Santa Sofía 3 (Orefici and Rivas 2013).

Orefici (2013) notes that "it is possible that the rock engravings were made during the final centuries Before Christ and the first centuries of the Common Era." This proposed chronology, based on rock iconography, could be tested with absolute chronologies obtained from analyses and dating of the coated patina in the grooves of the rock engravings, or with C14 dates directly associated with human activities related to the petroglyphs.

Lithic workshops

A total of 13 lithic workshops have been reported: 10 in the Cachiyacu basin near the Ojeyacu 1–5 petroglyph rocks and three in the Armanayacu basin.

Instruments such as stone axes and chisels of an oblong and concave shape were produced in the lithic workshops. Located on the streambanks, the rocks where these instruments were made measure no more than 4 m in length. The axes were produced individually, except at the Casa de Cumpanamá and the Cocina de Cumpanamá (Cumpanamá's Kitchen) sites.

These two petroglyph rocks/lithic workshops allow us to make some interesting inferences. Both are located less than 30 m from the Hachayacu stream, whose name in the Shawi language is *Imutu'-i* (*imutu* = axe; *i* = stream).

The toponym 'stream of the axes' reflects the axe-making activity of the lithic workshops' ancient occupants.

These two rocks are located away from the streambanks, which means that in order to make stone axes, chisels, and other rock instruments, the producers had to carry water to the workshops or await the rains in order to grind and polish the preforms.

Given that the surfaces of these two huge rocks have room for more than 10 people to work simultaneously (both exceed 100 m²), the production of polished stone axes was likely organized in a collective fashion and directed by a leader.

Interpretation of the sociocultural and environmental context based on the petroglyphs of the Cachiyacu and Armanayacu basins

Two petroglyph rocks and their rock engravings have been key to our interpretations: Cucharayacu 1 and Cucharayacu 4.

In the case of Cucharayacu 1, our hypothesis is that the artists made these petroglyphs with a specific goal: as rituals seeking an end to the killing of humans by jaguars and other wild cats. Supporting this idea is the recurrence in several petroglyph rocks of the region of cat prints associated with roads or paths based on straight, sinuous, and labyrinthine lines, human foot or palm prints, human faces, human bodies divided into sections or incomplete parts of human bodies or human skeletons, human figures minimized in size as compared to those of the cats, strategic positioning of the cats above the humans, and the stylization of the cats over the naturalization of the human figure.

These rock engravings serve to reconfirm data from the ethnohistoric sources presented by the Peruvian historian Waldemar Espinoza Soriano, who argued that one of the reasons the villages of the Chachapoyas culture were fortified was to protect residents from animal attacks (Espinoza 1967:234).

We also find testimony of attacks on and killings of humans by wild cats in the writings of the missionary José Amich, in the second half of the 18th century:

"...around the time we were in Sarayacu one of these tigers carried off a young girl; but an aunt of the girl heard her cries and by hitting the beast with a stick forced it to give up its prey; however, since the cat had already pierced the skull with its teeth or nails, the poor girl died a few hours later" (Amich 1988:390).

From P. Manuel J. Uriarte in the second half of the 18th century we also have several references to attacks on and killings of humans at the hands of wild cats. For example:

"... After it [the jaguar] injured an Indian and he came to me completely bloodstained and I cured him..." (p. 106); "...due to the fear of tigers it was necessary to accompany villagers to their farm plots with a shotgun; there was no hope of fishing and hunting..." (p. 106); "...since by nightfall the other man hadn't arrived, they went calling for him; in searching they found him dead, killed by a tiger, who had eaten his head and face..." (p. 119); "He/she took my advice, and two months later they all returned except for one, who had been eaten by a tiger..." (p. 237) (Uriarte 1986).

The destructive power of jaguars and pumas led to their deification by humans. This divine quality of wild cats was extensively studied by Julio C. Tello based on Amazonian myths, in order to explain the figure of the jaguar in the Chavín mountain culture during the Formative Period. In these myths, as narrated and interpreted by Tello, attacks on and killing of humans by wild cats are a common feature, as well as human revenge in the form of killing felines (Tello 1923). Of course feline iconography existed even before Chavín, which suggests a very marked influence of the Amazon on the Andes, but this is a separate issue.

We have also compiled from the Shawi stories of feline attacks on and killing of humans, mostly before the arrival of the shotgun and the resulting dominance of Amazonian over jaguars.

One interesting thing about the stories of the Shawi of the Cachiyacu and Armanayacu basins, and of the Achuar and Wampis peoples, Pinche and Quechua descendants of the Pastaza and Morona basins, is that the *yanapuma* is more feared than the jaguar. Stories tell that *yanapumas* were beasts the size of cattle that long ago were capable of devouring entire families in a few days. Something similar occurs in the writings of the missionary José Amich: "The most ferocious are the *yana-pumas* (black tigers), but there must be very few of them, as they very infrequently permit themselves to be seen" (Amich 1988:391).

In the case of Cucharayacu 4, the hypothesis is that the artists used petroglyphs to express another aim: a ritual to pray for rain in an environment so stricken by drought that it threatened human, plant, and animal life. It is thus that we see a recurrence of animal figures (birds, deer, humans, etc.), amphibians associated with water sources (streams or rivers), and rain symbology (dotted lines in loose sets, in sets enclosed within rounded lines, etc.).

There is no need for rain-prayers rituals in an environment such as today's Amazon, where there is abundant rainfall, but there would be in a savannah environment such as has occurred in the Amazon in at least several episodes during the last 10,000 years. These droughts could have lasted for long or short periods of time, like the Indian summers experienced at present. These droughts, in turn, could have been due to several causes, among them the phenomenon of El Niño and climatic anomalies (Goes Neves 2011). Such dry phases occurred in South America 6,000–4,000, 2,700–2,100, 1,500, 1,200, 700, and 400 years prior to the present (Zucchi 2010).

We find ritual practices for praying for rain, or related to rain and associated with amphibians, in many contemporary and historic South American studies, especially in the Andes (Dudan 1951, Gerol 1961, Gómez 1969, Legast 1987, Lucena 1970, Metraux 1940, Reichel-Domatoff 1960, Rostworowski 1984). As far as I am aware, this issue has been addressed very little in the Amazon.

We also compiled information among the Shawi that supports the hypothesis that the presence of the amphibians in the rock engravings in the Paranapura basin is associated with rain rituals. According to the Shawi, it is the little toads (*sapitos*) and not humans who know how to call the rain; and it is the *sapitos* that tell when the rain will fall. As Miguel Napo Púa told me in 2000: "The *huarira* [a type of frog] is typical of the

winter, appearing when the rain falls; in the summer it does not appear. When it is about to rain the *huarira* sings…. The *ñañara* [another type of frog] is of the winter; when it wants to lay its eggs it calls for rain. It lays its eggs in the lake, it is very small."

In summary, these engravings can potentially be read as a 'book of stone' that records the sociocultural and environmental phenomena experienced by populations of the Armanayacu basin. Under this hypothesis, the phenomena of dangerous felines and droughts might have served to motivate them in both cases to strengthen their social relationships by developing ritual practices to safeguard human life.

CONCLUSION

The archaeology of the Paranapura, Cachiyacu, and Armanayacu basins has led us to formulate several working hypotheses that are relevant from sociocultural and environmental perspectives.

Amazonian archaeology does not find convincing evidence of hierarchical societies at the level of chiefdoms or headmen. In our opinion, the pre-Hispanic populations of the Paranapura, Cachiyacu, and Armanayacu provide us with valuable contributions to this debate. They had specialized economic organization related to the production and sale of threads and woven items; they had to organize themselves politically in order to control the Cachiyacu salt mine (for consumption and commerce); and they had specialists in rock art and ritual practices.

The rock art of Cachiyacu and Armanayacu suggests that this basin was affected during the pre-Hispanic era by a strong drought and reduction in forest size which significantly affected humans, animals, vegetation, rivers, and streams. Dating that climate-driven ecological process and its implications for life merits greater attention, especially because we are experiencing the effects of global warming at an accelerated pace.

RECOMMENDATIONS FOR CONSERVATION

- Disseminate information among municipal and regional civil servants, indigenous organizations, local authorities, and the Shawi population about the power granted by Article 12 of the Law on Municipalities (Law 27972) to "promote the protection and dissemination of the country's cultural heritage within its jurisdiction, and to defend and conserve archaeological monuments by collaborating with competent regional and national organizations in order to identify, record, control, conserve, and restore them."

- Organize information-sharing workshops for the aforementioned groups, with the goal of inter-institutional agreements regarding the application of Article 12 of Law 27972. These workshops could be promoted by the Ministry of Culture through the Decentralized Office of Culture of Loreto.

- Demarcate and register in the public record the pre-Hispanic archaeological monuments of the Archaeological Reserved Zone of the Upper and Lower Cachiyacu River Basin, declared by the Ministry of Culture (previously the National Institute of Culture)

by means of National Directorial Resolution No. 314/INC, dated 19 April 2002.

- Implement the Archaeological Reserved Zone of the Upper and Lower Cachiyacu River Basin in a participatory fashion with municipal and regional civil servants, indigenous organizations, local authorities, and the Shawi population, all of whom should consider the possibility of expanding the Reserved Zone.

- Perform inter-disciplinary archaeological studies that include geo-archaeological, archaeo-faunal, and archaeo-botanical research, among other disciplines, in the Paranapura basin and its tributaries. Carry out palynological research in the upper Cachiyacu Lake, in order to reconstruct the history of the ecosystem and of early societies. The results of this research should strengthen community tourism initiatives and the protection and management of the territory by the Shawi.

Apéndices/Appendices

DESCRIPCIÓN DEL SOBREVUELO/OVERFLIGHT DESCRIPTION

ESPAÑOL

El 30 de mayo de 2013, volamos desde la ciudad de Tarapoto, Perú, sobre la Cordillera Escalera-Loreto en un helicóptero Bell 212. Ocho personas de seis diferentes instituciones participaron en el sobrevuelo: Corine Vriesendorp, Ernesto Ruelas y Álvaro del Campo (The Field Museum), Giussepe Gagliardi-Urrutia (IIAP), David Neill (Universidad Estatal Amazónica) y tres representantes del Gobierno Regional de Loreto, Eberth Melgar Bardales (DISAFILPA), Julio César Perdomo (PRMRFFS) y Rafael Sáenz Flores (PROCREL).

Desde Tarapoto volamos hacia el norte a lo largo del flanco occidental de la Cordillera Escalera-Loreto (ver el mapa y las coordenadas en el Apéndice 2). Al llegar al punto más al norte, viramos hacia el sur y cubrimos tanto el filo oriental de la Cordillera como algunos puntos específicos del interior (p. ej., el asentamiento Awajún de Bichanak en el territorio ancestral Shawi). Nuestro plan de vuelo original abarcaba 19 puntos, pero la cobertura nubosa nos impidió visitar tres de ellos (puntos 14.5, 18 y 19 del Apéndice 2). Registramos nuestro vuelo con unidades de GPS (Garmin, GPSMap 60CSx) y pudimos georreferenciar nuestras fotos con imágenes Landsat 5 y 8, junto a datos de elevación STRM. Logramos capturar imágenes de video desde el punto 0 en adelante usando una cámara GoPro instalada en uno de los patines de aterrizaje del helicóptero, y sincronizamos también los datos obtenidos con los equipos de GPS.

Desde el aire el paisaje es impresionante. Volamos sobre áreas que variaron desde bosques enanos hasta bosques altos y extraños pantanos de altura, desde areniscas hasta calizas, desde rocas rojas hasta blancas brillantes, desde formaciones Vivian en las estribaciones orientales a los picos escarpados más altos de la ladera occidental, desde las partes más anchas del valle interno y su revoltijo de bloques cubiertos de bosque hasta los cañones desde donde espectaculares cascadas y cataratas vierten hacia la llanura amazónica.

Observamos tres asentamientos humanos durante el sobrevuelo: Bichanak (punto 13.5 en el Apéndice 2), un asentamiento Awajún de San Martín ubicado en la parte central de la cordillera; un lugar cercano a los límites del norte posiblemente llamado Kapaun (Huertas 2004; punto B en el Apéndice 2); y un tercer sitio (punto A en el Apéndice 2) que parece estar fuera del área propuesta, y que se ubica en las tierras entre la Cordillera Escalera-Loreto y la comunidad Awajún de Achu.

Usamos el sobrevuelo para encontrar lugares propicios para los campamentos biológicos, buscando una combinación de áreas que juntas podrían cubrir la mayor diversidad de hábitats, geología, elevaciones, cuencas vertientes e importantes características topográficas. Vimos dos lugares importantes que no pudimos muestrear durante el inventario: las formaciones Vivian emplazadas a lo largo del filo oriental de la parte norte de la Cordillera Escalera (hábitat importante también en Cordillera Azul y Cordillera de Manseriche), y la parte alta de la meseta del sector norte de la Cordillera Escalera. Pudimos muestrear los valles ubicados por debajo de la meseta, así como varios levantamientos que aparentemente se asemejan a la meseta, pero no la meseta en sí.

ENGLISH

On May 30, 2013, we flew from the city of Tarapoto, Peru, over the Cordillera Escalera-Loreto in a Bell 212 helicopter. Six institutions and eight people participated in the overflight: Corine Vriesendorp, Ernesto Ruelas, and Álvaro del Campo (The Field Museum), Giussepe Gagliardi-Urrutia (IIAP), David Neill (Universidad Estatal Amazónica), and three representatives of the regional government of Loreto, Eberth Melgar Bardales (DISAFILPA), Julio César Perdomo (PRMRFFS), and Rafael Sáenz Flores (PROCREL).

From Tarapoto we flew north along the western half of the Cordillera Escalera-Loreto (see coordinates and map in Appendix 2). Upon reaching the northernmost point we turned southward and covered both the eastern edge of the Cordillera as well as a few specific points on the interior (e.g., the Awajún settlement of Bichanak in Shawi ancestral territory). Our original flight plan covered 19 points, but cloud cover prevented us from visiting three of these (points 14.5, 18, and 19 in Appendix 2). We tracked our flight via GPS units (Garmin, GPSMap 60CSx), and were able to georeference our photographs to Landsat 5 and 8 images, together with STRM elevational data. With a GoPro camera attached to the helicopter landing struts, we took video from point 0 onwards, and synchronized these data with the GPS units as well.

From the air the landscape is stunning. We flew over areas that varied from dwarf forests to big tall forests to strange upland swamps, from sandstone to limestone, from red rocks to bright white ones, from the flatirons (known in Peru as Vivians) on the eastern slopes to the highest craggy peaks on the western slopes, from the broadest part of the intermountain valley and its jumble of forest-covered slabs to the gorges where spectacular waterfalls pour down onto the Amazonian plain.

We observed three settlements during the overflight: Bichanak (point 13.5 in Appendix 2), a settlement of Awajún from San Martín in the central portion of the cordillera; a site close to the northern limits possibly called Kapaun (Huertas 2004; point B in Appendix 2); and a third site (A in Appendix 2) that appears to be outside the proposed area, within the open lands between the Cordillera Escalera-Loreto and the Awajún community of Achu.

We used our overflight to scout sites for the biological campsites, searching for a combination of areas that together would cover the greatest diversity of habitats, geology, elevations, drainages, and interesting topographic features. We saw two important places that we were unable to sample during the inventory: the flatirons along the eastern edge of the northern portion of the Cordillera Escalera (important habitats in Cordillera Azul and Cordillera Manseriche as well), and the top of the large plateau in the northern portion of the Cordillera Escalera. We were able to sample the valleys below the plateau, as well as several nearby uplifts that appear to resemble the plateau, but not the plateau itself.

Apéndice/Appendix 2

Coordenadas del sobrevuelo/
Overflight coordinates

Coordenadas visitadas durante el sobrevuelo de la Cordillera Escalera-Loreto, Perú, el 30 de mayo de 2013. Tres sitios (A, B, 13.5) representan asentamientos o comunidades previamente desconocidos dentro del área de conservación propuesta. / Coordinates visited during the overflight of the Cordillera Escalera-Loreto, Peru, on 30 May 2013. Three sites (A, B, 13.5) represent previously unknown communities or settlements that occur within the proposed conservation area.

COORDENADAS DEL SOBREVUELO/OVERFLIGHT COORDINATES

No.	Sitio/ Locality	Formación geológica/ Geological formation	Material geológico/ Geological material	Latitud/ Latitude (S)	Longitud/ Longitude (O/W)
0	Localidad del tipo de *Herpsilochmus parkeri*/Type locality of *Herpsilochmus parkeri*	–	–	6°03'00.16"	76°43'59.20"
1		Cushabatay	Arenisca/Sandstone	5°58'12.84"	76°45'45.75"
2	Campamento potencial/Possible campsite	Yahuarango	Capas rojas jóvenes/ Young red beds	5°53'58.40"	76°43'10.12"
3	Campamento satellite potencial/ Possible satellite campsite	Sarayaquillo	Capas rojas antiguas/Old red beds	5°54'20.49"	76°44'46.52"
4	Elevación maxima/Highpoint, Cordillera Escalera	Cushabatay	Arenisca/Sandstone	5°53'58.81"	76°46'31.54"
5	Elevación maxima/Highpoint, Cordillera Escalera	Cushabatay	Arenisca/Sandstone	5°52'55.46"	76°48'04.08"
6		Vivian	Arenisca/Sandstone	5°47'43.80"	76°47'27.83"
7	Divisoria de cuencas/Drainage divide	Vivian	Arenisca/Sandstone	5°43'09.73"	76°48'28.87"
8	Cabeceras del Cahuapanas/ Cahuapanas headwaters	Sarayaquillo	Capas rojas antiguas/ Old red beds	5°42'58.90"	76°51'03.61"
9	Campamento potencial/Possible campsite	Cushabatay	Arenisca/Sandstone	5°40'03.37"	76°50'13.18"
10	Meseta/Plateau	Cushabatay	Arenisca/Sandstone	5°37'20.74"	76°53'57.90"
10.5		–	–	5°39'00.36"	77°07'18.55"
A	Asentamiento/Settlement	–	–	5°39'22.08"	77°08'22.20"
11	Punto más al norte/Northernmost point	Sarayaquillo	Capas rojas antiguas/ Old red beds	5°31'00.44"	76°54'41.34"
B	Maloca	–	–	5°31'41.70"	76°54'52.10"
12	Formación 'Vivian'/Flatirons	Cushabatay + Esperanza	Arenisca y caliza/ Sandstone and limestone	5°33'19.12"	76°47'20.00"
13		Sarayaquillo	Capas rojas antiguas/ Old red beds	5°46'01.23"	76°43'14.69"
13.5	Asentamiento Awajún conocido como Bichanak/Awajún settlement known as Bichanak	Vivian + Chonta	Arenisca y caliza/ Sandstone and limestone	5°49'54.40"	76°45'08.60"
14		Chonta	Caliza/Limestone	5°52'01.43"	76°42'14.72"
14.5		–	–	5°52'17.74"	76°29'57.04"
14.7	Mina de sal/Salt mine (Diapir)	Salt Diapir/ Sarayaquillo	Capas rojas antiguas/ Old red beds	5°53'10.42"	76°36'04.64"
15	Cascada de Pumayacu/Pumayacu waterfall	Agua Caliente	Arenisca/Sandstone	5°54'44.07"	76°38'16.08"
16	Paso de montaña para acceder al campamento desde San Martín/ Mountain pass for San Martín camp access	Yuhuarango	Capas rojas jóvenes/ Young red beds	5°57'42.77"	76°40'46.30"
17	Arenas blancas, inventario del IIAP (agosto de 2013)/White-sand, IIAP inventory (Aug. 2013)	–	–	6°23'09.58"	76°19'53.90"
18	Cerro Pelado, visitado por Richard Spruce/visited by Richard Spruce	–	–	6°25'04.38"	76°20'25.05"
	Moyobamba	–	–	6°01'14.27"	76°59'15.78"
	Tarapoto	–	–	6°30'32.92"	76°22'24.48"

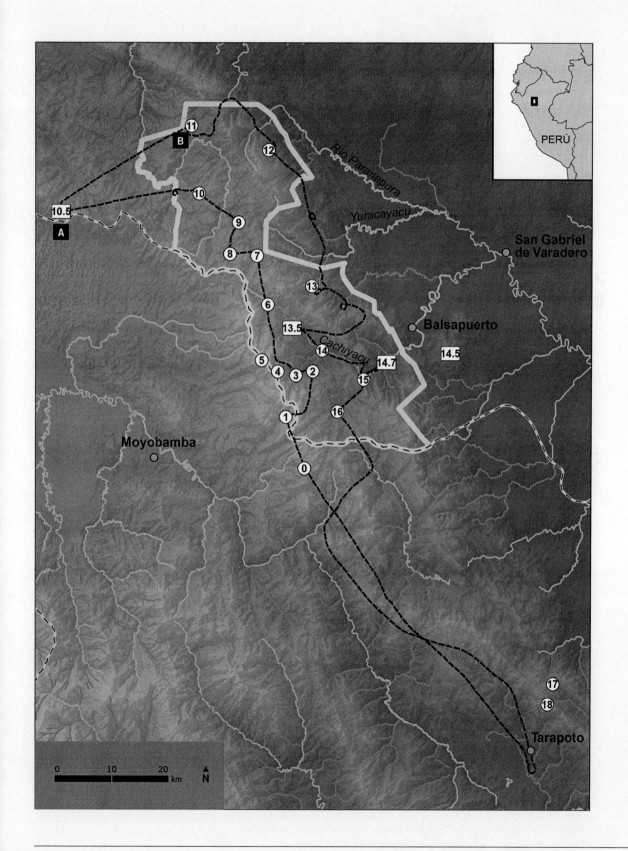

PERÚ

Muestras de agua/
Water samples

Muestras de agua recolectadas por Lina Lindell en los alrededores de los tres campamentos visitados durante el inventario rápido de la Cordillera Escalera-Loreto, Loreto, Perú, del 14 al 30 de setiembre de 2013. Las medidas de pH y conductividad eléctrica de laboratorio fueron realizadas por Robert Stallard. Se empleó el sistema WGS 84 para registrar las coordenadas geográficas.

MUESTRAS DE AGUA / WATER SAMPLES

Código/ Code	ID	Nombre/ Name	Tipo/ Type	Fecha/ Date	Latitud/ Latitude (S)	Longitud/ Longitude (O/W)	Altura (msnm)/ Elevation (masl)	Temperatura del aire/ Air temperature (°C)	Temperatura del agua/ Water temperature (°C)	
C1T3Q1	AM130001	Shimbilloyacu (bajo/low)	Q	15/09/13	5°53'18.5"	76°36'23.3"	269	24.8	23.8	
C1T5Q1	AM130002	Shimbilloyacu (alto/high)	Q	16/09/13	5°52'19.2"	76°37'27.0"	451	21.5	23.1	
C1T0Q1	AM130003	Cachiyacu (evaporita/evaporite)	R	17/09/13	5°52'58.3"	76°36'03.4"	270	35.1	24.4	
C1T0Q2		Cachiyacu (campamento/camp)	R	17/09/13	5°53'07.8"	76°36'16.9"	273	34.0	25.2	
C1T0Q3	AM130004	Cachiyacu (evaporita/evaporite)	R	18/09/13	5°53'28.3"	76°36'19.8"	258	32.7	27.8	
C1T4Q1	AM130005	Buen Paso	Q	18/09/13	5°53'36.3"	76°36'25.2"	272	26.8	23.7	
C2T1Q1		n.a.	Q	22/09/13	n.a.	n.a.	n.a.	23.1	19.9	
C2T1Q2		n.a.	Q	22/09/13	n.a.	n.a.	n.a.	n.a.	n.a.	
C2T1Q3	AM130006	Churroyacu	Q	22/09/13	5°51'46.8"	76°44'11.4"	849	25.1	21.2	
C2T3Q6	AM130007	Cachiyacu Colorado (alto/high)	Q	22/09/13	5°53'53.3"	76°43'12.9"	664	n.a.	n.a.	
C2T3Q7		n.a.	L	22/09/13	5°54'02.6"	76°43'16.4"	728	n.a.	n.a.	
C2T0Q1	AM130008	Cachiyacu (campamento/camp)	R	24/09/13	5°51'28.2"	76°43'14.8"	502	24.1	21.3	
C2T0Q3		n.a.	Q	24/09/13	5°51'33.5"	76°43'02.5"	499	n.a.	n.a.	
C2T4Q1	AM130018	n.a.	P	24/09/13	5°51'48.7"	76°43'04.1"	590	n.a.	n.a.	
C2T4Q2	AM130009	n.a.	Q	24/09/13	5°51'36.2"	76°43'00.3"	513	27.3	25.7	
C2T0Q2		n.a.	L	25/09/13	5°51'32.7"	76°43'04.1"	499	23.7	22.8	
C2T0Q4		Cachiyacu	R	25/09/13	5°51'55.4"	76°42'19.9"	475	30.0	24.0	
C2T0Q5	AM130010	Cachiyacu Colorado (bajo/low)	Q	25/09/13	5°52'00.4"	76°42'19.1"	489	30.0	23.0	
C2T0Q7	AM130011	Shahuiyacu	Q	25/09/13	5°51'45.4"	76°42'33.4"	490	24.6	22.7	
C2T3Q0		n.a.	Q	26/09/13	5°51'42.9"	76°43'13.1"	583	24.7	22.7	
C2T3Q1	AM130012	Catarata	Q	26/09/13	5°51'46.0"	76°43'13.3"	601	22.0	21.9	
C2T3Q2		n.a.	Q	26/09/13	5°52'32.8"	76°43'16.9"	664	22.2	21.4	
C2T3Q4		n.a.	Q	26/09/13	5°52'30.6"	76°43'11.1"	621	22.1	21.5	
C2T3Q5	AM130013	Cachiyacu Chico	Q	26/09/13	5°52'36.0"	76°43'31.2"	612	24.5	20.7	
C3T0Q1	AM130014	Cahuapanas	R	27/9/13	5°39'49.7"	76°50'21.8"	1041	21.2	23.4	
C3T2Q1		n.a. (alto/high)	Q	28/9/13	5°39'58.6"	76°49'41.9"	1285	21.4	18.4	
C3T2Q2	AM130015	n.a. (bajo/low)	Q	28/9/13	5°40'02.2"	76°49'35.6"	1167	22.2	21.4	
C3T1Q1	AM130016	n.a.	Q	29/9/13	5°40'07.2"	76°50'20.9"	1043	n.a.	n.a.	
C3T1Q2	AM130017	n.a.	Q	29/9/13	5°40'12.7"	76°50'20.0"	1046	n.a.	n.a.	
C3T1Q3		n.a.	Q	29/9/13	5°40'21.8"	76°50'13.7"	1045	21.9	20.3	

LEYENDA/LEGEND

Código/ Code

C1 = Mina de Sal

C2 = Alto Cachiyacu

C3 = Alto Cahuapanas

Tipo/ Type

Q = Quebrada/Stream

R = Río/River

L = Laguna/Lake

P = Pozo/Spring

Lecho/ Substrate

R = Rocas/Boulders (areniscas/sandstone)

G = Gravas/Gravel (areniscas/sandstone)

A = Arena/Sand

Water samples collected by Lina Lindell in the vicinity of three campsites visited during a rapid inventory of the Cordillera Escalera-Loreto, Loreto, Peru, on 14-30 September 2013. Lab-based pH and conductivity measurements were performed by Robert Stallard. Geographic coordinates are based on WGS 84.

Lecho/ Substrate	Ancho/ Width (m)	Profun- didad/ Depth (m)	Corriente/ Flow	Color	pH en el campo/ pH in the field	pH en el laboratorio/ pH in the lab	CE en el campo/ EC in the field (µS/cm)	CE en el laboratorio/ EC in the lab (µS/cm)	Sedimento en suspención/ Suspended sediment (mg/L)
R, G, A	6.7	0.3	B	C	5.8	6.98	30	28.3	6.1
R, G, A	3.8	0.2	B	C	5.4	7.06	30	35.4	9.0
R, G, L-Ar	40.0	>5.0	B	M	6.8	7.27	345	308.0	32.5
R, G, L-Ar	40.0	>5.0	B	M	6.8	–	335	–	–
R, G, L-Ar	40.0	>5.0	B	M	6.1	7.21	435	348.0	1.5
R, G, A	8.5	1.0	B	C	5.3	6.94	20	28.8	1.5
O, L-Ar	0.7	0.1	D	C	5.0	–	30	–	–
O, L-Ar	–	–	D	C	4.7	–	10	–	–
R, G, Lo	3.0	0.3	D	C	5.5	7.21	90	85.0	0
n.a.	n.a.	n.a.	n.a.	Co	6.5	7.20	1985	1767	–
n.a.	n.a.	n.a.	n.a.	O	6.1	7.22	130	120.2	–
R, G, L-Ar, Lo	15.0	1.0	B	M	6.8	7.21	190	156.5	77.0
G, L-Ar	n.a.	n.a.	B	C	7.1	7.57	270	231.0	–
R	n.a.	n.a.	n.a.	A	4.4	4.26	340	298.0	–
R, G	n.a.	n.a.	B	C	5.8	6.85	440	397.0	345.4
n.a	n.a.	n.a.	n.a.	O	6.8	7.47	490	256.0	–
R, G, L-Ar	19.6	0.8	B	M	6.5	7.39	160	168.0	–
A, G, L-Ar	19.1	0.7	F	Co	6.8	7.50	1140	1005.0	226.9
R, G	1.5	0.2	B	C	6.5	6.91	70	61.4	6.0
G	n.a.	n.a.	D	C	5.3	6.75	50	51.2	–
R, G, Lo	1.0	0.4	B	C	7.9	7.86	300	274.0	–
R, G	n.a.	n.a.	D	C	5.5	6.80	40	22.5	–
R, G	n.a.	n.a.	D	C	7.1	7.31	150	140.1	–
R, G, L-Ar	25.0	1.05	F	M	6.8	7.16	600	548.0	60.3
L-Ar, O	15.0	1		O	4.9	6.23	10	10.6	3.0
R, G	n.a.	n.a.	B	O	4.6	–	9	–	–
R, A	0.75	0.25	B	O	4.6	4.45	8	14.3	7.6
G, A	1.5	0.05	B	C	4.9	5.88	7	6.7	0
L-Ar, O	1.0	0.05	D	C	4.6	4.83	4	9.2	13.6
R, G	2.3	0.3	B	O	4.7	4.75	12	12.4	–

L-Ar = Limo-Arcilla/Silt-Clay

O = Material orgánico/ Organic debris

Lo = Lodolita/Mudstone

Corriente/Flow

D = Débil/Weak

B = Buena/Regular

F = Fuerte/Strong

Color

C = Clara/Clear

M = Marrón (turbio)/Brown (turbid)

O = Oscuro/Dark

Co = Colorado/Reddish

A = Azul/Blue

n.a.= No analisado o no disponible/ Not analyzed or not available

Muestras de suelo/
Soil samples

Muestras de suelo recolectadas por Lina Lindell en los alrededores de los tres campamentos visitados durante el inventario rápido de la Cordillera Escalera-Loreto, Loreto, Perú, del 14 al 29 de setiembre de 2013. Ninguno de los suelos mostraban reacción con HCl. Textura y pH fueron determinadas en un laboratorio. Se empleó el sistema WGS 84 para registrar las coordenadas geográficas.

MUESTRAS DE SUELO / SOIL SAMPLES		
Código/ Code	**Formación/ Formation**	**Color**
C1T3S1	Cushabatay (arenisca blanca cuarzosa/white quartzose sandstone)	Marrón grisáceo/Grayish brown, 10 YR 5/2
C1T3S2	Cushabatay (transición al Sarayaquillo/transition to Sarayaquillo)	Marrón amarillenta oscura/Dark yellowish brown, 10 YR 4/4
C1T5S1	Sarayaquillo (arensica rojiza/reddish sandstone)	Marrón rojizo oscuro/Dark reddish brown, 5 YR 3/3
C1T3S3	Sarayaquillo (arenisca rojiza/reddish sandstone)	Marrón a marrón oscuro/Brown-dark brown, 7.5 YR 5/4, 3/2
C1T0S1	Sarayaquillo (sobre material evaporitica/on evaporitic material)	Marrón rojizo oscuro/Dark reddish brown, 5 YR 3/3
C2T1S1	Sarayaquillo (arenisca rojiza/reddish sandstone)	Marrón rojizo muy oscuro/Very dark reddish brown, 5 YR 2.5/2
C2T1S2	Sarayaquillo (arenisca rojiza/reddish sandstone)	Marrón amarillenta/Yellowish brown, 10 YR 5/4
C2T1S3	Yahuarango (limolita/siltstone)	Marrón amarillenta/Yellowish brown, 10 YR 5/4
C2T3S1	Cachiyacu-Hushpayacu (arenisca con lutita/sandstone with shale)	Marrón rojizo/Reddish brown, 5 YR 4/3
C2T3S2	Cachiyacu-Hushpayacu (arenisca con lutita/sandstone with shale)	Marrón/Brown, 7.5 YR 4/3
C2T3S3	Cachiyacu-Hushpayacu (arenisca con lutita/sandstone with shale)	Marrón grisáceo oscuro/Dark grayish brown, 10 YR 4/2
C2T3S4	Vivian (arenisca cuarzosa/quartzose sandstone)	Marrón amarillenta oscura/Dark yellowish brown, 10 YR 4/4
C2T4S1	Chonta (posible con material coluvial de Vivian/possible colluvial material from Vivian)	Marrón/Brown, 7.5 YR 4/4
C3T1S1	Cushabatay (arenisca cuarzosa, ladera/quartzose sandstone, slope)	Marrón/Brown, 7.5 YR 5/2 (lleva caolinita/contains kaolinite)
C3T1S2	Cushabatay (arenisca cuarzosa, cumbre/quartzose sandstone, summit)	Marrón amarillenta/Brownish yellow, 10 YR 6/6
C3T1S3	Depósitos aluviales/Alluvial deposits	Marrón oscuro/Dark brown, 7.5 YR 3/3
C3T0S1	Depósitos aluviales recientes/Recent alluvial deposits	Marrón/Brown, 7.5 YR 5/4

1 Estimado en el campo/Estimated in the field

Soil samples collected by Lina Lindell in the vicinity of three campsites visited during the rapid inventory of the Cordillera Escalera-Loreto, in Loreto, Peru, on 14-29 September 2013. None of the soils showed reaction to HCl. Texture and pH were determined in laboratory. Geographic coordinates are based on WGS 84.

Textura/ Texture	pH (1:1)	Altura/ Elevation (m)	Latitud/ Latitude (S)	Longitud/ Longitude (O/W)
G (Arena/Sand)	4.1	683	5°53'7.2"	76°37'30.7"
M (Franco arcillo arenoso/ Sandy clay loam)	3.3	694	5°53'10.4"	76°37'24.3"
M (Franco arcillo arenoso/ Sandy clay loam)	3.6	622	5°52'22.2"	76°37'2.0"
M (Franco arcilloso/Clay loam)	3.6	274	5°53'14.3"	76°36'20.5"
M (Franco/Loam)	5.1	270	5°53'6.9"	76°36'17.2"
M (Franco arenoso/Sandy loam)	3.4	1438	5°51'31.8"	76°45'50.5"
M (Franco arcilloso/ Clay loam)[1]	n.a.	702	5°51'55.3"	76°43'13.4"
F (Arcilloso/Clay)	3.9	980	5°51'30.4"	76°44'48.9"
F (Arcilloso/Clay)	5.1	713	5°51'55.6"	76°43'13.6"
F (Arcilloso/Clay)	5.9	702	5°51'55.3"	76°43'13.4"
F (Arcilloso/Clay)	5.0	702	5°51'55.3"	76°43'13.0"
M (Franco arcilloso/Clay loam)	3.5	702	5°51'54.8"	76°43'12.2"
M (Franco arcilloso/Clay loam)	4.3	548	5°51'46.7"	76°42'46.2"
G (Arena/Sand)	3.6	1276	5°39'57.6"	76°49'38.1"
F (Arcilloso/Clay)	3.8	1278	5°39'59.8"	76°49'45.6"
M (Franco arenoso/Sandy loam)	3.5	1040	5°39'52.9"	76°50'19.2"
G (Arena/Sand)	4.6	1041	5°39'51.2"	76°50'21.6"

Muestras de rocas recolectadas por Lina Lindell en los alrededores de dos campamentos visitados durante el inventario rápido de la Cordillera Escalera-Loreto, Loreto, Perú, del 14 al 30 de setiembre de 2013. Se empleó el sistema WGS 84 para registrar las coordenadas geográficas.

MUESTRAS DE ROCA/ROCK SAMPLES					
Código/ Code	Formación/ Formation	Litología/ Lithology	Altura/ Elevation (m)	Latitud/ Latitude (S)	Longitud/ Longitude (O/W)
C1T3R1	Cushabatay	Arenisca blanca laminada, grano fino/Finely laminated white sand, fine-grained	269	5°53'18.5"	76°36'23.3"
C1T5R1	Cushabatay	Arenisca clara de grano muy gruesa/White, very coarse-grained sandstone	688	5°53'11.1"	76°37'13.7"
C1T3R2	Sarayaquillo	Arenisca rojiza de grano muy fina/Reddish sandstone, very fine-grained	570	5°53'9.3"	76°37'4.2"
C1T0R1	Sarayaquillo	Argilita rojiza con material calcáreo, fácilmente se deshace en escamas/Reddish calcareous claystone, very fine-grained, easily fractured into flakes	270	5°52'58.3"	76°36'3.4"
C1T0R6	Sarayaquillo	Arcilla roja asociada con las evaporitas/Red clay associated with evaporites	270	5°52'58.3"	76°36'3.4"
C1T0R4	Evaporita/ Evaporite (Sarayaquillo)	Halita rojiza/Reddish impregnated halite	270	5°52'58.3"	76°36'3.4"
C1T0R2	Evaporita/ Evaporite (Sarayaquillo)	Yeso o anhidrita rojiza, grano muy fino/Reddish gypsum, very fine-grained	270	5°52'58.3"	76°36'3.4"
C1T0R3	Evaporita/ Evaporite (Sarayaquillo)	Yeso o anhidrita blanca, grano muy fino a muy grueso/Gypsum or anhydrite, white, very fine-grained to very coarse-grained	270	5°52'58.3"	76°36'3.4"
C1T0R9	Evaporita/ Evaporite (Sarayaquillo)	Yeso o anhidrita rojiza, grano muy fino/Reddish gypsum or anhydrite, very fine-grained	270	5°52'58.3"	76°36'3.4"
C1T0R7	Evaporita/ Evaporite (Sarayaquillo)	Yeso quemado[1]/Burned gypsum[1]	258	5°53'28.3"	76°36'19.8"
C1T0R8	Evaporita/ Evaporite (Sarayaquillo)	Polvo de yeso quemado[1]/Burned gypsum powder[1]	258	5°53'28.3"	76°36'19.8"
C1T0R5	Chonta	Caliza de color gris con una abundancia de fósiles. Material del lecho del río Cachiyacu/Fossiliferous gray limestone (shell bed). This rock was found in the bed of the Cachiyacu River	258	5°53'28.3"	76°36'19.8"
C2T1R1	Cushabatay	Arenisca fina blanca, suave con huellas de granos minerales disueltos/Fine-grained white sandstone, well sorted, poorly cemented with marks from dissolved mineral grains	1913	5°52'2.1"	76°46'29.3"
C2T1R2	Sarayaquillo	Limolita rojiza/Reddish siltstone	1543	5°51'38.7"	76°45'50.2"
C2T1R3	Sarayaquillo	Arenisca rojiza de grano muy fina/Reddish sandstone, very fine-grained	1438	5°51'31.8"	76°45'50.5"
C2T1R4	Yahuarango	Limolita de color marrón amarillo con abundante material orgánico/Yellowish brown siltstone with abundant organic material	990	5°51'28.2"	76°44'52.1"
C2T1R5	Cachiyacu-Uchpayacu	Limolita gris-violáceo ampliamente bioturbado[2]/ Highly bioturbated gray-purple siltstone[2]	849	5°51'46.8"	76°44'11.4"
C2T3R1	Cachiyacu-Uchpayacu	Arenisca de grano fina, gris oscura, cementada por calcita (reacción débil con HCl), precipitación de hierro/Fine-grained dark gray sandstone cemented by calcite (weak reaction with HCl), slightly tinted by iron	840	5°51'46.8"	76°44'11.4"
C2T1R6	Vivian	Arenisca beige-rosado-naranjado de grano muy fina. Posiblemente manchas de glauconita/Beige-pink-orange sandstone, fine-grained, well sorted. Possible stains of glauconite	702	5°51'54.8"	76°43'12.2"
C2T0R28	Vivian	Arenisca blanco-naranja-rosado de grano mediano a muy grueso/White-orange-pink medium- to very coarse-grained sandstone	515	5°51'43.3"	76°42'50.1"

Rock samples collected by Lina Lindell in the vicinity of two campsites visited during a rapid inventory of the Cordillera Escalera-Loreto, in Loreto, Peru, on 14-30 September 2013. Geographic coordinates are based on WGS 84.

	MUESTRAS DE ROCA / ROCK SAMPLES				
Código/ Code	**Formación/ Formation**	**Litología/ Lithology**	**Altura/ Elevation (m)**	**Latitud/ Latitude (S)**	**Longitud/ Longitude (O/W)**
C2TOR1	Sarayaquillo (Probable)	Arenisca rojiza de grano fino, laminada con limo o arcilla. Material del lecho del río Cachiyacu/Fine-grained reddish sandstone, finely laminated with darker silt or clay. Material from the bed of the Cachiyacu River	502	5°51'28.2"	76°43'14.8"
C2TOR7	Chonta	Arenisca de grano muy fino con pedazos pequeños de conchas trozadas/Very fine-grained gray sandstone with broken dark shells	502	5°51'28.2"	76°43'14.8"
C2TOR3	Chonta	Caliza con abundantes fósiles (coquina) que incluye gasterópodos pequeños/Limestone with abundant fossils (coquina), including small gastropods	502	5°51'28.2"	76°43'14.8"
C2TOR29	Chonta	Caliza con abundantes fósiles (coquina)/Limestone with abundant fossils (coquina)	502	5°51'28.2"	76°43'14.8"
C2TOR25	Chonta (fósil/fossil)	Parte de un amonita con mineralización de pirita/Part of ammonoid fossil with pyrite mineralization	502	5°51'28.2"	76°43'14.8"
C2TOR5	Chonta (fósil/fossil)	Bivalvo fósil intacto/Intact bivalve fossil	502	5°51'28.2"	76°43'14.8"
C2TOR12	Chonta (fósil/fossil)	Fósiles de bivalvos/Bivalve fossils	502	5°51'28.2"	76°43'14.8"
C2TOR37	Chonta (fósil/fossil)	Echinodermo/Echinoderm	502	5°51'28.2"	76°43'14.8"
C2TOR4, C2TO35, C2TO36	Chonta	Caliza de color gris con abundantes fósiles/Gray limestone with abundant fossils	502	5°51'28.2"	76°43'14.8"
C2TOR11, C2TOR30, C2TOR31	Chonta (fósil/fossil)	Fósiles grandes de amonitas; parte intacto del más grande tiene un radio de ca. 13 cm/Large ammonoid fossils; intact part of the largest one has a radius of ca. 13 cm	502	5°51'28.2"	76°43'14.8"
C2TOR16, C2TOR18, C2TOR21, C2TOR22	Chonta (fósil/fossil)	Parte interior de amonoitas grandes/Cross-section of interior of large ammonoid fossils	502	5°51'28.2"	76°43'14.8"
C2TOR10, C2TOR32, C2TOR33, C2TOR34	Chonta (fósil/fossil)	Concha fósil; el más grande tiene 10 x 8 x 4 cm/Bivalve fossils; the largest measures 10 x 8 x 4 cm	502	5°51'28.2"	76°43'14.8"
C2TOR6	Chonta	Lodolita gris oscura con abundantes macro-fósiles intactos (no hay reacción con HCl)/Dark gray claystone with abundant intact macrofossils (no reaction with HCl)	502	5°51'28.2"	76°43'14.8"
C2T3R2	Chonta	Arenisca fina de color oscura, cementado con caliza, bioturbada/Strongly bioturbated fine dark-colored sandstone, lime cement	502	5°51'28.2"	76°43'14.8"
C2TOR23	Chonta	Caliza gris verdoso con fósiles/Gray to green limestone with fossils	502	5°51'28.2"	76°43'14.8"
C2TOR27	Chonta	Caliza de color gris con abundantes fósiles (depósito de conchas)/Gray limestone with abundant fossils (shell deposit)	502	5°51'28.2"	76°43'14.8"

1 Los Shawi queman el yeso durante aproximadamente dos horas para producir un material similar en consistencia a talco que utilizan para facilitar la producción de hilo para su vestimenta típica./The Shawi burn gypsum for approximately two hours to generate a material similar in consistency to talc. This material plays an important part in the production of yarn used to make typical Shawi clothing.

2 Posiblemente bioturbación reciente/This bioturbation may be recent.

LEYENDA/LEGEND

**Código/
Code**

C1 = Mina de Sal

C2 = Alto Cachiyacu

Plantas vasculares/
Vascular plants

Plantas vasculares registradas en tres campamentos durante un inventario rápido de la Cordillera Escalera-Loreto, en Loreto, Perú, del 14 de setiembre al 2 de octubre del 2013. Recopilado por Marcos Ríos Paredes. Las colecciones, fotos y observaciones fueron hechas por los miembros del equipo botánico (Tony Jonatan Mori Vargas, David Neill, Marcos Ríos Paredes, Luis Torres Montenegro y Corine Vriesendorp) con la excepción de algunas colecciones históricas realizadas en la misma zona por Guillermo Klug y Elsworth Paine Killip en 1929–1933. Los nombres de las familias de plantas son los utilizados en marzo de 2014 en la página web Tropicos del Jardín Botánico de Missouri (*http://www.tropicos.org*).

PLANTAS VASCULARES / VASCULAR PLANTS

Nombre científico/ Scientific name	Campamento/ Campsite				
	Mina de Sal	Alto Cachiyacu base	Alto Cachiyacu intermedio/ intermediate	Alto Cachiyacu cumbre/summit	Alto Cahuapanas
SPERMATOPHYTA					
Acanthaceae					
(3 spp. no identificadas)		x			
Aphelandra (1 sp. no identificada)	x				
Aphelandra knappiae Wassh.	x			x	
Fittonia albivenis (Lindl. ex Vietch) Brummit		x			
Justicia (2 spp. no identificadas)		x			
Justicia comata (L.) Lam.					
Justicia polygonoides Kunth					
Justicia stuebelii Lindau	x				
Pseuderanthemum (1 sp. no identificada)	x				
Ruellia amoena Sessé & Moc.					
Ruellia chartacea (T. Anderson) Wassh.	x	x			
Ruellia yurimaguensis Lindau					
Sanchezia (2 spp. no identificadas)		x			
Sanchezia oblonga Ruiz & Pav.	x				
Sanchezia stenomacra Leonard & L.B. Sm.					
Achariaceae					
Mayna odorata Aublet	x	x		x	
Lindackeria paludosa (Benth.) Gilg					
Actinidiaceae					
Saurauia prainiana Buscal.	x	x			
Alismataceae					
Echinodorus bolivianus (Rusby) Holm-Niels.					
Alstroemeriaceae					
Bomarea (1 sp. no identificada)				x	x
Alzateaceae					
Alzatea verticillata Ruiz & Pav.					x
Amaranthaceae					
Chamissoa altissima var. *rubella* Suess.					
Gomphrena holosericea (Mart.) Moq.					
Amaryllidaceae					
Eucharis grandiflora Planch. & Linden		x			
Anacardiaceae					
Anacardium giganteum W. Hancock ex Engl.	x	x			
Astronium graveolens Jacq.				x	
Tapirira guianensis Aubl.	x			x	x
Tapirira retusa Ducke	x				x

Vascular plants recorded at three campsites during a rapid inventory of Cordillera Escalera-Loreto, Loreto, Peru, between 14 September and 2 October 2013. Compiled by Marcos Ríos Paredes. Collections, photographs, and observations by members of the botany team (Tony Jonatan Mori Vargas, David Neill, Marcos Ríos Paredes, Luis Torres Montenegro, and Corine Vriesendorp), with the exception of some historic collections made in the same region by Guillermo Klug and Elsworth Paine Killip in 1929–1933. Plant family names are those in use in March 2014 on the Missouri Botanical Garden's Tropicos website (*http://www.tropicos.org*).

LEYENDA/LEGEND

**Espécimen/
Voucher**

CV = Corine Vriesendorp

DN = David Neill

EPK = Elsworth Paine Killip

GK = Guillermo Klug

MR = Marcos Ríos Paredes

LT = Luis Torres Montenegro

TM = Tony Mori

**Estatus/
Status**

NL = Nuevo para Loreto/
New for Loreto

NP = Nuevo para el Perú/
New for Peru

Espécimen/ Voucher	Observación/ Observation	Fotos/ Photos	Estatus/ Status
GK2861; MR3112, 3197			
MR3022			
GK2847; MR2937		DN168-176c1	NL
MR3100		DN95-99c2; LT1911-1915c2	
GK3141, MR3297			
GK2909			
GK2858			
MR3064			
		MR7352-7354c1	
GK2914			
GK2894; MR3079, 3123			
GK3086			
MR3106, 3111			
MR3090			
GK3020			
MR3019, 3047, 3269	x		
GK3037			
GK3176; MR3161			
GK2875			
MR3376, 3434			
MR3424			NL
GK2997			
GK3011			
MR3135		CV9671-9673c2	
	x		
	x		
GK3008, 3156	x		
	x		

PLANTAS VASCULARES / VASCULAR PLANTS					
Nombre científico/ **Scientific name**	**Campamento/** **Campsite**				
	Mina de Sal	Alto Cachiyacu base	Alto Cachiyacu intermedio/ intermediate	Alto Cachiyacu cumbre/summit	Alto Cahuapanas
Annonaceae					
Cremastosperma megalophyllum R.E. Fr.					
Guatteria (1 sp. no identificada)				x	
Guatteria megalophylla Diels	x	x		x	x
Xylopia aromatica (Lam.) Mart.					
Xylopia crinita R.E. Fr.		x			x
Xylopia cuspidata Diels					
Xylopia micans R.E. Fr.					
Xylopia parviflora (Guill. & Perr.) Engl. & Diels	x				
Apocynaceae					
Allomarkgrafia ovalis (Ruiz & Pav. ex Markgr.) Woodson					
Blepharodon salicinum Decne.					
Couma macrocarpa Barb. Rodr.	x			x	
Himatanthus cf. *sucuuba* (Spruce ex Müll. Arg.) Woodson	x	x			
Macoubea guianensis Aubl.	x			x	
Mandevilla polyantha K. Schum. ex Woodson					
Matelea macrocarpa (Poepp.) Morillo					
Odontadenia nitida (Vahl) Müll. Arg.					
Oxypetalum flavopurpureum Goyder & Fontella					
Parahancornia peruviana Monach.	x			x	
Tabernaemontana flavicans Willd. ex Roem. & Schult.					
Tabernaemontana sananho Ruiz & Pav.	x				
Tabernaemontana undulata Vahl	x	x			
Tassadia aristata (Benth. ex E. Fourn.) Fontella					
Tassadia berteroana (Spreng.) W.D. Stevens					
Tassadia kamaensis (Morillo) Morillo					
Aquifoliaceae					
Ilex (2 spp. no identificadas)	x			x	x
Ilex laurina Kunth					x
Ilex cf. *macbridiana* Edwin				x	
Ilex vismiifolia Reissek	x				
Araceae					
Anthurium (3 spp. no identificadas)				x	x
Anthurium acrobates Sodiro					
Anthurium atropurpureum R.E. Schult. & Maguire	x				
Anthurium croatii Madison					
Anthurium ernestii Engl.					
Anthurium oxycarpum Poepp.					

Espécimen/ Voucher	Observación/ Observation	Fotos/ Photos	Estatus/ Status
GK3069			
MR3355			
	x		
GK2845			
	x		
GK3048			
GK3034			
	x		
GK3157			
GK3077			
	x	DN180-182c1; CV9143-9144c1	
MR3157, 3159		CV9629-9636c2	
	x		
GK3098			
GK3190			
GK2985			
GK3078			
GK2979	x		
GK2856			
MR3061			
MR2940		CV9130_ 9132c1	
GK2891			
GK2984			
GK2853			
MR3354, 3491			
MR3556			NL
MR3264, 3367			NL
MR2965			
MR3246, 3390, 3562			
EPK28502, 28640, 28676			
MR3010		TM9754-9757	
GK2988			
EPK28695			
EPK28628			

PLANTAS VASCULARES / VASCULAR PLANTS					
Nombre científico/ **Scientific name**	**Campamento/** **Campsite**				
	Mina de Sal	Alto Cachiyacu base	Alto Cachiyacu intermedio/ intermediate	Alto Cachiyacu cumbre/summit	Alto Cahuapanas
Anthurium pseudoclavigerum Croat	x				
Anthurium straminopetiolatum Croat					
Anthurium vittariifolium Engl.					
Dieffenbachia cannifolia Engl.					
Dracontium angustispathum G.H. Zhu & Croat	x	x			
Heteropsis flexuosa (Kunth) G.S. Bunting	x	x			
Monstera aureopinnata Croat					
Monstera latiloba K. Krause					
Philodendron (4 spp. no identificadas)		x			x
Philodendron asplundii Croat & M.L. Soares					
Philodendron campii Croat					
Philodendron ernestii Engl.	x				x
Philodendron paucinervium Croat					
Stenospermation (1 sp. no identificada)					
Stenospermation arborescens Madison				x	
Syngonium (1 sp. no identificada)		x			
Araliaceae					
Dendropanax arboreus (L.) Decne. & Planch.	x				x
Dendropanax cf. *caucanus* (Harms) Harms					x
Dendropanax macropodus (Harms) Harms					
Oreopanax (1 sp. no identificada)				x	
Oreopanax cf. *iodophyllus* Harms					
Schefflera (7 spp. no identificadas)		x		x	x
Schefflera harmsii J.F. Macbr.					x
Schefflera megacarpa A.H. Gentry	x				
Schefflera morototoni (Aubl.) Maguire, Steyerm. & Frodin	x				
Arecaceae					
Aiphanes (1 sp. no identificada)				x	
Aiphanes weberbaueri Burret	x	x			x
Astrocaryum (1 sp. no identificada)		x			
Astrocaryum chambira Burret		x			
Bactris (2 spp. no identificadas)	x			x	
Ceroxylon amazonicum Galeano					x
Chamaedorea (1 sp. no identificada)			x		
Desmoncus giganteus A.J. Hend.				x	
Dictyocaryum lamarckianum (Mart.) H. Wendl.				x	x
Euterpe catinga Wallace				x	x

Espécimen/ Voucher	Observación/ Observation	Fotos/ Photos	Estatus/ Status
MR3092	x		
EPK28692			
EPK28693			
EPK28171			
		CV9281-9283c1, TM9871-9878c1	
	x		
EPK28421			
EPK28620			
EPK28152; MR3169, 3389, 3550			
EPK28688			
EPK28143			
	x		
EPK28149			
EPK28613			
MR3341		CV9834-9839c2	NP
		CV34c2	
MR3454			
MR3504			
GK3124			
MR3262		MR8023-8028c2	
GK3158			
MR3162, 3226, 3309, 3338, 3349, 3417, 3473, 3573, 3574, 3575, 3576			
MR3416			
MR3038			
GK3082	x		
MR3276			
MR2985			
		CV9663-9667c2	
	x		
	x		
	x		
MR3254			
	x		
		CV9846, 9919	NL
	x	MR8121c3; TM251-254c3	

PLANTAS VASCULARES / VASCULAR PLANTS					
Nombre científico/ **Scientific name**	**Campamento/** **Campsite**				
	Mina de Sal	Alto Cachiyacu base	Alto Cachiyacu intermedio/ intermediate	Alto Cachiyacu cumbre/summit	Alto Cahuapanas
Euterpe precatoria Mart.	x			x	x
Geonoma (7 spp. no identificadas)	x	x		x	
Hyospathe elegans Mart.	x				
Iriartea deltoidea Ruiz & Pav.	x			x	x
Iriartella stenocarpa Burret	x				
Mauritia flexuosa L. f.	x			x	x
Mauritiella armata (Mart.) Burret					x
Oenocarpus bataua Mart.	x			x	x
Oenocarpus mapora H. Karst.	x			x	x
Pholidostachys synanthera (Mart.) H. E. Moore	x	x			x
Phytelephas macrocarpa Ruiz & Pav.				x	
Prestoea acuminata (Willd.) H.E. Moore		x			
Socratea exorrhiza (Mart.) H. Wendel	x			x	x
Socratea rostrata Burret					x
Welfia alfredii A.J. Hend. & Villalba					x
Wettinia longipetala A.H. Gentry	x				x
Wettinia maynensis Spruce	x				
Aristolochiaceae					
Aristolochia pilosa Kunth					
Asteraceae					
(13 spp. no identificadas)		x		x	x
Adenostemma brasilianum (Pers.) Cass.					
Baccharis (5 spp. no identificadas)	x			x	x
Baccharis brachylaenoides DC.				x	x
Baccharis subbimera Hieron.					
Clibadium (1 sp. no identificada)	x				
Eirmocephala brachiata (Benth.) H. Rob.		x			
Gynoxys (1 sp. no identificada)				x	
Mikania (2 spp. no identificadas)		x			
Mikania micrantha Kunth					
Munnozia hastifolia (Poepp.) H. Rob. & Brettell					
Piptocarpha klugii G. Lom. Smith ex H. Rob.					
Senecio millei Greenm.					
Tessaria integrifolia Ruiz & Pav.					
Vernonia (2 spp. no identificadas)	x	x			

Espécimen/ Voucher	Observación/ Observation	Fotos/ Photos	Estatus/ Status
	x		
MR2991, 3008, 3023, 3055, 3222, 3251, 3266			
MR3034		CV9398C1-CV9401C1	
	x		
MR2983, 3043		MR7383-7388c1	
	x		
	x		
	x		
	x		
MR2986			
	x		
MR3153			NL
	x		
MR3578			NL
	x	TM336c3	NL
MR3029, 3577		CV9212-9214c1; DN191-196c1	
	x	CV9200-9204c1	
GK3042			
MR3191, 3193, 3203, 3204, 3236, 3271, 3278, 3373, 3378, 3408, 3412, 3441, 3552			
GK2925			
MR3070, 3306, 3359, 3382, 3494			
GK3144; MR3372, 3428			NL
GK3163			
MR3076			
MR3083, 3163			
MR3301			
MR3150, 3199			
GK2977			
GK3169			
GK3167			
GK3191			
GK2999			
MR3202			

PLANTAS VASCULARES / VASCULAR PLANTS					
Nombre científico/ **Scientific name**	**Campamento/** **Campsite**				
	Mina de Sal	Alto Cachiyacu base	Alto Cachiyacu intermedio/ intermediate	Alto Cachiyacu cumbre/summit	Alto Cahuapanas
Begoniaceae					
Begonia buddleiifolia A. DC.	x				
Begonia glabra Aubl.		x			
Begonia parviflora Poepp.& Endl.					
Begonia semiovata Liebm.					
Bignoniaceae					
Anemopaegma floridum Mart. ex DC.					
Arrabidaea floribunda (Kunth) Loes.					
Arrabidaea florida DC.					
Arrabidaea ortizii A.H. Gentry ex Vasquez et al., nom. nud.					
Arrabidaea patellifera (Schltdl.) Sandwith					
Callichlamys latifolia (Rich.) K. Schum.	x				x
Digomphia densicoma (Mart. ex DC.) Pilg.		x			
Jacaranda copaia (Aubl.) D. Don	x	x			x
Jacaranda glabra (A. DC.) Bureau & K. Schum.	x	x			x
Jacaranda macrocarpa Bureau & K. Schum.	x				
Macfadyena uncata (Andrews) Sprague & Sandwith					
Martinella obovata (Kunth) Bureau & K. Schum.					
Memora cladotricha Sandwith	x				
Pleonotoma melioides (S. Moore) A.H. Gentry					
Pyrostegia dichotoma Miers ex K. Schum.					
Tabebuia incana A.H. Gentry	x				
Tynanthus polyanthus (Bureau) Sandwith					
Bixaceae					
Bixa platycarpa Ruiz & Pav. ex G. Don					
Cochlospermum orinocense (Kunth) Steud.					
Bonnetiaceae					
Bonnetia paniculata Spruce ex Benth.	x				
Boraginaceae					
Cordia alliodora (Ruiz & Pav.) Oken					
Cordia nodosa Lam.	x	x			x
Cordia poeppigii DC.					
Bromeliaceae					
(2 spp. no identificadas)		x			
Aechmea poitaei (Baker) L.B. Sm. & M.A. Spencer	x				
Billbergia brachysiphon var. *breviflora* H. Luther		x			
Billbergia stenopetala Harms	x				
Guzmania (2 spp. no identificadas)					x

Espécimen/ Voucher	Observación/ Observation	Fotos/ Photos	Estatus/ Status
MR2963			
GK3129; MR3127, 3298			
GK3073, 3225			
GK2840, 2923			
GK3101			
GK2897			
GK2975			
GK2973			
GK2989			
	x		
MR3296			NL
	x		
	x		
	x	CV9183, 9311c1	
EPK28162			
GK3106			
GK2964	x		
GK2996			
GK2969			
	x	CV9087-9088c1	
GK2836			
GK3040			
GK3120			
MR2956			
GK2910, 3109			
	x		
GK2990			
MR3241, 3247			
		CV9179-9180c1	
MR3118			NP
MR3031		CV9085-9086c1; DN185-186c1	NL
MR3516, 3522			

PLANTAS VASCULARES / VASCULAR PLANTS					
Nombre científico/ **Scientific name**	**Campamento/** **Campsite**				
	Mina de Sal	Alto Cachiyacu base	Alto Cachiyacu intermedio/ intermediate	Alto Cachiyacu cumbre/summit	Alto Cahuapanas
Guzmania bismarckii Rauh					X
Guzmania gracilior (André) Mez				X	
Guzmania lemeana Manzanares					X
Guzmania melinonis Regel		X			
Guzmania paniculata Mez			X		
Guzmania tarapotina Ule			X		
Pepinia corallina (Linden & André) G.S. Varad. & Gilmartin					
Pitcairnia (1 sp. no identificada)	X				
Pitcairnia sp. nov.				X	
Pitcairnia aphelandriflora Lem.	X				X
Racinaea (1 sp. no identificada)					X
Racinaea pendulispica (Mez) M.A. Spencer & L.B. Sm.				X	
Racinaea spiculosa (Griseb.) M.A. Spencer & L.B. Sm.			X		
Vriesea (1 sp. no identificada)					X
Vriesea rubrobracteata Rauh			X		
Burmanniaceae					
Dictyostega cf. *orobanchoides* (Hook.) Miers	X				
Burseraceae					
Crepidospermum prancei D.C. Daly	X				
Dacryodes uruts-kunchae Daly, M.C. Martinez & D.A. Neill	X				X
Dacryodes peruviana (Loes.) H.J. Lam	X				
Protium altsonii Sandwith	X				
Protium amazonicum (Cuatrec.) D.C. Daly	X				X
Protium heptaphyllum (Aubl.) Marchand	X				X
Protium nodulosum Swart	X				X
Protium paniculatum Engl.	X				
Protium subserratum (Engl.) Engl.	X	X			X
Protium trifoliolatum Engl.	X				
Tetragastris panamensis (Engl.) Kuntze	X	X	X		X
Trattinnickia aspera (Standl.) Swart	X				
Cactaceae					
Pseudorhipsalis amazonica (K. Schum.) Ralf Bauer					X
Calophyllaceae					
Calophyllum (1 sp. no identificada)	X	X			X
Marila laxiflora Rusby	X				
Campanulaceae					
Centropogon granulosus C. Presl				X	X
Centropogon silvaticus E. Wimm.	X				

Espécimen/Voucher	Observación/Observation	Fotos/Photos	Estatus/Status
MR3423, 3458			NL
MR3265, 3320			NL
MR3499			NP
MR3194			NL
MR3243			NL
MR3234			NL
GK3018			
MR2990			
MR3242, 3250			NP
MR3042, 3526, 3557			
MR3495			
MR3261, 3322			NL
MR3239			
MR3539			
MR3237			NL
MR3032			
		MR7604-7609c1	
MR2996, 3542			NL
	x		
	x		
	x		
MR2971, 3582		CV9318c1	
	x		
	x		
	x	CV9150-9151c1	
	x		
	x		
	x		
MR3500			
MR3446			
GK3023	x		
MR3395, 3512			NL
GK3062; MR3000, 3041			

LEYENDA/LEGEND

**Espécimen/
Voucher**

CV = Corine Vriesendorp
DN = David Neill
EPK = Elsworth Paine Killip
GK = Guillermo Klug
MR = Marcos Ríos Paredes
LT = Luis Torres Montenegro
TM = Tony Mori

**Estatus/
Status**

NL = Nuevo para Loreto/
New for Loreto
NP = Nuevo para el Perú/
New for Peru

PLANTAS VASCULARES / VASCULAR PLANTS					
Nombre científico/ **Scientific name**	**Campamento/** **Campsite**				
	Mina de Sal	Alto Cachiyacu base	Alto Cachiyacu intermedio/ intermediate	Alto Cachiyacu cumbre/summit	Alto Cahuapanas
Cannabaceae					
Celtis schippii Standl.	x				
Capparaceae					
Capparidastrum osmanthum (Diels) Cornejo & Iltis					
Capparidastrum sola (J.F. Macbr.) Cornejo & H. Iltis					x
Preslianthus pittieri (Standl.) Iltis & Cornejo	x				
Caricaceae					
Jacaratia digitata (Poepp. & Endl.) Solms	x	x			
Caryocaraceae					
Anthodiscus pilosus Ducke	x			x	x
Caryocar glabrum Pers.	x	x		x	x
Celastraceae					
(2 spp. no identificadas)	x				
Cheiloclinium cognatum (Miers) A.C. Sm.	x			x	x
Tontelea attenuata Miers					
Chloranthaceae					
Hedyosmum racemosum (Ruiz & Pav.) G. Don				x	x
Hedyosmum sprucei Solms		x			
Chrysobalanaceae					
Couepia bracteosa Benth.	x				
Couepia cf. *macrophylla* Spruce ex Hook. f.					x
Licania macrocarpa Cuatrec.	x			x	
Licania octandra (Hoffmanns. ex Roem. & Schult.) Kuntze	x			x	
Licania reticulata Prance	x				
Parinari occidentalis Prance	x			x	x
Clethraceae					
Clethra fimbriata Kunth				x	
Purdiaea sp. nov.				x	
Clusiaceae					
Chrysochlamys ulei Engl.	x	x			
Chrysochlamys weberbaueri Engl.					
Clusia (6 spp. no identificadas)		x		x	
Clusia alata Planch. & Triana					x
Clusia ducuoides Engl.				x	
Clusia elliptica Kunth				x	
Clusia lineata (Benth.) Planch. & Triana					x
Clusia pallida Engl.		x			
Dystovomita paniculata (Donn. Sm.) Hammel					x

Espécimen/ Voucher	Observación/ Observation	Fotos/ Photos	Estatus/ Status
	x		
GK3013			
	x		
	x		
MR3014			
	x		
	x		
MR3021, 3062, 3096			
GK2900			
MR3211, 3384			NL
GK3175; MR3211			
		LT802-807c1	
	x		
	x		
MR3362			NL
MR3257, MR3295, 3369			NP
MR3017, 3093, 3146			
GK3012, 3061			
MR3224, 3233, 3321, 3343, 3413, 3455, 3493			
MR3524			
MR3255			NL
MR3342			NL
MR3492			
MR3168			NL
MR3569			NL

PLANTAS VASCULARES/VASCULAR PLANTS					
Nombre científico/ Scientific name	**Campamento/ Campsite**				
	Mina de Sal	Alto Cachiyacu base	Alto Cachiyacu intermedio/ intermediate	Alto Cachiyacu cumbre/summit	Alto Cahuapanas
Garcinia macrophylla Mart.	x				x
Symphonia globulifera L. f.	x				x
Tovomita (1 sp. no identificada)		x			x
Tovomita cf. *calophyllophylla* Garcia-Villacorta & Hammel	x				x
Tovomita weddelliana Planch. & Triana	x				x
Combretaceae					
Buchenavia amazonia Alwan & Stace	x			x	
Buchenavia parvifolia Ducke	x				x
Combretum fruticosum (Loefl.) Stuntz					
Combretum laxum Jacq.					
Terminalia amazonia (J.F. Gmel.) Exell					
Commelinaceae					
Commelina (1 sp. no identificada)		x			
Commelina obliqua Vahl					
Dichorisandra (2 spp. no identificadas)		x		x	
Connaraceae					
Connarus ruber var. *sprucei* (Baker) Forero					
Convolvulaceae					
(2 spp. no identificadas)		x			
Dicranostyles mildbraediana Pilg.					
Dicranostyles sericea Gleason					
Ipomoea (1 sp. no identificada)		x			
Ipomoea peruviana O'Donell					
Ipomoea quamoclit L.					
Jacquemontia tamnifolia (L.) Griseb.					
Odonellia (1 sp. no identificada		x			
Cucurbitaceae					
(2 spp. no identificadas)		x		x	
Fevillea cordifolia L.					
Fevillea pedatifolia (Cogn.) C. Jeffrey					
Cunnoniaceae					
Weinmannia (6 spp. no identificadas)				x	x
Weinmannia cf. *cochensis* Hieron.					
Weinmannia ternata Engl.					x
Cyclanthaceae					
Asplundia (1 sp. no identificada)	x				x
Carludovica palmata Ruiz & Pav.	x	x			
Cyclanthus bipartitus Poit. ex A. Rich.	x	x			x

Espécimen/ Voucher	Observación/ Observation	Fotos/ Photos	Estatus/ Status
	x		
MR3436	x		
MR3210			
	x		
MR3437	x		
	x		
	x		
GK3130			
GK3068			
GK3107			
MR3192			
GK3214			
MR3183, 3400			
GK2937			
MR3136, 3137	x		
GK2947			
GK2962			
MR3136	x		
GK3089			
GK3115			
GK3065			
MR3137			
MR3138, 3252			
GK3090			
GK2896			
MR3232, 3275, 3310, 3358, 3363, 3383, 3551			
MR3231			NL
MR3485			NL
MR2995			
	x		
	x		

PLANTAS VASCULARES / VASCULAR PLANTS					
Nombre científico/ **Scientific name**	**Campamento/** **Campsite**				
	Mina de Sal	Alto Cachiyacu base	Alto Cachiyacu intermedio/ intermediate	Alto Cachiyacu cumbre/summit	Alto Cahuapanas
Dicranopygium yacu-sisa Harling	X	X			
Sphaeradenia cf. *steyermarkii* (Harling) Harling	X			X	
Cyperaceae					
Cyperus (2 spp. no identificada)		X			
Cyperus aggregatus (Willd.) Engl.				X	
Cyperus cuspidatus Kunth					
Cyperus luzulae (L.) Rottb. ex Retz.		X			
Mapania pycnocephala (Benth.) Benth.					X
Scleria (1 sp. no identificada)					X
Scleria macrophylla J. Presl & C. Presl					X
Scleria secans (L.) Urb.	X				
Dichapetalaceae					
Dichapetalum odoratum Baill.					
Dilleniaceae					
Davilla rugosa Poir.					
Doliocarpus cf. *dentatus* (Aubl.) Standl.	X				
Dioscoreaceae					
Dioscorea amaranthoides C. Presl					
Dioscorea glauca Rusby					
Dioscorea samydea Griseb.					
Dioscorea stegelmanniana R. Knuth					
Dioscorea trifida L. f.					
Ebenaceae					
Diospyros artanthifolia Mart.		X			
Elaeocarpaceae					
Sloanea floribunda					X
Sloanea fragrans Rusby		X			
Ericaceae					
(7 spp. no identificadas)	X	X		X	X
Bejaria sprucei Meisn.		X		X	X
Cavendishia bracteata (Ruiz & Pav. ex J. St.-Hil.) Hoerold					X
Cavendishia tarapotana var. *gilgiana* (Hoerold) Luteyn					
Ceratostema (1 sp. no identificada)		X			
Disterigma alaternoides (Kunth) Nied.			X		
Macleania (2 spp. no identificadas)		X			X
Macleania floribunda Hook.					

Espécimen/ Voucher	Observación/ Observation	Fotos/ Photos	Estatus/ Status
GK3019; MR2999, 3075, 3101			
MR3049			
MR3165, 3195			
MR3299			
GK3133			
		CV42c2	
MR3561			NP
MR3405			
MR3560			
MR2978			
GK3070			
GK3217			
	x		
GK3099			
GK3119			
GK2852			
GK2986			
GK2995			
	x		
MR3444			
MR3114			
MR2977, 3179, 3305, 3315, 3350, 3377, 3386, 3496, 3505, 3510, 3543,3583			
MR3228, 3258, 3281, 3340, 3375, 3486, 3520			NL
MR3411			NL
GK3249			
MR3174			
MR3229		CV9852C2-CV9855C2	
MR3235, 3481			
GK3211			

PLANTAS VASCULARES / VASCULAR PLANTS					
Nombre científico/ **Scientific name**	**Campamento/** **Campsite**				
	Mina de Sal	Alto Cachiyacu base	Alto Cachiyacu intermedio/ intermediate	Alto Cachiyacu cumbre/summit	Alto Cahuapanas
Semiramisia speciosa (Benth.) Klotzsch	x				
Sphyrospermum buxifolium Poepp. & Endl.		x			
Eriocaulaceae					
Paepalanthus (1 sp. no identificada)				x	
Syngonanthus caulescens (Poir.) Ruhland					
Erythroxylaceae					
Erythroxylum (2 spp. no identificadas)	x				x
Erythroxylum macrophyllum Cav.					
Euphorbiaceae					
Acalypha (1 sp. no identificada)	x	x			
Acalypha cuneata Poepp.	x				
Acalypha scandens Benth.					
Acalypha stricta Poepp. & Endl.	x				
Alchornea (1 sp. no identificada)				x	x
Alchornea glandulosa Poepp.					x
Alchornea cf. *triplinervia* (Spreng.) Müll. Arg.	x	x			
Aparisthmium cordatum (A. Juss.) Baill.	x	x			x
Caryodendron orinocense H. Karst.	x				
Conceveiba martiana Baill.	x				
Conceveiba terminalis (Baill.) Müll. Arg.					x
Croton (1 sp. no identificada)				x	
Croton cuneatus Klotzsch		x			x
Dalechampia cissifolia Poepp.					
Dendrothrix sp. nov.					x
Hevea guianensis Aubl.	x				
Hura crepitans L.	x	x			
Mabea elata Steyerm.					
Maprounea guianensis Aubl.	x				
Micrandra spruceana (Baill.) R.E. Schultes	x	x			
Nealchornea yapurensis Huber	x	x		x	x
Pseudosenefeldera inclinata (Müll. Arg.) Esser	x	x			
Sagotia brachysepala (Müll. Arg.) Secco					x
Fabaceae-Caes.					
Apuleia leiocarpa (Vogel) J.F. Macbr.	x				
Bauhinia microstachya (Raddi) J.F. Macbr.					
Cassia swartzioides Ducke					
Hymenaea oblongifolia var. *palustris* (Ducke) Y.T. Lee & Langenh.	x				
Macrolobium (1 sp. no identificada)					x

Plantas vasculares/
Vascular plants

Espécimen/Voucher	Observación/Observation	Fotos/Photos	Estatus/Status
	x		NL
MR3287			
MR3303			
GK2866			
MR3080, 3553			
GK3185			
MR3108			
MR3011			
GK3100			
MR3071			
MR3307			
MR3508			
MR3185	x		
	x		
	x		
	x		
	x		
MR3366			
	x		
GK3102			
MR3480, 3517			NP
	x		
		CV0029c2	
GK3206			
	x		
MR3007			
	x		
	x		
MR3445			
	x		
GK3004			
GK3173			
	x		
MR3410			

PLANTAS VASCULARES / VASCULAR PLANTS					
**Nombre científico/
Scientific name**	**Campamento/
Campsite**				
	Mina de Sal	Alto Cachiyacu base	Alto Cachiyacu intermedio/ intermediate	Alto Cachiyacu cumbre/summit	Alto Cahuapanas
Macrolobium angustifolium (Benth.) R.S. Cowan	x				
Macrolobium ischnocalyx Harms					
Macrolobium limbatum Spruce ex Benth.	x				x
Senna latifolia (G. Mey.) H.S. Irwin & Barneby					
Senna multijuga (Rich.) H.S. Irwin & Barneby					
Senna reticulata (Willd.) H.S. Irwin & Barneby		x			
Senna silvestris (Vell.) H.S. Irwin & Barneby					
Tachigali (1 sp. no identificada)	x				
Tachigali bicornuta van der Werff	x				
Tachigali chrysaloides van der Werff	x			x	x
Tachigali chrysophylla (Poepp.) Zarucchi & Herend.	x			x	x
Tachigali inconspicua van der Werff	x				
Tachigali macbridei Zarucchi & Herend.					
Tachigali "pilosula" van der Werff, INED.	x				
Fabaceae-Mim.					
Abarema killipii (Britton & Rose ex Britton & Killip) Barneby & J.W. Grimes	x			x	x
Calliandra guildingii Benth.					x
Calliandra surinamensis Benth.	x				
Cedrelinga cateniformis (Ducke) Ducke	x			x	x
Entada polyphylla Benth.					
Enterolobium schomburgkii (Benth.) Benth.	x				x
Inga (1 sp. no identificada)		x			
Inga acreana Harms	x			x	
Inga aliena J.F. Macbr.					
Inga auristellae Harms	x			x	
Inga capitata Desv.	x				x
Inga cayennensis Sagot ex Benth.					
Inga chartacea Poepp.					
Inga cordatoalata Ducke	x			x	
Inga gracilifolia Ducke	x				
Inga laurina (Sw.) Willd.					x
Inga nobilis Willd.	x				
Inga oerstediana Benth. ex Seem.	x			x	
Inga cf. *punctata* Willd.				x	
Inga ruiziana G. Don					
Inga semialata (Vell.) Mart.	x			x	x
Marmaroxylon basijugum (Ducke) L. Rico	x				x
Mimosa (1 sp. no identificada)	x				

Espécimen/ Voucher	Observación/ Observation	Fotos/ Photos	Estatus/ Status
	x		
GK2863			
GK2867	x		
GK3000			
GK3097			
	x		
GK2862			
MR3036			
MR3002			NL
	x		
	x		
GK3239			
	x		
			NL
	x		
MR3053	x		NP
	x		
GK2850			
MR3186			
GK3151	x		
GK3170			
	x		
GK3111			
GK3087, 3092			
GK3189	x		
	x		
MR3087			
	x		
GK3094			
	x		
	x		

LEYENDA/LEGEND

**Espécimen/
Voucher**

CV = Corine Vriesendorp

DN = David Neill

EPK = Elsworth Paine Killip

GK = Guillermo Klug

MR = Marcos Ríos Paredes

LT = Luis Torres Montenegro

TM = Tony Mori

**Estatus/
Status**

NL = Nuevo para Loreto/
New for Loreto

NP = Nuevo para el Perú/
New for Peru

Plantas vasculares/
Vascular plants

PLANTAS VASCULARES / VASCULAR PLANTS					
Nombre científico/ **Scientific name**	**Campamento/** **Campsite**				
	Mina de Sal	**Alto Cachiyacu base**	**Alto Cachiyacu intermedio/ intermediate**	**Alto Cachiyacu cumbre/summit**	**Alto Cahuapanas**
Parkia multijuga Benth.	x			x	x
Parkia nana D.A. Neill					x
Parkia nitida Miq.	x			x	x
Parkia panurensis Benth. ex H.C. Hopkins	x			x	x
Piptadenia uaupensis Spruce ex Benth.		x			
Albizia adinocephala (Donn. Sm.) Britton & Rose ex Record					
Stryphnodendron porcatum D.A. Neill & Occhioni f.	x				
Zygia longifolia (Humb. & Bonpl. ex Willd.) Britton & Rose	x	x		x	
Fabaceae-Fab.					
(1 sp. no identificada)		x			
Andira inermis (W. Wright) Kunth ex DC.	x				
Calopogonium caeruleum (Benth.) C. Wright					
Canavalia eurycarpa Piper					
Chaetocalyx klugii Rudd					
Clitoria flexuosa var. *brevibracteola* Fantz					
Clitoria javitensis (Kunth) Benth.					
Clitoria pinnata (Pers.) R.H. Sm. & G.P. Lewis					
Crotalaria (1 sp. no identificada)		x			
Crotalaria micans Link					
Crotalaria nitens Kunth					
Dalbergia frutescens (Vell.) Britton					
Deguelia scandens Aubl.					
Desmodium (1 sp. no identificada)		x			
Desmodium barbatum (L.) Benth.					
Dioclea virgata (Rich.) Amshoff					
Diplotropis purpurea (Rich.) Amshoff	x				
Dipteryx odorata (Aubl.) Willd.	x	x			
Dussia tessmannii Harms	x	x			
Erythrina poeppigiana (Walp.) O.F. Cook					
Erythrina ulei Harms	x	x			
Hymenolobium excelsum Ducke	x	x			
Lonchocarpus spiciflorus Mart. ex Benth.					
Machaerium cuspidatum Kuhlm. & Hoehne	x	x			x
Mucuna rostrata Benth.					
Platymiscium stipulare Benth.	x				
Pterocarpus amazonum (Mart. ex Benth.) Amshoff	x				
Swartzia amplifolia Harms					
Swartzia arborescens (Aubl.) Pittier	x				
Vatairea erythrocarpa (Ducke) Ducke	x				x

Espécimen/ Voucher	Observación/ Observation	Fotos/ Photos	Estatus/ Status
	x		
MR3559			
	x		
	x		
	x		
GK3079			
	x		NP
	x		
MR3205			
GK2843, 3108; MR3088			
GK3184			
GK3007			
GK3114			
GK3105			
GK3044			
GK2978, 3095			
MR3117			
GK2854			
GK2848			
GK2935			
GK3067			
MR3196			
GK3050			
GK3030			
	x		
	x		
	x		
GK3038			
	x	MR7465-7468c1	
	x		
GK2930, 2991			
	x		
GK3083			
GK2980, MR3065		DN369-372c1	
	x		
GK3122			
GK3003	x		
	x		

LEYENDA/LEGEND

**Espécimen/
Voucher**

CV = Corine Vriesendorp
DN = David Neill
EPK = Elsworth Paine Killip
GK = Guillermo Klug
MR = Marcos Ríos Paredes
LT = Luis Torres Montenegro
TM = Tony Mori

**Estatus/
Status**

NL = Nuevo para Loreto/
      New for Loreto
NP = Nuevo para el Perú/
      New for Peru

Nombre científico/ Scientific name	Campamento/ Campsite				
	Mina de Sal	Alto Cachiyacu base	Alto Cachiyacu intermedio/ intermediate	Alto Cachiyacu cumbre/summit	Alto Cahuapanas
Vigna (1 sp. no identificada)		x			
Zornia latifolia Sm.					
Gentianaceae					
Macrocarpaea (2 spp. no identificadas)		x		x	x
Macrocarpaea micrantha Gilg	x				
Potalia resinifera Mart.	x	x			x
Symbolanthus (1 sp. no identificada)	x				
Tachia cf. *loretensis* Maguire & Weaver	x				
Voyria flavescens Griseb.	x	x			x
Gesneriaceae					
(3 spp. no identificadas)	x	x			
Besleria (1 sp. no identificada)	x				
Codonanthe (1 sp. no identificada)		x			
Columnea mastersonii (Wiehler) L.E. Skog & L.P. Kvist		x			
Drymonia (2 spp. no identificadas)				x	x
Drymonia erythroloma (Leeuwenb.) Wiehler					
Drymonia hoppii (Mansf.) Wiehler		x			
Drymonia macrophylla (Oerst.) H.E. Moore					
Drymonia semicordata (Poepp.) Wiehler		x			
Episcia fimbriata Fritsch					
Pearcea abunda (Wiehler) L.P. Kvist & L.E. Skog	x				
Gnetaceae					
Gnetum (1 sp. no identificada)	x	x			x
Heliconiaceae					
Heliconia lasiorachis L. Andersson	x	x			
Heliconia schumanniana Loes.	x				
Heliconia vellerigera Poepp.	x	x			x
Humiriaceae					
Humiria balsamifera Aubl.	x				x
Vantanea parviflora Lam.	x				
Hypericaceae					
Vismia (1 sp. no identificada)		x			
Vismia glabra Ruiz & Pav.					
Icacinaceae					
Calatola costaricensis Standl.	x	x			
Leretia cordata Vell.					
Lacistemataceae					
Lozania mutisiana Schult.					

Espécimen/ Voucher	Observación/ Observation	Fotos/ Photos	Estatus/ Status
MR3110			
GK3051			
MR3302, 3325, 3344			
MR2988			NL
MR3409			
		CV9368c1	
MR3052			
		MR8151, 8153c3	
MR3026, 3037, 3143			
MR2944			
MR3170			
MR3139			NP
MR3399, 3511		LT900-905c2	
GK2965			
MR3099			NL
GK2963			
MR3045, 3067			
GK1405, 2877; EPK28595			
MR2974			NL
	x		
		LT1777-1785c1	
MR3048			
	x	MR7516-7523c1	
GK2846	x		
	x		
MR3180			
GK3140			
	x		
GK2967			
GK3204, 3250			

PLANTAS VASCULARES / VASCULAR PLANTS					
Nombre científico/ **Scientific name**	**Campamento/** **Campsite**				
	Mina de Sal	**Alto Cachiyacu base**	**Alto Cachiyacu intermedio/ intermediate**	**Alto Cachiyacu cumbre/summit**	**Alto Cahuapanas**
Lamiaceae					
Aegiphila cordata Poepp.		x			
Aegiphila panamensis Moldenke					
Hyptis (1 sp. no identificada)				x	
Hyptis odorata Benth.					
Scutellaria coccinea Kunth					
Lauraceae					
(3 spp. no identificadas)	x	x		x	
Aniba (1 sp. no identificada)	x				
Caryodaphnopsis fosteri van der Werff		x			
Endlicheria bracteata Mez					
Endlicheria pyriformis (Nees) Mez					
Licaria (1 sp. no identificada)	x				
Nectandra (1 sp. no identificada)	x				
Nectandra cordata Rohwer					
Nectandra pseudocotea C.K. Allen & Barneby ex Rohwer					
Ocotea (2 spp. no identificadas)					
Ocotea acutangula (Miq.) Mez					
Ocotea amazonica (Meisn.) Mez					
Ocotea argyrophylla Ducke	x	x			
Ocotea cuprea (Meisn.) Mez					
Ocotea gracilis (Meisn.) Mez					
Ocotea javitensis (Kunth) Pittier	x				x
Ocotea oblonga (Meisn.) Mez	x				
Persea (3 spp. no identificadas)				x	
Persea americana Mill.					
Lecythidaceae					
Cariniana decandra Ducke	x			x	x
Couratari guianensis Aubl.	x			x	x
Couroupita guianensis Aubl.					
Eschweilera (2 spp. no identificadas)	x	x			
Eschweilera andina (Rusby) J.F. Macbr.					
Gustavia (1 sp. no identificada)		x			
Linaceae					
Hebepetalum humiriifolium (Planch.) Benth.	x				x
Roucheria columbiana Hallier f.	x				x
Loganiaceae					
Strychnos tarapotensis Sprague & Sandwith		x			

**Plantas vasculares/
Vascular plants**

Espécimen/ Voucher	Observación/ Observation	Fotos/ Photos	Estatus/ Status
MR3212		MR7779-7782c2	
GK3016			
MR3401			
GK3143			
GK2837			
MR3293, 3347			
MR3056			
	x		
GK3187			
GK2958			
MR2947			
MR3091			
GK2907			
GK3227			
GK3166, 3178			
GK2952			
GK3152			
	x		
GK3240			
GK2889, 3010			
GK2908	x		
	x		
MR3331, 3336, 3351			
GK3118			
	x		
	x		
GK2835			
	x		
GK3121			
MR3154			
	x		
	x		
MR3214	x		

PLANTAS VASCULARES / VASCULAR PLANTS					
Nombre científico/ **Scientific name**	**Campamento/** **Campsite**				
	Mina de Sal	Alto Cachiyacu base	Alto Cachiyacu intermedio/ intermediate	Alto Cachiyacu cumbre/summit	Alto Cahuapanas
Loranthaceae					
(2 spp. no identificadas)					x
Psittacanthus (3 sp. no identificadas)	x			x	x
Psittacanthus oblongifolius (Rusby) Kuijt					
Struthanthus (1 sp. no identificada)					
Lythraceae					
Cuphea bombonasae Sprague	x				
Malpighiaceae					
Banisteriopsis muricata (Cav.) Cuatrec.					
Byrsonima (2 spp. no identificadas)	x				x
Byrsonima japurensis A. Juss.					
Stigmaphyllon maynense Huber					
Stigmaphyllon sinuatum (DC.) A. Juss.					
Malvaceae					
Apeiba aspera Aubl.	x				x
Byttneria aculeata (Jacq.) Jacq.					
Byttneria catalpifolia Jacq.					
Cavanillesia umbellata Ruiz & Pav.		x			
Corchorus hirtus L.					
Eriotheca macrophylla (K. Schum.) A. Robyns		x			
Guazuma crinita Mart.					
Guazuma ulmifolia var. *tomentella* K. Schum.					
Gyranthera amphibiolepis W. Palacios					
Heliocarpus americanus L.					
Luehea speciosa Willd.					
Lueheopsis althaeiflora (Spruce ex Benth.) Burret	x				
Malvaviscus concinnus Kunth					
Matisia (2 spp. no identificadas)	x				
Matisia malacocalyx (A. Robyns & S. Nilsson) W.S. Alverson	x				
Mollia gracilis Spruce ex Benth.	x				x
Ochroma pyramidale (Cav. ex Lam.) Urb.	x	x			
Pachira aquatica Aubl.	x				
Pachira insignis (Sw.) Sw. ex Savigny					x
Pachira nitida Kunth	x				
Sida cordifolia L.					
Theobroma cacao L.					
Theobroma glaucum H. Karst.		x			
Theobroma obovatum Klotzsch ex Bernoulli					

Espécimen/ Voucher	Observación/ Observation	Fotos/ Photos	Estatus/ Status
MR3429, 3432			
MR2939, 3272, 3422, 3489, 3518			
GK3164			
GK2902			
GK3216; MR3081			NL
GK3032			
MR2968, 3484, 3529			
GK2919, 2993			
GK2895			
GK2968, 3075			
	x		
GK2987			
GK2857, 2949			
		MR7668-7671c2	
GK2841			
	x		
GK2971			
GK2939			
MR3394			NL
GK3076			
GK3131			
	x		
GK3015			
	x		
	x		
	x		
	x		
MR3425		TM284-293c3	
	x		
GK2876			
GK2938			
	x		
GK2983			

PLANTAS VASCULARES / VASCULAR PLANTS					
Nombre científico/ **Scientific name**	**Campamento/** **Campsite**				
	Mina de Sal	Alto Cachiyacu base	Alto Cachiyacu intermedio/ intermediate	Alto Cachiyacu cumbre/summit	Alto Cahuapanas
Theobroma subincanum Mart.	x	x			
Triumfetta althaeoides Lam.					
Triumfetta lappula L.					
Marantaceae					
Calathea (2 spp. no identificadas)	x				
Goeppertia exscapa (Poepp. & Endl.) Borchs. & S. Suárez					
Ischnosiphon (3 spp. no identificadas)	x	x			
Monotagma (1 sp. no identificada)					x
Monotagma juruanum Loes.	x	x			
Marcgraviaceae					
Marcgravia (1 sp. no identificada)		x			
Souroubea corallina (Mart.) de Roon				x	
Melastomataceae					
(1 sp. no identificada)				x	
Aciotis purpurascens (Aubl.) Triana					
Adelobotrys (1 sp. no identificada)	x				
Arthrostemma ciliatum Pav. ex D. Don					
Blakea hispida Markgr.		x			
Blakea spruceana Cogn.		x			
Centronia laurifolia D. Don					x
Clidemia dimorphica J.F. Macbr.		x			
Clidemia hirta (L.) D. Don					
Clidemia sprucei Gleason					
Ernestia quadriseta O. Berg ex Triana					
Graffenrieda (1 sp. no identificada)		x			
Graffenrieda emarginata (Ruiz & Pav.) Triana					x
Graffenrieda limbata Triana	x	x			
Graffenrieda miconioides Naudin					
Graffenrieda tristis (Triana) L.O. Williams					
Leandra (2 spp. no identificadas)		x		x	
Maieta guianensis Aubl.	x			x	x
Meriania (1 sp. no identificada)				x	
Miconia (20 spp. no identificadas)	x	x		x	x
Miconia capitellata Cogn.					
Miconia elongata Cogn.					
Miconia expansa Gleason					
Miconia longisepala Gleason					

Espécimen/ Voucher	Observación/ Observation	Fotos/ Photos	Estatus/ Status
MR2945		CV9108-9110c1	
GK3054			
GK3093			
MR2997, 3018			
GK3074			
MR2993, 3124, 3201			
MR3509			
MR2953		DN0087-0090c1	
MR3131			
MR3284			
MR3227			
EPK28173			
		MR7442-7446c1	
GK2892			
MR3134			NP
MR3172, 3312			NL
MR3474		CV0132-0137c3	
MR3133			
GK2874			
GK2903			
GK2868, 3021			
MR3286			
MR3240, 3523, 3534			
MR2989			
GK3139			
GK3213			
MR3217, 3313			
MR2967	x		
MR3316, 3318			NL
MR2964, 3059, 3218, 3227, 3270, 3279, 3285, 3291, 3317, 3319, 3326, 3327, 3346, 3365, 3430, 3450, 3514, 3528, 3532			
GK2873			
GK3223			
GK3201			
GK3233			

PLANTAS VASCULARES/VASCULAR PLANTS					
Nombre científico/ Scientific name	**Campamento/ Campsite**				
	Mina de Sal	Alto Cachiyacu base	Alto Cachiyacu intermedio/ intermediate	Alto Cachiyacu cumbre/summit	Alto Cahuapanas
Miconia semisterilis Gleason					
Miconia tomentosa (Rich.) D. Don ex DC.					
Miconia triangularis Gleason	x				
Monolena primuliflora Hook. f.					x
Mouriri (2 spp. no identificadas)	x	x			
Mouriri myrtilloides (Sw.) Poir.	x				
Phainantha shuariorum C. Ulloa & D.A. Neill					x
Salpinga secunda Schrank & Mart. ex DC.	x				
Tibouchina ochypetala (Ruiz & Pav.) Baill.	x			x	x
Tococa (4 spp. no identificadas)	x				x
Tococa gonoptera Gleason					
Tococa parviflora Spruce ex Triana					
Topobea (1 sp. no identificada)					x
Meliaceae					
Cabralea canjerana (Vell.) Mart.			x		
Guarea (1 sp. no identificada)		x			
Guarea cinnamomea Harms	x			x	
Guarea guidonia (L.) Sleumer	x				
Guarea kunthiana A. Juss.	x	x			
Guarea pterorhachis Harms		x			x
Guarea trunciflora C. DC.	x				
Ruagea cf. *glabra* Triana & Planch.			x	x	
Trichilia cipo (A. Juss.) C. DC.	x				
Trichilia laxipaniculata Cuatrec.	x	x			
Trichilia pallida Sw.					
Trichilia septentrionalis C. DC.					
Menispermaceae					
Abuta grandifolia (Mart.) Sandwith	x				
Anomospermum grandifolium Eichler	x				
Cissampelos andromorpha DC.					
Cissampelos grandifolia Triana & Planch.					
Cissampelos laxiflora Moldenke					
Curarea toxicofera (Wedd.) Barneby & Krukoff					
Monimiaceae					
Mollinedia ovata Ruiz & Pav.	x	x			
Moraceae					
Brosimum lactescens (S. Moore) C.C. Berg	x	x	x		
Brosimum parinarioides Ducke	x				
Brosimum utile (Kunth) Oken	x				

Espécimen/ Voucher	Observación/ Observation	Fotos/ Photos	Estatus/ Status
GK3224			
GK3236			
MR3094			NL
MR3477			
	x		
	x		
MR3433			NL
MR2970, 3040			
GK3137			
MR3009, 3030, 3050, 3085			
GK3027			NL
MR3407			
MR3431			
	x		
MR3152			
	x		
GK2998	x		
	x		
	x		
	x		
	x		
MR3089			
	x		
GK2966			
GK2934			
GK3006			
	x		
GK2893			
GK2911			
GK3230			
EPK28665			
GK3215; MR2954, 3215		MR7783-7789c2	
	x		
	x		
	x		

PLANTAS VASCULARES / VASCULAR PLANTS					
Nombre científico/ Scientific name	Campamento/ Campsite				
	Mina de Sal	Alto Cachiyacu base	Alto Cachiyacu intermedio/ intermediate	Alto Cachiyacu cumbre/summit	Alto Cahuapanas
Clarisia racemosa Ruiz & Pav.	x	x			
Ficus albert-smithii Standl.	x				
Ficus americana subsp. *greiffiana* (Dugand) C.C. Berg	x	x			x
Ficus americana subsp. *guianensis* (Desv. ex Ham.) C.C. Berg					x
Ficus castellviana Dugand		x			
Ficus cervantesiana Standl. & L.O. Williams	x				
Ficus citrifolia Mill.	x	x			
Ficus coerulescens (Rusby) Rossberg		x			
Ficus crocata (Miq.) Miq.		x			
Ficus gigantosyce Dugand		x			
Ficus gomelleira Kunth & C.D. Bouché	x				
Ficus hebetifolia Dugand	x				
Ficus insipida Willd.	x	x			
Ficus krukovii Standl.	x				
Ficus macbridei Standl.	x				
Ficus maxima Mill.	x	x			
Ficus maximoides C.C. Berg	x				
Ficus nymphaeifolia Mill.	x				
Ficus paraensis (Miq.) Miq.		x			
Ficus pertusa L. f.	x				
Ficus piresiana Vázq. Avila & C.C. Berg	x				
Ficus pulchella Schott ex Spreng.	x	x			
Ficus quichuana C.C. Berg	x				
Ficus schultesii Dugand	x	x			
Ficus tonduzii Standl.		x			
Ficus trigona L. f.		x			x
Helicostylis scabra (J.F. Macbr.) C.C. Berg	x				
Helicostylis tomentosa (Poepp. & Endl.) Rusby	x				
Helicostylis turbinata C.C. Berg	x				
Naucleopsis concinna (Standl.) C.C. Berg	x	x			
Naucleopsis krukovii (Standl.) C.C. Berg	x	x			
Naucleopsis ulei (Warb.) Ducke	x	x			x
Perebea mollis (Poepp. & Endl.) Huber		x			
Perebea tessmannii Mildbr.	x	x			
Pseudolmedia laevigata Trécul	x	x			
Pseudolmedia laevis (Ruiz & Pav.) J.F. Macbr.	x	x			
Pseudolmedia macrophylla Trécul	x	x			
Sorocea muriculata Miq.	x	x			
Trymatococcus amazonicus Poepp. & Endl.	x				

Espécimen/ Voucher	Observación/ Observation	Fotos/ Photos	Estatus/ Status
	x		
	x		
LT3447	x		
LT3448	x		
	x		
	x		
	x		
	x		
	x		
	x		NL
	x		
	x		
	x		
	x		
LT3443	x		
	x		
LT3444	x		NL
	x		
	x		
	x		
	x		
LT3442, 3445	x		NL
	x		
	x		
LT3446	x		NL
MR3223	x		
	x		
	x		
	x		
	x		
	x		
	x		
	x		
	x		
	x		
	x		
	x		
	x		

PLANTAS VASCULARES / VASCULAR PLANTS					
Nombre científico/ **Scientific name**	**Campamento/** **Campsite**				
	Mina de Sal	Alto Cachiyacu base	Alto Cachiyacu intermedio/ intermediate	Alto Cachiyacu cumbre/summit	Alto Cahuapanas
Muntingiaceae					
Muntingia calabura L.					
Myricaceae					
Morella pubescens (Humb. & Bonpl. ex Willd.) Wilbur		x			
Myristicaceae					
Compsoneura capitellata (A. DC.) Warb.	x				
Compsoneura sprucei (A. DC.) Warb.	x				
Iryanthera juruensis Warb.	x				
Iryanthera laevis Markgr.	x				
Iryanthera lancifolia Ducke	x				
Iryanthera macrophylla (Benth.) Warb.					
Osteophloeum platyspermum (Spruce ex A. DC.) Warb.	x	x			
Otoba glycycarpa (Ducke) W. Rodrigues & T.S. Jaramillo	x	x			
Otoba parvifolia (Markgr.) A.H. Gentry	x	x			
Virola calophylla (Spruce) Warb.	x	x			
Virola cf. *divergens* Ducke	x	x			
Virola duckei A.C. Sm.		x	x		
Virola elongata (Benth.) Warb.	x				
Virola flexuosa A.C. Sm.	x	x			
Virola pavonis (A. DC.) A.C. Sm.	x	x			
Virola peruviana (A. DC.) Warb.	x				
Myrtaceae					
(5 spp. no identificadas)				x	x
Calyptranthes (1 sp. no identificada)	x				
Eugenia myrobalana DC.					
Eugenia riparia DC.					
Myrcia bracteata (Rich.) DC.					
Nyctaginaceae					
Neea (4 spp. no identificadas)	x	x			x
Neea spruceana Heimerl					
Ochnaceae					
Cespedesia spathulata (Ruiz & Pav.) Planch.	x			x	x
Krukoviella disticha (Tiegh.) Dwyer	x	x			x
Lacunaria macrostachya (Tul.) A.C. Sm.					x
Ouratea pendula Poepp. ex Engl.	x	x			
Ouratea williamsii J.F. Macbr.					x
Perissocarpa ondox B. Walln.	x				
Sauvagesia erecta L.					

Espécimen/ Voucher	Observación/ Observation	Fotos/ Photos	Estatus/ Status
GK3055			
MR3167			NL
	x		
GK2842	x		
GK3058	x		
	x		
	x		
GK2906, 3045			
	x		
	x		
	x		
	x		
	x		
GK2944	x		
	x		
GK3085	x		
	x		
MR3364, 3487, 3488, 3521, 3533			
MR2951			
GK3039			
GK2994			
GK2844			
MR3046, 3184, 3404, 3415, 3420, 3461			
GK3179			
GK2851	x		
MR2992, 3283			
MR2976, 3126			
MR3555			
		MR7508-7515c1	NL
GK3171			

Plantas vasculares/
Vascular plants

PLANTAS VASCULARES / VASCULAR PLANTS					
Nombre científico/ **Scientific name**	**Campamento/** **Campsite**				
	Mina de Sal	**Alto Cachiyacu base**	**Alto Cachiyacu intermedio/ intermediate**	**Alto Cachiyacu cumbre/summit**	**Alto Cahuapanas**
Olacaceae					
Chaunochiton kappleri (Sagot ex Engl.) Ducke	x	x			
Dulacia candida (Poepp.) Kuntze	x				
Dulacia inopiflora (Miers) Kuntze					x
Heisteria acuminata (Bonpl.) Engl.					x
Minquartia guianensis Aubl.	x	x			x
Onagraceae					
Ludwigia latifolia (Benth.) H. Hara		x			
Orchidaceae					
(11 spp. no identificadas)		x		x	x
Acronia linguifera (Lindl.) Luer					x
Acronia paquishae (Luer) Luer					
Brassia (1 sp. no identificada)					x
Catasetum (1 sp. no identificada)					x
Crocodeilanthe floribunda (Poepp. & Endl.) Luer					x
Dichaea (1 sp. no identificada)					x
Elleanthus (1 sp. no identificada)				x	
Encyclia (1 sp. no identificada)				x	x
Epidendrum (2 spp. no identificadas)					x
Epidendrum apaganum Mansf.					
Epidendrum paniculatum Ruiz & Pav.					
Epistephium amplexicaule Poepp. & Endl.					x
Lepanthes (1 sp. no identificada)				x	
Maxillaria (2 spp. no identificadas)	x			x	
Octomeria (1 sp. no identificada)					x
Octomeria peruviana D.E. Benn. & Christenson					
Otoglossum candelabrum (Linden) Jenny & Garay				x	
Rudolfiella floribunda (Schltr.) Hoehne					
Scaphyglottis (1 sp. no identificada)				x	
Sobralia (2 spp. no identificadas)		x			x
Sobralia cf. *pulcherrima* Garay					x
Sobralia rosea Poepp. & Endl.					x
Sobralia violacea Linden ex Lindl.					
Sobralia virginalis F. Peeters & Cogn.					x
Spiranthes (1 sp. no identificada)	x				
Stelis (1 sp. no identificada)		x		x	x
Stelis aviceps Lindl.					x

Espécimen/ Voucher	Observación/ Observation	Fotos/ Photos	Estatus/ Status
	x		
	x		
MR3462			
GK2899; MR3097, 3391			
	x		
MR3166			
MR3173, 3188, 3198, 3314, 3353, 3370, 3379, 3448, 3453, 3469, 3585			
MR3427			NL
GK14			
MR3466			
MR3421			NL
MR3418			
MR3308			
MR3397, 3465			
MR3442, 3468			
GK5			
GK17			
MR3443, 3581			NL
MR3329			
MR2946, 3288			
MR3570			
GK15			
MR3368			
GK3			
	x		
MR3187, 3467			
MR3419			
	x		NL
GK4			
MR3501			NL
MR3057			
MR3189, 3380, 3475			
GK18; MR3507, 3544			

PLANTAS VASCULARES / VASCULAR PLANTS						
Nombre científico/ **Scientific name**	**Campamento/** **Campsite**					
	Mina de Sal	Alto Cachiyacu base	Alto Cachiyacu intermedio/ intermediate	Alto Cachiyacu cumbre/summit	Alto Cahuapanas	
Oxalidaceae						
Biophytum columbianum R. Knuth	x					
Oxalis (1 sp. no identificada)		x				
Oxalis lespedezioides G. Don						
Passifloraceae						
Dilkea (1 sp. no identificada)	x					
Passiflora auriculata Kunth						
Passiflora menispermifolia Kunth						
Passiflora spinosa (Poepp. & Endl.) Mast.						
Passiflora trifasciata Lem.						
Passiflora vestita Killip						
Penthaphylacaceae						
Ternstroemia (4 spp. no identificadas)	x				x	
Phyllanthaceae						
Hieronyma (1 sp. no identificada)					x	
Hieronyma oblonga (Tul.) Müll. Arg.						
Phyllanthus brasiliensis (Aubl.) Poir.						
Richeria grandis Vahl	x				x	
Phyllonomaceae						
Phyllonoma ruscifolia Willd. ex Roem. & Schult.				x		
Phytolaccaceae						
Phytolacca (1 sp. no identificada)				x		
Picramniaceae						
Picramnia (1 sp. no identificada)	x	x				
Piperaceae						
Peperomia (6 spp. no identificadas)	x	x			x	
Peperomia bangii C. DC.						
Peperomia emarginella (Sw. ex Wikstr.) C. DC.						
Peperomia macrostachyos (Vahl) A. Dietr.						
Piper (5 spp. no identificadas)	x	x				
Piper dumosum Rudge	x					
Piper obliquum Ruiz & Pav.		x				
Piper tristigmum Trel.			x			
Poaceae						
Olyra (1 sp. no identificada)		x				
Pariana (1 sp. no identificada)		x				

Espécimen/ Voucher	Observación/ Observation	Fotos/ Photos	Estatus/ Status
MR2973			
MR3115			
GK2859			
MR3012			
GK2933			
GK3091			
EPK28147			
EPK28412			
EPK28126			
MR2987, 3289, 3478, 3537			
MR3457			
GK3113			
GK2913			
	x		
MR 3333		DN265-271c2	NL
MR3392			
	x		
MR3066, 3119, 3125, 3190, 3213, 3503			
GK3198			
GK3236			
GK3200			
MR3068, 3084, 3113, 3151, 3155			
MR3069			
MR3120			
MR3208			
MR3122			
MR3249			

PLANTAS VASCULARES / VASCULAR PLANTS						
Nombre científico/ **Scientific name**	**Campamento/** **Campsite**					
	Mina de Sal	Alto Cachiyacu base	Alto Cachiyacu intermedio/ intermediate	Alto Cachiyacu cumbre/summit	Alto Cahuapanas	
Podocarpaceae						
Podocarpus celatus de Laub.	x	x			x	
Podocarpus tepuiensis J. Buchholz & N.E. Gray				x	x	
Polygalaceae						
Bredemeyera densiflora A.W. Benn.						
Monnina equatoriensis Chodat				x		
Polygala paniculata L.						
Polygonaceae						
Triplaris dugandii Brandbyge						
Triplaris punctata Standl.						
Primulaceae						
Ardisia (5 spp. no identificadas)	x	x		x		
Clavija poeppigii Mez	x	x				
Cybianthus (5 spp. no identificadas)	x			x	x	
Cybianthus kayapii (Lundell) Pipoly	x					
Cybianthus magnus (Mez) Pipoly				x	x	
Cybianthus marginatus (Benth.) Pipoly				x		
Cybianthus peruvianus (A. DC.) Miq.	x					
Cybianthus cf. *reticulatus* (Benth. ex Miq.) G. Agostini						
Myrsine (2 spp. no identificadas)				x		
Proteaceae						
Panopsis perijensis Steyerm. ex K.S. Edwards					x	
Roupala montana Aubl.			x			
Ranunculaceae						
Clematis guadeloupae Pers.						
Rhamnaceae						
Rhamnus sphaerosperma var. *pubescens* (Reissek) M.C. Johnst.						
Rhamnus granulosa (Ruiz & Pav.) Weberb. ex M.C. Johnst.				x	x	
Rhizophoraceae						
Sterigmapetalum obovatum Kuhlm.	x	x			x	
Rosaceae						
Prunus (1 sp. no identificada)					x	
Prunus rotunda J.F. Macbr.						
Rubiaceae						
(3 spp. no identificadas)		x	x			

Espécimen/ Voucher	Observación/ Observation	Fotos/ Photos	Estatus/ Status
MR2943, 3039, 3439, 3476, 3541, 3545			
MR3332			NP
GK2955			
MR3263, 3348			NP
GK2860			
GK3134			
GK3009			
MR3086, 3105, 3280, 3388, 3426, 3456, 3554, 3564			
MR2998, 3128			
MR2994, 3058, 3178, 3483, 3527			
MR3063			
MR3273, 3361, 3371, 3490, 3535			
MR3230			NL
MR2972			
MR2942, 3519			NP
MR3324, 3393			
MR3558			NL
	x		
GK2922			
GK3181			
MR3256, 3403			NL
MR3033			
	x		
GK3136			
MR3116, 3181, 3244			

**Plantas vasculares/
Vascular plants**

PLANTAS VASCULARES / VASCULAR PLANTS					
Nombre científico/ Scientific name	**Campamento/ Campsite**				
	Mina de Sal	Alto Cachiyacu base	Alto Cachiyacu intermedio/ intermediate	Alto Cachiyacu cumbre/summit	Alto Cahuapanas
Agouticarpa (1 sp. no identificada)		x			
Alibertia (1 sp. no identificada)		x			
Calycophyllum megistocaulum (K. Krause) C.M. Taylor	x	x			
Calycophyllum spruceanum (Benth.) Hook. f. ex K. Schum.	x				
Chimarrhis glabriflora Ducke					x
Chimarrhis hookeri K. Schum.		x			
Ciliosemina pedunculata (H. Karst.) Antonelli					
Cinchona (1 sp. no identificada)				x	
Condaminea (1 sp. no identificada)	x				
Condaminea corymbosa (Ruiz & Pav.) DC.	x	x			
Coussarea (1 sp. no identificada)	x				
Coussarea klugii Steyerm.			x		
Coussarea paniculata (Willd.) Standl.		x			
Coussarea resinosa C.M. Taylor					
Exostema maynense Poepp. & Endl.					
Faramea multiflora A. Rich. ex DC.					
Faramea phyllonomoides Standl.		x			
Geophila cordifolia Miq.	x	x			
Guettarda crispiflora subsp. *sabiceoides* (Standl.) C.M. Taylor					
Hamelia patens Jacq.					
Hippotis brevipes Spruce ex K. Schum.		x			
Hippotis triflora Ruiz & Pav.	x	x			x
Hippotis tubiflora Spruce ex K. Schum.	x		x		
Joosia (1 sp. no identificada)	x				
Joosia cf. *dielsiana* Standl.	x				
Joosia umbellifera H. Karst.		x			
Ladenbergia (3 spp. no identificadas)				x	x
Ladenbergia amazonensis Ducke					
Ladenbergia discolor K. Schum.	x			x	
Ladenbergia franciscana C.M. Taylor			x		
Ladenbergia graciliflora K. Schum.	x				
Ladenbergia muzonensis (Goudot) Standl.	x				x
Ladenbergia oblongifolia (Humb. ex Mutis) L. Andersson	x			x	
Macrocnemum roseum (Ruiz & Pav.) Wedd.	x	x			
Notopleura (5 spp. no identificadas)	x	x	x	x	
Notopleura plagiantha (Standl.) C.M. Taylor					x
Notopleura vargasiana C.M. Taylor				x	
Pagamea (1 sp. no identificada)					x

Espécimen/ Voucher	Observación/ Observation	Fotos/ Photos	Estatus/ Status
MR3104			
MR3132			
	x		
GK3005	x		
	x		
	x		
GK3072			
MR3356			
MR3015			
MR3078, 3160			
MR2955			
MR3209			
GK3172; MR3142			
GK3220			
GK3064			
GK2916			
MR3109			NL
	x		
GK3221			
GK2928			
GK3150; MR3175			
MR3028			
GK3084; MR3001, 3082, 3220		DN0079-0083c1, MR7857-7863	
MR3015			
MR2948			
GK2943; MR3149			
MR3260, 3292, 3531			
GK3035			
MR2969, 3374			NL
MR3225			NL
MR2966			NL
MR2950, 3580			
GK3142	x		
GK3123, 3202; MR3077			
MR3020, 3147, 3148, 3216, 3253			
MR3435			
MR3339			NL
MR3472			

LEYENDA/LEGEND

**Espécimen/
Voucher**

CV = Corine Vriesendorp
DN = David Neill
EPK = Elsworth Paine Killip
GK = Guillermo Klug
MR = Marcos Ríos Paredes
LT = Luis Torres Montenegro
TM = Tony Mori

**Estatus/
Status**

NL = Nuevo para Loreto/ New for Loreto
NP = Nuevo para el Perú/ New for Peru

PLANTAS VASCULARES / VASCULAR PLANTS					
Nombre científico/ **Scientific name**	**Campamento/** **Campsite**				
	Mina de Sal	Alto Cachiyacu base	Alto Cachiyacu intermedio/ intermediate	Alto Cachiyacu cumbre/summit	Alto Cahuapanas
Pagamea dudleyi Steyerm.				x	
Palicourea (7 spp. no identificadas)	x	x		x	x
Palicourea corymbifera (Müll. Arg.) Standl.	x				
Palicourea gomezii C.M. Taylor					x
Palicourea grandiflora (Kunth) Standl.	x				
Palicourea lasiantha K. Krause	x	x			x
Palicourea macarthurorum C.M. Taylor					x
Palicourea smithiana C.M. Taylor				x	
Pentagonia macrophylla Benth.	x	x			
Posoqueria latifolia (Rudge) Roem. & Schult.	x				
Psychotria (6 spp. no identificadas)					x
Psychotria acreana K. Krause					
Psychotria adpressipilis Steyerm.					
Psychotria blepharophylla (Standl.) Steyerm.					x
Psychotria carthagenensis Jacq.					
Psychotria conephoroides (Rusby) C.M. Taylor	x			x	
Psychotria flaviflora (K. Krause) C.M. Taylor					
Psychotria longicuspis Müll. Arg.	x	x			
Psychotria oinochrophylla (Standl.) C.M. Taylor	x				
Psychotria platypoda DC.	x				
Psychotria poeppigiana Müll. Arg.	x				x
Psychotria schunkei C.M. Taylor	x	x			
Psychotria tinctoria (Aubl.) Raeusch.					x
Remijia chelomaphylla G.A. Sullivan	x	x			x
Retiniphyllum fuchsioides Krause	x	x		x	x
Rudgea viburnoides (Cham.) Benth.					x
Sabicea cana Hook. f.					
Schizocalyx condoricus D.A. Neill & C.M. Taylor	x		x		x
Schizocalyx peruvianus (K. Krause) Kainul. & B. Bremer					
Schizocalyx cf. *peruvianus* (K. Krause) Kainul. & B. Bremer					
Schradera (1 sp. no identificada)				x	
Stachyarrhena spicata Hook. f.		x			
Uncaria tomentosa (Willd. ex Roem. & Schult.) DC.	x	x			x
Warszewiczia coccinea (Vahl) Klotzsch	x	x			
Rutaceae					
Dictyoloma peruvianum Planch.					

Espécimen/ Voucher	Observación/ Observation	Fotos/ Photos	Estatus/ Status
MR3290, 3335, 3352, 3536			NL
MR2981, 3005, 3025, 3304, 3345, 3357, 3584			
MR2984			
MR3549			NL
MR2949			
MR3044			
MR3460			
MR3277, 3330			NL
MR3121			
	x		
MR3414, 3470, 3471, 3497, 3513, 3579			
GK3226			
GK3241			
MR3498, 3566			
GK2929			
MR2959, 3004, 3054, 3300, 3323			
GK3147			
MR2957, 2961, 3006, 3103			
MR2952, 2982			
MR2960			
	x		
MR3098			
MR3459			NL
MR3035			
GK3168; MR2979, 3282			NL
MR3440			NL
GK2882			
MR3024			
GK3053			
GK3222			
MR3385			
MR3171			
	x		
MR3176			
GK3088			

LEYENDA/LEGEND

**Espécimen/
Voucher**

CV = Corine Vriesendorp
DN = David Neill
EPK = Elsworth Paine Killip
GK = Guillermo Klug
MR = Marcos Ríos Paredes
LT = Luis Torres Montenegro
TM = Tony Mori

**Estatus/
Status**

NL = Nuevo para Loreto/
        New for Loreto
NP = Nuevo para el Perú/
        New for Peru

PLANTAS VASCULARES / VASCULAR PLANTS					
Nombre científico/ Scientific name	**Campamento/ Campsite**				
	Mina de Sal	Alto Cachiyacu base	Alto Cachiyacu intermedio/ intermediate	Alto Cachiyacu cumbre/summit	Alto Cahuapanas
Ravenia biramosa Ducke					
Zanthoxylum sprucei Engl.					
Sabiaceae					
Ophiocaryon heterophyllum (Benth.) Urb.	x				
Salicaceae					
Banara guianensis Aubl.	x	x			
Casearia (1 sp. no identificada)				x	
Casearia arborea (Rich.) Urb.					
Casearia decandra Jacq.					
Casearia javitensis Kunth	x	x			
Casearia prunifolia Kunth		x			
Casearia sylvestris Sw.					
Casearia ulmifolia Vahl ex Vent.					
Hasseltia floribunda Kunth					
Laetia procera (Poepp.) Eichler	x	x			
Lunania parviflora Spruce ex Benth.					
Ryania speciosa Vahl	x	x			
Salix humboldtiana Willd.		x			
Tetrathylacium macrophyllum Poepp.	x	x			
Xylosma tessmannii Sleumer					
Santalaceae					
Antidaphne andina Kuijt					
Phoradendron (2 spp. no identificadas)				x	x
Phoradendron ernstianum Pacz.					x
Sapindaceae					
Allophylus (1 sp. no identificada)				x	
Allophylus floribundus (Poepp.) Radlk.					
Allophylus loretensis Standl. ex J.F. Macbr.					
Cardiospermum halicacabum L.					
Cardiospermum microcarpum Kunth					
Matayba inelegans Spruce ex. Radlk.	x				
Matayba peruviana Radlk.				x	
Matayba purgans (Poepp.) Radlk.					
Paullinia alata G. Don					
Paullinia fissistipula J.F. Macbr.					
Serjania leptocarpa Radlk.					
Serjania nutans Poepp.					
Serjania paucidentata DC.					
Talisia (1 sp. no identificada)	x				

Espécimen/Voucher	Observación/Observation	Fotos/Photos	Estatus/Status
GK2951, 3047			
GK3126, 3161			
	x		
	x		
MR3387			
GK3112			
GK3212			
	x		
MR3207			
GK3132, 3160, 3193			
GK2982			
GK2936, 2992, 3059, 3234			
	x		
GK2901, 3135			
	x		
MR3294			
	x		
GK3026			
MR3479		CV0106-0114c3	NL
MR3334, 3438			
MR3530			NL
MR3396			
GK3033, 3043, 3155			
GK3103			
GK2881			
GK3117			
MR2938		DN129-135c1	
GK2878; MR3311			
GK2950			
GK2879			
GK3056			
GK3125			
GK3081			
GK3196			
MR3095			

Plantas vasculares/
Vascular plants

PLANTAS VASCULARES / VASCULAR PLANTS					
Nombre científico/ **Scientific name**	**Campamento/** **Campsite**				
	Mina de Sal	Alto Cachiyacu base	Alto Cachiyacu intermedio/ intermediate	Alto Cachiyacu cumbre/summit	Alto Cahuapanas
Sapotaceae					
Chrysophyllum (2 spp. no identificadas)		x			x
Chrysophyllum sanguinolentum (Pierre) Baehni	x			x	
Micropholis guyanensis (A. DC.) Pierre	x	x			x
Pouteria (2 spp. no identificadas)	x				x
Pouteria cuspidata (A. DC.) Baehni	x				
Pouteria torta (Mart.) Radlk.	x				
Pouteria vernicosa T.D. Penn.	x				
Simaroubaceae					
Simaba cf. *guianensis* Aubl.					x
Simaba polyphylla (Cavalcante) W.W. Thomas	x				
Simarouba amara Aubl.	x				
Siparunaceae					
Siparuna (1 sp. no identificada)	x				
Siparuna macrotepala Perkins					
Smilacaceae					
Smilax domingensis Willd.					
Solanaceae					
(1 sp. no identificada)		x			
Brunfelsia grandiflora subsp. *schultesii* Plowman					
Cestrum racemosum Ruiz & Pav.					
Lycianthes medusocalyx (Bitter) Bitter	x	x			x
Markea ulei (Dammer) Cuatrec.					
Solanum acanthodes Hook. f.					
Solanum confine Dunal					
Solanum kioniotrichum Bitter ex J.F. Macbr.					
Solanum mite Ruiz & Pav.					
Solanum sessile Ruiz & Pav.					
Witheringia solanacea L'Hér.	x				x
Stemonuraceae					
Discophora guianensis Miers					
Styracaceae					
Styrax oblongus (Ruiz & Pav.) A. DC.					
Symplocaceae					
Symplocos (2 spp. no identificada)				x	
Tapisciaceae					
Huertea glandulosa Ruiz & Pav.	x	x			
Theaceae					
Gordonia fruticosa (Schrad.) H. Keng	x				

Espécimen/ Voucher	Observación/ Observation	Fotos/ Photos	Estatus/ Status
MR3259, 3402			
	x		
	x		
	x		
	x		
	x		
	x		
	x		
	x		
MR3013			
GK2924			
GK2920, 2957			
MR3145			
GK2880			
GK2942			
MR3027, 3102, 3406			
GK2953			
GK3071			
EPK28163			
GK3203			
GK2872			
GK2883			
MR3072			
GK3017			
GK3146			
MR3267, 3360			
MR3158			
	x		

LEYENDA/LEGEND

**Espécimen/
Voucher**

CV = Corine Vriesendorp
DN = David Neill
EPK = Elsworth Paine Killip
GK = Guillermo Klug
MR = Marcos Ríos Paredes
LT = Luis Torres Montenegro
TM = Tony Mori

**Estatus/
Status**

NL = Nuevo para Loreto/
New for Loreto

NP = Nuevo para el Perú/
New for Peru

PLANTAS VASCULARES / VASCULAR PLANTS					
Nombre científico/ **Scientific name**	**Campamento/** **Campsite**				
	Mina de Sal	Alto Cachiyacu base	Alto Cachiyacu intermedio/ intermediate	Alto Cachiyacu cumbre/summit	Alto Cahuapanas
Gordonia fruticosa vel. sp. nov.			X	X	
Thymelaeaceae					
Schoenobiblus daphnoides Mart.	X	X			
Trigoniaceae					
Trigonia macrantha Warm.					
Urticaceae					
Boehmeria pavonii Wedd.					
Cecropia distachya Huber	X	X			
Cecropia polystachya Trécul.	X	X			
Cecropia putumayonis Cuatrec.	X	X			
Cecropia sciadophylla Mart.	X	X			
Coussapoa (2 spp. no identificadas)			X		
Myriocarpa longipes Liebm.					
Pilea bassleriana Killip					
Pilea submissa Wedd.					
Pourouma bicolor Mart.	X				
Pourouma cecropiifolia Mart.	X	X			
Pourouma minor Benoist	X				
Urera cf. *baccifera* (L.) Gaudich. ex Wedd.	X				
Urera verrucosa? (Liebm.) V.W. Steinm.					
Verbenaceae					
Bouchea fluminensis (Vell.) Moldenke					
Petrea (1 sp. no identificada)	X				
Violaceae					
Gloeospermum equatoriense Hekking	X				
Leonia crassa L.B. Sm. & A. Fernández	X	X			
Leonia cymosa Mart.	X	X			
Leonia glycycarpa Ruiz & Pav.	X	X			
Rinorea racemosa (Mart.) Kuntze		X			
Rinorea viridifolia Rusby	X	X			
Vitaceae					
Cissus cf. *verticillata* (L.) Nicolson & C.E. Jarvis		X			
Vochysiaceae					
Erisma bicolor Ducke	X				
Vochysia (1 sp. no identificada)	X				
Vochysia biloba Ducke	X	X	X		
Vochysia ferruginea Mart.	X				
Vochysia cf. *kosnipatae* Huamantupa					X

Espécimen/ Voucher	Observación/ Observation	Fotos/ Photos	Estatus/ Status
MR3238, 3328			
MR3016, 3144, 3177			
GK2954, 3028			
GK2915			
	x		
MR3206			
	x		
GK2898			
GK2870			
GK3186			
	x		
	x		
	x		
GK3174			
GK2839			
		CV9572-9573c1	
MR3060			
	x		
	x		
	x		
	x		
	x		
MR3107			
	x		
		MR7375-7578c1	
	x		
	x	CV317-318c3	NL

PLANTAS VASCULARES / VASCULAR PLANTS					
Nombre científico/ **Scientific name**	**Campamento/** **Campsite**				
	Mina de Sal	Alto Cachiyacu base	Alto Cachiyacu intermedio/ intermediate	Alto Cachiyacu cumbre/summit	Alto Cahuapanas
Zamiaceae					
Zamia (1 sp. no identificada)		X			
Zingiberaceae					
Renealmia (1 sp. no identificada)		X			
PTERIDOPHYTA					
(7 spp. no identificadas)		X		X	X
Actinostachys pennula (Sw.) Hook.	X				
Adiantum (1 sp. no identificada)	X				
Alsophila (1 sp. no identificada)		X			
Asplenium cirrhatum Rich. ex Willd.					
Asplenium serra Langsd. & Fisch.					X
Blechnum asplenioides Sw.					
Blechnum cordatum (Desv.) Hieron.					
Campyloneurum angustifolium (Sw.) Fee		X			
Cochlidium serrulatum (Sw.) L. E. Bishop					X
Cyathea (2 spp. no identificadas)				X	X
Cyathea horrida (L.) Sm.					
Diplazium lechleri (Mett.) T. Moore					X
Elaphoglossum (1 sp. no identificada)					X
Elaphoglossum propinquum (Mett. ex Kuhn) Christ					X
Equisetum (1 sp. no identificada)		X			
Grammitis limbata Fée					X
Hymenophyllum hirsutum (L.) Sw.					X
Hymenophyllum lobatoalatum Klotzsch					
Lindsaea hemiglossa K. U. Kramer					X
Lindsaea lancea (L.) bedd.					X
Lindsaea latifrons K.U. Kramer					
Lomariopsis nigropaleata Holttum					X
Lycopodiella descendens B. Øllg.				X	
Lycopodiella cernua (L.) Pic. Serm.					
Melpomene flabelliformis (Poir.) A.R. Sm. & R.C. Moran					X
Metaxya rostrata (Humb. & Bonpl. ex Willd.) C. Presl	X				
Microgramma (1 sp. no identificada)		X			
Microgramma baldwinii Brade	X				
Microgramma dictyophylla (Kunze ex Mett.) de la Sota					X
Microgramma percussa (Cav.) de la Sota					
Microgramma piloselloides (L.) Copel.	X				
Nephrolepis pectinata (Willd.) Schott					

Espécimen/ Voucher	Observación/ Observation	Fotos/ Photos	Estatus/ Status
MR3156			
MR3141			
MR3219, 3248, 3274, 3337, 3381, 3547, 3571			
		CV9371_9372c1	NP
MR3051			
MR3245			
GK3238			
MR3506			NL
GK3237			
GK3243			
MR3130			
MR3548			
MR3268, 3563	x		
GK3182			
MR3572			
MR3451			
MR3452			NL
MR3164			
MR3546			NL
MR3464			NL
GK3248			
MR3567			
MR3449, 3515			
GK2890			
	x		
GK3232		LT2038-2040c2	
GK2970			
MR3463			NL
MR2958			
MR3129			
MR2941			
MR3502			
GK3244			
MR3074			NL
GK3246			

PLANTAS VASCULARES / VASCULAR PLANTS					
Nombre científico/ Scientific name	**Campamento/ Campsite**				
	Mina de Sal	Alto Cachiyacu base	Alto Cachiyacu intermedio/ intermediate	Alto Cachiyacu cumbre/summit	Alto Cahuapanas
Pityrogramma calomelanos (L.) Link	x	x			x
Pleopeltis macrocarpa (Willd.) Kaulf.	x				
Polybotrya osmundacea Humb. & Bonpl. ex Willd.					
Polypodium (1 sp. no identificada)		x			
Pterozonium brevifrons (A. Sm.) Lellinger				x	
Pterozonium reniforme (Mart.) Fee					x
Salpichlaena volubilis (Kaulf.) J. Sm.					
Schizaea elegans (Vahl) Sw.	x	x			x
Selaginella (1 sp. no identificada)	x				
Selaginella speciosa A. Braun					
Solanopteris bifrons (Hook.) Copel.		x			
Solanopteris brunei (Wercklé ex Christ) W.H. Wagner					x
Sticherus longipinnatus (Hook.) Ching	x	x			
Tectaria (1 sp. no identificada)				x	
Thelypteris (1 sp. no identificada)					x
Thelypteris cheilanthoides (Kunze) Proctor					
Thelypteris opposita (Vahl) Ching					
Trichomanes cellulosum Klotzsch					x
Trichomanes crispum L.					x
Trichomanes elegans Rich.		x			
Trichomanes ovale (E. Fourn.) Wess. Boe		x			
Trichomanes pinnatum Hdew.	x				

Espécimen/ Voucher	Observación/ Observation	Fotos/ Photos	Estatus/ Status
GK3247	x		
MR2980			NL
GK3208			
MR3140			
MR3248			NL
MR3482, 3538			NL
GK3197			
MR2962			
MR3073			
GK2921			
MR3200			NL
MR3540			NP
MR2975			NL
MR3398			
MR3565			
GK3231			
GK3245			
GK3192; MR3525			
MR3568			
MR3182			
MR3221			
MR3003			

LEYENDA/LEGEND

Espécimen/
Voucher

CV = Corine Vriesendorp

DN = David Neill

EPK = Elsworth Paine Killip

GK = Guillermo Klug

MR = Marcos Ríos Paredes

LT = Luis Torres Montenegro

TM = Tony Mori

Estatus/
Status

NL = Nuevo para Loreto/ New for Loreto

NP = Nuevo para el Perú/ New for Peru

Apéndice/Appendix 7

Estaciones de
muestreo de peces/
Fish sampling stations

Resumen de las principales características de las estaciones de muestreo de peces durante el inventario rápido en la Cordillera Escalera, Loreto, Perú, del 14 al 30 de setiembre de 2013, por Max H. Hidalgo y María I. Aldea-Guevara. Todas las estaciones tenían como tipo de vegetación dominante el bosque primario.

ESTACIONES DE MUESTREO DE PECES/FISH SAMPLING STATIONS														
Sitios de muestreo/ Sampling sites	Ubicación geográfica/ Location			Tipo de agua/ Water type			Tipo de ambiente/ Habitat type		Dimensiones/ Size (m)		Tipo de corriente/ Current type			
	Latitud/ Latitude (S)	Longitud/ Longitude (O/W)	Altitud (msnm)/ Elevation (masl)	Clara/ Clear	Negra/ Black	Blanca/ White	Léntico/ Lentic	Lótico/ Lotic	Ancho/ Width	Profun-didad/ Depth	Lenta/ Slow	Moderada/ Moderate	Fuerte/ Strong	
CAMPAMENTO MINA DE SAL/MINA DE SAL CAMPSITE (15–18 de setiembre de 2013/15–18 September 2013)														
Quebrada Shimbiyacu (parte alta/ upper portion) – IRCE01	5°52.32'	76°37.45'	455	1				1	4.0	0.4		1		
Quebrada Shimbiyacu (parte baja/ lower portion) – IRCE02	5°53.30'	76°36.39'	266	1				1	6.0	1.0		1		
Quebrada Buen Paso – IRCE03	5°53.60'	76°36.42'	256	1				1	8.5	1.0		1		
Río Cachiyacu – IRCE04	5°53.20'	76°36.05'	241		1			1	25.0	0.8			1	
CAMPAMENTO ALTO CACHIYACU/ALTO CACHIYACU CAMPSITE (21–24 de setiembre de 2013/21–24 September 2013)														
Quebrada Churoyacu – IRCE05	5°51.78'	76°44.19'	840	1				1	4.0	0.7		1		
Quebrada Cachiyacu chico – IRCE06	5°52.60'	76°43.52'	612	1				1	4.0	0.7		1		
Río Cachiyacu – IRCE07	5°51.196'	76°43.487'	512	1	1			1	6.0	0.7		1		
Quebrada Catarata – IRCE08	5°51.541'	76°43.136'	464	1				1	1.0	0.4		1		
CAMPAMENTO ALTO CAHUAPANAS/ALTO CAHUAPANAS CAMPSITE (28–30 de setiembre de 2013/28–30 September 2013)														
Quebrada afluente Alto Cahuapanas – IRCE09	5°39.01'	76°51.36'	1,014		1			1	3.0	0.7		1		
Lago pequeño/ Small lake – IRCE10	5°39.03'	76°50.35'	1,033		1		1		4.0	0.7	1			
Quebrada Alto Cahuapanas – IRCE11	5°39.45'	76°50.37'	1,040		1			1	6.0	0.7		1		
Total				7	3	2	1	10			1	9	1	

Apéndice/Appendix 7

Estaciones de
muestreo de peces/
Fish sampling stations

Attributes of the fish sampling stations studied during the rapid inventory in Cordillera Escalera-Loreto, Loreto, Perú, from 14 to 30 September 2013, by Max H. Hidalgo and María I. Aldea-Guevara. All stations had primary forest as the dominant vegetation type.

Tipo de substrato/ Substrate type				Tipo de cauce/ Channel type		Microhábitats/ Microhabitats				Vegetación de fondo/ Aquatic plants		Esfuerzo de muestreo/ Sampling effort		Parámetros fisicoquímicos/ Water attributes	
Pedregoso/ Pebbly	Rocoso/ Rocky	Arenoso y con gravas finas/Sandy with fine gravel	Fangoso con materia orgánica/ Muddy with organic matter	Encajonado/ Entrenched	Con playas/ With beaches	Rápidos/ Rapids	Playas/ Beaches	Pozos/ Pools	Cascadas/ Waterfalls	Perifiton/ Periphyton	Palizada u hojarasca/ Snags or leaf litter	No. lances/ No. casts	Longitud de muestreo/ Length of section sampled (m)	pH	Conductividad eléctrica/ Electrical conductivity (µs/cm)
1				1		1		1		1		18	630	5.4	30
	1	1		1		1				1		24	400	5.8	30
1	1	1		1		1		1	1	1		34	500	5.3	20
1	1	1		1	1	1	1	1				40	700	6.1	435
1	1	1		1		1		1		1		26	500	5.5	90
1	1	1		1		1						26	500	6.8	600
1	1	1		1	1	1	1					8	500	6.8	190
1	1	1		1		1		1		1		42	600	7.9	300
		1		1				1		1	1	21	200		
			1	1				1			1	10	30		
		1		1				1		1	1	22	300		
7	7	9	1	9	4	8	4	6	1	7	3	271	4860		

Peces/Fishes

Especies de peces registradas durante el inventario rápido en la Cordillera Escalera-Loreto, Loreto, Perú, del 14 al 30 de setiembre de 2013, por Max H. Hidalgo y María I. Aldea-Guevara. Los órdenes siguen la clasificación de CLOFFSCA (Reis et al. 2003).

PECES / FISHES						
Nombre científico/Scientific name	**Nombre común en espanol/Spanish common name**	**Registros por sitio/ Records by site**			**No. total de individuos/Total no. of individuals**	
		Mina de Sal	**Alto Cachiyacu**	**Alto Cahuapanas**		
CHARACIFORMES						
Anostomidae						
Leporinus friderici	lisa	1			1	
Characidae						
Astyanax fasciatus	mojarrita/sardinita	15			15	
Creagrutus aff. *gracilis*	mojarrita/sardinita			345	345	
Cynopotamus amazonus	dentón	1			1	
Galeocharax gulo	dentón	1			1	
Hemibrycon huambonicus	mojarrita/sardinita	1	2	104	107	
Knodus aff. *orteguasae*	mojarrita/sardinita	20	4		24	
Knodus orteguasae	mojarrita/sardinita	128	17		145	
Odontostilbe sp.	mojarrita/sardinita	21			21	
Salminus iquitensis	sábalo macho	1	2		3	
Scopaeocharax rhinodus	mojarrita	2			2	
Crenuchidae						
Characidium etheostoma	mojarita	12			12	
Characidium sp.	mojarita		2		2	
Melanocharacidium sp.	mojarita	1			1	
Erythrinidae						
Erythrinus sp.	shuyo			1	1	
Parodontidae						
Parodon buckleyi	julilla	30			30	
Prochilodontidae						
Prochilodus nigricans	boquichico	5			5	
SILURIFORMES						
Astroblepidae						
Astroblepus sp. 1	bagre de torrente	19	14		33	
Astroblepus sp. 2	bagre de torrente		12		12	
Astroblepus sp. 3	bagre de torrente			1	1	
Astroblepus aff. *fissidens*	bagre de torrente			3	3	
Loricariidae						
Ancistrus malacops	carachama			3	3	
Ancistrus sp.	carachama	2			2	
Chaetostoma aff. *lineopunctatum*	carachama	8			8	
Chaetostoma sp.	carachama		16		16	
Pimelodidae						
Pimelodus maculatus	cunchi	1			1	
Synbranchidae						
Synbranchus marmoratus	atinga	1			1	
Rivulidae						
Rivulus sp.	pez anual	2	131		133	
Cichlidae						
Bujurquina sp.	bujurqui			1	1	
Crenicichla cf. *anthurus*	añashua	1			1	
Número de especies/Number of species		**21**	**9**	**7**	**30**	
Número de individuos/Number of individuals		**273**	**200**	**458**	**931**	

Fish species recorded during the rapid inventory in Cordillera Escalera, Loreto, Peru, on 14–30 September 2013, by Max H. Hidalgo and María I. Aldea-Guevara. Ordinal classification follows CLOFFSCA (Reis et al. 2003).

Potenciales nuevas especies/Potentially new species	Tipo de registro/ Type of record	Usos/ Uses	
		Consumo de subsistencia/ Subsistence consumption	Pesquería de consumo u ornamental/ Commercial or ornamental fisheries*
	obs	x	co
	col	x	
	col		
	obs	x	co
	obs	x	co
	col	x	
	col		
	col		
	col		
	col	x	co
	col		
	col		
	col		
	col		
	col	x	
	obs		
	col	x	co
x	col		
	col		
x	col		
	col		
	col	x	
	col	x	
	col	x	
	col	x	
	obs	x	co
	col		
	col		or
	col	x	
	col	x	co
2		15	8

LEYENDA/LEGEND

Tipo de registro/
Type of record

col = Colectado/
Collected

obs = Observado/
Observed

Pesquería comercial/
Commercial fisheries

co = Por consumo/
For food

or = Como ornamental/
As ornamentals

* = El uso ornamental
corresponde al observado en
otras partes de la Amazonía y
no en la Cordillera Escalera/
Ornamental use as observed
in other regions of the Amazon
(not in Cordillera Escalera)

Anfibios y reptiles/
Amphibians and reptiles

Anfibios y reptiles observados durante un inventario rápido en la Cordillera Escalera-Loreto, entre las cuencas de los ríos Cachiyacu y Paranapura, Loreto, Perú, del 14 al 30 de setiembre de 2013, por Pablo J. Venegas, Giussepe Gagliardi-Urrutia y Marco Odicio. Los datos sobre preferencias para tipos de vegetación se basan en los registros de campo durante el inventario.

ANFIBIOS Y REPTILES / AMPHIBIANS AND REPTILES

Nombre científico/ Scientific name	Campamentos/Campsites					ACR-Cordillera Escalera–SM	Cordillera Escalera-SM (herpnet)	Tipo de registro/ Record type
	Mina de Sal	Alto Cachiyacu base	Alto Cachiyacu intermedio/ intermediate	Alto Cachiyacu cumbre/ summit	Alto Cahuapanas			
AMPHIBIA								
ANURA								
Aromobatidae								
Allobates ornatus							x	
Allobates sp.					x			col
Bufonidae								
Atelopus pulcher						x	x	
Rhaebo ecuadorensis	x	x						col
Rhinella festae			x			x		col
Rhinella margaritifera	x	x	x	x	x		x	col
Rhinella marina						x	x	col
Rhinella poeppigii	x	x					x	col
Rhinella roqueana						x		
Rhinella sp. nov. (verde)			x				x	col
Centrolenidae								
Cochranella croceopodes							x	
Hyalinobatrachium carlesvilai							x	
Hyalinobatrachium munozorum							x	
Rulyrana flavopunctata		x						col
Rulyrana saxiscandens						x	x	
Teratohyla midas		x						col
Craugastoridae								
Hypodactylus nigrovittatus				x				col
Oreobates quixensis	x	x		x		x		col
Oreobates saxatilis	x	x	x	x		x	x	col
Pristimantis acuminatus							x	
Pristimantis ardalonychus							x	
Pristimantis avicuporum			x					col
Pristimantis bearsi							x	
Pristimantis bromeliaceus			x					col
Pristimantis carvalhoi				x				col
Pristimantis cf. *lacrimosus*				x				col
Pristimantis citriogaster							x	
Pristimantis croceoinguinis	x							col
Pristimantis diadematus		x	x		x	x		col
Pristimantis incomptus		x	x			x		col

Amphibians and reptiles observed during a rapid inventory of the Cordillera Escalera Loreto, in the watersheds of the Cachiyacu and Paranapura rivers, in Loreto, Peru, on 14–30 September 2013, by Pablo J. Venegas, Giussepe Gagliardi-Urrutia, and Marco Odicio. Data on vegetation type preferences are based on field observations during the inventory.

Tipo de vegetación/ Vegetation type	Actividad/ Activity	Distribución/ Distribution	Categoría de amenaza/ Threat category	
			IUCN (2013)	MINAG (2004)
-	D	Pe	DD	NA
BV	D	?	?	
VR, BV	D	Pe	CR	NA
BL, BV	N	Ec, Co, Pe	NE	NA
Ch	D	Ec, Pe	NT	NA
BL, BV, BT, BC, Ch	D	Amaz, EG, CA	LC	NA
Ch	N	Amaz, EG, CA	LC	NA
BL, BV	N	Ec, Bo, Pe	LC	NA
BV, BL		Br, Co, Ec, Pe	LC	NA
BT	D	?	?	
-		Pe	DD	
-		Pe, Bo, Br	NE	NE
-		Ec, Co	NE	
BL	N	Ec, Co	LC	NA
VR		Pe	EN	EN
BV	N	Ec, Pe	LC	NA
BV	N	Ec, Co, Pe	LC	NA
BL, BV, Ch	N	Ec, Co, Bo, Br, Pe	LC	NA
BL, BV, BT, Ch	N	Pe	DD	NA
-		Br, Co, Ec, Pe	LC	
-		Pe	DD	
BC	N	Pe	DD	NA
-		Pe	NE	NA
BC	N	Ec, Pe	VU	NA
BV, Ch	N	Amaz	LC	NA
BV	N	Br, Ec, Co, Pe	LC	NA
-		PE	DD	
BV	N	Ec, Pe, Co	LC	NA
BT, BV	N	Ec, Pe	LC	NA
BC	N	Ec, Pe	VU	

LEYENDA/LEGEND

Tipo de registro/Record type
aud = Auditivo/Auditory
col = Colectado/Collection
obs = Observación visual/Visual
fot = Fotográfico/Photograph

Tipo de vegetación/Vegetation type
BC = Bosque enano de cumbres/ Dwarf ridgecrest forest
BH = Bosque de humedales (lagunas y pantanos)/ Wetland forest (lakes and swamps)
BL = Bosque alto de laderas/Tall slope forest
BN = Bosque de neblina/Cloud forest
BT = Bosque alto de terrazas/Tall terrace forest
BV = Bosque alto del valle/Tall valley forest
Ch = Chamizal (Bosque enano del valle)/Dwarf valley forest
VR = Vegetación riparia/Riparian vegetation

Actividad/Activity
D = Diurno/Diurnal
N = Nocturno/Nocturnal

Distribución/Distribution
Amaz = Ampliamente distribuido en la cuenca amazónica/ Widespread in the Amazon basin
Ar = Argentina
Bo = Bolivia
Br = Brasil/Brazil
CA = Centro América/Central America
Co = Colombia
Ec = Ecuador
EG = Escudo Guayanés (Venezuela, región norte de Brasil, Guyana, Surinam, Guayana Francesa)/Guyana Shield (Venezuela, northern Brazil, Guyana, Surinam, French Guiana)
GF = Guayana Francesa/French Guiana
Or = Cuenca del Orinoco/Orinoco watershed
Pe = Perú/Peru
Ve = Venezuela
? = Desconocido/Unknown

Categoría de amenaza/ Threat category
CR = En Peligro Crítico/ Critically Endangered
DD = Datos deficientes/ Insufficient data
EN = En peligro/Endangered
LC = Baja preocupación/Low risk
NA = No amenazado/Not threatened
NE = No evaluado/Not evaluated
VU = Vulnerable/Vulnerable
? = Desconocido/Unknown

* = Observada en la comunidad Nueva Vida/Observed in Nueva Vida
** = Observada en la comunidad de San Antonio de Yanayacu/ Observed in San Antonio de Yanayacu

ANFIBIOS Y REPTILES / AMPHIBIANS AND REPTILES								
Nombre científico/ **Scientific name**	**Campamentos/Campsites**					**ACR-** **Cordillera** **Escalera–SM**	**Cordillera** **Escalera-SM** **(herpnet)**	**Tipo de** **registro/** **Record type**
	Mina **de Sal**	**Alto** **Cachiyacu** **base**	**Alto** **Cachiyacu** **intermedio/** **intermediate**	**Alto** **Cachiyacu** **cumbre/** **summit**	**Alto** **Cahuapanas**			
Pristimantis lirellus	X					X	X	col
Pristimantis martiae							X	
Pristimantis nephophilus				X				col
Pristimantis ockendeni		X	X		X	X	X	col
Pristimantis orcus	X							col
Pristimantis peruvianus	X	X	X			X	X	col
Pristimantis rufioculis				X				col
Pristimantis sp. nov. (acuminado)	X	X		X				col
Pristimantis sp. nov. (grupo peruvianus)				X				col
Pristimantis sp. nov. (verde)						X		
Pristimantis sp. nov. (vientre amarillo)	X		X	X				col
Pristimantis trachyblepharis	X			X				col
Strabomantis sulcatus	X		X	X			X	col
Dendrobatidae								
Ameerega altamazonica	X					X		
Ameerega bassleri						X	X	
Ameerega cainarachi						X		
Ameerega trivittata	X	X				X	X	col
Hyloxalus argyrogaster	X	X						col
Hyloxalus azureiventris							X	
Hyloxalus nexipus						X	X	
Hyloxalus sp.			X					col
Ranitomeya fantastica	X						X	col
Ranitomeya imitator						X	X	
Ranitomeya variabilis	X						X	col
Hemiphractidae								
Hemiphractus cf. *bubalus*			X					col
Hemiphractus proboscideus						X		
Hemiphractus scutatus	X							col
Hylidae								
Agalychnis hulli	X	X				X		col
Dendropsophus aperomeus							X	
Dendropsophus minutus		X				X		col
Dendropsophus parviceps	X			X			X	col
Dendropsophus rhodopeplus	X	X				X	X	col
Dendropsophus sarayacuensis	X	X		X				col

Tipo de vegetación/ Vegetation type	Actividad/ Activity	Distribución/ Distribution	Categoría de amenaza/ Threat category	
			IUCN (2013)	MINAG (2004)
BL	N	Pe	DD	NA
-		Br, Co, Ec, Pe	LC	
BC	N	Ec, Pe	VU	NA
BT, BV	N	Amaz	LC	NA
BL, BV	N	Pe	NE	NA
BL, BT, BV	N	Ec, Pe, Br	LC	NA
BC	N	Pe	DD	NA
BL, BV	N	?	?	
BN	N	?	?	
	N	?	?	
BL, BV, BN, BC	N	?	?	NA
BL, BT, BV	N	Ec, Pe	DD	NA
BL, BT, BN, BC	N	Ec, Co, Pe, Br	LC	NA
BL	N	Pe	LC	NA
BN	N	Pe	NT	NT
VR	N	Pe	VU	NT
BL, BT, BV	N	Amaz, EG	LC	NA
BT	N	Pe	LC	NA
-	N	Pe	EN	EN
VR	N	Ec, Pe	LC	NA
BT	N	?	?	
BL	D	Pe	NT	NA
BC	D	Pe	LC	NA
BL, BV	D	Co, Ec, Pe	DD	NA
BT	N	Ec, Pe, Co	NT	NA
BL	N	Ec, Co, Pe	LC	
BL	N	Ec, Bol, Br, Pe	LC	NA
BL,BV	N	Ec, Pe	LC	NA
-	N	Pe	LC	
BV	N	Amaz, Arg, EG, Ve	LC	NA
BV, BH	N	Amaz, Or	LC	NA
BV	N	Amaz	LC	NA
BV, BH	N	Amaz, Ve	LC	NA

LEYENDA/LEGEND

Tipo de registro/Record type
aud = Auditivo/Auditory
col = Colectado/Collection
obs = Observación visual/Visual
fot = Fotográfico/Photograph

Tipo de vegetación/Vegetation type
BC = Bosque enano de cumbres/ Dwarf ridgecrest forest
BH = Bosque de humedales (lagunas y pantanos)/ Wetland forest (lakes and swamps)
BL = Bosque alto de laderas/Tall slope forest
BN = Bosque de neblina/Cloud forest
BT = Bosque alto de terrazas/Tall terrace forest
BV = Bosque alto del valle/Tall valley forest
Ch = Chamizal (Bosque enano del valle)/Dwarf valley forest
VR = Vegetación riparia/Riparian vegetation

Actividad/Activity
D = Diurno/Diurnal
N = Nocturno/Nocturnal

Distribución/Distribution
Amaz = Ampliamente distribuido en la cuenca amazónica/ Widespread in the Amazon basin
Ar = Argentina
Bo = Bolivia
Br = Brasil/Brazil
CA = Centro América/Central America
Co = Colombia
Ec = Ecuador
EG = Escudo Guayanés (Venezuela, región norte de Brasil, Guyana, Surinam, Guayana Francesa)/Guyana Shield (Venezuela, northern Brazil, Guyana, Surinam, French Guiana)
GF = Guayana Francesa/French Guiana
Or = Cuenca del Orinoco/Orinoco watershed
Pe = Perú/Peru
Ve = Venezuela
? = Desconocido/Unknown

Categoría de amenaza/ Threat category
CR = En Peligro Crítico/ Critically Endangered
DD = Datos deficientes/ Insufficient data
EN = En peligro/Endangered
LC = Baja preocupación/Low risk
NA = No amenazado/Not threatened
NE = No evaluado/Not evaluated
VU = Vulnerable/Vulnerable
? = Desconocido/Unknown

* = Observada en la comunidad Nueva Vida/Observed in Nueva Vida

** = Observada en la comunidad de San Antonio de Yanayacu/ Observed in San Antonio de Yanayacu

ANFIBIOS Y REPTILES / AMPHIBIANS AND REPTILES

Nombre científico/ Scientific name	Campamentos/Campsites					ACR-Cordillera Escalera–SM	Cordillera Escalera-SM (herpnet)	Tipo de registro/ Record type	
	Mina de Sal	Alto Cachiyacu base	Alto Cachiyacu intermedio/ intermediate	Alto Cachiyacu cumbre/ summit	Alto Cahuapanas				
Ecnomiohyla tuberculosa						x			
Hybsiboas cinerascens	x							col	
Hyloscirtus phyllognatus	x					x	x	aud	
Hypsiboas boans		x					x	obs	
Hypsiboas geographicus					x			col	
Hypsiboas lanciformis*								fot	
Osteocephalus cannatellai	x							col	
Osteocephalus deridens	x						x	col	
Osteocephalus festae						x			
Osteocephalus leoniae	x	x					x	col	
Osteocephalus mimeticus		x				x		col	
Osteocephalus planiceps	x							col	
Osteocephalus taurinus					x			col	
Osteocephalus verruciger							x		
Phyllomedusa duellmani						x			
Phyllomedusa tarsius	x	x				x	x	col	
Phyllomedusa tomopterna	x	x						col	
Phyllomedusa vaillantii					x			col	
Scinax ruber		x					x	col	
Trachycephalus typhonius	x	x						aud	
Leptodactylidae									
Adenomera andreae	x						x	col	
Adenomera hylaedactyla							x		
Leptodactylus leptodactyloides		x				x		col	
Leptodactylus pentadactylus						x			
Leptodactylus rhodomystax	x				x			col	
Leptodactylus rhodonotus	x	x	x			x	x	col	
Leptodactylus wagneri	x	x			x	x	x	col	
Microhylidae									
Chiasmocleis bassleri	x	x			x			col	
Chiasmocleis sp. nov. (puntos blancos)					x			col	
Chiasmocleis ventrimaculata	x							col	
Noblella myrmecoides						x			
Syncope sp.	x				x			col	
CAUDATA									
Plethodontidae									

Tipo de vegetación/ Vegetation type	Actividad/ Activity	Distribución/ Distribution	Categoría de amenaza/ Threat category	
			IUCN (2013)	MINAG (2004)
BV	N	Br, Co, Ec, Pe	LC	NA
BL-VR	N	Amaz, Or	LC	NA
VR	N	Ec, Co, Pe	LC	NA
VR	N	Amaz, EG, CA	LC	NA
BV, BH	N	Amaz, EG	LC	NA
VR	N	Amaz, Ve	LC	NA
VR, BV	N	Ec, Pe	NE	NA
BL, BV	N	Ec, Pe	LC	NA
BL	N	Ec, Pe	LC	NA
BL, BV	N	Pe	LC	NA
BL, BV, VR	N	Bo, Pe	LC	NA
BV	N	Ec, Pe, Co, Br	LC	NA
BV	N	Amaz	LC	NA
-	N	Ec, Co, Pe	LC	
BV	N	Pe	DD	NA
BV	N	Amaz	LC	NA
BV	N	Amaz	LC	NA
BV, BH, Ch	N	Amaz	LC	NA
BV	N	Amaz, EG	LC	NA
BV	N	Amaz, CA, EG, Ar	LC	NA
BL, BV	D,N	Amaz	LC	NA
-		Amaz, EG, Or	LC	NA
BV	N	Amaz, EG	LC	NA
BV		Amaz, Or, EG	LC	NA
BL, BV, BH	N	Amaz, EG	LC	NA
BL, BT, BV	N	Bo, Pe	LC	NA
BV, BH	N	Amaz	LC	NA
BL, BT, BV, BH	N	Co, Ec, Br, Pe	LC	NA
BV, Ch	N	?	?	NA
BV	N	Ec, Bo, Pe	LC	NA
BN		Bo, Ec, Co, Pe	LC	
BL, BV, BN, Ch	N	?	?	

LEYENDA/LEGEND

Tipo de registro/Record type
aud = Auditivo/Auditory
col = Colectado/Collection
obs = Observación visual/Visual
fot = Fotográfico/Photograph

Tipo de vegetación/Vegetation type
BC = Bosque enano de cumbres/ Dwarf ridgecrest forest
BH = Bosque de humedales (lagunas y pantanos)/ Wetland forest (lakes and swamps)
BL = Bosque alto de laderas/Tall slope forest
BN = Bosque de neblina/Cloud forest
BT = Bosque alto de terrazas/Tall terrace forest
BV = Bosque alto del valle/Tall valley forest
Ch = Chamizal (Bosque enano del valle)/Dwarf valley forest
VR = Vegetación riparia/Riparian vegetation

Actividad/Activity
D = Diurno/Diurnal
N = Nocturno/Nocturnal

Distribución/Distribution
Amaz = Ampliamente distribuido en la cuenca amazónica/ Widespread in the Amazon basin
Ar = Argentina
Bo = Bolivia
Br = Brasil/Brazil
CA = Centro América/Central America
Co = Colombia
Ec = Ecuador
EG = Escudo Guayanés (Venezuela, región norte de Brasil, Guyana, Surinam, Guayana Francesa)/Guyana Shield (Venezuela, northern Brazil, Guyana, Surinam, French Guiana)
GF = Guayana Francesa/French Guiana
Or = Cuenca del Orinoco/Orinoco watershed
Pe = Perú/Peru
Ve = Venezuela
? = Desconocido/Unknown

Categoría de amenaza/ Threat category
CR = En Peligro Crítico/ Critically Endangered
DD = Datos deficientes/ Insufficient data
EN = En peligro/Endangered
LC = Baja preocupación/Low risk
NA = No amenazado/Not threatened
NE = No evaluado/Not evaluated
VU = Vulnerable/Vulnerable
? = Desconocido/Unknown

* = Observada en la comunidad Nueva Vida/Observed in Nueva Vida

** = Observada en la comunidad de San Antonio de Yanayacu/ Observed in San Antonio de Yanayacu

Nombre científico/ Scientific name	Campamentos/Campsites					ACR- Cordillera Escalera–SM	Cordillera Escalera-SM (herpnet)	Tipo de registro/ Record type	
	Mina de Sal	Alto Cachiyacu base	Alto Cachiyacu intermedio/ intermediate	Alto Cachiyacu cumbre/ summit	Alto Cahuapanas				
Bolitoglossa altamazonica	X							col	
Bolitoglossa peruviana			X				X	col	
REPTILIA									
CROCODYLIA									
Alligatoridae									
Paleosuchus trigonatus**								fot	
SQUAMATA									
Boidae									
Corallus batesii	X							col	
Corallus hortulanus	X						X	col	
Colubridae									
Atractus snethlageae			X		X			col	
Chironius fuscus							X		
Chironius multiventris		X						col	
Dipsas catesbyi	X						X	X	col
Dipsas cf. *pavonina*							X		
Dipsas cf. *vermiculata*		X						col	
Dipsas indica			X					col	
Dipsas peruana				X				col	
Drymarchon corais	X							obs	
Drymobius rhombifer				X				col	
Erythrolamprus reginae							X		
Imantodes cenchoa	X	X					X	col	
Imantodes lentiferus							X	X	
Leptodeira annulata	X	X		X			X	col	
Oxyrhopus petola		X						col	
Oxyropus melanogenys	X							col	
Pseustes poecilonotus	X							X	col
Pseustes sulphureus	X							col	
Siphlophis compressus		X						col	
Synophis bicolor							X		
Dactyloidae									
Anolis fuscoauratus	X	X	X		X		X	col	
Anolis ortonii	X	X						col	
Anolis sp. nov.				X				col	

Tipo de vegetación/ Vegetation type	Actividad/ Activity	Distribución/ Distribution	Categoría de amenaza/ Threat category	
			IUCN (2013)	MINAG (2004)
BL	N	Amaz	LC	NA
BT	N	Pe, Ec	LC	NA
	D,N	Amaz, Or, EG	LC	NT
BL	N	Amaz	NE	NA
BL	N	Amaz, EG	NE	NA
BT, BV	N	Amaz, EG	LC	NA
-	N	Amaz, EG	NE	NA
BT, BV	N	Amaz, EG	NE	NA
BV	N	Amaz, EG	LC	NA
	N	Amaz, EG	LC	NA
BC	N	Ec, Pe	NE	NA
BT	N	Amaz, EG	NE	NA
BC	N	Ve, Ec, Co, Pe, Bo	LC	NA
BV	D	Amaz, EG	NE	NA
BV	N	Amaz, Ni	LC	NA
BV	N	Amaz, GF	NE	NA
BL, BV	N	Amaz, EG, CA	NE	NA
BV	N	Amaz, EG, Or	NE	NA
BL, BV, BH	N	Amaz, EG, CA	NE	NA
BV	N	Amaz, EG, CA, Ar	NE	NA
BL	N	Bo, Br, Co, Ec, Pe, EG	LC	NA
BL	N	Amaz, EG, CA	LC	NA
BL	N	Pe, Ec, Co, Ve, Br, EG, GF	NE	NA
BL, BV	N	Amaz, EG, CA	NE	NA
		Ec, Co	NE	NA
BL, BT, BV, BN	D	Amaz, EG	NE	NA
BV	D	Amaz, EG	NE	NA
BC	D	Ec	NE	

LEYENDA/LEGEND

Tipo de registro/Record type
aud = Auditivo/Auditory
col = Colectado/Collection
obs = Observación visual/Visual
fot = Fotográfico/Photograph

Tipo de vegetación/Vegetation type
BC = Bosque enano de cumbres/ Dwarf ridgecrest forest
BH = Bosque de humedales (lagunas y pantanos)/ Wetland forest (lakes and swamps)
BL = Bosque alto de laderas/Tall slope forest
BN = Bosque de neblina/Cloud forest
BT = Bosque alto de terrazas/Tall terrace forest
BV = Bosque alto del valle/Tall valley forest
Ch = Chamizal (Bosque enano del valle)/Dwarf valley forest
VR = Vegetación riparia/Riparian vegetation

Actividad/Activity
D = Diurno/Diurnal
N = Nocturno/Nocturnal

Distribución/Distribution
Amaz = Ampliamente distribuido en la cuenca amazónica/ Widespread in the Amazon basin
Ar = Argentina
Bo = Bolivia
Br = Brasil/Brazil
CA = Centro América/Central America
Co = Colombia
Ec = Ecuador
EG = Escudo Guayanés (Venezuela, región norte de Brasil, Guyana, Surinam, Guayana Francesa)/Guyana Shield (Venezuela, northern Brazil, Guyana, Surinam, French Guiana)
GF = Guayana Francesa/French Guiana
Or = Cuenca del Orinoco/Orinoco watershed
Pe = Perú/Peru
Ve = Venezuela
? = Desconocido/Unknown

Categoría de amenaza/ Threat category
CR = En Peligro Crítico/ Critically Endangered
DD = Datos deficientes/ Insufficient data
EN = En peligro/Endangered
LC = Baja preocupación/Low risk
NA = No amenazado/Not threatened
NE = No evaluado/Not evaluated
VU = Vulnerable/Vulnerable
? = Desconocido/Unknown

* = Observada en la comunidad Nueva Vida/Observed in Nueva Vida
** = Observada en la comunidad de San Antonio de Yanayacu/ Observed in San Antonio de Yanayacu

Nombre científico/ Scientific name	Campamentos/Campsites					ACR-Cordillera Escalera–SM	Cordillera Escalera-SM (herpnet)	Tipo de registro/ Record type	
	Mina de Sal	Alto Cachiyacu base	Alto Cachiyacu intermedio/ intermediate	Alto Cachiyacu cumbre/ summit	Alto Cahuapanas				
Anolis punctatus		x			x	x		col	
Anolis transversalis	x					x		col	
Elapidae									
Leptomicrurus narduccii	x								
Micrurus hemprichii	x		x					col	
Micrurus lemniscatus					x			col	
Micrurus obscurus		x						fot	
Gekkonidae									
Hemidactylus mabouia							x		
Gymnophthalmidae									
Alopoglossus atriventris		x	x			x	x	col	
Arthrosaura reticulata						x	x		
Cercosaura argulus	x						x	col	
Cercosaura manicata						x			
Euspondylus maculatus							x		
Iphisa elegans	x					x	x	col	
Potamites cf. *juruazensis*	x		x		x			col	
Potamites ecpleopus	x		x				x	col	
Potamites strangulatus		x				x	x	col	
Ptychoglossus brevifrontalis							x		
Hoplocercidae									
Enyalioides laticeps	x							col	
Enyalioides palpebralis							x		
Enyalioides praestabilis			x	x	x	x		col	
Leptotyphlopidae									
Epictia cf. *diaplocia*						x			
Phyllodactylidae									
Thecadactylus solimoensis	x						x	col	
Polychrotidae									
Polychrus marmoratus							x		
Scincidae									
Varzea altamazonica						x			
Varzea bistriata							x		
Sphaerodactylidae									
Gonatodes humeralis							x		
Pseudogonatodes guianensis						x	x		

Tipo de vegetación/ Vegetation type	Actividad/ Activity	Distribución/ Distribution	Categoría de amenaza/ Threat category	
			IUCN (2013)	MINAG (2004)
BV	D	Amaz, EG	NE	NA
BL	D	Ec, Pe, Co, Br, Ve	NE	NA
BL	N	Amaz, CA, EG	NE	NA
BT, BV	N	Amaz, EG	NE	NA
BV	N	Amaz, EG	NE	NA
BV	N	Pe, Bo, Co, Ve	NE	NA
-	D	Amaz, EG	NE	NA
BT, BV	D,N	Ec, Pe, Br	NE	NA
BV		Amaz	NE	NA
BL	N	Amaz, EG	LC	NA
BL		Ec, Pe, Bo, Co	NE	NA
-		Pe, Ec	NE	NA
BL	D	Amaz, EG	NE	NA
BL, BT, BV	D,N	Br, Pe	NE	NA
BT, BV	D,N	Amaz	NE	NA
BT, BV	N	Ec, Pe	NE	NA
-		Ec, Pe, Bo, Br, Ve, Co, GU	NE	NA
BL	D	Ec, Pe, Co, Br	NE	NA
-	D	Pe, Br, Bo	NE	NA
BL, BT, BNs, BC	D	Co, Ec, Pe	NE	NA
BL		Pe	NE	NA
	N	Amaz, EG	NE	NA
-		Amaz, EG	NE	NA
BN	D	Pe, Bo	NE	NA
-	D	Br, Bo, GF	LC	NA
-		Br, Co, Ve, Pe, Ec, Bo, GU	NE	NA
BL		Amaz, EG	NE	NA

LEYENDA/LEGEND

Tipo de registro/Record type
aud = Auditivo/Auditory
col = Colectado/Collection
obs = Observación visual/Visual
fot = Fotográfico/Photograph

Tipo de vegetación/Vegetation type
BC = Bosque enano de cumbres/ Dwarf ridgecrest forest
BH = Bosque de humedales (lagunas y pantanos)/ Wetland forest (lakes and swamps)
BL = Bosque alto de laderas/Tall slope forest
BN = Bosque de neblina/Cloud forest
BT = Bosque alto de terrazas/Tall terrace forest
BV = Bosque alto del valle/Tall valley forest
Ch = Chamizal (Bosque enano del valle)/Dwarf valley forest
VR = Vegetación riparia/Riparian vegetation

Actividad/Activity
D = Diurno/Diurnal
N = Nocturno/Nocturnal

Distribución/Distribution
Amaz = Ampliamente distribuido en la cuenca amazónica/ Widespread in the Amazon basin
Ar = Argentina
Bo = Bolivia
Br = Brasil/Brazil
CA = Centro América/Central America
Co = Colombia
Ec = Ecuador
EG = Escudo Guayanés (Venezuela, región norte de Brasil, Guyana, Surinam, Guayana Francesa)/Guyana Shield (Venezuela, northern Brazil, Guyana, Surinam, French Guiana)
GF = Guayana Francesa/French Guiana
Or = Cuenca del Orinoco/Orinoco watershed
Pe = Perú/Peru
Ve = Venezuela
? = Desconocido/Unknown

Categoría de amenaza/ Threat category
CR = En Peligro Crítico/ Critically Endangered
DD = Datos deficientes/ Insufficient data
EN = En peligro/Endangered
LC = Baja preocupación/Low risk
NA = No amenazado/Not threatened
NE = No evaluado/Not evaluated
VU = Vulnerable/Vulnerable
? = Desconocido/Unknown

* = Observada en la comunidad Nueva Vida/Observed in Nueva Vida
** = Observada en la comunidad de San Antonio de Yanayacu/ Observed in San Antonio de Yanayacu

ANFIBIOS Y REPTILES / AMPHIBIANS AND REPTILES								
Nombre científico/ Scientific name	**Campamentos/Campsites**					**ACR-Cordillera Escalera–SM**	**Cordillera Escalera-SM (herpnet)**	**Tipo de registro/ Record type**
	Mina de Sal	**Alto Cachiyacu base**	**Alto Cachiyacu intermedio/ intermediate**	**Alto Cachiyacu cumbre/ summit**	**Alto Cahuapanas**			
Teiidae								
Ameiva ameiva						x		
Kentropyx altamazonica		x		x				col
Kentropyx pelviceps	x						x	col
Tropiduridae								
Stenocercus prionotus							x	
Viperidae								
Bothriopsis bilineata	x							col
Bothriopsis taeniata							x	
Bothrocophias microphthalmus							x	
Bothrops atrox						x	x	
Lachesis muta muta				x				fot
TESTUDINES								
Kinosternidae								
Kinosternon scorpioides**								fot

Tipo de vegetación/ Vegetation type	Actividad/ Activity	Distribución/ Distribution	Categoría de amenaza/ Threat category	
			IUCN (2013)	MINAG (2004)
BC	D	Co, Ve, Br, Bo, Ec, Pe, Ar, GF, GU	NE	NA
BT	D	Ec, Pe, Bo, Co, Ve, Br	NE	NA
BL	D	Amaz	NE	NA
-	D	Pe, Bo	LC	NA
BL, BT	N	Br, Ve, Co, Ec, Bo, Pe, EG	NE	NA
-	N	Br, Co, Ec, Pe, Bo, Ve, GF	NE	NA
-	N	Co, Pe, Ec, Bo	NE	NA
BL	N	Br, Ve, Co, Ec, Bo, Pe, EG	NE	NA
BV	N	Amaz	NE	NA
	D	Amaz, CA	NE	NA

Aves registradas por Douglas F. Stotz, Percy Saboya del Castillo y Ernesto Ruelas Inzunza durante el inventario rápido de la Cordillera Escalera-Loreto, Loreto, Perú, del 14 de setiembre al 1 de octubre de 2013.

AVES / BIRDS		Mina de Sal			
Nombre científico/Scientific name	Nombre en inglés/English name	Abundancia/ Abundance	Low/ Bajo (m)	High/ Alto (m)	
Tinamidae					
Tinamus major	Great Tinamou	U	300		
Tinamus guttatus	White-throated Tinamou	F	400	600	
Crypturellus cinereus	Cinereous Tinamou	U	300		
Crypturellus soui	Little Tinamou				
Crypturellus obsoletus	Brown Tinamou				
Crypturellus variegatus	Variegated Tinamou	R	550		
Cracidae					
Penelope jacquacu	Spix's Guan	R	400	450	
Pipile cumanensis	Blue-throated Piping-Guan				
Aburria aburri	Wattled Guan				
Mitu tuberosum	Razor-billed Curassow	R	300		
Odontophoridae					
Odontophorus gujanensis	Marbled Wood-Quail	R	450		
Odontophorus speciosus	Rufous-breasted Wood-Quail				
Podicipedidae					
Tachybaptus dominicus	Least Grebe				
Ardeidae					
Bubulcus ibis	Cattle Egret	R	300		
Cathartidae					
Cathartes aura	Turkey Vulture	R	300		
Cathartes melambrotus	Greater Yellow-headed Vulture	U	300	550	
Coragyps atratus	Black Vulture	R	300		
Sarcoramphus papa	King Vulture	R	300		
Accipitridae					
Elanoides forficatus	Swallow-tailed Kite				
Morphnus guianensis	Crested Eagle				
Spizaetus ornatus	Ornate Hawk-Eagle	R	550		
Harpagus bidentatus	Double-toothed Kite	R	300		
Ictinia plumbea	Plumbeous Kite				
Accipiter bicolor	Bicolored Hawk				
Buteogallus urubitinga	Great Black Hawk				
Morphnarchus princeps	Barred Hawk				
Rupornis magnirostris	Roadside Hawk	R	300		
Buteo albigula*	White-throated Hawk				
Pseudastur albicollis	White Hawk				
Psophiidae					
Psophia leucoptera	Pale-winged Trumpeter	R	500		
Rallidae					
Anurolimnas castaneiceps	Chestnut-headed Crake				
Heliornithidae					
Heliornis fulica	Sungrebe				
Eurypygidae					
Eurypyga helias	Sunbittern	R	300		

Birds recorded by Douglas F. Stotz, Percy Saboya del Castillo, and Ernesto Ruelas Inzunza during the rapid inventory of the Cordillera Escalera-Loreto, Loreto, Peru, from 14 September to 1 October 2013.

Alto Cachiyacu			Alto Cahuapanas			Hábitats/Habitats
Abundancia/ Abundance	Low/ Bajo (m)	High/ Alto (m)	Abundancia/ Abundance	Low/ Bajo (m)	High/ Alto (m)	
U	500	700	U	1,050		Bv, Bl
R	700					Bl
U	500	700	R	1,050		Bv, Vs
R	650	800				Vs
R	1,200					Bn
F	700	1,100				Bl, Bt
U	600	700	R	1,050		Bv, Bl, Bt
U	650					Bl, Vs
R	1,200	1,600	R	1,050		Bn, Bec
U	700		U	1,050		Bv, Bl
U	600	700	U	1,050		Bv, Bl
U	1,600					Bn
C	900					A
						Vr
R	500					O
R	500		R	1,050		O
						O
R	600					O
U	500	1,700				O
R	500					O
U	700	850				Bl, O
R	500	600				Bv
U	500	900				O
			R	1,050		Bv
U	500		R	1,050		Bv
R	1,800					Bn
						Vr
R	1,700					Bn
U	500		R	1,050		Vs
						Bl
U	500	700				Vs
			R	1,050		A
						A

LEYENDA/LEGEND

Abundancia/Abundance

C = Común (diariamente >10 en hábitat adecuado)/ Common (daily >10 in proper habitat)

F = Poco común (<10 individuos/día en hábitat adecuado)/ Fairly Common (<10 individuals/day in proper habitat)

U = No común (menos que diariamente)/ Uncommon (less than daily)

R = Raro (uno o dos registros)/ Rare (one or two records)

Hábitats/Habitats

A = Hábitats acuáticos (ríos o lagos)/ Aquatic habitats (rivers or lakes)

Ac = Arbustal de cumbres/ Dwarf ridgecrest scrub

Bec= Bosque enano de cumbres/ Dwarf ridgecrest forest

Bl = Bosque alto de laderas/ Tall slope forest

Bn = Bosque de neblina/ Cloud forest

Bt = Bosque alto de terraza/ Tall terrace forest

Bv = Bosque alto del valle/ Tall valley forest

M = Hábitats múltiples (>3)/ Multiple habitats (>3)

O = Aire/Overhead

Vr = Vegetación riparia/ Riparian vegetation

Vs = Vegetación secundaria/ Secondary vegetation

* = especies sin registros previos de Loreto/species previously unrecorded from Loreto

AVES/BIRDS				
Nombre científico/Scientific name	**Nombre en inglés/English name**	**Mina de Sal**		
		Abundancia/ Abundance	Low/ Bajo (m)	High/ Alto (m)
Scolopacidae				
Actitis macularius	Spotted Sandpiper	R	300	
Tringa solitaria	Solitary Sandpiper	R	300	
Columbidae				
Patagioenas plumbea	Plumbeous Pigeon	F	300	500
Patagioenas subvinacea	Ruddy Pigeon	R	300	
Leptotila verreauxi	White-tipped Dove			
Leptotila rufaxilla	Gray-fronted Dove			
Geotrygon saphirina	Sapphire Quail-Dove	R	450	
Geotrygon frenata	White-throated Quail-Dove			
Geotrygon montana	Ruddy Quail-Dove	R	400	
Cuculidae				
Piaya cayana	Squirrel Cuckoo	F	300	500
Piaya melanogaster	Black-bellied Cuckoo	R	300	
Strigidae				
Megascops watsonii	Tawny-bellied Screech-Owl	U	300	
Megascops guatemalae	Vermiculated Screech-Owl			
Lophostrix cristata	Crested Owl	U	300	
Pulsatrix perspicillata/melanota	Spectacled/Band-bellied Owl			
Nyctibiidae				
Nyctibius griseus	Common Potoo	R	300	
Caprimulgidae				
Nyctipolus nigrescens	Blackish Nightjar			
Nyctiphrynus ocellatus	Ocellated Poorwill	U	300	
Apodidae				
Streptoprocne rutila	Chestnut-collared Swift			
Streptoprocne zonaris	White-collared Swift	U	300	
Chaetura cinereiventris	Gray-rumped Swift	C	300	
Chaetura egregia	Pale-rumped Swift	R	300	
Chaetura viridipennis	Amazonian Swift			
Aeronautes montivagus	White-tipped Swift			
Tachornis squamata	Fork-tailed Palm-Swift	U	300	
Trochilidae				
Topaza pyra	Fiery Topaz	R	300	
Florisuga mellivora	White-necked Jacobin	U	300	
Eutoxeres condamini	Buff-tailed Sicklebill			
Threnetes leucurus	Pale-tailed Barbthroat	U	450	600
Phaethornis ruber	Reddish Hermit	U	300	650
Phaethornis guy	Green Hermit			
Phaethornis koepckeae*	Koepcke's Hermit			
Phaethornis malaris	Great-billed Hermit	F	300	550
Doryfera ludovicae*	Green-fronted Lancebill			
Doryfera johannae	Blue-fronted Lancebill	R	400	450
Colibri delphinae	Brown Violetear			
Colibri thalassinus*	Green Violetear			

Alto Cachiyacu			Alto Cahuapanas			Hábitats/Habitats
Abundancia/ Abundance	Low/ Bajo (m)	High/ Alto (m)	Abundancia/ Abundance	Low/ Bajo (m)	High/ Alto (m)	
						A
R	500					A
C	500	1,800	F	1,050	1,200	M
F	500	1,000	R	1,050		Bv, Bl, Bt
			R	1,050		Vr
R	500	550				Vs
						Bl
R	1,150					Bt
U	550	750				Bl
F	500	900	R	1,050		Bv, Bl
						Bv
U	500					Bv
U	1,200		R	1,050		Bv, Bt
						Bv
R	1,200					Bt
R	500					Vr
			U	1,050		Bv
R	1,200					Bv, Bt
U	1,550					O
U	500	1,950	F	1,050		O
U	500	600	U	1,050		O
						O
R	500					O
U	500		R	1,050		O
						O
						Bv
R	500	550				Bv, Vs
R	550					Vr
R	700					Bl
F	500	850				Bv, Bl
R	1,500					Bn
U	1,050	1,600				Bt, Bn
F	500	850	U	1,050		Bv, Bl
R	1,750					Bn
			F	1,050	1,200	Bl, Bec
			F	1,050	1,250	Bv, Bec
			U	1,100	1,250	Bec

LEYENDA/LEGEND

Abundancia/Abundance

C = Común (diariamente >10 en hábitat adecuado)/ Common (daily >10 in proper habitat)

F = Poco común (<10 individuos/día en hábitat adecuado)/ Fairly Common (<10 individuals/day in proper habitat)

U = No común (menos que diariamente)/ Uncommon (less than daily)

R = Raro (uno o dos registros)/ Rare (one or two records)

Hábitats/Habitats

A = Hábitats acuáticos (ríos o lagos)/ Aquatic habitats (rivers or lakes)

Ac = Arbustal de cumbres/ Dwarf ridgecrest scrub

Bec= Bosque enano de cumbres/ Dwarf ridgecrest forest

Bl = Bosque alto de laderas/ Tall slope forest

Bn = Bosque de neblina/ Cloud forest

Bt = Bosque alto de terraza/ Tall terrace forest

Bv = Bosque alto del valle/ Tall valley forest

M = Hábitats múltiples (>3)/ Multiple habitats (>3)

O = Aire/Overhead

Vr = Vegetación riparia/ Riparian vegetation

Vs = Vegetación secundaria/ Secondary vegetation

* = especies sin registros previos de Loreto/species previously unrecorded from Loreto

AVES / BIRDS				
Nombre científico/Scientific name	**Nombre en inglés/English name**	**Mina de Sal**		
		Abundancia/ Abundance	Low/ Bajo (m)	High/ Alto (m)
Heliothryx auritus	Black-eared Fairy	R	500	
Heliangelus regalis	Royal Sunangel			
Discosura popelairii	Wire-crested Thorntail			
Discosura langsdorffi	Black-bellied Thorntail			
Lophornis/Discosura sp.	thorntail/coquette	R	600	
*Phlogophilus hemileucurus**	Ecuadorian Piedtail			
*Adelomyia melanogenys**	Speckled Hummingbird			
*Aglaiocercus kingii**	Long-tailed Sylph			
Coeligena coeligena	Bronzy Inca			
Heliodoxa gularis	Pink-throated Brilliant	R	550	
Heliodoxa schreibersii	Black-throated Brilliant			
Heliodoxa aurescens	Gould's Jewelfront	R	300	
*Heliodoxa leadbeateri**	Violet-fronted Brilliant			
Chlorestes notata	Blue-chinned Sapphire	R	300	
Campylopterus largipennis	Gray-breasted Sabrewing	U	300	500
Campylopterus villaviscensio	Napo Sabrewing			
Thalurania furcata	Fork-tailed Woodnymph	F	300	500
Amazilia fimbriata	Glittering-throated Emerald	R	300	
Chrysuronia oenone	Golden-tailed Sapphire	R	300	
Hylocharis sapphirina	Rufous-throated Sapphire	U	300	
Trogonidae				
Trogon viridis	Green-backed Trogon	F	300	600
Trogon ramonianus	Amazonian Trogon	R	400	
Trogon rufus	Black-throated Trogon			
Trogon collaris	Collared Trogon			
*Trogon personatus**	Masked Trogon			
Alcedinidae				
Megaceryle torquata	Ringed Kingfisher	R	300	
Chloroceryle amazona	Amazon Kingfisher	U	300	
Chloroceryle americana	Green Kingfisher	U	300	
Chloroceryle inda	Green-and-rufous Kingfisher			
Momotidae				
Baryphthengus martii	Rufous Motmot			
Galbulidae				
Galbula albirostris	Yellow-billed Jacamar	R	400	
Galbula cyanescens	Bluish-fronted Jacamar			
Jacamerops aureus	Great Jacamar	U	300	500
Bucconidae				
Nystalus striolatus	Striolated Puffbird			
Malacoptila fusca	White-chested Puffbird			
Micromonacha lanceolata	Lanceolated Monklet			
Monasa nigrifrons	Black-fronted Nunbird	R	300	
Monasa morphoeus	White-fronted Nunbird	F	350	500
Chelidoptera tenebrosa	Swallow-winged Puffbird	R	300	

Alto Cachiyacu			Alto Cahuapanas			Hábitats/Habitats
Abundancia/Abundance	Low/Bajo (m)	High/Alto (m)	Abundancia/Abundance	Low/Bajo (m)	High/Alto (m)	
			U	1,050		Bv
F	1,900	1,950	U	1,150	1,300	Ac
			R	1,050		Vs
R	500					Vs
			R	1,050		Bv
R	1,900					Bec
U	1,850	1,900				Bec
U	1,700	1,850				Bn
						Bl
			F	1,050	1,100	Bv, Bec
R	1,000					Bv, Bt
R	1,800					Bn
						Bv
						Bv, Bl
			U	1,050	1,150	Bv, Bec
F	500	1,000	F	1,050	1,200	M
						Vs
			R	1,050		Vs
						Bv
C	500	1,200	F	1,050	1,100	Bv, Bl, Bt
R	500					Bv, Bl
R	700		R	1,050		Bv, Bl
R	700	1,100				Bl, Bt
U	1,700	1,850	R	1,050		Bv, Bn
						A
			R	1,050		A
						A
			R	1,050		A
R	900					Bt
						Bl
R	500					Vs
R	950		R	1,050		Bv, Bl
U	500	1,550				Bv, Bn
U	700					Bl
R	1,200					Bt
						Vr
F	650	1,200	U	1,050		Bv, Bl, Bt
						Vs

LEYENDA/LEGEND

Abundancia/Abundance

C = Común (diariamente >10 en hábitat adecuado)/ Common (daily >10 in proper habitat)

F = Poco común (<10 individuos/día en hábitat adecuado)/ Fairly Common (<10 individuals/day in proper habitat)

U = No común (menos que diariamente)/ Uncommon (less than daily)

R = Raro (uno o dos registros)/ Rare (one or two records)

Hábitats/Habitats

A = Hábitats acuáticos (ríos o lagos)/ Aquatic habitats (rivers or lakes)

Ac = Arbustal de cumbres/ Dwarf ridgecrest scrub

Bec= Bosque enano de cumbres/ Dwarf ridgecrest forest

Bl = Bosque alto de laderas/ Tall slope forest

Bn = Bosque de neblina/ Cloud forest

Bt = Bosque alto de terraza/ Tall terrace forest

Bv = Bosque alto del valle/ Tall valley forest

M = Hábitats múltiples (>3)/ Multiple habitats (>3)

O = Aire/Overhead

Vr = Vegetación riparia/ Riparian vegetation

Vs = Vegetación secundaria/ Secondary vegetation

* = especies sin registros previos de Loreto/species previously unrecorded from Loreto

AVES / BIRDS				
Nombre científico/Scientific name	Nombre en inglés/English name	Mina de Sal		
		Abundancia/ Abundance	Low/ Bajo (m)	High/ Alto (m)
Capitonidae				
Capito auratus	Gilded Barbet	F	300	450
Eubucco versicolor	Versicolored Barbet			
Ramphastidae				
Ramphastos tucanus	White-throated Toucan	F	300	550
Ramphastos vitellinus	Channel-billed Toucan	F	300	600
Aulacorhynchus prasinus	Emerald Toucanet			
Aulacorhynchus derbianus	Chestnut-tipped Toucanet			
Selenidera reinwardtii	Golden-collared Toucanet	U	350	500
Pteroglossus azara	Ivory-billed Aracari	R	500	
Picidae				
Picumnus lafresnayi	Lafresnaye's Piculet			
Melanerpes cruentatus	Yellow-tufted Woodpecker			
Veniliornis affinis	Red-stained Woodpecker	R	300	
Piculus leucolaemus	White-throated Woodpecker			
Piculus chrysochloros	Golden-green Woodpecker	R	650	
Colaptes rubiginosus	Golden-olive Woodpecker			
Celeus grammicus	Scale-breasted Woodpecker	U	300	350
Dryocopus lineatus	Lineated Woodpecker			
Campephilus rubricollis	Red-necked Woodpecker			
Campephilus melanoleucos	Crimson-crested Woodpecker			
Falconidae				
Micrastur ruficollis	Barred Forest-Falcon			
Micrastur gilvicollis	Lined Forest-Falcon			
Micrastur semitorquatus	Collared Forest-Falcon	R	550	
Micrastur buckleyi	Buckley's Forest-Falcon			
Ibycter americanus	Red-throated Caracara	R	450	
Daptrius ater	Black Caracara			
Psittacidae				
Ara militaris	Military Macaw			
Ara severus	Chestnut-fronted Macaw			
Aratinga leucophthalma	White-eyed Parakeet			
Aratinga weddellii	Dusky-headed Parakeet			
Pyrrhura lucianii/roseifrons	Bonaparte's/Rose-fronted Parakeet	F	300	500
Brotogeris cyanoptera	Cobalt-winged Parakeet	C	300	400
Touit huetii	Scarlet-shouldered Parrotlet	U	300	
Pyrilia barrabandi	Orange-cheeked Parrot	R	400	
Pionus menstruus	Blue-headed Parrot	F	300	450
Amazona farinosa	Mealy Parrot			
Amazona amazonica	Orange-winged Parrot			
*Amazona mercenarius**	Scaly-naped Parrot			
Thamnophilidae				
Euchrepomis humeralis	Chestnut-shouldered Antwren			
Cymbilaimus lineatus	Fasciated Antshrike	F	300	500
Frederickena fulva	Fulvous Antshrike			

Alto Cachiyacu			Alto Cahuapanas			Hábitats/Habitats
Abundancia/ Abundance	Low/ Bajo (m)	High/ Alto (m)	Abundancia/ Abundance	Low/ Bajo (m)	High/ Alto (m)	
F	700	1,200	R	1,050		Bv, Bl, Bt
F	1,400	1,750				Bn
F	500	1,050	F	1,050	1,100	Bv, Bl, Bt
F	500	1,100	F	1,050	1,100	Bv, Bl, Bt
R	1,700					Bn
R	1,750					Bn
F	600	1,000	R	1,050		Bv, Bl, Bt
R	950					Bl
R	950					Bl
C	500	850				Vs
						Bv
R	800		F	1,050	1,100	Bv, Bl
						Bl
R	1,500					Bn
						Bv
R	550		R	1,050		Vs
			U	1,050		Bv
U	500					Vs
R	700		U	1,050		Bv, Bl
R	1,200					Bt
R	500		U	1,050		Bv
R	1,100					Bt
U	700	1,100	U	1,050	1,100	Bv, Bl
U	700	1,550	U	1,050	1,200	M
U	500	1,150				Bv, Bt
R	950					Bl
C	500	1,900	R	1,100		O
R	500					O
U	600	1,000	U	1,050		Bv, Bl
F	500	650				Vr, Bl
U	550	700	R	1,050		Bv, Bl
						Bl
C	500	1,050	R	1,050		O
R	950					O
			R	1,050		O
R	1,900					O
F	650	1,200				Bl, Bt
U	600	1,000	R	1,050		Bv, Bl, Bt
R	800					Bl

AVES/BIRDS				
Nombre científico/Scientific name	**Nombre en inglés/English name**	**Mina de Sal**		
		Abundancia/ Abundance	Low/ Bajo (m)	High/ Alto (m)
Thamnophilus doliatus	Barred Antshrike			
Thamnophilus schistaceus	Plain-winged Antshrike	U	300	
Thamnophilus murinus	Mouse-colored Antshrike	F	300	600
Thamnophilus caerulescens	Variable Antshrike			
Thamnophilus aethiops	White-shouldered Antshrike			
*Thamnistes anabatinus**	Russet Antshrike			
Dysithamnus mentalis	Plain Antvireo			
Thamnomanes ardesiacus	Dusky-throated Antshrike	F	300	650
Thamnomanes caesius	Cinereous Antshrike	U	300	650
Epinecrophylla spodionota	Foothill Antwren			
Epinecrophylla ornata	Ornate Antwren	R	300	
Epinecrophylla erythrura	Rufous-tailed Antwren	F	300	450
Myrmotherula brachyura	Pygmy Antwren	F	300	500
Myrmotherula ignota	Moustached Antwren			
Myrmotherula multostriata	Amazonian Streaked-Antwren	R	300	
Myrmotherula axillaris	White-flanked Antwren	F	300	650
Myrmotherula menetriesii	Gray Antwren	U	300	450
*Herpsilochmus parkeri**	Ash-throated Antwren			
Herpsilochmus axillaris	Yellow-breasted Antwren			
Herpsilochmus rufimarginatus	Rufous-winged Antwren	U	500	550
Microrhopias quixensis	Dot-winged Antwren			
Hypocnemis peruviana	Peruvian Warbling-Antbird	F	300	450
Cercomacra cinerascens	Gray Antbird	F	300	650
Cercomacra serva	Black Antbird			
Myrmoborus leucophrys	White-browed Antbird			
Myrmoborus myotherinus	Black-faced Antbird	F	300	650
Schistocichla leucostigma	Spot-winged Antbird	F	300	
Myrmeciza castanea	Zimmer's Antbird	U	450	500
Myrmeciza atrothorax	Black-throated Antbird	R	350	
Myrmeciza fortis	Sooty Antbird			
Pithys albifrons	White-plumed Antbird	R	300	650
Gymnopithys leucaspis	Bicolored Antbird	R	650	
Gymnopithys lunulatus	Lunulated Antbird	R	300	
Rhegmatorhina melanosticta	Hairy-crested Antbird			
Hylophylax naevius	Spot-backed Antbird			
Willisornis poecilinotus	Scale-backed Antbird	F	300	400
Conopophagidae				
Conopophaga peruviana	Ash-throated Gnateater			
Conopophaga castaneiceps	Chestnut-crowned Gnateater			
Grallariidae				
Grallaria haplonota	Plain-backed Antpitta			
Myrmothera campanisona	Thrush-like Antpitta	F	300	350
Rhinocryptidae				
Scytalopus atratus	White-crowned Tapaculo			

Alto Cachiyacu			Alto Cahuapanas			Hábitats/Habitats
Abundancia/ Abundance	Low/ Bajo (m)	High/ Alto (m)	Abundancia/ Abundance	Low/ Bajo (m)	High/ Alto (m)	
			R	1,050		Vs
C	500	950	U	1,050		Bv, Bl
R	1,000	1,050				Bv, Bl, Bt
U	1,700	1,900				Bec, Ac
U	700	750	F	1,050	1,200	Bv, Bl, Bec
R	950		R	1,050		Bv, Bt
F	1,100	1,800	U	1,050	1,100	Bv, Bt, Bn
C	500	1,200	U	1,050		Bv, Bl, Bt
						Vr
R	1,150		U	1,050		Bv, Bt
R	850					Vs
F	500	850	R	1,050		Bv, Bl
F	500	1,000	F	1,050		Bv, Bl
R	550					Bv
						Vr
F	600	850	F	1,050		Bv, Bl
			R	1,050		Bv, Bl
R	1250					Bn
R	1,500					Bn
F	750	1,200				Bl, Bt
F	500	700				Vs
F	500	1,100				Vs, Bv, Bl
F	500	1,200				Bv, Bl, Bt
R	550		F	1,050		Vr
R	650					Vs
F	500	1,200	F	1,050	1,100	Bv, Bl, Bt
U	500	650	U	1,050		Vr
R	1,150		U	1,050	1,150	Bv, Bl, Bt
						Vr
R	900					Bl
U	700	1,050				Bv, Bl, Bt
U	700	1,050				Bl, Bt
						Bv
U	1,050	1,600				Bt, Bn
F	550	1,200	F	1,050	1,100	Bv, Bl, Bt
F	600	1,100	F	1,050	1,200	M
R	900		R	1,050		Bv, Bt
R	1,250	1,550				Bn
R	1,200		R	1,200		Bn, Bec
F	500	700	R	1,050		Bv, Bl
F	1,400	1,950	R	1,200	1,250	Bn, Bec, Ac

LEYENDA/LEGEND

Abundancia/Abundance

C = Común (diariamente >10 en hábitat adecuado)/ Common (daily >10 in proper habitat)

F = Poco común (<10 individuos/día en hábitat adecuado)/ Fairly Common (<10 individuals/day in proper habitat)

U = No común (menos que diariamente)/ Uncommon (less than daily)

R = Raro (uno o dos registros)/ Rare (one or two records)

Hábitats/Habitats

A = Hábitats acuáticos (ríos o lagos)/ Aquatic habitats (rivers or lakes)

Ac = Arbustal de cumbres/ Dwarf ridgecrest scrub

Bec= Bosque enano de cumbres/ Dwarf ridgecrest forest

Bl = Bosque alto de laderas/ Tall slope forest

Bn = Bosque de neblina/ Cloud forest

Bt = Bosque alto de terraza/ Tall terrace forest

Bv = Bosque alto del valle/ Tall valley forest

M = Hábitats múltiples (>3)/ Multiple habitats (>3)

O = Aire/Overhead

Vr = Vegetación riparia/ Riparian vegetation

Vs = Vegetación secundaria/ Secondary vegetation

* = especies sin registros previos de Loreto/species previously unrecorded from Loreto

AVES / BIRDS				
Nombre científico/Scientific name	Nombre en inglés/English name	Mina de Sal		
		Abundancia/ Abundance	Low/ Bajo (m)	High/ Alto (m)
Formicariidae				
Formicarius colma	Rufous-capped Antthrush			
Formicarius analis	Black-faced Antthrush			
Formicarius rufipectus	Rufous-breasted Antthrush			
Chamaeza campanisona	Short-tailed Antthrush			
Furnariidae				
Sclerurus mexicanus	Tawny-throated Leaftosser			
Sclerurus caudacutus	Black-tailed Leaftosser			
Sclerurus albigularis	Gray-throated Leaftosser			
Sittasomus griseicapillus	Olivaceous Woodcreeper			
Deconychura longicauda	Long-tailed Woodcreeper	R	400	
Dendrocincla tyrannina *	Tyrannine Woodcreeper			
Dendrocincla fuliginosa	Plain-brown Woodcreeper	U	300	450
Glyphorynchus spirurus	Wedge-billed Woodcreeper	F	300	400
Dendrexetastes rufigula	Cinnamon-throated Woodcreeper			
Nasica longirostris	Long-billed Woodcreeper	R	300	
Xiphorhynchus ocellatus	Ocellated Woodcreeper	R	300	
Xiphorhynchus elegans	Elegant Woodcreeper	F	300	600
Xiphorhynchus guttatus	Buff-throated Woodcreeper	F	300	
Xiphorhynchus triangularis	Olive-backed Woodcreeper			
Campylorhamphus trochilirostris	Red-billed Scythebill			
Lepidocolaptes albolineatus	Lineated Woodcreeper	R	300	
Xenops minutus	Plain Xenops	U	300	350
Xenops rutilans *	Streaked Xenops			
Pseudocolaptes boissonneautii	Streaked Tuftedcheek			
Philydor erythrocercum	Rufous-rumped Foliage-gleaner			
Philydor rufum	Buff-fronted Foliage-gleaner			
Anabacerthia striaticollis *	Montane Foliage-gleaner			
Anabacerthia ruficaudata	Rufous-tailed Foliage-gleaner			
Syndactyla rufosuperciliata	Buff-browed Foliage-gleaner			
Ancistrops strigilatus	Chestnut-winged Hookbill			
Hyloctistes subulatus	Striped Woodhaunter	U	350	500
Automolus ochrolaemus	Buff-throated Foliage-gleaner			
Automolus infuscatus	Olive-backed Foliage-gleaner	R	300	
Automolus rubiginosus	Ruddy Foliage-gleaner			
Thripadectes melanorhynchus	Black-billed Treehunter			
Premnoplex brunnescens	Spotted Barbtail			
Cranioleuca curtata *	Ash-browed Spinetail			
Cranioleuca gutturata	Speckled Spinetail			
Synallaxis albigularis	Dark-breasted Spinetail			
Tyrannidae				
Phyllomyias burmeisteri	Rough-legged Tyrannulet			
Phyllomyias griseiceps *	Sooty-headed Tyrannulet			
Tyrannulus elatus	Yellow-crowned Tyrannulet	U	300	600

Alto Cachiyacu			Alto Cahuapanas			Hábitats/Habitats
Abundancia/ Abundance	Low/ Bajo (m)	High/ Alto (m)	Abundancia/ Abundance	Low/ Bajo (m)	High/ Alto (m)	
R	650		U	1,050		Bv, Bl
F	500	1,200				Bv, Bl, Bt
U	1,850					Bec
F	1,000	1,600				Bt, Bn
			R	1,050		Bv
R	550					Bv
R	1,300					Bn
R	1,500		R	1,050		Bv, Bn
						Bl
R	1,800					Bn
R	900		R	1,050		Bv, Bl
F	500	1,100	F	1,050		Bv, Bl, Bt
R	600					Bl
						Bv
			U	1,050		Bv
U	600	950	U	1,050		Bv, Bl
F	500	1,000				Bv, Bl
R	1,600					Bn
U	600	950				Bl, Bt
R	700		R	1,050		Bv, Bl
R	650	700	R	1,050		Bv, Bl
F	950	1,600	R	1,050		Bv, Bt, Bn
R	1,750					Bn
U	850	1,150	U	1,050		Bv, Bt
U	1,150	1,500	R	1,050		Bv, Bt, Bn
U	1,700	1,750				Bn
U	800	1,200				Bl, Bt
R	1,750					Bn
U	850	1,200	F	1,050		Bv, Bl, Bt
U	600	1,000	U	1,050		Bv, Bl, Bt
F	600	1,100	U	1,050	1,100	Bv, Bl, Bt
R	700		R	1,050		Bv, Bl
U	700	1,100				Bl, Bt
R	1,750					Bn
R	1,600		R	1,150		Bec, Bn
R	1,000		U	1,050	1,300	Bv, Bt, Bec
R	700					Bl
R	550					Vs
			R	1,050		Bv
			F	1,050		Bv
F	500	850	F	1,050	1,150	Bv, Vs

LEYENDA/LEGEND

Abundancia/Abundance

C = Común (diariamente >10 en hábitat adecuado)/ Common (daily >10 in proper habitat)

F = Poco común (<10 individuos/día en hábitat adecuado)/ Fairly Common (<10 individuals/day in proper habitat)

U = No común (menos que diariamente)/ Uncommon (less than daily)

R = Raro (uno o dos registros)/ Rare (one or two records)

Hábitats/Habitats

A = Hábitats acuáticos (ríos o lagos)/ Aquatic habitats (rivers or lakes)

Ac = Arbustal de cumbres/ Dwarf ridgecrest scrub

Bec= Bosque enano de cumbres/ Dwarf ridgecrest forest

Bl = Bosque alto de laderas/ Tall slope forest

Bn = Bosque de neblina/ Cloud forest

Bt = Bosque alto de terraza/ Tall terrace forest

Bv = Bosque alto del valle/ Tall valley forest

M = Hábitats múltiples (>3)/ Multiple habitats (>3)

O = Aire/Overhead

Vr = Vegetación riparia/ Riparian vegetation

Vs = Vegetación secundaria/ Secondary vegetation

* = especies sin registros previos de Loreto/species previously unrecorded from Loreto

AVES/BIRDS				
Nombre científico/Scientific name	**Nombre en inglés/English name**	**Mina de Sal**		
		Abundancia/ Abundance	Low/ Bajo (m)	High/ Alto (m)
Myiopagis gaimardii	Forest Elaenia	F	300	350
Myiopagis caniceps	Gray Elaenia	R	550	
Elaenia gigas	Mottle-backed Elaenia			
Elaenia pallatangae*	Sierran Elaenia			
Ornithion inerme	White-lored Tyrannulet	R	300	
Camptostoma obsoletum	Southern Beardless-Tyrannulet			
Mecocerculus minor*	Sulphur-bellied Tyrannulet			
Serpophaga cinerea*	Torrent Tyrannulet			
Corythopis torquatus	Ringed Antpipit			
Zimmerius gracilipes	Slender-footed Tyrannulet	R	300	
Zimmerius viridiflavus	Peruvian Tyrannulet			
Phylloscartes ophthalmicus*	Marble-faced Bristle-Tyrant			
Phylloscartes orbitalis	Spectacled Bristle-Tyrant			
Phylloscartes ventralis	Mottle-cheeked Tyrannulet			
Mionectes striaticollis	Streak-necked Flycatcher			
Mionectes olivaceus	Olive-striped Flycatcher	R	600	
Mionectes oleagineus	Ochre-bellied Flycatcher	U	400	500
Leptopogon superciliaris	Slaty-capped Flycatcher	R	550	
Myiotriccus ornatus	Ornate Flycatcher			
Myiornis ecaudatus	Short-tailed Pygmy-Tyrant			
Hemitriccus zosterops	White-eyed Tody-Tyrant	F	350	500
Hemitriccus rufigularis	Buff-throated Tody-Tyrant			
Poecilotriccus capitalis	Black-and-white Tody-Flycatcher			
Todirostrum cinereum	Common Tody-Flycatcher			
Todirostrum chrysocrotaphum	Yellow-browed Tody-Flycatcher			
Tolmomyias assimilis	Yellow-margined Flycatcher	U	300	500
Tolmomyias poliocephalus	Gray-crowned Flycatcher	F	300	600
Tolmomyias flaviventris	Yellow-breasted Flycatcher	R	300	
Platyrinchus coronatus	Golden-crowned Spadebill			
Myiophobus fasciatus	Bran-colored Flycatcher			
Myiobius villosus*	Tawny-breasted Flycatcher			
Terenotriccus erythrurus	Ruddy-tailed Flycatcher	U	300	600
Lathrotriccus euleri	Euler's Flycatcher			
Contopus cooperi*	Olive-sided Flycatcher			
Contopus fumigatus*	Smoke-colored Pewee			
Contopus sordidulus	Western Wood-Pewee			
Contopus virens	Eastern Wood-Pewee			
Contopus nigrescens	Blackish Pewee			
Sayornis nigricans	Black Phoebe			
Legatus leucophaius	Piratic Flycatcher	U	300	
Myiozetetes similis	Social Flycatcher	F	300	500
Myiozetetes granadensis	Gray-capped Flycatcher	R	300	
Myiozetetes luteiventris	Dusky-chested Flycatcher	F	300	650

Alto Cachiyacu			Alto Cahuapanas			Hábitats/Habitats
Abundancia/ Abundance	Low/ Bajo (m)	High/ Alto (m)	Abundancia/ Abundance	Low/ Bajo (m)	High/ Alto (m)	
F	500	1,200	F	1,050		Bv, Bt
U	650	750	R	1,050		Bv. Bl
U	500					Vs
R	1,950					Ac
R	650	700	U	1,050		Bv, Bt
R	500					Vs
R	1,750					Bn
U	500					A
			R	1,050		Bv
U	500	600	F	1,050		Bv, Bt
U	1,500	1,850	R	1,300		Bn, Bec
U	1,650	1,700				Bn
U	1,000	1,100	R	1,050		Bv, Bt
F	1,700	1,900				Bn, Bec
F	1,700	1,850				Bn, Bec
F	600	950	R	1,050		Bv, Bl, Bt
F	600	850	R	1,050		Bv, Bl
			U	1,050	1,100	Bv, Bl
C	850	1,600	F	1,050	1250	M
R	650					Vs
R	650		R	1,050		Bv, Bl
U	850	1,100	R	1,050		Bec, Bt
			U	1,050		Vs
R	500		F	1,050		Vs
R	500					Bv
						Bv, Bl
U	500	1,150	U	1,050		Bv, Bl, Bt
U	500					Vs
U	1,000	1,150				Bt
R	500					Vs
			R	1,200		Bec
U	550	700	R	1,050		Bv, Bl
U	800	1,050				Bt
U	500	1,600	R	1,300		Vs, Bn, Bec
R	1,800					Bn
R	1,750					Bn
			U	1,050	1,100	Vs, Bv
			F	1,050		Bv
R	700					A
F	500	700	R	1,050		Vs
F	500	800	U	1,050		Vs
U	500					Vs
U	500	850	F	1,050	1,150	Bv, Bl, Bec

LEYENDA/LEGEND

Abundancia/Abundance

C = Común (diariamente >10 en hábitat adecuado)/ Common (daily >10 in proper habitat)

F = Poco común (<10 individuos/día en hábitat adecuado)/ Fairly Common (<10 individuals/day in proper habitat)

U = No común (menos que diariamente)/ Uncommon (less than daily)

R = Raro (uno o dos registros)/ Rare (one or two records)

Hábitats/Habitats

A = Hábitats acuáticos (ríos o lagos)/ Aquatic habitats (rivers or lakes)

Ac = Arbustal de cumbres/ Dwarf ridgecrest scrub

Bec= Bosque enano de cumbres/ Dwarf ridgecrest forest

Bl = Bosque alto de laderas/ Tall slope forest

Bn = Bosque de neblina/ Cloud forest

Bt = Bosque alto de terraza/ Tall terrace forest

Bv = Bosque alto del valle/ Tall valley forest

M = Hábitats múltiples (>3)/ Multiple habitats (>3)

O = Aire/Overhead

Vr = Vegetación riparia/ Riparian vegetation

Vs = Vegetación secundaria/ Secondary vegetation

* = especies sin registros previos de Loreto/species previously unrecorded from Loreto

AVES / BIRDS				
Nombre científico/Scientific name	**Nombre en inglés/English name**	**Mina de Sal**		
		Abundancia/ Abundance	Low/ Bajo (m)	High/ Alto (m)
Pitangus sulphuratus	Great Kiskadee	F	300	
Conopias parvus	Yellow-throated Flycatcher			
*Myiodynastes chrysocephalus**	Golden-crowned Flycatcher			
Myiodynastes maculatus	Streaked Flycatcher			
Megarynchus pitangua	Boat-billed Flycatcher	U	300	
Tyrannus melancholicus	Tropical Kingbird	F	300	
Rhytipterna simplex	Grayish Mourner	F	300	500
Myiarchus tuberculifer	Dusky-capped Flycatcher	U	550	650
Myiarchus ferox	Short-crested Flycatcher			
Myiarchus cephalotes	Pale-edged Flycatcher			
Ramphotrigon ruficauda	Rufous-tailed Flatbill			
Attila spadiceus	Bright-rumped Attila	U	300	400
Cotingidae				
Pipreola chlorolepidota	Fiery-throated Fruiteater			
Rupicola peruvianus	Andean Cock-of-the-rock			
Snowornis subalaris	Gray-tailed Piha			
Querula purpurata	Purple-throated Fruitcrow	U	350	
Cephalopterus ornatus	Amazonian Umbrellabird			
Cotinga maynana	Plum-throated Cotinga	R	300	
Cotinga cotinga	Purple-breasted Cotinga			
Cotinga cayana	Spangled Cotinga			
Lipaugus vociferans	Screaming Piha	U	300	600
Pipridae				
Tyranneutes stolzmanni	Dwarf Tyrant-Manakin	U	350	550
Masius chrysopterus	Golden-winged Manakin			
Chiroxiphia pareola	Blue-backed Manakin	F	300	350
Xenopipo holochlora	Green Manakin	R	500	
Xenopipo unicolor	Jet Manakin			
Machaeropterus regulus	Striped Manakin	R	550	
Dixiphia pipra	White-crowned Manakin	F	300	700
Ceratopipra erythrocephala	Golden-headed Manakin	C	300	450
Lepidothrix coronata	Blue-crowned Manakin	F	300	550
Lepidothrix isidorei	Blue-rumped Manakin			
Piprites chloris	Wing-barred Piprites	R	300	
Tityridae				
Tityra semifasciata	Masked Tityra			
*Schiffornis aenea**	Foothill Schiffornis			
Laniocera hypopyrra	Cinereous Mourner	R	450	
Iodopleura isabellae	White-browed Purpletuft	R	600	
Pachyramphus castaneus	Chestnut-crowned Becard			
Pachyramphus polychopterus	White-winged Becard	R	600	
*Pachyramphus albogriseus**	Black-and-white Becard			
Pachyramphus marginatus	Black-capped Becard	R	450	
Pachyramphus minor	Pink-throated Becard	U	300	550

Alto Cachiyacu			Alto Cahuapanas			Hábitats/Habitats
Abundancia/ Abundance	Low/ Bajo (m)	High/ Alto (m)	Abundancia/ Abundance	Low/ Bajo (m)	High/ Alto (m)	
U	500	700				Vs
			R	1,050		Bv
U	1,400	1,600				Bn
U	500					Vs
U	500					Vs
F	500		R	1,050		Vs
U	650	800	F	1,050	1,100	Bv, Bl
U	650	1,050	U	1,050	1,100	Bl, Bec
U	500					Vs
U	1,750	1,800				Bn
R	500					Bv
U	500	600				Bv, Bl
R	850					Bl
R	1,200	1,300				Bn
U	1,050	1,200				Bt
						Bv
			U	1,050		Bv
						Bv
			R	1,050		Bec
			R	1,050		Bv
R	1,200		F	1,050	1,300	M
F	600	950	R	1,050		Bv, Bl
R	1,700					Bn
F	600	1,100				Bv, Bl, Bt
R	700					Bl
R	1,800					Bn
						Bl
F	600	1,200	R	1,050		Bv, Bl, Bt
C	500	1,100	C	1,050	1,100	Bv, Bl, Bt
F	650	1,200				Bv, Bl, Bt
			U	1,200	1,250	Bec
F	600	950	F	1,050	1,250	Bv, Bl, Bec
U	500	700	R	1,150		Vs, Bec
			R	1,050		Bv
						Bl
						Bec
U	500					Vs
U	500					Vs
U	1,500	1,550				Bn
U	900	1,150	R	1,050		Bv, Bl, Bt
U	500	1,000	R	1,050		Bv, Bl, Bt

Abundancia/Abundance

C = Común (diariamente >10 en hábitat adecuado)/ Common (daily >10 in proper habitat)

F = Poco común (<10 individuos/día en hábitat adecuado)/ Fairly Common (<10 individuals/day in proper habitat)

U = No común (menos que diariamente)/ Uncommon (less than daily)

R = Raro (uno o dos registros)/ Rare (one or two records)

Hábitats/Habitats

A = Hábitats acuáticos (ríos o lagos)/ Aquatic habitats (rivers or lakes)

Ac = Arbustal de cumbres/ Dwarf ridgecrest scrub

Bec= Bosque enano de cumbres/ Dwarf ridgecrest forest

Bl = Bosque alto de laderas/ Tall slope forest

Bn = Bosque de neblina/ Cloud forest

Bt = Bosque alto de terraza/ Tall terrace forest

Bv = Bosque alto del valle/ Tall valley forest

M = Hábitats múltiples (>3)/ Multiple habitats (>3)

O = Aire/Overhead

Vr = Vegetación riparia/ Riparian vegetation

Vs = Vegetación secundaria/ Secondary vegetation

* = especies sin registros previos de Loreto/species previously unrecorded from Loreto

AVES / BIRDS				
Nombre científico/Scientific name	**Nombre en inglés/English name**	**Mina de Sal**		
		Abundancia/ Abundance	Low/ Bajo (m)	High/ Alto (m)
Vireonidae				
Cyclarhis gujanensis	Rufous-browed Peppershrike			
Vireolanius leucotis	Slaty-capped Shrike-Vireo	F	400	450
Vireo leucophrys	Brown-capped Vireo			
Vireo olivaceus	Red-eyed Vireo			
Hylophilus thoracicus	Lemon-chested Greenlet	U	300	
Hylophilus hypoxanthus	Dusky-capped Greenlet	F	300	450
Hylophilus ochraceiceps	Tawny-crowned Greenlet	U	300	450
Corvidae				
Cyanocorax violaceus	Violaceous Jay	F	300	
Cyanocorax yncas	Green Jay			
Hirundinidae				
Pygochelidon cyanoleuca	Blue-and-white Swallow			
Atticora fasciata	White-banded Swallow	U	300	
Atticora tibialis	White-thighed Swallow			
Stelgidopteryx ruficollis	Southern Rough-winged Swallow			
Tachycineta albiventer	White-winged Swallow	R	300	
Troglodytidae				
Microcerculus marginatus	Scaly-breasted Wren	F	300	550
Troglodytes aedon	House Wren			
Campylorhynchus turdinus	Thrush-like Wren			
Pheugopedius coraya	Coraya Wren	R	300	
Henicorhina leucosticta	White-breasted Wood-Wren			
Henicorhina leucoptera	Bar-winged Wood-Wren			
Henicorhina leucophrys	Gray-breasted Wood-Wren			
Cyphorhinus arada	Musician Wren	U	300	
Polioptilidae				
Microbates cinereiventris	Half-collared Gnatwren	U	350	600
Ramphocaenus melanurus	Long-billed Gnatwren			
Turdidae				
Catharus dryas	Spotted Nightingale-Thrush			
Entomodestes leucotis	White-eared Solitaire			
Turdus leucops	Pale-eyed Thrush			
Turdus ignobilis	Black-billed Thrush			
Turdus serranus	Glossy-black Thrush			
Turdus albicollis	White-necked Thrush			
Thraupidae				
Cissopis leverianus	Magpie Tanager			
Tachyphonus rufiventer	Yellow-crested Tanager	F	300	500
Tachyphonus surinamus	Fulvous-crested Tanager	U	300	550
Tachyphonus luctuosus	White-shouldered Tanager	R	300	
Tachyphonus rufus	White-lined Tanager			
Tachyphonus phoenicius	Red-shouldered Tanager			
Lanio fulvus	Fulvous Shrike-Tanager	R	300	

Alto Cachiyacu			Alto Cahuapanas			Hábitats/Habitats
Abundancia/ Abundance	Low/ Bajo (m)	High/ Alto (m)	Abundancia/ Abundance	Low/ Bajo (m)	High/ Alto (m)	
			R	1,050		Bv
F	550	1,200	F	1,050	1,100	Bv, Bl, Bt
U	1,600	1,750				Bn
U	1,150	1,200				Bt
U	600	700	F	1,050		Bv, Bl
U	600	750				Bv, Bl
U	750	800	F	1,050		Bv, Bl
						Vr
F	1,800	1,950	U	1,300		Bec, Ac
U	500	1,950				O
						A
			U	1,050		O
F	500		U	1,050		O, A
						A
F	500	1,200	F	1,050		Bv, Bl, Bt
R	500					Vs
C	500	700				Vs
U	600	1,100	R	1,050		Bv, Bt
F	600	1,150	F	1,050	1,100	Bv, Bl, Bt
F	1,900	1,950	U	1300		Ac
F	1,500	1,850				Bn
U	800	850	F	1,050		Bv, Bl
R	1,200					Bl, Bt
R	700					Bl
U	1,600					Bn
U	1,300	1,950				Bn, Bec
			R	1,050		Bv
R	500					Vs
R	1,950					Ac
F	600	1,200	F	1,050	1,100	Bv, Bl, Bt
U	500					Vs
U	1,150	1,200				Bv, Bl, Bt
			R	1,050		Bv, Bl
						Bv
R	500					Vs
			R	1,300		Ac
F	800	1,200	U	1,050		Bv, Bt

LEYENDA/LEGEND

Abundancia/Abundance

C = Común (diariamente >10 en hábitat adecuado)/ Common (daily >10 in proper habitat)

F = Poco común (<10 individuos/día en hábitat adecuado)/ Fairly Common (<10 individuals/day in proper habitat)

U = No común (menos que diariamente)/ Uncommon (less than daily)

R = Raro (uno o dos registros)/ Rare (one or two records)

Hábitats/Habitats

A = Hábitats acuáticos (ríos o lagos)/ Aquatic habitats (rivers or lakes)

Ac = Arbustal de cumbres/ Dwarf ridgecrest scrub

Bec= Bosque enano de cumbres/ Dwarf ridgecrest forest

Bl = Bosque alto de laderas/ Tall slope forest

Bn = Bosque de neblina/ Cloud forest

Bt = Bosque alto de terraza/ Tall terrace forest

Bv = Bosque alto del valle/ Tall valley forest

M = Hábitats múltiples (>3)/ Multiple habitats (>3)

O = Aire/Overhead

Vr = Vegetación riparia/ Riparian vegetation

Vs = Vegetación secundaria/ Secondary vegetation

* = especies sin registros previos de Loreto/species previously unrecorded from Loreto

AVES / BIRDS				
Nombre científico/Scientific name	**Nombre en inglés/English name**	**Mina de Sal**		
		Abundancia/ Abundance	Low/ Bajo (m)	High/ Alto (m)
Ramphocelus nigrogularis	Masked Crimson Tanager			
Ramphocelus carbo	Silver-beaked Tanager	R	300	
Calochaetes coccineus*	Vermilion Tanager			
Anisognathus somptuosus	Blue-winged Mountain-Tanager			
Iridosornis analis	Yellow-throated Tanager			
Thraupis episcopus	Blue-gray Tanager	R	300	
Thraupis palmarum	Palm Tanager			
Tangara ruficervix*	Golden-naped Tanager			
Tangara viridicollis*	Silvery Tanager			
Tangara nigrocincta	Masked Tanager	R	300	
Tangara cyanicollis*	Blue-necked Tanager			
Tangara varia	Dotted Tanager			
Tangara xanthogastra	Yellow-bellied Tanager	R	500	
Tangara punctata*	Spotted Tanager			
Tangara nigroviridis*	Beryl-spangled Tanager			
Tangara cyanotis	Blue-browed Tanager			
Tangara mexicana	Turquoise Tanager			
Tangara chilensis	Paradise Tanager	F	300	550
Tangara velia	Opal-rumped Tanager	U	300	550
Tangara callophrys	Opal-crowned Tanager	U	300	550
Tangara gyrola	Bay-headed Tanager	R	300	
Tangara chrysotis*	Golden-eared Tanager			
Tangara xanthocephala*	Saffron-crowned Tanager			
Tangara parzudakii	Flame-faced Tanager			
Tangara schrankii	Green-and-gold Tanager	U	300	
Tangara arthus*	Golden Tanager			
Tersina viridis	Swallow Tanager			
Dacnis lineata	Black-faced Dacnis			
Dacnis flaviventer	Yellow-bellied Dacnis	R	300	
Dacnis cayana	Blue Dacnis	U	300	650
Cyanerpes nitidus	Short-billed Honeycreeper	U	300	600
Cyanerpes caeruleus	Purple Honeycreeper	U	300	350
Chlorophanes spiza	Green Honeycreeper	F	300	
Hemithraupis guira	Guira Tanager			
Hemithraupis flavicollis	Yellow-backed Tanager	U	300	
Conirostrum albifrons*	Capped Conebill			
Diglossa glauca	Deep-blue Flowerpiercer			
Diglossa caerulescens	Bluish Flowerpiercer			
Volatinia jacarina	Blue-black Grassquit			
Sporophila castaneiventris	Chestnut-bellied Seedeater			
Oryzoborus angolensis	Chestnut-bellied Seed-Finch			
Coereba flaveola	Bananaquit			
Parkerthraustes humeralis	Yellow-shouldered Grosbeak			
Saltator grossus	Slate-colored Grosbeak	U	300	400

Alto Cachiyacu			Alto Cahuapanas			Hábitats/Habitats
Abundancia/ Abundance	Low/ Bajo (m)	High/ Alto (m)	Abundancia/ Abundance	Low/ Bajo (m)	High/ Alto (m)	
U	500					Vs
F	500	700	F	1,050		Vs
U	1,650	1,750				Bn
F	1,650	1,850				Bn, Bec
F	1,700	1,950				Bn, Bec, Ac
U	500					Vs
U	500		F	1,050		Vs
U	1,600	1,750				Bn
R	1,600					Bn
U	500	700	U	1,050		Bv, Bl
U	1,500	1,600	F	1,050	1,200	Bn, Bv, Bec
R	600		U	1,050	1,100	Vs, Bec
R	1,000					Bt, Bl
U	1,500	1,750				Bn
R	1,750					Bn
U	1,500	1,600				Bn
U	500	700				Vs
C	500	1,200	C	1,050	1,100	M
U	500		R	1,050		Bv, Bl, Vs
						Bv, Bl
F	500	1,750	U	1,050		M
U	1,500					Bn
U	1,700	1,750				Bn
F	1,800	1,950				Bec
F	500	1,000	U	1,050		M
F	1,500	1,800				Bn
			U	1,050	1,200	Vs, Bec
U	700	1,000				Bl, Bt
						Bv
F	500	1,500	U	1,050	1,150	M
R	500					Bv, Bl
U	500	800	F	1,050		Bv, Bl
F	500	1,000	U	1,050		Bv, Bl, Bt
U	500	1,200	R	1,050		Bv, Bl, Bt
U	500	700	U	1,050		Bv, Bl
R	1,850					Bec
F	1,750	1,850				Bn, Bec
			R	1,200		Bec
R	500					Vs
U	500					Vs
R	500					Vs
			F	1,050	1,300	Vs, Bec
			R	1,050		Bv
F	500	1,200	F	1,050	1,100	Bv, Bl, Bt

LEYENDA/LEGEND

Abundancia/Abundance

C = Común (diariamente >10 en hábitat adecuado)/ Common (daily >10 in proper habitat)

F = Poco común (<10 individuos/día en hábitat adecuado)/ Fairly Common (<10 individuals/day in proper habitat)

U = No común (menos que diariamente)/ Uncommon (less than daily)

R = Raro (uno o dos registros)/ Rare (one or two records)

Hábitats/Habitats

A = Hábitats acuáticos (ríos o lagos)/ Aquatic habitats (rivers or lakes)

Ac = Arbustal de cumbres/ Dwarf ridgecrest scrub

Bec= Bosque enano de cumbres/ Dwarf ridgecrest forest

Bl = Bosque alto de laderas/ Tall slope forest

Bn = Bosque de neblina/ Cloud forest

Bt = Bosque alto de terraza/ Tall terrace forest

Bv = Bosque alto del valle/ Tall valley forest

M = Hábitats múltiples (>3)/ Multiple habitats (>3)

O = Aire/Overhead

Vr = Vegetación riparia/ Riparian vegetation

Vs = Vegetación secundaria/ Secondary vegetation

* = especies sin registros previos de Loreto/species previously unrecorded from Loreto

AVES / BIRDS					
Nombre científico/Scientific name	**Nombre en inglés/English name**	**Mina de Sal**			
		Abundancia/ Abundance	Low/ Bajo (m)	High/ Alto (m)	
Saltator maximus	Buff-throated Saltator				
Saltator coerulescens	Grayish Saltator				
Emberizidae					
Ammodramus aurifrons	Yellow-browed Sparrow	R	300		
Arremon aurantiirostris	Orange-billed Sparrow				
Chlorospingus flavopectus*	Common Chlorospingus				
Chlorospingus flavigularis	Yellow-throated Chlorospingus				
Cardinalidae					
Piranga leucoptera	White-winged Tanager				
Habia rubica	Red-crowned Ant-Tanager	R	300		
Chlorothraupis carmioli	Carmiol's Tanager	C	300	600	
Cyanocompsa cyanoides	Blue-black Grosbeak	R	300	350	
Parulidae					
Setophaga pitiayumi	Tropical Parula				
Myiothlypis fulvicauda	Buff-rumped Warbler	U	300		
Myiothlypis chrysogaster	Golden-bellied Warbler				
Basileuterus tristriatus	Three-striped Warbler				
Myioborus miniatus	Slate-throated Redstart				
Icteridae					
Psarocolius angustifrons	Russet-backed Oropendola	U	300		
Psarocolius viridis	Green Oropendola	F	300		
Psarocolius decumanus	Crested Oropendola				
Clypicterus oseryi	Casqued Oropendola				
Cacicus cela	Yellow-rumped Cacique	F	300		
Icterus cayanensis	Epaulet Oriole				
Molothrus oryzivorus	Giant Cowbird				
Fringillidae					
Euphonia laniirostris	Thick-billed Euphonia	R	300		
Euphonia chrysopasta	Golden-bellied Euphonia	R	300		
Euphonia mesochrysa	Bronze-green Euphonia				
Euphonia xanthogaster	Orange-bellied Euphonia	U	300		
Euphonia rufiventris	Rufous-bellied Euphonia	F	300	550	
Chlorophonia cyanea	Blue-naped Chlorophonia				
No. total de especies/Total species no.		190			

Alto Cachiyacu			Alto Cahuapanas			Hábitats/Habitats
Abundancia/ Abundance	Low/ Bajo (m)	High/ Alto (m)	Abundancia/ Abundance	Low/ Bajo (m)	High/ Alto (m)	
U	750	850	F	1,050	1,100	Bv, Bl
R	550					Vs
F	500					Vs
			R	1,050		Bv
R	1450					Bn
U	1,200	1,400	U	1,050	1,200	Bn, Bec
U	1,500					Bn
R	600					Bv, Bl
C	500	1,200				Bv, Bl, Bt
R	550					Vr
F	1,000	1,500				Bn, Bt
F	500	600	F	1,050		A
R	1,000					Bt
F	1,500	1,800				Bn
U	1,600	1,700	R	1,300		Bn, Bec
F	500	1,150				Bv, Bt
R	500	550				Bv
U	650	1,000				Vs
U	650					Bl
F	500	800				Vs
U	500	700				Vs
R	500					Vs
U	500					Vs
R	500					Bv
R	1,800					Bn
F	500	1,750	F	1,050	1,300	M
F	500	850				Bv, Bl
R	800					Bl
333			181			

LEYENDA/LEGEND

Abundancia/Abundance

C = Común (diariamente >10 en hábitat adecuado)/ Common (daily >10 in proper habitat)

F = Poco común (<10 individuos/día en hábitat adecuado)/ Fairly Common (<10 individuals/day in proper habitat)

U = No común (menos que diariamente)/ Uncommon (less than daily)

R = Raro (uno o dos registros)/ Rare (one or two records)

Hábitats/Habitats

A = Hábitats acuáticos (ríos o lagos)/ Aquatic habitats (rivers or lakes)

Ac = Arbustal de cumbres/ Dwarf ridgecrest scrub

Bec = Bosque enano de cumbres/ Dwarf ridgecrest forest

Bl = Bosque alto de laderas/ Tall slope forest

Bn = Bosque de neblina/ Cloud forest

Bt = Bosque alto de terraza/ Tall terrace forest

Bv = Bosque alto del valle/ Tall valley forest

M = Hábitats múltiples (>3)/ Multiple habitats (>3)

O = Aire/Overhead

Vr = Vegetación riparia/ Riparian vegetation

Vs = Vegetación secundaria/ Secondary vegetation

* = especies sin registros previos de Loreto/species previously unrecorded from Loreto

Mamíferos registrados por Bruce Patterson y Cristina López Wong durante un inventario rápido de la Cordillera Escalera-Loreto, en Loreto, Perú, del 15 al 29 de setiembre de 2013. El listado también incluye especies esperadas para la zona según su rango de distribución pero que todavía no han sido registradas allí, así como especies registradas durante las visitas a las comunidades por el equipo social. El ordenamiento y la nomenclatura siguen Pacheco et al. (2009).

MAMÍFEROS / MAMMALS							
Nombre científico/ Species name	**Nombre común en Shawi/ Common name in Shawi**	**Nombre común en español/ Common name in Spanish**	**Nombre común en inglés/ Common name in English**	**Registros en los campamentos/ Records at campsites**			
				Mina de Sal	**Alto Cachiyacu**	**Alto Cahuapanas**	
DIDELPHIMORPHIA							
Didelphidae							
Caluromys lanatus		Cuica lanosa	Brown-eared woolly opossum				
Chironectes minimus		Zarigüeyita acuática	Water opossum				
Didelphis marsupialis		Zorro, zarigüeya común	Common opossum			o	
Didelphidae indet.				h			
Marmosa murina		Comadrejita marsupial rojiza	Murine mouse opossum				
Marmosa quichua			Quechuan mouse opossum				
Marmosa (Micoureus) regina		Comadrejita marsupial reina	Short-furred woolly mouse opossum				
Marmosops impavidus		Comadrejita marsupial pálida	Andean slender mouse opossum				
Metachiurus nudicaudatus		Pericote	Brown four-eyed opossum				
Monodelphis adusta		Colicorto marsupial moreno	Sepia short-tailed opossum				
Philander andersoni		Zorro	Anderson's four-eyed opossum				
Philander opossum	Wiri Ana'shi	Zorro	Gray four-eyed opossum				
CINGULATA							
Dasypodidae							
Dasypus kappleri		Carachupa	Greater long-nosed armadillo				
Dasypus novemcinctus	Su'pu Tene'shawe	Carachupa	Nine-banded long-nosed armadillo	e	o,e		
Dasypus sp.		Carachupa		m			
Priodontes maximus	Ë'pe	Carachupa mama	Giant armadillo	e	h,m,e		
PILOSA							
Bradypodidae							
Bradypus variegatus	Wa'nitiwin	Pelejo, perezoso	Brown-throated three-toed sloth				
Bradypus sp.		Pelejo		r			
Cyclopedidae							
Cyclopes didactylus	Pi'i shiku	Serafín	Silky anteater	e	e		

LEYENDA/LEGEND

Registros/Records

c = Captura/Capture

e = Entrevistas/Interviews

h = Huellas/Tracks

m = Madriguera/Den

o = Observación directa/ Direct observation

r = Restos/Remains

* = Reportado como *Aotus vociferans*/Reported as *Aotus vociferans*

** = Reportado como *Nectomys squamipes*/Reported as *Nectomys squamipes*

Mammals recorded by Bruce Patterson and Cristina López Wong during a rapid inventory of the Cordillera Escalera-Loreto, in Loreto, Peru, on 15-29 September 2013. The list also includes species that are expected to occur in the area based on their geographic ranges but that have not yet been recorded there, as well as species recorded during the social inventory of nearby communities. Sequence and nomenclature follow Pacheco et al. (2009).

Registros en comunidades/ Records in communities	Distribución esperada/ Expected	ACR Cordillera Escalera (San Martín; IIAP 2013)	Cordillera Escalera-IIRSA Norte (San Martín; Williams y Plenge 2009)	ACR Cordillera Escalera (San Martín; GORESAM 2007)	ACR Cordillera Escalera (San Martín; INRENA 2004)	Categoria de amenaza/ Threat category		
						IUCN (2013)	CITES	En el Perú/ In Peru (MINAG 2004)
	x					LC		
	x			x		LC		
			x	x	x	LC		
	x			x		LC		
	x					LC		
	x			x		LC		
	x			x		LC		
	x			x		LC		
	x			x		LC		
	x					LC		
	x		x			LC		
Δ						LC		
		x	x	x		LC		
				x		VU A2cd		VU
e	x		x	x		LC		
						LC		
e	x			x		LC		

*** = Reportado como *Oryzomys nitidus*/Reported as *Oryzomys nitidus*

† = Reportado como *Platyrrhinus helleri*/Reported as *Platyrrhinus helleri*

§ = Reportado como *Platyrrhinus lineatus*/Reported as *Platyrrhinus lineatus*

= Reportado como *V. pusilla*/ Reported as *V. pusilla*

Δ = Reportado para la Cordillera Escalera pero no tiene distribución en la zona según los mapas de distribución de la UICN/Reported for Cordillera Escalera but not present according to IUCN range maps

MAMÍFEROS / MAMMALS						
Nombre científico/ Species name	Nombre común en Shawi/ Common name in Shawi	Nombre común en español/ Common name in Spanish	Nombre común en inglés/ Common name in English	Registros en los campamentos/ Records at campsites		
				Mina de Sal	Alto Cachiyacu	Alto Cahuapanas
Megalonychidae						
Choloepus didactylus	Kayunan' tiwin	Pelejo colorado, perezoso de dos dedos	Linné's two-toed sloth	e		
Choloepus hoffmanni	Tiwin	Pelejo, perezoso de dos dedos de Hoffmann	Hoffmann's two-toed sloth			
Myrmecophagidae						
Myrmecophaga tridactyla	Shi'ku	Oso hormiguero	Giant anteater	e	e	
Tamandua tetradactyla	Yara'shiwi	Shiui	Southern tamandua		e	
PRIMATES						
Atelidae						
Alouatta seniculus	No'no	Coto mono, mono aullador rojo	Red howler monkey	v,e	o,e	
Ateles belzebuth	Wiri'tuya	Maquisapa	Long-haired spider monkey			
Ateles chamek	Yara'tuya	Maquisapa negro	Black-faced black spider monkey	e	e	
Lagothrix (Oreonax) flavicauda	Ke'wan Su'ru	Mono choro de cola amarilla	Yellow-tailed woolly monkey		o	
Lagothrix lagotricha	Su'ru	Mono choro	Brown woolly monkey	e	e	
Aotidae						
Aotus miconax	Ku'wi	Mono nocturno peruano, musmuqui	Andean night monkey			
Aotus nancymaae	Ku'wi	Musmuqui	Peruvian red-necked owl monkey			
Aotus nigriceps		Musmuqui	Peruvian night monkey			
Aotus sp. *	Ku'wi	Musmuqui	Spix's night monkey			
Cebidae						
Cebus albifrons	A'wi	Machín blanco, mono blanco	White-fronted capuchin	e		
Cebus apella	I'chü	Machín negro, mono negro	Brown capuchin	o,e	o,e	o
Saimiri sciureus	I'sen	Fraile	Common squirrel monkey	e		
Callitrichidae						
Callithrix pygmaea	Pu'su	Leoncito	Pygmy marmoset			
Saguinus fuscicollis	I'shi	Pichico	Saddleback tamarin	o,e	o,e	

LEYENDA/LEGEND

Registros/Records

c = Captura/Capture

e = Entrevistas/Interviews

h = Huellas/Tracks

m = Madriguera/Den

o = Observación directa/ Direct observation

r = Restos/Remains

* = Reportado como *Aotus vociferans*/Reported as *Aotus vociferans*

** = Reportado como *Nectomys squamipes*/Reported as *Nectomys squamipes*

Registros en comunidades/ Records in communities	Distribución esperada/ Expected	ACR Cordillera Escalera (San Martín; IIAP 2013)	Cordillera Escalera-IIRSA Norte (San Martín; Williams y Plenge 2009)	ACR Cordillera Escalera (San Martín; GORESAM 2007)	ACR Cordillera Escalera (San Martín; INRENA 2004)	Categoria de amenaza/ Threat category		
						IUCN (2013)	CITES	En el Perú/ In Peru (MINAG 2004)
e	x					LC	III	
e	x		x			LC		
e	x					VU A2c	II	VU
e	x		x	x		LC		
e			x	x		LC	II	NT
e	x					EN A2cd		
e	x					EN A2cd	II	VU
			x	x		CR A4c	I	EN
e	x			x		LC	II	VU
	x					VU A2c		
	x		x			LC		
Δ						LC		
				x				
e	x		x	x		LC	II	
e			x	x		LC	II	
e	x		x	x		LC		
e	x		x	x		LC		
e			x	x		LC	II	

*** = Reportado como *Oryzomys nitidus*/Reported as *Oryzomys nitidus*

† = Reportado como *Platyrrhinus helleri*/Reported as *Platyrrhinus helleri*

§ = Reportado como *Platyrrhinus lineatus*/Reported as *Platyrrhinus lineatus*

= Reportado como *V. pusilla*/Reported as *V. pusilla*

Δ = Reportado para la Cordillera Escalera pero no tiene distribución en la zona según los mapas de distribución de la UICN/Reported for Cordillera Escalera but not present according to IUCN range maps

MAMÍFEROS / MAMMALS						
Nombre científico/ Species name	Nombre común en Shawi/ Common name in Shawi	Nombre común en español/ Common name in Spanish	Nombre común en inglés/ Common name in English	Registros en los campamentos/ Records at campsites		
				Mina de Sal	Alto Cachiyacu	Alto Cahuapanas
Saguinus mystax	I'shi	Pichico barba blanca	Moustached tamarin			
Saguinus nigricollis	I'shi	Pichico	Black mantle tamarin			
Pitheciidae						
Callicebus discolor		Tocón	Red titi monkey			
Callicebus oenanthe		Tocón del río Mayo	Rio Mayo titi monkey			
Pithecia aequatorialis		Huapo negro	Equatorial saki			
Pithecia monachus	Të'kërnan	Huapo negro	Monk saki monkey	e	o,e	o
CARNIVORA						
Canidae						
Atelocynus microtis	A' sani	Perro de orejas cortas	Short-eared dog	e		
Speothos venaticus	Wë'nisha	Perro de monte	Bush dog	e	e	
Felidae						
Leopardus pardalis	Samirunni	Tigrillo	Ocelot	h,e	e	
Leopardus wiedii	Yu'ni	Huamburushu	Margay		e	o
Leopardus tigrinus		Tigrillo	Oncilla			
Panthera onca	Pa'pini	Otorongo	Jaguar	h	h,e	h
Puma concolor	Yarani	Puma	Puma	h,e		
Puma yaguaroundi		Jaguarundi	Yaguarundi			
Mustelidae						
Eira barbara	Mankü	Manco	Tayra	e	e	
Galictis vittata	Ite'ni	Sacha perro, hurón	Greater grison			
Lontra longicaudis	I'ni	Nutria	Neotropical river otter	e	e	
Pteronura brasiliensis	Ka'naran	Lobo de río	Giant otter		e	
Procyonidae						
Nasua nasua	Shu'shu	Achuni	South American coati	e	o,e	
Potos flavus	Ku'washa	Chosna	Kinkajou	v,e	v	
Procyon cancrivorus	Shan'sha	Osito cangrejero	Crab-eating raccoon	e		h
Ursidae						
Tremarctos ornatus		Oso de anteojos	Spectacled bear	e	e	e
LAGOMORPHA						
Leporidae						
Sylvilagus brasiliensis		Conejo	Tapeti	e		

LEYENDA/LEGEND

Registros/Records
c = Captura/Capture
e = Entrevistas/Interviews
h = Huellas/Tracks

m = Madriguera/Den
o = Observación directa/ Direct observation
r = Restos/Remains

* = Reportado como *Aotus vociferans*/Reported as *Aotus vociferans*

** = Reportado como *Nectomys squamipes*/Reported as *Nectomys squamipes*

Registros en comunidades/ Records in communities	Distribución esperada/ Expected	ACR Cordillera Escalera (San Martín; IIAP 2013)	Cordillera Escalera-IIRSA Norte (San Martín; Williams y Plenge 2009)	ACR Cordillera Escalera (San Martín; GORESAM 2007)	ACR Cordillera Escalera (San Martín; INRENA 2004)	Categoria de amenaza/ Threat category		
						IUCN (2013)	CITES	En el Perú/ In Peru (MINAG 2004)
Δ						LC		
Δ				Δ		LC		
Δ						LC		
	x					EN A2cd		
Δ						LC		
e				x		LC	II	
e	x			x		NT		
e	x			x		NT		
e			x	x		LC		
e			x	x		NT		
Δ						VU A3c		
e			x	x		NT		NT
e			x	x		LC		NT
e	x					LC		
e	x		x	x		LC		
e	x			x		LC		
e	x		x	x		DD		
	x					EN A3cd		EN
e			x	x	x	LC		
e, r				x	x	LC		
e				x		LC		
	x		x	x	x	VU A4cd		
	x		x	x	x	LC		

*** = Reportado como *Oryzomys nitidus*/Reported as *Oryzomys nitidus*

† = Reportado como *Platyrrhinus helleri*/Reported as *Platyrrhinus helleri*

§ = Reportado como *Platyrrhinus lineatus*/Reported as *Platyrrhinus lineatus*

= Reportado como *V. pusilla*/ Reported as *V. pusilla*

Δ = Reportado para la Cordillera Escalera pero no tiene distribución en la zona según los mapas de distribución de la UICN/Reported for

Cordillera Escalera but not present according to IUCN range maps

MAMÍFEROS / MAMMALS						
Nombre científico/ Species name	**Nombre común en Shawi/ Common name in Shawi**	**Nombre común en español/ Common name in Spanish**	**Nombre común en inglés/ Common name in English**	**Registros en los campamentos/ Records at campsites**		
				Mina de Sal	**Alto Cachiyacu**	**Alto Cahuapanas**
PERISSODACTYLA						
Tapiridae						
Tapirus terrestris	Pawa'ra	Sachavaca	South American tapir	h, e	h	h, f
CETARTIODACTYLA						
Cervidae						
Mazama americana	Kewanpi'Yu	Venado colorado	Red brocket deer	h, e	h,e	h
Mazama nemorivaga	P'ampera'Yu	Venado pardo	Amazonian brown brocket deer	e	e	h
Tayassuidae						
Tayassu pecari	Na'man	Huangana	White-lipped peccary		h,c,e	
Tayassu tajacu	Kiyraman	Sajíno	Collared peccary	e	e	
RODENTIA						
Caviidae						
Hydrochoerus hydrochaeris	Tu'kusu	Ronsoco	Capybara	e	e	
Cricetidae						
Akodon aerosus		Ratón campestre cobrizo	Highland grass mouse			
Holochilus sp.						
Neacomys spinosus		Ratón espinoso común	Bristly mouse			
Nectomys apicalis **		Rata nadadora de pies escamosos	South American water rat			
Oligoryzomys destructor		Ratón arrozalero destructor	Destructive pygmy rice rat			
Euryoryzomys macconnelli			Macconnell's rice rat			
Euryoryzomys nitidus ***		Ratón arrozalero lustroso	Elegant rice rat			
"*Oryzomys*" sp.			Rice rat			
Rhipidomys sp			Climbing rat			
Cuniculidae						
Cuniculus paca	I'pi	Majaz, picuro	Paca	h,e	h,e	o,h
Cuniculus taczanowskii						

LEYENDA/LEGEND

Registros/Records
c = Captura/Capture
e = Entrevistas/Interviews
h = Huellas/Tracks

m = Madriguera/Den
o = Observación directa/ Direct observation
r = Restos/Remains

* = Reportado como *Aotus vociferans*/Reported as *Aotus vociferans*
** = Reportado como *Nectomys squamipes*/Reported as *Nectomys squamipes*

Registros en comunidades/ Records in communities	Distribución esperada/ Expected	ACR Cordillera Escalera (San Martín; IIAP 2013)	Cordillera Escalera-IIRSA Norte (San Martín; Williams y Plenge 2009)	ACR Cordillera Escalera (San Martín; GORESAM 2007)	ACR Cordillera Escalera (San Martín; INRENA 2004)	Categoria de amenaza/ Threat category		
						IUCN (2013)	CITES	En el Perú/ In Peru (MINAG 2004)
e			x	x	x	VU A2cde+ 3cde		VU
e			x	x	x	DD		
e				x		LC		
e, r			x	x	x	VU A2bcde+ 3bcde		
e, r	x		x	x	x	LC		
e	x			x	x	LC		
	x			Δ		LC		
				x				
	x			x		LC		
	x			x		LC		
	x			Δ		LC		
	x			x		LC		
	x			x		LC		
				x				
				x				
e			x	x	x	LC		
	x			x				

MAMÍFEROS / MAMMALS						
Nombre científico/ Species name	**Nombre común en Shawi/ Common name in Shawi**	**Nombre común en español/ Common name in Spanish**	**Nombre común en inglés/ Common name in English**	**Registros en los campamentos/ Records at campsites**		
				Mina de Sal	**Alto Cachiyacu**	**Alto Cahuapanas**
Dasyproctidae						
Dasyprocta fuliginosa	I'të	Añuje	Black agouti	h,e	h,e	o,h
Dasyprocta punctata		Agoutí rojizo	Central American agouti			
Dasyprocta variegata		Punchana	Green acouchy			
Myoprocta pratti			Green acouchy			
Dinomyidae						
Dinomys branickii	I'pi'ni	Machetero	Pacarana	e	e	
Echimydae						
Mesomys hispidus		Rata espinosa áspera de río Madeira	Spiny tree rat			
Proechimys brevicauda		Rata espinosa colicorta	Huallaga spiny rat			
Proechimys simonsi		Rata espinosa de Simons	Simon's spiny rat			
Erethizontidae						
Coendou bicolor		Cashacushillo	Bicolor-spined porcupine			
Coendou prehensilis	Së'së	Cashacushillo	Brazilian porcupine	e	e	
Sciuridae						
Microsciurus flaviventer	Pu'shi	Ardilla	Amazon dwarf squirrel	o		o
Sciurus ignitus		Ardilla	Bolivian squirrel			
Sciurus igniventris	Wi'ya'sha	Huayhuasi	Northern Amazon red squirrel	o	o	
Sciurus spadiceus		Huayhuasi	Southern Amazon red squirrel			
Sciurus sp.						o
CHIROPTERA						
Emballonuridae						
Diclidurus albus	I she	Murciélago	Northern ghost bat			
Rhynchonycteris naso	I she	Murciélago	Long-nosed bat			
Noctilionidae						
Noctilio albiventris	I she	Murciélago	Lesser bulldog bat			
Molossidae						
Cynomops abrasus	I she	Murciélago	Cinnamon dog-faced bat			
Molossus molossus	I she	Murciélago	Mastiff bat			
Mormoopidae						
Pteronotus parnellii	I'she	Murciélago	Common mustached bat			

LEYENDA/LEGEND

Registros/Records

c = Captura/Capture
e = Entrevistas/Interviews
h = Huellas/Tracks

m = Madriguera/Den
o = Observación directa/ Direct observation
r = Restos/Remains

* = Reportado como *Aotus vociferans*/Reported as *Aotus vociferans*

** = Reportado como *Nectomys squamipes*/Reported as *Nectomys squamipes*

Registros en comunidades/ Records in communities	Distribución esperada/ Expected	ACR Cordillera Escalera (San Martín; IIAP 2013)	Cordillera Escalera-IIRSA Norte (San Martín; Williams y Plenge 2009)	ACR Cordillera Escalera (San Martín; GORESAM 2007)	ACR Cordillera Escalera (San Martín; INRENA 2004)	Categoria de amenaza/ Threat category		
						IUCN (2013)	CITES	En el Perú/ In Peru (MINAG 2004)
e				x	x	LC		
			Δ			LC		
				x	x			
e	x					LC		
e	x			x		VU A2cd		EN
	x			x		LC		
	x			x		LC		
	x			x		LC		
	x			x	x	LC		
e	x			x		LC		
				x		DD		
	x					DD		
			x	x		LC		
	x			x		LC		
	x					LC		
	x			x		LC		
	x			x		LC		
	x					DD		
	x			x		LC		
	x	x				LC		

*** = Reportado como *Oryzomys nitidus*/Reported as *Oryzomys nitidus*

† = Reportado como *Platyrrhinus helleri*/Reported as *Platyrrhinus helleri*

§ = Reportado como *Platyrrhinus lineatus*/Reported as *Platyrrhinus lineatus*

= Reportado como *V. pusilla*/ Reported as *V. pusilla*

Δ = Reportado para la Cordillera Escalera pero no tiene distribución en la zona según los mapas de distribución de la UICN/Reported for Cordillera Escalera but not present according to IUCN range maps

MAMÍFEROS / MAMMALS						
Nombre científico/ Species name	**Nombre común en Shawi/ Common name in Shawi**	**Nombre común en español/ Common name in Spanish**	**Nombre común en inglés/ Common name in English**	**Registros en los campamentos/ Records at campsites**		
				Mina de Sal	**Alto Cachiyacu**	**Alto Cahuapanas**
Phyllostomidae						
Desmodontinae						
Desmodus rotundus	Kḛtetun I'she	Murciélago	Common vampire bat		c	
Glossophaginae						
Anoura caudifer	I'she	Murciélago	Tailed tailless bat			
Anoura geoffroyi	I'she	Murciélago	Geoffroy's tailless bat			
Anoura sp.	I'she	Murciélago			c	c
Choeroniscus minor	I'she	Murciélago	Greater hog-nosed bat			
Glossophaga soricina	I'she	Murciélago	Pallas' long-tongued bat			
Lionycteris spurrelli	I'she	Murciélago	Chestnut long-tongued bat			
Lonchophylla thomasi	I'she	Murciélago	Thomas' long-tongued bat		c	c
Phyllostominae						
Lophostoma silvicolum	I'she	Murciélago	D'Orbigny's round-eared bat			
Micronycteris hirsuta	I'she	Murciélago	Hairy large-eared bat			c
Micronycteris megalotis	I'she	Murciélago	Brazilian large-eared bat			
Mimon crenulatum	I'she	Murciélago	Striped spear-nosed bat		c	
Phyllostomus discolor	I'she	Murciélago	Pale spear-nosed bat			
Phyllostomus hastatus	I'she	Murciélago	Big spear-nosed bat		c	
Phyllostomus elongatus	I'she	Murciélago	Spear-nosed bat	c	c	
Tonatia saurophila	I'she	Murciélago	Stripe-headed round-eared bat		c	
Trinycteris nicefori	I'she	Murciélago	Niceforo's big-eared bat	c		
Vampyrum spectrum	Sha'sha	Murciélago	False vampire bat			
Carollinae						
Carollia benkeithi	I'she	Murciélago	Allen's short-tailed bat	c		
Carollia brevicauda	I'she	Murciélago	Silky short-tailed bat	c		c
Carollia perspicillata	I'she	Murciélago	Seba's short-tailed bat	c		
Rhinophylla fischerae	I'she	Murciélago	Little fruit bat	c		
Rhinophylla pumilio	I'she	Murciélago	Little fruit bat	c	c	
Stenodermatinae						
Artibeus lituratus	I'she	Murciélago	Big fruit-eating bat		c	c
Artibeus obscurus	I'she	Murciélago	Fruit-eating bat	c	c	c
Artibeus planirostris	I'she	Murciélago	Fruit-eating bat	c	c	
Chiroderma salvini	I'she	Murciélago	Salvin's white-lined bat			

LEYENDA/LEGEND

Registros/Records

c = Captura/Capture

e = Entrevistas/Interviews

h = Huellas/Tracks

m = Madriguera/Den

o = Observación directa/ Direct observation

r = Restos/Remains

* = Reportado como *Aotus vociferans*/Reported as *Aotus vociferans*

** = Reportado como *Nectomys squamipes*/Reported as *Nectomys squamipes*

Registros en comunidades/Records in communities	Distribución esperada/Expected	ACR Cordillera Escalera (San Martín; IIAP 2013)	Cordillera Escalera-IIRSA Norte (San Martín; Williams y Plenge 2009)	ACR Cordillera Escalera (San Martín; GORESAM 2007)	ACR Cordillera Escalera (San Martín; INRENA 2004)	Categoria de amenaza/Threat category		
						IUCN (2013)	CITES	En el Perú/In Peru (MINAG 2004)
		x		x		LC		
	x					LC		
	x					LC		
				x		LC		
	x	x				LC		
	x			x		LC		
	x	x				LC		
						LC		
	x	x				LC		
						LC		
	x	x				LC		
	x	x		x		LC		
	x	x				LC		
	x	x				LC		
						LC		
				x		LC		
						LC		
	x	x				LC		
		x		x		LC		
		x		x		LC		
		x		x		LC		
						LC		
		x		x		LC		
				x		LC		
		x		x		LC		
				x		LC		
	x	x				LC		

*** = Reportado como *Oryzomys nitidus*/Reported as *Oryzomys nitidus*

† = Reportado como *Platyrrhinus helleri*/Reported as *Platyrrhinus helleri*

§ = Reportado como *Platyrrhinus lineatus*/Reported as *Platyrrhinus lineatus*

= Reportado como *V. pusilla*/Reported as *V. pusilla*

Δ = Reportado para la Cordillera Escalera pero no tiene distribución en la zona según los mapas de distribución de la UICN/Reported for Cordillera Escalera but not present according to IUCN range maps

MAMÍFEROS / MAMMALS						
Nombre científico/ Species name	Nombre común en Shawi/ Common name in Shawi	Nombre común en español/ Common name in Spanish	Nombre común en inglés/ Common name in English	Registros en los campamentos/ Records at campsites		
				Mina de Sal	Alto Cachiyacu	Alto Cahuapanas
Chiroderma trinitatum	I'she	Murciélago	Shaggy-haired bat			
Chiroderma villosum	I'she	Murciélago	Hairy big-eyed bat			
Dermanura anderseni	I'she	Murciélago	Dwarf fruit-eating bat	c		
Dermanura glauca	I'she	Murciélago	Dwarf fruit-eating bat			
Dermanura gnoma	I'she	Murciélago		c		
Mesophylla macconnelli	I'she	Murciélago	Macconnell's bat	c		
Platyrrhinus brachycephalus	I'she	Murciélago	White-lined bat			
Platyrrhinus incarum †	I'she	Murciélago	Heller's broad-nosed bat	c		
Platyrrhinus infuscus	I'she	Murciélago	White-lined bat			
Platyrrhinus cf. *nigellus* §	I'she	Murciélago				
Platyrrhinus sp.	I'she	Murciélago				
Sturnira cf. *erythromos*	I'she	Murciélago	Andean fruit bat			
Sturnira magna	I'she	Murciélago	de la Torre's yellow-shouldered bat		c	c
Sturnira cf. *oporaphilum*	I'she	Murciélago	Tschudi's yellow-shouldered bat			
Sturnira sp. nov. 3 (Velazco y Patterson 2013)	I'she	Murciélago			c	
Uroderma bilobatum	I'she	Murciélago	Peter's tent-making bat	c		c
Vampyressa thyone #	I'she	Murciélago	Little yellow-eared bat	c	c	c
Vampyriscus bidens	I'she	Murciélago	Yellow-eared bat	c		
Vampyriscus brocki	I'she	Murciélago	Brock's yellow-eared bat			
Vampyrodes caraccioli	I'she	Murciélago	Great stripe-faced bat			
Vespertilionidae						
Eptesicus sp.	I'she	Murciélago	Big brown bat			
Histiotus montanus	I'she	Murciélago	Small big-eared brown bat			
Lasiurus blossevillii	I'she	Murciélago	Red bat			
Myotis sp.	I'she	Murciélago	Little brown bat			c
Myotis nigricans	I'she	Murciélago	Black Myotis			
Myotis oxyotus	I'she	Murciélago	Montane Myotis			
Myotis simus	I'she	Murciélago	Little brown bat			

LEYENDA/LEGEND

Registros/Records

c = Captura/Capture
e = Entrevistas/Interviews
h = Huellas/Tracks

m = Madriguera/Den
o = Observación directa/ Direct observation
r = Restos/Remains

* = Reportado como *Aotus vociferans*/Reported as *Aotus vociferans*

** = Reportado como *Nectomys squamipes*/Reported as *Nectomys squamipes*

Registros en comunidades/ Records in communities	Distribución esperada/ Expected	ACR Cordillera Escalera (San Martín; IIAP 2013)	Cordillera Escalera-IIRSA Norte (San Martín; Williams y Plenge 2009)	ACR Cordillera Escalera (San Martín; GORESAM 2007)	ACR Cordillera Escalera (San Martín; INRENA 2004)	Categoria de amenaza/ Threat category		
						IUCN (2013)	CITES	En el Perú/ In Peru (MINAG 2004)
	x			x		LC		
	x					LC		
	x	x (cf)				LC		
	x	x				LC		
						LC		
		x		x		LC		
	x	x				LC		
				x		LC		
	x	x				LC		
	x	x				LC		
	x	x						
	x	x				LC		
				x		LC		
	x	x				LC		
				x		LC		
						LC		
		x		x		LC		
x		x		x		LC		
	x	x				LC		
x				x		LC		
	x	x						
	x					LC		
	x					LC		
x		x		x		LC		
	x					LC		
	x			x		LC		

*** = Reportado como *Oryzomys nitidus*/Reported as *Oryzomys nitidus*

† = Reportado como *Platyrrhinus helleri*/Reported as *Platyrrhinus helleri*

§ = Reportado como *Platyrrhinus lineatus*/Reported as *Platyrrhinus lineatus*

= Reportado como *V. pusilla*/ Reported as *V. pusilla*

Δ = Reportado para la Cordillera Escalera pero no tiene distribución en la zona según los mapas de distribución de la UICN/Reported for

Cordillera Escalera but not present according to IUCN range maps

Comunidades nativas tituladas y sus anexos en el Distrito de Balsapuerto/Titled indigenous communities and their annexes in Balsapuerto District

Datos demográficos de 100 comunidades nativas y anexos en el Distrito de Balsapuerto, Loreto, Perú, compilados por el equipo social del inventario rápido de la Cordillera Escalera-Loreto, Perú, del 14 de setiembre al 2 de octubre de 2013. El equipo social incluía a D. Alvira, J. Homan, D. Huayunga, J. J. Inga, A. Lancha, A. Napo, M. Pariona, P. Ruiz Ojanama y B. Tapayuri. Fuentes de los datos: DISAFILPA-Yurimaguas, UGELAA-Yurimaguas, Agencia Agraria-Yurimaguas, Municipalidad de Balsapuerto, el Sistema de Información de Comunidades Nativas (SICNA) del Instituto del Bien Común y autoridades comunales (com. pers.).

COMUNIDADES / COMMUNITIES

Cuenca/ Watershed	Nombre de la Comunidad Nativa y anexos/Community or annex name	Status legal de la comunidad/ Legal status	Grupo étnico/ Ethnic group	Población total/Total population	Población escolar/ No. school-children
Cuenca del río Armanayacu/ Armanayacu watershed	Angaiza	Titulada/Titled	Shawi	300	63
	Belén	Anexo de/Annex of Nuevo Progreso	Shawi	S/I	S/I
	Nuevo Arica	Titulada/Titled	Shawi	83	28
	Nuevo Jerusalén	Anexo de/Annex of San Vicente	Shawi	S/I	26
	Nuevo Naranjillo	Anexo de/Annex of Nuevo Arica	Shawi	20	15
	Nuevo Oriente	Anexo de/Annex of Nuevo Tocache	Shawi	60	18
	Nuevo Paraíso	Anexo de/Annex of San Lorenzo de Armanayacu	Shawi	75	46
	Nuevo Progreso	Titulada/Titled	Shawi	370	176
	Nuevo Santa Rosa	Anexo de/Annex of Nuevo Arica	Shawi	160	28
	Nuevo Saramiriza	Titulada/Titled	Shawi	80	28
	Nuevo Tocache	Titulada/Titled	Shawi	63	S/I
	Nuevo Trancayacu	Anexo de/Annex of Santa Martha	Shawi	90	31
	Nuevo Uchiza	Titulada/Titled	Shawi	250	81
	Nuevo Yurimaguas	Anexo de/Annex of Nuevo Progreso	Shawi	96	37
	Puerto Porvenir	Titulada/Titled	Shawi	554	147
	San Carlos de Armanayacu	Anexo de/Annex of San Juan de Armanayacu	Shawi	57	25
	San Isidro	Titulada/Titled	Shawi	350	31
	San Juan de Armanayacu	Titulada/Titled	Shawi	130	43
	San Lorenzo de Armanayacu	Titulada/Titled	Shawi	132	63
	San Pedro de Porotoyacu	Titulada/Titled	Shawi	68	25
	San Vicente	Titulada/Titled	Shawi	64	44
	Santa Martha	Titulada/Titled	Shawi	75	26
	Santa Sofía	Anexo de/Annex of San Pedro de Porotoyacu	Shawi	180	28
Cuenca del río Cachiyacu/ Cachiyacu watershed	2 de Mayo	Anexo de/Annex of Nueva Esperanza	Shawi	S/I	16
	Balsapuerto	Titulada/Titled (Capital del distrito/ District capital)	Shawi	1277	523
	Bellavista	Titulada/Titled	Shawi	200	75
	Buenos Aires	Titulada/Titled	Shawi	250	128
	Cachiyacu - Pintuyacu	Titulada/Titled	Shawi	121	58
	Canoa Puerto	Titulada/Titled	Shawi	580	158
	Monte Alegre	Titulada/Titled	Shawi	220	49
	Nueva Esperanza	Titulada/Titled	Shawi	327	92
	Nueva Luz	Titulada/Titled	Shawi	182	65
	Nueva Reforma	Titulada/Titled	Shawi	135	22
	Nuevo Barranquita	Titulada/Titled	Shawi	284	67
	Nuevo Chazuta	Titulada/Titled	Shawi	250	93
	Nuevo Cusco	Anexo de/Annex of Balsapuerto	Shawi	150	18
	Nuevo Junín	Titulada/Titled	Shawi	324	113
	Puerto Libre	Titulada/Titled	Shawi	147	42
	San Fernando	Anexo de/Annex of Nuevo Chazuta	Shawi	125	52
	San José de Caballito	Anexo de/Annex of Nueva Esperanza	Shawi	160	43
	San Lorenzo	Titulada/Titled	Shawi	232	79

Demographic data on 100 indigenous communities and annexes in Balsapuerto District, Loreto, Peru, compiled by the social team of the rapid inventory of Cordillera Escalera-Loreto, Peru, 14 September–2 October 2013. The social team included D. Alvira, J. Homan, D. Huayunga, J. J. Inga, A. Lancha, A. Napo, M. Pariona, P. Ruiz Ojanama, and B. Tapayuri. Data sources: DISAFILPA-Yurimaguas, UGELAA-Yurimaguas, Agencia Agraria-Yurimaguas, the Municipality of Balsapuerto, the Sistema de Información de Comunidades Nativas (SICNA) of the Instituto del Bien Común, and community authorities (pers. comm.).

Comunidades nativas tituladas y sus anexos en el Distrito de Balsapuerto/Titled indigenous communities and their annexes in Balsapuerto District

COMUNIDADES / COMMUNITIES

Cuenca/ Watershed	Nombre de la Comunidad Nativa y anexos/Community or annex name	Status legal de la comunidad/ Legal status	Grupo étnico/ Ethnic group	Población total/Total population	Población escolar/ No. school-children
Cuenca del río Cachiyacu/ Cachiyacu watershed *(continued)*	Santa Clara	Anexo de/Annex of Santa Mercedes de Pillingue	Shawi	134	47
	Santa Clara de Pillingue	Anexo de/Annex of Santa Mercedes de Pillingue	Shawi	140	12
	Santa Mercedes de Pillingue	Titulada/Titled	Shawi	160	57
	Santa Rita	Anexo de/Annex of Nueva Esperanza	Shawi	155	77
Cuenca del río Yanayacu/ Yanayacu watershed	Jerusalén	Anexo de/Annex of Progreso	Shawi	S/I	S/I
	Nuevo Contamana	Anexo de/Annex of Soledad	Shawi	S/I	S/I
	Nuevo Moyobamba	Anexo de/Annex of Soledad	Shawi	S/I	46
	Nuevo Mundo	Titulada/Titled	Shawi	S/I	S/I
	Nuevo Naranjal	Titulada/Titled	Shawi	S/I	S/I
	Nuevo San Lorenzo	Anexo de/Annex of San Antonio de Yanayacu	Shawi	155	57
	Olvido	Titulada/Titled	Shawi	S/I	S/I
	Palmeras	Anexo de/Annex of Progreso	Shawi	S/I	S/I
	Progreso	Titulada/Titled	Shawi	S/I	114
	Reyno Unido	Anexo de/Annex of Soledad	Shawi	360	61
	San Antonio de Yanayacu	Titulada/Titled	Shawi	550	123
	San José	Anexo de/Annex of Soledad	Shawi	S/I	20
	San Miguel	Anexo de/Annex of San Antonio de Yanayacu	Shawi	195	41
	Soledad	Titulada/Titled	Shawi	670	331
	Soledad de Huitoyacu	Titulada/Titled	Shawi	150	71
	Unión Soledad	Anexo de/Annex of Soledad	Shawi	S/I	27
	Villa Alegre	Anexo de/Annex of Soledad	Shawi	S/I	29
Cuenca del río Paranapura/ Paranapura watershed	Antioquia	Titulada/Titled	Shawi	S/I	139
	Atahualpa	Anexo de/Annex of Pucallpillo	Shawi	S/I	43
	Centro América	Titulada/Titled	Shawi	S/I	131
	Churuyacu	Titulada/Titled (Ampliación de/ Extension of Fray Martín)	Shawi	S/I	S/I
	Damasco	Titulada/Titled	Shawi	S/I	34
	Fray Martín	Titulada/Titled	Shawi	S/I	262
	Irapay	Titulada/Titled	Shawi	S/I	85
	Libertad	Titulada/Titled	Shawi	1200	170
	Loma Linda	Titulada/Titled	Shawi	S/I	77
	Loreto	Titulada/Titled	Shawi	180	71
	Los Ángeles	Anexo de/Annex of Nueva Vida	Shawi	S/I	92
	Maranatha	Titulada/Titled	Shawi	S/I	137
	Moyobambillo	Titulada/Titled	Shawi	S/I	93
	Naranjal	Anexo de/Annex of Maranatha	Shawi	S/I	29
	Nueva Alianza	Titulada/Titled	Shawi	S/I	40
	Nueva Barranquita	Anexo de/Annex of Libertad	Shawi	230	20

LEYENDA/LEGEND

Población total/ Total population

S/I = Sin información actual/ No current information

Apéndice/Appendix 12

**Comunidades nativas tituladas
y sus anexos en el Distrito de
Balsapuerto/Titled indigenous
communities and their annexes
in Balsapuerto District**

COMUNIDADES / COMMUNITIES

Cuenca/ Watershed	Nombre de la Comunidad Nativa y anexos/Community or annex name	Status legal de la comunidad/ Legal status	Grupo étnico/ Ethnic group	Población total/Total population	Población escolar/ No. school-children
Cuenca del río Paranapura/ Paranapura watershed *(continued)*	Nueva Era	Titulada/Titled	Shawi	270	S/I
	Nueva Vida	Titulada/Titled	Shawi	960	333
	Nuevo Canan	Titulada/Titled	Shawi	S/I	S/I
	Nuevo Miraflores	Titulada/Titled	Shawi	S/I	25
	Nuevo Pachiza	Titulada/Titled	Shawi	S/I	31
	Nuevo Sabaloyacu	Anexo de/Annex of Sabaloyacu (Buenos Aires)	Shawi	S/I	19
	Nuevo Varadero	Anexo de/Annex of San Gabriel de Varadero	Shawi	S/I	S/I
	Oculiza	Titulada/Titled	Shawi	S/I	67
	Pampa Hermosa	Anexo de/Annex of Pucallpillo	Shawi	S/I	40
	Panán	Titulada/Titled	Shawi	S/I	298
	Pucallpillo	Titulada/Titled	Shawi	250	47
	Sabaloyacu (Buenos Aires)	Titulada/Titled	Shawi	S/I	32
	San Gabriel de Varadero	Titulada/Titled (Centro poblado mayor/Largest town)	Shawi	850	422
	San Juan de Palometayacu	Titulada/Titled	Shawi	S/I	105
	San Juan de Paranapura	Anexo de/Annex of Pucallpillo	Shawi	S/I	79
	San Pedro	Titulada/Titled	Shawi	S/I	42
	Santa Anita	Anexo de/Annex of Irapay	Shawi	S/I	18
	Santa Mercedes de Gallinazoyacu	Anexo de/Annex of Nueva Vida	Shawi	S/I	21
	Santa Rosa de Umaisha	Titulada/Titled	Shawi	S/I	15
	Shipiru	Titulada/Titled	Shawi	S/I	S/I
	Tres Unidos	Titulada/Titled	Shawi	S/I	43
	Zapotillo	Anexo de/Annex of Oculiza	Shawi	S/I	S/I

Apéndice/Appendix 12

Comunidades nativas tituladas y sus anexos en el Distrito de Balsapuerto/Titled indigenous communities and their annexes in Balsapuerto District

LEYENDA/LEGEND

**Población total/
Total population**

S/I = Sin información actual/
No current information

Principales plantas utilizadas/
Commonly used plants

Plantas útiles de mayor uso identificadas en las chacras y bosques de las comunidades Shawi Nueva Vida, San Antonio de Yanayacu y Balsapuerto durante el inventario rápido de la Cordillera Escalera-Loreto, Loreto, Perú, del 14 de setiembre al 2 de octubre de 2013. El equipo social incluía a D. Alvira, J. Homan, D. Huayunga, J. J. Inga, A. Lancha, A. Napo, M. Pariona, P. Ruiz Ojanama y B. Tapayuri. Con correcciones de nombres Shawi por P. Ruíz Ojanama, A. Lancha y J. Napo Pizango.

PRINCIPALES PLANTAS UTILIZADAS / COMMONLY USED PLANTS

Nombre Shawi/ Shawi common name	Nombre regional/ Regional common name	Nombre científico/ Species name	Familia/ Family	Construcción de viviendas/ Used for housebuilding	Cultivadas en las chacras/ Planted in farm plots	Frutos comestibles (plantas silvestres y cultivadas)/ Edible fruits (wild and cultivated plants)
Akawa	Huaca	*Clibadium surinamense*	Asteraceae		x	
Anpi	Sachamangua	*Grias peruviana*	Lecythidaceae			x
Anuna	Anona	*Rollinia mucosa*	Annonaceae		x	
Arusë	Arroz	*Oryza sativa*	Poaceae		x	
Ashu'	Camote	*Ipomoea batatas*	Convolvulaceae		x	
Atukan nara	Cordoncillo	*Piper angustifolium*	Piperaceae			x
Awapi	Palta	*Persea americana*	Lauraceae		x	x
Awimuin	Fruto de monte					x
Awinshi	Quillobordon	*Aspidosperma parvifolium*	Apocynaceae	x		
Chikrayu	Chiclayo	*Vigna unguiculata*	Fabaceae-Fab.		x	
Chope	Chope	*Grias neuberthii*	Lecythidaceae			x
I'sunan	Tangarana	*Triplaris* sp.	Polygonaceae	x		
Ina	Chimicua	*Pseudolmedia laevis*	Moraceae			x
Inin	Tamshi	*Heteropsis* spp.	Araceae	x		
Isa	Huito	*Genipa americana*	Rubiaceae			x
Ishi' ka'yura	Huayo de pichico	*Inga* sp.	Fabaceae-Mim.			x
Ishpanën	Pona	*Iriartea deltoidea*	Arecaceae	x		
Ka'pi'	Ayahuasca	*Banisteriopsis caapi*	Malpighiaceae			x
Kachiri	Catirina	*Attalea racemosa*	Arecaceae	x		
Kashin nuka'	Ají dulce	*Capsicum* spp.	Solanaceae		x	
Kayunan	Huacrapona	*Socratea* sp.	Arecaceae	x		
Kaywa	Caigua	*Cyclanthera pedata*	Cucurbitaceae		x	
Këmanan	Capirona	*Capirona decorticans*	Rubiaceae	x		
Këpa	Caimito	*Pouteria caimito*	Sapotaceae		x	x
Këpana'	Caimitillo	*Pouteria* sp.	Sapotaceae			x
Ki'sha	Yuca	*Manihot esculenta*	Euphorbiaceae		x	
Kuku	Coco	*Cocos nucifera*	Arecaceae		x	
Kumara	Cumala	*Iryanthera paraensis*	Myristicaceae	x		
Kumara	Cumala	*Virola calophylla*	Myristicaceae			x
Kun	Zapallo	*Cucurbita maxima*	Cucurbitaceae		x	
Ma'ma'	Sacha papa	*Dioscorea alata*	Dioscoreaceae		x	
Maki	Macambo	*Theobroma bicolor*	Malvaceae		x	x
Makinanpi	Cacahuillo	*Herrania mariae*	Malvaceae			x
Makira	Frijol	*Phaseolus vulgaris*	Fabaceae-Fab.		x	
Mankua	Mangua	*Mangifera indica*	Anacardiaceae		x	
Mankunan	Cetico blanco	*Cecropia polystachya*	Urticaceae	x		
Mënapi'	Yanavara	*Piptocoma discolor*	Asteraceae	x		

Useful plants identified in the farm plots and forests of the Shawi communities Nueva Vida, San Antonio de Yanayacu, and Balsapuerto during the rapid inventory of the Cordillera Escalera-Loreto, Loreto, Peru, from 14 September to 2 October 2013. The social team included D. Alvira, J. Homan, D. Huayunga, J. J. Inga, A. Lancha, A. Napo, M. Pariona, P. Ruiz Ojanama, and B. Tapayuri. Shawi names were corrected by P. Ruíz Ojanama, A. Lancha, and J. Napo Pizango.

PRINCIPALES PLANTAS UTILIZADAS/COMMONLY USED PLANTS						
Nombre Shawi/ Shawi common name	Nombre regional/ Regional common name	Nombre científico/ Species name	Familia/ Family	Construcción de viviendas/ Used for housebuilding	Cultivadas en las chacras/ Planted in farm plots	Frutos comestibles (plantas silvestres y cultivadas)/ Edible fruits (wild and cultivated plants)
Mërë	Yarina	*Phytelephas macrocarpa*	Arecaceae	x		x
Miriora	Tamamuri	*Naucleopsis glabra*	Moraceae			x
Mu'kara	Mullaca	*Physalis angulata*	Solanaceae			x
Mu'tunan	Bolaina	*Guazuma crinita*	Malvaceae	x		
Nanpiun	Maní	*Arachis hypogaea*	Fabaceae-Caes.		x	
Nara makira	Pushpo poroto	*Cajanus cajan*	Fabaceae-Fab.		x	
Naranka	Naranja	*Citrus sinensis*	Rutaceae		x	
Nashinan	Caña de azucar	*Saccharum officinarum*	Poaceae		x	x
Nawan panpë	Irapay	*Lepidocaryum tenue*	Arecaceae	x		
Ni'tu'	Metohuayo	*Caryodendron orinocense*	Euphorbiaceae			x
Nimu	Limón	*Citrus xaurantiifolia*	Rutaceae		x	
Nita'npi	Sacha inchi	*Plukenetia volubilis*	Euphorbiaceae		x	
Nuka'	Ají	*Capsicum* spp.	Solanaceae		x	
Nukaka	Caoba	*Swietenia macrophylla*	Meliaceae	x		
Nunara	Cedro	*Cedrela odorata*	Meliaceae	x		
Pa'chi	Huingo	*Crescentia cujete*	Bignoniaceae			x
Pa'payu	Papaya	*Carica papaya*	Caricaceae		x	x
Pa'same	Shebon	*Attalea butyracea*	Arecaceae	x		
Panta'pi	Plátano	*Musa paradisiaca*	Musaceae		x	
Pasan	Shapaja	*Attalea speciosa*	Arecaceae	x		
Pashunanpi	Papelillo	*Couratari macrosperma*	Lecythidaceae	x		
Pawa	Casho	*Anacardium occidentale*	Anacardiaceae		x	
Pi'shiru	Algodón	*Gossypium herbaceum*	Malvaceae		x	
Pi'tatara	Andara	*Sanchezia williamsii*	Acanthaceae	x		
Pi'të	Atadijo	*Trema micrantha*	Ulmaceae	x		
Pi'wasu	Anacaspi	*Apuleia leiocarpa*	Fabaceae-Caes.	x		
Pichirina	Pichirina	*Vismia cayennensis*	Clusiaceae	x		
Pikiranan	Caña brava	*Gynerium sagittatum*	Poaceae	x		
Pituka	Witina blanca	*Colocasia* sp.	Araceae		x	
Piyatëra	Apacharama	*Licania brittoniana*	Chryso-balanaceae	x		
Samiura	Ubos	*Spondias mombin*	Anacardiaceae			x
Sanchia	Sandía	*Citrullus lanatus*	Cucurbitaceae		x	
Sanchirun	Tornillo	*Cedrelinga cateniformis*	Fabaceae-Mim.	x		
Sapinu'	Sapino	*Musa* sp.	Musaceae		x	
Sara	Guaba	*Inga edulis*	Fabaceae-Mim.		x	x
Sha'pi natiu	Guisador	*Zingiber officinale*	Zingiberaceae		x	
Sha'pun	Plátano guineo	*Musa* sp.	Musaceae		x	

PRINCIPALES PLANTAS UTILIZADAS / COMMONLY USED PLANTS						
Nombre Shawi/ Shawi common name	Nombre regional/ Regional common name	Nombre científico/ Species name	Familia/ Family	Construcción de viviendas/ Used for housebuilding	Cultivadas en las chacras/ Planted in farm plots	Frutos comestibles (plantas silvestres y cultivadas)/ Edible fruits (wild and cultivated plants)
Sha'yukara	Dale dale	*Calathea allouia*	Marantaceae		x	
Shapi	Chambira	*Astrocaryum chambira*	Arecaceae			x
Shi'nianpi	Huayo de pichana					x
Shi'nianpi'	Chiric sanango	*Brunfelsia grandiflora*	Solanaceae		x	
Shi'pi	Aguaje	*Mauritia flexuosa*	Arecaceae	x	x	x
Shi'shi pu'pura	Maíz choclo	*Zea mays*	Poaceae		x	
Shi'shi'	Maíz	*Zea mays*	Poaceae		x	
Shinara	Ungurahui	*Oenocarpus bataua*	Arecaceae			x
Shinpa	Piña	*Ananas comosus*	Bromeliaceae		x	
Shinpira	Shimbillo	*Inga cinnamomea*	Fabaceae-Mim.			x
Shishaku	Maíz duro	*Zea mays*	Poaceae		x	
Shishi	Cashapona	*Socratea exorrhiza*	Arecaceae	x		
Shiwaku'	Charapilla	*Dipteryx micrantha*	Fabaceae-Fab.			x
Shu'nan	Estoraque	*Myroxylon balsamum*	Fabaceae-Fab.	x		
Shumira'	Quinilla	*Manilkara bidentata*	Sapotaceae	x		
Supuyu	Culantro	*Eryngium foetidum*	Apiaceae		x	
Takun, sapatë'	Zapote	*Matisia cordata*	Malvaceae		x	x
Tanan makinanpi	Cacao de monte	*Theobroma cacao*	Malvaceae			x
Tanan misëra	Uvilla de monte	*Pourouma minor*	Urticaceae			x
Tanan pawa	Sacha casho	*Anacardium giganteum*	Anacardiaceae			x
Tanan pitu	Pandisho	*Artocarpus altilis*	Moraceae		x	x
Tanpa'pi	Castaño					x
Tansharina	Mandarina	*Citrus reticulata*	Rutaceae		x	
Tapishu	Taperibá	*Spondias dulcis*	Anacardiaceae		x	
Tashapi	Huicungo	*Astrocaryum murumuru*	Arecaceae			x
Tayanan	Lagarto caspi	*Calophyllum brasiliense*	Clusiaceae	x		
Tënu	Palmiche	*Geonoma* spp.	Arecaceae	x		
Tu'wa'	Shahuinto	*Plinia* spp.	Myrtaceae			x
Tu'wa', shauinto	Chimicua chico	*Myrciaria* sp.	Myrtaceae			x
Tukun Sara	Guabilla	*Inga macrophylla*	Fabaceae-Mim.			x
Tuntuwa'	Chimicua grande	*Pseudolmedia* sp.	Moraceae			x
Tunu	Ojé	*Ficus insipida*	Moraceae	x		x
U'naira	Pinsha caspi	*Oxandra xylopioides*	Annonaceae	x		
U'yapi	Pijuayo	*Bactris gasipaes*	Arecaceae		x	
Ukuna'pi	Cocona	*Solanum sessiliflorum*	Solanaceae		x	
Ukunan	Tahuari	*Tabebuia serratifolia*	Bignoniaceae	x		
Umari	Umarí	*Poraqueiba sericea*	Icacinaceae		x	
Unkuwinian	Palisangre	*Pterocarpus rohrii*	Fabaceae-Fab.	x		

PRINCIPALES PLANTAS UTILIZADAS / COMMONLY USED PLANTS						
Nombre Shawi/ Shawi common name	**Nombre regional/ Regional common name**	**Nombre científico/ Species name**	**Familia/ Family**	**Construcción de viviendas/ Used for housebuilding**	**Cultivadas en las chacras/ Planted in farm plots**	**Frutos comestibles (plantas silvestres y cultivadas)/ Edible fruits (wild and cultivated plants)**
Unushupi	Granadilla	*Passiflora* sp.	Passifloraceae			x
Uria'	Cetico negro con aleta	*Cecropia* sp.	Urticaceae	x		
Uwiru yaki'	Leche caspi	*Couma macrocarpa*	Apocynaceae	x		x
Uyukan	Witina amarilla	*Colocasia esculenta*	Araceae		x	
Wĕnpa	Topa	*Ochroma pyramidale*	Malvaceae	x		
Wiri ma'ma'	Sacha papa blanco	*Dioscorea* sp.	Dioscoreaceae		x	
Wiri'pinu'	Plátano filipino	*Musa* sp.	Musaceae		x	
Yaanan	Pashaco	*Parkia nitida*	Fabaceae-Mim.	x		
Yamutun	Huacapu	*Minquartia guianensis*	Olacaceae	x		
Yara ma'ma'	Sacha papa morado	*Dioscorea* sp.	Dioscoreaceae		x	
Yawai	Huasaí	*Euterpe precatoria*	Arecaceae	x		
Yawai	Huasai	*Euterpe oleracea*	Arecaceae			x
Yu'nan nara	Anzuelo caspi	*Oxandra mediocris*	Annonaceae	x		
Yu'nanaira	Espintana	*Guatteria chlorantha*	Annonaceae	x		
Yurimĕ'	Bombonaje	*Carludovica palmata*	Arecaceae	x		
Yuwinara	Pinshagallo			x		

Principales animales utilizados/
Commonly used animals

Animales silvestres consumidos por la población Shawi e identificados en las comunidades nativas Nueva Vida, San Antonio de Yanayacu y Balsapuerto durante el inventario rápido de la Cordillera Escalera-Loreto, Loreto, Perú, del 14 de setiembre al 2 de octubre de 2013. El equipo social incluía a D. Alvira, J. Homan, D. Huayunga, J. J. Inga, A. Lancha, A. Napo, M. Pariona, P. Ruiz Ojanama y B. Tapayuri. Con correcciones de nombres Shawi por P. Ruíz Ojanama, A. Lancha y J. Napo Pizango.

PRINCIPALES ANIMALES UTILIZADOS / COMMONLY USED ANIMALS

Grupo/ Group	Nombre Shawi/ Shawi common name	Nombre regional/ Regional common name	Nombre científico/ Scientific name	Familia/ Family
Mamífero/Mammal	Anashi	Zorro	No identificado	Canidae
Mamífero/Mammal	Awi'	Mono blanco	*Cebus albifrons*	Cebidae
Mamífero/Mammal	Ëpë	Carachupa mama	*Priodontes maximus*	Dasypodidae
Mamífero/Mammal	Ichu'	Mono negro	*Cebus apella*	Cebidae
Mamífero/Mammal	Ipi'	Majaz	*Cuniculus paca*	Cuniculidae
Mamífero/Mammal	Ishi'	Pichico	*Saguinus fuscicollis*	Cebidae
Mamífero/Mammal	Itë	Añuje	*Dasyprocta* spp.	Dasyproctidae
Mamífero/Mammal	Këwan yu	Venado colorado	*Mazama americana*	Cervidae
Mamífero/Mammal	Ke'wan Su'ru	Mono choro de cola amarilla	*Lagothrix (Oreonax) flavicauda*	Atelidae
Mamífero/Mammal	Kiraman	Sajino	*Pecari tajacu*	Tayassuidae
Mamífero/Mammal	Kuwasha'	Chosna	*Potos flavus*	Procyonidae
Mamífero/Mammal	Kuwi	Musmuqui	*Aotus* spp.	Aotidae
Mamífero/Mammal	Naman	Huangana	*Tayassu pecari*	Tayassuidae
Mamífero/Mammal	Nu'nu'	Coto	*Alouatta seniculus*	Atelidae
Mamífero/Mammal	Panpëru' yu	Venado cenizo	*Mazama nemorivaga*	Cervidae
Mamífero/Mammal	Pawara	Sachavaca	*Tapirus terrestris*	Tapiridae
Mamífero/Mammal	Pu'shi	Ardilla	*Sciurus* spp.	Sciuridae
Mamífero/Mammal	Shiwi	Shiwi	*Tamandua tetradactyla*	Myrmecophagidae
Mamífero/Mammal	Su'ru'	Choro o monochoro	*Lagothrix lagotricha*	Atelidae
Mamífero/Mammal	Të'nësha'wë	Carachupa	*Dasypus* spp.	Dasypodidae
Mamífero/Mammal	Tëkërënan	Huapo	*Pithecia monachus*	Pitheciidae
Mamífero/Mammal	Tiwin	Pelejo	*Bradypus variegatus*	Bradypodidae
Mamífero/Mammal	Tukusu	Ronsoco	*Hydrochoerus hydrochaeris*	Caviidae
Mamífero/Mammal	Wiri tu'ya	Maquizapa blanco	*Ateles belzebuth*	Atelidae
Mamífero/Mammal	Yara shiwi	Shiwi grande negro	*Myrmecophaga tridactyla*	Myrmecophagidae
Mamífero/Mammal	Yara tu'ya	Maquizapa negro	*Ateles chamek*	Atelidae
Ave/Bird	Chinsha	Pucacunga	*Penelope jacquacu*	Cracidae
Ave/Bird	I'sa	Paujil	*Mitu tuberosum*	Cracidae
Ave/Bird	Kunsha'	Unchala	*Aramides cajanea*	Rallidae
Ave/Bird	Nëpë'	Paloma	*Patagioenas* spp.	Columbidae
Ave/Bird	Pa'para	Pava de monte	*Pipile cumanensis*	Cracidae
Ave/Bird	Panpankuë	Panguana	*Crypturellus undulata*	Tinamidae
Ave/Bird	Sa'te' o Iwi'	Gallito de las rocas	*Rupicola peruvianus*	Cotingidae
Ave/Bird	Sha'wë	Loro	*Amazona farinosa*	Psittacidae
Ave/Bird	Su'chiri'	Montete	*Nothocrax urumutum*	Cracidae
Ave/Bird	Tanan pënku	Pato de monte	*Cairina moschata*	Anatidae
Ave/Bird	Tayu'	Trompetero	*Psophia leucoptera*	Psophiidae
Ave/Bird	Ukurun	Porotohuango	*Odontophorus gujanensis*	Odontophoridae
Ave/Bird	Winka	Yanayutu	*Crypturellus cinereus*	Tinamidae
Ave/Bird	Yu'win	Pinsha	*Pteroglossus* spp.	Ramphastidae
Ave/Bird	Yu'win	Tucán	*Ramphastos* spp.	Ramphastidae
Ave/Bird	Yunkurun	Perdiz	*Crypturellus* spp.	Tinamidae
Ave/Bird	Yunkurun	Yungururo	*Tinamus major*	Tinamidae
Reptil/Reptile	Mayu	Motelo	*Chelonoidis denticulata*	Testudinidae

Wild animals hunted for food by the Shawi people, as reported in the Shawi communities of Nueva Vida, San Antonio de Yanayacu, and Balsapuerto during the rapid inventory of the Cordillera Escalera-Loreto, Loreto, Peru, from 14 September to 2 October 2013. The social team included D. Alvira, J. Homan, D. Huayunga, J. J. Inga, A. Lancha, A. Napo, M. Pariona, P. Ruiz Ojanama, and B. Tapayuri. Shawi names were corrected by P. Ruíz Ojanama, A. Lancha, and J. Napo Pizango.

PRINCIPALES ANIMALES UTILIZADOS / COMMONLY USED ANIMALS

Grupo/ Group	Nombre Shawi/ Shawi common name	Nombre regional/ Regional common name	Nombre científico/ Scientific name	Familia/ Family
Reptil/Reptile	Pëwara	Iguana	*Iguana iguana*	Iguanidae
Anfibio/Amphibian	Inpu	Hualo	*Leptodactylus pentadactylus*	Leptodactylidae
Anfibio/Amphibian	Sha'pira wawa	Rana chico amarillo		
Anfibio/Amphibian	Shinara wawa	Rana grande o apato		
Anfibio/Amphibian	Tururu	Sapo común	*Rhinella marina*	Bufonidae
Anfibio/Amphibian	Utun	Verano sapo		
Anfibio/Amphibian	Wa'wa'	Rana verde	*Osteocephalus taurinus*	Hylidae
Pez/Fish	A'nanan	Fasaco	*Hoplias malabaricus*	Erythrinidae
Pez/Fish	Ayu	Bujurqui	*Aequidens tetramerus*	Cichlidae
Pez/Fish	Ikiana	Bagre	*Batrochoglanis raninus*	Pseudopimelodidae
Pez/Fish	Imayan	Ractacara	*Psectrogaster* sp.	Curimatidae
Pez/Fish	Kamitana	Gamitana	*Colossoma macropomum*	Serrasalmidae
Pez/Fish	Kënën	Anashua	*Crenicichla johanna*	Cichlidae
Pez/Fish	Kukuni'	Anguilla	*Electrophorus electricus*	Gymnotidae
Pez/Fish	Kuni	Atinga	*Lepidosiren paradoxa*	Lepidosirenidae
Pez/Fish	Mikara	Lisa	*Leporinus friderici*	Anostomidae
Pez/Fish	Miyuki	Raya	*Potamotrygon orbignyi*	Potomotrygonidae
Pez/Fish	Nansë	Sábalo	*Salminus iquitensis*	Characidae
Pez/Fish	Nu'wi	Shitari	*Loricaria cataphracta*	Loricariidae
Pez/Fish	Pa'ku	Paco	*Piaractus brachypomus*	Serrasalmidae
Pez/Fish	Pëshanan sami	Cunchi o chiripira	*Pimelodus ornatus*	Pimelodidae
Pez/Fish	Pu'pun	Pucahuicsa	*Erythrinus erythrinus*	Erythrinidae
Pez/Fish	Samira'wa	Mojarra	*Jupiaba anteroides*	Characidae
Pez/Fish	Shitë	Palometa	*Serrasalmus spilopleura*	Serrasalmidae
Pez/Fish	Tu'warin	Macana	*Apteronotus* spp.	Apteronotidae
Pez/Fish	Turu'shunki	Turushuki	*Oxydoras niger*	Doradidae
Pez/Fish	Wa'nute'	Sardina	*Triportheus pictus*	Triportheidae
Pez/Fish	Wanki	Boquichico	*Prochilodus nigricans*	Prochilodontidae
Pez/Fish	Waratë'	Carachama	*Hypostomus ericius*	Loricariidae
Pez/Fish	Ya'wan sami	Doncella	*Pseudoplatystoma fasciatum*	Pimelodidae
Pez/Fish	Yanan	Paña	*Pygocentrus nattereri*	Serrasalmidae
Invertebrado acuático/ Aquatic invertebrate	Chinchi	Cangrejo	*Dilocarcinus* sp.	Trichodactylidae
Invertebrado acuático/ Aquatic invertebrate	I'yu	Churo	*Pomacea maculata*	Ampullariidae
Invertebrado acuático/ Aquatic invertebrate	Kunkun	Caracol	*Cornu aspersum*	Helicidae
Invertebrado acuático/ Aquatic invertebrate	Shiwa	Caracol o apancora	*Helix* sp.	Helicidae
Invertebrado acuático/ Aquatic invertebrate	Wan o Wansha	Camarón	*Cryphiops caementarius*	Palaemonidae
Insecto/Insect	Amanshura	Miel de comején		
Insecto/Insect	Nëntë'	Abeja grande	*Melipona* spp.	Apidae
Insecto/Insect	Ninu	Colmena		
Insecto/Insect	Ninu'ra	Colmenilla		
Insecto/Insect	Ninui'	Miel de abeja		
Insecto/Insect	Ninun' se'ra	Ronsapa colmena		

**Lista de sitios arqueológicos
prehispánicos/List of pre-Hispanic
archaeological sites**

Sitios arqueológicos prehispánicos identificados en la cuenca del Paranapura, Distrito de Balsapuerto,
Provincia de Alto Amazonas, en la Región Loreto, Perú. Sitios ordenados según función y localización.
Datos compilados por S. Rivas Panduro.

No.	Nombre del sitio arqueológico/ Name of archaeological site	Función/ Function	Localización geográfica/ Geographic location
1	Munichis	Asentamiento arqueológico/ Archaeological settlement	Cuenca del río Paranapura/ Paranapura Basin
2	Balsapuerto 1	Asentamiento arqueológico/ Archaeological settlement	Cuenca del río Cachiyacu/ Cachiyacu Basin
3	Balsapuerto 2		
4	Balsapuerto 3		
5	Balsapuerto 4		
6	Nuevo Pintuyacu		
7	Nuevo Junín		
8	Nuevo Barranquita		
9	Nueva Luz		
10	Puerto libre		
11	Barrio Canoa Puerto		
12	Shapajilla 1	Roca petroglifo/ Rocks with petroglyphs	
13	Shapajilla 2		
14	Casa de Cumpanamá (Cumpanamá) (también es roca taller lítico/also a lithic workshop)		
15	Cocina de Cumpanamá (también es roca taller lítico/also a lithic workshop)		
16	Cachiyacu 1		
17	Ojeyacu 1 (Tunu Icha)		
18	Ojeyacu 2		
19	Ojeyacu 3		
20	Ojeyacu 4		
21	Ojeyacu 5		
22	Chayahuita Roca A		
23	Chayahuita Roca B		
24	Chayahuita Roca C		
25	Ojeyacu 6	Roca taller lítico/ Lithic workshop	
26	Ojeyacu 7		
27	Ojeyacu 8		
28	Ojeyacu 9		
29	Ojeyacu 10		
30	Ojeyacu 11		
31	Ojeyacu 12		
32	Ojeyacu 13		
33	Ojeyacu 14		
34	Ojeyacu 15		

Pre-Hispanic archaeological sites identified to date in the Paranapura Basin, Balsapuerto District, Alto Amazonas Province, Loreto Region, Peru. Sites are sorted by function and location. Data compiled by S. Rivas Panduro.

SITIOS ARQUEOLÓGICOS PREHISPÁNICOS/PRE-HISPANIC ARCHAEOLOGICAL SITES			
No.	**Nombre del sitio arqueológico/ Name of archaeological site**	**Función/ Function**	**Localización geográfica/ Geographic location**
35	Porotoyacu 4	Asentamiento arqueológico/ Archaeological settlement	Cuenca del río Armanayacu/ Armanayacu Basin
36	Porotoyacu 1	Roca petroglifo/ Rocks with petroglyphs	
37	Porotoyacu 2		
38	Porotoyacu 3		
39	Cucharayacu 1		
40	Cucharayacu 2		
41	Cucharayacu 3 (Santa Sofía 1)		
42	Cucharayacu 4		
43	Santa Sofía 3		
44	Santa Sofía 4		
45	Macamboyacu 1		
46	Macamboyacu 2		
47	Porotoyacu 5		
48	Cucharayacu 5	Roca taller lítico/ Lithic workshop	
49	Cucharayacu 6		
50	(Sin nombre aún/Not yet named)		

Adeney, J.M. 2009. *Remote sensing of fire, flooding, and white sand ecosystems in the Amazon*. Ph.D. dissertation. Duke University, Durham.

Alemán, A., and R. Marksteiner. 1996. Structural styles in the Santiago fold and thrust belt, Peru: A salt related orogenic belt. Pp. 147–153 in J. F. Dewey and S. H. Lamb, eds. *Selected Papers from the Second International Symposium on Andean Geodynamics, Oxford, UK, 21–23 September 1993*. ORSTOM Editions, Paris, and University of Oxford, Oxford.

Alverson, W. S., L. O. Rodríguez y/and D. K. Moskovits, eds. 2001. *Perú: Biabo Cordillera Azul*. Rapid Biological Inventories Report 2. The Field Museum, Chicago.

Alverson, W. S., C. Vriesendorp, Á. del Campo, D. K. Moskovits, D. F. Stotz, M. García D. y/and L. A. Borbor L., eds. 2008. *Ecuador-Perú: Cuyabeno-Güeppí*. Rapid Biological and Social Inventories Report 20. The Field Museum, Chicago.

Alvira, D., J. Hinojosa Caballero, M. Pariona, G. Petsain, F. Rogalski, K. Świerk, A. Treneman, R. Tsamarain Ampam, E. Tuesta y/and A. Wali. 2012. Comunidades humanas visitadas: Fortalezas sociales y culturales/Communities visited: Social and cultural assets. Pp. 135–157 y/and 287–308 en/in N. Pitman, E. Ruelas Inzunza, D. Alvira, C. Vriesendorp, D. K. Moskovits, Á. del Campo, T. Wachter, D. F. Stotz, S. Noningo S., E. Tuesta C. y/and R. C. Smith, eds. *Perú: Cerros de Kampankis*. Rapid Biological and Social Inventories Report 24. The Field Museum, Chicago.

Amich, J. 1988. *Historia de las misiones del Convento Santa Rosa de Ocopa*. CETA, Iquitos.

Amori, G., F. Chiozza, B. D. Patterson, C. Rondinini, J. Schipper, and L. Luiselli. 2013. Correlates of species richness and the distribution of South American rodents, with conservation implications. Mammalia 77:1–19.

Anderberg, A. A., and X. Zhang. 2002. Phylogenetic relationships of Cyrillaceae and Clethraceae (Ericales) with special emphasis on the genus *Purdiaea* Planch. Organisms Diversity and Evolution 2:127–137.

Anderson, E. P., and J. A. Maldonado-Ocampo. 2010. A regional perspective on the diversity and conservation of tropical Andean fishes. Conservation Biology 25(1):30–39.

APG (Angiosperm Phylogeny Group) III. 2009. An update of the Angiosperm Phylogeny Group classification for the orders and families of flowering plants: APG III. Botanical Journal of the Linnean Society 161:105–121.

Ayala-Varela, F. P., and O. Torres-Carvajal. 2010. A new species of dactyloid anole (Iguanidae, Polychrotinae, *Anolis*) from the southeastern slopes of the Andes of Ecuador. ZooKeys 53:59–73.

Benavides, V. 1968. Saline deposits of South America. Geological Society of America Special Papers 88:249–290.

Berlin, N. B., and J. L. Patton. 1979. *La clasificación de los mamíferos de los Aguaruna, Amazonas, Perú*. Language Behavior Research Laboratory, Berkeley.

Berry, P. E., O. Huber, and B. K. Holst. 1995. Floristic analysis and phytogeography. Pp. 161–191 in P. E. Berry, B. K. Holst, and K. Yatskievych, eds. *Flora of the Venezuelan Guayana. Volume 1: Introduction*. Missouri Botanical Garden, St. Louis.

BirdLife International. 2014a. Species factsheet: *Contopus cooperi*. Consulted online at *http://www.birdlife.org* on 12 May 2014.

BirdLife International. 2014b. Species factsheet: *Heliodoxa gularis*. Consulted online at *http://www.birdlife.org* on 23 May 2014.

BirdLife International. 2014c. IUCN Red List for birds. Consulted online at *http://www.birdlife.org* on 12 May 2014.

Bocos, J. 2011. *Situación de las mujeres en los pueblos indígenas de América Latina: Obstáculos y retos*. Proyecto Kalú, Centro de Estudios de Ayuda Humanitaria, Almeria.

Boulenger, G. A. 1882. *Catalogue of the Batrachia Salientia s. Ecaudata in the collection of the British Museum*. Second Edition. Taylor and Francis, London.

Brown, J. L., E. Twomey, M. Pepper, and M. Sanchez-Rodriguez. 2008. Revision of the *Ranitomeya fantastica* species complex with description of two new species from central Peru (Anura: Dendrobatidae). Zootaxa 1823:1–24.

Buckingham, F., and S. Shanee. 2009. Conservation priorities for the Peruvian yellow-tailed woolly monkey (*Oreonax flavicauda*): A GIS risk assessment and gap analysis. Primate Conservation 24:65–71.

Butchart, S. H. M., R. F. W. Barnes, C. W. N. Davies, M. Fernandez, and N. Seddon. 1995. Observations of two threatened primate species in the Peruvian Andes. Primate Conservation 16:65–71.

Castro Vergara, L. 2012. Mamíferos/Mammals. Pp. 127–134 y/and 280–286 en/in N. Pitman, E. Ruelas Inzunza, D. Alvira, C. Vriesendorp, D. K. Moskovits, Á. del Campo, T. Wachter, D. F. Stotz, S. Noningo S., E. Tuesta C. y/and R. C. Smith, eds. *Perú: Cerros de Kampankis.* Rapid Biological and Social Inventories Report 24. The Field Museum, Chicago.

Catenazzi, A., y/and P. J. Venegas. 2012. Anfibios y reptiles/ Amphibians and reptiles. Pp. 106–117 y/and 260–271 en/ in N. Pitman, E. Ruelas Inzunza, D. Alvira, C. Vriesendorp, D. K. Moskovits, Á. del Campo, T. Wachter, D. F. Stotz, S. Noningo S., E. Tuesta C. y/and R. C. Smith, eds. *Perú: Cerros de Kampankis.* Rapid Biological and Social Inventories Report 24. The Field Museum, Chicago.

Catenazzi, A., y P. Venegas. 2012. *Anfibios y reptiles de Kampankis.* Rapid Color Guide 363. The Field Museum, Chicago. Disponible en *http://idtools.fieldmuseum.org/guides.*

Ceballos, G., and P. R. Ehrlich. 2009. Discoveries of new mammal species and their implications for conservation and ecosystem services. Proceedings of the National Academy of Sciences 106:3841–3846.

Chao, A., N. J. Gotelli, T. C. Hsieh, E. L. Sander, K. H. Ma, R. K. Colwell, and A. M. Ellison. 2014. Rarefaction and extrapolation with Hill numbers: A unified framework for sampling and estimation in biodiversity studies. Ecological Monographs 84(1):45–67.

Chibnik, M. 1994. *Risky rivers: The economics and politics of floodplain farming in Amazonia.* The University of Arizona Press, Tucson.

Chirif, A., y M. Cornejo Chaparro. 2009. *Imaginario e imágenes de la época del caucho: Los sucesos del Putumayo.* Tarea Asociación Gráfica Educativa, Lima.

CIMA-Cordillera Azul. 2011. *Plan de investigación del Parque Nacional Cordillera Azul.* CIMA-Cordillera Azul, Lima.

Cisneros-Heredia, D. F. 2009. Amphibia, Anura, Centrolenidae, *Chimerella mariaelenae* (Cisneros-Heredia and McDiarmid, 2006), *Rulyrana flavopunctata* (Lynch and Duellman, 1973), *Teratohyla pulverata* (Peters, 1873), and *Teratohyla spinosa* (Taylor, 1949): Historical records, distribution extension and new provincial record in Ecuador. Check List 5(4):912–916.

CITES (Convention on International Trade in Endangered Species of Wild Fauna and Flora). 2014. Appendices I, II, and III. Available online at *http://www.cites.org/eng/app/appendices.php.*

Colinvaux, P. A., P. E. de Oliveira, J. E. Moreno, M. C. Miller, and M. B. Bush. 1996. A long pollen record from lowland Amazonia: Forest and cooling in glacial times. Science 274:85–88.

Colinvaux, P. A., P. E. de Oliveira, and M. B. Bush. 2000. Amazonian and neotropical plant communities on glacial time-scales: The future of the aridity and refuge hypothesis. Quaternary Science Reviews 19:141–169.

Cornejo, F. 2007. Estado de conservación de *Oreonax flavicauda* "Mono choro cola amarilla" en el Área de Conservación Privada Abra Patricia-Alto Nieva. Asociación Ecosistemas Andinas (ECOAN), Cusco.

Cornejo, F. M., A. M. DeLuycker, H. Quintana, V. Pacheco, and E. W. Heymann. 2009. Peruvian yellow-tailed woolly monkey. In *Primates in peril: The world's 25 most endangered primates 2008–2010.* Primate Conservation 24:74–76.

Covey, R. A., G. Childs, and R. Kippen. 2011. Dynamics of indigenous demographic fluctuations: Lessons from sixteenth-century Cusco, Peru. Current Anthropology 52:335–360.

Crocker, W., and J. Crocker. 1994. *The canela: Bonding through kinship, ritual, and sex.* Harcourt College Publishers, Fort Worth.

Dagget, C. 1983. Las funciones del masato en la cultura Chayahuita. Revista Antropológica 1:301–310.

Daly, D. C., D. Neill, and M. C. Martínez-Habibe. 2012. An ecologically significant new species of *Dacryodes* from the northern Andes: Studies in neotropical Burseraceae XV. Brittonia 64(1):49–56.

Davis, T. J. 1986. Distribution and natural history of some birds from the departments of San Martín and Amazonas, northern Peru. Condor 88:50–56.

Davis, T. J., and J. P. O'Neill. 1986. A new species of antwren (*Herpsilochmus:* Formicariidae) from Peru, with comments on the systematics of some other members of the genus. Wilson Bulletin 98:337–352.

Dean, B. 2004. Ambivalent exchanges: The violence of patronazgo in the Upper Amazon. Pp. 214–226 in M. Anderson, ed. *Cultural shaping of violence: Victimization, escalation, response.* Purdue University Press, West Lafayette.

Dean, B. 2009. *Urarina society, cosmology, and history in Peruvian Amazonia.* University Press of Florida, Gainesville.

de Azevedo, F. C. C., and D. L. Murray. 2007. Evaluation of potential factors predisposing livestock to predation by jaguars. Journal of Wildlife Management 71:2379–2386.

DeLuycker, A. M. 2007. Notes on the yellow-tailed woolly monkey (*Oreonax flavicauda*) and its status in the Protected Forest of Alto Mayo, northern Peru. Primate Conservation 22:41–47.

de Rham, P., M. Hidalgo y/and H. Ortega. 2001. Peces/Fishes. Pp. 64–69 y/and 137–141 en/in W. S. Alverson, L. O. Rodríguez y/ and D. K. Moskovits, eds. *Perú: Biabo-Cordillera Azul.* Rapid Biological Inventories Report 2. The Field Museum, Chicago.

Derteano, C. 1905 [1903]. Visita del Subprefecto del Alto Amazonas don César M. Derteano, a los distritos de Santa Cruz, Lagunas, Jeberos y Cahuapanas. Boletín de la Sociedad Geográfica de Lima 17:73–87.

Di Fiore, A., P. B. Chaves, F. M. Cornejo, C. A. Schmitt, S. Shanee, L. Cortes-Ortiz, V. Fagundes, C. Roos, and V. Pacheco. 2014. The rise and fall of a genus: Complete mtDNA genomes shed light on the phylogenetic position of yellow-tailed woolly monkeys, *Lagothrix flavicauda*, and on the evolutionary history of the family Atelidae (Primates: Platyrrhini). Molecular Phylogenetics and Evolution. doi: 10.1016/j.ympev. 2014.03.028.

Dudan, L. 1951. El sapo como elemento etnográfico comparativo. Revista del Instituto de Antropología 5:191–219.

Duellman, W. E. 1992a. A new species of the *Eleutherodactylus conspicillatus* group (Anura: Leptodactylidae) from northeastern Peru. Revista Española de Herpetología 6:23–29.

Duellman, W. E. 1992b. *Eleutherodactylus bearsei* new species (Anura: Leptodactylidae) from northeastern Peru. Occasional Papers of the Museum of Natural History, University of Kansas 150:1–7.

Duellman, W. E., and E. Lehr. 2009. *Terrestrial-breeding frogs (Strabomantidae) in Peru*. Nature und Tier Verlag, Münster.

Duellman, W. E., and J. D. Lynch. 1988. Anuran amphibians from the Cordillera de Cutucú, Ecuador. Proceedings of the Academy of Natural Sciences of Philadelphia 140:125–142.

Duellman, W. E., and J. B. Pramuk. 1999. Frogs of the genus *Eleutherodactylus* (Anura: Leptodactylidae) in the Andes of northern Peru. Scientific Papers, Natural History Museum, University of Kansas 13:1–78.

Duellman, W. E., and R. Schulte. 1993. New species of centrolenid frogs from northern Peru. Occasional Papers of the Museum of Natural History, University of Kansas 155:1–33.

Echevarría, G. 2006. Petrograbados en la cuenca del río Cachiyacu: Una aproximación arqueológica en contexto industrial. Disponible en *http://rupestreweb.info/cachiyacu.html*.

Echevarría, G. 2010. Circular concavities in the rock art of the Cachiyacu River Basin, Loreto, Peru. Pp. 75–84 in R. Lewis and R. Bednarick, eds. *Mysterious cup marks: Proceedings of the First International Cupule Conference*. Archaeopress, Oxford.

Eddowes, J., y Saurín, R. 2006. *Lo que sabemos nosotros es interminable: La medicina tradicional en territorio shawi*. Terra Nuova, Lima.

Emmons, L. H., and F. Feer. 1997. *Neotropical rainforest mammals: A field guide*. Second edition. University of Chicago Press, Chicago.

Escobedo, R. T. 2004. *Zonificación ecológica-económica de la Región San Martín: Suelo y capacidad de uso mayor de las tierras*. Gobierno Regional de San Martín e Instituto de Investigaciones de la Amazonía Peruana.

Espinoza, W. 1967. Los señoríos étnicos de Chachapoyas y la alianza hispano-chacha. Revista Histórica 30:224–333.

Faivovich, J., C. F. B. Haddad, P. C. de A. Garcia, D. R. Frost, J. A. Campbell, and W. C. Wheeler. 2005. Systematic review of the frog family Hylidae, with special reference to Hylinae: A phylogenetic analysis and taxonomic revision. Bulletin of the American Museum of Natural History 294:1–240.

Fajardo Nolla, J. 2012. Identification of priority areas for conservation in Peru using systematic conservation planning and species distribution models. Master's thesis. Universidad Internacional Menéndez Pelayo, Madrid.

Figueroa, F. 1986. Informe de las misiones en el Marañón, Gran Pará o Río de las Amazonas. Pp. 143–310 en J. Regan, ed. *Informe de Jesuitas en el Amazonas, 1660–1684*. IIAP-CETA, Iquitos.

Fine, P. V. A., I. Mesones, and P. D. Coley. 2004. Herbivores promote habitat specialization by trees in Amazonian forests. Science 305 (5684):663–665.

Fine, P. V. A., R. García-Villacorta, N. C. A. Pitman, I. Mesones, and S. W. Kembel. 2010. A floristic study of the white-sand forests of Peru. Annals of the Missouri Botanical Garden 97:283–305.

Fine, P. V. A., and I. Mesones. 2011. The role of natural enemies in the germination and establishment of *Pachira* (Malvaceae) trees in the Peruvian Amazon. Biotropica 43(3):265–269.

Finer, M., and C. N. Jenkins. 2012. Proliferation of hydroelectric dams in the Andean Amazon and implications for Andes-Amazon connectivity. PLoS ONE 7(4): e35126. doi:10.1371/journal.pone.0035126

Fitzpatrick, J. W., J. W. Terborgh, and D. E. Willard. 1977. A new species of wood-wren from Peru. Auk 94:195–201.

Folk, R. L. 1962. Spectral subdivision of limestone types. Pp. 62–84 in W. E. Ham, ed. *Classification of carbonate rocks*. First edition. Memoir 1, American Association of Petroleum Geologists, Tulsa.

Folk, R. L., ed. 1974. *Petrology of sedimentary rocks*. Hemphill Publishing Co., Austin.

FONCODES. 2006. *Focalización geográfica: Nuevo mapa de pobreza de FONCODES 2006*. Fondo de Cooperación para el Desarrollo Social (FONCODES), Unidad de Planeamiento y Resultados, Lima.

Forero-Medina, G., J. Terborgh, S. J. Socolar, and S. L. Pimm. 2011. Elevational ranges of birds on a tropical montane gradient lag behind warming temperatures. PLoS ONE 6(12):e28535.

Foster, R. 2001. Fisiografía, geoquímica y clima general/General physiography, geochemistry, and climate. Pp. 48–50 y/and 122–124 en/in W. S. Alverson, L. O. Rodríguez y/and D. K. Moskovits, eds. *Perú: Biabo Cordillera Azul*. Rapid Biological Inventories Report 2. The Field Museum, Chicago.

Foster, R. B., H. Beltrán, and L. H. Emmons. 1997. Vegetation and flora of the eastern slopes of the Cordillera del Cóndor. Pp. 44–63 in T. S. Schulenberg and K. Awbrey, eds. *The Cordillera del Cóndor region of Ecuador and Peru: A biological assessment*. RAP Working Papers 7. Conservation International, Washington, D.C.

Foster, R., H. Beltrán, and W. S. Alverson. 2001. Flora y vegetación/ Flora and vegetation. Pp. 50–64 y/and 124–137 en/in W. S. Alverson, L. O. Rodríguez y/and D. K. Moskovits, eds. *Perú: Biabo Cordillera Azul*. Rapid Biological Inventories Report 2. The Field Museum, Chicago.

Foster, R., y I. Humantupa. 2010. *Palmas de Yaguas*. Rapid Color Guide 295. The Field Museum, Chicago. Disponible en *http://idtools.fieldmuseum.org/guides*.

Foster, R., T. Wachter, M. Pariona y J. Philipp. 2013. *Plantas medicinales Shawi*. Rapid Color Guide 543. The Field Museum, Chicago. Disponible en *http://idtools.fieldmuseum.org/guides*.

FPCN y CDC. 2005. *Evaluación rápida en las Sierras de Contamana*. Octubre del 2004. Informe no publicado (unpublished report). ProNaturaleza-Fundación para la Conservación del la Naturaleza (FPCN) y Centro de Datos para la Conservación (CDC), Lima.

Frodin, D. G., P. P. Lowry II, and G. M. Plunkett. 2010. *Schefflera* (Araliaceae): Taxonomic history, overview and progress. Plant Diversity and Evolution 128(3–4):561–595.

Frost, D. R., T. Grant, J. Faivovich, R. H. Bain, A. Haas, C. F. B. Haddad, R. O. de Sá, A. Channing, M. Wilkinson, S. C. Donnellan, C. J. Raxworthy, J. A. Campbell, B. L. Blotto, P. E. Moler, R. C. Drewes, R. A. Nussbaum, J. D. Lynch, and D. M. Green. 2006. The amphibian tree of life. Bulletin of the American Museum of Natural History 297:1–370.

Fuentes, A. 1988. *Porque las piedras no mueren: Historia, sociedad y ritos de los Chayahuita del alto Amazonas*. Centro Amazónico de Antropología y Aplicación Práctica, Lima.

Gagliardi Urrutia, L. A. G., K. M. Mejía Cahuanca y E. H. Valderrama, eds. (en prensa). *Inventario biológico en el Área de Conservación Regional Cordillera Escalera*. Documento Técnico No. 32 del Instituto de Investigaciones de la Amazonía Peruana, Iquitos.

García Tomas, M. D. 1993. *Buscando nuestras raíces: Historia y cultura Chayahuita, vol. 1–8*. Centro Amazónico de Antropología y Aplicación Práctica, Lima.

García, P. 1995. *Territorios indígenas y la nueva legislación agraria en el Perú*. Documento IWGIA 17. IWGIA/Racimos de Ungurahui, Lima.

García Hierro, P., A. Chirif Tirado, A. Surrallés i Calonge y la Coordinadora Regional de los Pueblos Indígenas de San Lorenzo (CORPI), eds. 2002. Una historia para el futuro: Territorios indígenas en Alto Amazonas. Sirena Color, Santa Cruz de la Sierra.

Garrote, G. 2012. Depredación del jaguar (*Panthera onca*) sobre el ganado en los llanos orientales de Colombia. Mastozoología Neotropical 19:139–145.

Gerol, H. 1961. *Dioses, templos y ruinas: Origen, esplendor y ocaso del Imperio Inkaico*. Librería Hachette, Buenos Aires.

Goes Neves, E. 2011. El nacimiento del "Presente Etnográfico": La emergencia del patrón de distribución de sociedades indígenas y familias lingüísticas en las tierras bajas sudamericanas, durante el primer milenio d.C. Pp. 39–65 en J.-P. Chaumeil, O. Espinosa de Rivero y M. Cornejo Chaparro, eds. *Por donde hay soplo: Estudios amazónicos en los países andinos. Tomo 29*. Actas y Memorias del Instituto Francés de Estudios Andinos, Lima.

Golob, A. 1982. *The Upper Amazon in historical perspective*. Ph.D. dissertation, City University of New York, New York.

Gómez, A. 1969. El Cosmos, religión y creencias de los indios Cuna. Boletín de Antropología 3:55–98.

GORESAM (Gobierno Regional de San Martín). 2007. *Plan Maestro 2007–2011 del Área de Conservación Regional Cordillera Escalera*. GORESAM, Juanjuí.

Gow, P. 1991. *Of mixed blood: Kinship and history in Peruvian Amazonia*. Oxford University Press, New York.

Grant, T., D. R. Frost, J. P. Caldwell, R. Gagliardo, C. F. B. Haddad, P. J. R. Kok, D. B. Means, B. P. Noonan, W. E. Schargel, and W. C. Wheeler. 2006. Phylogenetic systematics of dart-poison frogs and their relatives (Amphibia: Athesphatanura: Dendrobatidae). Bulletin of the American Museum of Natural History 299:1–262.

Graves, G. R. 1988. Linearity of geographic range and its possible effect on the population structure of Andean birds. The Auk 105:47–52.

Groves, C. P. 2001. *Primate taxonomy*. Smithsonian Institution Press, Washington, D.C.

Gutscher, M. A., J. L. Olivet, D. Aslanian, J. P. Eissen, and R. Maury. 1999. The "Lost Inca Plateau": Cause of flat subduction beneath Peru? Earth and Planetary Science Letters 171:335–341.

Harner, M. 1972. *The Jivaro: People of the sacred waterfalls*. Anchor Books, New York.

Harvey, M. B., and D. Embert. 2009. Review of Bolivian *Dipsas* (Serpentes: Colubridae), with comments on other South American species. Herpetological Monographs 22(1):54–105.

Harvey, M. G., B. M. Winger, G. F. Seeholzer, and D. Caceras A. 2011. Avifauna of the Gran Pajonal and southern Cerros del Sira. Wilson Journal of Ornithology 123:289–315.

Hedges, S. B., W. E. Duellman, and M. P. Heinicke. 2008. New World direct-developing frogs (Anura: Terrarana): Molecular phylogeny, classification, biogeography, and conservation. Zootaxa 1737:1–182.

Henderson, A., and I. Villalba. 2013. A revision of *Welfia* (Arecaceae). Phytotaxa 119(1):33–44.

Hern, M. 1977. High fertility in a Peruvian Amazon Indian village. Human Ecology 5:355–368.

Hern, M. 1992. Shipibo polygyny and patrilocality. American Ethnologist 119:501–521.

Hidalgo, M. 2011. *Peces de las cuencas de los ríos Santiago y Morona*. Rapid Color Guide 336. The Field Museum, Chicago. Disponible en *http://idtools.fieldmuseum.org/guides*.

Hidalgo, M. H., y/and R. Quispe. 2004. Peces/Fishes. Pp. 84–92 y/and 192–198 en/in C. Vriesendorp, L. Rivera C., D. Moskovits y/and J. Shopland, eds. *Perú: Megantoni*. Rapid Biological Inventories Report 15. The Field Museum, Chicago.

Hidalgo, M. H., y/and M. Velásquez. 2006. Peces/Fishes. Pp. 74–83 y/and 184–191 en/in C. Vriesendorp, N. Pitman, J. I. Rojas, B. A. Pawlak, L. Rivera C., L. Calixto, M. Vela C. y/and P. Fasabi R., eds. *Perú: Matsés*. Rapid Biological Inventories Report 16. The Field Museum, Chicago.

Hidalgo, M., y/and P. W. Willink. 2007. Peces/Fishes. Pp. 56–67 y/and 125–130 en/in C. Vriesendorp, J. A. Álvarez, N. Barbagelata, W. S. Alverson y/and D. Moskovits, eds. *Perú: Nanay-Mazán-Arabela*. Rapid Biological Inventories Report 18. The Field Museum, Chicago.

Hijmans, R. J., S. E. Cameron, J. L. Parra, P. G. Jones, and A. Jarvis. 2005. Very high resolution interpolated climate surfaces for global land areas. International Journal of Climatology 25:1965–1978.

Homan, J. 2011. *Charlatans, seekers, and shamans: The ayahuasca boom in western Peruvian Amazonia*. Master's thesis, University of Kansas.

Hood, C. S., and J. K. Jones, Jr. 1984. *Noctilio leporinus*. Mammalian Species 216:1–7.

Hoogesteijn, R., and A. Hoogesteijn. 2008. Conflicts between cattle ranching and large predators in Venezuela: Could use of water buffalo facilitate felid conservation? Oryx 42:132–138.

Hsieh T. C., K. H. Ma, and A. Chao. 2013. iNEXT online: Interpolation and extrapolation (Version 1.0). Available online at *http://chao.stat.nthu.edu.tw/blog/softwaredownload/*.

Huber, O. 1995. Geography and physical features. Pp. 1–61 in P. E. Berry, B. K. Holst, and K. Yatskievych, eds. *Flora of the Venezuelan Guayana. Volume 1: Introduction*. Missouri Botanical Garden, St. Louis.

Huertas, B. 2004. *Indigenous peoples in isolation in the Peruvian Amazon: Their struggle for survival and freedom*. IWGIA Document No. 100. IWGIA, Copenhagen.

Huertas, B. 2007. *Kampua nupanempua yaiwirute: Nuestro territorio Kampu Piyawi*. Terra Nuova, Lima.

Huertas, B., y M. Chanchari. 2011. *Agua, cultura y territorialidad en el pueblo Shawi del río Sillay*. Perúcuadros EIRL, Lima.

Huertas, B., y M. Chanchari. 2012. *Mitos Shawi sobre el agua*. Perúcuadros EIRL, Lima.

INEI (Instituto Nacional de Estadística e Información). 2007. *II censo de comunidades indígenas de la Amazonia*. INEI, Lima.

Ingram, R. L. 1954. Terminology for the thickness of stratification and cross-stratification in sedimentary rocks. Geological Society of America Bulletin 65:937–938.

INRENA. 2004. *Expediente técnico de creación del Área de Conservación Regional Cordillera Escalera*. Instituto Nacional de Recursos Naturales, Lima.

IUCN (International Union for the Conservation of Nature). 2013 and 2014. *IUCN Red List of Threatened Species*. International Union for the Conservation of Nature, Gland. Available online at *http://www.iucnredlist.org*.

Jiménez, M. 1895. La jornada del Capitán Alonso Mercadillo a los Indios Chupachos é Iscaicingas. Boletín de la Real Sociedad Geográfica 37:197–236.

Jiménez, C. F., V. Pacheco, and D. Vivas. 2013. An introduction to the systematics of *Akodon orophilus* Osgood, 1913 (Rodentia: Cricetidae) with the description of a new species. Zootaxa 3669:223–242.

Johnson, A. 2003. *Families of the forest: The Matsigenka Indians of the Peruvian Amazon*. University of California Press, Berkeley.

Jordán, C. 2006. *Proyecto de evaluación arqueológica en el área del Convenio N° 009–2004-FIP, entre el Fondo Ítalo Peruano y la Municipalidad de Balsapuerto, departamento de Loreto, del proyecto de mejoramiento de ganado de doble propósito en el Distrito de Balsapuerto*. Informe final presentado al Instituto Nacional de Cultura, Lima.

Jorge, M. L. S. P., y/and P. M. Velazco. 2006. Mamíferos/Mammals. Pp 196–204 y/and 274–284 en/in C. Vriesendorp, T. S. Schulenberg, W. S. Alverson, D. K. Moskovits y/and J.-I. Rojas Moscoso, eds. *Perú: Sierra del Divisor*. Rapid Biological and Social Inventories Report 17. The Field Museum, Chicago.

Josse, C., G. Navarro, F. Encarnación, A. Tovar, P. Comer, W. Ferreira, F. Rodríguez, J. Saito, J. Sanjurjo, J. Dyson, E. Rubin de Celis, R. Zárate, J. Chang, M. Ahuite, C. Vargas, F. Paredes, W. Castro, J. Maco y F. Reátegui. 2007. *Sistemas ecológicos de la cuenca amazónica de Perú y Bolivia: Clasificación y mapeo*. NatureServe, Arlington.

Kohn, E. 2013. *How forests think: Toward an anthropology beyond the human*. University of California Press, Berkeley.

Kosch, T., V. Morales, and K. Summers. 2012. *Batrachochytrium dendrobatidis* in Peru. Herpetological Review 43(2):150–159.

Kunz, T. H., E. B. de Torrez, D. Bauer, T. Lobova, and T. H. Fleming. 2011. Ecosystem services provided by bats. Annals of the New York Academy of Sciences 1223:1–38.

Lane, D. F., T. Pequeño y/and J. Flores V. 2003. Aves/Birds. Pp. 67–73 y/and 150–156 en/in N. Pitman, C. Vriesendorp y/and D. Moskovits, eds. *Perú: Yavarí*. Rapid Biological Inventories Report 11. The Field Museum, Chicago.

Lane, D. F., y/and T. Pequeño. 2004. Aves/Birds. Pp. 99–110 y/and 204–214 en/in C. Vriesendorp, L. Rivera Chávez, D. Moskovits y/and J. Shopland, eds. *Perú: Megantoni*. Rapid Biological Inventories Report 15. The Field Museum, Chicago.

La Serna, M. 2008. *The corner of the living: Local power relations and indigenous perceptions in Ayacucho, Peru, 1940–1983*. Ph.D. dissertation, University of California, San Diego.

Legast, A. 1987. *El animal en el mundo mítico Tairona*. Fundación de Investigaciones Arqueológicas Nacionales del Banco de La República, Bogotá.

Leite Pitman, R. 2012. *Mamíferos grandes de Loreto, Perú*. Rapid Color Guide 287, v. 2. The Field Museum, Chicago. Disponible en *http://idtools.fieldmuseum.org/guides*.

Leo Luna, M. 1980. First field study of the yellow-tailed woolly monkey. Oryx 15:386–389.

Leo Luna, M. 1982. Estudio preliminar sobre la biología y ecología del mono choro de cola amarilla *Lagothrix flavicauda* (Humboldt 1812). Thesis, Universidad Nacional Agraria La Molina, Lima.

Leo Luna, M. 1987. Primate conservation in Peru: A case study of the yellow-tailed woolly monkey. Primate Conservation 8:122–123.

Leo Luna, M. 1995. The importance of tropical montane cloud forest for preserving vertebrate endemism in Peru: The Río Abiseo National Park as a case study. Pp. 198–211 in L. S. Hamilton, J. O. Juvik, and F. N. Scatena, eds. *Tropical montane cloud forests*. Ecological Studies 110. Springer Verlag, New York.

Leo Luna, M., and A. L. Gardner. 1993. A new species of giant *Thomasomys* (Mammalia: Muridae: Sigmodontinae) from the Andes of northcentral Peru. Proceedings of the Biological Society of Washington 106:417–428.

León, B., J. Roque, C. Ulloa Ulloa, N. Pitman, P. M. Jørgensen y A. Cano, eds. 2006. *Libro rojo de las plantas endémicas del Perú*. Revista Peruana de Biología 13(2):1–976.

Lindell, L., M. Åström, and T. Öberg. 2010. Land-use versus natural controls on soil fertility in the Subandean Amazon, Peru. Science of the Total Environment 408:965–975.

Lötters, S., K.-H. Jungfer, F. W. Henkel, and W. Schmidt. 2007. Poison frogs: *Biology, species, and captive maintenance*. Edition Chimaira, Frankfurt am Main.

Lucena, M. 1970. Informe preliminar sobre la religión de los Ijca. Revista Colombiana de Antropología 14:223–260.

Lujan, N. K., K. A. Roach, D. Jacobsen, K. O. Winemiller, V. Meza Vargas, V. Rimarachín Ching, and J. Arana Maestre. 2013. Aquatic community structure across an Andes-to-Amazon fluvial gradient. Journal of Biogeography 40(9):1715–1728.

Maldonado-Ocampo, J. A., R. Quispe y/and M. H. Hidalgo. 2012. Peces/Fishes. Pp. 98–107 y/and 243–251 en/in N. Pitman, E. Ruelas Inzunza, C. Vriesendorp, D. F. Stotz, T. Wachter, A. del Campo, D. Alvira, B. Rodríguez Grández, R. C. Smith, A. R. Sáenz Rodríguez y/and P. Soria Ruiz, eds. *Perú: Ere-Campuya-Algodón*. Rapid Biological Inventories Report 25. The Field Museum, Chicago.

Mandl, N., M. Lehnert, S. R. Gradstein, M. Kessler, M. Abiy, and M. Richter. 2008. The unique *Purdiaea nutans* forest of southern Ecuador: Abiotic characteristics and cryptogamic diversity. Pp. 275–280 in E. Beck, J. Bendix, I. Kottke, F. Makeschin, and R. Mosandl, eds. *Gradients in a tropical mountain ecosystem of Ecuador*. Ecological Studies 198. Springer, Berlin.

Mantilla-Meluk, H. 2013. Subspecific variation: An alternative biogeographic hypothesis explaining variation in coat color and cranial morphology in *Lagothrix lugens* (Primates: Atelidae). Primate Conservation 26:33–48.

Maroni, P. 1988. *Noticias auténticas del famoso río Marañón y misión apostólica de la Compañía de Jesús de la provincia de Quito en los dilatados bosques de dicho río, escríbalas por los años 1738*. Instituto de Investigaciones de la Amazonía Peruana, Iquitos.

Martínez, A., V. Villarroel, J. Puig-Junoy, J. Seoane, and F. Pozo. 2007. An economic analysis of the EHAS telemedicine system in Alto Amazonas. Journal of Telemedicine and Telecare 13:7–14.

McGrath, D. A., C. K. Smith, H. L. Gholz, and F. D. Oliveira. 2001. Effects of land-use change on soil nutrient dynamics in Amazonia. Ecosystems 4:625–645.

Metraux, A. 1940. Los Indios Manáo. Pp. 235–244 en *Anales del Instituto de Etnografía Americana, Tomo I*. Universidad Nacional de Cuyo, Mendoza.

MINAG (Ministerio de Agricultura del Perú). 2004. Aprueban categorización de especies amenazadas de fauna silvestre y prohíben su caza, captura, tenencia, transporte o exportación con fines comerciales. Decreto Supremo No. 034-2004-AG. MINAG. Diario Oficial El Peruano, Lima.

MINAG (Ministerio de Agricultura del Perú). 2006. Aprueban categorización de especies amenazadas de flora silvestre. Decreto Supremo No. 043-2006-AG. MINAG. Diario Oficial El Peruano, Lima.

Morcote, G., y F. Aceituno. 2013. *Recolectores del Holoceno temprano en la floresta amazónica colombiana*. Presented at the III Encuentro Internacional de Arqueología Amazónica, Quito.

Munsell Color Company. 1954. *Soil color charts*. Munsell Color Company, Baltimore.

Navarro, L., P. Baby, and R. Bolaños. 2005. Structural style and hydrocarbon potential of the Santiago Basin. Technical paper for the International Seminar V IngEPET (EXPR-3-Ln-09). IngEPET, Lima.

Neill, D. A. 2007. *Botanical exploration of the Cordillera del Cóndor.* Unpublished report for the National Science foundation. Available online at *http://www.mobot.org/MOBOT/Research/ecuador/cordillera/welcome.shtml.*

Neill, D. A. 2009. *Parkia nana* (Leguminosae, Mimosoideae), a new species from the sub-Andean sandstone cordilleras of Peru. Novon 19:204–208.

Neill, D., I. Huamantupa, C. Kajekai y/and N. Pitman. 2012. Vegetación y flora/Vegetation and flora. Pp. 87–96 y/and 242–250 en/in N. Pitman, E. Ruelas I., D. Alvira, C. Vriesendorp, D. K. Moskovits, Á. del Campo, T. Wachter, D. F. Stotz, S. Noningo S., E. Tuesta C. y/and R. C. Smith, eds. *Perú: Cerros de Kampankis.* Rapid Biological and Social Inventories Report 24. The Field Museum, Chicago.

Nowak, R. 1999. Woolly monkeys. Pp. 538–540 in R. Nowak, ed. *Walker's mammals of the world*, Sixth edition. John Hopkins University Press, Baltimore.

Orefici, G. 2013. Ocupación humana, fases culturales y expresión iconográfica de los petroglifos del área de Balsapuerto y Yurimaguas. Pp. 163–170 en R. Bustamante, A. Lozano, G. Navarro, G. Orefici y S. Rivas, eds. *Lo que las piedras cuentan: Cumpanamá y los petroglifos de Balsapuerto.* Terra Nuova, Lima.

Orefici, G., y S. Rivas. 2013. Los petroglifos de Cumpanamá: Un estudio de dieciséis sitios arqueológicos relacionados del área de Balsapuerto, Yurimaguas y Tarapoto. Pp. 89–162 en R. Bustamante, A. Lozano, G. Navarro, G. Orefici y S. Rivas, eds. *Lo que las piedras cuentan: Cumpanamá y los petroglifos de Balsapuerto.* Terra Nuova, Lima.

Ortega, H. 1992. Biogeografía de los peces neotropicales de aguas continentales del Perú. Pp. 39–45 en K. R. Young y N. Valencia, eds. *Biogeografía, ecología y conservación del bosque montano en el Perú.* Memorias Museo de Historia Natural, U.N.M.S.M. 21.

Ortega, H., and F. Chang. 1997. Ichthyofauna of the Cordillera del Condor. Pp. 88–89 and 210–211 in T. S. Schulenberg and K. Awbrey, eds. *The Cordillera del Cóndor region of Ecuador and Peru: A biological assessment.* RAP Working Papers 7. Conservation International, Washington, D. C.

Ortega, H., M. Hidalgo, E. Correa, J. Espino, L. Chocano, G. Trevejo, V. Meza, A. M. Cortijo y R. Quispe. 2011. *Lista anotada de los peces de aguas continentales del Perú: Estado actual del conocimiento, distribución, usos y aspectos de conservación.* Ministerio del Ambiente, Dirección General de Diversidad y Museo de Historia Natural, Universidad Nacional Mayor de San Marcos, Lima.

Pacheco, V., y/and L. Arias. 2001. Mamíferos/Mammals. Pp. 155–158 y/and 226–227 en/in W. S. Alverson, L. O. Rodríguez y/and D. K. Moskovits, eds. *Perú: Biabo Cordillera Azul.* Rapid Biological Inventories 2. The Field Museum, Chicago.

Pacheco, V., R. Cadenillas, E. Salas, C. Tello y H. Zeballos. 2009. Diversidad de los mamíferos del Perú. Revista Peruana de Biología 16:5–32.

Palacios, W. A. 2012. Cuatro especies nuevas de árboles del Ecuador. Caldasia 34(1):75–85.

Pardo-Casas, F., and P. Molnar. 1987. Relative motion of the Nazca (Farallon) and South American Plates since Late Cretaceous time. Tectonics 6:233–248.

Parker, T. A., III, and S. A. Parker. 1980. Rediscovery of *Xenerpestes singularis*. Auk 97:203–205.

Parker, T. A., III, and S. A. Parker. 1982. Behavioural and distributional notes on some unusual birds of a lower montane cloud forest in Peru. Bulletin of the British Ornithologists' Club 102:63–70.

Patterson, B. D., S. M. Kasiki, E. Selempo, and R. W. Kays. 2004. Livestock predation by lions (*Panthera leo*) and other carnivores on ranches neighboring Tsavo National Park, Kenya. Biological Conservation 119:507–516.

Patterson, B. D., S. Solari, and P. M. Velazco. 2012. The role of the Andes in the diversification and biogeography of Neotropical mammals. Pp. 351–378 in B. D. Patterson and L. P. Costa, eds. *Bones, clones, and biomes: The history and geography of recent Neotropical mammals.* University of Chicago Press, Chicago.

Patterson, B. D., D. F. Stotz, S. Solari, J. W. Fitzpatrick, and V. Pacheco. 1998. Contrasting patterns of elevational zonation for birds and mammals in the Andes of southeastern Peru. Journal of Biogeography 25:593–607.

Patterson, B. D., D. F. Stotz, and S. Solari. 2006. Mammals and birds of the Manu Biosphere Reserve, Peru. Fieldiana: Zoology, new series 110:1–49.

Patterson, B. D., M. R. Willig, and R. D. Stevens. 2003. Trophic strategies, niche partitioning, and patterns of ecological organization. Pp. 536–579 in T. H. Kunz and M. B. Fenton, eds. *Bat ecology.* University of Chicago Press, Chicago.

Patton, J. L., B. Berlin, and E. A. Berlin. 1982. Aboriginal perspectives of a mammal community in Amazonian Peru: Knowledge and utilization patterns among the Aguaruna Jívaro. Pp. 111–128 in M. A. Mares and H. H. Genoways, eds. *Mammalian biology in South America.* Pymatuning Laboratory of Ecology, Linesville.

Perruchon, M. 2003. *I am Tsunki: Gender and shamanism among the Shuar of western Amazonia.* Uppsala Studies in Cultural Anthropology 33. Acta Universitatis Upsaliensis, Uppsala.

Perupetro. 2012. Hydrocarbon blocks and seismic campaign. 1:2,000,000. Perupetro, Lima. Available online at *http://www.perupetro.com.pe/wps/wcm/connect/perupetro/site-en/importantinformation/block+maps/Block Maps.*

Perupetro. 2013. *Contract blocks map, sedimentary basins, and natural protected areas.* 1:2,000,000. Perupetro, Lima.

Pía, M. 1987. *La mujer chayahuita—un destino de marginación? Análisis de la condición femenina en una sociedad indígena de la Amazonia.* Fundación Friedrich Ebert, Lima.

Pitman, N. C. A., G. Gagliardi U., and C. Jenkins. 2013. *La biodiversidad de Loreto, Perú: El conocimiento actual de la diversidad de plantas y vertebrados terrestres.* Center for International Environmental Law (CIEL), Washington, D.C., USA.

Pitman, N., E. Ruelas I., D. Alvira, C. Vriesendorp, D. K. Moskovits, Á. del Campo, T. Wachter, D. F. Stotz, S. Noningo S., E. Tuesta C. y/and R. C. Smith, eds. 2012. *Perú: Cerros de Kampankis.* Rapid Biological and Social Inventories Report 24. The Field Museum, Chicago.

Pitman, N. C. A., J. W. Terborgh, M. R. Silman, P. Núñez, D. A. Neill, C. E Cerón, W. A. Palacios, and M. Aulestia. 2001. Dominance and distribution of tree species in upper Amazonian terra firme forests. Ecology 82(8):2101–2117.

Pitman, N., C. Vriesendorp, D. K. Moskovits, R. von May, D. Alvira, T. Wachter, D. F. Stotz y/and Á. del Campo, eds. 2011. *Perú: Yaguas-Cotuhé.* Rapid Biological and Social Inventories Report 23. The Field Museum, Chicago.

Polisar, J., I. Maxit, D. Scognamillo, L. Farrell., M. E. Sunquist, and J. F. Eisenberg. 2003. Jaguars, pumas, their prey base, and cattle ranching: Ecological interpretations of a management problem. Biological Conservation 109:297–310.

Porta Casanellas, J., y M. López-Acevedo Reguerín. 2005. *Agenda de campo de suelos: Información de suelos para la agricultura y el medio ambiente.* Mundi-Prensa, Madrid.

Presley, S. J., L. M. Cisneros, B. D. Patterson, and M. R. Willig. 2012. Vertebrate meta-community structure along an extensive elevational gradient in the tropics: A comparison of bats, rodents, and birds. Global Ecology and Biogeography 21:968–976.

Puhakka, M., R. Kalliola, J. Salo y M. Rajasilta. 1993. La sucesión forestal que sigue a la migración de ríos en la selva baja peruana. Pp. 167–201 en R. Kalliola, M. Puhakka y W. Danjoy, eds. *Amazonía peruana: vegetación húmeda tropical en el llano subandino.* ONERN y Proyecto Amazonía, Universidad de Turku, Jyväskylä.

Quiroz, M. 2003. *Un instrumento, un mundo: Trampas de caza de los pueblos indígenas amazónicos.* Programa de Formación de Maestros Bilingües de la Amazonía Peruana, Iquitos.

Rakhit Petroleum Consulting Ltd. 2002. *Marañón Basin petroleum hydrogeology study: Report for PARSEP, PeruPetro, and Canadian Petroleum Institute.* PeruPetro, Lima.

Reeve, M. 1993. Regional interaction in the western Amazon: The early colonial encounter and the Jesuit years: 1538–1767. Ethnohistory 41:106–138.

Reichel-Dolmatoff, G. 1960. Notas etnográficas sobre los Indios del Chocó. Revista Colombiana de Antropología 9:75–158.

Reis, R. E., S. O. Kullander, and C. J. Ferraris. 2003. *Checklist of the freshwater fishes of Central and South America.* EDIPUCRS, Porto Alegre.

Reynolds, R., and J. Icochea. 1997. Amphibians and reptiles of the upper Río Comainas, Cordillera del Condor. Pp. 82–86 in T. Schulenberg and K. Awbrey, eds. *The Cordillera del Condor region of Ecuador and Peru: A Biological Assessment.* RAP Working Papers 7. Conservation International, Washington, D.C.

Rhea, S., G. Hayes, A. Villaseñor, K. P. Furlong, A. C. Tarr, and H. M. Benz. 2010. *Seismicity of the earth 1900–2007, Nazca Plate and South America. 1:12,000.* Open File Report 2010–1083-E, U. S. Geological Survey.

Rivas, S. 1999. *Investigaciones arqueológicas en el Distrito de Balsapuerto: El enigma de los petroglifos de Balsapuerto.* Informe presentado a la Municipalidad Distrital de Balsapuerto-Loreto. Lima.

Rivas, S. 2000a. *Identificación y desciframiento de los petroglifos de Balsapuerto: Una aproximación desde la perspectiva Chayahuita.* Informe presentado a la Municipalidad Distrital de Balsapuerto-Loreto. Lima.

Rivas, S. 2000b. Cumpanamá dios de los Chayahuitas. Las doce rocas petroglifos de Balsapuerto. Revista El Manguaré 43:16–18.

Rivas, S. 2001. *Prospección arqueológica en la cuenca del Río Cachiyacu, Balsapuerto-Loreto.* Informe presentado al Instituto Nacional de Cultura, Lima.

Rivas, S. 2002. *La desertificación natural del bosque de las cuencas del Cachiyacu y Armanayacu (Perú): Una mirada al medioambiente amazónico desde la perspectiva arqueológica.* Informe no publicado preparado para la Universidad Nacional Mayor de San Marcos, Lima.

Rivas, S. 2003. *Los asentamientos prehispánicos de la cuenca del río Cachiyacu, Amazonía peruana.* Instituto Cultural RVNA, Lima.

Rivas, S. 2005. Textilería de la etnia Chayahuita: Una aproximación etnográfica de la elaboración de la pampanilla. Unay Runa 7:241–254.

Rivas, S. 2011a. *INFORME N° 059-2011/AA/MC-DRC-L/SRP, del miércoles 25 de mayo de 2011.* Informe presentado a la Dirección Regional de Cultura de Loreto del Ministerio de Cultura, Iquitos.

Rivas, S. 2011b. *INFORME N° 075-2011/AA/MC-DRC-L/SRP, del lunes 28 de noviembre de 2011.* Informe presentado a la Dirección Regional de Cultura de Loreto del Ministerio de Cultura, Iquitos.

Rivas, S. 2013a. Aproximación socio cultural y ambiental en base a la interpretación de los petroglifos de la cuenca del Armanayacu, tributario del río Paranapura. Ponencia presentada en el III Encuentro Internacional de Arqueología Amazónica, del 8 al 14 de setiembre de 2013, Quito.

Rivas, S. 2013b. Aproximación socio cultural y ambiental en base a la interpretación de los petroglifos de la cuenca del Armanayacu, tributario del río Paranapura. Pp. 53–88 en R. Bustamante, A. Lozano, G. Navarro, G. Orefici y S. Rivas, eds. *Lo que las piedras cuentan: Cumpanamá y los petroglifos de Balsapuerto.* Terra Nuova, Lima.

Robbins, M. B., R. S. Ridgely, T. S. Schulenberg, and F. B. Gill. 1987. The avifauna of the Cordillera de Cutucú, Ecuador, with comparisons to other Andean localities. Proceedings of the Academy of Natural Sciences of Philadelphia 139:243–259.

Roddaz, M., W. Hermoza, A. Mora, P. Baby, M. Parra, F. Christophoul, S. Brusset, and N. Espurt. 2010. Cenozoic sedimentary evolution of the Amazonian foreland basin system. Pp. 61–88 in C. Hoorn and F. P. Wesselingh, eds. *Amazonia, landscape and species evolution: A look into the past.* Wiley-Blackwell, West Sussex.

Rodríguez, L. O., J. Pérez Z. y/and H. B. Shaffer. 2001. Anfibios y reptiles/Amphibians and reptiles. Pp. 69–75 y/and 141–146 en/in W. S. Alverson, L. O. Rodríguez y/and D. K. Moskovits, eds. *Perú: Biabo Cordillera Azul.* Rapid Biological Inventories Report 2. The Field Museum, Chicago.

Rodríguez, A., y A. Chalco. 1975. Cuenca Huallaga, reseña geológica y posibilidades petrolíferas. Boletín de la Sociedad Geológica del Perú 45:187–212.

Rogalski, F. S. (ed.). 2005. *Territorio Indígena Wampis-Awajún "Cerro de Kampankis:"* Informe técnico. Asociación Interétnica de Desarrollo de la Selva Peruana (AIDESEP) y Centro de Información y Planificación Territorial AIDESEP (CIPTA), Iquitos.

Ron, S. R., P. J. Venegas, E. Toral, M. Read, D. A. Ortiz, and A. L. Manzano. 2012. Systematics of the *Osteocephalus buckleyi* species complex (Anura, Hylidae) from Ecuador and Peru. ZooKeys 229:1–52.

Rosenbaum, G., D. Giles, M. Saxon, P. G. Betts, R. F. Weinberg, and C. Duboz. 2005. Subduction of the Nazca Ridge and the Inca Plateau: Insights into the formation of ore deposits in Peru. Earth and Planetary Science Letters 239:18–32.

Rosenberger, A. L., and L. J. Matthews. 2008. *Oreonax*—not a genus. Neotropical Primates 15:8–12.

Rostworowski, M. 1984. El baile en los ritos agrarios andinos (Sierra Nor-Central, Siglo XVII). Separata de la Revista Historia y Cultura 17:51–60.

Ruelas Inzunza, E., R. Zepilli T. y/and D. F. Stotz. 2012. Aves/Birds. Pp. 117–126 y/and 273–282 en/in N. Pitman, E. Ruelas I., D. Alvira, C. Vriesendorp, D. K. Moskovits, Á. del Campo, T. Wachter, D. F. Stotz, S. Noningo S., E. Tuesta C. y/and R. C. Smith, eds. *Perú: Cerros de Kampankis.* Rapid Biological and Social Inventories Report 24. The Field Museum, Chicago.

Rumrill, R. 2010. *El chullachaqui, dios ecológico del bosque amazónico, relatos y cuentos.* Ministerio de Educación, Lima.

Rydén, S. 1962. Salt trading in the Amazon Basin: Conclusions suggested by the distribution of Guarani terms for salt. Anthropos (Freiburg) 57:644–653.

Sánchez Y., J., D. Álvarez C., A. Lagos M. y N. Huamán. 1997. *Geología de los cuadrángulos de Balsapuerto y Yurimaguas.* Hojas 12-j y 12-k por la Universidad Nacional Mayor de San Marcos. Boletín N° 103, Serie A: Carta Geológica Nacional. Instituto Geológico Minero y Metalúrgico. Lima.

Santos, F., y F. Barclay. 2007. Introducción. Pp. xxvii–xxxvii en F. Santos y F. Barclay, eds. *Guía etnográfica de la Alta Amazonía, Volumen VI: Achuar, Candoshi.* Smithsonian Tropical Research Institute e Instituto Francés de Estudios Andinos, Lima.

Schaefer, S. A., and J. Arroyave. 2010. Rivers as islands: Determinants of the distribution of Andean astroblepid catfishes. Journal of Fish Biology 77(10):2373–2390.

Schaefer, S, P. Chakrabarty, A. Gevena, and M. Sabaj. 2011. Nucleotide sequence data confirm diagnosis and local endemism of variable morphospecies of Andean astroblepid catfishes (Siluriformes: Astroblepidae). Zoological Journal of the Linnean Society 162:90–102.

Schulenberg, T. S. 2002. Aves/Birds. Pp. 68–76 y/and 141–148 en/in N. Pitman, D. K. Moskovits, W. S. Alverson y/and R. Borman A., eds. *Ecuador: Serranías Cofán- Bermejo, Sinangoe.* Rapid Biological Inventories Report 3. The Field Museum, Chicago.

Schulenberg, T. S., C. Albújar y/and J.-I. Rojas Moscoso. 2006. Aves/Birds. Pp. 86–98 y/and 185–196 en/in C. Vriesendorp, T. S. Schulenberg, W. S. Alverson, D. K. Moskovits y/and J.-I. Rojas Moscoso, eds. *Perú: Sierra del Divisor.* Rapid Biological Inventories Report 17. The Field Museum, Chicago.

Schulenberg, T. S., and K. Awbrey, eds. 1997. The Cordillera del Cóndor region of Ecuador and Peru: A biological assessment. Conservation International, RAP Working Papers 7:1–231.

Schulenberg, T. S., J. P. O'Neill, D. F. Lane, T. Valqui y/and C. Albújar. 2001. Aves/Birds. Pp. 75–84 y/and 146–155 en/in W. S. Alverson, L. O. Rodríguez y/and D. K. Moskovits, eds. *Perú: Biabo-Cordillera Azul.* Rapid Biological Inventories Report 2. The Field Museum, Chicago.

Schulenberg, T. S., D. F. Stotz, D. F. Lane, J. P. O'Neill, and T. A. Parker, III. 2010. *Birds of Peru.* Revised and updated edition. Princeton University Press, Princeton.

Schulte, R. 1986. Eine neue Dendrobates-Art aus Ost-peru (Amphibia: Salientia: Dendrobatidae). Sauria 8:11–20.

Schulte, R. 1999. *Pfeilgiftfrösche. «Artenteil—Peru».* Karl Hauck, Waiblingen.

Schweinfurth, C. 1958. Orchids of Peru. Fieldiana: Botany 30(1):1–531.

Scott, N. J., Jr. 1994. Complete species inventory. Pp. 78–84 in W. R. Heyer, M. A. Donnelly, R. W. McDiarmid, L. C. Hayek, and M. S. Foster, eds. *Measuring and monitoring biological diversity: Standard methods for amphibians.* Smithsonian Institution Press, Washington, D.C.

Secco, R. S. 2004. Alchorneae (Euphorbiaceae): *Alchornea, Aparisthmium* e *Conceveiba.* Flora Neotropica 93:1–194.

SERNANP (Servicio Nacional de Áreas Naturales Protegidas por el Estado). 2009. *Plan director de las áreas naturales protegidas (Estrategia nacional).* SERNANP, Ministerio del Ambiente, Lima.

Shanee, S. 2011. Distribution survey and threat assessment of the Yellow-tailed Woolly Monkey (*Oreonax flavicauda*; Humboldt, 1812), northeastern Peru. International Journal of Primatology 32:691–707.

Shanee, N. 2012. Trends in local wildlife hunting, trade and control in the Tropical Andes Biodiversity Hotspot, northeastern Peru. Endangered Species Research 19:177–186.

Shanee, S., N. Shanee, and A. M. Maldonado. 2008. Distribution and conservation status of the yellow-tailed woolly monkey (*Oreonax flavicauda*, [Humboldt 1812]) in Amazonas and San Martín, Peru. Neotropical Primates 14:115–119.

Shanee, S., and N. Shanee. 2011. Population density estimates of the critically endangered Yellow-tailed woolly monkeys (*Oreonax flavicauda*) at La Esperanza, northeastern Peru. International Journal of Primatology 32:878–888.

Solari, S., P. M. Velazco, and B. D. Patterson. 2012. Hierarchical organization of Neotropical mammal diversity and its historical basis. Pp. 145–156 in B. D. Patterson and L. P. Costa, eds. *Bones, clones, and biomes: The history and geography of recent Neotropical mammals.* University of Chicago Press, Chicago.

Spruce, R. 1908. *Notes of a botanist on the Amazon and Andes.* Vol. 2. MacMillan and Co., London.

Stallard, R. F. 1985. River chemistry, geology, geomorphology, and soils in the Amazon and Orinoco basins. Pp. 293–316 in J. I. Drever, ed. *The chemistry of weathering.* NATO ASI Series C: Mathematical and Physical Sciences 149, D. Reidel Publishing Co., Dordrecht.

Stallard, R. F. 1988. Weathering and erosion in the humid tropics. Pp. 225–246 in A. Lerman and M. Meybeck, eds. *Physical and chemical weathering in geochemical cycles.* NATO ASI Series C: Mathematical and Physical Sciences 251, Kluwer Academic Publishers, Dordrecht.

Stallard, R. F. 2005a. Procesos del paisaje: Geología, hidrología y suelos/Landscape processes: Geology, hydrology, and soils. Pp. 57–63 y/and 168–174 en/in C. Vriesendorp, N. Pitman, J. I. Rojas Moscoso, L. Rivera Chávez, L. Calixto Méndez, M. Vela Collantes y/and P. Fasabi Rimachi, eds. *Perú: Matsés.* Rapid Biological Inventories Report 16. The Field Museum, Chicago.

Stallard, R. F. 2005b. Historia geológica de la región media del Yavarí y edad de la tierra firme/Geologic history of the middle Yavarí region and the age of the tierra firme. Pp. 230–233 y/and 234–237 en/in C. Vriesendorp, N. Pitman, J. I. Rojas Moscoso, L. Rivera Chávez, L. Calixto Méndez, M. Vela Collantes y/and P. Fasabi Rimachi, eds. *Perú: Matsés.* Rapid Biological Inventories Report 16. The Field Museum, Chicago.

Stallard, R. F. 2006. Geología e hidrología/Geology and hydrology. Pp. 58–61 y/and 160–163 en/in C. Vriesendorp, T. S. Schulenberg, D. K. Moskovits y/and J.-I. Rojas Moscoso, eds. *Perú: Sierra del Divisor.* Rapid Biological Inventories Report 17. The Field Museum, Chicago.

Stallard, R. F. 2007. Geología, hidrología y suelos/Geology, hydrology, and soils. Pp. 44–50 y/and 114–119 en/in C. Vriesendorp, J. A. Álvarez, N. Barbagelata, W. S. Alverson y/and D. K. Moskovits, eds. *Perú: Nanay-Mazán-Arabela.* Rapid Biological Inventories Report 17. The Field Museum, Chicago.

Stallard, R. F. 2011. Procesos paisajísticos: Geología, hidrología y suelos/Landscape processes: Geology, hydrology, and soils. Pp. 72–86 y/and 199–210 en/in N. Pitman, C. Vriesendorp, D. K. Moskovits, R. von May, D. Alvira, T. Wachter, D. F. Stotz y/and Á. del Campo, eds. *Perú: Yaguas-Cotuhé.* Rapid Biological and Social Inventories Report 23. The Field Museum, Chicago.

Stallard, R. F. 2012. Weathering, landscape equilibrium, and carbon in four watersheds in eastern Puerto Rico. Pp. 199–248 in S. F. Murphy and R. F. Stallard, eds. *Water quality and landscape processes of four watersheds in eastern Puerto Rico.* Professional Paper 1789-H, U. S. Geological Survey.

Stallard, R. F. 2013. Geología, hidrología y suelos/Geology, hydrology, and soils. Pp.74–85 y/and 221–231 en/in N. Pitman, E. Ruelas Inzunza, C. Vriesendorp, D. F. Stotz, T. Wachter, A. del Campo, D. Alvira, B. Rodríguez Grández, R. C. Smith, A. R. Sáenz Rodríguez y/and P. Soria Ruiz, eds. *Perú: Ere-Campuya-Algodón.* Rapid Biological Inventories Report 25. The Field Museum, Chicago.

Stallard, R. F., and J. M. Edmond. 1983. Geochemistry of the Amazon 2. The influence of geology and weathering environment on the dissolved-load. Journal of Geophysical Research-Oceans and Atmospheres 88:9671–9688.

Stallard, R. F., and V. Zapata-Pardo. 2012. Geología, hidrología y suelos/Geology, hydrology, and soils. Pp. 76–86 y/and 233–242 en/in N. Pitman, E. Ruelas Inzunza, D. Alvira, C. Vriesendorp, D. K. Moskovits, Á. del Campo, T. Wachter, D. F. Stotz, S. Noningo Sesén, T. Cerrón y/and R. C. Smith, eds. *Perú: Cerros de Kampankis.* Rapid Biological and Social Inventories Report 24. The Field Museum, Chicago.

StatSoft, I. 2005. *Statistica* (data analysis software system), version 7.1. Available online at *http://www.statsoft.com.*

Steward, J. 1948. *Handbook of South American Indians: Volume 3, The tropical forest tribes.* Smithsonian Institution Bureau of Ethnology Bulletin 143, Washington, D.C.

Stewart, J. W. 1971. Neogene peralkaline igneous activity in eastern Peru. Geological Society of America Bulletin 82:2307–2312.

Stotz, D. F. 1998. Endemism and species turnover with elevation in montane avifauna in neotropics: Implications for conservation. Pp. 161–180 in G. M. Mace, A. Balmford, and J. R. Ginsberg, eds. *Conservation in a changing world.* Cambridge University Press, Cambridge.

Stotz, D. F., J. W. Fitzpatrick, T. A. Parker III, and D. K. Moskovits. 1996. *Neotropical birds: Ecology and conservation.* University of Chicago Press, Chicago.

Stotz, D. F., J. W. Fitzpatrick, and D. E. Willard. 1985. Birds of Amazonia Lodge and vicinity. Revised by R. Yábar in 2002. Available online at *http://www.amazonialodge.com/birds.html.*

Stotz, D. F., y/and T. Pequeño. 2004. Aves/Birds. Pp. 70–80 y/and 155–164 en/in N. Pitman, R. C. Smith, C. Vriesendorp, D. Moskovits, R. Piana, G. Knell y/and T. Wachter, eds. *Perú: Ampiyacu, Apayacu, Yaguas, Medio Putumayo.* Rapid Biological Inventories Report 12. The Field Museum, Chicago.

Struwe, L., S. Haag, E. Heiberg, and J. R. Grant. 2009. Andean speciation and vicariance in Neotropical *Macrocarpaea* (Gentianaceae-Helieae). Annals of the Missouri Botanical Garden 96:450–469.

Świerk, K., F. Rogalski, A. Wali, D. Alvira, M. Pariona, E. Tuesta y/and A. Treneman. 2012. Uso de recursos y conocimiento ecológico tradicional/Resource use and traditional ecological knowledge. Pp. 157–165 y/and 308–315 en/in N. Pitman, E. Ruelas Inzunza, D. Alvira, C. Vriesendorp, D. K. Moskovits, Á. del Campo, T. Wachter, D. F. Stotz, S. Noningo S., E. Tuesta C. y/and R. C. Smith, eds. *Perú: Cerros de Kampankis.* Rapid Biological and Social Inventories Report 24. The Field Museum, Chicago.

Tankard Enterprises Ltd. 2002. *Tectonic framework of basin evolution in Peru.* Report for PeruPetro, Lima.

Taussig, M. 1984. Culture of terror, space of death: Roger Casement's Putumayo Report and the explanation of torture. Comparative Studies in Society and History 26:467–497.

Taussig, M. 1987. *Shamanism, colonialism, and the wild man: A study in terror and healing.* University of Chicago Press, Chicago.

Taylor, A. C. 1999. The western margins of Amazonia from the early sixteenth to the early nineteenth century. Pp. 188–256 in F. Salomon and S. Schwartz, eds. *Cambridge history of the native peoples of the Americas: Volume III - South America, Part 2.* Cambridge University Press, Cambridge.

Taylor, C. M., D. A. Neill, and R. E. Gereau. 2011. Rubiacearum americanarum magna hama pars XXIX: Overview of the Neotropical genus *Schizocalyx* (Condamineeae) and description of two new species. Novon 21:496–507.

Tello, J. 1923. Wiracocha. Revista Inca 1. Lima.

Terborgh, J. 1971. Distribution on environmental gradients: Theory and a preliminary interpretation of distributional patterns in the avifauna of Cordillera Vilcabamba, Peru. Ecology 52:23–40.

Terborgh, J., and K. Petren. 1991. Development of habitat structure through succession in an Amazonian floodplain forest. Pp. 28–46 in S. S. Bell, E. D. McCoy, and H. R. Mushinsky, eds. *Habitat structure: The physical arrangement of objects in space.* Chapman and Hall, London.

Terborgh, J., and J. S. Weske. 1975. The role of competition in the distribution of Andean birds. Ecology 56:562–576.

Thomas, O. 1927. The Godman-Thomas Expedition to Peru—V. On mammals collected by Mr. R. W. Hendee in the Province of San Martín, N. Peru, mostly at Yurac Yacu. Annals and Magazine of Natural History 9(19):361–375.

Tirira, D. 2007. Mamíferos del Ecuador: Guía de campo. Publicación Especial 6. Ediciones Murcielago Blanco, Quito.

Trujillo, V. 1981. *La legislación eclesiástica en el Virreynato del Perú durante el siglo XVI.* Ed. Lumen, Lima.

Ulloa U., C., y D. A. Neill. 2006. *Phainantha shuariorum* (Melastomataceae), una especie nueva de la Cordillera del Cóndor, Ecuador, disyunta de un género guayanés. Novon 16(2):281–285.

Upham, N. S., R. Ojala-Barbour, J. Brito, P. M. Velazco, and B. D. Patterson. 2013. Transitions between Andean and Amazonian centers of endemism in the radiation of some arboreal rodents. BMC Evolutionary Biology 13:191.

Uriarte, M. 1986. *Diario de un misionero de Maynas.* IIAP-CETA, Iquitos.

Valdez, C. 1921. *Evolución de las comunidades de indígenas.* Evforion, Ciudad de los Reyes.

Valenzuela, P. 2012. *Voces Shiwilu: 400 años de resistencia lingüística en Jeberos.* Fondo Editorial de la Pontificia Universidad Católica del Perú, Lima.

Velazco, P. M., and B. D. Patterson. 2013. Diversification of the yellow-shouldered bats, genus *Sturnira* (Chiroptera: Phyllostomidae) in the New World tropics. Molecular Phylogenetics and Evolution 68:683–698.

Velazco, P. M., A. L. Gardner, and B. D. Patterson. 2010. Systematics of the *Platyrrhinus helleri* species complex (Chiroptera: Phyllostomidae), with descriptions of two new species. Zoological Journal of the Linnean Society 159:785–812.

Veloza, G., R. Styron, M. Taylor, and A. Mora. 2012. Open-source archive of active faults for northwest South America. GSA Today 22:4–10.

Vicentini, A. 2007. *Pagamea* Aubl. (Rubiaceae), from species to processes, building the bridge. Ph.D. dissertation, University of Missouri-St. Louis, St. Louis.

Voss, R. S. 2003. A new species of *Thomasomys* (Rodentia: Muridae) from eastern Ecuador, with remarks on mammalian diversity and biogeography in the Cordillera Oriental. American Museum Novitates 3421:1–47.

Vriesendorp, C., L. Rivera Chávez, D. Moskovits y/and J. Shopland, eds. 2004. *Perú: Megantoni.* Rapid Biological Inventories Report 15. The Field Museum, Chicago.

Vriesendorp, C., T. S. Schulenberg, W. S. Alverson, D. K. Moskovits y/and J.-I. Rojas Moscoso, eds. 2006a. *Perú: Sierra del Divisor.* Rapid Biological Inventories Report 17. The Field Museum, Chicago.

Vriesendorp, C., N. Dávila, R. B. Foster, I. Mesones y/and V. L. Uliana. 2006b. Flora y vegetación/Flora and vegetation. Pp. 62–73 y/and 163–173 en/in C. Vriesendorp, T. S. Schulenberg, W. S. Alverson, D. K. Moskovits y/and J.-I. Rojas Moscoso, eds. *Perú: Sierra del Divisor.* Rapid Biological Inventories Report 17. The Field Museum, Chicago.

Vriesendorp, C., N. Pitman, J. I. Rojas M., B. A. Pawlak, L. Rivera C., L. Calixto M., M. Vela C. y/and P. Fasabi R., eds. 2006c. *Perú: Matsés.* Rapid Biological Inventories Report 16. The Field Museum, Chicago.

Walker, J. D., and J. W. Geissman. 2009. 2009 GSA Geologic Time Scale. GSA Today 9:60–61.

Wallnöfer, B. 1998. A revision of *Perissocarpa* Steyerm. & Maguire (Ochnaceae). Annals Naturhistorisches Museum Wien 100B:683–707.

Wasshausen, D. 2013. New species of *Aphelandra* (Acanthaceae) from Peru and Ecuador. Journal of the Botanical Research Institute of Texas 7(1):109–120.

Watkins, M. D. 1971. Terminology for describing the spacing of discontinuities in rock masses. Journal of Engineering Geology 3:193–195.

Wentworth, C. K. 1922. A scale of grade and class terms of clastic sediments. Journal of Geology 30:377–392.

Whitney, B. M., M. Cohn-Haft, G. A. Bravo, F. Schunck, and L. F. Silveira. 2013. A new species of *Herpsilochmus* antwren from the Aripuanã-Machado interfluvium in central Amazonian Brazil. Pp. 277–281 in J. del Hoyo, A. Elliott, J. Sargatal, and D. A. Christie, eds. *Handbook of the birds of the world. Special volume: New species and global index.* Lynx Edicions, Barcelona.

Whitten, N. 1976. *Sacha runa: Ethnicity and adaptation of Ecuadorean jungle Quichua.* University of Illinois Press, Urbana.

Williams, R. S. R., y H. Plenge, eds. 2009. *Cordillera Escalera, la ruta de la biodiversidad.* Geográfica EIRL, Lima.

Wine, G., E. Martínez, J. Arcuri, J. Fernandez, I. Calderón, and C. Galdos. 2001. *Final report on the Santiago Basin: The hydrocarbon potential of NE Peru. Huallaga, Santiago and Marañón basins study.* Proyecto de Asistencia para la Reglamentación del Sector Energético del Perú (PARSEP), Lima.

Young, K. R., C. Ulloa Ulloa, J. L. Luteyn, and S. Knapp. 2002. Plant evolution and endemism in Andean South America: An introduction. The Botanical Review 68:4–21.

Young, K. R., and N. Valencia, eds. 1992. *Biogeografía, ecología y conservación del bosque montano en el Perú.* Memorias del Museo de Historia Natural U.N.M.S.M. 21, Lima.

Alverson, W. S., D. K. Moskovits y/and J. M. Shopland, eds. 2000. Bolivia: Pando, Río Tahuamanu. Rapid Biological Inventories Report 01. The Field Museum, Chicago.

Alverson, W. S., L.O. Rodríguez y/and D.K. Moskovits, eds. 2001. Perú: Biabo Cordillera Azul. Rapid Biological Inventories Report 02. The Field Museum, Chicago.

Pitman, N., D. K. Moskovits, W. S. Alverson y/and R. Borman A., eds. 2002. Ecuador: Serranías Cofán-Bermejo, Sinangoe. Rapid Biological Inventories Report 03. The Field Museum, Chicago.

Stotz, D. F., E. J. Harris, D. K. Moskovits, K. Hao, S. Yi, and G. W. Adelmann, eds. 2003. China: Yunnan, Southern Gaoligongshan. Rapid Biological Inventories Report 04. The Field Museum, Chicago.

Alverson, W. S., ed. 2003. Bolivia: Pando, Madre de Dios. Rapid Biological Inventories Report 05. The Field Museum, Chicago.

Alverson, W. S., D. K. Moskovits y/and I. C. Halm, eds. 2003. Bolivia: Pando, Federico Román. Rapid Biological Inventories Report 06. The Field Museum, Chicago.

Kirkconnell P., A., D. F. Stotz y/and J. M. Shopland, eds. 2005. Cuba: Península de Zapata. Rapid Biological Inventories Report 07. The Field Museum, Chicago.

Díaz, L. M., W. S. Alverson, A. Barreto V. y/and T. Wachter, eds. 2006. Cuba: Camagüey, Sierra de Cubitas. Rapid Biological Inventories Report 08. The Field Museum, Chicago.

Maceira F., D., A. Fong G. y/and W. S. Alverson, eds. 2006. Cuba: Pico Mogote. Rapid Biological Inventories Report 09. The Field Museum, Chicago.

Fong G., A., D. Maceira F., W. S. Alverson y/and J. M. Shopland, eds. 2005. Cuba: Siboney-Juticí. Rapid Biological Inventories Report 10. The Field Museum, Chicago.

Pitman, N., C. Vriesendorp y/and D. Moskovits, eds. 2003. Perú: Yavarí. Rapid Biological Inventories Report 11. The Field Museum, Chicago.

Pitman, N., R. C. Smith, C. Vriesendorp, D. Moskovits, R. Piana, G. Knell y/and T. Wachter, eds. 2004. Perú: Ampiyacu, Apayacu, Yaguas, Medio Putumayo. Rapid Biological Inventories Report 12. The Field Museum, Chicago.

Maceira F., D., A. Fong G., W. S. Alverson y/and T. Wachter, eds. 2005. Cuba: Parque Nacional La Bayamesa. Rapid Biological Inventories Report 13. The Field Museum, Chicago.

Fong G., A., D. Maceira F., W. S. Alverson y/and T. Wachter, eds. 2005. Cuba: Parque Nacional "Alejandro de Humboldt." Rapid Biological Inventories Report 14. The Field Museum, Chicago.

Vriesendorp, C., L. Rivera Chávez, D. Moskovits y/and J. Shopland, eds. 2004. Perú: Megantoni. Rapid Biological Inventories Report 15. The Field Museum, Chicago.

Vriesendorp, C., N. Pitman, J. I. Rojas M., B. A. Pawlak, L. Rivera C., L. Calixto M., M. Vela C. y/and P. Fasabi R., eds. 2006. Perú: Matsés. Rapid Biological Inventories Report 16. The Field Museum, Chicago.

Vriesendorp, C., T. S. Schulenberg, W. S. Alverson, D. K. Moskovits y/and J.-I. Rojas Moscoso, eds. 2006. Perú: Sierra del Divisor. Rapid Biological Inventories Report 17. The Field Museum, Chicago.

Vriesendorp, C., J. A. Álvarez, N. Barbagelata, W. S. Alverson y/and D. K. Moskovits, eds. 2007. Perú: Nanay-Mazán-Arabela. Rapid Biological Inventories Report 18. The Field Museum, Chicago.

Borman, R., C. Vriesendorp, W. S. Alverson, D. K. Moskovits, D. F. Stotz y/and Á. del Campo, eds. 2007. Ecuador: Territorio Cofan Dureno. Rapid Biological Inventories Report 19. The Field Museum, Chicago.

Alverson, W. S., C. Vriesendorp, Á. del Campo, D. K. Moskovits, D. F. Stotz, Miryan García Donayre y/and Luis A. Borbor L., eds. 2008. Ecuador, Perú: Cuyabeno-Güeppí. Rapid Biological and Social Inventories Report 20. The Field Museum, Chicago.

Vriesendorp, C., W. S. Alverson, Á. del Campo, D. F. Stotz, D. K. Moskovits, S. Fuentes C., B. Coronel T. y/and E. P. Anderson, eds. 2009. Ecuador: Cabeceras Cofanes-Chingual. Rapid Biological and Social Inventories Report 21. The Field Museum, Chicago.

Gilmore, M. P., C. Vriesendorp, W. S. Alverson, Á. del Campo, R. von May, C. López Wong y/and S. Ríos Ochoa, eds. 2010. Perú: Maijuna. Rapid Biological and Social Inventories Report 22. The Field Museum, Chicago.

Pitman, N., C. Vriesendorp, D. K. Moskovits, R. von May,
D. Alvira, T. Wachter, D. F. Stotz y/and Á. del Campo, eds.
2011. Perú: Yaguas-Cotuhé. Rapid Biological and Social
Inventories Report 23. The Field Museum, Chicago.

Pitman, N., E. Ruelas I., D. Alvira, C. Vriesendorp, D. K. Moskovits,
Á. del Campo, T. Wachter, D. F. Stotz, S. Noningo S.,
E. Tuesta C. y/and R. C. Smith, eds. 2012. Perú: Cerros
de Kampankis. Rapid Biological and Social Inventories
Report 24. The Field Museum, Chicago.

Pitman, N., E. Ruelas Inzunza, C. Vriesendorp, D. F. Stotz,
T. Wachter, Á. del Campo, D. Alvira, B. Rodríguez Grández,
R. C. Smith, A. R. Sáenz Rodríguez y/and P. Soria Ruiz, eds.
2013. Perú: Ere-Campuya-Algodón. Rapid Biological and
Social Inventories Report 25. The Field Museum, Chicago.

Pitman, N., C. Vriesendorp, D. Alvira, J. A. Markel, M. Johnston,
E. Ruelas Inzunza, A. Lancha Pizango, G. Sarmiento Valenzuela,
P. Álvarez-Loayza, J. Homan, T. Wachter, Á. del Campo,
D. F. Stotz y/and S. Heilpern, eds. 2014. Perú: Cordillera Escalera-
Loreto. Rapid Biological and Social Inventories Report 26.
The Field Museum, Chicago.